한국어교육을 위한 대조 연구
: 한국어와 중국어 대조

한국 언어·문학·문화 총서

11

한국어교육을 위한 대조 연구

: 한국어와 중국어 대조

원미진 외

보고사
BOGOSA

머리말

한국어교육 연구의 비약적 성과의 하나는 대조 연구를 통해 한국어의 특성을 밝히고 이 결과에서 어떤 교육적 함의를 끌어낸 것, 다시 말하면 "다른 언어를 통해 한국어 바라보기" 연구의 축적이라 할 수 있다. 혹자는 이런 대조 연구의 질을 문제 삼으면서 연구들의 가치를 낮춰 보기도 하는데 이런 대조 연구의 상당 부분이 석사학위나 박사학위논문으로 작성되었으며 이는 아직 학술적으로 검증이 덜 된 신진 연구자들에 의한 연구이고 특히 이들 중의 상당수는 외국인 대학원생들의 연구라는 것에 대한 불신에서 출발한 것으로 생각한다. 이런 평가에 대해 나는 연구자로서 동의하지 않는다. 모든 출간된 연구는 학위논문이라면 연구자와 지도 교수가 연구를 함께 한 결과물이며, 이 연구들 역시 연구 방법과 절차가 신뢰성 있고 타당하게 진행되었을 것이라 생각한다. 그러나 나 역시 연구자이자 대학원에서 학위논문을 작성하는 신진 연구자들의 지도 교수라는 입장에서 한국어와 다른 언어의 대조 연구를 지도하면서 몇 가지 문제에 대한 고민거리는 늘 가지고 있었다.

우선 한국어에 대한 지식은 어느 정도 있다고 할 수 있지만 다른 언어에 대한 지식이 없는 내가 우리 학생들의 연구와 그 결과에 대해 자신할 수 있으려면 무엇이 선행되어야 하느냐에 대한 끊임없는 고민이었다. 물론 두 언어를 잘 아는 심사위원을 모시고 연구를 마무리할 수도 있지만 그것은 현실적으로 불가능에 가까우며, 두 언어를 잘 안다는 것과 연구를 한다는 것이 또 다른 문제라는 것은 너무도 당연한 연구의 전제이다. 연구의 결과를 자신할 수 있는 방법은 선행 연구에 대한 충실한 검토, 연구 자료의 신뢰성, 그리고 이것을 분석하는 타당한 방법이 제대로 이루어졌느냐의 문제일 수 있다. 적어도 이 세 가지 문제가 검증된 것이라면 이를 통한 연구의 결과는 충분히 연구로서 가치가 있다고 판단한다. 그런데 연구 과정에서는 이 세 가지 문제의 해결은 늘 개별적으로 다르게 나타난다. 어떤 연구는 생각보다 선행 연구가 너무 많아서 더 이상 연구를 한다는 것이 크게 새로울 것이 없어 보이기도 하고, 어떤 연구 문제는 선행 연구가 너무 없어서 그 연구를 진행하기에는 의지할 만한 근거 있는 문헌 자료를 찾기가 어렵다. 어떤 연구 주제는 해결되어야 하는 문제이나 도무지 자료를 찾을 수가 없거나 자료를 얻을 수 있다고 해도 신뢰할 만한 것인가에 대해 의문이 남기도 하였다. 또한, 연구 문제를 해결할 수 있는 방법은 사실 연구자의 능력에 의지하는데 어떤 연구자에게는 쉬운 방법이지만 어떤 연구자는 특정한 연구 방법을 수행하기에는 적합한 소질이 없는 경우도 있었다. 그래서 이 세 가지의 연구 시작 전에 검토되어야 하는 문제는 당연한 것 같지만 매번 개별적이고 매번 달랐다.

두 번째로 대조 연구를 수행하거나 지도하면서 늘 마주치는 문제의 하나는 왜 특정 주제에 대한 많은 연구가 이루어졌음에도 불구하고 수많은 연구 결과에 대해 종합하기 어려워 계속 그 주제에 대해 연구를 계속하도록 하느냐의 문제였다. 자료와 방법이 달라서 어느 정도 결과가 다를 수 있는 것은 너무도 당연한데 그럼에도 불구하고 종합적인 혹은 통합적인 결과에 대해 동의할 만한 사실은 아직도 없느냐의 문제이다. 늘 연구 문제를 가져오는 학생들의 연구 목적을 살펴보면 이런 특정한 사실에 대한 연구가 부족해서 이를 더 연구해서 교육적 함의를 도출해 보겠다는 것인데 이는 반은 사실이고 반은 선행 연구에 대한 검토가 부족해서라는 생각이 들기도 하였다. 이런 문제에 대한 궁금증과 해결 방법을 찾기 위해 이 분야의 대조 연구 결과를 정리하고자 하였고, 많은 연구들을 정리하기 위한 방법에 접근하고 싶었다.

마지막으로 해결해 보고 싶었던 문제는 그렇다면 향후 대조 연구를 한다면 연구자들이 갖춰야 하는 것은 무엇일까에 대한 정리였다. 이 문제는 어떤 측면에서는 앞의 두 문제가 해결된다면 저절로 해결 가능한 문제일 수도 있다. 이런 관점에서 이 책은 그동안 한국어교육을 위해 수행된 대조 연구를 정리하고 이 정리를 바탕으로 앞으로 어떤 연구가 더 수행되어야 하는지를 제시해 보고자 하였다. 이 목적을 우선 고려하면서 언어 대조의 영역별로 그 분야의 연구에 대한 쟁점들을 정리하여 제시하였고 이를 바탕으로 해결해야 하는 문제를 지적해 보기도 하였다.

이번 학기에는 그동안 대조 연구나 이와 관련된 한국어교육 연구로 석사 논문이나 학술지 논문을 작성했던 경험이 있는 박사 과정생들이 함께 모여 자신의 연구 분야를 정하고 그 분야에 대한 정리 작업을 시작하였다. 큰 틀에서 연구 영역을 나누고 각각의 영역을 담당하는 최소 2-3명 이상의 소그룹으로 영역을 배분하였다. 소그룹 작업은 어려움도 있지만 한 사람의 정리보다는 서로 피드백을 주고받는 과정에서 한 개인이 놓친 부분을 보완할 수 있을 것이라는 점에서 장점이 있다. 영역별로 정리가 되면 발표하고 피드백을 주고받으면서 비교적 비슷한 방법으로 원고를 작성하였다. 자신이 맡은 영역에 대한 정리를 통해 그동안의 연구에 대한 쟁점을 끌어내서 선행 연구자들이 해결하지 못했던 문제가 무엇인가를 찾아내는 작업을 우선적으로 실시하였다. 이 작업을 시작할 때 연구 영역의 선정에 있어 연구자 개인의 관심에서 출발한 경우도 있지만 모두 다른 영역을 맡아야 하기에 원하지 않는 부분을 맡을 수밖에 없었던 연구자도 있었기에 개별적인 주제에 대한 논의가 분량이나 깊이에 차이가 있을 수 있다. 영역별로 전체적으로 정리한 내용은 개별적인 논의가 아니라 그 장의 논의에 관여한 여러 명의 논의를 종합한 결과이다. 그 영역 안의 소주제들은 개별 연구로 진행되었고, 연구자의 깊이 있는 논의가 영역에 따라 다양한 관점에서 이루어졌다.

이 책에서 제시하고 있는 연구의 결과나 논의는 함께 논의하고 이야기를 나눈 결과이기에 연구자 개인의 문제가 아니라 함께 책을 집필한 우리들의 의견이라고 할 수 있으며 이 책의 집필 방향과 분석의 틀을 제시한 나의 책임이 가장 크다고 할 수 있다. 혹시라도 이 책에서 인용된 선행 연구자 중에 연구 쟁점을 제시하는 부분에서 자신의 연구가 잘못 인용되었고, 이에 대해 비판으로 인해 자신의 작업이 폄훼되었다고 느낀다면 이것은 공부하고 있는 과정에서 비판적 시각을 강조한 나에게 책임이 있음을 밝힌다. 집필은 최대한 중립적으로 기술하자는 방침을 세웠음에도 불구하고 쟁점을 끌어내다 보면 무언가 한쪽의 입장이 강조될 수밖에 없는 측면이 있었음에 대해 양해를 구한다. 그럼에도 불구하고 이 책은 여기에 자료로 제시된 수많은 대조 연구를 수행한 연구자들에게 빚지고 있으며, 그들의 선행연구가 이 책의 집필을 가능하게 했다는 점에서 진심으로 감사의 말씀을 전한다.

마지막으로 한 학기 동안 수많은 연구를 찾아서 읽어 보고, 그것을 정리하고, 그리고 다시 또 정리하는 글을 쓰면서 보낸 이 책의 집필자 모두에게 고마움을 전한다. 더불어 많은 글을 모으고 정리하느라 고생한 양지현과 박미영, 전하리에게 특별한 감사의 말을 남긴다. 우리 모두는 한 언어 사용의 전문가이지만 다른 언어에 대해서는 완벽한 전문가가 아니다. 또한 연구자로서는 언어 연구에 대해서 혹은 언어 교육에 대해서는 지금도 여전히 갈 길이 먼 연구자들이다. 혹시라도 책에서 드러난 불완전함이 있다면 이런 점에 대해 추후 계속 연구할 것이라는 점을 밝히며, 다만 현재까지 축적된 우리 연구 능력의 결실이라는 점을 말하고 싶다.

나와 한국인 연구자에게는 “다른 언어를 통한 한국어 바라보기”였다면 외국인 연구자들에게는 “한국어를 통한 모국어 바라보기”였을 텐데 이를 통해 바라본 우리 모두의 모국어가 어떤 모습이었을지 자못 궁금하다. 앞으로 계속 한국어교육을 위한 대조 연구를 하고 싶은 연구자들에게 한 번쯤은 읽어 봐야 할 책으로 남을 수 있기를 기대하며 서문을 대표 집필하였다. 우리의 연구가 나아가야 할 방향에 조금이라도 길을 제시했으면 하는 바람을 해본다.

2022년 8월

연세대학교 외솔관에서

원미진

차례

제2장
한·중 음운 대조 연구

제5장
한·중 담화 및 표현 대조 연구

제1장

한국어교육을 위한 대조 연구 방향 모색

Ⅰ.
대조 연구 분석의 기준
: 이 책의 집필 관점에 대한 소개

원미진(WON MIJIN)

1. 들어가는 말

한국어교육학이 학문적인 영역으로 독립하여 응용 학문으로서의 자리를 잡아가는 데 있어 국어학적인 연구의 뒷받침이 언어 교수 내용의 기반이 되었음은 주지의 사실이다. 한국어교육을 위한 국어학의 연구는 언어 연구의 학문적인 성과를 어떻게 응용적으로 교육에 적용할 수 있을까에 대한 함의에 초점을 두고 응용언어학적인 성과를 쌓아 왔다면, 한국어와 다른 언어의 대조 연구는 한국어 자체만을 연구할 때 파악하기 어려운 한국어의 특성을 다른 언어와 비교하여 설명하는 것으로 한국어 자체의 특성에 접근하게 한다. 국어학 연구와 마찬가지로 대조언어학 연구의 결과물은 한국어교육 현장의 교수 내용을 풍부하게 할 뿐만 아니라 한국어교육 연구의 범위를 확장시켜 나가고 있다.

한국어 연구가 국어학 자체의 연구에서 응용언어학적인 교육학적 함의를 찾는 데에 관심의 초점을 둔 것이 한국어교육 연구의 초창기부터의 연구의 성과였다면 외국인 연구자들의 급속한 증가는 대조 연구를 통한 한국어의 특성을 찾는 방향으로 나아가면서 상당량의 연구가 이루어졌다. 특히 외국인 유학생의 석박사 논문이 한국어와 유학생들의 모국어와의 대조 연구를 통한 한국어교육을 위한 교육적 함의에 관심이 늘어가면서 매년 몇백 편의 논문이 쏟아져 나오고 있고 앞으로도 많이 나올 것으로 예상할 수 있다. 이 책은 그간 이루어진 대조 연구의 성과들에 대한 점검이 필요하다는 전제에서 대조 연구의 현재까지의 성과를 점검해 보고 향후 과제를 제시해 보기 위해 집필되었다. 그동안 한국어와 다른 언어의 대조 연구로 출간된 선행 2천여 편의 논문[1]을 검토하여 연구 목적과 연구 방법, 그리고 연구 결과를 비교하여 정리하고 현재까지 연구 결과를 중심으로 연구의 쟁점을 파악해 향후 과제를 제시하고자 한다.

2. 연구의 목적과 의의에 대한 검토

대조언어학을 정의할 때 들어가는 중요한 개념의 하나는 대조언어학은 응용언어학이라는 점이다. 두 개 이상의 언어를 대상으로 언어의 모든 분야를 체계적이고 일관된 기준을 사용하여 대조하는 데 있어 그 대조의 목적이 외국어 교육 등 실용적인 분야에서의 활용을 목적으로 하기에 이론언어학이 아닌 응용언어학에 속한다. 한국어교육을 위한 대조 연구를 하는 연구자들이 연구의 목적을 정할 때도 대체로 응용언어학적인 교육적 함의를 염두에 두고 진행되었음은 말할 것도 없다. 두 언어를 비교하여 공통점과 차이점을 밝히고 이를 통해 한국어 교수에 시사점을 찾아보겠다는 것이 일반적인 연구의 목적인데 이 책에서는 연구 대상으로 선정된 개별 연구에서 어떤 목적이 주된 목적이며 이 목적들의 비중에 따라 연구 목적을 몇 가지의 유형으로 나누어 보는 작업을 하고자 하였다. 기본적으로 연구의 목적은 대조를 통한 교육적 함의를 밝히는 것이기는 하지만 이 부분에 대한 비중이 어느 정도 나타나는지에 따라 논문의 목적을 세분화할 수 있다.

---

1 이 책의 연구 대상에는 한국어·중국어, 한국어·영어, 한국어·스페인어, 한국어·러시아어를 대조한 연구를 대상으로 하였다. 한국어와 그 이외의 연구를 대상으로 한 논문은 살펴보지 못했고, 이는 추후의 작업으로 남겨두고자 한다.

이 책에서는 귀납적으로 연구들의 목적을 살펴본 뒤에 몇 가지 연구 유형으로 유형화하는 작업을 시작하였다.

첫째, 연구 대상이 되는 항목이 두 언어에서 어떻게 나타나고 있는지를 살펴보면서 두 언어의 공통점과 차이점을 밝히는 데에 초점을 둔 연구가 있다. 이 경우에는 연구 결과나 결론에서 연구의 함의를 통해 교육적 시사점을 제시하고 있기는 하지만 연구 전체로 봤을 때는 두 언어의 언어학적인 특성에 관심을 두고 대조를 진행하는 연구이기에 연구의 목적이 대조에 초점이 맞춰져 있다고 볼 수 있으며 가장 언어학적인 특성 규명에 관심을 두고 있는 연구이다. 이런 연구들을 가장 기본적인 대조 연구로 파악하였다.

둘째, 대조 연구가 이루어진 뒤에 이를 근거로 학습자의 오류를 살펴보는 연구들이 있다. 이 연구들은 대체로 오류의 원인을 두 언어 간의 차이에서 밝히려는 목적으로 진행된 연구들이다. 학습자의 오류를 조사하는 방법은 다양할 수 있지만, 이 연구들은 오류의 근거가 두 언어 간의 차이라고 전제하고 언어 간 대조를 하는 연구이다. 언어 간 대조를 통해 오류의 원인을 밝히고 이를 기반으로 해서 교육 방안을 제시해 보는 연구 절차로 이루어지는 연구들이 일반적으로 진행된 이런 목적의 대조 연구의 틀이라고 할 수 있다. 대조에서 나타난 현상을 중심으로 오류를 살펴보는 것은 학습자 오류 원인의 전부는 될 수 없다. 오류가 나타나는 원인이 두 언어 간의 차이라는 대조분석 가설의 영향을 무시할 수는 없지만 이런 대조 가설이 이미 오류를 예측하는 기능보다는 나타난 오류를 해석하는 데에 사용될 수 있다는 관점으로 전환된 시점에서 언어 간의 차이가 오류의 원인이 된다는 단순한 가설만을 주장하기는 쉽지 않다.[2] 학습자 오류의 문제를 파악

2 대조분석 가설은 대조언어학이 1950년대에 출발했을 때는 당시의 언어 교수법을 지지하는 중요한 가설이었다. 라도(Lado)와 같은 학자는 외국어 학습의 어려움은 학습자의 모국어 영향이기에 두 언어의 차이가 클수록 학습의 어려움이 크며, 두 언어의 차이는 학습자의 오류를 예측할 수 있게 한다고 보았다. 그래서 언어 교사는 학습자 언어와 목표어의 차이를 통해 학습자의 오류를 예측하고 오류를 방지하기 위한 연습이 필요한데 연습을 통해 오류

하는 것은 학습자 언어 습득의 문제와도 연결이 되기에 대조를 통해 오류를 예측하기 보다는 오류에 대한 설명을 목표로 하고 그와 관련된 언어 습득 양상을 살펴보는 것을 목적으로 한 연구도 있다. 어떤 측면에서는 연구의 목표가 학습자의 오류 양상이나 습득 양상을 살피는 것이고 이 현상의 원인을 파악하기 위해 두 언어 간의 대조를 진행하기도 하기에 언어 간의 대조는 연구의 목적이 아니라 수단이 될 수도 있다. 이런 목적의 연구를 수행한 경우에는 첫 번째에서 살펴본 연구들과는 달리 오류 현상이나 습득 양상, 혹은 학습자 중간 언어 분석이라는 하나의 절이나 장이 연구 구성에 추가되어 있는 형식을 취하고 있다. 이 연구들은 단순 대조 분석과는 달리 연구자가 살펴본 학습자 언어 자료의 오류를 근거로 두 언어 간 차이의 문제에 접근하고 있다.

셋째, 대조나 오류의 결과를 통해 교수, 학습 방안을 제시하는 것을 연구 목적으로 삼은 대조 연구들이 있다. 이런 연구의 경향은 가장 대조언어학의 응용언어학적 특성을 반영한 연구로 언어 학습의 경험이나 교수 경험이 연구의 출발이 된 연구라고 할 수 있을 것이다. 교육 방안을 제시하고 있는 연구들이 하나의 중요한 경향인 것은 연구 논문의 제목에서도 드러난다. 대체로 대조 연구의 제목은 '~대조 연구'나 '~대조 분석 연구'로 끝나는 경우와 '교수 방안', '교육 방안', '교육 연구'라는 제목을 달고 있는 연구로 나눌 수 있는데 이런 '교수'나 '교육'을 제목으로 달고 있는 연구들은 한 절이나 한 장을 교육 방안이나 교수 방안을 제시하는 내용으로 구성하고 있다.

위에서 제시한 3가지의 연구의 중요한 목적은 다양한 결합 양식을 취하고 있기에 단순 대조 연구로 분류할 수 있는 연구, 대조 연구와 오류 분석,

---

를 예방할 수 있다고 본 청각구두법(Audio-lingual method)은 대조분석 가설에 의지하고 있는 언어 교수법이라 할 수 있다. 그러나 학습자의 오류에 대한 연구가 진행될수록 학습자의 오류는 두 언어 간의 차이에서만 발생하는 것이 아니란 것이 드러나면서 대조분석 가설은 오류를 예측하기보다는 다만 발생한 오류의 원인을 설명하는 정도로 유용하다고 보는 견해들이 더 힘을 얻어가게 되었다.

대조 연구와 교수 방안, 대조 연구와 오류 분석과 교수 방안이 모두 나타난 형식 등으로 크게는 4가지로 분류할 수 있어서 이 책의 연구들은 이와 같은 기준으로 분석해 보았다. 그러나 연구 영역에 따라서 특정한 목적으로 분류할 수 있는 기준이 있을 때는 연구의 목적으로 추가되기도 하였다.

3. 연구 자료와 방법에 대한 검토

대조 연구가 수행된 연구의 방법을 나누는 작업을 하기 위해 연구에 사용된 자료를 중심으로 나누는 방법을 취하였다. 대조분석 연구는 기본적으로 언어학적인 자료를 분석하여 그것을 근거로 연구 결과를 제시하기에 연구 방법은 연구자가 사용하고 있는 자료의 특성에 따라 분석될 필요가 있다. 이 책에서는 대조 연구를 위해 사용된 연구 방법을 다음과 같이 정리해 보고자 하였다.

첫째, 언어학적인 연구의 성과를 바탕으로 선행문헌의 연구 결과나 이론을 중심으로 두 언어 간의 공통점과 차이점을 비교 분석하는 방법이다. 모든 연구는 선행 연구의 결과를 정리하기에 선행 연구 정리가 기본적으로 이루어지고 있으며 이것은 대조를 위한 연구도 마찬가지이기에 이를 하나의 연구 방법이라고 보는 것이 타당하지 않을 수도 있다. 여기에서 말하는 선행문헌 검토를 통한 대조 방법은 양 언어에서 이루어진 언어학적인 성과를 바탕으로 해서 이를 중심으로 연구자의 언어학적 지식을 활용하여 두 언어 간 대조의 대상이 되는 언어 영역을 대조하는 방법이다. 각각의 언어에서 음운, 문법, 어휘 등에 대한 연구의 결과가 나타나는 문법서나 이와 같은 종류의 자료를 중심으로 두 언어의 등가물을 찾아 대조하면서 실제 자료를 통한 귀납적인 접근보다는 연역적인 학술적 성과를 인정하면서 그 안에서 공통점과 차이점을 찾아 나가는 방법이다. 대체로 두 언어 간의 언어 영역의 대조 연구의 초기 연구들은 이와 같은 작업이 필수적으로 이루어지기 마련이며 이러한 기본적인 성과를 바탕으로 해서 실제 자료를 활용하여 이 연구의 결과가 타당하다고 할 수 있는지 검증하는 작업을 하는 연구이다. 이 책에서는 집필자에 따라 선행문헌 대조라는 용어 대신에 이론적 대조라는 용어를 사용하기도 하였는데 영역에 따라 언어적 특성을 밝힌 선행문헌의 논의를 중심으로 살펴본 것이라 판단하여 사용한 용어[3]이다.

둘째, 가장 많이 사용한 대조의 방법의 하나는 사전의 내용을 중심으로 비교 대조하는 것이다. 모든 언어 연구의 기본적인 자료를 집대성하고 있는 것이 사전이기에 사전은 어휘의 의미를 대조 분석하는 데에만 필요한 것이 아니라 문법 항목이나 음운에 대한 기술도 기본적으로 사전의 기술을 중심으로 살펴보는 것이 일반적이어서 사전을 활용한 대조 연구는 음운, 어휘, 문법 영역에 모두 나타나는 방법이며, 다른 자료를 활용하기 전에 우선적으로 검토하곤 한다. 물론 가장 많이 일반적으로 활용되는 영역은 어휘 대조이며 어휘 대조 연구의 대부분은 사전적인 검토가 이루어진 다음에 다른 연구 자료의 검토로 넘어가는 것이 일반적이라고 할 수 있겠다.

셋째, 실제 언어 사용 자료를 통해 대조해 보는 방법으로 말뭉치를 활용하는 방법이 있다. 초기의 대조 연구의 이론적 문헌적 검토가 이루어진 뒤에 실제 사용에서의 차이를 확인하는 방법으로 많이 사용된다. 말뭉치의 종류는 병렬 말뭉치를 활용하는 것뿐만 아니라 비교 말뭉치나 번역 말뭉치를 활용하는 방법을 사용한다. 병렬 말뭉치는 대조 항목의 특성이 문법적으로 등가 형식을 찾기가 어렵거나 다양한 대응 양식이 있을 때 실제 나타나는 대조 양식이 무엇인지를 확인하는 방법으로 사용되며, 다양한 대응 양식 중에 어떤 양식이 더 많이 사용되는지를 파악하거나, 의미나 기능의 차이에 따라 대응 양식의 특성이 다르게 나타나는지를 확인하기 위한 방법으로 사용된다. 병렬 말뭉치의 경우에는 이런 말뭉치의 존재가 있느냐가

---

3 선행 연구의 성과를 중심으로 대조하는 이와 같은 대조 양식을 어떤 용어를 사용하여 분류할까에 대해 여러 번의 토론이 진행되었으나 딱히 이론도 아니고 선행문헌의 결과만을 사용하여 대조한 것도 아니어서 적절한 용어를 선정하기가 어려웠음을 밝힌다. 여기서의 이론적 대조라는 용어는 특정 연구자의 이론일 수는 있지만 그런 경우라기보다는 특정한 언어 특성을 설명하고 논증하는 방법이라는 측면에서 사용했다.

연구 성립의 중요한 관건이라서 한중 병렬말뭉치의 경우는 연구자들을 중심으로 만든 말뭉치를 사용한 연구가 많으며 언어권에 따라 존재하는 말뭉치의 크기나 내용에 차이가 있다. 병렬말뭉치와는 달리 비교말뭉치는 하나의 언어권에서 만들어진 말뭉치이며 한국어의 세종말뭉치처럼 중국어는 북경대학말뭉치와 같이 대규모의 말뭉치가 존재한다. 비교말뭉치를 사용한 연구는 병렬적으로 대응하는 항목을 살펴보는 것이 아니라 대조 항목이 말뭉치에서 나타나는 특성을 각각의 말뭉치 안에서 살펴보는 방법으로 예를 들어 대조 항목과 공기하는 어휘나 대조 항목이 나타나는 문장의 특징을 파악하는 것과 같은 방법이다. 병렬말뭉치가 문법 대조 연구에 주로 사용된다면 비교말뭉치는 어휘 대조에 주로 사용되는 말뭉치이다.

넷째, 대규모의 말뭉치가 존재하지 않는 경우는 실제로 대조에 필요한 자료를 연구자와 몇 명의 번역자가 번역한 자료를 사용하는 연구가 있다. 이것은 자료의 양이 많아지면 말뭉치라고 볼 수도 있으나 말뭉치라고 부르기에는 양이 많지 않은 경우이다. 학습자의 구어나 문어 자료를 개인적으로 모은 것을 사용하거나 특정 문법이나 담화 사용의 양상을 보기 위해 3명 이상에서 번역을 시도해서 번역 자료를 통해 대조를 시도해 보는 방법을 사용하는 연구들을 확인할 수 있었다.

다섯째, 한국어 학습자가 생산한 자료를 사용하거나 이 학습자들을 대상으로 한 조사를 통해 특정한 언어 영역의 대조를 시도하는 방법이 있다. 특정한 문법 요소나 특정한 맥락에서 사용하는 어휘나 표현의 경우는 말뭉치 자료를 통해 찾아질 수도 있으나 특수한 조건에서 사용하는 경우의 차이를 알아보려고 하는 경우에는 특정 대조 항목의 실례를 찾기가 힘들다. 이런 경우에는 불가피하게 그 상황과 맥락에서 어떻게 사용할 것인가에 대해 간접적인 조사를 통해 자료를 확보할 수밖에 없다. 담화 연구에서 담화 완성형 테스트(DCT)를 통해 대조해 보는 방법을 활용하는 것이 가장 전형적인 조사 연구의 하나이며, 특정 언어적 특성의 사용에 초점을 맞춰 문법성 판단 테스트나 특정 양식의 사용에 대한 학습자의 인식을 조사하는 방법을 사용한다. 경우에 따라서는 이미 산출해 놓은 쓰기 자료를 확보하여 사용하거나 산출 실험을 실시하여 방법으로 학습자의 오류를 통해 대조의 실체를 밝히는 방법을 사용할 수도 있다.

마지막으로 위에서 정리한 연구 자료나 방법은 한 연구에서 한 가지만 나타나는 것보다는 두 개 이상의 자료와 방법으로 연구가 이루어진 것이 일반적이다. 가장 기본적으로 선행 문헌이나 이론적 검토를 하고 이와 관련된 논의의 진전을 위해 실제 자료를 통해 확인해 보기 위해 말뭉치를 통해 확인해 보거나 학습자 대상의 조사 연구가 진행되는 형식을 취하고 있다.

4. 연구 대상 선정과 분류 및 연구 쟁점 제시

이 책의 집필 목적의 하나는 특정한 하나의 주제에 관해 상당량의 연구가 존재하기에 이런 결과를 종합해서 연구 결과의 특성을 정리해 보기 위함이었다. 언어권 별로 언어 영역을 음운, 문법, 어휘, 담화와 표현으로 나눈 뒤에 각 영역 안에서 개별 주제를 선택하여 그 주제로 이루어진 모든 선행 연구를 찾아서 이 결과를 정리하였다. 개별 연구 주제를 정리할 때 우선적으로 같은 주제를 다루더라도 연구 대상의 구체적인 설정은 차이가 있기에 구체적인 연구 대상의 차이를 보여주었고, 연구 결과에 나타난 대응 양식도 비교 종합하면서 같은 주제가 다수의 연구자에 의해서 어떤 점에서 같은 결과나 나왔고, 어떤 점에서 다른 결과가 나왔는지를 살펴보았다. 가독성을 높이기 위해 대체로 표로 정리하여 제시하는 형식을 취하였는데 연구 주제에 따라 연구가 많은 것들도 있다 보니 표 안의 내용이 많거나 한 페이지 이상 길게 나타나는 복잡한 표가 생산되기도 하였다. 그러나 다수의 연구를 한 눈에 알아볼 수 있도록 하기 위해 표로 정리하는 방법이 가장 효율적으로 제시할 수 있는 방법이라 생각하였다.

이와 같은 정리를 통해 특정 주제나 특정 대조 영역에서 이루어진 연구 성과를 비교하여 종합하다 보니 일반적으로 동의 가능한 연구 결과를 끌어낼 수 있었고, 여전히 논쟁적이어서 연구자에 따라 다르게 나타나는 경우가 있었다. 연구자에 따라 결과가 상반되기도 하였는데 상반된 결과가 나오게 된 원인이나 이유를 탐색하면서 아직 해결되지 않은 쟁점으로 정리하고자 하였다. 이 책에서 특정 분야의 연구의 쟁점은 향후로도 계속 연구를 통해 밝혀져야 할 부분이라는 점에서 향후 연구를 위한 제언의 역할을 한다.

5. 나가는 말

이 책에서 각 장의 집필은 앞에서 제시한 기준을 가지고 집필하였지만 여러 명의 집필자가 함께 작업하였기에 모든 장에서 통일성 있는 형식을 취하기가 어려웠다. 한국어와 중국어의 경우는 15명 이상의 집필자가 참여하였으며 한·중 대조 이외의 언어의 경우는 집필자의 수는 많지 않았으나 현재까지 이루어진 연구의 수가 적었다. 20여 명의 연구자가 많은 논의를 했어도 일관된 양식으로 글을 쓴다는 것이 쉽지 않았다. 처음에는 형식의 통일에 많은 노력을 기울였으나 글을 집필해 가면서 형식적 통일보다는 영역에 따른 자율성을 보장하는 것이 오히려 이 연구를 정리하는 방법이라고 생각하게 되었다. 영역별 주제별 특성을 가지고 집필하였음에도 모든 장은 연구 목적, 연구 자료와 방법, 연구 결과 비교와 쟁점들이 소개되어 있어서 이런 측면에서는 현재까지 이루어진 연구의 성과를 정리하고 향후 과제를 위한 제언이 이루어졌다는 점에서 집필의 의의가 있음을 밝힌다.

Ⅱ.
한국어교육을 위한 대조 연구 살펴보기
: 한·중 대조 연구를 중심으로

원미진(WON MIJIN)

1. 들어가는 말

중국어권 학습자를 대상으로 수행된 한국어교육의 연구를 살펴본 원미진(2018)에서는 2천년 이전의 대조 연구의 경향과 2천년부터 2015년까지의 대조 연구의 언어권별 연구 동향을 비교한 결과를 제시하였다. 2천 년대 이전까지 이루어진 한국어교육을 위한 대조 연구 170여 편을 검토해 보면 일본어와의 대조가 반 정도이고 그 뒤로 영어 독일어의 순이었다면 2천 년 이후부터 2015년까지의 대조 연구 약 1500여 편은 중국어와 한국어의 대조가 800여 편이 넘는 것으로 보고되었다.[1] 15년간 800여 편의 논문이 작성된 것으로 미루어 볼 때 그 이후에 얼마나 많은 연구가 수행되었을지

---

1 이 연구를 진행했을 때는 대조 연구를 살펴보는 것이 아니라 중국어권 학습자를 대상으로 한 연구를 살펴보는 것이 목적이었기에 대조 연구에 초점을 두고 연구 자료를 분석하지 않았다. 전체 중국어권 학습자를 대상으로 한 연구를 살펴보고 그 경향을 분석하려는 목적으로 그 당시에 자료를 분석하면서 중국어권 학습자 대상 연구의 반 이상이 대조 연구라는 것을 파악하였다. 이 당시에 연구 목적을 분류하면서 대조 연구와 교육 방안을 제시한 연구, 오류와 습득의 문제를 다루는 연구들로 목적을 나누면서 가졌던 분류 기준의 혼란을 바탕으로 이번 작업에서는 한 논문 안에서 복수의 연구 목적을 인정하면서 분류하는 작업을 하였다.

짐작이 어려웠는데, 이 책의 집필을 위해 한·중 대조의 여러 가지 핵심어를 중심으로 검색해 본 결과 1600여 편이 넘는 논문을 찾을 수 있었다. 7년 정도의 기간에 논문 수가 배로 늘어났으며 대략 1년에 100여 편이 넘는 연구가 여전히 수행되고 있다는 것을 확인할 수 있었다. 이렇게 많은 연구가 쏟아져 나오는 것은 위 연구에서도 지적되었듯이 중국어권에서 유학 온 석박사 대학원생의 증가와 무관하지 않을 것이며, 더 근본적으로는 한국어를 배우는 중국어권 학습자의 수가 많다는 점을 반영한 결과일 수도 있다. 그러므로 연구 영역의 양적인 증가가 가져온 질적인 수준의 도약을 재검증하는 차원에서 본 연구는 한국어와 중국어 대조 연구가 이루어낸 성과를 중심으로 논의를 진행해 보고자 한다. 구체적으로 본 장에서는 다음 장에서부터 집필된 각 영역별 연구들을 검토하고 정리할 때의 문제를 중심으로 연구 동향과 쟁점을 간단히 살펴보려고 한다. 그러나 자세한 연구 영역에 대한 내용은 각각의 장에서 자세히 기술되어 있으나 각 장 안에서 소주제가 개별적으로 기술되다 보니 다른 주제나 다른 영역과 비교하여 연구의 특성을 밝히기는 어려웠다. 이 장에서는 전체를 살펴보면서 각 영역에서 다룰 때는 살펴보지 못한 다른 영역과의 관계나 개별적인 주제에서는 다뤘지만 다른 주제와의 차이에 대해서는 기술되지 못한 내용을 중심으로 전체적인 대조 연구 결과에 나타난 특성을 살펴볼 것이다.

2. 연구 분야 나누기

연구 분야를 나누는 가장 기본적인 기준으로 한국어교육학의 내용학의 분야를 중심으로 분류하는 작업을 하였다. 크게 나누어 음운, 어휘, 문법 그리고 담화의 네 영역으로 나누어 연구를 나누었는데, 담화에는 문법 단위 이상을 다루는 표현이나 화용과 관련된 연구를 포함시켰다. 물론 이런 기준으로 작업을 하더라도 연구를 분류할 때 명확한 경계를 갖기 어려운 것이 존재한다. 음운의 경우는 분류가 명확하지만, 어휘와 문법, 어휘와 표현의 경계는 명확하지 않은 경우가 있다. 어휘의 경우 어휘 단위의 문제를 어디까지 볼 것이냐의 문제와 함께 품사별 어휘를 다루는 경우에 조사를 어떻게 할 것이냐의 문제가 있다. 조사나 어미의 대조를 위해 선정된 대상의 경우 문법의 영역에 더 가까운 경우도 있고, 표현의 영역으로 볼 수 있는 것도 있다. 문법에서 다루는 어미의 경우도 '이유를 나타내는 어미'라는 측면에서 문법 영역에서 다룰 수 있지만 논문 제목을 '이유 표현'이나 '시간 표현'으로 제시한 논문들도 있다 보니 이런 경계를 명확하게 구분지어 나누기 어려운 점이 있었다. 본 연구의 목적은 연구 영역의 분류에 있는 것이 아니라 같은 대상을 연구한 논문들의 연구 결과를 비교하는 데에 있기에 분류 기준을 세우되 유연하게 같은 대상을 연구한 논문을 한 번에 다룰 수 있도록 영역별로 묶어 한 번에 제시하는 방법을 취할 수밖에 없었다.

한·중 대조 연구에서 음운 연구는 약 200여 편의 연구를 대상으로 연구 동향을 분석하였는데, 음운과 음절과 음운 규칙을 대조한 논문들을 집중적으로 분석하여 대조 연구의 쟁점을 살펴보았다. 문법은 500여 편의 연구를 찾아 분석하였고 조사와 어미, 피사동, 부정, 문장 구성 성분을 다루었고, 어미 안에서 시간을 표현하는 시제와 상을 다루면서 선어말 어미와 보조용언 구성을 다루는 것으로 하였다. 어휘는 가장 연구도 많고 어휘 영역 안에서 기준을 가지고 분류하기가 어려웠다. 900여 편의 어휘 연구를 소범주의 주제별로 묶으면 20여 개의 주제로 어휘 연구를 묶을 수 있었고, 각각의 어휘 유형을 큰 범주로 묶기 위해 의미 관계나 계열 관계, 사회 언어학적 의미의 어휘로 묶어 보았다. 담화 및 표현 영역에서는 화행을 다룬 연구, 표현을 다룬 연구, 담화 표지를 다룬 연구를 포함하여 130여 편의 연구를 분석 대상으로 삼아 분석하였다.

3. 음운 연구의 동향과 쟁점

언어와 언어의 대조의 출발은 대체로 음운 대조에서 출발하는 경향이 있다. 이것은 정해진 숫자의 음운을 대조하는 것이 가장 간단하기도 하지만 언어를 배우는 학습자에게 가장 기본이 되는 요소가 되기 때문이기도 하다. 정해진 숫자의 자음과 모음을 대조하는 연구는 어떤 측면에서는 몇 개의 연구만 있으면 쉽게 대조 결과를 알 수 있을 것 같다. 그러나 실상은 두 언어 간의 음운 대조를 수행한 연구들이 어떤 방법으로 대조하느냐에 따라 연구의 결과가 달리 나타나기 때문에 여전히 연구 문제가 남아 있는 영역이라고 할 수 있다.

한·중 음운 대조를 다룬 연구들은 석사논문으로 작성된 연구가 150여 편으로 약 75% 이를 만큼 중국어권 대학원생들의 연구로 진행되었다고 할 수 있다. 이런 연구자의 경향은 연구 대상의 선정 문제에서 일정한 특징을 보이게 되는데 전체 음운 체계를 다룬 연구에 비해 특정한 음운 몇 개를 대조한 연구로 나타난다. 초기의 한·중 음운 체계를 다룬 연구들이 한국어와 중국어의 음운 대조를 선행 문헌을 검토를 통해 대조 결과를 제시하였는데 이에 대한 결과가 일치하지 않았고, 이런 결과는 계속적으로 연구 방법과 자료를 바꾸어 가면서 연구를 계속하게 하는 근거가 되었다.

음운 체계 대조에서 나타난 초기의 쟁점은 어떤 음운이 한국어와 중국어에 존재하며 양 언어를 비교하였을 때 존재하지 않는 음운을 무엇으로 볼 것이냐의 문제이다. 이를 위해 초기 선행 문헌에 의한 연구들이 다른 결과를 보인 것을 확인해 보기 위해 그 이후는 음운론적 관점보다 음성학적 관점에서 실제로 음운의 차이를 확인해 보는 연구들로 진행이 되는 경향이 있다. 이와 같은 경향은 자음의 대조나 모음의 대조 모두에서 공통적으로 나타나는 현상이다. 모음 대조에 있어서 가장 쟁점이 되는 부분은 한국어 단모음 /ㅓ/, /ㅡ/, /ㅗ/, /ㅜ/가 중국어에 있느냐를 바라보는 연구자의 관점이 다르다는 점이다. 음운론적으로 모음의 발음 위치나 혀의 위치나 입술의 모양에 따라 음운의 특성을 분석하고 같은 음운으로 보거나 다른 음운으로 보기도 하는데 이는 선행 문헌에서 중국어의 단모음을 몇 개로 보느냐에 대한 관점이 다르기에 나타나는 결과이기도 하며, 음을 나누는 기준을 얼마나 세분화하느냐에 따라서 결과를 달리 제시하기도 한다. 또한 이 경우에 실험 음성학적으로 살펴본 연구를 보더라도 연구 결과는 일치하지 않는다. 예를 들어 모음 /ㅓ/가 중국어 단모음 e[ɤ]와 유사한 음 유사한 음이 있다고 주장하는 왕정정(2012)에서는 단모음을 혀의 위치와 높낮이에 따라 이 두 음을 모두 후설 중모음으로 간주하였고 음성학적으로 분석한 학미(2005)에서도 두 음은 IPA 표시가 다르지만 포먼트 주파수가 비슷하게 나오기 때문에 같은 음이라고 주장하고 있다. 반면에 혀의 위치를 세분화하여 나눈 유쾌(2015)에서는 한국어 /ㅓ/는 중고모음에 속하고 중국어 e[ɤ]는 중저모음으로, 김정욱(2009)에서는 /ㅓ/는 중설모음으로 중국어 e[ɤ]는 후설 모음으로 간주하여 다른 음으로 보며, 음성학적 관점에서 본 김은경(2012)은 두 음의 포먼트를 측정한 결과 e[ɤ]와 /ㅓ/[ʌ]의 F1 및 F2 수치 간 유의미한 차이가 발견되었기 때문에 다른 음이라고 주장하고 있다. 이런 결과는 결론적으로는 연구자에 따라 학습자의 오류를 설명하기 위해서 사용될 때도 정반대의 의견을 제시하게 되는데 중국어에 /ㅓ/가 있어 발음이 어렵지 않다는 의견과 없어서 발음이 어렵다는 의견으로 나뉘게 된다. 이런 결론을 보면 아직도 실험의 환경이나 대상자의 차이가 있다고 할지라도 정반대의 결과를 제시한 연구들이 공존하는 문제에 대해서는 여전히 연구가 더 진행될 필요가 있음을 알게 해준다.

모음 대조의 문제뿐만 아니라 자음 대조에 있어서도 한국어의 평음, 경음, 격음이라는 3중대립체계를 중국어의 어떤 자음으로 대조하느냐의 문제가 나타난다. 이 차이를 설명하기 위해 대조의 관점을 기식성 여부로 판단하느냐 VOT 구간의 차이로 보느냐에 따라 대조 결과가 달라지고 있음을 밝힌 정이한·원미진(2021)의 연구 결과에 대해 이 책의 2장 설산의 '한·중 자음 대조 연구의 동향 및 쟁점'에서는 실험 연구 대상이 사용하는 한국어의 차이가 한국어의 통시적 변화에 따른 결과일 수 있음을 제시해 보기도 하였다.

모음 대조의 연구가 단모음 대조에 대한 연구가 이중모음까지 대조한 연구에 비해 많은 것처럼 자음 대조 연구도 장애음 대조에 초점을 맞춘 연구가 더 많이 진행되었으며 종성 자음에 대한 연구는 음절 구조나 음운 규칙의 문제와 함께 다루고 있는데 이는 음운 자체에 대한 대조 연구라기보다는 중국어권 학습자의 종성 학습 양상에 초점을 맞추어 진행이 되며 실험 연구를 통해 수행되었다.

모음과 자음 대조의 연구에서 볼 수 있는 것처럼 선행 문헌에 의해 음운의 자질을 어떻게 보느냐는 관점이 다르면 대조의 결과도 달라질 수 있다. 음운 대조 연구를 정리해 보면 초기 연구들이 선행 문헌을 근거로 음운론적 차이를 밝히는 데에 초점이 맞춰 진행되었다면 점점 기계적으로 음성 음향 분석을 하면서 그 차이를 밝히는 연구로 나아가고 있다. 그러나 음운 자질에 의한 판단이 아니라 음성학적인 실험을 통해 대조를 한 연구들의 결과는 일치할 것이라는 예상과는 달리 음성학적인 실험의 결과도 다르게 나타난 것을 확인하였다. 음운 대조는 발음 교육의 기본적인 전제로 진행이 되었기에 학습자의 발음 실험이나 청취 실험을 통해 차이를 확인해 나가고 있는데 이런 실험 환경의 통제가 다르게 나타나다 보니 결과가 다양하게 나타난다. 연구자들의 관심이 음성을 녹음하고 그 차이를 분석하는 방향으로 나가고 있다는 것은 한국어교육의 대조 영역의 확장이 가져온 결과이다. 그러나 개인적인 연구로 수행할 수 있는 산출실험을 통한 자료 수집과 분석 방법으로는 개별적인 환경과 사용의 차이를 밝히는 데에는 유용한 반면에 전체를 조망하는 관점에 대해서는 좀 더 연구를 진행해야 할 것이라는 판단이다.

현재까지 이루어진 한중 음운 대조 연구는 가장 먼저 관심을 받은 영역이며 초기의 음운 지식을 바탕으로 한 연구에서 실험 연구로 나아가면서 실제 음성학적인 대조 영역까지 확장되었다고 할 수 있다. 연구 대상이 제한된 수의 음운이다보니 같은 대상에 대한 연구가 많이 이루어졌음에도 여전히 많은 문제가 남아 있는 것은 이런 연구들을 진행하는 연구자들의 음운론적 음성학적 지식이 다른 언어 영역의 연구에 비해 부족한 것도 영향이 있을 것이라는 추정 가능하다. 어휘나 문법은 자료를 얻고 자료에서 결과를 해석할 때 상대적으로 자료 의존적인데 비해 음운이나 음성의 연구는 실제 실험적으로 대조를 한다고 하더라도 자료 수집을 하는 데 있어 음성학적 훈련이나 분석의 전문성이 요구되는 영역일 수 있으며 이런 지식을 갖춘 연구자들의 추후 연구를 통해 해결해야 할 문제들이 남아 있다고 하겠다.

4. 문법 연구의 동향과 쟁점

음운 대조의 연구 범위가 명확함에 비해 문법의 경우는 앞의 2절에서 지적했던 것처럼 어휘에서 다룰 것이냐 문법에서 다룰 것이냐의 문제가 어휘와 문법 영역의 경계를 나누는 기준에 따라 달라지는 영역이 있어 이 책을 집필하기 위한 기준을 설정하고 진행하였다. 이 기준을 세우기 위해 연역적인 분류 기준뿐만 아니라 귀납적으로 문법 대조를 위해 선정한 연구들을 살펴보고 기준을 적용하여 보았다. 수집된 연구는 약 500여 편에 이르며 이를 분석하여 보니 어미를 다룬 연구가 가장 많았고, 그 다음이 시제, 그리고 조사 순으로 나타났다.

첫째, 한국어와 중국어의 품사 체계를 다루는 문법 체계에 대한 대조보다는 한두 개의 품사를 대조하는 연구가 많다. 품사 체계나 조사를 다룬 연구는 문법에서 다루는 것이 명확하지만 조사를 제외한 품사별 어휘 대조는 어휘 영역에서 다루기로 하였다. 조사는 문장의 기능어일뿐만 아니라 한국어교육 현장에서도 문법 교수에서 교육을 한다는 측면에서도 문법 연구에서 다루었다. 한중 조사 대조 연구는 67개가 있었는데 조사 대조 연구가 많을 수밖에 없는 것은 '한국어를 배우는 중국어권 학습자는 중국어에 조사가 없어 조사 사용에 어려움이 있다'는 일반적인 견해가 존재하기 때문이다. 여기에서 조사가 없다는 말은 한국어와 같은 형식의 조사가 없을 뿐이고 한국어의 부사격 조사와 비슷한 기능을 수행하는 '개사'가 존재하고 있기에 조사 대조를 다룬 연구 중에 3분의 2 정도는 한국어의 부사격 조사의 대응형으로 '개사'를 설정하고 이를 대조하는 연구들이다. 조사의 개수는 제한이 되어 있는 데에 비해 조사 대조의 결과가 다르게 나타난 것이 지속적으로 부사격 조사 연구를 수행하게 한 이유라고 할 수 있다. 조사는 문장 안에서 다양한 의미 기능을 수행하다 보니 연구자에 따라 의미기능의 설정이 다르고, 이들이 설명하고 있는 기능에 해당하는 문장에서의 대응 양식이 다르게 나타난다. 제3장의 '한국어 조사에 대한 중국어 대조 연구의 실제와 쟁점'에서는 이런 다른 결과의 원인을 연구자들이 개별적인 번역을 사용하거나 주어진 문장에서 잘못된 대조 형식을 찾은 것을 가장 큰 원인으로 보고 있다. 이런 점을 보완한 말뭉치를 사용한 대조 연구의 경우에 같은 조사를 대조했을 때 문헌 대조나 번역 문장을 통한 대조에 비해 다양한 형식의 존재를 발견하였고, 실제로 무표지 대응이 더 많다는 것을 알 수 있었다. 그러므로 향후 조사 대조는 병렬 말뭉치를 통해 좀 더 실제적인 대조 분석이 이루어질 필요가 있다고 제시하고 있다.

조사 대조의 문제는 한 언어에는 존재하는 형식이 다른 언어에는 존재하지 않는 것을 어떻게 대조할 수 있느냐의 문제를 생각하게 하는 대표적인 영역이다. 한국어의 조사와 비슷한 형식의 중국어 개사는 한국어 조사의 일부의 기능을 수행하고 있는데 이를 대조의 등가물로 설정할 수 없다는 점이다. 특히 조사 오류를 다룬 많은 연구들이 중국어권 학습자의 조사 오류의 원인을 어떻게 파악할 것인가의 문제는 중국어에 한국어의 조사와 같은 언어 형식이 있다고 보는 관점과 없다고 보는 관점에 따라 달라진다. 같은 주격 조사나 부사격 조사의 오류를 모국어의 영향이라고 보거나 목표어의 영향이라고 보는 연구가 동시에 존재한다는 점은 조사 대조의 문제를 바라보는 관점이 다양하기 때문이라고 할 수 있다.

원미진·주정정(2020)[2]은 조사 오류 원인에 대한 반대되는 관점에 대해

2 이 연구를 작성할 당시에는 대조의 문제보다는 오류 원인을 무엇으로 파악하고 있는지에 대한 목적이 주된 목적이었기에 대조의 문제를 깊게 다루지는 못했다. 그러나 조사 연구의 경향과 원인 파악의 차이를 밝히다 보니 같은 조사라고 하더라도 어떻게 대조해야 하는지의 차이를 알 수 있었고, 비교 대상이 등가 형식으로 존재하지 않을 때는 조사가 아닌 다른 용언의 차이나 연어의 차이를 통해 오류의 원인을 파악하다 보니 같은 조사 오류 양상의 원인에 대한 파악이 다르게 나타났다는 것을 알 수 있었다.

학습자들은 어떻게 인식하고 있는가를 조사한 연구이다. 실제로 학습자들이 사용상의 어려움을 느끼는 부분은 대조 형식의 존재 여부와는 다르게 나타났지만 위 연구는 왜 연구자들이 이렇게 상반되는 연구 결과를 제시했을까에 대한 의문에서 출발한 연구이다. 이 연구의 선행 연구 검토에서도 지적했듯이 학습자의 오류 원인을 예측하는 것은 단순히 대조 결과에 의지하는 것이 아니라는 것이 결론이었지만 이 연구의 선행 연구 검토를 통해 보면 연구자들이 중국어의 격조사 오류에 접근하는 방식과 부사격 조사의 오류에 접근하는 방식이 다르다는 것을 확인할 수 있었다. 주격 조사 '이/가'는 '을/를'과의 대치 오류의 원인을 용언의 문제나 연어의 문제로 접근하고 있고, 부사격 조사 '에'와 '에서'의 오류의 문제는 중국어 '개사'와의 의미 기능의 차이로 접근하고 있는 것을 볼 수 있다. 이런 결과들로 볼 때 아직까지 한국어 조사에 대응되는 중국어 형식에 대한 문제는 여전히 연구 진행 중이라고 결론을 지을 수 있겠다.

어미에 대한 연구는 약 150여 편에 이르는데 어미 한 개나 두 개를 대조한 연구도 있고, 특정 기능을 수행하는 어미들을 모아서 대조한 연구들이 있다. 어미 대조는 어미의 의미적, 통사적, 화용적 특징을 살펴보고 이를 대조하는 데 대체로 선행 문헌이나 문법서를 중심으로 대조한 연구가 많으며 말뭉치를 통한 대조들이 있다. 한국어의 특정 기능을 수행하는 어미가 하나가 아닌 것처럼 중국어도 여러 가지 형식이 존재하다 보니 연구자마다 대응 양식의 설정이 다르게 나타나는 데 이는 말뭉치가 달라져서 나타나는 현상이기도 하고, 연구자가 사용한 사전의 차이나 번역의 차이에서 나타나는 결과라고 볼 수 있다. 어미 대조를 위해 사용하는 말뭉치는 병렬말뭉치이다 보니 존재하는 병렬말뭉치의 존재 여부와 이것을 사용할 수 있는 여부가 연구 가능성을 결정하게 된다.[3]

---

3 한·중 대조에 사용된 병렬말뭉치는 연구자들을 중심으로 만들었거나 소수의 연구자들을 중심으로 만든 말뭉치가 사용되며 공식적으로 세종말뭉치와 같이 국가기관 주도의 대규모 말뭉치가 존재하지 않는 것으로 파악된다. 병렬말뭉치를 사용해서 연구를 하고 싶은 연구자들은 이런 문제 때문에 적어도 1년 이상 말뭉치를 구축하는 작업을 하고, 이를 사용한

피사동을 대조한 연구도 60여 편을 찾아 분석하였다. 피사동에 관한 연구는 다른 대조 연구에 비해서는 출발이 늦어 2007년부터 연구물을 찾아볼 수 있었으나 2018년까지 10여 년 동안 꾸준히 5편 내외의 연구가 수행되어 어느 정도의 문법적인 실현의 차이가 밝혀졌다. 사동에 대한 연구물이 20편이고, 피동에 대한 연구가 38편으로 훨씬 많이 수행되었으며 선행 문헌을 바탕으로 대조한 연구가 대부분이며 말뭉치에서 대응 형식의 실현 양상을 본 연구로 7편이 있었는데 이 중 4편의 연구는 한 연구자[4]에 의해 연구된 것이다. 대체적으로 피사동에 대한 연구들은 대조 방법으로 형태적 특징, 통사적 특징과 의미적 특징을 대조하고 있다. 문법적으로 피사동의 대조 연구가 여러 편 이루어지다 보니 연구의 관점이 화용적 제약을 연구한 경우도 있으며, 연구의 목적도 이를 바탕으로 한 학습자의 오류나 교수 학습 방안으로 나아가고 있다.

문법 연구에서 또 하나의 중요한 주제는 시간과 관련된 표현이다. 이 책에서는 시제와 상을 나타내는 문법적 항목인 선어말 어미나 보조동사 결합형이 들어간 한국어교육에서 다루는 시간과 관련된 항목을 묶어서 살펴보았다. 75편의 연구를 바탕으로 경향을 분석해 보니 대조 연구가 시작된 2000년부터 석사학위논문을 중심으로 연구가 되었으며 이 중 46편이 '-었-'을 다루고 있으며, 대조 방법도 문헌 중심의 연구가 주를 이룬다. 시제의 대조나 상의 대조는 중국어와의 대조가 어려운 이유의 하나는 한국어 문법에서도 이를 바라보는 관점이나 사용하는 용어가 다양하다는 점에서 이를 중국어와 대조하는 연구 또한 대응 양상이 다양하게 나타난다.

이상으로 문법 연구의 몇 가지 주제에 대해 간단한 동향을 요약하였는데 다른 영역의 연구와 비교해서 몇 가지 특징을 정리해 보면 다음과 같다. 우선 한국어 문법서에서 다루는 문법의 영역과 실제 한국어교육의 현장에

연구를 진행한 경우가 많다.

4 이문화는 2015년부터 2019년까지 해마다 한편의 연구를 말뭉치를 활용하여 연구하여 총 4편의 연구를 진행하였다.

서 다루는 문법의 내용이나 범위가 대조 연구에도 영향을 주고 있다. 한국어 수업 현장에서 다루는 문법이 조사와 어미, 그리고 몇 가지 어휘 결합형으로 이루어진 문형 중심의 문법 교육이 이루어지므로 중국인 석박사 과정 연구자들은 이 중에 한국어 학습자로서의 어려움을 느끼는 항목을 중심으로 대조 연구의 대상을 선정하게 되었고, 이 결과로 한두 가지의 항목에 연구가 집중되는 경향을 보였다. 이것은 필요한 부분이기도 하나 문법이란 것이 언어 사용의 규칙인데 전체를 이루고 있는 체계의 대조가 아니라 특정 항목 중심의 대조가 되어 버려서 개별적인 차이에 초점을 맞추게 되는 경향이 나타난다. 조사 체계나 시제, 상 체계 등 각 문법 영역의 전체를 바라보는 관점의 연구에 대한 관심보다는 개별 항목에 대한 대조에 더 많은 관심이 쏟아졌으므로 이제는 이를 종합해서 체계를 세워보는 것이 더 필요한 작업이라는 측면에서 이 책에서 정리한 부분은 현재까지의 개별적인 문법 대조의 양상을 정리하고 전체를 조망할 수 있는 단계로 나가기 위한 의미가 있는 작업이다.

다음으로 문법 대조 연구에서 드러난 특징 중 하나는 선행 문헌을 중심으로 대조를 할 수밖에 없다는 점에서 선행 문헌을 중심으로 예문을 작성하고, 이를 연구자 자신이 번역하는 방법으로 논의를 증명해 간다는 점이다. 최근에 병렬말뭉치를 사용한 연구들이 점점 많아졌지만 연구 대상의 문법적 차이가 번역문의 차이나 말뭉치 수집의 차이게 기인했을 것으로 보이는 사항이 드러나고 있다. 물론 이것은 언어 사용의 다양성을 증명하는 자료가 될 수도 있으나 혹시 개별 연구자의 오류나 번역자의 오류가 있을 수 있다는 점도 향후는 검증되어야 할 문제라고 생각되며 이를 보완하기 위해서 한·중 병렬말뭉치가 제대로 구축된다면 현재까지 연구에서 나타난 여러 연구의 쟁점이 다시 검토될 수 있을 것으로 생각한다.

5. 어휘 연구의 동향과 쟁점

어휘 대조는 어휘가 음운이나 문법에 비해 열린 집합인 점을 고려하면 그 수가 많을 수밖에 없다. 이 책에서는 약 900여 편의 연구를 찾을 수 있었고, 이를 무엇을 기준으로 나누어야 하느냐에 대해 여러 가지 방법이 있겠으나 여기에서는 어휘의 의미 관계 연구와 사회언어학적 어휘, 기타 어휘로 나누어 제시해 보았다. 대범주 안에 소범주로 나누어 넣는 것에 있어서도 최대한 귀납적으로 수집한 어휘 연구의 주제를 넣는 방향으로 분류하였으나 이렇게 나눈 어휘 연구의 주제 유형도 20개 이상의 어휘 유형으로 나누어졌다. 어휘의 의미관계 어휘라고 대범주의 이름을 붙이기는 하였으나 여기에는 어휘의 형성이나 의미 계열 관계, 통합 관계를 포함한 사전에 제시된 어휘 지식과 관련된 품사, 파생어, 유의어, 반의어, 연어, 관용어, 속담 등을 모두 넣었고, 사회언어학적인 의미가 어휘 의미의 핵심 교수 내용이 될 수 있는 유형으로 존대어, 호칭어, 완곡어 등이 포함되었다. 두 범주에 속하지 않은 한자어, 외래어, 의성의태어 등을 기타 어휘로 놓고 수집된 모든 어휘 연구의 경향을 파악하였다. 그러나 본고는 어휘 분류의 기준보다는 전체 연구 동향을 파악하는 것에 더 초점이 있으므로 연구의 정리는 어휘 유형별로 살펴보는 것에 중심을 두었다. 이런 특성을 고려하여 어휘 연구의 특징을 정리해 보면 다음과 같이 몇 가지 연구의 특징을 정리해 볼 수 있다.

가장 많은 연구는 한·중 품사별 어휘 대조에 초점을 맞춘 연구이며 단어 형성법이나 한자어 대조에 관한 연구이다. 어휘 유형을 이렇게 나눴다고 해도 각 연구 영역이 완전히 독립적인 것은 아니다. 중국어는 모두 한자이기에 기본적으로 한자 대조일 수 있으나 이 책에서는 연구자의 연구 목적이 한국과 중국의 한자어의 형태와 의미가 어떻게 달라지는가에 초점을 맞춘 부분은 한자어 대조로 보았고 품사별 대조 안에서 한국어 한자어와 고유어를 다 포함하여 품사에 속한 어휘들의 특징을 살펴보는 것은 품사별 대조로 보았다. 특정 품사의 어휘를 대조할 때도 어휘의 의미는 하나가 아니기에 기초 어휘인 다의어의 대조는 품사별 어휘의 동사 대조일 수도 있고, 다의어 대조가 되기도 한다. 명사 대조에 있는 신체어 대조의 경우는 신체 관용어의 문제이기도 하고, 관용어의 대조는 신체 관용어뿐만 아니라 감정어나 색채 관용어가 있기도 하고, 이런 관용어는 또한 한자어와 같이 비유적 의미의 대상이 같은지의 여부에 따라 한자어 대조가 되기도 한다. 이런 특성은 기본적으로 어휘 지식의 다면성에 기인하는 문제이다. 어휘는 의미, 형태, 사용의 측면에서 지식을 구성하고 있으므로 하나의 어휘는 어휘의 의미에 초점을 맞추느냐, 형태에 초점을 맞추느냐, 사용 맥락에 초점을 맞추느냐에 따라 핵심적인 대조의 내용이 달라질 수 있기 때문이다.

그러므로 어떤 어휘 연구를 분류하여 최대한 연구의 목적에 따라 나누었지만 하나의 어휘를 중심으로 본다면 그 어휘는 다른 영역에도 속할 수 있기 때문에 어휘의 영역 겹침은 다른 영역에 비해 범주 설정이 독립적이지 않다. 다시 말하면 이 범주 설정의 혼란은 어휘 자체의 특성에 기인하는 바 하나의 어휘는 품사, 의미, 사용의 형태에 따라 예를 들어 명사이면서 한자어이고, 그리고 유의어가 많아 어렵기도 하고, 그 자체가 다의어여서 의미 확장이 한국어 학습자에게 혼동을 주기도 하는 것처럼 무엇을 기준으로 어휘를 살펴보느냐에 따라 달라지기 때문이다. 따라서 이 연구에서 나눈 기준은 연구자가 같은 대상이나 목적으로 진행된 연구를 모아서 연구 동향을 분석한 것이라는 점이고 이 연구들은 때로는 관점을 달리하면 다른 영역의 유형의 분류에 속할 수도 있다는 점을 밝힌다.

다음으로 어휘 연구에서는 기본적으로 가장 많은 연구 자료로 사용된 것이 사전이다. 사전의 의미 대조는 어휘의 의미 대조를 하기 위한 가장 기초적인 방법이다. 사전의 의미가 같다고 하거나 다르다고 하는 것을 판정하는 것은 생각처럼 쉬운 방법은 아니다. 한 단어의 사전의 의미는 하나인 경우보다 둘 이상의 의미가 있는 다의어가 다수 존재하며, 단어의 의미는 사전에 따라 다르기도 하기 때문이다. 한·중 어휘 대조 연구에서 가장 많은 연구가 한자어 대조 연구인데 한자어 대조가 많은 이유는 같은 형태의 한자어인데 중국 한자 어휘와 한국어 한자어의 의미가 다른 것이 존재하기 때문이다. 기본적으로 어휘에 대한 대조 연구는 어휘의 형태, 의미, 사용의 관점에서 접근이 가능하다면 어휘의 형태를 중심으로 가장 많은 연구는 한국어 한자어와 중국어 어휘의 동형 형태의 의미를 비교하는 연구가 가장 많다. 언어학적으로 동족어(Cognate)라고 하는 어휘는 모든 언어들에서와 마찬가지로 두 언어의 형태와 의미가 같을 때는 동형동의(true friend)가 학습을 쉽게 하는 반면에 동형이의(false friend)가 있어서 혼란을 주기 때문이다. 물론 대체로 많은 한자어는 동형동의일 것 같으나 의미상이나 사전상 두 단어를 동의어로 판단하는 것이 다르게 나타나서 완전동형동의나 부분동형동의와 같은 분류가 추가된다. 동형이의의 문제도 완전동형이의도 있지만 부분동형이의도 있기에 이런 한자어 대조를 나누는 분류의 기준이 연구자마다 다른 것을 뒤의 한자어 대조 부분에서 확인할 수 있다. 이런 분류들이 다른 것은 연구자의 판단의 문제일 수도 있지만 사전 의미의 문제일 수도 있다.

사전 다음으로 많이 사용하는 연구 자료는 말뭉치이며 말뭉치를 사용하는 연구들이 증가하고 있는 추세라는 점에서 문법 연구와 같은 동향인데 문법 대조를 위해 사용한 말뭉치가 병렬 말뭉치라면 어휘 대조에는 대체로 비교 말뭉치가 사용된다. 예를 들어 비교 말뭉치를 통해 각 언어의 대규모 말뭉치 안에서 어휘가 사용되는 공기어나 연어의 문제를 통해 어휘의 의미에 접근해 가는 방법을 사용하는 것이 일반적인 비교 말뭉치의 사용 방법으로 이런 방법으로 한·중 유의어 대조, 다의어 대조 등등 의미 대조를 하는 연구를 수행한다. 사전의 의미 대조만으로는 기본적인 의미와 일부 확장의 의미를 알 수 있긴 하지만 한국어의 경우에도 표준국어대사전이냐 한국어기초사전이냐에 따라 어휘 의미의 개수가 달라지는 것처럼 중국어의 경우도 그럴 수 있는 가능성이 있기에 사전 의미를 넘어 실제 사용에서 용언의 경우는 공기하는 명사를 통해 의미 사용을 유추하고, 명사의 경우는 공기하는 서술어와의 차이를 볼 수 있다는 점에서 한국어의 세종 말뭉치와 중국어의 북경대학교 CCL말뭉치가 많이 사용된 것을 볼 수 있다. 유의어 대조의 연구의 경우에는 사전이나 말뭉치 자료 이외에 실제 언어권 학습자들이 어떻게 사용하는지를 물어보는 설문조사 연구를 통해 모어 화자의 어휘의 의미에 대한 인식과 사용 양상을 조사하는 방법으로 구체적인 유의어 사용의 특성을 파악하기도 한다.

앞에서도 살펴보았듯이 어휘의 의미 대조는 어떤 자료를 사용해도 기본 의미뿐만 아니라 확장 의미로 나아가면 의미 대조를 통해 동의어로 판단하거나 이의어로 판단하는 문제가 남는다. 이런 의미의 문제에 대한 접근을 위해 어휘 의미 대조는 이론적 배경이 확장 의미나 상징 의미의 대조에 관심을 가질 수밖에 없고, 의미를 대조하기 위한 배경 이론에 대한 연구자의 이해와 해석의 깊이가 차이가 있다. 특히 인지언어학이나 원형이론과 같은 이론적 배경이 번역서에 근거하여 이론적 논의가 이루어지다 보니 용어의 사용에 혼동이 있으며 이런 부분은 향후 정리가 되어야 하는 부분이다.

어휘의 의미 대조를 넘어서 사용의 영역까지 확인하는 것이 어휘 대조의 영역에 필요한 어휘 유형들이 있다. 사용상의 의미를 알아보기 위해 다양한 방법으로 대조를 한다면 실제 사용 환경에서는 어휘가 가지고 있는 의미가 맥락 안에서 어떻게 사용되느냐의 문제로 나가기 마련이란 점에서 사회 언어학적인 접근 또한 가능하다. 특별히 맥락 안에서 어휘가 사용되는 사용상의 어휘의 의미의 문화적 의미나 사회적 기능에 초점을 둔 연구가 주로 진행된 연구로는 색체어나 호칭어 등과 같은 연구가 있다. 색체어의 사회문화적 상징적 의미 대조나 호칭어 사용의 차이에 관심을 둔 어휘의 사회문화적 사용 양상의 차이를 대조한 연구들도 70여 편 가량 진행되었다. 호칭어의 경우는 한국 친족 호칭어의 사용이 다른 언어권에 비해 확대 사용되다 보니 실제 사용 상황에서의 사용을 물어보는 설문 조사 연구로 진행되는 연구들이 나타나는 데 비해 색채어 연구는 실제 사용 양상의 차이를 사전이나 말뭉치의 표현을 중심으로 연구되고 있다. 한자어의 색체어가 정해진 한자 한 글자인데 비해 한국어의 색채어는 어떤 단어를 대응어로 선택하느냐에 따라 형용사 색채어와 이의 명사 색체어의 두 유형(파랑과 파란색)으로 대응 양식이 나타나고 있고 연구자에 따라 상징 의미가 다르다. 특히 이런 사용상의 사회문화적 의미의 특성을 대조하는 연구는 어휘 연구와 문화 연구를 연결시키는 접점이다. 어휘 연구는 어휘의 열린 집합이라는 특성과 사회문화적 특성을 반영한 어휘가 끊임없이 생산되기 때문에 당연한 결과일 수도 있고 이런 측면에서 한국어교육 연구에서 한·중 문화의 특성을 대조하기 위한 자료로 신어나 외래어 등과 같은 대조 연구도 이루어졌다.

6. 담화 및 표현 연구의 동향과 쟁점

이 책의 담화 및 표현 관련 영역에는 화행 관련 대조 연구와 담화 표지 관련 연구를 담았고, 표현이라고 된 연구로는 어휘 단위의 교육에서는 다루기가 어려운 영역을 넣었다.[5] 한국어교육에서 표현 단위로 묶을 수 있는 단위는 수행하는 언어 기능에 따라 나누어 볼 때, 담화 맥락에서 사용되는 화행에 초점을 맞춰 사용하는 화행 전략에 초점을 맞추는 경우와 표현에 초점을 맞춰서 언어적 표현에 초점을 맞춘 연구로 나누어볼 수 있다. 같은 거절의 기능을 수행하는 언어 표현을 화행에서 다루어 본다면 언어 자체의 형태보다는 그것이 문장 안에서 수행하는 전략적 기능에 초점을 맞추게 되는데 이에 대한 조사는 대체로 상황 변인에 따라 어떻게 수행하는지를 알아보기 위해 담화 완성형 테스트(Discourse Completion Test: 이하 DCT)로 연구를 진행하는 경우가 대부분이며 이 책의 대조 연구들도 대부분의 화행

5 어휘와 표현의 경계를 명확하게 나누기는 어렵다. 같은 대상을 다루면서도 어떤 논문에서는 관용어로 어떤 논문은 관용 표현이라는 제목으로 나온다. 이런 경우는 완곡어와 완곡 표현에서도 나타나는 문제인데 이 책에서는 대체로 어휘 단위에서는 많은 연구가 채택한 용어를 선택하거나 어휘 단위라기보다는 문장 단위의 표현이 대상이 되는 경우를 표현으로 넣고자 했다. 다만 책을 공동 집필하면서 영역별로 나누다 보니 분량의 차이도 있어서 어휘에서 다뤄야 함에도 관용어를 제외하고는 표현으로 분류하게 되었음을 밝힌다. 이 책의 주된 목적은 대조 연구를 살펴보는 것이어서 어휘와 표현의 경계나 그런 분류는 아니었음을 밝힌다.

연구는 이런 방법으로 수행이 되었다. 비슷한 연구이기는 하나 표현 대조에 초점을 맞춘 연구들은 같은 기능을 수행하는 표현들을 대조하기 위해 말뭉치를 주로 사용한 연구들이고, 어휘나 문장의 표현에 더 초점을 둔 분석을 하고 있다. 그래서 같은 기능을 수행하는 연구들이 화행 연구에도 있고(인사 화행, 사과 화행), 표현 연구(인사 표현, 사과 표현)이 있다.[6] 같은 언어 기능을 사용하는 언어 형식에 대한 연구의 초점이 반드시 명확하게 구분되지는 않으며, 어떤 것들은 화행은 아닌 표현에만 있는 것들도 있는데 예를 들어 완곡 표현이나 인용 표현 같은 것들은 화행은 아닌 것들이다.

담화 대조 연구는 문법이나 어휘에 비해 연구의 수가 적은데 이는 연구의 관심이 늦게 시작된 점도 있고 한국어교육의 교수 내용이 어휘와 문법에 더 초점을 두고 있는 것도 영향을 준 것이라고 생각한다. 그러나 향후 언어의 담화 기능이나 담화 연결이나 전달에 사용되는 문법 단위를 넘어선 언어 단위에 대한 연구는 더 늘어날 것이라는 측면에서 현재까지의 연구를 정리해 보면 다음과 같이 정리해 볼 수 있다.

먼저 화행 대조 연구 방법에 있어 몇 가지 연구 자료와 방법에 대한 정리가 필요하다. 대체로 화행 대조의 연구가 DCT를 사용한 연구가 존재하는데 이 자료마저도 연구자에 따라 개별적이어서 서로 같은 연구를 비교하게 되지 않는다. 이러한 측면에서 DCT 상황에 대한 정리가 필요한 것은 물론이거니와 변인 설정이나 분석의 문제도 정리되어야 한다는 것을 이 책의 5장의 한·중 담화 대조 연구에서 살펴볼 수 있다. 물론 아직까지 연구가 많지 않기에 DCT연구도 더 수행되어야 하지만 이 방법 이외에 실제 구어 상황의 인터뷰나 역할극이나 이미 존재하는 구어 상황의 말뭉치를 통해 연구 자료의 다변화가 필요하다. DCT 연구는 간편하게 필요한 상황

6 혹시 독자가 혼란을 느낄 수도 있다는 점을 밝힌다. 그러나 모든 연구를 수집해서 연구 대상이나 연구의 목적에 따라 나눈다는 방대한 작업을 하다 보니 특히 언어 연구의 경계가 명확하지 않을 수 있음은 당연한 것이며 이런 측면에서 화행 연구의 주제로 있는 것을 모두 화행으로 보내기에는 표현 연구에서 사용하는 자료와 방법에 더 가까워 같은 사과의 언어 기능을 다루더라도 화행과 표현의 영역에서 연구를 나누어 살펴보았다.

변인에 따른 연구 결과를 얻을 수 있는 장점이 있는 반면에 자료 수집의 한계로 인해 지나치게 대학생들의 언어 상황을 보여주는 것이라서 이 점에서 전체 한·중 자료의 대조라기보다는 한중 대학생이나 대학원생의 자료라고 보인다.[7]

다음으로 이 분야 연구의 특성의 하나는 연구 집단 설정의 차이이다. 화행 대조를 위해 DCT를 사용한 연구는 한국어 모어 화자 집단과 중국어 모어 화자 집단으로 두 집단을 설정하여 두 집단을 대상으로 같은 변인에서 어떤 화행 전략을 사용하는지를 비교하고 있다. 두 집단의 문제가 두 언어의 화행에 초점을 맞춘 것과는 달리 세 집단을 사용한 연구는 한국어를 배우는 학습자 집단을 포함시켜서 학습자가 사용하는 화행의 특징이 한국어에 더 가까운지 중국어에 더 가까운지를 알아보는 중간언어적 접근을 하고 있다. 두 집단의 연구 중에는 중국어 집단 없이 한국어 모어 화자 집단과 학습자를 비교한 경우도 있는데 이는 명백하게는 대조 연구라고 보기는 어렵다.

화행 대조 연구를 보면 변인에 따른 차이가 달리 나타나고 있어 아직 정리할 수 있는 명백한 결과를 확인하기 어려운데 연구를 통해 개별적인 상황에서 다르게 나타난 화행상의 차이가 있기는 하지만 연구 결과가 상반되는 경우가 많고, 본질적으로 한국어와 중국어 간에 명백하게 차이가 나는 부분이 크게 드러나지 않기 때문이라 생각되기도 한다. 이런 점 때문에 화행 상황의 설정이 통일된 후에 대규모의 연구를 통해 밝힐 필요가 있다는 생각이 들기도 한다.

담화표지의 연구도 특정 기능을 수행하는 담화표지의 대조 연구가 이루어졌으며 구어 자료나 말뭉치를 중심으로 대조가 되고 있다. 최근에 한국어 연구의 영역에서 담화표지 자체의 기능에 대한 연구가 많은 관심을 받

7 이런 문제점은 DCT자료의 상황이 학교에서의 상황, 교수님과의 대화와 같은 상황에 맞춰 있는 것으로 확인할 수 있다. 이런 문제는 한국어 학습의 필요에 의해 연구된 것이라는 점에서 당연할 수 있으나 연구 자체로서 한·중의 화행의 차이를 보여주기에는 일부분의 편중된 연구 대상이라는 점을 인정하지 않을 수 없다.

고 있는 영역이기에 이에 대한 대응형의 설정은 담화표지의 기능을 어떻게 보느냐에 따라 달라질 수 있는 부분으로 남아 있다.

담화 분야의 연구들은 문법이나 어휘에 비해 아직까지 연구의 수가 많지 않은데 이는 상대적으로 관심이 늦게 시작된 연구 분야이기 때문이기도 하고, 아직까지 한국어교육의 교재나 교육과정이 문법과 어휘 중심으로 이루어진 영향도 있는 것으로 생각된다. 향후 연구가 더 많이 요구되는 대조 영역의 부분이라 생각한다.

7. 나가는 말

20여 년간 한·중 대조 연구가 급속히 증가한 것은 앞에서도 밝혔듯이 중국인 학습자와 중국인 연구자의 증가가 이뤄낸 성과이다. 그 외에 한국어와 중국어가 이렇게 대조 연구가 활발한 이유는 한자를 사용한다는 공통점을 가지고 있다는 점과 그럼에도 불구하고 유형론적으로 다른 언어에 속한다는 사실이 연구 대상의 매력을 높이기에 충분했을 것이라는 추정이 가능하다. 그래서 같은 등가의 대조 항목이 있는 연구는 그 영역대로 활발한 대조가 이루어졌으며 두 언어의 특성이 달라서 대조가 어려운 부분은 그 나름대로 등가 항목을 찾기 위한 연구가 또 진행되었다.

이 책을 위해 2천여 개의 연구를 정리하는 작업에 있어 부족한 부분이 있을 것이라는 점은 말할 필요도 없을 것이다. 다만 이 책의 귀납적 연구 결과는 향후 한·중 대조를 계획하는 연구자들에게 연구의 출발점에서 어떤 문제를 해결하고 그 문제에 접근해야 하는지를 생각해 보게 해주고 있다는 점에서 의미 있는 작업이라 생각한다. 현재와 같은 추세라면 이를 바탕으로 더 많은 대조 연구가 수행될 것으로 예측되며, 향후 정리가 덜 된 영역은 또 몇 년 뒤에 본격적인 정리 작업이 될 수 있을 것을 기대한다.

참고문헌

김은경(2012), 「중국인의 한국어 모음 습득 연구」, 충남대학교 박사학위논문.

김정욱(2009), 「중국인 학습자의 한국어 발음 교수 방안 연구 : 한국어와 중국어 모음 체계 대조를 중심으로」, 대구대학교 석사학위논문.

왕정정(2012), 「중국인 학습자를 위한 한국어 이중모음 교육 방안 연구」, 부산대학교 석사학위논문.

원미진(2018), 「중국어권 학습자 대상의 한국어교육 연구의 동향과 전망」, 『언어사실과 관점』 45, 연세대학교 언어정보연구원, 183-204쪽.

유쾌(2015), 「중국인 학습자를 위한 한국어 단모음 발음 교육 방안 연구」, 한양대학교 석사학위논문.

학미(2005), 「한국어와 중국어의 단모음 비교연구 : 실험음성학적으로」, 이화여자대학교 석사학위논문.

Zheng Yihan · 원미진(2021), 「중국인 학습자의 한국어 파열음 발음에 대한 조사 연구」, 『국제어문』 91, 국제어문학회, 303-323쪽.

제2장

한·중 음운 대조 연구

Ⅰ.
한·중 음운 대조 연구 동향 분석

설산·유인박·정이한

1. 들어가는 말

한국어교육 현장에서 언어적인 측면에서 가장 기본적인 관심은 음운에서 시작되며 이에 대한 발음 교육은 가장 기본적인 언어 교육의 출발이다. 이 장에서는 한·중 음운 대조 연구의 동향을 고찰하고 그 결과를 토대로 앞으로 한국어 발음 교육을 위해 한·중 음운 대조 연구의 방향과 과제를 제시하고자 한다.

본고의 분석 대상이 되는 연구 자료는 한·중 음운 대조 연구에 해당되는 논문이다. 연구 자료의 선정은 세 단계를 거쳤다. 우선, 한국교육학술정보원에서 제공하는 학술연구정보서비스(Research Information Sharing Service, RISS)에서 "중국어 한국어 대조"와 "한중 대조"라는 키워드로 검색한 결과, 2022년 3월까지 출간된 논문은 총 3,940편이 나왔다. 그중 국내 학술지 논문이 864편, 학위논문이 3,076편이었다. 그다음, 검색된 논문을 바탕으로 중복된 논문, 원문이 공개되지 않은 논문, 주제가 무관한 논문을 삭제한 결과 총 3,146편이 남았다. 마지막으로 정리된 논문을 대상으로 음운·어휘·문법·담화·문화라는 다섯 가지 영역으로 분류한 후 한·중 음운 대조 연구에 해당되는 논문 205편을 본고의 분석 대상으로 삼았다. 이 장에서는 먼저 연도별, 유형별, 주제별, 연구 목적별, 대조 방법별 연구 추세를 거시적으로 살펴본 다음 중요한 주제인 자음, 모음, 종성 등의 연구를 점검해 보고자 한다.

2. 연도별 연구 동향

한·중 음운 대조 연구 205편의 연도별 연구 동향을 살펴보면 다음 〈표 1〉과 같다.

〈표 1〉 연도별 한·중 음운 대조 연구 동향

연도	연구 수	비율(%)	연도	연구 수	비율(%)
2006 이전	8	3.9	2014	13	6.3
2007	6	2.9	2015	14	6.8
2008	5	2.4	2016	11	5.4
2009	7	3.4	2017	8	3.9
2010	9	4.4	2018	18	8.8
2011	14	6.8	2019	14	6.8
2012	17	8.3	2020	11	5.4
2013	23	11.2	2021~[1]	15	7.3
합계				205	100.0

위 〈표 1〉에 나타난 바와 같이 2006년 이전부터 시작된 한·중 음운 대조 연구는 2008년을 기점으로 2013년까지 꾸준히 증가하였다. 2014년부터는 다소 감소하거나 정체되는 모습을 보이다가 2018년에 이르러 다시 증가하는 추세를 보였다. 이후 현재까지 한·중 음운 대조 연구는 꾸준히 이루어지고 있음을 알 수 있다.

1 본고에서는 2022년 3월까지의 연구를 수집하였으며 2022년 연구는 2편이 있었다.

3. 유형별 연구 동향

한·중 음운 대조 연구는 발간 유형별로 크게 학위논문과 학술지 논문으로 분류할 수 있다. 구체적으로 유형별 연구 동향을 살펴보면 다음 〈표 2〉와 같다.

〈표 2〉 발간 유형별 한·중 음운 대조 연구 동향

발간 유형	연구 수	비율(%)
석사학위논문	157	76.59
박사학위논문	17	8.29
학술지 논문	31	15.12
합계	205	100.00

위 〈표 2〉를 통해 알 수 있듯이 총 205편의 연구 가운데 전체 연구물의 84.88%가 학위논문의 형태로 발표된 연구였다. 그중에서도 석사학위논문이 157편(76.59%), 박사학위논문이 17편(8.29%)으로 석사학위논문이 대부분을 차지하였다. 한편 학술지 논문은 31편(15.12%)으로 학위논문에 비해 그 수가 적은 것을 알 수 있다.

4. 주제별 연구 동향

한·중 음운 대조 연구의 주제별 연구 동향을 살펴보기 위하여 연구들을 주제별로 분류하였다. 한국어 음운론의 일반적인 분류 틀을 연역적으로 참조하였으며, 실제 분류 태깅 작업 중 새로 추가된 주제를 더하여 최종적으로 '음운 체계, 음소, 운소, 음절, 음운 규칙, 중국어 방언과 한국어 대조' 등과 같이 6가지 부류로 유형화하였다. 구체적인 분류 및 세부 분류별 연구물의 수는 다음 〈표 3〉과 같이 정리하였다.

〈표 3〉 주제별 한·중 음운 대조 연구 동향

분류		세부 분류	연구 수	비율(%)
음운 체계		-	33	16.10
음소 (분절음)	모음	모음 전체	26	12.68
		단모음		
		이중모음		
		특정 모음		
	자음	자음 전체	46	22.44
		장애음		
		파열음&파찰음		
		파열음		
		파찰음		
		유음		
		비음		
		경음		
		활음		
운소(초분절음)		음높이	9	4.39
		악센트		
		억양		
음절		종성	25	12.20
		중성&종성		
		2음절 특정 어휘		
		음절 구조		
음운 규칙		음운 변동	26	12.68
		자음동화		
		연음 현상		
		경음화		
		유음화		
		비음화		
		구개음화		
		배열 제약		
		외래어의 음운 대조		
		음운 규칙 체계		
중국어 방언+한국어 대조 연구			40	19.51
합계			205	100.00

위 〈표 3〉을 통해 알 수 있듯이 첫째, '음운 체계'로 분류된 연구들은

총 33편이고 전체 연구물의 16.10%를 차지하고 있다. 보통 한국어의 음운 체계와 중국어의 음운 체계를 전체적으로 대조 분석한 연구들이 이에 속한다.

둘째, '음소'로 분류된 연구들은 총 72편이며 전체 연구물 중 가장 큰 비중인 35.12%를 차지하고 있다. 이를 다시 분류하여 살펴보면 모음 26편(12.68%), 자음 46편(22.44%)으로 나타났다. 모음 관련 대조 연구의 경우, 모음 전체, 단모음, 이중모음, 특정 모음 등으로 세분화될 수 있다. 한편, 자음 관련 대조 연구의 경우, 자음 전체, 장애음, 파열음&파찰음, 파열음, 파찰음, 유음, 비음, 경음, 활음 등으로 세분화될 수 있다.

셋째, '운소'로 분류된 연구들은 총 9편(4.39%)으로 그 수가 가장 적었다. 주로 음높이, 악센트, 억양 등 세 가지로 세분화될 수 있다.

넷째, '음절'로 분류된 연구들은 총 25편이고 전체 연구물의 12.20%를 차지하고 있다. 한국어 종성, 중성&종성, 2음절 특정 어휘, 음절 구조 등과 관련된 연구들이 이에 속한다.

다섯째, '음운 규칙'으로 분류된 연구들은 '음절' 연구와 비슷하게 총 26편이고 전체 연구의 12.68%를 차지하고 있다. 이는 다시 음운 변동, 자음 동화, 연음 현상, 경음화, 유음화, 비음화, 구개음화, 배열 제약, 외래어의 음운 대조, 음운 규칙 체계 등으로 세분화될 수 있다.

여섯째, '중국어 방언과 한국어 대조'의 경우, 중국어의 지역 방언의 특수성을 고려하여 하나의 분류로 독립시켰는데 이는 모두 최근에 나온 연구로서 총 40편이며 전체 연구의 19.51%를 차지하고 있다. 이를 통해 중국인 학습자의 모어 특성을 고려하여 지역 방언까지 치밀하게 연구해 왔다는 흐름을 파악할 수 있다.[2]

2 사회언어학과 음운론의 측면에서 살펴봤을 때, 중국어 지역 방언의 수가 상당히 많았다. 이러한 다양한 지역 방언의 음운론적인 특성은 만다린어(Mandarin Chinese)와 분명한 차이가 존재한다는 것을 의미한다. 그러므로 이 장에서 지역 방언에 관한 대조 분석 연구를 구체적으로 다루지 않았으며 만다린어를 중심으로 검토하였다.

5. 연구 목적별 연구 동향

한·중 음운 대조 연구의 연구 목적은 크게 6가지 유형으로 분류할 수 있다. 연구 목적별 구체적인 분류는 다음 〈표 4〉와 같다.

〈표 4〉 연구 목적별 한·중 음운 대조 연구 동향

연구 목적	연구 수	비율(%)
대조 분석	36	21.82
대조 분석 + 발음 교육	77	46.67
대조 분석 + 오류 분석	15	9.09
대조 분석 + 중간언어 분석	23	13.94
대조 분석 + 오류 분석 + 발음 교육	12	7.27
대조 분석 + 중간언어 분석 + 발음 교육	2	1.21
합계	165	100.00

위 〈표 4〉를 보면 대조 분석 후 중국인 한국어 학습자를 대상으로 한국어 발음 교육을 논의한 연구가 77편(46.67%)으로 가장 많았다. 다음으로는 대조 분석만 진행한 연구가 36편(21.82%), 대조 분석 후 중간언어의 관점으로 중국인 한국어 학습자의 한국어 발음 양상을 조사한 연구가 23편(13.94%)이 있었다. 그 뒤를 이어 대조 분석 후 오류 분석의 관점으로 중국인 한국어 학습자의 한국어 발음 오류 양상을 조사·분석한 연구가 15편(9.09%), 대조 분석 후 중국인 한국어 학습자의 한국어 발음 오류 양상을 조사·분석한 다음 교육 방안을 제안한 연구가 12편(7.27%)이 있었다. 마지막으로 대조 분석 후 중국인 한국어 학습자의 한국어 발음 양상을 조사한 후 교육 방안을 제안한 연구가 2편(1.21%)이 있었다.

6. 대조 방법별 연구 동향

한·중 음운 대조 연구에서 구체적으로 어떤 방법으로 대조 분석을 수행하였는지 고찰하기 위하여 대조 방법을 살펴보았는데, 이에 대한 통계 결과는 다음 〈표 5〉와 같다.

〈표 5〉 대조 방법별 한·중 음운 대조 연구 동향

대조 방법	연구 수	비율(%)
선행 문헌에 의한 대조	140	84.84
사전에 의한 대조	4	2.42
음성 실험에 의한 대조	19	11.52
선행 문헌에 의한 대조+음성 실험에 의한 대조	2	1.21
합계	165	100.00

위 〈표 5〉에서 볼 수 있듯이, 한·중 음운 대조 연구에서는 음운론이나 음성학 분야의 선행 연구 성과나 원론서를 검토하면서 이론적으로 대조 분석한 연구가 140편(84.84%)으로 가장 많았다. 다음으로, 보다 실증적인 실험음성학적 방법을 활용하여 대조 분석을 진행한 연구가 19편(11.52%)이었다. 이어서 2음절 한자음 등을 논의한 논문 중 사전을 활용해서 발음을 대조 분석한 연구가 4편(2.42%), 이론적 대조와 음성 실험 대조의 방법을 모두 활용한 연구가 2편(1.21%)이 있었다.

7. 나가는 말

지금까지 한·중 음운 대조 연구의 동향을 분석하기 위하여 분석 대상 논문의 선정 과정을 소개하였고 한·중 음운 대조 연구의 연도별 연구 동향, 유형별 연구 동향, 주제별 연구 동향, 연구 목적별 연구 동향, 대조 방법별 연구 동향을 살펴보았다. 다음으로 모음, 자음, 종성에 초점을 두어 각 분야별 한·중 음운 대조 연구에서 구체적인 연구 내용 및 연구의 쟁점을 검토하고자 한다.

Ⅱ.
한·중 모음 대조 연구의 실제 및 쟁점
: 연구 목적을 중심으로

정이한(ZHENG YIHAN)

1. 들어가는 말

본 연구는 한국어교육 분야에서 한·중 모음 대조 연구를 되돌아봄으로써 그동안의 연구 성과를 살펴보고 쟁점을 밝히는 데에 목적이 있다. 허용·김선정(2014)은 외국어 학습에 미치는 여러 가지 요인 중에서도 학습자의 모국어는 가장 중요한 요인 중의 하나임에 틀림이 없을 것이라고 한 바 있다. 또한 허용 외(2005)에서 다른 영역보다 발음은 모국어로부터 가장 많은 영향을 받는 분야이며 가장 일찍 굳어진다고 하였다. 그러므로 중국인 학습자가 한국어 음운을 습득하는 데에도 어휘, 문법 등 다른 영역보다 모국어의 영향을 더 쉽게 받을 수 있을 것이다. 따라서 한·중 음운 연구에서는 많은 연구자가 대조언어학(contrastive linguistics)을 기반으로 하여 두 언어의 음운이 어떻게 다르며, 이를 언어 교육에서 어떻게 응용할 수 있는지를 연구하고 있다.

그중 한·중 모음 대조 연구는 지속적으로 주목을 받아왔는데, 이는 모음이 음운 학습 혹은 한국어 학습의 첫걸음이라고 볼 수 있기 때문이다. 그동안의 한·중 모음 대조 연구들은 한국어와 중국어 모음의 차이점과 공통점을 분석하여 이를 토대로 학습자가 쉽게 범하는 오류를 예측하고, 실험을 통해 학습자의 오류 양상이나 습득 양상을 파악하여 발음 교육의 효과를 높이기 위해 노력해 왔다.

그러나 기존 연구를 살펴보면 연구 주제가 유사하여도 연구자에 따라 연구 방법부터 연구 결과까지 다른 경우가 적지 않다는 것을 알 수 있었다. 따라서 관련 연구를 고찰하여 한·중 모음 대조 연구의 성과 및 쟁점에 대해 더 명확하게 파악하고 정리할 필요가 있다.

그러므로 이 연구에서는 먼저 연도별, 유형별, 연구 주제별 그리고 연구 목적별로 나누어 한·중 모음 대조의 연구 동향을 정리할 것이다. 그다음으로 연구 목적을 중심으로 연구 과정 및 연구 결과를 분석할 것이다. 이를 통해 연구 성과를 제시하고 쟁점에 대해 논의할 것이다. 본 연구를 통해 현재까지 진행된 한·중 모음 대조 연구를 종합해 봄으로써, 중국 학습자를 대상으로 한 한국어 모음 교육 분야에 보다 자세한 자료와 근거를 제공할 뿐만 아니라, 후속 과제가 무엇인지에 대해서도 시사점을 제공할 것을 기대한다.

2. 연구 대상 및 방법

1) 연구 자료 수집 및 선정

한·중 모음 대조 연구를 살피기 위해 우선 연구 자료를 수집하여 선정하였다. 연구 자료의 선정은 세 단계를 거쳤는데 먼저 한국교육학술정보원에서 제공하는 학술연구정보 서비스(Research Information Sharing Service, RISS)에서 "한국어 중국어 대조"와 "한중 대조"라는 키워드로 검색한 결과, 2022년 3월까지 출간된 논문 총 3,940편이 출력되었다. 그중 국내 학술논문은 864편, 학위논문은 3,076편이 있었다. 그다음, 검색된 논문을 바탕으로 중복된 논문, 원문이 공개되지 않은 논문, 주제가 무관한 논문을 삭제하여 3,146편이 남았으며 이 논문을 대상으로 음운·어휘·문법·담화·문화라는 다섯 가지의 영역으로 분류하였다. 마지막으로 그중 한·중 음운 대조 연구에 해당하는 연구물 205편을 추려내었으며[1] 재분류를 통해 한·중 모음을 중심으로 다룬 연구 25편[2]을 최종 분석 대상으로 선정하였다.

2) 분석 방법

최종적으로 선정된 연구를 바탕으로 한·중 모음 대조 연구의 실제를 살펴보기 위해 양적 분석을 진행할 것이며, 구체적인 성과 및 쟁점을 알아보기 위해 연구 목적별 분석을 진행할 것이다.

우선, 양적 분석의 경우 다음 〈표 1〉과 같이 크게 연도별, 발간 유형별, 연구 주제별 그리고 연구 목적별로 나눌 수 있다.

〈표 1〉 양적 분석의 분석 틀

영역별	하위 영역
연도별	-
발간 유형별	석사학위논문
	박사학위논문
	학술지 게재 논문
연구 주제별	모음 전체
	단모음
	이중모음
	특정 모음
연구 목적별	대조 분석
	대조 분석 + 오류 분석
	대조 분석 + 발음 교육 방안 제시
	대조 분석 + 오류 분석 + 발음 교육 방안 제시

위 〈표 1〉과 같이 연도별, 발간 유형별, 연구 주제별, 그리고 연구 목적별로 얼마만큼의 연구가 이루어졌는지를 살펴볼 것이다. 이 중 발간 유형

1 한·중 대조 작업 함께 작업하였기 때문에 이러한 선정 과정을 거쳤다.

2 모음 대조 총 26편이 나타났으나 중한 대조 내용 1편은 제외하였다.

은 석·박사학위논문, 학술지 게재 논문으로 나눌 수 있으며 연구 주제는 모음 전체, 단모음, 이중모음 그리고 원순모음, j계 이중모음 같은 특정 모음으로 나눌 수 있다. 또한 연구 목적별로 살펴보면 대조 분석, 오류 분석 그리고 발음 교육 방안 제시 3가지로 분류할 수 있는데 선정된 연구들이 모두 대조 분석을 바탕으로 진행된 연구이기 때문에 모든 연구가 하나 이상의 연구 목적을 가지고 있었다. 따라서 이 연구에서는 연구 목적을 '대조 분석', '대조 분석+오류 분석', '대조 분석+발음 교육 방안 제시' 그리고 '대조 분석+오류 분석+발음 교육 방안 제시' 4가지 유형으로 나누어 보았다.

다음으로, 연구 목적별 분석의 경우에는 검토의 편리성을 위해 대조 분석 목적, 오류 분석 목적 그리고 발음 교육 방안 제시 목적 세 가지의 목적으로 나누어 살펴볼 것이며 한 개 이상의 목적을 다룬 연구는 중복 코딩을 할 것이다.

3. 연구 동향의 양적 분석

1) 연도별 및 발간 유형별 분석

이 절에서는 선정된 25편의 한·중 모음 대조 연구를 대상으로 연도별, 유형별로 얼마만큼의 연구가 이루어졌는지 살펴볼 것이다. 연도별로 분석한 결과는 아래 〈표 2〉와 같다.

〈표 2〉 연도별 한·중 모음 대조 연구 동향

연도	연구 수	비율(%)	연도	연구 수	비율(%)
2005	1	4.0	2014	3	12.0
2006	-	-	2015	2	8.0
2007	-	-	2016	-	-
2008	-	-	2017	1	4.0

2009	1	4.0	2018	1	4.0
2010	1	4.0	2019	4	16.0
2011	1	4.0	2020	2	8.0
2012	6	24.0	2021	1	4.0
2013	1	4.0	합계	25	100.0

위 〈표 2〉에서 볼 수 있듯이 한·중 모음 대조 연구는 2005년에 시작되어 2011년까지 연구가 종종 이루어졌으나 그 수가 많지 않았다. 그러나 2012년에는 연구가 6편으로 급증하였는데 이 중 2편의 박사학위논문(김은경, 2012b; 김주연, 2013)이 발견되었다. 이후 2016년을 제외하고는 꾸준히 연구가 지속되고 있음을 확인할 수 있다.

다음으로는 발간 유형별로 연구를 살펴보도록 하겠다. 앞서 말했듯이 발간 유형은 석·박사학위논문, 학술지 게재 논문으로 나누었으며 이는 아래 〈표 3〉과 같다.

〈표 3〉 발간 유형별 한·중 모음 대조 연구

발간 유형	연구 수	비율(%)
석사학위논문	17	68.0
박사학위논문	3	12.0
학술지 논문	5	20.0
합계	25	100.0

위 〈표 3〉에서 볼 수 있듯이 발간 유형별로 한·중 모음 대조 연구를 살펴보면 석사학위논문이 17편으로 가장 많았으며 박사학위논문은 3편, 학술지 논문은 5편이 있었다.

2) 연구 주제별 분석

앞에서 언급한 바와 같이 한·중 모음 대조 연구를 연구 주제별로 살펴보면 모음 전체, 단모음, 이중모음과 특정 모음으로 나눌 수 있으며, 그 분석 결과는 다음 〈표 4〉와 같다.

〈표 4〉 연구 주제별 한·중 모음 대조 연구 동향

세부 내용		연구 수	비율(%)
모음 전체		8	32.0
단모음		13	52.0
이중모음		1	4.0
특정 모음	/ㅗ/&/ㅓ/	1	4.0
	원순모음	1	4.0
	j-계 이중모음	1	4.0
합계		25	100.0

자세히 살펴보면 단모음을 분석한 논문이 13편으로 가장 많았으며 전체 연구의 52%를 차지하였다. 다음으로 모음 전체를 연구 주제로 삼은 연구가 8편(32%)이 있었다. 또한 이중모음만 집중적으로 분석한 논문이 1편(4%), 특정 모음을 분석한 연구가 3편(12%)으로 확인되었다. 특정 모음 연구에는 원순모음, j-계 이중모음, 그리고 /ㅗ/와 /ㅓ/를 주제로 한 연구들이 있었다.

3) 연구 목적별 분석

한·중 모음 대조 연구를 연구 목적에 따라 '대조 분석', '오류 분석' 그리고 '발음 교육 방안 제시' 세 가지로 나누었다.

첫 번째로 '대조 분석' 연구는 한·중 모음 체계 혹은 두 언어의 특정 모음을 음성학적, 음운론적인 시각으로 공통점과 차이점을 밝히는 데에 초점을 둔 연구들이다. 두 번째로 '오류 분석 연구'는 한·중 모음 대조 분석을 토대로 학습자의 습득 양상 및 오류 양상을 파악하고 오류의 원인을 알아보는 데 목적을 둔 연구를 가리킨다. 세 번째로 '발음 교육 방안 제시' 연구는 앞의 두 가지의 연구 목적을 포함하고 있는 연구도 있지만, 교수

·학습 방안을 제시하거나 실험을 통해 교육적 효과를 검증하는 것까지 포함하고 있는 연구들을 의미한다.

분석 대상이 된 연구들의 연구 목적에는 '대조 분석'이 모두 기본적으로 포함되어 있었으며 두 개 이상의 목적을 가진 연구도 있었다. 따라서 본고에서는 연구 목적별 분류를 '대조 분석', '대조 분석+오류 분석', '대조 분석+발음 교육' 그리고 '대조 분석+오류 분석+발음 교육'으로 나누었다. 구체적인 정리 결과는 다음 〈표 5〉와 같다.

〈표 5〉 연구 목적별 한·중 모음 대조 연구 동향

연구 목적 / 연구	대조 분석	오류 분석		발음 교육
		오류 양상 파악	사용 양상 파악	
학미(2005)	○			
안노평(2019)	○			
이금월(2018)	○			
김은경(2012a)	○			
염회몽(2015)	○	○		
김정욱(2009)	○	○		○
왕정정(2012)	○	○		○
오순희(2012)	○	○		○
두안진루(2014)	○	○		○
왕기(2014)	○	○		○
스쓰옌(2017)	○	○		○
조아라(2019)	○			○
전홍화 외(2020)	○			○
쉐빙(2019)	○		○	○
공해령(2010)	○		○	
주림(2011)	○		○	
김은경(2012b)	○		○	
김주연(2013)	○		○	
웬신(2019)	○		○	
형승우(2020)	○		○	
하호빈(2021)	○		○	

이경(2012)	○		○	○
왕팡(2012)	○		○	○
장국화(2014)	○		○	○
유쾌(2015)	○		○	○
합계	25	7	12	13

위 〈표 5〉를 보면 모든 연구가 기본적으로 대조 분석을 목적으로 하고 있으며, 그중에서 19편의 연구는 대조 분석을 바탕으로 하여 오류 분석까지 수행되었다. 이들 연구는 학습자 오류 양상을 집중적으로 분석하는 '오류 양상 파악'유형 7편과 학습자 습득 양상을 중심으로 분석하는 '습득 양상 파악'유형 12편으로 나눌 수 있다. 마지막으로 발음 교육 방안 제시를 목적으로 삼은 연구는 총 13편이 있었는데 그중 조아라(2019)와 전홍화 외(2020)는 대조 분석의 결과를 토대로 교육 방안을 제시하였으며, 그 외의 연구들은 모두 대조 분석과 오류 분석의 결과를 바탕으로 교육 방안을 제시하였다.

다음 장부터는 이러한 3가지의 연구 목적에 따라 한·중 모음 대조 연구의 성과와 쟁점을 자세히 분석하고 논의할 것이다. 4장에서는 대조 분석을 목적으로 한 연구에 관해 고찰해 볼 것이며, 5장에서는 오류 분석 목적의 연구들을 살펴볼 것이다. 그리고 6장에서는 교육 방안 제시를 목적으로 한 연구들을 살펴볼 것이다.

4. 대조 분석 목적 연구의 실제

1) 음운론적, 음성학적 접근법 및 연구 방법

한·중 음운 대조를 위한 접근법을 살펴보면 음운론적 관점과 음성학적 관점 두 가지로 나누어 볼 수 있다. 음운론적 관점에서 한·중 모음을 대조 분석할 때에는 주로 청각적 기준에 의해 고안된 모음사각도[3]를 이용하여 대조하는데, 여기에는 혀의 전후 위치나 높낮이에 의하여 각 모음의 위치를 표시하는 방법 등이 사용되고 있다. 일반적으로 혀의 전후 위치를 기준으로 하여 전설모음과 후설모음, 혀의 고저 위치를 기준으로 고모음, 중모음, 저모음, 입술 모양을 기준으로 원순 모음과 평순 모음으로 구분할 수 있다.

반면, 음성학적 차원에서 한·중 모음을 대조 분석하는 데에는 각 모음의 포먼트(formant)[4] 수치가 상당히 중요한 근거로 간주된다. 포먼트는 말소리를 인식하거나 구분하는 데 중요한 역할을 하며 이론적으로 F1에서 Fn까지 그 수가 무한하다. 모음 대조 연구 중에서 제1 포먼트(F1), 제2 포먼트(F2)의 포먼트 수치를 측정하고 비교한 경우가 대부분이었으며 제3 포먼트(F3)까지 검토하는 연구도 있었다.[5]

다음으로 한·중 모음 대조 분석의 연구 방법에 대하여 검토할 것이다. 연구 방법은 두 가지로 나눌 수 있는데 한·중 문헌에 의한 대조와 음향음성실험에 의한 대조가 그것이다. 우선 문헌에 의한 대조 방법은 한·중 음운 이론서와 선행 연구의 관점을 근거로 한·중 모음을 살펴보는 것이다. 반면, 음향음성학적 실험에 의한 대조 방법은 실험을 통해 수집된 한·중 원어민 화자가 발화한 모음 발음의 포먼트를 근거로 대조 분석하는 것이다.

각 연구의 목적에 따라 음운 대조의 접근 방식과 연구 방법이 다를 수 있으며, 하나의 연구에서 한 개 이상의 접근법 혹은 연구 방법을 사용하기도 한다. 본 연구에서는 선정된 연구들의 접근법과 연구 방법을 파악하기

---

3 모음을 조음 위치 및 개구도에 따라 사각형으로 분류하여 그림으로 보인 것.

4 모음은 다른 모양의 성도를 지나면서 에너지의 분포가 변해 이 성도의 모양과 크기에 따라 서로 다른 공명주파수(resonance frequency)가 발생하며 이것이 스펙트로그램 상에 가로의 굵은 검은 띠로 나타나는데 이것을 포먼트(formant)라고 한다(김은경, 2012:14 참조).

5 F1은 혀의 고저와 반비례 관계로 나타나는데 혀가 낮으면 낮을수록 F1 수치가 높으며 혀가 높으면 높을수록 F1 수치가 낮다. F2는 혀의 전후와 비례관계로 나타나는데 혀가 앞쪽에 놓이면 F2 수치가 높지만, 혀가 뒤쪽에 놓이면 F2 수치가 낮다. F3은 입술 모양과 관련이 있으나 상관관계가 아주 뚜렷하지는 않다.

위하여 이를 다음 〈표 6〉과 같이 정리하였다.

〈표 6〉 한·중 모음 대조의 연구 방법

연구 방법 \ 접근법	음운론적 대조	음성학적 대조	종합적 접근
문헌에 의한 대조	김정욱(2009), 공해령(2010) 주림(2011), 왕정정(2012) 이경(2012), 오순희(2012) 왕팡(2012), 두안진루(2014) 왕기(2014), 유쾌(2015) 염회몽(2015), 스쓰옌(2017) 조아라(2019), 웬신(2019) 쉐빙(2019), 전홍화 외(2020) 형승우(2020), 하호빈(2021)	–	장국화(2014)
음성실험에 의한 대조	–	학미(2005) 김은경(2012a) 김은경(2012b) 안노평(2019)	–
혼합 방법	–	–	김주연(2013) 이금월(2018)

위 〈표 6〉에서 볼 수 있듯이 먼저 접근법에 따라 분류된 한·중 모음 대조 연구 중에서는 음운론적인 관점에서 본 연구가 총 18편으로 가장 많았다. 해당 연구들은 모음사각도와 IPA의 기준에서 한·중 모음의 공통점과 차이점을 중심으로 분석하였다. 음성학적 관점에서 한·중 음운 대조를 한 연구는 총 4편이었으며, 포먼트 수치를 근거로 두 언어를 비교하였다. 또한 김주연(2013)과 이금월(2018)에서는 음운론 그리고 음성학적 관점 모두 취하여 종합적으로 논의하였다.

다음으로 연구 방법을 살펴보면 문헌에 의한 대조가 18편으로 가장 많았으며 이 연구들은 한국어 모음 체계와 중국어 모음 체계가 제시된 이론서를 바탕으로 한·중 모음이 서로 어떻게 대응되는지를 중심으로 살펴보았다. 음성실험에 의한 대조 연구는 4편이 있었으며 모두 실험을 통해 한·중 원어민 화자의 발음 자료를 수집하고 분석하는 방식으로 진행되었다.

더불어 장국화(2014)의 경우 음운론, 음성학적 관점을 가진 문헌을 바탕으로 한·중 모음을 대조하였으며 김주연(2013)과 이금월(2018)의 경우 먼저 음운론의 관점에서 문헌을 분석한 다음에 음성실험을 통해 음성학적으로 두 언어의 모음을 대조 분석하였다.

2) 한·중 단모음 체계 대조 결과 및 쟁점

선정된 연구에서 한·중 단모음 체계를 대조 분석한 연구는 총 21편[6]이 있었으며 그중 음운론적으로 접근한 연구는 16편, 음성학적으로 접근한 연구는 3편, 두 가지 관점 모두 취한 연구는 2편으로 확인되었다. 이 절에서는 이 두 가지의 관점에서 단모음을 분석한 근거 및 절차, 그리고 분석 관점의 차이로 인한 쟁점을 중심으로 기존 연구들을 종합해 보기로 한다.

먼저 음운론적 관점에서 한·중 단모음을 비교하기 위해서는 무엇보다도 근거가 되는 한국어와 중국어 단모음 체계가 어떠한지를 우선으로 살펴봐야 한다. 한국어 단모음의 경우, 연구자마다 한·중 모음 체계를 대조하기 위해 설정한 한국어 모음의 개수가 다른데 이는 다음 〈표 7〉[7]과 같이 10모음 체계, 8모음 체계 그리고 7모음 체계로 나눌 수 있다.

〈표 7〉 한국어 단모음 체계

표준 발음	원칙	ㅏ, ㅐ, ㅓ, ㅔ, ㅗ, ㅚ, ㅜ, ㅟ, ㅡ, ㅣ	10모음
	허용	ㅏ, ㅐ, ㅓ, ㅔ, ㅗ, ㅜ, ㅡ, ㅣ	8모음
현실 발음		ㅏ, ㅐ(E), ㅓ, ㅗ, ㅜ, ㅡ, ㅣ	7모음

6 대조 내용에 따른 연구 수

대조 내용	연구 수
단모음 체계	21
이중모음 체계	10

7 이진호(2014:69)에서 참조.

위 〈표 7〉에서 살펴볼 수 있듯이 한국어의 10모음 체계는 [i](ㅣ), [e](ㅔ), [ɛ](ㅐ), [y](ㅟ), [ö](ㅚ), [ɨ](ㅡ), [ʌ](ㅓ), [a](ㅏ), [u](ㅜ), [o](ㅗ)로 구성된다. 8모음 체계는 /ㅚ/와 /ㅟ/를 [we]와 [wi]로 발음하는 이중모음으로 간주하여, 나머지 8개의 음으로 구성된다. 또한 노년층을 제외한 대부분의 계층은 지역이나 연령과 상관없이 [e](ㅔ)와 [ɛ](ㅐ)를 구별하지 않고 발음하고 있기 때문에(이진호, 2014:69) 연구자에 따라 [i](ㅣ), [E](ㅐ), [ɨ](ㅡ), [ʌ](ㅓ), [a](ㅏ), [u](ㅜ), [o](ㅗ)의 7모음 체계를 주장하기도 한다(신지영, 2000; 신지영·차재은, 2003; 배주채, 2004; 허용, 2004).

연구별로 설정한 한국어 단모음 체계를 정리한 결과는 다음 〈표 8〉과 같다.

〈표 8〉 연구별 한국어 단모음 체계 설정

단모음 체계	연구	연구 수
10모음 체계	학미(2005), 주림(2011), 오순희(2012), 왕정정(2012), 왕팡(2012), 스쓰옌(2017), 조아라(2019), 전홍화 외(2020)	8
8모음 체계	김정욱(2009), 공해령(2010), 이경(2012), 왕기(2014), 유쾌(2015), 웬신(2019)	6
7모음 체계	김은경(2012a), 김은경(2012b), 김주연(2013), 장국화(2014), 염회몽(2015), 현승우(2020), 하호빈(2021)	7

위 〈표 8〉과 같이 한국어 단모음 체계를 설정하는 데에 있어 10모음 체계, 8모음 체계 그리고 7모음 체계 각각 8편, 6편, 7편으로 수가 비슷하게 나타났는데 그중에서도 10모음 체계로 설정한 연구가 가장 많았다.

다음으로 중국어 단모음 체계를 살펴볼 것이다. 기존 연구에서 나타난 중국어 단모음 체계는 한국어에 비해 복잡하였다. 그 이유는 학자들이 보편적으로 주장하는 모음 체계 외에도 연구자들이 대조 분석의 편리성을 위해 다양한 단모음 체계 유형을 주장하였기 때문이다. 우선 음운론 연구자들이 보편적으로 제시한 중국어 단모음 체계는 다음 〈표 9〉와 같다.

〈표 9〉 연구별 중국어 단모음 체계

체계 분류	내용	연구
10모음 체계	a[A] o[o] e[ɤ] ê[E] i[i] u[u] ü[y] Ï[ɿ] Ï[ʅ] er[ɚ]	吴宗济(1992)
8모음 체계	a[a] o[o] e[ɤ] i[i] u[u] ü[y] i[ɿ] i[ʅ]	이현복 외(1999)
6모음 체계	a[a] o[o] e[ɤ] i[i] u[u] ü[y]	周有光(1995)
5모음 체계	a[a] ə[ə] i[i] u[u] ü[y]	Duanmu(2000), Lin(2010)[8]

위 〈표 9〉에서 볼 수 있듯이 연구자에 따라 10모음 체계(吴宗济, 1992), 8모음 체계(이현복 외, 1999), 6모음 체계(周有光, 1995) 그리고 5모음 체계(Duanmu, 2000; Lin, 2010)를 제안하여 그 유형이 매우 다양한 것을 볼 수 있다. 표준 중국어의 모음 연구에서 가장 영향력이 있는 음성학적 분석으로 꼽히는 吴宗济(1992)에서는 중국어 단모음이 [ɑ], [o], [ɤ], [i], [u], [y], [ɿ], [ʅ], [ər], [ê]의 10개로 설정되었다. 그 후에 이현복 외(1999)에서는, er[ɚ]는 권설모음이며, [ê]는 실제 발화에서 단모음으로 나타날 가능성이 적고 제한적이라는 이유로[9] er[ɚ]와 ê[E]를 제외한 8모음 체계를 주장하였다. 또한 周有光(1995)은 [ɿ], [ʅ]이 변이음이라고 주장하여 6모음 체계로 설정하였으며 이 체계는 중국인 원어민 학습자가 초등학교에서 배우는 모음 체계이다. 마지막으로 Duanmu(2000)과 Lin(2010)는 [o], [ɤ]를 [ə]의 변이음으로 간주하여 중국어 단모음은 5모음 체계라고 주장하였다.

그 이외에도 9모음과 7모음 체계의 유형으로 간주한 경우도 있다. 9모음 체계로 삼아 연구를 진행한 학미(2005)는 분석의 편리성을 위해, 한국어에는 권설모음이 없다는 이유로 권설모음 er[ɚ]를 제외하였다. 그리고 7모음 체계로 간주한 연구가 4편이 있었는데, 이들은 모두 각자의 연구 목적에 따라 각각 다르게 7개의 음을 선정하였다.

다음으로 한·중 단모음을 대조할 때에 각 연구에서 설정한 단모음 체계

8 김주연(2013:27)에서 재인용.

9 [ê]는 이중모음 ei[eɪ]에서만 실현된다.

를 정리한 결과는 아래 <표 10>과 같다.

<표 10> 연구별 중국어 단모음 체계 설정

단모음 체계	연구	연구 수
10모음 체계	공해령(2010), 주림(2011), 오순희(2012), 스쓰옌(2017), 조아라(2019)	5
9모음 유형	학미(2005)	1
8모음 체계	김은경(2012a), 김은경(2012b)	2
7모음 유형	왕팡(2012), 유쾌(2015), 장국화(2014), 염회몽(2015)	4
6모음 체계	김정욱(2009), 왕정정(2012), 이경(2012), 전홍화 외(2020), 왕기(2014), 웬신(2019), 현승우(2020)	7
5모음 체계	김주연(2013), 하호빈(2021)	2

위 <표 10>을 자세히 살펴보면 6모음 체계로 간주한 연구가 총 7편으로 가장 많았으며 김정욱(2009), 왕정정(2012), 이경(2012), 전홍화 외(2020), 왕기(2014), 웬신(2019), 현승우(2020)가 이에 해당된다. 이어서 10모음 체계로 본 연구는 총 5편이 있었다. 그리고 왕팡(2012), 유쾌(2015), 장국화(2014), 염회몽(2015)은 7모음 체계로, 김은경(2012a; 2012b)은 8모음 체계로 대조 분석을 하였다. 또한 5모음 체계로 연구를 진행한 연구는 2편이 있었으며 이 두 연구(김주연, 2013; 하호빈, 2021)는 모두 박사학위논문이다.

따라서 기존 연구를 살펴보면 음운론적인 관점에서 한·중 단모음을 대조 분석한 연구들은 대부분이 우선 한·중 단모음 체계를 각각 규명한 다음에 단모음을 일일이 비교하면서 발음상의 동일성과 상이성을 밝히는 절차로 연구가 진행되었다.

다음으로는 음성학적인 관점에서 한·중 모음을 대조 분석한 연구들의 근거와 연구 절차를 살펴볼 것이다. 앞서 언급한 바와 같이 음성학적으로 대조한 연구들은 보통 측정된 F1과 F2 수치를 분석의 근거로 삼는다. F1 값은 혀의 고저, F2 값은 혀의 전후와 관계가 있다.

연구 절차를 살펴보면 우선 한·중 원어민 화자의 모음 발음을 수집한 후 Praat을 이용하여 포먼트 값을 측정하였고, 이를 다음 <표 11>과 같이 기록하였다.

〈표 11〉 한국어와 중국어의 F1, F2의 평균값과 표준편차

한국어[10]			중국어		
	F1	F2		F1	F2
i	364(27)	2206(228)	i	263(28)	2290(124)
a	692(42)	1246(106)	a	719(94)	1172(104)
u	416(31)	880(103)	u	313(41)	700(81)
o	443(30)	773(60)	o	452(54)	897(83)
e	535(38)	1725(318)	e	566(80)	1871(204)
ɨ	418(32)	1423(154)	ʅ	326(36)	1422(131)
ʌ	565(28)	925(48)	ʅ	330(36)	1660(177)
			ɣ	434(46)	1127(96)

그리고 더 체계적으로 설명하기 위해 김은경(2012a) 등 연구에서는 원어민 화자가 발음한 한·중 단모음의 F1과 F2 값을 서로 비교할 뿐만 아니라 독립변수 t-검정을 통해 유의미한 차이가 있는지를 확인하기도 하였다.

이어서 앞서 언급한 바를 토대로 한·중 단모음 체계 대조 분석에서 공통적으로 나타난 결과 및 쟁점을 구체적으로 살펴볼 것이다. 먼저 한·중 단모음 연구들의 결과를 살펴보면 공통점이 두 가지가 있는데, 첫째는 [a], [i]는 두 언어에서 모두 존재하는 모음으로 보았다는 것이다. 특히 한국어 10모음 체계를 근거로 진행된 연구들의 경우 단모음 [y]도 공통 모음으로 여겼다. 둘째는 모든 연구자가 보편적으로 /ㅔ/[e], /ㅚ/[ö]는 한국어에만 있고 중국어에는 없는 모음들이라고 여겼다는 점이다.

다음으로 한·중 단모음 대조 연구의 쟁점에 대해 논의할 것이다. 이들 연구에서 발견된 가장 큰 쟁점은 주로 한국어 단모음 /ㅓ/, /ㅡ/, /ㅐ/, /ㅗ/, /ㅜ/의 5개의 음이 중국어 단모음 체계에 있는지에 대한 의견이 연구자마다 다르다는 것이다. 그러므로 이 쟁점들과 해당 쟁점을 초래한 원인

10 김은경(2012a:65)에서 인용.

을 다차원으로 분석해 보고자 한다. 첫 번째로 /ㅓ/의 경우는 다음 〈표 12〉와 같다.

〈표 12〉 모음 /ㅓ/를 바라보는 연구자의 입장

한국어 모음	연구 수(%)	연구
한국어에만 있다는 주장	15/21(71.4)	유쾌(2015), 조아라(2019) 등
중국어에도 있다는 주장	6/21(28.6)	학미(2005), 왕정정(2012) 등

위 〈표 12〉와 같이 총 21편의 연구 중 /ㅓ/는 한국어에만 있다고 주장한 연구가 15편이었으며 71.4%를 차지하였다. 반면, 중국어에도 유사한 음이 있다고 주장한 연구는 6편으로, 28.6%로 나타났다.

이 중에서 중국어에도 /ㅓ/와 유사한 음이 있다고 주장한 학미(2005), 왕정정(2012) 등 연구는 이 음이 중국어 단모음 e[ɤ]와 유사한 음이라고 여겼다. 이유를 살펴보면, 먼저 음운론적 관점으로 분석한 왕정정(2012)은 단모음을 전설과 후설, 혀의 높낮이에 따라 고모음, 중모음 그리고 저모음으로 분류하고 이에 따라 이 두 음을 모두 후설 중모음으로 간주하였다. 그리고 음성학적으로 분석한 학미(2005)에서는 중국어 e[ɤ]는 /ㅓ/[ʌ]와 IPA 표시가 다르지만 포먼트 주파수가 비슷하게 나오기 때문에 같은 음이라고 주장하였다.

그러나 이러한 관점에 대해 반대하는 연구의 이유를 규명하자면, 우선 음운론적인 분석을 진행한 유쾌(2015)에서는 더 세분화하여 혀의 높낮이에 따라 고모음, 중고모음, 중저모음 그리고 저모음으로 4가지로 분류하였는데, 한국어 /ㅓ/[ʌ]는 중고모음에 속하고 중국어 e[ɤ]는 중저모음에 속하기 때문에 다른 음으로 간주하였다. 다시 말해, /ㅓ/를 발음할 때에 혀의 위치는 e[ɤ]보다 높다고 주장한 것이다. 또한 김정욱(2009)에서는 혀의 전후에 따라 전설 모음, 중설 모음 그리고 후설 모음으로 나누었는데 /ㅓ/는 중설 모음으로 그리고 e[ɤ]는 후설 모음으로 간주하였다. 음성학적 관점에서 본 김은경(2012)은 두 음의 포먼트를 측정한 결과 e[ɤ]와 /ㅓ/[ʌ]의 F1

및 F2 수치 간 유의미한 차이가 발견되었기 때문에 다른 음이라고 주장하였다.

두 번째로 /ㅡ/에 관한 쟁점을 살펴볼 것이다. 모음 /ㅡ/를 바라보는 연구자들의 관점은 〈표 13〉과 같다.

〈표 13〉 모음 /ㅡ/를 바라보는 연구자의 입장

한국어 모음	연구 수(%)	연구
한국어에만 있다는 주장	14/21(66.7)	김주연(2013), 유쾌(2015) 등
중국어에도 있다는 주장	7/21(33.3)	공해령(2010), 김은경(2012b) 등

위 〈표 13〉에서 볼 수 있듯이 단모음 체계 대조를 다룬 총 21편의 연구 중 김주연(2013), 유쾌(2015) 등 14편, 즉 66.7%의 연구가 /ㅡ/를 한국어에만 있는 모음으로 보았다. 반면에 공해령(2010), 김은경(2012b) 등 7편의 연구는 중국어에 /ㅡ/와 유사한 모음 i[ɿ]가 존재한다고 주장하였다.

이렇게 각각 다른 의견이 나타난 원인은, 중국어 단모음 체계의 설정 차이에서 찾을 수 있다. 위에서 언급한 바와 같이 吴宗济(1992), 이현복 외(1999) 등에서는 i[ɿ]를 중국어에서 하나의 모음으로 간주하였으나 周有光(1995) 등 연구에서는 i[ɿ]는 중국어 자음 /z, c, s, r/와만 결합할 수 있기 때문에 i[i]의 변이음으로 간주하는 것이 마땅하다고 보아 단모음 체계에 제외시켰다. 따라서 i[ɿ]가 /ㅡ/와 대응되는 음인지에 대한 견해는 [ɿ]를 중국어 단모음으로 간주하는지의 여부에 달려 있다고 볼 수 있다.

세 번째로는 한국어 /ㅐ/와 대응할 수 있는 중국어 단모음이 있는가에 대해 논의할 것이다. 각 연구자의 관점은 다음 〈표 14〉와 같다.

〈표 14〉 모음 /ㅐ/를 바라보는 연구자의 입장

한국어 모음	연구 수(%)	연구
한국어에만 있다는 주장	13/21(61.9)	학미(2005), 왕기(2014) 등
중국어에도 있다는 주장	8/21(38.1)	장국화(2014), 조아라(2019) 등

위 〈표 14〉에서 볼 수 있듯이 /ㅐ/가 한국어에만 있다고 본 연구는 학미(2005), 왕기(2014) 등 13편이 있었으며 전체의 절반을 넘어 61.9%를 차지하였다. 반면 장국화(2014), 조아라(2019) 등 8편(38.1%)은 중국어에도 /ㅐ/와 유사한 음이 있다고 주장하였다.

이렇게 각각 다른 의견이 나타난 원인은 앞에 /ㅡ/의 경우처럼 중국어 단모음 체계의 설정 차이에서 찾을 수 있다. 吴宗济(1992)는 중국어의 ê[E]를 단모음으로 간주하였지만 다른 학자들은 ê[E]가 중국어 이중모음 /ei/에서만 실현될 수 있다고 보아 단모음에서 제외시켰다. 이는 즉, ê[E]를 중국어 단모음으로 간주하는가의 여부에 따라 대조 분석 결과가 달랐다는 것이다.

네 번째로는 한국어 /ㅗ/와 대응할 수 있는 중국어 단모음이 있는가에 대해 논의할 것이다. 먼저 각 연구자의 주장은 다음 〈표 15〉와 같다.

〈표 15〉 모음 /ㅗ/를 바라보는 연구자의 입장

한국어 모음	연구 수(%)	연구
한국어에만 있다는 주장	10/21(47.6)	왕기(2012), 하호빈(2021) 등
중국어에도 있다는 주장	11/21(52.4)	주림(2011), 현승우(2020) 등

위 〈표 15〉에서 볼 수 있듯이 /ㅗ/가 중국어에 있는지에 대해서는 관점이 거의 반반으로 나뉘어 가장 의견이 분분한 모음이라고 할 수 있다. 먼저 /ㅗ/가 두 언어에서 모두 존재한다는 주장의 이유를 살펴보면 주림(2011), 현승우(2020) 등은 중국어 모음 o[o]와 /ㅓ/의 IPA가 같으며 똑같이 후설 중모음에 속한다고 주장하였다.

반면에 왕기(2014)에서는 한국어의 /ㅗ/ 모음은 중국어의 /o/ 모음과 같은 후설 원순 중모음이지만 한국어 /ㅗ/의 원순성이 중국어 /o/보다 강하게 나타나기 때문에 다른 음이라고 주장하였다. 또한 염회몽(2015)에서는 중국어의 모음 체계에는 비록 단모음 [o]가 존재하지만, 실제의 언어 환경에서 [o]는 단모음으로 실현되지 않으며 [o]로 시작하는 이중모음에서도 그 소리가 실현되지 않는다고 하였다.

다섯 번째로는 /ㅜ/에 대한 연구자들의 의견들을 〈표 16〉에서 정리하였다.

〈표 16〉 모음 /ㅜ/를 바라보는 연구자의 입장

한국어 모음	연구 수(%)	연구
한국어에만 있다는 주장	4/21(19.0)	학미(2005), 김주연(2013) 등
중국어에도 있다는 주장	17/21(81.0)	주림(2011), 현승우(2020) 등

위 〈표 16〉과 같이 한국어 모음 /ㅜ/가 중국어에도 있다는 주장이 21편 중 17편으로 81%를 차지하였다. 즉, 대부분 연구자가 중국어에도 /ㅜ/[u] 같은 음이 있다고 여겼다는 것이다. 허용·김선정(2013)에서도 모음 [u]는 기본 모음으로 대부분 언어에서 발견된다고 주장하였다.

반면에 한국어에만 있다고 주장한 연구는 학미(2005), 김주연(2013), 김은경(2012a), 김은경(2012b)이 있었는데 자세히 살펴보면 이 연구들은 모두 음성학적인 관점에서 진행된 연구들이었다.

학미(2005)에서는 두 모음의 F1 값은 거의 비슷하나 한국어 단모음 /ㅜ/의 F2 값은 중국어의 [u]의 F2 값보다 훨씬 더 높다는 결과를 밝혔다. 김주연(2013)에서도 두 음의 F1에서 유의미한 차이가 나타나지 않았으나 F2에서는 그 차이가 유의미하게 나타나 혀의 앞뒤 위치에서는 차이를 보였다고 주장하였다. 또한 김은경(2012a)은 /ㅜ/와 [u]의 F1과 F2 값이 모두 유의미한 차이가 있었다고 밝혔다.

다시 말해, 음운론적 관점에서 진행된 연구들은 한국어 /ㅜ/와 중국어 [u]가 실제 음가에서 한국어와 미세한 차이가 나기는 하지만(전홍화 외, 2020) 같은 음으로 간주하는 경향이 있는 반면, 음성학적 관점에서는 보통 두 음을 다른 음으로 간주하였다.

3) 한·중 이중모음 체계 대조 결과 및 쟁점

선정된 25편의 연구 중 한·중 이중모음 체계를 대조 분석한 연구는 총 10편이었다. 이들 연구의 연구 결과를 분석하기 전에 한국어와 중국어의 이중모음 체계를 먼저 살펴볼 필요가 있다.

먼저 한국어 이중모음 체계의 경우, /ㅚ/와 /ㅟ/가 이중모음으로 간주되는가의 여부에 따라 이중모음의 수가 11개 혹은 13개로 나뉜다. 그리고 /ㅢ/를 제외하고는 모두 '활음(glide)[11]+모음'의 구조인 상향이중모음이다. 중국어 이중모음 체계의 경우, 한국어보다 수가 적어 총 9개가 있으며 상향이중모음 5개, 하향이중모음 4개가 존재한다. 한·중 이중모음의 체계는 다음 〈표 17〉과 같다.

〈표 17〉 한국어와 중국어의 이중모음 체계

언어	분류	이중모음
한국어	상향	ㅑ[ja], ㅕ[jə], ㅛ[jo], ㅠ[ju], ㅖ[je], ㅒ[jɛ], ㅞ[we], ㅙ[wɛ], ㅝ[wə], ㅘ[wa], (ㅟ[wi], ㅚ[we])
	하향	ㅢ [ɨy]
중국어	상향	ia[ia], ie[ie], ua[ua], uo[uo], üe[yɛ]
	하향	ai[ai], ei[ei], ao[au], ou[əu]

위 〈표 17〉과 같이 한국어에는 상향이중모음의 개수가 많으나 하향모음이 /ㅢ/밖에 존재하지 않는다. 중국어의 경우는 상향모음과 하향모음 각각 5개와 4개가 존재한다. 이 때문에 한국어교육 영역에서의 한·중 이중모음 대조 연구들은, 주로 한국어 이중모음을 중국어의 상향이중모음 ia[ia], ie[ie], ua[ua], uo[uo], üe[yɛ] 5 개와 대조해 왔다.

연구 결과를 살펴보면 모든 연구에서 공통적으로 한국어 이중모음 /ㅑ/와 /ㅘ/는 중국어 이중모음 ia[ia]와 ua[ua] 각각 일대일로 대응할 수 있다

11 반모음 혹은 반자음으로 부르기도 한다.

고 보았다. 나머지 이중모음의 경우에는 다음 〈표 18〉과 같이 연구자에 따라 다소 차이가 있었다.

〈표 18〉 한국어와 중국어의 대응되는 이중모음

연구	ㅕ	ㅛ	ㅙ	ㅠ	ㅢ	ㅟ	ㅞ	ㅒ	ㅖ	ㅚ	ㅝ	합계
주림(2011)	○	○	○	○	○			○				5
전홍화 외(2020)	○	○	○	○	○			○				5
연회몽(2015)	○	○	○	○	○	○						5
김정욱(2009)	○	○	○	○	○			○				6
스쓰옌(2017)	○	○	○	○	×[12]	○	×[13]		○	○		7
안노평(2019)	○	○	○	○	○	○	○		○	×[14]		8
왕정정(2012)	○	○	○	○	○	○	○			○		8
왕팡(2012)	○	○	○		○		○		○		○	7
형승우(2020)	○	○	○	○	○	○	○			○		8
쉐빙(2019)	○	○	○	○								–
합계	10	10	10	9	8	5	4	3	3	3	1	

위 〈표 18〉에서 볼 수 있듯이 연구자들은 한국어에만 있는 이중모음, 즉 중국어에는 대응되는 음이 없다고 본 이중모음이 최소 5개, 최대 8개라고 주장하고 있었다. 해당되는 각 음을 구체적으로 살펴보면 연구자들은 공통적으로 /ㅕ/, /ㅛ/, /ㅙ/ 그리고 /ㅢ/는 중국어에 없으며 한국어에만 존재하는 음이라고 주장하였다. 그리고 /ㅠ/의 경우, 왕팡(2012)[15]을 제외한 모든 연구가 한국어에만 있는 음이라고 보았다. 또한 /ㅚ/와 /ㅟ/를 이중모음으로 본 연구는 연회몽(2015), 스쓰옌(2017), 안노평(2019), 왕정정(2012) 그리고 형승우(2020) 5편이 있었으며 모두 /ㅟ/는 한국어에만 존재하

12 스쓰옌(2017)에서 하향이중모음인 /ㅢ/를 언급하지 않았다.

13 스쓰옌(2017)에서 /ㅞ/를 논의하지 않았다.

14 안노평(2019)에서 /ㅚ/를 논의하지 않았다.

15 왕팡(2012)에서는 /ㅠ/가 중국어 iu[iou] 같다고 주장했지만 다른 연구에서는 iu[iou]가 중국어에서 이중모음이 아닌 삼중모음에 속한다고 제시하였다.

는 음이라고 주장하였다. 그러나 /ㅚ/의 경우, 3편의 연구가 한국어에만 존재한 모음이라고 주장하였으나 연회몽(2015)은 /ㅚ/를 /ㅞ/의 발음과 유사하니 두 음이 중국어 üe[yɛ]와 대응할 수 있다고 주장하였다. 그리고 안노평(2019)에서는 /ㅚ/를 논의하지 않았다.

종합해 보면 한·중 이중모음 체계 대조 분석 결과의 쟁점은 주로 이중모음 /ㅞ/, /ㅒ/, /ㅖ/, /ㅝ/와 대응할 수 있는 중국어 이중모음이 존재하는가와 관련된 것이다.

먼저 /ㅒ/와 /ㅖ/의 경우를 살펴볼 것이다. 선정된 연구를 통해 3가지의 관점을 발견할 수 있었는데 첫째, 왕정정(2012), 연회몽(2015) 그리고 형승우(2020)에서는 두 음을 하나로 묶어서 중국어 ie[iê]와 대응할 수 있다는 주장을 하고 있었다. 둘째, 주림(2011), 안노평(2019) 그리고 전홍화 외(2020)에서는 중국어 이중모음 ie[iê]는 /ㅖ/와 유사하며 /ㅒ/와 대응할 수 없다고 주장하였다. 셋째, 왕팡(2012), 스쓰엔(2017) 그리고 안노평(2019)에서는 ie[iê]는 /ㅒ/와 유사하고 /ㅖ/와 대응할 수 없다고 주장하였다. 그러나 연구자들은 각자의 관점에 대해 설명하지 않았으며 그 이유를 밝히지 않았다.

다음으로 /ㅞ/에 대한 쟁점을 살펴보면 주림(2011), 전홍화 외(2020) 등 4편에서는 /ㅞ/가 중국어 üe[yɛ]에 대응될 수 있다고 주장하였는데 안노평(2019), 형승우(2020) 등 4편에서는 이 음과 대응될 수 있는 중국어 음이 없다고 보았다. 그러나 이 모든 연구에서 이렇게 여긴 이유를 밝히지 않았다는 점이 아쉽다.

마지막으로 /ㅝ/의 경우, 왕팡(2012)은 중국어에서는 /ㅝ/와 대응되는 이중모음이 없다고 주장하였지만, 나머지 연구들은 이 음이 중국어 uo[uo]와 대응할 수 있다고 주장하였다.

5. 오류 분석 목적 연구의 실제

1) 오류 분석 연구의 절차

오류 분석 연구 목적을 다룬 연구는 총 19편이었으며 모두 한·중 모음 대조 분석을 토대로 진행된 것이다. 연구 절차를 살펴보면 크게 자료 수집 및 자료 분석 두 단계로 나눌 수 있다.

먼저 자료 수집 단계에서 각 연구의 자료 수집 방법 및 내용을 고찰하고자 한다. 수집 방법을 살펴보면 산출 실험, 설문 조사 그리고 청취 실험이 사용되었다. 그중 산출 실험이 주된 방법으로 왕팡(2012)[16]을 제외한 나머지 18편의 연구에서 모두 사용되었다. 청취 실험과 사전 설문 조사는 보조적인 방법으로 일부 연구에서 사용되었다.

주 방법인 산출 실험은 피험자에게 모음이 포함된 자료를 읽게 하는 방식으로 발음 자료를 수집하는 수단이다. 선정된 연구들은 같은 산출 실험을 통해 자료를 수집하였지만 사용된 자료의 유형은 달랐다. 오류 분석 연구에서 발음 자료를 수집하는 데에 사용된 자료 유형 및 예시는 다음 〈표 19〉와 같다.

〈표 19〉 산출 실험에서 사용된 자료 및 예시

<table>
<tr><th>사용된 자료</th><th>하위 분류</th><th colspan="2">예시</th></tr>
<tr><td>고립 모음</td><td>-</td><td>아, 오, 우, 으...</td><td>공해령(2010)</td></tr>
<tr><td rowspan="3">단어</td><td rowspan="2">유의미 단어</td><td>알리다, 어디, 에너지...</td><td rowspan="2">유쾌(2015)</td></tr>
<tr><td>개인, 거리, 고기</td></tr>
<tr><td>무의미 단어</td><td>흐다, 히다, 호다(hVda)</td><td>김은경(2012)</td></tr>
<tr><td rowspan="3">문장</td><td>유의미 문장</td><td>야간 근무를 하면 힘들어요.</td><td>주림(2011)</td></tr>
<tr><td rowspan="2">틀문장
(carrier sentence)</td><td rowspan="2">어제 V 샀어요.
이 사람 V가입니다.</td><td>김주연(2013)</td></tr>
<tr><td>이경(2012)</td></tr>
</table>

16 왕팡(2012)에서는 학습자와 교수에 대한 설문조사를 통해 오류를 파악하였다.

위 〈표 19〉에서 볼 수 있듯이 학습자의 발음 자료를 수집하기 위해 사용된 자료는 크게 고립 모음, 단어 그리고 문장의 3가지 유형으로 나눌 수 있다. 먼저 고립 모음 유형의 자료를 사용한 공해령(2010) 등 연구에서는 피험자에게 단음절인 '오, 어, 아...'를 음독시키고 녹음하였다. 그다음, 단어 유형의 자료는 유의미 단어 자료와 무의미 단어 자료로 나눌 수 있는데 유의미 단어 자료는 피험자가 알고 있는 어휘들이면서 이를 산출 내용으로 활용하는 것이고, 무의미 단어 자료는 실제 의미가 없는데 단순히 산출을 위해 제작된 가짜 단어를 가리키는 것이다. 후자의 경우, 김은경(2012)을 예로 들 수 있는데 해당 연구에서는 자음 /ㅎ/를 모음과 결합하여 '다'를 뒤에 붙여서 'hVda'식으로 발음 자료를 수집하였다. 마지막으로 문장 자료 유형은 유의미 문장과 틀문장(carrier sentence)으로 분류할 수 있다. 유의미 문장 유형을 사용한 주림(2011) 등 연구는 목표 모음이 포함된 문장을 만들어서 학습자에게 음독시켰다. 그리고 틀문장은 피험자에게 의미가 없는 문장을 읽게 하여 발음 자료를 수집하는 방식이다. 예를 들면 이경(2012)은 '이 사람 (모음)가입니다'와 같은 문장으로 학습자 발음 자료를 수집하였다.

일부 연구에서는 보조 방법으로 사전 설문 조사 그리고 청취 실험을 진행하였으며 각 연구별 구체적인 수집 내용은 다음 〈표 20〉과 같다.

〈표 20〉 기타 보조 방법

보조 방법	내용	연구
설문 조사	난이도 조사	김정욱(2009), 왕팡(2012), 왕기(2014), 염회몽(2015), 유쾌(2015)
	초성이나 종성이 모음 발음에 영향	유쾌(2015)
	학습자 한국어 사용 정도 조사	김주연(2013)
청취 실험	단음절로 받아쓰기	쉐빙(2019)
	틀문장을 듣고 정답 고르기	염회몽(2015)

위 〈표 20〉과 같이 설문 조사를 사용한 김정욱(2009) 등의 연구에서는

학습자를 대상으로 모음 발음의 난이도 조사를 시행하였다. 난이도 설문 조사를 통해 학습자가 스스로 어려워하는 발음이 무엇인지, 자주 틀리는 발음이 무엇인지에 대해 조사하였다. 그리고 유쾌(2015)는 학습자에게 초성이나 종성이 모음 발음에 영향을 미치는가에 관한 생각을 조사하였다. 또한 김주연(2013)에서는 학습자가 수업 시간 외에 한국어를 사용하는 정도를 참고 사항으로 조사하였다.

청취 실험을 진행한 연구로는 쉐빙(2019)과 염회몽(2015)이 있었으며 이들은 받아쓰기와 정답 고르기 방식으로 학습자 한국어 모음에 대한 인지 능력을 측정하였다.

그다음으로, 수집된 발음 자료의 분석 단계를 살펴보고자 한다. 자료 분석은 주로 산출 실험을 통해 수집한 자료를 분석하는 것을 가리킨다. 분석 방법을 살펴보면 크게 주관적 판단과 포먼트 수치 측정 두 가지로 나눌 수 있다.

주관적 판단은 수집된 학습자 발음 자료에 대해서 한국인 원어민 화자가 점수를 매기거나 발음 자료에서 오류 발음을 찾아내는 방식으로 진행된다. 예를 들면 왕정정(2012)에서는 한국어 모국어 화자 3명에게 초·중급 학습자 30명의 발음 자료에서 나타난 오류를 찾아내게 하고 이를 토대로 오류를 생략, 대치, 확장 3가지 유형으로 나누어 각 유형의 오류율을 정리하였다.

포먼트 수치 측정은 학습자와 원어민 화자의 모음 발음의 포먼트 수치를 비교하여 학습자의 각 모음의 습득 양상이 어떻게 되는지를 판단하는 것이다. 예컨대 공해령(2010)에서는 praat 프로그램을 활용하여 20-30대 중국인 학습자 10명과 한국어 원어민 화자 10명의 단모음 발음 자료를 분석하고 두 집단의 F1과 F2 수치를 비교하였다.

다음 〈표 21〉에서는 산출 실험을 통해 자료를 수집한 18편의 연구에서 사용된 자료 유형과 분석 방법을 정리하였다.

〈표 21〉 산출 실험에 사용된 자료 유형 및 분석 방법

연구	고립 모음	유의미 단어	무의미 단어	유의미 문장	틀문장	분석 방법	
						주관적 판단	포먼트 수치 측정
김정욱(2009)	○					○	
염희몽(2015)		○		○		○	
왕정정(2012)	○	○		○		○	
오순희(2012)		○				○	
두안진루(2014)		○				○	
왕기(2014)		○				○	
스쓰옌(2017)		○		○		○	
쉐빙(2019)	○	○					○
공해령(2010)	○						○
주림(2011)		○		○			○
김은경(2012b)			○				○
김주연(2013)					○		○
웬신(2019)	○						○
형승우(2020)					○		○
하호빈(2021)		○	○				○
이경(2012)					○		○
장국화(2014)					○		○
유쾌(2015)	○	○					○
합계	6	10	2	4	4	7	11

산출 실험에서 사용된 자료 유형을 살펴보면 유의미 단어가 10편으로 가장 많았고 이어서 고립 모음이 6편 있었다. 유의미 문장과 틀문장은 각각 4편이 있었다. 더불어 무의미 단어를 사용한 연구는 2편이었다.

분석 방법의 경우, 주관적 판단은 7편이 있었으며 포먼트 수치 측정은 11편이 있었다. 그리고 자세히 살펴보면 산출 실험에서 사용된 자료 유형은 분석 방법과 관계가 없지는 않았다. 주관적 판단으로 분석한 연구는 무의미 단어와 틀문장을 사용하지 않았으며 포먼트 수치 측정을 통해 분석하는 연구에서는 해당 두 가지 유형을 비교적 많이 사용한 경향이 있었다.

2) 연구 결과와 쟁점에 대한 논의

이 절에서는 각 연구에서 중국인 학습자의 한국어 모음 오류 분석 결과를 알아보도록 한다. 연구 결과를 살펴보면 /ㅓ/, /ㅗ/, /ㅡ/, /ㅜ/ 4가지 모음에 대해 연구자에 따라 다른 의견이 있었다. 이 절에서는 이들의 견해를 정리하여 오류를 자주 범하는지, 학습 시간에 따라 습득 변화가 있는지, 그리고 오류 양상이 어떻게 나타나는지 이 3가지 측면에서 논의할 것이다.

(1) /ㅓ/[ʌ]에 관한 논의

먼저 /ㅓ/[ʌ]는 중국인 학습자가 자주 틀리는 음인지에 대해 연구자에 따라 다른 의견을 가지고 있었다. 김은경(2012), 이경(2012) 그리고 김주연(2013)은 중국인 학습자가 F1과 F2에서 한국인과 통계적으로 유의한 차이가 보이지 않았으므로 중국인 학습자가 이 음을 잘 구사한다고 주장한 반면 공해령(2010), 장국화(2014) 그리고 유쾌(2015)는 중국인 학습자가 이 발음을 어려워하여 잘 발음하지 못한다고 주장하였다.

그다음으로 학습 기간에 따라 발음을 잘 습득할 수 있는지에 대해 종적 연구를 진행한 김주연(2013)에서는 학습하기 시작한 1개월부터 2-3개월 간격으로 총 5차 실험을 진행하였는데 그 결과 처음부터 학습자가 원어민 화자에 가깝게 발화하였으므로 /ㅓ/를 비교적 정확하게 조음한다고 주장하였다. 이와 반대로 장국화(2014)는 학습자의 숙달도에 따라 습득 변화가 거의 없다고 주장하였으며 염회몽(2015)은 학습자가 고급으로 올라가면서 다른 단모음이나 이중모음들을 잘 습득하게 되지만 /ㅓ/는 잘 파악하기 어렵다고 밝혔다. 또한 이경(2012)은 학습 기간과 관계없이 모든 단계의 학습자들이 /ㅓ/와 /ㅗ/를 구분하지 못하였다고 주장하였다.

마지막으로 /ㅓ/의 오류 양상에 대해 유쾌(2015)와 공해령(2010)은 다음 〈표 22〉와 같이 다른 의견을 가지고 있었다.

〈표 22〉 유쾌(2015)와 공해령(2010)의 비교

연구	학습자 성별	실험 결과
유쾌(2015)	여성	원어민 화자보다 F1값이 낮음 원어민 화자보다 F2값이 낮음
공해령(2010)	여성	원어민 화자보다 F1값이 높음 원어민 화자보다 F2값이 높음

유쾌(2015)와 공해령(2010)은 모두 여성 학습자를 대상으로 연구하였다. 유쾌(2015)에서는 중국인 학습자와 한국인의 /ㅓ/의 F1과 F2 평균값을 비교해 보았을 때 학습자들의 수치가 한국인보다 낮았다고 밝혔다. 이는 중국인 학습자가 /ㅓ/를 조음할 때 혀의 위치가 한국인 원어민 화자보다 높고 뒤쪽에 있다는 것을 의미한다.

이와 달리 공해령(2010)에서는 중국인 학습자가 /ㅓ/를 발음할 때 F1과 F2 평균값이 한국인보다 높다고 주장하였다. 즉, 중국인 학습자가 /ㅓ/를 조음할 때 혀의 위치가 한국인 원어민 화자보다 낮고 앞쪽에 있다는 것이다.

(2) /ㅗ/[o]에 관한 논의

먼저 /ㅗ/[o]는 중국인 학습자가 자주 틀리는 음인지에 대해 연구자에 따라 상이한 의견을 가지고 있었다. 김은경(2012)은 중국인 학습자가 F1과 F2에서 한국인과 통계적으로 유의미한 차이를 보이지 않았으므로 이 모음을 잘 구사하고 있다고 주장한 반면 공해령(2010), 이경(2010), 김주연(2013), 장국화(2014) 그리고 유쾌(2015) 등은 한국인 원어민 화자와 비교했을 때 F1과 F2값이 통계적으로 유의미한 차이가 나타났기 때문에 오류가 나는 발음이라고 주장하였다.

그다음으로 학습 기간에 따라 발음이 잘 습득될 수 있는지에 대해 염회몽(2015)은 처음에는 /ㅗ/ 발음을 잘 못하는 것이 사실이지만 중급이 되면 발음을 잘할 수 있다고 밝혔다. 그러나 종적 연구를 진행한 김주연(2013)에서는 학습 시작 후 6개월 시점까지 향상이 이루어졌고 그 이후에는 더 이상

의 향상이 나타나지 않았다고 주장했다.

마지막으로 /ㅗ/의 오류 양상에 대해 이경(2012), 유쾌(2015)와 김주연(2013)의 연구에서는 다음 〈표 23〉과 같이 실험 결과가 다르게 나타났다.

〈표 23〉 이경(2012), 유쾌(2015)와 김주연(2013)의 비교

연구	학습자 성별	실험 결과
이경(2012)	여성	원어민 화자보다 F1값이 높음 원어민 화자와 F2 유의미한 차이 없음
유쾌(2015)	여성	원어민 화자보다 F1값이 낮음 원어민 화자와 F2 유의미한 차이 없음
김주연(2013)	남성/여성	원어민 화자보다 F1값이 높음 원어민 화자보다 F2값이 높음

위 〈표 23〉과 같이 이경(2012)과 김주연(2013)에서는 중국인 학습자의 /ㅓ/의 F1 평균값과 한국인의 F1 평균값을 비교했을 때 학습자가 한국인보다 높았다고 밝혔다. 다시 말해, 학습자들이 조음을 할 때 혀의 위치가 한국인 원어민 화자보다 낮다는 것이다. 그러나 유쾌(2015)에서는 중국인 학습자의 F1 값이 원어민 화자에 비해 낮다는 결과를 제시하였다. 즉, 조음 시 학습자의 혀의 위치가 한국인 원어민 화자보다 높았다는 것이다. F2의 경우, 이경(2012)과 유쾌(2015)는 중국인 학습자와 한국인 원어민 간에 통계적으로 유의미한 차이가 없다고 밝혔지만, 김주연(2013)은 학습자가 원어민 화자보다 F2값이 높다고 주장하였다. 다시 말해, 발음 시 혀의 위치가 더 앞쪽에 있다는 것이다.

(3) /ㅡ/[ɨ]에 관한 논의

먼저 /ㅡ/[ɨ]는 중국인 학습자가 자주 틀리는 음인지에 대해 연구자에 따라 다른 의견을 가지고 있었다. 염회몽(2015)은 초·중·고급 중국인 학습자들이 모두 비교적 정확하게 발음할 수 있다고 주장하였는데, 김은경(2012)에서는 한국인 원어민에 의해 판단된 발음 정확도에 따르면 초급 학습자는 79%, 고급 학습자는 64%에 불과하여 성공적으로 발음하지 못하는

것으로 나타났다고 밝혔다. 종적 연구인 김주연(2013)의 경우, 1개월부터 12개월까지 지속적으로 한국어 원어민에 가깝게 조음하지 못하지만 9개월까지는 학습 경험이 증가함에 따라 약간의 발음 향상이 이루어졌으며 그 이후에는 큰 향상을 보이지 않았다고 밝혔다.

그리고 /ㅡ/의 오류 양상에 대해 유쾌(2015), 공해령(2010) 그리고 웬신(2019)은 다음 〈표 24〉와 같이 다른 의견을 가지고 있었다.

〈표 24〉 유쾌(2015), 공해령(2010)과 웬신(2019)의 비교

연구	학습자 성별	실험 결과
유쾌(2015)	여성	원어민 화자와 F1값에 유의미한 차이 없음 원어민 화자보다 F2값이 낮음
공해령(2010)	여성	원어민 화자보다 F1값이 높음 원어민 화자보다 F2값이 낮음
웬신(2019)	여성	원어민 화자보다 F1값이 낮음 원어민 화자보다 F2값이 낮음

위 〈표 24〉와 같이 이 연구들은 F2값의 경우 중국인 학습자가 한국어 원어민 화자보다 낮다고 주장하였다. 즉, 중국인 학습자가 /ㅡ/를 조음 때 혀의 위치가 한국인 원어민 화자보다 뒤쪽에 있다는 것이다. 그러나 측정한 F1값은 각각 달랐다. 유쾌(2015)는 중국인 학습자와 한국어 화자의 F1값에 유의미한 차이가 없다고 보았지만 공해령(2010)은 중국인 학습자의 F1 평균값이 한국인보다 높다고 하였다. 즉, 중국인 학습자가 /ㅡ/를 조음할 때 혀의 위치가 한국인 원어민 화자보다 낮았다는 것이다. 하지만 웬신(2019)에서는 중국인 학습자의 F1 평균값이 한국인보다 낮다고 하였다. 다시 말해, 중국인 학습자가 /ㅡ/를 조음할 때 혀의 위치가 한국인 원어민 화자보다 높다는 뜻이다.

(4) /ㅜ/[u]에 관한 논의

먼저 중국인 학습자가 /ㅜ/[u]를 잘 구사할 수 있는지에 대해 염회몽(2015)은 초·중·고급 중국인 학습자들이 모두 비교적 정확하게 발음할 수 있다고 주장하였다. 김주연(2013)은 초기부터 한국인 원어민 화자와 통계적으로 유의미한 차이를 확인하였으며 12개월 시점에서도 유의미한 차이가 나타나 1년이 지나간 시점에서도 여전히 조음 능력이 한국어 원어민에 가깝게 향상되지 않았다고 밝혔다. 더불어 9개월 시점까지는 패턴의 변화를 보이며 향상이 이루어졌으나 그 이후에는 더 이상의 향상이 일어나지 않는다고 밝혔다.

그리고 /ㅜ/의 오류 양상을 보면 공해령(2010), 김은경(2012), 장국화(2014) 그리고 유쾌(2015)에서 다른 결과가 나타났는데 이는 다음 〈표 25〉와 같다.

〈표 25〉 각 연구 결과의 비교

연구	학습자 성별	실험 결과
공해령(2010)	여성	원어민 화자보다 F1값이 높음 원어민 화자보다 F2값이 높음
김은경(2012)	남성/여성	원어민 화자보다 F1값이 낮음 원어민 화자와 F2 유의미한 차이 없음
장국화(2014)	여성	원어민 화자보다 F1값이 낮음 원어민 화자보다 F2값이 낮음
유쾌(2015)	여성	원어민 화자보다 F1값이 낮음 원어민 화자보다 F2값이 높음

위 〈표 25〉와 같이 F1의 경우, 공해령(2010)은 중국인 학습자가 원어민 화자보다 F1값이 높으므로 발음 시 혀의 위치가 낮다고 하였는데 김은경(2012), 장국화(2014) 그리고 유쾌(2015)에서는 모두 원어민 화자보다 중국인 학습자의 F1값이 낮은 것으로 나타나 발음 시 중국인 학습자의 혀의 위치가 더 높다고 주장하였다.

F2의 경우도 각 연구에 따라 매우 달랐다. 공해령(2010)과 유쾌(2015)는 중국인 학습자의 F2값이 원어민 화자보다 높다고 주장한 반면 장국화(2014)는 원어민 화자보다 낮다고 하였다. 또한 김은경(2012)은 원어민 화자와 유의미한 차이가 없다고 제시하였다. 따라서 중국인 학습자가 /ㅜ/의 발음 양상이 어떻게 되는지에 대해 더 자세히 검증할 필요가 있다고 본다.

6. 발음 교육 방안 제시 목적 연구의 실제

1) 발음 교육 제시 내용 및 교수 대상

발음 교육 방안을 제시한 연구는 총 13편이 있었는데 한·중 모음 대조를 한 후 학습자 오류 분석을 통해 교수법을 제시하는 거나 교수 활동을 설계하는 연구들이 있었다. 예를 들면 김정욱(2009)에서는 중국인 학습자가 /ㅓ/와 /ㅗ/의 상호 대치 오류를 많이 범한다는 실험 결과를 바탕으로 최소대립쌍 교육 방안을 제시하였다. 학습자에게 두 음의 입술 모양과 혀의 앞뒤 위치의 차이를 먼저 인지시킨 다음에 '어디-오디', '거기-고기' 등과 같은 최소대립쌍 연습을 해야 한다고 주장하였다.

그리고 각 연구에서 선정된 발음 교수 대상을 살펴보면 초급 학습자를 주요 교수 대상으로 삼는 것도 중요하지만 중·고급 학습자도 발음 지도가 필요하다고 본 연구가 적지 않았다. 아래 〈표 26〉는 각 연구에서 선정된 교수 대상을 정리한 것이다.

〈표 26〉 발음 교수 대상

연구	초급	중급	고급	등급 없음
김정욱(2009)	○			
왕정정(2012)	○			
오순희(2012)	○	○	○	
왕팡(2012)	○			
두안진루(2014)	○	○		
왕기(2014)	○			
스쓰옌(2017)	○	○		
쉐빙(2019)	○			
이경(2012)				○
장국화(2014)	○			
유쾌(2015)	○			
조아라(2019)		○		
전홍화 외(2020)			○	
합계	10	4	2	1

위 〈표 26〉에서 볼 수 있듯이 10편의 연구가 초급 학습자를 위해 설계되었다. 그다음으로 중급 학습자를 대상으로 한 연구가 4편, 고급 학습자를 대상으로 한 연구가 2편, 등급과 상관없이 발음 교정을 하기 위한 교육 방안 연구가 1편이 있었다. 보통 발음 교육은 주로 초급 단계에서 진행하지만, 연구자들은 학습자의 발음 습득 양상에 따라 중·고급까지 발음 교육 및 학습을 중요시해야 한다는 주장을 강조하고 있었다.

2) 대조 중심 교수 방안 제시

선정된 한·중 모음 대조 연구들은 중국어와 한국어를 대조하는 것이 중국인 학습자를 위한 한국어 모음 교수에서 유용하다고 여겼다. 따라서 13편의 연구 중에서 11편이 중국어와 한국어의 대조를 통해 중국인 학습자에게 적합한 교수 방안을 마련하였다. 그러나 대부분의 연구에서 방안만 제시하고 교육 방안의 실제 효과에 대해 검증하지 않았다는 아쉬운 점이 있었다. 그중 교수 실험을 통해 교수법의 효과를 검증한 연구는 이경(2012)뿐이었다. 이 연구에서는 모방 반복식 교수 방법과 모국어와 목표어 대조 방법의 교수 효과를 비교하였다. 그 결과 두 교수법 모두 단기적인 효과가 있었지만, 모국어와 목표어의 대조 방법이 학습에 더 장기적인 효과가 있다는 것이 증명되었다.

그리고 중국인 고급 학습자를 대상으로 화석화된 발음을 교정하기 위해 전홍화 외(2020)에서는 침묵식 교수법을 도입하였다. 침묵식 교수법이란 수업 시간에 교수자는 발화를 최대한 절제하는 반면에 학습자는 가능한 한 발화를 많이 하도록 권장하는 교수법이다. 또한 최적의 교수법을 찾아내고자 웬신(2019)에서는 인지주의적 접근, 청각구두식 교수법 그리고 과제 중심 교수법을 비교하였으나 최종적으로 사전 및 사후 검증 실험에서 유의미한 결과를 얻지 못하였다. 다시 말해, 이 교수법들의 효과 간 뚜렷한 차이가 없다는 것을 의미한다. 종합해 보면 중국인 한국어 학습자가 모음을 교수하는 데에 있어 교수 방법이 단일하다는 아쉬운 점이 있었다. 그리고 교수 방안의 효과가 있는 여부에 대해 연구자가 명확한 증거를 제시하지 못했다는 점에 보완할 필요가 있다고 본다.

7. 나가는 말

지금까지 한국어교육에서 다루어진 한·중 모음 대조 연구의 동향을 객관적으로 살펴보고, 연구 목적별로 결과 및 쟁점을 짚어 보았다. 이를 바탕으로 하여 향후 연구 방향과 과제를 제언하는 것으로 결론을 대신하고자 한다.

먼저 한·중 모음 대조 목적 연구에 대해 제언할 수 있는 점은 두 가지이다. 첫째, 다양한 접근법과 연구 방법으로 대조 연구를 전개하는 노력이 필요하다. 기존 연구 중 대부분은 문헌을 바탕으로 한·중 모음을 대조 분석하였는데 음성실험 등 다양한 연구 방법을 사용하여 연구하는 것도 중요하다고 본다. 둘째, 한국어와 중국어 모음 체계를 고찰하는 데에 있어 뒷받침될 수 있는 근거를 밝히며 연구를 진행해야 한다. 한·중 모음 비교 연구에서 연구자가 자신의 관점의 근거를 밝히지 않는 경우를 종종 발견할 수 있었다. 이는 한·중 모음을 대조할 때에 결과 및 명확한 근거를 제시하려는 노력이 필요하다는 것을 의미한다.

다음은 학습자 오류 분석 목적 연구에 대한 제언으로, 첫째, 학습자의 발음을 수집하는 데 있어 측정 도구 및 자료 유형을 선택하는 근거를 규명하고 보완할 필요가 있다. 앞서 언급한 바와 같이 연구에 따라 학습자의 오류 양상이 다르게 나타났다. 이런 문제가 나타난 원인은 실험 과정에서 사용된 자료가 달랐기 때문이라고 본다. 이에 따라 다양한 자료 중 어떤 자료가 산출 실험을 진행하는 데에 가장 적절한지에 대해 고찰해야 한다. 이 점을 보완한다면 중국인 학습자의 오류 양상을 분석하는 연구들이 보다 높은 타당성과 신뢰성을 얻을 수 있을 것이다. 둘째, 분석하는 데에 객관적으로 측정할 수 있는 통계적인 기법이 필요하다. 학습자 발음을 원어민 화자와 비교할 때에 수치만 비교하는 것이 아니라 통계적으로 유의미 여부가 중요하다고 본다.

마지막으로 교육 방안 제시를 목적으로 한 연구 중 교육의 효과를 실험한 연구들이 부족하므로 제시한 교육 방법의 효과를 검증할 수 있도록 해야 한다.

이상의 검토와 논의를 바탕으로 향후 한·중 모음 대조, 오류 분석 그리고 한국어 모음 교육에서 풍부한 연구들이 이어지기를 기대한다.

참고문헌

배주채(2004), 『한국어의 발음』, 삼경문화사.
신지영(2000), 『말소리의 이해』, 한국문화사.
신지영·차재은(2003), 『우리 말소리의 체계』, 한국문화사.
이진호(2014), 『국어 음운론 강의(개정판)』, 삼경문화사.
이현복·심소희(1999), 『중국어음성학』, 교육과학사.
허용(2004), 「중간언어 음운론을 위한 모음 연구」, 『이중언어학』 25, 이중언어학회, 309-330쪽.
허용(2005), 「한국어 화자의 영어 발음에 나타나는 간섭현상에 대한 중간언어 음운론적 고찰」, 『이중언어학』 28, 이중언어학회, 415-437쪽.
허용·김선정(2013), 『대조언어학』, 소통.
吳宗济(1992), 『现代汉语语音概要』, 高等教育出版社.
周有光(1995), 『汉语拼音方案』, 语言出版社.

분석 대상 논문

공해령(2010), 「중국 학습자의 한국어 단순모음 발음의 실험음성학적 연구」, 한양대학교 석사학위논문.
김은경(2012a), 「한국어 단모음의 난이도 위계 설정 연구」, 『어문연구』 72, 어문연구학회, 59-78쪽.

김은경(2012b), 「중국인의 한국어 모음 습득 연구」, 충남대학교 박사학위논문.
김정욱(2009), 「중국인 학습자의 한국어 발음 교수 방안 연구 : 한국어와 중국어 모음 체계 대조를 중심으로」, 대구대학교 석사학위논문.
김주연(2013), 「중국인 학습자의 한국어 모음 산출에 대한 종단 연구」, 건국대학교 박사학위논문.
두안지루(2014), 「한중 동형 한자어의 단모음 교육 방안 연구」, 청주대학교 석사학위논문.
스쓰옌(2017), 「모국어 간섭으로 인한 한국어 모음 발음 오류와 교육 방안 연구 : 초급 중국인 학습자의 한자어 발음을 중심으로」, 중앙대학교 석사학위논문.
쉐빙(2019), 「중국인 학습자의 한국어 이중모음 발음 오류에 대한 연구 : j계 이중모음 중심으로」, 서울시립대학교 석사학위논문.
안노평(2019), 「한·중 이중모음 대조 연구」, 부산대학교 석사학위논문.
염회몽(2015), 「중국인 학습자의 한국어 모음 습득 양상 연구」, 서울시립대학교 석사학위논문.
오순희(2012), 「중국인 학습자를 위한 한국어 단모음 발음 교육 방안 연구 : 한중 동형한자어에서의 간섭현상을 중심으로」, 세종대학교 석사학위논문.
왕정정(2012), 「중국인 학습자를 위한 한국어 이중모음 교육 방안 연구」, 부산대학교 석사학위논문.
왕팡(2012), 「중국인 학습자를 위한 한국어 모음 교육 연구」, 숭실대학교 석사학위논문.
웬신(2019), 「중국인 학습자의 한국어 단모음 발음 양상 연구 - L1 영향으로 인한 단모음 조음 위치 변화를 중심으로」, 『국어교육연구』 44, 서울대학교 국어교육연구소, 211-240쪽.
유쾌(2015), 「중국인 학습자를 위한 한국어 단모음 발음 교육 방안 연구」, 한양대학교 석사학위논문.
이경(2012), 「중국인 학습자의 한국어 단모음 /ㅓ/와 /ㅗ/ 발음 양상과 교육 방법 연구」, 경희대학교 석사학위논문.
이금월(2018), 「중국인 한국어 학습자의 원순모음 오류에 대한 연구 : 중국 북방방언 화자 중심으로」, 서울시립대학교 석사학위논문.
장국화(2014), 「중국인 여성 학습자의 한국어 단모음의 발음 습득 양상: 초·중·고급 학습자의 음성산출 결과를 중심으로」, 『한국언어문화학』 11(2), 국제한국언어문화학회, 161-186쪽.
전홍화·Chen Jing(2020), 「침묵식 교수법을 활용한 중국인 고급 한국어 학습자 대상 모음 발음 교정 연구」, 『학습자중심교과교육연구』 20(24), 학습자중심교과교육학회, 1099-1120쪽.
조아라(2019), 「중국인학습자의 한국어 발음교육방안 모색」, 『중국조선어문』 220, 길림

성민족사무위원회, 50-63쪽.

주림(2011), 「중국인 한국어 학습자의 이중모음에 관한 실험음성학적 연구 : 발음 오류 중심으로」, 건국대학교 석사학위논문.

하호빈(2021), 「모음의 대립 자질을 통한 외국인 학습자의 한국어 모음 실현 양상 연구: 5모음 체계의 유형 분류를 중심으로」, 홍익대학교 박사학위논문.

학미(2005), 「한국어와 중국어의 단모음 비교연구: 실험음성학적으로」, 이화여자대학교 석사학위논문.

현승우(2020), 「중국인 학습자의 한국어 이중모음 음성 실현 양상」, 건국대학교 석사학위논문.

WANG QI(2014), 「중국인 학습자의 한국어 단모음 발음 교육 연구」, 충남대학교 석사학위논문.

Ⅲ.
한·중 자음 대조 연구의 동향 및 쟁점

설산(XUE SHAN)

1. 들어가는 말

본 연구의 목적은 한·중 자음 대조 연구의 동향을 파악하고 쟁점을 검토하는 데에 있다. 한국교육학술정보원에서 제공하는 학술연구정보서비스(Research Information Sharing Service, RISS)에서 “중국어 한국어 대조”와 “한중 대조”라는 키워드로 검색한 결과, 2022년 3월까지 출간된 논문이 총 3,940편이었으며 그중 국내학술논문이 864편, 학위논문이 3,076편이었다. 본 연구에서는 그중 한·중 음운 대조 연구에 해당되는 연구 205편을 추려내고 해당 연구들을 ‘모음’, ‘자음’ 등 세부 분류에 따라 다시 나누었다. 음운 대조 연구에 있어 자음 대조 연구는 46편으로 전체 연구의 약 30%를 차지하고 있다. 이에 본고에서는 자음 대조 연구를 분석 대상으로 삼아 전체적인 연구 동향을 파악한 뒤 연구 목적, 연구 내용, 연구 방법, 연구 결과 등에 따라 구체적으로 분석하는 데에 연구 목적을 두고 있다. 그리고 한·중 자음 대조 문헌을 분석함으로써 발음 대조 연구의 모형도 모색하고자 한다.

2. 자음 대조 연구 동향

1) 연도별 연구 동향

한·중 자음 대조 연구의 연도별 추세는 다음 〈표 1〉과 같다.

〈표 1〉 연도별 한·중 자음 대조 연구 동향

연도	2004	2005	2007	2008	2009	2010	2011	2012	2013	2014	2015	2016	2018	2019	2021
연구 수	1	2	3	1	1	2	4	4	6	2	3	5	4	4	4

위 〈표 1〉에서 볼 수 있듯이 한·중 자음 대조 연구는 2004년부터 계속 이어져 왔는데, 2013년과 2016년에 연구가 가장 활발히 이루어졌다. 한·중 언어 대조 연구의 최근 20여 년간의 연도별 연구 추이를 살펴본 결과, 자음 대조 연구는 지극히 적은 편에 속하기 때문에 향후 주목할 만한 연구 분야라고 볼 수 있다.

2) 발간 유형별 연구 동향

한·중 자음 대조 연구를 발간 유형별로 살펴보면 크게 학위논문과 학술지 논문으로 나눌 수 있다. 발간 유형별 연구 수를 살펴보면 다음 〈표 2〉와 같다.

〈표 2〉 발간 유형별 한·중 자음 대조 연구 동향

발간 유형		연구 수
학위논문	석사	32
	박사	2
학술지		13

한·중 자음 대조 연구는 학위논문이 34편, 학술지 논문이 13편으로 학위

논문의 수가 학술지 논문보다 더 많았다. 그리고 학위논문에서는 석사논문이 32편, 박사논문이 2편이 있었다. 이를 통해 대체로 석사학위논문에서 한·중 자음 대조 연구가 많이 이루어졌음을 확인할 수 있다.

3) 목적별 연구 동향

한·중 자음 대조의 목적은 주로 언어 대조, 학습자 언어 연구, 교육 연구 세 가지로 분류할 수 있다. 이는 대조 연구의 성격 및 주안점과 일치한다. 학문 유형으로 보면 대조언어학은 응용언어학에 속한다. 학습자 언어 연구와 제2언어 교육 연구는 지극히 응용언어학의 특징을 지니고 있기 때문에 한·중 자음 대조 연구의 전체적인 목적에서 응용 지향성과 실천 지향성을 확인할 수 있다. 한·중 자음 대조 연구를 연구 목적별로 분류해 보면 다음 〈표 3〉과 같다.

〈표 3〉 연구 목적별 한·중 자음 대조 연구 동향

분석 대상 논문	연구 목적		
	언어 대조	학습자 연구	교육 연구
왕여가(2016)	○		
정벽한(2016)	○	○	
장호득(2013)	○		○
노경선(2015)	○	○	
이지(2015)	○	○	
소배강(2015)	○	○	○
여학봉(2009)	○		
송지윤(2013)	○	○	○
김일옥(2021)	○		
김성란(2011)	○		
장로(2013)	○		
범류(2005)	○		
송지윤(2019)	○		○
이화진(2013)	○		○

崔金丹(2010)	○		○
崔金丹(2004)	○		
마맹(2012)	○		○
Leng, Lina(2014)	○		○
장미가(2016)	○		
전원해(2005)	○	○	
신진우(2018)	○	○	
우청(2016)	○	○	○
손사원(2021)	○	○	○
SHEN WENDI(2019)	○	○	○
맹주억·권영실(2007a)	○		
맹주억·권영실(2007b)	○		
맹주억·권영실(2007c)	○		
쉬양(2018)	○	○	
소열녕(2008)	○		○
서춘란(2019)	○	○	
Zheng Yihan·원미진(2021)	○	○	
김선정(2018)	○	○	
강려(2011)	○	○	
LEI LEI(2011)	○	○	
상중범(2016)	○	○	○
이건희(2012)	○		
갈군매(2021)	○	○	○
왕혜녕(2014)	○	○	○
순 샤오페이(2013)	○	○	
정효정(2012)	○	○	
왕요(2018)	○	○	
황미연(2012)	○	○	
박시균(2011)	○		○
김기훈(2010)	○	○	○
이쌍·권경근(2019)	○		
오선(2013)	○	○	○
합계	46	25	18
비율	100%	54%	39%

위 〈표 3〉에서 보듯이 하나의 연구에서 항상 하나의 연구 목적만 가지는

것이 아니라, 둘 이상의 연구 목적을 가지는 경우도 많다. 이처럼 연구 목적의 양상을 더 자세히 살펴보기 위하여 유형별로 연구 목적을 다시 분류해 보면 다음 〈표 4〉와 같다.

〈표 4〉 연구 목적별 한·중 자음 대조 연구 동향

연구 목적	분석 대상 논문	연구 수
언어 대조	崔金丹(2004), 범류(2005), 맹주억·권영실(2007a), 맹주억·권영실(2007b), 맹주억·권영실(2007c), 여학봉(2009), 김성란(2011), 이건희(2012), 장로(2013), 장미가(2016), 왕여가(2016), 이쌍·권경근(2019), 김일옥(2021)	13
대조 + 학습자연구	전원해(2005), 강려(2011), LEI LEI(2011), 정효정(2012), 황미연(2012), 순샤오페이(2013), 노경선(2015), 이지(2015), 정벽한(2016), 신진우(2018), 쉬양(2018), 김선정(2018), 왕요(2018), 서춘란(2019), Zheng Yihan·원미진(2021)	15
대조 + 교육연구	소열녕(2008), 崔金丹(2010), 박시균(2011), 마맹(2012), 장호득(2013), 이화진(2013), Leng, Lina(2014), 송지윤(2019)	8
대조 + 학습자연구 + 교육 연구	오선(2013), SHEN WENDI(2019), 김기훈(2010), 송지윤(2013), 왕혜녕(2014), 소배강(2015), 우칭(2016), 상중범(2016), 손사원(2021), 갈군매(2021)	10

위 〈표 4〉를 살펴보면, 본고의 분석 대상이 되는 논문을 연구 목적 유형별로 살펴본 결과, "대조+학습자 연구"가 15편으로 가장 많았고, "단순 언어 대조"는 13편으로 그 뒤를 이었다. 다음으로 "대조+학습자 연구+교육 연구"가 10편이었으며, "대조+교육 연구"는 8편으로 가장 적었다. 이를 통해 언어 대조가 특히 학습자를 중심으로 하는 중간언어 연구와 함께 많이 이루어졌음을 알 수 있다.

3. 연구 방법별 연구 동향

앞에서 언급한 바와 같이 한·중 자음 대조 연구는 단순한 언어 대조보다 언어 대조를 바탕으로 학습자 언어 연구와 교육 연구를 같이 다룬다는 특징이 있다. 따라서 본고의 분석 대상이 되는 연구를 연구 방법별로 "언어 대조 방법"과 "언어 대조 외의 방법"으로 분류하였다. 이는 연구에서 분석 대상을 언어 그 자체인지 아닌지에 따라 분류한 것이다. 예를 들어 한국어와 중국어 자음의 음성학적 특징을 파악하고 대조하기 위해서 한국어 모어 화자의 한국어 발화와 중국어 모어 화자의 중국어 발화를 각각 녹음하여 대조하는 것은 "언어 대조 방법"으로 분류하였다. 반면, 중국인 학습자의 한국어 발화를 녹음하여 한국인 모어 화자의 발화와 대조하는 것은 학습자의 언어, 즉 중간언어 연구에 목적을 두고 있기 때문에 "언어 대조 외의 방법"으로 분류하였다. 다시 말해, 대조의 대상이 "언어 자체인지 아닌지"가 중요한 기준이다. 이를 바탕으로 한·중 자음 대조 연구의 전반적인 연구 내용과 방법을 분류하면 다음 표 〈표 5〉와 같다.

〈표 5〉 한·중 자음 대조 연구의 내용 및 연구 방법

분석 대상 논문	연구 내용			언어 대조 방법				언어 대조 외의 방법				
	자음 체계	장애음	공명음	음운 학적	음성 학적	문헌 기반	실험 기반	발화 실험	청취 실험	오류 분석	설문 조사	교재 교안 분석
왕여가(2016)			○	○	○	○	○					
정벽한(2016)			○	○		○			○			
장호득(2013)			○	○		○						○
노경선(2015)			○	○		○		○				
이지(2015)			○	○		○		○		○		
소배강(2015)			○	○		○				○		○
여학봉(2009)	○			○		○						
송지윤(2013)	○			○		○				○		○
김일옥(2021)	○			○		○						
김성란(2011)	○			○		○						
장로(2013)	○			○		○						
범류(2005)	○			○	○	○						
송지윤(2019)	○			○		○		○		○		○
이화진(2013)	○			○		○		○	○			○
崔金丹(2010)	○			○	○	○				○		○
崔金丹(2004)	○			○	○	○						

마맹(2012)	○			○		○					○	○
Leng, Lina(2014)	○			○		○		○		○		○
장미가(2016)	○			○	○	○						
전원해(2005)	○			○		○		○		○		
신진우(2018)		○		○		○				○		
우청(2016)		○		○		○		○	○			○
손사원(2021)		○		○		○		○	○			○
SHEN WENDI(2019)		○		○	○	○	○	○				
맹주억·권영실(2007a)		○			○		○					
맹주억·권영실(2007b)		○			○		○					
맹주억·권영실(2007c)		○			○		○					
쉬양(2018)		○		○		○		○	○			
소열녕(2008)		○			○		○		○			○
서춘란(2019)		○			○		○	○				
Zheng Yihan·원미진(2021)		○		○	○	○			○	○		
김선정(2018)		○		○		○		○				
강려(2011)		○		○		○		○		○		
LEI LEI(2011)		○		○		○		○	○			
상중범(2016)		○		○	○	○		○				○
이건희(2012)		○		○	○	○	○					
갈군매(2021)		○		○	○	○			○			○
왕혜녕(2014)		○		○	○	○		○		○		○
순샤오페이(2013)		○		○	○	○		○	○			
정효정(2012)		○		○		○		○	○	○		
왕요(2018)		○		○		○		○		○		
황미연(2012)		○		○	○	○			○	○	○	○
박시균(2011)		○		○		○			○			○
김기훈(2010)		○		○	○	○		○	○	○		○
이쌍·권경근(2019)			○		○		○					
오선(2013)		○		○	○	○		○		○		○
합계	14	25	7	39	21	40	9	21	14	16	2	18
비율	30%	54%	15%	85%	46%	87%	20%	46%	30%	35%	4%	39%

연구 내용에 대한 통계 결과를 보면, 한·중 자음 대조에서는 특히 장애음에 대한 연구가 가장 많이 이루어진 것으로 나타났다. 연구 방법의 경우

에는 “언어 대조 방법”에서 문헌 기반 대조와 음운학적 대조가 큰 비중을 차지하고 있는 것으로 나타났다. “대조 외의 방법”에서 발화 실험, 청취 실험, 오류분석, 교재 및 교안 분석 네 가지 방법은 각각 비슷한 비중을 차지하였다. 본 장에서는 이러한 연구 내용과 연구 방법을 바탕으로 한·중 자음 대조 연구에 대해 더 자세히 살펴보고자 한다.

1) 연구 내용

한·중 자음 대조 연구의 내용을 보면, 우선 19개의 한국어 자음을 조음 위치와 조음 방법에 따라 분류하였다. 그리고 조음 방법은 크게 장애음과 공명음의 두 계열로 분류하였다.

연도별 연구 내용을 살펴보면, 한·중 자음 대조 연구는 자음 체계 연구에서 시작하여 장애음, 공명음 순으로 연구가 진행되어 온 것을 알 수 있었다. 즉, 한·중 자음 대조 연구는 자음의 전반적인 내용에서 시작하여 점차 세분화된 내용으로 발전했다고 할 수 있다.

자음 체계 연구는 자음에 대한 전반적인 연구로, 크게 장애음과 공명음에 대한 연구로 나누어 볼 수 있다. 〈표 5〉에서 본 것처럼 장애음에 관한 연구는 전체 연구의 54%로 가장 큰 비중을 차지하고 있었다. 장애음에 대한 연구는 다시 조음 방법과 발성 유형을 다룬 연구로 나눌 수 있다. 조음 방법은 다시 파열음·파찰음·마찰음으로 나눌 수 있으며, 발성 유형은 평음·격음·경음으로 나눌 수 있다. 장애음에 대한 연구를 조음 방법과 발성 유형에 따라 분류하면 다음 〈표 6〉과 같다.

〈표 6〉 장애음 연구의 세부 내용

분석 대상 논문	조음 방법			발성 유형		
	파열음	파찰음	마찰음	평음	격음	경음
신진우(2018)	○	○	○			○
우청(2016)	○	○	○			○

손사원(2021)	○	○	○			○
SHEN WENDI(2019)	○	○	○	○	○	○
맹주억 · 권영실(2007a)	○			○		○
맹주억 · 권영실(2007b)	○			○		○
맹주억 · 권영실(2007c)	○			○		○
쉬양(2018)	○			○	○	○
소열녕(2008)	○			○	○	○
서춘란(2019)	○			○	○	○
Zheng Yihan · 원미진(2021)	○			○		○
김선정(2018)	○			○	○	○
강려(2011)	○			○	○	○
LEI LEI(2011)	○	○		○	○	○
상중범(2016)	○	○		○	○	○
이건희(2012)		○		○	○	○
갈군매(2021)		○		○	○	○
왕혜녕(2014)		○		○	○	○
순 샤오페이(2013)		○		○	○	○
정효정(2012)	○	○	○	○	○	○
왕요(2018)	○	○	○	○	○	○
황미연(2012)	○	○	○	○	○	○
박시균(2011)	○	○	○	○	○	○
김기훈(2010)	○	○	○	○		○
오선(2013)	○	○	○	○		
합계	21	16	10	22	17	24
비율	84%	64%	40%	88%	68%	96%

전반적인 한·중 자음 대조와 달리, 세부 내용에 대한 연구는 한 영역에 집중해서 깊이 있게 검토할 수 있다는 장점이 있다. 그렇다면 과연 연구자가 연구에서 세부 내용으로 어떤 연구를 할지 결정할 때 무엇이 가장 큰 영향을 끼칠까? 그것은 바로, 연구의 실천 가능성, 효율성, 필요성이라고 사료된다.

다음으로는 한·중 자음 대조 연구의 세부 내용을 〈표 7〉을 통해 구체적으로 살펴보고자 한다.

〈표 7〉 한·중 자음 대조 연구의 세부 내용

내용 유형	조음 방법		발성 유형	
	대조 내용	연구 수	대조 내용	연구 수
단일	파열음	9	평음	1
	파찰음	4	경음	3
	마찰음	0	격음	0
혼합	파열음 + 파찰음 + 마찰음	10	평음 + 격음 + 경음	17
	파열음 + 파찰음	2	평음 + 경음	4
	파열음 + 마찰음	0	평음 + 격음	0
	파찰음 + 마찰음	0	경음 + 격음	0

먼저 조음 방법과 관련된 연구를 보면, 단일한 내용을 다루는 연구(13편)와 두 개 이상의 내용을 함께 다루는 연구(12편)의 비율은 비슷하게 나타났다. 조음 방법과 관련된 세부 내용을 살펴보면 파열음을 다루는 연구가 가장 많았으며, 그다음으로는 파찰음, 마찰음 순으로 연구가 많이 이루어졌다. 마찰음은 파열음, 파찰음과 함께 다루는 경우가 많았으며, 단독으로는 연구되지 않았다. 이는 연구의 가능성과 효율성으로 인해 나타난 현상이라고 생각한다. 구체적으로 살펴보자면, 첫째, 마찰음의 복잡성 때문이다. 파열음과 파찰음보다 한국어 마찰음의 구별 자질이 더 복잡하기 때문에 연구의 접근성이 떨어질 수밖에 없다. 둘째, 연구의 효율성 때문이다. 한국어의 마찰음은 3개뿐이지만, 중국어의 마찰음은 6개나 있다. 두 언어의 마찰음 수의 격차가 크기 때문에 대조 연구의 효율성이 떨어질 것이다. 이러한 연유로 단독 연구는 활발히 이루어지지 않은 것으로 판단된다.

발성 유형에 따른 연구에서 단일한 내용을 다루는 연구와(4편) 두 개 이상의 내용을 함께 다루는 연구(21편)는 큰 격차를 보였다. 이를 통해 연구자들이 단일한 발성 유형에 대한 인지보다 평음·격음·경음 구별에 대해 더 관심을 기울인 것을 알 수 있다. 발성 유형과 관련된 세부 내용을 살펴보면, 격음을 다루는 연구가 적은 것이 눈에 띈다. 이는 수많은 연구에서 기식성 기준에 따라 한국어의 격음과 중국어의 유기음이 1:1 대응 관계를 이룬다고 분석하여 더 깊게 대조할 필요성이 없다고 판단했기 때문이라고 생각된다. 세부 대조 방법과 기준은 다음 절에서 구체적으로 검토할 것이다.

2) 대조 방법

(1) 대조 방법 분류 기준

본 절에서는 대조 연구의 인접 학문과 대조 자료 유래라는 두 가지 측면에서 한·중 자음 대조 방법을 나눠서 검토하였다. 다른 영역의 대조 연구와 달리 발음 대조의 주요 인접 학문이 하나만 있는 것은 아니다. 국어학의 네 가지 주요 영역은 음운론·형태론·통사론·담화론이다. 그러나 제2언어 발음 습득·교육 연구의 특성상 음성학도 빼놓을 수 없다. 따라서 한·중 자음 연구의 주요 인접 학문도 음운론과 음성학으로 나누어 생각할 수 있다. 음운론과 음성학은 서로 연관이 있으면서도 차이가 있는 엄연히 다른 학문이기 때문에 이를 기준으로 분석하면 검토할 만한 내용이 많을 것이라고 생각한다. 그리고 선행 문헌을 기반으로 한 대조 연구와 실험 대조 연구는 서로 다른 성격을 지닌 연구이기에 이와 같이 자료 유형에 따라 대조 방법을 검토하는 것도 연구 가치가 있다고 생각한다.

우선, 한·중 자음 연구의 주요 인접 학문을 살펴보자면 음운론적 대조와 음성학적 대조가 있다. 이기문·김진우·이상억(1984)에서는 "음성학과 음운론은 모두 말의 소리를 대상으로 연구하는 분야"라고 하였지만, 음성의 자질에 대한 관점은 달랐다. 즉, 음성학은 어떤 발음이 음성 기관의 어디에서 어떻게 나고 어떻게 공기 속을 지나는지와 같은 모든 음성적 자질(sound feature)을 차별 없이 모두 동등하게 중시하지만, 음운론은 주로 그런 자질들 가운데 의미를 변별시키는 기능을 가지는 변별적 자질(distinctive feature)에 주목한다. 음성학의 하위 영역으로 보면 말소리의 생성·전파·인지 세 가지 단계에 따라 조음음성학·음향음성학·청각음성학으로 나눌 수 있는데, 발음 대조에 관한 실험은 음향음성학과 청각음성학으로부터 접근하는 경우가 많다.

다음으로 대조 자료의 유형을 보면, 문헌 기반 대조와 실험 기반 대조가 있다. 물론 모든 연구에 문헌 연구가 필수 요소이지만, 본고에서 분류 기준으로 정한 "문헌 기반" 방법은 언어 대조할 때 참조한 문헌에만 한한다. 즉, 논문에서 인용한 수많은 선행 연구 문헌 중, 한·중 자음의 음운적 자질군과 음향적 단서군에 대한 대조와 직접적인 관계를 가진 문헌만을 뜻한다. 이와 같은 대조 방법별로 연구 살펴보면 다음 〈표 8〉과 같다.

〈표 8〉 한·중 자음 대조 연구의 대조 방법 1

	인접 학문			자료 유형		
단일 방법	음운	25	54%	문헌	37	80%
	음성	6	13%	실험	6	13%
혼합 방법	음운 + 음성	15	33%	문헌 + 실험	3	7%

한·중 자음 대조 연구의 대조 방법을 인접 학문의 측면에서 보면 음운론적 관점에서 접근하는 연구가 54%로 가장 많았으며, 다음으로는 음운과 음성학적 관점에서 함께 접근하는 경우가 33%였다. 음성학적 관점에서 접근한 연구는 13%로 가장 적었다. 한편 자료의 유형의 측면에서 보면 문헌적 대조만을 한 연구가 80%로 가장 많았으며, 실험 대조가 13%, 문헌 대조와 실험 대조를 함께 진행한 연구가 7%로 나타났다. 다음으로는 인접 학문, 자료 유형 두 기준에 따라 한·중 자음 대조 연구의 대조 방법을 분류해 보았는데 이는 〈표 9〉와 같다.

〈표 9〉 한·중 자음 대조 연구의 대조 방법 2

유형	연구 수	비율
문헌 + 음운	25	54%
실험 + 음운	0	0%
문헌 + 음성	0	0%
실험 + 음성	6	13%
문헌 + 음운 + 음성	12	26%
실험 + 음운 + 음성	0	0%

음성 + 문헌 + 실험	0	0%
음운 + 문헌 + 실험	0	0%
음운 + 음성+ 문헌 + 실험	3	7%

위 〈표 9〉를 보면 "문헌+음운" 유형이 54%로 제일 많았고, "문헌+음운+음성" 유형이 26%, "실험+음성"은 13%였으며, 네 가지 방법을 모두 사용한 연구는 7%에 불과했다. 이를 통해 음운적 접근법과 문헌적 접근법 간에 밀접한 연관성이 있을 것이라 추측할 수 있다.

(2) 인접 학문에 따른 대조 방법

첫째, 음운론적으로 대조 연구에 접근할 때 변별적 자질을 중심으로 자음을 분류하는 것은 아주 큰 특징 중 하나이다. 이진호(2004)에 따르면 변별적 자질(distinctive feature)은 음소를 이루는 음성적 특징을 바탕으로 음소를 더 작게 쪼개어 표시한 단위라고 하였으며, 모든 음소는 변별적 자질들의 결합체로 나타낼 수 있다고 하였다.

자음에 관한 변별 자질은 조음 위치에 대한 자질과 조음 방법에 대한 자질로 나눌 수 있다. 학자에 따라 변별적 자질의 분류도 조금씩 다르다. 구현옥(1999)은 Jakobson(1956)와 Chomsky(1968)의 변별 자질 분류를 기술하고 비교했다. Jakobson(1956)의 경우, "모음성/비모음성(vocalic/non-vocalic)", "자음성/비자음성(consonantal/non-consonantal)", "비음성/구강성(nasal/oral)", "밀접성/분산성(compact/diffuse)", "연속성/중단성(continuant/discontinuant)", "소음성/비소음성(strident/mellow)", "억제성/비억제성(checked/unchecked)", "유성성/무성성(voice/voiceless)", "긴장성/이완성(tense/lax)", "저음조성/고음조성(grace/acute)", "상변음조성/불변음조성(flat/plain)", "하변음조성/불변음조성(sharp/plain)" 12가지 변별 자질을 제기했다고 하였다. 반면, Chomsky(1968)의 경우, "성절성(syllabic)", "공명성(sonorant)", "막음성(consonantal)", "지속성(continuant)", "지연개방성(delayed release)", "소음성(strident)", "비음성(nasal)", "설측성(lateral)", "장애성

(obstrant)", "전방성(anterior)", "설정성(coronal)", "유성성(voiced)", "유기성(aspirate)", "협착성(constricted glottis)", "긴장성(tense)", "고설성/저설성(high/low)", "전설성/후설성(front/back)", "원순성(round)"의 18가지 변별자질을 제기했다고 하였다. 구현옥(1999)은 Chomsky(1968)의 변별자질에 대해, 1차적으로 모음과 자음을 구분하는 큰 분류 바탕이 있고, 모음을 세분하는 혀, 입술 바탕이 있으며, 자음을 세분하는 조음 방법, 조음 위치, 후두 자질로 구분했다고 평가했다.

한국어 자음의 변별적 자질에 대해 배주채(1996)는 조음 위치 자질을 "순음성(labial)", "전설성(frontal)"두 가지로, 조음 방식 자질은 "공명성(sonorant)", "비음성(nasal)", "치찰성(sibilant)", "폐쇄성(stop)", "긴장성(tense)", "유기성(aspirated)" 이렇게 여섯 가지로 요약했다. 이진호(2004)는 조음 위치에 따라 "전반성(anterior)", "설정성(coronal)"이 있고, 조음 방법에 따라 공명음·장애음을 구분하는 데에 "공명성(sonorant)"을 포함한 변별적 자질 최소 하나가 필요하다고 하였다. 또 파열음·파찰음·마찰음을 구분하는 데에는 "지속성(continuant)", "비음성(nasal)", "소음성(strident)" 등 변별적 자질 최소 세 개가 필요하며, 평음·격음·경음을 구분하는 데에는 "긴장성(tense)"과 "유기성(aspirated)"을 포함한 변별적 자질 최소 두 개가 필요하다고 하였다.

앞에서 연구 내용을 통계적으로 분석할 때 살펴본 바와 같이 한·중 자음 대조 연구에서 장애음에 대한 연구가 대다수라서 기식성·긴장성·유성성 세 가지 변별적 자질에 집중해서 대조한 경우가 많았다. 이는 다음 〈표 10〉을 통해 구체적으로 살펴볼 수 있다.

〈표 10〉 변별적 자질 통계

분석 대상 논문	대조 내용			조음 위치 자질	조음방법자질		
	자음 체계	장애음	공명음		기식성	유성성	긴장성
왕여가(2016)			○	○			
정벽한(2016)			○	○			

장호득(2013)			○	○			
노경선(2015)			○	○			
이지(2015)			○	○			
소배강(2015)			○	○			
여학봉(2009)	○			○	○	○	○
송지윤(2013)	○			○	○	○	○
김성란(2011)	○			○	○		○
장로(2013)	○			○	○		
범류(2005)	○			○	○		○
송지윤(2019)	○			○	○	○	
이화진(2013)	○			○	○		
崔金丹(2010)	○			○	○		
崔金丹(2004)	○			○	○	○	
마맹(2012)	○			○	○	○	
Leng, Lina(2014)	○			○	○	○	○
장미가(2016)	○			○	○	○	
전원해(2005)	○			○	○	○	○
신진우(2018)		○		○	○		
우청(2016)		○		○	○		
손사원(2021)		○		○	○	○	
SHEN WENDI(2019)		○		○	○	○	
쉬양(2018)		○		○	○		
Zheng Yihan · 원미진(2021)		○		○	○	○	
김선정(2018)		○		○	○	○	
강려(2011)		○		○	○		
LEI LEI(2011)		○		○	○		○
상중범(2016)		○		○	○	○	
이건희(2012)		○		○	○		
갈군매(2021)		○		○	○		○
왕혜녕(2014)		○		○	○		○
순 샤오페이(2013)		○		○	○		○
정효정(2012)		○		○	○		
왕요(2018)		○		○	○		
황미연(2012)		○		○	○		
박시균(2011)		○		○	○		○

김기훈(2010)		○		○	○		
오선(2013)		○		○	○		
합계	13	20	6	40	33	13	11
비율	33%	50%	15%	100%	83%	32%	28%

한·중 자음 대조 연구에서 변별적 자질의 출현 빈도를 보면 기식성, 유성성, 긴장성의 순으로 나타났다. 특히 장애음에 관한 대조 연구(자음체계 계열+장애음 계열)에서 기식성의 출현 빈도는 97%에 달하기 때문에 한·중 장애음 대조의 주요 음운론적 근거는 기식성이라고 할 수 있다. 이는 중국어 장애음도 기식성 자질이 있어 대조 연구의 접근 편의성이 있기 때문이라고 생각한다. 유성성은 주로 한국어의 변이음과 중국어의 방언이나 표준말의 변이음에 나타나는 자질이고, 긴장성은 중국어의 장애음 변별적 자질이 아니기 때문에 대조 연구에서 두 자질의 출현 빈도가 낮은 편이었다.

둘째, 음성학적 대조는 주로 음향음성학 위주로 연구되었다. 음운론에서 변별적 자질을 기준으로 분석한 것처럼, 음향학에서는 주로 "음향적 단서"로 음성 데이터를 분석한다.

Reetz(2009)는 음향적 단서(acoustic cue)는 특정 세그먼트의 식별에 대한 고유한 정보를 제공하는 것으로 간주한 하나 이상의 음향 특징으로 구성된다고 했다. 한·중 자음 대조 연구에서 분석한 음향적 단서는 주로 음성파형(speech waveform)과 스펙트로그램(spectrogram) 두 분야에 관한 것으로 분류할 수 있다.

우선, 음향분석용 소프트웨어로 음성파형(speech waveform)을 살펴볼 수 있다. Baart(2010)는 음성파형(speech waveform) 또는 음성파(speech wave)나 음성파 그래프(speech wave graph)라는 용어를 종종 사용했는데, 그 그래프에서 가로축은 시간을 나타내고, 세로축은 기압을 나타내며, "묵음(silence 또는 pause)", "파열(plosion)", "마찰소음(friction noise)", "유성(voice)"이라는 음성의 기본적인 소리의 4가지 유형을 구분하는 것에 도움이 된다고 했다. 그리고 음성파형은 분절음의 상대적인 소리 크기(loudness)와 지속 시간(duration)에 대한 단서 등 음성에 대해 상당히 많은 정보를 보여준다고 했다.

한편, 스펙트로그램(spectrogram)은 음성에 대한 추가적인 정도를 보여주는 방식이다. Baart(2010)는 스펙트로그램(spectrogram)의 가로축은 파형에서와 마찬가지로 시간을 나타내고, 세로축은 주파수를 나타내며, 시간·주파수·강도의 3차원 속에서 특정 부분의 값들이 한 덩어리로 함께 분석되어 처리된다고 했다.

한·중 자음 대조 연구에서 사용한 음향적 단서를 표로 정리하면 다음 〈표 11〉과 같다.

〈표 11〉 자음 대조 연구의 음향적 단서 통계

분석 대상 논문	대조 내용			음향적 단서													
				음성파형 (speech waveform)						스펙트로그램 (spectrogram)							
	자음체계	장애음	공명음	VOT	CD	음성지속시간	기식지속시간	마찰지속시간	F0	F1	F2	F3	포먼트전이	voicebar	CoG	CFi	강도
왕여가(2016)			○							○	○	○					
범류(2005)	○			○			○										
崔金丹(2010)	○						○	○									
崔金丹(2004)	○						○	○									
장미가(2016)	○			○	○								○	○		○	
SHEN WENDI(2019)		○		○	○				○								
맹주억·권영실(2007a)		○		○		○			○								○
맹주억·권영실(2007b)		○		○		○			○								○
맹주억·권영실(2007c)		○		○		○			○								○
소열녕(2008)		○		○		○			○								○
서춘란(2019)		○		○	○												
Zheng Yihan·원미진(2021)		○		○													
상중범(2016)		○		○		○			○								○
이건희(2012)		○							○						○		
갈군매(2021)		○		○					○								
순샤오페이(2013)		○		○	○				○								
정효정(2012)		○		○													
왕요(2018)		○		○			○	○	○								
황미연(2012)		○		○													

김기훈(2010)		○		○													
이쌍·권경근(2019)			○							○	○						
오선(2013)		○		○					○								
합계	4	16	2	17	4	5	4	3	11	2	2	1	1	1	1	1	5
비율	18%	73%	9%	77%	18%	23%	18%	14%	50%	9%	9%	5%	5%	5%	5%	5%	23%

음향적 단서에 대해 통계를 내면서 한·중 자음 대조 연구에서 용어 혼용 문제를 발견했다. 간단히 정리해보자면 다음과 같다.

첫째, 번역으로 인해 생긴 용어 혼용 문제가 존재하였다. 예컨대, 음성 파형의 시간 길이에 관한 단서에서 "duration"이라는 용어를 한국어로 번역해서 "길이", "구간", "시간" 등 여러 가지 단어로 기술되었는데, 본고에서는 구희산(2001) 『음성과학 용어 번역 사전』을 참조하여 "지속 시간"으로 통일했다. 둘째, 영역 간의 용어 혼용 문제가 존재하였다. 예를 들어, "F0", "피치", "음높이"를 혼용하는 경우가 많았다. 여기의 피치(pitch)는 소리의 높낮이를 나타내는 용어고, 이를 한국어로 번역하면 "음높이"에 해당된다. "F0"는 한국어로 "기본주파수"로 번역되어 사용되었는데, 주기성 음성파가 반복되는 속도를 말하는 것이며, 1초당 음성파의 싸이클 횟수를 계산한 것이다. 그러나 엄밀히 말하면 피치(pitch)는 인간 청각이나 심리학 개념이고 F0(기주파수)는 음성파의 물리학적 개념이다. Praat 소프트웨어에서 "pitch"라는 용어가 나타났기 때문에, 수집한 문헌을 살펴보니 "F0"뿐만 아니라 "pitch"라는 용어도 사용되었다. 본고에서는 음향적 단서를 정리할 때 모두 "F0"로 태깅하여 출현 빈도를 계산했다.

음향적 단서로 통계를 낸 결과, VOT가 77%로, F0가 50%로 나타났다. VOT는 파열음과 파찰음을 분석할 때 사용하는 단서이기 때문에, VOT를 많이 사용했다는 것은 앞서 본 한·중 자음 대조 연구의 내용 분포와 일치한다는 뜻이기도 하다.

(3) 자료 유형에 따른 대조 방법

대조 자료의 유형별로 보면 한·중 자음 대조 연구는 "문헌 기반"과 "실험 기반" 두 가지로 나눌 수 있다. 연도별 추이를 보면, 두 가지 대조 방법은 추세가 일치하는 것으로 보이고, 실험 기반 연구보다 문헌 기반 연구가 훨씬 더 많다는 것을 알 수 있다. 다만, 2007년 이전까지 실험 기반 대조 연구는 많이 이루어진 반면, 문헌 기반 대조 연구는 찾아볼 수 없었다. 한편 본고에서 수집한 실험 기반 연구는 모두 Praat로 데이터를 분석하고 있었다. Praat는 컴퓨터용 음성 분석 소프트웨어로 1991년에 만들어졌지만 2004년에 와서야 General Public Licence를 받은 Open source code 소프트웨어가 되었다.[1] Praat의 발전에 따라 전문 음성학자가 아닌 일반 언어 전공자도 특정 실험 설비 없이 음성 분석을 하는 것이 가능해졌다. 따라서 한·중 자음 대조에서도 2007년에 음성 실험 기반 연구가 처음으로 나왔다.

첫째, 본고에서 수집한 문헌 기반 대조 연구는 문헌에 따라 다음 〈표 12〉와 같은 세 가지 유형으로 분류할 수 있다.

〈표 12〉 문헌 기반 대조 연구의 유형

문헌 기반 대조 유형	문헌의 영역			
	습득·인지 관련 문헌	한국어 관련 문헌	중국어 관련 문헌	한·중 대조 관련 문헌
1	○	○	○	○
2	○	○	○	×
3	×	○	○	×

첫 번째는 습득·인지, 한국어, 중국어, 한·중 대조 네 가지 분야의 문헌을 모두 참조하여 대조 연구를 실시한 유형이다. 두 번째는 습득·인지, 한국어, 중국어 세 가지 분야에서 문헌을 참조하여, 연구자가 선행 문헌의 이론 틀 아래 대조 연구를 하는 유형이다. 세 번째는, 한국어와 중국어에 관한 음운·음성학 문헌을 참조하여 연구자가 자발적으로 한·중 자음 대조

1 Praat홈페이지 "Latest changes in Praat" 참조
https://www.fon.hum.uva.nl/praat/manual/What_s_new_.html

를 실시하는 유형이다. 세 번째 유형은 문헌 의존도가 제일 낮은 유형이지만 두 영역의 문헌을 기반으로만 대조 연구를 해 왔다. 그리고 전체적으로 보면 문헌 기반 대조의 출현 비율은 87%로, 네 가지 대조 방법 중에서 1위를 차지하고 있다. 그럼 이 많은 문헌 기반 연구에서 어떤 문헌을 가장 많이 참고하고 있는지 살펴보도록 하겠다.

네 가지 분야에서 인용을 한 횟수가 1회 이상인 연구와 연구자를 〈표 13〉과 같이 정리하였다. 연구명보다 연구자명으로 우선 정리한 연유는 같은 연구자의 여러 연구를 인용하는 경우가 많기 때문에 연구별로 정리하게 되면 더 분산된 분포가 나올 것으로 예측되기 때문이다.

〈표 13〉 주요 문헌 및 연구자

영역	연구자	주요 인용된 연구	피인용 횟수
한국어	이익섭	『국어학개설』	8
	이호영	『국어음성학』	5
	허용·김선정	『대조언어학』	5
	허웅	『국어음운학』	4
	이진호	『국어음운론강의』	4
	신지영	『한국어의 말소리』	4
	이주행	『표준 한국어 발음 사전』	4
	강옥미	『한국어음운론』	3
중국어	林焘·王理嘉	『语音学教程』	8
	黄伯荣·廖序东	『现代汉语』	7
	엄익상	『중국어 음운론과 응용』	4
	吴宗济	『现代汉语语音概要』	3
	김길동	「중국어권 학습자를 위한 한국어 발음 교육 연구」	3
	赵元任	『语言问题』	2
한·중 대조	허용, 김선정	『대조언어학』	4
	맹주억·권영실	「한·중 파열음의 음성학적 대조연구 -한국어 "ㄱ/ㄲ"과 중국어 "g"에 대하여」	4
	이경희·정명숙	「한국어 파열음의 음향적 특성과 지각 단서」	2
습득 인지	Lado	『Linguistics Across Culture』	5
	Prator	『Hierarchy of difficulty』	4

Flege	『Second language speech learning: Theory, findings, and problems』	3
Best	「A core premise of the Perceptual Assimilation Model of non-native speech perception(PAM)」	2
Fries	『Teaching and Learning English as a Foreign Language』	2
Corder	『Error analysis and interlanguage』	2
Selinker	『Interlanguage』	2

문헌 유형의 측면에서 위 〈표 13〉을 해석하자면 다음과 같다.

먼저, 문헌 유형의 분포는 불균형하다. 한국어에 관한 문헌이 종류(9가지)와 인용 횟수(37회)의 측면에서 다른 유형보다 높은 것으로 나타났다. 습득 인지에 대한 문헌(7가지, 20회)은 중국어에 대한 문헌(6가지, 27회)보다 인용 횟수가 조금 적지만, 종류는 더 다양하다. 습득 인지와 관련된 문헌을 구체적으로 살펴보면 "대조분석가설", "오류분석", "중간언어가설", "음성습득모형", "지각동화모형"과 같이 습득 이론뿐만 아니라 청각 인지에 관한 것도 있었다.

그리고 문헌 유형으로 보면 단행본이 대다수고, 논문은 단지 서너 편 정도에 불과하며, "대조"라는 영역에 집중되어 있었다. 문헌의 내용적인 측면에서 한국어 문헌과 중국어 문헌을 비교해 보면 또 흥미로운 점이 있다. 두 영역 모두 통합적인 저서보다 음운·음성 영역의 전문 저서가 더 큰 비중을 차지하고 있지만, 그 비율에 있어서는 서로 상반되는 양상을 보였다. 음운론:음성학의 비율이 한국어 영역에서는 4:1로 나왔으나 중국어 영역에서는 1:2로 나왔다. 이는 중국어 음운론 연구는 역사 음운론에 많이 기울어져 있어 공시적인 언어 대조에 적용하기가 어렵기 때문이라고 생각한다.

자음 대조 연구가 문헌 대조에 의존하는 현상은 발음 대조의 내용 한정성 때문이라고 본다. 발음 대조 연구가 어휘·문법·담화 대조 연구와 가장 다른 점은 연구 내용 항목의 한정성이라고 생각한다. 구체적으로 말하면 어휘·문법·담화 대조 연구에서는 대조 가능한 항목이 계산하기 어려울 정도로 방대한 것과 달리, 발음 대조의 내용 항목은 단순하다. UPSID에 의하면 자연언어에는 최소 11개, 최대 141개의 분절음이 있고, 평균 음소 수는 31개라고 한다. 물론 발음 대조의 내용은 분절음에만 한정되지 않고, 음절 구조, 초분절음, 음운 규칙도 대조의 내용이 될 수 있지만, 발음 대조 내용 항목의 규모가 상당히 작은 것이 사실이다. 한·중 자음 대조 같은 경우, 대조 범위가 40여 개에 불과하다. 음성 실험을 하지 않은 이상, 한·중 자음의 음운·음성학적 연구 결과를 참조하여 자발적으로 대조를 실시하는 것과 기존 대조 연구 결과를 바로 인용하는 연구가 대다수다. 이와 같이 문헌에 크게 의존하는 한·중 자음 연구에 대해 창의성과 연구 가치에 대한 의문이 들기도 한다.

둘째, 문헌 기반 연구에 비해 실험 기반 연구의 수는 상당히 적으며 전체의 19%에 그친다. 이는 음성 실험의 전문성 때문에 나타난 경향이라고 본다. 기술의 발전에 따라 음성 실험에 대한 접근 편의성이 예전보다는 많이 높아졌지만, 여전히 음성 실험은 전문성이 높이 추구되는 연구 방법이라고 평가된다. 특히 국어학이나 한국어교육 전공자에게는 상당히 생소한 영역이다. 실험 기반 대조 연구를 구체적으로 살펴보기 위하여 세부 내용 영역과 음향적 단서를 다음 〈표 14〉와 같이 정리하였다.

〈표 14〉 실험 기반 대조 연구

분석 대상 논문	세부 영역	음향적 단서								
		VOT	CD	음성 지속 시간	F0	F1	F2	F3	강도	CoG
맹주억·권영실(2007a)	파열음	○	○	○	○				○	
맹주억·권영실(2007b)	파열음	○	○	○	○				○	
맹주억·권영실(2007c)	파열음	○	○	○	○				○	
소열녕(2008)	파열음	○	○	○	○				○	
서춘란(2019)	파열음	○	○							
이건희(2012)	파찰음				○					○
왕여가(2016)	유음					○	○	○		
이쌍·권경근(2019)	활음					○	○			

SHEN WENDI (2019)	장애음 (유성음화)	○	○	○	○					
합계		6	6	5	6	2	2	1	4	1
비율		67%	67%	56%	67%	22%	22%	11%	44%	11%

실험 기반 대조 연구의 세부 영역을 보면 주로 파열음에 집중되어 있다는 것을 확인할 수 있다. 이는 전체 연구 내용의 분포와 일치한다. 음성 분석의 관점으로 보면 파열음의 음향 단서는 주로 VOT(성대진동개시시간), CD(폐쇄지속시간), F0(기본주파수)가 있는데 비교적 단순하고 측정하는 방법도 기초적인 것이다. 그러므로 향후 실험 기반 대조 연구에서 파찰음, 마찰음, 공명음, 활음에 대한 연구가 더 이루어져야 할 필요가 있어 보인다.

또한 대조의 방향에 따라 보면 중·한 발음 대조의 관점에서 접근한 연구가 거의 반을 차지하고 있고, 다른 연구보다 먼저 시작된 것으로 보인다. 중국어 영역의 학술지 논문은 맹주억·권영실(2007a)(2007b)(2007c)이 있고, 중국어과 학위논문은 소열녕(2008)이 있다.

(4) 대조 결과

연구 내용 면에서 전체 연구의 가장 큰 비중을 차지하고 있는 한·중 파열음 대조 연구의 결과를 간략하게 요약하고자 한다. 한국과 중국의 파열음의 조음 위치 자질이 완전히 일치하기에 그동안 주요 발성 유형에 따른 한국어의 삼중 대립 체계와 중국어의 이중 대립 체계에 대해 대조해 왔다.

우선, 대응 자음의 존재 여부를 기준으로 대조한 결과, 크게 두 가지 연구로 나눌 수 있다. 첫 번째는 한국어와 중국어에 공통적으로 존재하는 자음은 한국어의 격음과 중국어의 유기음, 한국어의 경음과 중국어의 무기음이라고 보고, 한국어에만 존재하고 중국어에 없는 자음은 평음이라고 주장하는 연구이다. 두 번째는 한국어와 중국어에 공통적으로 존재하는 자음은 한국어의 격음과 중국어의 유기음이라고 보고, 한국어에만 존재하고 중국어에 없는 자음은 평음과 평음이라고 주장하는 연구로 나눌 수 있다.

다음으로 대응 관계를 기준으로 대조한 결과, 크게 세 가지 연구로 나눌 수 있다. 첫 번째는 1:1의 대응 관계로 한국어의 격음과 중국어의 유기음, 한국어의 경음과 중국어의 무기음이라고 주장하는 연구이다. 두 번째는 1:1의 대응 관계로는 한국어의 격음과 중국어의 유기음, 2:1의 대응 관계로는 한국어의 경음·평음과 중국어의 무기음이라고 주장하는 연구, 그리고 세 번째는 1:1의 대응 관계로는 한국어의 경음과 중국어의 무기음, 2:1의 대응 관계로는 한국어의 격음·평음과 중국어의 유기음이라고 주장하는 연구가 있었다.

위 주장에 대해서 간단하게 요약하자면, 한·중 파열음 대조 연구의 주요 쟁점은 한국어의 삼중 대립체계를 중국어의 이중 대립체계처럼 이분법으로 분류한다면 평음을 어떻게 분류하느냐에 달려 있다. 즉, 평음을 격음과 함께 분류해야 할지, 경음과 함께 분류해야 할지, 혹은 아예 대조 분류에서 배제해야 할지 하는 것이다. 대조 결과에 대해서는 4. 쟁점 및 논의에서 더 구체적으로 논하도록 하겠다.

3) 대조 외 연구 방법

대조 외의 연구 방법은 다양하게 나왔는데, 출현 빈도 비율로 보면 발화 실험(46%), 오류분석(35%), 청취 실험(30%), 교재 및 교안 분석(39%), 설문조사(4%)의 순으로 나타났다.

(1) 분류 기준

앞서 대조 방법을 검토할 때 언급한 바와 같이 본고에서는 한·중 자음 대조 연구에서 나타난 전체 연구 방법을 "대조 방법"과 "대조 외 방법"으로 분류했다. 분류 기준도 단순하다. 대조의 대상이 언어냐 아니냐에 따라 분류하였다. 본 절에서 검토할 대조 외 연구 방법은 한국어와 중국어 언어 자체보다 학습자의 언어, 학습자의 인지 양상, 교재 개발, 교안 작성, 교육 실태 등에 그 목적을 두고 있기 때문에 "언어 대조 외의 연구 방법"으로 분류했다.

구체적으로 보면, 분석 대상 논문에 나온 “오류분석”, “설문조사”, “교재·교안 분석”은 한국어교육 연구에서 흔히 찾아볼 수 있는 방법이다. 나머지 두 가지 실험 방법의 분류 기준은 단순하다. 실험 대상에게 요구하는 응답 행위를 기준으로 하여, 실험 대상이 소리를 내게 하면 “발화 실험”, 실험 대상이 소리를 듣게 하면 “청취 실험”으로 분류한다. 분석 대상 논문에서는 다양한 용어를 썼는데, 본고에서는 “발화 실험”, “산출 실험”, “발음 조사”와 같은 용어를 “발화 실험”으로 통일하여 분석하였고, “청취 실험”, “인지 실험”, “듣기 실험”과 같은 용어를 “청취 실험”으로 통일하여 분석하였다. 각 연구 방법의 구체적인 절차와 유형은 다음 절에서 검토하겠다.

(2) 음성학에 따른 연구 방법

첫째, 분석 대상 논문에서 실시한 발화 실험은 크게 “발화 실험”과 “발화 교육 실험”으로 나누었다. 데이터 분석 방법은 “인식 판단”과 “기계적 자료 분석”으로 분류하였다. 발화 실험의 유형과 절차에 대해 자세히 살펴보면 다음 〈표 15〉와 같다.

〈표 15〉 발화 실험의 유형 및 절차

실험 유형	실험 절차			
	1. 데이터 수집	2. 데이터 분석		교육 실시
		인식 판단	기계적 자료 분석	
발화 실험	중국인 학습자의 발화 데이터 녹음	오류 판단	소프트웨어로 음향적 단서 분석	×
		유사도 판단	모어 화자의 데이터와 비교 분석	
발화 교육 실험	중국인 학습자의 발화 데이터 녹음	오류 판단	소프트웨어로 음향적 단서 분석	발화 교육 실시한 뒤, 2차 녹음과 데이터 분석 실행. 두 차시 데이터의 차이점 분석
		유사도 판단	모어 화자의 데이터와 비교 분석	

우선 발화 실험의 절차를 보면, 데이터 수집과 데이터 분석 두 단계가 있다. 데이터 분석 단계에서 사용하는 방법은 두 가지로 분류할 수 있다.

첫째, 모어 화자의 판단에 의한 인식 판단이다. 인식 판단 내부에서도 모어 화자에게 녹음에 나온 발음이 정확하냐 아니냐를 결정하게 하는 "오류 판단"과 모어 화자에게 녹음에 나온 발음이 한국어의 어떤 소리와 유사한지, 유사한 정도는 어떠한지를 결정하게 하는 "유사도 판단" 방법으로 나눌 수 있다. 둘째, 음성 분석 소프트웨어에 의한 기계적 자료 분석이다. 기계적 자료 분석에서 소프트웨어로 데이터의 음향적 단서를 분석하고, 연구 필요에 따라 모어 화자 녹음의 음향적 단서와 비교한 연구도 있었다.

데이터를 분석할 때 기계적 자료 분석을 택한 연구는 앞에서 검토한 "실험 기반 대조 연구"와 같은 방법이지만 주안점이 다르다는 점에서 차이가 있다. "실험 기반 대조 연구"의 주안점은 한국어와 중국어의 음향적 차이이므로, 녹음 내용은 한국어와 중국어 모어 화자 각각의 발화이다. 반면 "발화 실험"의 주안점은 학습자의 언어이므로, 녹음 내용은 중국인 학습자의 한국어 발화이다.

또 다른 유형으로는 "발화 교육 실험"이 있는데, 이는 발화 실험을 바탕으로 교육 방안을 제시하거나 모의 수업 단계를 추가한 방법이다. 교육 전후의 학습자 발화를 비교함으로써 교육 방안의 효과를 검증하는 데에 연구 목적을 두고 있다.

둘째, 분석 대상 논문에서 나온 청취 실험은 크게 "듣기 테스트"와 "인지 실험" 두 가지로 나눌 수 있다. 구체적인 청취 실험의 유형 및 절차는 다음 〈표 16〉과 같다.

〈표 16〉 청취 실험의 유형 및 절차

<table>
<tr><th rowspan="2">실험 유형</th><th colspan="3">실험 절차</th></tr>
<tr><th>1. 자료 작성</th><th>2. 듣기 실시</th><th>3. 결과 분석</th></tr>
<tr><td rowspan="2">듣기 테스트</td><td>모어 화자 녹음</td><td>전사형: 듣는 소리를 한글로 전사</td><td rowspan="2">응답 내용 분석 및 통계</td></tr>
<tr><td>교과서 녹음 재 편집</td><td>선택형: 한글로 제시된 항목에서 선택</td></tr>
<tr><td rowspan="2">인지 실험</td><td rowspan="2">모어 화자 녹음</td><td>전사형: 듣는 소리를 모국어로 전사, 유사도 평가</td><td rowspan="2">청취 인지 모델 틀에서 분석</td></tr>
<tr><td>선택형: 모국어로 제시된 항목에서 선택, 유사도 평가</td></tr>
</table>

청취 실험의 절차는 자료 작성, 듣기 실시, 결과 분석으로 나뉜다. 듣기 자료는 대부분 모어 화자가 특정 내용을 낭독하거나 말하는 것을 녹음하는 방법을 사용해서 작성했으며 일부 연구에서는 한국어 교과서의 녹음 자료를 재편집하여 듣기 자료로 사용한 경우도 있었다.

듣기 실시 단계에서는 피험자에게 요구하는 응답 유형에 따라 "듣고 쓰는 전사형 응답 방식"과 "듣고 결정하는 선택형 응답 방식"이 있다. 전자는 학습자가 각 발음 항목에 대해 정확하게 인식하였는지의 여부에 주안점을 두고 있고, 후자는 학습자가 발음한 하나 이상의 항목 간의 구별 양상에 주안점을 두고 있다.

듣기 테스트와 청취 인지 실험의 가장 큰 차이점은 실험 목적이다. 듣기 테스트는 한국어 학습자의 한국어에 대한 판단과 구별에 주안점을 두고 있다. 반면에 청취 인지 실험은 중국인 한국어 학습자뿐만 아니라 학습자가 아닌 일반 원어민도 참여할 수 있으며, 중국어 모어화자의 한국어와 모어 간의 매핑 양상을 보는 것이 그 목적이 될 수 있다. Flege(1995)가 제기한 음성습득모델(SLM)이나 Best(1994)가 제기한 지각동화모델(PAM)을 토대로 하여 인지 실험을 실시하는 경우가 많았다.

(3) 습득·교육에 따른 연구 방법

첫째, 분석 대상 논문에서 나온 오류 분석은 주로 앞에서 이미 검토한 발화 실험과 청취 실험에서 얻어진 자료로 진행되었다. 오류 분석의 내용을 구체적으로 살펴보기 위하여 오류 분석의 유형 및 절차를 다음 〈표 17〉과 같이 정리하였다.

〈표 17〉 오류 분석의 유형 및 절차

유형	연구 절차		
	1. 자료 수집	2. 자료 분석	3. 오류 원인 분석
발화	학습자의 발화 데이터 수집	인식 판단: 모어 화자에 의해 오류 여부 판단이나 점수 부여	언어 대조 결과 참조

		기계적 자료 분석: 소프트웨어로 음향적 단서 분석	
청취	학습자에게 듣기 테스트 실시	인지 여부 시각으로	
		구별 여부 시각으로	

〈표 17〉에서 제시한 바와 같이 오류 분석의 절차는 세 단계로 나눌 수 있다. 자료를 수집하여 자료를 분석하는 것으로 끝나는 것이 아니고, 언어 대조의 결과로 오류 원인을 분석하는 단계도 빼놓을 수 없는 중요한 부분이다.

둘째, 분석 대상 논문에서 논의한 한국어 자음에 관한 교재, 교안 연구는 〈표 18〉처럼 주로 세 가지 절차를 통해 진행되었다.

〈표 18〉 교재·교안 연구의 절차

교재·교안 연구 절차			
1. 대조 결과 검토	2. 기존 교재 교안 검토		3. 개발 제안
대조 연구 발화 실험 청취 실험 오류 분석 현장 조사 결과 요약	교재	내용 구성, 제시 순서, 설명 방식 내용별 분석	대조 등 연구 결과를 바탕으로 기존 교재·교안 내용 보완
	교안	도입-제시-연습-마무리 단계별 분석	

한국어 자음에 관한 교재, 교안 연구는 우선 언어 대조 결과를 되짚어보며 검토하는 것에서 시작하였다. 다음으로 기존의 교재나 교안을 분석한 후, 마지막으로 분석 결과를 바탕으로 교재 개발 방향에 대해 제안하거나 수정 교안을 제시하였다.

4. 쟁점 및 논의

앞에서 정리한 것처럼 한국어의 삼중대립 장애음 체계와 중국어의 이중대립 장애음 체계를 대조할 때는 크게 세 가지 관점이 존재한다. 첫째,

기식성을 기준으로 한국어의 유기음과 중국어의 유기음을 같은 범주로 분류하고, 한국어의 평음과 경음을 중국어의 무기음으로 분류해야 한다는 주장이 있다. 둘째, VOT 기준으로 한국어의 경음과 중국어의 무기음을 같은 범주로 분류하고, 한국어의 격음과 평음을 중국어의 무기음으로 분류해야 한다는 주장도 있다. 셋째, 1:1 대응에 관한 주장인데, 즉, 한국어의 격음과 중국어의 유기음, 한국어의 경음과 중국어의 무기음은 1:1 대응 관계이며 한국어의 평음은 대응하는 분절음이 없다고 보는 것이다. 평음의 대응 관계에 따라 첫 번째와 두 번째 주장 사이에 논쟁이 있어 왔다. 이 두 가지 주장의 쟁점에 대해 Zheng Yihan·원미진(2021)에서도 언급한 바가 있다.

두 가지 주장의 차이를 분석할 때 음운론과 음성학의 주안점의 차이로 인해 생겨난 논쟁이라고 해석하기가 쉽다. 기식성은 음운론에서 변별 자질을 기술할 때와 음성학에서 발성 유형을 기술할 때 쓰는 음성 자질이고, VOT는 음향음성학에서 음향데이터를 해석할 때 쓰는 중요한 척도이기 때문이다. 이렇게 표면적으로 본다면 두 가지 주장의 차이가 기식성과 VOT라는 두 가지 기준 자체의 차이라고 해석해도 될 듯하다.

그렇다면 과연 기식성과 VOT는 서로 상반되거나 무관한 개념이라고 볼 수 있느냐에 대해서는 의문의 여지가 있다. 음성학 방법론에 따라 기식성과 VOT는 오히려 밀접한 관계를 갖고 있다. Ladefoged(2001)는 "유기음", "무기음"이라는 용어는 조음 해제 중 및 조음 후 무성 기간의 유무를 의미하고, 폐쇄 해제되고 음성이 시작되는 간격을 음성 시작 시간(VOT)이라 한다고 했다. 또한 기식성과 VOT의 연관성에 대해서도 Ladefoged(2003)에서 언급한 바 있다. 이 연구에서는 무기파열음과 유기파열음의 대립이 있는 언어가 많이 존재하는데, 그 차이가 바로 VOT로 인한 것이라고 하였다.

Bickford(2006)는 VOT로 알 수 있는 여러 자질을 설명한 바 있는데, VOT는 유성과 무성, 유기와 무기라는 차이를 아는 것에 도움이 된다고 했다. Baart(2010)는 VOT 척도를 이용하면 파열음의 유성성과 기식성을 동일한 차원의 다른 지점에 나타나는 범주로 보는 것이 가능하다고 하며, 무성 유기음은 VOT가 늦을 때[2] 발생한다고 하였다. 위 문헌들을 통해서 VOT와 기식성간의 연관성을 확인할 수 있다.

다시 정리하자면, 기식성은 음운적인 자질이고, VOT는 음향 데이터를 분석하는데 사용하는 단서인데, 기식성 자질이 VOT에서 드러나고, VOT 척도로 기식성을 분석할 수 있는 것이다.

음향적 자질과 음운적 자질 간의 관계에 대해서, Baart(2010)는 Fry(1968)의 주장을 소개한 바가 있다. Fry(1968)에서는 언어적 단위들과 그와 관련된 조음적, 음향적, 또는 이지적 패턴의 특징 사이에서 절대 1:1의 상관관계가 없다는 점은 음성과 언어에 대한 기본적인 사실 중의 하나라고 했다.

한·중 파열음·파찰음은 모두 무성음[3]이기 때문에 VOT로 관찰된 차이는 기식성의 차이라고 봐도 무방하다. 따라서 한·중 파열음과 파찰음을 대조할 때는 동일한 기준으로 생각해 볼 수 있다.

그렇다면 앞서 말했듯 한·중 장애음에 대한 주장이 왜 두 가지로 나누어졌는가? 거의 동일한 기준임에도 어떻게 다른 결론을 내릴 수 있는 것인가? 이에 대해서는 한국어의 통시적 변화에서 원인을 찾을 수 있다고 생각한다. 우선, 한국어의 전통적인 기식성과 VOT 모델을 제시한 연구가 많다. Lisker(1964)는 세계 여러 언어의 장애음 체계를 조사하여, 이중대립·삼중대립·사중대립으로 분류하며, 각각의 음향적 단서를 분석했다. 그 결과, 조음 위치에 따라 양순·치조·연구개 경음의 VOT 평균값은 7ms, 11ms, 19ms, 평음의 VOT 평균값은 18ms, 25ms, 47ms, 격음의 VOT 평균값은 91ms, 94ms, 126ms로 나왔다. 이와 같이 격음의 VOT가 훨씬 더 높고, 평음과 경음의 VOT가 낮은 편이라서 명확히 구분할 수 없다는 사실을 밝혔다. Kim(1965)은 기식성과 긴장성으로 한국어의 삼지적 자음 체계를 나눴고, 단어 800개를 실험한 결과, 격음의 VOT 평균값은 가장 긴 90ms,

2 또는 '긴 VOT'라고 한다. VOT는 음파의 시간 단위를 기술하는 단서다. VOT를 기술할 때 구간의 길이를 중심으로 '길다', '짧다'라는 용어를 쓰기도 하고, 출현 시간의 위치를 중심으로 '초기', '중기', '말기', '늦다'라는 용어도 쓴다.

3 변이음에 유성음화 현상이 있다.

평음은 35ms, 경음은 10ms정도 된다고 기술했고, 일부 발화에서 VOT 구간이 겹치는 경우도 있다고 밝혔다.

한편, 한국어의 VOT 모델의 변화에 대해 실험한 음성학적 연구도 있다. Silva(2006)는 한국어 모어 화자 36명을 대상으로 음향 실험한 결과, 1960년대부터 한국어 경음의 VOT는 변화가 없는데, 평음과 격음의 VOT 차이는 줄고 있고, 동시에 어두 위치의 평음의 F0가 격음과 경음보다 훨씬 더 낮은 수치로 나타난다고 하였다. Jonathan D(2007)는 1955년~1987년에 태어난 한국어 모어 화자 20명을 대상으로 음향 실험한 결과, 1960년대 태어난 화자의 평음과 격음의 VOT에 차이가 있는 반면, 1970년대 1980년대 태어난 화자의 평음과 격음의 VOT가 줄고 있다는 것을 발견하였다. 또한 평음의 VOT 값은 증가하고 있고 격음의 VOT는 감소하고 있다는 변화의 추세도 발견했다. Kang & Han(2013)은 1935년의 한국어 음성 데이터와 2005년의 한국어 음성 데이터를 분석한 결과, 1935년의 성인 남성은 VOT로 평음과 격음을 구분하는 것과 달리, 2005년의 성인 남성은 VOT와 F0 두 가지 단서로 평음과 격음을 구분한다는 것을 발견했다. 그리고 동일한 화자의 70년 전후의 종단적 비교를 한 결과, 2005년에 81세인 남성 화자가 1935년에 11세일 때보다 평음과 격음을 구분할 때 VOT가 아닌 F0 단서에 더 의존하는 것으로 나타났다. Kang(2014)은 한국어 구어 말뭉치를 바탕으로 19~71세의 서울말 화자 117명의 발화의 VOT와 F0를 측정한 결과, 젊은 층 화자의 격음의 VOT 값이 감소함에 따라 격음과 평음의 VOT 격차가 줄고 있으며, 특히 여성 화자의 VOT가 더 빨리 변화하고 있다고 했다. 정환민 & Holliday(2022)는 한국어 모어 화자와 학습자의 파열음 발화를 조사하여 비교했는데, 한국어 모어 화자 집단은 평음과 격음의 VOT 구간이 거의 완벽하게 겹친다는 것과 학습자 집단과 VOT 분포가 다른 것을 발견하였다.

위 연구들을 통해 최근 수십 년간의 한국어의 VOT 모델의 변화뿐만 아니라 변화의 추세까지 확인할 수 있다. 1960년의 연구에서는 한국어의 전통적인 VOT 모델을 보여주었는데, 경음은 가장 짧았고, 평음은 중간 정도였으며, 격음은 가장 긴 것으로 나타났다. 반면, 2000년 이후의 연구에서는 변화하고 있는 VOT 모델을 보여주었는데, 경음은 여전히 짧지만 평음과 격음은 상당히 유사한 긴 VOT로 나타났다. 그리고 2000년대 초반의 연구에서 평음과 격음의 VOT 차이는 줄고 있다는 기술과, 2022년의 연구에서 평음과 격음의 VOT 구간이 거의 완벽하게 겹쳐 있다는 기술을 비교하면 한국어 VOT 모델의 변화는 이미 완료되어 정체된 것이 아니라 최근 20년 동안 여전히 변화 중이라는 것을 확인할 수 있다.

이제 한·중 장애음에 대한 두 가지 주장이 차이가 있는 이유를 해석할 수 있다. 우선, '기식성' 과 'VOT'라는 다른 용어를 쓰게 된 원인은 음운론과 음성학 연구의 주안점에서 찾을 수 있다. 하나는 변별 자질이고, 하나는 음향 단서인데, 서로 밀접한 연관성을 갖고 있기 때문에 한·중 장애음을 대조할 때 거의 일치하는 기준이라고 해도 과언이 아니다. 또한, 두 가지 주장의 기본적인 차이는 한국어 평음과 격음의 음성 변화로 인한 것이라고 볼 수 있다. 첫 번째 주장은 Kim(1965)에서 제시한 VOT 모델과 일치한다. 이를 바탕으로 제일 강한 기식성과 긴 VOT를 가진 격음은 따로 분류하여, 긴 VOT를 가진 중국어의 유기음과 비슷하다고 했고, 나머지 평음과 경음은 중국어의 무기음과 비슷하다고 주장하였다. 두 번째 주장은 정환민 & Holliday(2022)이 제시한 VOT 모델과 일치한다. 이를 바탕으로 제일 약한 기식성과 짧은 VOT를 가진 경음이 특징적이라고 보고, 짧은 VOT를 가진 중국어의 무기음과 비슷하다고 주장하였으며, 평음과 격음은 중국어의 유기음과 비슷하다고 주장하였다.

이러한 결과를 바탕으로 향후 한·중 장애음 대조 연구에서 한국어의 평음과 격음의 음성 변화에 대해 주의 기울일 필요가 있다고 본다. 그리고 최근 20년간의 음향학 연구에서 제기된 바와 같이 평음·격음·경음을 구별하는 데에 있어 F0 단서에도 주목할 필요가 있다고 생각한다. 중국어는 성조언어라서 F0 단서가 잘 발달되어 있기 때문에 F0 단서를 가지고 두 언어를 대조하는 것도 가능할 것이라고 본다.

5. 나가는 말

지금까지 한·중 자음 대조 연구 46편을 대상으로 연구 목적, 연구 내용, 연구 방법의 세분화 기준과 세부 구성 요소에 대해 검토했다. 전체적으로 보면 한·중 자음 대조 연구의 가장 큰 특징은 확장 영역이 잘 발달된 것이다. 단순 언어 대조 연구는 13편으로 전체 연구의 28%였으며, 나머지 72%의 연구는 언어 대조를 기반으로 학습자 언어 연구, L2 교육 연구를 함께 수행하고 있었다. 단순 언어 대조 연구는 그 수가 적은 데다가 혼합 연구에서 대조에 대한 내용도 적은 편이다. 그리고 대조에서 문헌에 크게 의존하는 경향(87%)도 있었다. 앞에서 이미 검토한 바와 같이 이는 발음 대조의 연구 내용의 한정성, 실험 연구의 전문성 등과 같은 특징이 있기 때문이다.

이러한 연구 경향에 대해 한·중 자음 대조 연구가 많이 정체되어 있다고 지적하기가 쉬운데 반대로 생각하면 이는 자음 대조 연구가 활발히 이루어져 왔다는 증거이지 않을까 싶다. 즉, 한·중 자음 대조가 이미 충분히 진행되었기 때문에 기존의 대조 연구 결과만 참고해도 충분하다. 대조 결과를 바탕으로 한층 더 나아가 습득 연구나 발음 교육 연구를 하는 것이 가능해진 것이다. 이는 언어 대조와 L2 습득·교육 간의 원만한 상호작용이라고도 평가할 수 있다. 다시 말해 한·중 자음 대조 연구에서 순 대조라는 본 영역에서부터 L2 습득·교육이라는 확장 영역으로 넘어가는 경향도 대조 연구의 가치와 의미를 보여주었다.

구체적으로 보면 대조 내용의 집중성, 대조 연구 방법의 불균형성, 대조 외의 방법의 다양성이 있다.

첫째, 대조 내용의 집중성이다. 조음 위치의 대분류에서 보면, 대조 내용은 장애음에 집중되어 있고, 장애음의 세부 분류로 보면, 대조 내용은 주로 파열음에 집중되어 있는 것으로 나왔다. 대조 내용의 분포는 음운론적 대조에서의 변별 자질 선택이나 음성학적 대조에서의 음향 단서 선택에 영향을 끼치고 있었다.

둘째, 대조 방법의 불균형성이다. 연구의 인접 학문에 따라 음운론적 대조와 음성학적 대조가 있는데, 전자의 비중이 상당히 높은 것으로 나타났다. 대조 자료의 유형에 따라서는 문헌 기반 대조와 실험 기반 대조가 있는데, 전자의 비중이 훨씬 더 컸다. 그리고 2가지 기준의 의한 총 4가지 대조 방법의 혼합 양상으로 음운적 대조와 문헌 기반 대조 간의 상관관계를 확인할 수 있었다.

셋째, 대조 외 방법의 다양성이다. 본고에서는 대조의 내용을 언어 자체가 아닌 연구로 따로 분류하였으며, 발화 실험, 청취 실험, 오류 분석, 교재 및 교안 분석 네 가지로 분류하였다. 발화 실험의 데이터 분석 방식에 따라 인식 판단과 기계적 자료 분석으로 나눌 수 있으며, 청취 실험의 목적에 따라 듣기 테스트와 인지 실험으로 나눌 수 있다. 오류 분석과 교재 및 교안 분석도 언어 대조와 발화 청취 실험을 기반으로 연구를 전개한 것이다. 이처럼 다양한 대조 외의 방법은 학습자 언어 연구와 L2교육 연구라는 연구 목적을 이루어 왔다. 순 언어 대조보다 확장 영역에서 대조 외의 여러 방법이 잘 발달된 것도 대조 연구의 응용적인 가치를 시사한다.

마지막으로, 제일 큰 비중을 차지한 장애음 연구에서 대조 결과에 대한 쟁점이 있었는데 한국어의 통시적인 변화로 인해 일어난 현상이라고 간주해도 된다고 생각한다. 이를 바탕으로 한·중 자음 대조 연구와 습득·교육 연구 미래 방향도 제시하였다.

본고에서는 한·중 자음 대조 연구의 전체 동향, 연구 목적과 방법에 대해 검토함으로써 한·중 자음 대조 연구에 대해 조감도를 그려 보았다. 이러한 한·중 자음 대조 연구 모델이 앞으로의 발음 대조 연구나 발음 대조 동향 연구에 작은 초석이 되기를 기대한다.

참고문헌

구현옥(1999), 『국어 음운학의 이해』, 한국문화사.

구희산(2001), 『음성과학 용어 번역 사전』, 한국문화사.

배주채(1996), 『국어음운론 개설』, 신구문화사.

이기문·김진우·이상억(1984), 『国语音韵论』, 학연사.

이진호(2004), 『국어 음운론 강의』, 집문당.

정환민 & Jeffrey J. Holliday(2022), Interpreting Within-and Between-speaker Variability in L2 Korean Stop Productions, 『한국어학』 94, 31-55쪽.

Baart, Joan L. G.(2010), A field manual of acoustic phonetics, Texas: SIL International.

Bickford, Anita, C.(2006), Articulatory phonetics, Texas: SIL International.

Chin-W. Kim(1965), On the Autonomy of the Tensity Feature in Stop Classification (with Special Reference to Korean Stops), *WORD*, 21(3): 339-359.

Kang, Y. & Han, S.(2013), Tonogenesis in early Contemporary Seoul Korean: A longitudinal case study, *Lingua*, 134: 62-74.

Kang, Y.(2014), Voice Onset Time merger and development of tonal contrast in Seoul Korean stops: A corpus study, *Journal of Phonetics*, 45: 76-90.

Ladefoged, Peter(2001), A course in phonetics, Massachusetts: Heinle & Heinle/ Thomson Learning.

Ladefoged, Peter(2003), Phonetic data analysis, Massachusetts: Blackwell Pub.

Lisker, L. & Abramson, A. S(1964), A cross-language study of voicing in initial stops: Acoustical measurements, *Word*, 20(3): 384-422.

Reetz, Henning(2009), Phonetics : transcription, production, acoustics, and perception, England: Blackwell.

Silva, D. J.(2006), Acoustic Evidence for the Emergence of Tonal Contrast in Contemporary Korean, *Phonology*, 23(2): 287-308.

Wright, Jonathan D.(2007), Laryngeal contrast in Seoul Korean, University of Pennsylvania ProQuest Dissertations Publishing.

웹사이트

UCLA Phonological Segment Inventory Database(2019), Lelemi sound inventory (UPSID).

Praat.https://www.fon.hum.uva.nl/praat/manual/What_s_new_.html

분석 대상 논문

갈균매(2021), 「중국어 음운체계에 기반한 한국어 파찰음 지각 양상」, 건국대학교 석사학위논문.

강려(2011), 「중국인 학습자의 한국어 파열음 오류 연구」, 한양대학교 석사학위논문.

김선정(2018), 「L1이 L2의 습득에 미치는 영향: 한국어교육에서의 파열음 습득을 중심으로」, 『교육문화연구』 24(6), 인하대학교 교육연구소, 627-645쪽.

김성란(2011), 「한국어와 중국어 자음의 음성학적 대조고찰」, 『인문논총』 21, 서울여자대학교 인문과학연구소, 34-58쪽.

김일옥(2021), 「한국어 자음체계 대조 연구」, 부산대학교 석사학위논문.

노경선(2015), 「중국어권 학습자의 한국어 유음 발화 연구」, 한국외국어대학교 석사학위논문.

마맹(2012), 「중국인 학습자를 위한 한국어 자음 교육 연구」, 숭실대학교 석사학위논문.

맹주억·권영실(2007), 「한·중 파열음의 음성학적 대조연구: 한국어 "ㅂ/ㅃ"과 중국어 "b"에 대하여」, 『中国语文论丛』 35, 中国语文研究会, 101-119쪽.

맹주억·권영실(2007), 「한·중 파열음의 음성학적 대조연구 –한국어 'ㄷ/ㄸ'과 중국어 'd'에 대하여」, 『中语中文学』 41, 한국중어중문학회, 81-104쪽.

맹주억·권영실(2007), 「한중 파열음의 음성학적 대조연구 –한국어 "ㄱ/ㄲ"과 중국어 "g"에 대하여」, 『中国语文学志』 25, 중국어문학회, 499-523쪽.

박시균(2011), 「교수법을 활용한 한국어 장애음 교육 - 중국인 여성 결혼 이민자를 중심으로」, 『한국언어문학』 77, 한국언어문학회, 325-353쪽.

범류(2005), 「한국어와 중국어의 닿소리 음소 및 그 변이음에 대한 조음음성학적 대조연구」, 연세대학교 석사학위논문.

상중범(2016), 「중국인 한국어 학습자의 한국어 파열음 파찰음 발음 개선 방안 연구」, 인하대학교 석사학위논문.

서춘란(2019), 「한국어와 중국어 모어 화자가 발음하는 한중 파열음 발음 차이 연구」, 『외국어로서의 한국어교육』 52, 연세대학교 언어연구교육원 한국어학당, 135-158쪽.

소배강(2015), 「중국인 학습자를 위한 한국어 발음 교육 방안 연구」, 안동대학교.

소열녕(2008), 「韩国语와 中国语 破裂音의 实验音声学的 对比 研究」, 성균관대학교 석사학위논문.

손사원(2021), 「중국인 학습자를 위한 한국어 된소리 발음 교육 연구」, 성균관대학교 석사학위논문.

송지윤(2013), 「자음 대조 분석을 통한 발음 단원 구성 제안, 공주대학교 석사학위논문.

순샤오페이(2013), 「중국인 학습자의 한국어 자음 발음 오류 분석 - 파찰음을 중심으로」, 군산대학교 석사학위논문.
쉬양(2018), 「중국인 학습자의 한국어 파열음 습득 연구」, 이화여자대학교 석사학위논문.
신진우(2018), 「중국인 한국어 학습자의 경음(화) 오류 유형 연구」, 경인교육대학교 석사학위논문.
여학봉(2009), 「한·중 자음 대조를 통한 중국인 한국어 자음 발음 연구」, 경희대학교 석사학위논문.
오선(2013), 「중국어 성조를 활용한 한국어 평음 교육 방안 연구」, 한국외국어대학교 석사학위논문.
왕여가(2016), 「한국어와 중국어의 유음 대조 연구」, 부산대학교 석사학위논문.
왕요(2018), Praat를 활용한 중국어권 한국어 학습자의 발음 오류 연구」, 성균관대학교 석사학위논문.
왕혜녕(2014), 「중국인 학습자를 위한 한국어 파찰음의 발음 교육 방안」, 전남대학교 석사학위논문.
우청(2016), 「중국인 학습자를 위한 한국어 된소리 발음 교육 방안 연구」, 공주대학교 석사학위논문.
이건희(2012), 「한국어와 중국어의 파찰음 대조 연구」, 경희대학교 석사학위논문.
이쌍·권경근(2019), 「한·중 활음의 포먼트에 대한 연구」, 『우리말연구』 56, 우리말학회, 241-263쪽.
이지(2015), 「중국인 학습자의 성별에 따른 한국어 /ㄹ/발음 오류에 대한 음향음성학적 연구」, 한양대학교 석사학위논문.
이화진(2013), 「중국인 학습자의 한국어 음운목록 수립에 관한 연구」, 홍익대학교 박사학위논문.
장가문(2013), 「중국어 성조를 활용한 한국어 발음 교육 방안 연구」, 『한남어문학』 37, 한남대학교 한남어문학회, 179-200쪽.
장로(2013), 「한국어와 중국어의 한자음 초성체계 대조 연구」, 부산대학교 석사학위논문.
장미가(2016), 「한국어와 중국어의 자음 및 변이음들에 관한 대조 연구」, 이화여자대학교 석사학위논문.
장호득(2013), 「ㄹ 계열 유음의 한중 대조분석과 CSL 교수·학습에의 적용」, 『한중언어문화연구』 31, 한국중국언어문화연구회, 31-49쪽.
전원해(2005), 「중국 학생들의 한국어 발음 오류 연구」, 성균관대학교 석사학위논문.
정벽한(2016), 「中国人话者의 母国语 音韵知识이 韩国语 流音 /ㄹ/ 发音에 미치는 影响 研究」, 한국외국어대학교 석사학위논문.
정효정(2012), 「중국인 학습자의 한국어 장애음 청취와 조음 특성 연구」, 계명대학교 석사학위논문.
최금단(2010), 「중국어의 자음을 역으로 활용한 중국어권 학습자의 한국어 자음의 발음 교정 방법에 대하여」, 『언어와 문화』 6(3), 한국언어문화교육학회, 259-287쪽.
추이진단(2004), 「중국어권 한국어 학습자를 위한 자음 접근방법」, 『한국학논집』 31, 계명대학교 한국학연구원, 215-232쪽.
황미연(2012), 「중국어권 한국어 학습자의 자음 발음 오류와 교육 방안 연구」, 충남대학교 석사학위논문.
LEILEI(2011), 「중국인이 발화한 한국어 파열음과 파찰음에 대한 실험 음향음성학적 연구」, 경희대학교 석사학위논문.
Leng, Lina(2014), 「중국어권 한국어 학습자의 자음 발음 교육 연구」, 충남대학교 박사학위논문.
SHEN WENDI(2019), 「유성음화 현상을 활용한 한국어 폐쇄음 발음 교육 방안 연구」, 경희대학교 석사학위논문.
Zheng Yihan·원미진(2021), 「중국인 학습자의 한국어 파열음 발음에 대한 조사 연구」, 『국제어문』 91, 국제어문학회, 303-323쪽.

Ⅳ. 한·중 종성 대조 연구 동향 분석

유인박(LIU RENBO)

1. 들어가는 말

한·중 종성 대조 연구[1]의 동향 분석을 하기 위하여 다음과 같은 네 단계를 거쳤다. 첫 번째인 문헌 검색의 단계에서는, 대표적인 한국 논문 검색 엔진인 한국교육학술정보원(riss.kr)에서 제공하는 학술연구정보서비스(RISS)에서 '한중 대조'와 '중국어 한국어 대조'의 두 가지 검색어를 활용하여 논문을 검색하였다. 2022년 3월에 검색된 결과에 따르면, 국내 학술지 논문 864편, 학위논문 3,076편이 있으며 총 3,940편이다. 두 번째 단계인 문헌 선별의 단계에서는, 검색된 3,940편 논문을 대상으로 '음운, 어휘, 문법, 담화'의 4가지 큰 범주로 분류하면서 중복된 문헌, 원문이 공개되지 않은 문헌, 주제와 무관한 문헌을 삭제하였다.[2] 세 번째 단계인 문헌 분석

1 이 장에서 분석 대상 논문을 지칭할 때는 '종성 대조 연구/논문'으로 부른다. 엄격히 말하자면 이 장의 분석 대상 논문들이 대부분 중국인 한국어 학습자를 대상으로 한국어 종성 발음 교육 관련 연구이고, 이 가운데 단순히 한국어 종성 교육을 위한 대조 분석 연구는 없으나 이론적 배경 부분에서만 대조언어학적으로 논의한 후 한국어 종성 교육 관련 논의를 전개하는 연구에 해당된다. 이 책 내용의 일관성과 지칭의 편리성을 고려하여 '종성 대조 연구/논문'으로 칭하기로 하였으나, 중국어에서도 종성이라는 개념이 존재한다는 주장이 아니라는 점을 밝힌다. 이는 한국어 종성은 일종의 음운론학적인 개념으로 중국어의 어떤 음운론학적인 단위와 대응될 수 있을지, 대응하여 대조 분석이 가능할 것인지에 대해 아직 결론을 내리지 못하기 때문이다.

의 단계에서는, 한·중 음운 대조 연구에 속한 논문들을 대상으로 음운론과 음성학 등 이론에 따라 더 세분화한 다음 한·중 종성 대조 연구, 중국인 한국어 학습자를 대상으로 한국어 종성 발음 교육 관련 연구 14편을 추려 냈다.[3] 네 번째 단계인 분석 결과 논의 단계에서는 이 14편의 연구를 대상으로 보다 세밀하게 검토하여 연구 동향을 기술하였다.

2. 연구 동향 분석

1) 종성 대조 연구의 연도별 경향

종성 대조 연구는 모두 국내 대학원에서 나온 석사학위논문[4]인데 총 14편이다. 연도별 추세를 살펴보면 다음 〈표 1〉과 같다.

〈표 1〉 연도별 한·중 종성 대조 연구 동향

연도	2007	2009	2010	2013	2015	2016	2017	2018	2020
연구 수	1	1	1	3	2	2	2	1	1

〈표 1〉에서 제시한 바와 같이, 종성 발음 교육을 위한 대조 연구는 2007년에는 처음으로 1편이 출간되었고 2020년까지 평균적으로 1년 1편씩 나

2 한국어교육전공 박사과정생 16명이 함께 분류하였다. 분류의 신뢰도를 높이기 위하여 판정자 간 충분한 논의와 합의를 진행하였다.

3 한국어교육전공 박사과정생 3명이 함께 분류하였다. 판정자 간의 신뢰도를 확보하기 위하여 역시도 충분한 논의와 검토를 진행하였고 판정자 내의 신뢰도를 높이기 위하여 검토된 선행 연구를 대상으로 여러 번 순환적으로 확인하였다.

4 종성 대조 연구의 발행기관별 경향을 살펴보면, 계명대학교 1편, 공주대학교 1편, 동아대학교 1편, 부경대학교 1편, 숙명여자대학교 1편, 숭실대학교 2편, 안동대학교 1편, 연세대학교 1편, 이화여자대학교 1편, 인천대학교 1편, 충남대학교 1편, 한국외국어대학교 1편, 한양대학교 1편이 출간되었다. 즉, 종성 대조 연구는 어느 하나의 특정 교육기관에 치우치지 않았다. 숭실대학교에서 관련 연구 2편이 나왔고 나머지 대학교의 경우, 각 1편씩 나왔다.

오고 있음을 알 수 있다.

2) 종성 대조 연구의 이론별 경향

한·중 종성 대조 연구의 경우, 종성 발음에 대한 전반적인 대조라기보다는 중국인 한국어 학습자를 위한 종성 발음 교육 연구에서 대조언어학적으로 접근하여 한·중 종성 대조 분석의 내용을 이론적 바탕으로 하는 경우가 다수이다.

대조 분석의 방법은 대부분 문헌 조사의 방식으로 음운론이나 음성학 분야의 선행 연구의 결과 혹은 원론서를 인용·참고하여 이론적으로 대조를 진행하였다. 구체적으로 대조 분석의 결과를 보았을 때 첫째, 대다수 연구에서는 한국어와 중국어의 음절 구조의 범위에서 대조 분석 논의를 시작하였고 두 언어 음절 구조에 대한 인식에 있어서 차이가 존재함을 규명하였다. 즉, 한국어의 음절은 '초성-중성-종성'으로 3원 체계로 되어 있는 반면에 중국어의 음절은 '성모-운모'로 2원 체계로 인식되어 있다는 것이다. 둘째, 많은 연구에서는 한국어의 7종성과 중국어 음절 말에 위치할 수 있는 비음 자음인 /n, ng/을 같은 지점에서 대조하였다.

비록 이러한 연구들은 모두 대조언어학이라는 이론적 지평에서 출발하였다는 데에서 공통점을 가지지만 접근의 구체적인 주안점은 서로 다른 양상을 보이고 있다. 이는 중국인 한국어 종성 발음에 영향을 미치는 요소가 개별 음소, 음절 구조, 음운 현상 등으로 인식되고 있음을 의미한다. 종성 대조 연구의 연구 내용과 선행 연구로부터의 인용 경향을 살펴보면 다음 〈표 2〉와 같다.[5]

5 그중 진청(2013)은 오류 실험을 직접적으로 진행하지 않았고 선행 연구(오성애, 2003; 유춘희, 2003; 권영미, 2008; 박나영, 2010; 李立, 2012; 왕정정, 2012)의 결과만 정리하였다는 점을 고려할 때 나머지 13편 실험적 연구의 성격과 차별적이라 토론의 범위에서 제외시켰다.

〈표 2〉 종성 대조 연구의 연구 내용과 선행 연구 인용 경향

연구	연구 내용[6]
이수연 (2020)	1. 한국어 초성과 종성의 음절 구조 제약, 유형[7] 2. 중국어 성모와 운미의 음절 구조 제약, 유형 3. 한국어의 종성과 중국어의 운미[8] 4. 한국어와 중국어의 음절 말 음절 구조의 차이
양환환 (2018)	1. 한·중 음절 구조: 1-1. 한국어 음절 구조: 이진호(2005: 106) 1-2. 중국어 음절 구조 2. 한·중 음소 결합 제약 3. 한·중 단모음 비교: 김주연(2012; 2014), 김선란(2012) 3-1. 한국어 단모음: 〈2014년 표준 국어 문법 개발〉 92쪽, 연세대학교, 국립국어원. 3-2. 중국어 단모음: 黃伯荣·廖序东(2011),《现代汉语》, 高等教育出版社. 4. 한·중 단모음+종성 비음 음절 대비: 정 진취앤(2002), 장찌엔(2016), 권성미(2012), 정미지(2013), 엄익상(2007)
백열추 (2017)	1. 한·중 음절 구조: 1-1. 한: 양순임(2014: 62) - 8분법 1-2. 중: 张吉生(2008) - 10분법 2. 한국어의 음운 현상 2-1. 중화: 〈표준 발음법〉 제9항 참고 2-2. 겹받침 줄이기: 〈표준 발음법〉 제10항 참고 2-3. 연음: 〈표준 발음법〉 제13-15항 참고 2-4. 받침 /ㅎ/에 관련된 발음: 〈표준 발음법〉 제12항 참고 3. 중국어의 음운 변화: 얼화(儿化): 최단기(1993: 107)
조용철 (2017)	1. 한국어의 음절말 자음: 고조(2015) 2. 중국어의 자음체계: 수페이(2013) 3. 한·중 음절말 자음 체계 대조 3-1. 한·중 초성 자음 대조: 수페이(2013)
왕봉염 (2016)	1. 한국어와 중국어 자음의 체계 대조: 송지윤(2013), 김미성(2010) 1-1. 한국어의 자음 체계: 이익섭 외(1997), 임천우(2013), 방운규 외(2015) 1-2. 중국어의 자음 체계: 丁范镇(1982), 박경서(2012)

6 용어의 사용은 연구자의 경향적인 선호를 감안하여 관련 학술적 용어는 일치하게 수정하지 않고 해당 문헌에서 쓴 용어를 그대로 인용하였다. 순서 번호는 본 연구자에 의해 다시 매겼음을 밝힌다.

7 이수연(2020)의 이론적 배경에서 대조 분석 관련 설명 부분은 도표의 인용을 제외하고 전적으로 선행 연구에 대한 인용 정보를 명기하지 않았고 마치 원론서처럼 한·중 대조를 설명하였다. 이와 마찬가지로 〈표 2〉 안에서 따로 인용 정보를 표시하지 않은 경우는 해당 논문에서 인용 정보를 밝히지 않은 것이다.

8 이수연(2020: 23)은 절 제목은 "중국어의 운미"로 되어 있으나 본문에서 중국어 자음 체계

공야녕 (2015)	1. 한국어 종성 /ㅇ/와 중국 표준어 /ng/의 대조: 양웨이(2011), 최금단(2003: 131), 전원해(2005: 38), 한재영(2003: 252) 1-1. 한국어의 음절구조제약: 배주채(2003: 82), 이진호(2005: 106)
고조 (2015)	1. 한·중 음절 구조 대조: 배주채(2011: 86) 1-1. 한국어의 음절 구조: 배주채(2011: 85) 1-2. 중국어의 음절 구조: 熊江平 외(1999: 21) 2. 한국어 비음동화와 중국어 음변(音变) 2-1. 한국어 비음동화: 〈표준발음법〉 제18항 2-2. 중국어 음변(音变) 3. 한국어 받침 발음법 제8-15항
장징 (2015)	1. 한·중 자음 체계 대조: 이원(2010: 13) 1-1. 한국어의 자음 체계 1-2. 중국어의 자음 체계: 장우군(2009: 15) 2. 한·중 음절 구조 대조: 권영미(2008: 26) 2-1. 한국어 음절 구조: 허용·김선정(2006), 안연희(2007: 16) 〈국어 어문 규정집〉 제2부, 제4, 8~11항 2-2. 중국어 음절 구조 3. 한·중 음운 현상 대조
황은지 (2013)	1. 한국어와 중국어의 음운론적 대조 1-1. 한국어의 자음 체계: 김성란(2012: 37), 엄정호(2009) 1-2. 중국어의 자음 체계: 허용·김선정(2013: 87) 2. 한국어와 중국어의 음절 구조 대조 2-1. 한국어의 음절 구조: 허용·김선정(2013: 113-116) 2-2. 중국어의 음절 구조: 허용·김선정(2013: 119-120), 김현태(2006: 99-101)
김진석 (2013)	1. 한국어와 중국어의 음소 체계 1-1. 한국어와 중국어의 자음 체계 대조: 허용·김선정(2013: 84-88) 2. 한국어와 중국어의 음절 구조 2-1. 한국어의 음절 구조: 허용 외(2007: 115) 2-2. 중국어의 음절 구조: 허용·김선정(2013: 119-120) 3. 한국어와 중국어의 음절말 자음의 발음: 허용·김선정(2006: 202-203)
이원 (2010)	1. 한국어와 중국어의 자음 체계 대조: 전원해(2005), 곽향봉(2005) 1-1. 한국어의 자음 체계 1-2. 중국어의 자음 체계: 한용수 외(2003: 32-33) 2. 한국어와 중국어의 음절 구조 대조: 권영미(2008)
장우군 (2009)	1. 한국어와 중국어의 자음 체계 대조: 맹주억(1992) 1-1. 한국어의 자음 체계: 권영미(2008: 19) 1-2. 중국어의 자음 체계: 맹주억(1999: 21), 권영미(2008: 21), 이현복·심소희(1999: 125) 2. 한국어와 중국어의 음절 구조 대조: 권영미(2008: 26) 2-1. 한국어의 음절 구조: 권영미(2008: 24), 안연희(2007: 16) 2-2. 중국어의 음절 구조

에 대해 소개하였다. 용어 사용상의 차이와 그 원인은 독자들에게 부연 설명하지 못하였다.

안연희 (2007)	1. 한국어의 음소 체계 1-1. 한국어의 모음 체계: 이문규(2003: 89) 1-2. 한국어의 자음 체계: 이문규(2004: 88), 배주채(2003: 76) 2. 중국어의 음소 체계 2-1. 중국어의 원음 체계 2-2. 중국어의 보음 체계: 한용수 외(2003: 32-33), 탕쭈오판(2000: 33) 3. 한국어의 음절 구조: 강옥미(2003: 329), 이문규(2004: 102, 108) 4. 중국어의 음절 구조: 한용수 외(2003: 59, 69-70), 탕쭈오판(2000: 33)

위 〈표 2〉에서 제시한 인용 경향을 통해 알 수 있듯이, 상대적으로 가장 많이 인용된 문헌은 허용·김선정(2013), 허용·김선정(2006), 권영미(2008) 등이 있다. 국내에서 대표적인 대조언어학 원론서인 허용·김선정(2013)은 외국어로서의 한국어교육 전공에서 널리 쓰이는 교재이기도 하고 이론적 가치가 높아 종성 대조 논문에서도 많이 인용되었다. 그리고 외국어로서의 한국어 발음 교육에 대한 전반적인 내용을 설명하는 허용·김선정(2006)도 외국어로서의 한국어교육 전공의 교과서로 보편적으로 쓰이고 교육학적 가치가 높아 종성 발음 교육을 논의할 때 참고할 만한 교재이다. 권영미(2008)는 보다 일찍 출간된 중국인 한국어 학습자를 대상으로 한국어 발음 교육 방안을 제시한 석사학위논문으로서 교육학적 가치가 있으므로 많이 인용되었다.

한편, 접근 방식의 통계 결과로부터 연구자들이 어떠한 층위에서 한·중 종성 발음을 대조 분석하고 있는지를 확인할 수 있다. 따라서 종성 대조 연구에서 대조할 때 종성을 어떻게 해석하고 어떤 측면으로부터 접근하고 있는지를 확인하기 위하여 선행 연구의 연구 결과에 대한 인용 경향을 내용별로 아래 〈표 3〉과 같이 제시해 보았다.

〈표 3〉 대조언어학 선행 연구 내용별 인용 통계

항목 \ 연구자		이수연	양환환	백열추	조용철	왕봉염	공야녕	고조	장징	황은지	김진석	이원	장우군	안연희	계
음절	한국어	○	○	○			○	○	○	○	○		○	○	10
	중국어	○	○	○				○	○	○	○		○	○	9

자음	한국어					○			○	○		○	○	○	6
	중국어				○	○			○	○		○	○	○	7
모음	한국어													○	1
	중국어													○	1
단모음	한국어		○												1
	중국어		○												1
음운 현상	한국어			○											1
	중국어			○											1
한국어 종성					○			○							2
음절 대조								○				○	○		3
자음 대조						○			○		○	○	○		5
음절 말 대조		○			○		○				○				4
음운 변화 대조								○	○						2
기타 대조			○												1
합계		3	5	4	3	3	2	5	6	4	4	4	6	6	

위 〈표 3〉을 통해 확인할 수 있듯이, 중국인 한국어 학습자를 대상으로 하는 종성 발음 교육 연구에서 음절 구조 제약과 자음 체계의 중요성을 인식하고 한국어의 음절 구조나 자음, 모음, 음운 현상을 중국어와 대조하여 설명하는 연구가 주를 이루었다. 하지만 연구의 이론적 근간이 되는 부분, 즉 한·중 종성 발음 대조를 어떠한 층위로부터 접근하여 논의할 것인지에 대한 합의가 아직 이루어지지 않았다. 그리고 교육 목적이 아니라 한·중 종성 발음 대조를 위하여 진행된 연구도 그리 많지 않다. 이것도 역시 한국어의 종성을 중국어에서 어떻게 대응시키면 좋을지 혹은 어떠한 단위와 대응시켜야 가능할지에 대한 합리적이고 설득력 있는 이론 연구가 의미 있는 과제로 남아 있음을 시사한다.

한편, 중국인 한국어 학습자를 대상으로 하는 한국어의 종성 발음 교육에서 이론적 바탕이 될 수 있는 대조 부분의 내용 기술과 분석 과정에는 다음과 같은 양상을 보인다.

첫째, 한국어 종성이 위치하고 있는 음운 환경을 볼 때, 주로 2가지 큰 범주에서 출발하여 연구 대상인 한국어 종성을 논의하였음을 알 수 있다.

하나는 '자음군 단순화' 현상에서의 종성이고, 다른 하나는 '유기음화', '경음화' 등 음운 현상에서의 종성이다. 전자는 주로 겹받침에 초점을 두는 반면에 후자는 음운 변화 환경에서의 종성을 논의하는 데 방점을 두는 연구이다. 따라서 본격적으로 중국인 한국어 학습자의 한국어 종성 발음 실제 양상을 살펴보기 전에 이론적인 배경 부분에서 뒷받침할 수 있는 이론적 논의가 있어야 한다. 그러나 이론 배경 부분에서는 한국어의 음운 현상을 전혀 언급하지 않았고 본론에서 음운 현상 중 종성의 발음을 살펴보는 경우(이수연, 2020 등)도 종종 있었다.

둘째, 14편 논문은 모두 한국어 음운론의 관점에서 중국인 한국어 학습자의 종성 학습 양상을 논의하여 접근하고 있음을 알 수 있다. 그러나 중국인 한국어 학습자가 한국어 종성을 인지하여 발음할 때는 한국어 음운론과 형태론적인 지식이 모두 동시에 작용하며 서로 떼어낼 수 없다는 것이다. 특히, '겹받침 어휘의 음성을 듣고 어휘의 철자를 선택하기'와 같은 테스트를 설계한 경우, 피험자의 음운론 지식뿐 아니라 형태론 지식이 요구된다. 따라서 중국인 한국어 학습자의 한국어 종성의 발음은 단순히 한국어 음운론에 대한 지식을 통해 접근하는 것보다 음운 변화 등 부분에 대한 형태론의 인식도 상당한 비중을 차지하는 것으로 보인다. 물론 중국어의 특성으로 인해 형태론으로 중국어에 접근하지 못할 수 있으나 한국어 종성 발음에 대한 형태론적인 언급이 적어도 이론적 배경에서 논의되어야 한다고 본다. 이렇게 하면 중국인 한국어 학습자의 종성 발음 오류 분석 부분, 그중에서도 특히 오류 분석의 원인을 설명할 때 보다 논리적이고 합리적일 것이다.

셋째, 대부분의 연구가 한·중 음절 구조부터 접근하였으나 그중 최근의 연구인 이수연(2020), 조용철(2017) 등은 종성만 언급할 뿐 아니라 초성 대조까지 함께 제시하였다.[9] 또한, 왕봉염(2016)의 경우, 중국인 학습자의 한

9 이수연(2020: 19)에서는 "한국어는 초성과 종성에 같은 자음을 사용하지만, 각 음소는 실현되는 환경에 따라 다른 발음으로 나타난다. 중국인 학습자들이 음운 환경에 따른 변이음을 구별하기 어려워하므로 초성과 관련 제약도 함께 살펴보기로 한다"고 밝혔다.

국어 자음 발음을 연구하고자 하는 목적을 밝혔으나 실제 논문에서는 대부분의 내용이 종성 발음에 대한 논의였다. 물론 종성 자리에서 자음만 올 수 있는 제약이 있으나 종성에 위치할 수 있는 자음의 수도 제한될 수 있으므로 전체 자음을 대상으로 한 연구와 차별적일 수밖에 없다. 따라서 종성 발음 연구를 진행하기 앞서 이론적 배경을 어디까지 살펴봐야 하는지에 대한 논의를 선결해야 할 것이다. 또한 종성 발음에 관한 이론적 배경에 대한 인식은 실험의 설계와 연구의 전개에 영향을 미칠 수 있다는 전제 하에 뒷받침이 될 수 있는 이론적 배경만 집중적으로 논의하는 것이 더 바람직할 것이다.

넷째, 대부분 선행 연구가 이론적 배경 부분에서 한·중 음운 현상, 음운 변화 규칙을 선행 연구나 원론서를 그대로 인용하여[10] 정리하는 수준에 머물러 있다. 다시 말해, 이들 연구는 선행 연구나 원론서의 연구 성과를 가공하지 않고 그대로 나열하는 수준에 머물러 있으며, 유기적으로 두 언어의 공통점과 차이점을 상세하게 대조를 시도해 보지 않았고 한국어와 중국어의 음절 구조, 음운 체계 등을 따로 나열하는 식으로 논문을 전개하였다는 것이다. 또한 선행 연구의 결론을 정리하여 인용한 다음 논증하거나 예시로 설명하지 않고 막연하게 대조 결론을 내린 경우가 대다수였다. 따라서 이들은 대조언어학의 연구 절차와 방법을 준수하지 않은 연구로 간주될 수 있으며 연구 결과의 신뢰도와 타당성도 상대적으로 낮다고 볼 수 있다.

3) 종성 대조 연구의 오류 분석 실험 방법 경향

중국인 한국어 학습자를 위한 종성 발음 교육 연구들은 보통 한·중 대조 분석의 내용을 토대로 하여 학습자의 한국어 종성 발음의 실제 양상을 조사하거나 오류 분석을 진행하였다. 오류 분석을 위해 연구자마다 나름대로

10 그중 인용 정보 및 참고문헌을 정확하고 상세히 밝히지 않은 연구가 상당히 많았다.

실험의 방법 및 측정 도구를 설계하였다. 이는 한국어 학습자의 발음 오류 분석 실험을 어떻게 진행해야 하는지에 대해 한국어교육학계에서 아직도 합의가 이뤄지지 않았고 공인된 연구 방법론이나 오류 분석 평가 도구가 개발되지 않았다는 사실을 반영한다. 이러한 현실은, 실험 도구의 타당성과 신뢰도를 높이기 위하여 본 실험을 진행하기 전에 엄밀한 실험 설계와 예비 분석의 중요성을 부각시킨다.

13편의 선행 연구들 중 예비 분석을 진행한 연구는 4편이다. 그중 이수연(2020), 양환환(2018), 고조(2015)는 모두 1차례의 예비 실험을 진행하였고 조용철(2017)은 2차례의 예비 실험까지 진행하였다. 종성 대조 연구에서 실험을 진행할 경우, 예비 실험을 포함하여 전반 실험의 설계 및 방법 그리고 진행 과정에 대한 설명은 해당 연구의 신뢰도를 높일 수 있다. 특히 예비 실험이 포함된 연구의 경우, 예비 실험 결과가 본 실험에 어떻게 반영되었고 이러한 결과를 바탕으로 실험 설계를 어떻게 개선하였는지, 그리고 본 실험은 어떻게 진행되었는지에 대해 구체적인 추가 설명을 한다면 연구 설계의 타당성을 상대적으로 높일 수 있을 것이다.[11]

종성 대조 연구마다 각자 다른 실험 유형과 이에 맞는 실험 내용을 설계하였는데, 이를 연구 목적별로 정리하면 다음 〈표 4〉와 같다.

〈표 4〉 연구 목적별 실험 유형 및 내용

연구 목적	실험 유형	연구	실험 내용
종성 발음 양상, 오류 양상 조사·분석	문장 음독 실험 (대화 형식)	이수연 (2020)	〈한국어교육 어휘 내용 개발(4단계)〉(한송화 외, 2015), '외국인을 위한 한국어 발음 47'의 단어를 참조하여 13쌍 대화문을 제작
	단어 음독 실험 (탈맥락)	백열추 (2017)	홑받침, 겹받침 어휘 국립국어원 〈한국어 학습용 어휘 선정 결과 보고서〉, 〈현대 국어 사용 빈도 조사〉

11 그러나 예비 실험을 진행한 경우, 예비 실험을 어떻게 실시하였는지, 예비 실험의 결과는 본 실험에 어떻게 반영되는지에 대한 논의가 없고 형식적으로만 예비 실험을 진행하였음을 밝히는 연구(양환환, 2018)도 있다.

			고빈도 어휘 선정
		왕봉염 (2016)	105개 단어
	1. 듣기 인지 테스트 (Praat 활용/탈맥락) 2. 음절 음독 실험 (Kalvin 활용/탈맥락) 3. 음절 음독 실험 (Praat 활용/탈맥락)	황은지 (2013)	1. 종성만 다르게 한 최소대립쌍 세 글자를 듣고 판단 2. 파열음 종성 3문제+비음 종성 3문제+파열음, 비음, 유음을 섞은 4문제, 총 10문제 3. '일'과 '날'의 발음 녹음
	1. 단어 음독 실험(탈맥락) 2. 발음 표기 테스트	김진석 (2013)	1. TOPIK 어휘 목록 참조해서 초급 어휘 중심으로 어휘 선정
	1. 단어 음독 실험 (탈맥락) 2. 문장 음독 실험 (탈맥락)	이원 (2010)	1. 7종성을 포함한 1음절 단어, 다음절 단어
		장우군 (2009)	1. 30개 단어 2. 31개 문장 국립국어원 〈한국어 학습용 어휘〉(2003) 참고 어휘 선정
	1. 단어 음독 실험(탈맥락) 2. 문장 음독 실험(탈맥락) 3. 단어, 문장 받아쓰기 테스트 (중국인과 한국인 피험자 서로 받아쓰기 테스트로 진행)	안연희 (2007)	1음절, 2음절 이상의 단어, 문장 TOPIK, 대학기관 한국어 교재에서의 어휘를 선정하였음 (종성에 장애음이 있는 음절만 포함, 종성이 미파음으로 발음되지 않은 경우 제외)
단모음+ /ㄴ, ㅇ/ 종성 발음 양상, 오류 양상 조사·분석	1. 문장 음독 실험 (탈맥락/비문) 2. 음절 받아쓰기 테스트	양환환 (2018)	7개 단모음 14개 음절(7개 단모음에 종성 /ㄴ, ㅇ/이 결합된 음절 '_가 있어요.'
비음과 유음 종성 발음 양상, 오류 양상 조사·분석	1. 문장 음독 실험 (대화 형식) 2. 발음 난이도, 중요도 등 인식 조사 3. 듣기 인지 테스트	조용철 (2017)	1차: 겹받침 환경 비음과 유음 2차: 문장 환경 비음과 유음 본 실험: 음독: 단어, 문장 〈세종한국어 8〉 어휘 참고 인식 조사: 고조(2015) 참고
/ㅇ/ 종성 발음 양상, 오류 양상 조사·분석	1. 문장 음독 실험 (탈맥락)	공야녕 (2015)	1. 받침/ㅇ/ + 모음 'ㅐ': '생각, 행동, 범행, 은행, 행렬, 생리'를 포함한 문장 2. 받침/ㅇ/ + 후행음절 받침 'ㄴ': '생선'을 포함한 문장 3. 단어 끝에 모음 '아/어'와 결합: '사정, 서강'을 포함한 문장 총 10개 문장
비음 종성 발음 양상, 오류 양상	1. 발음 중요도 등 인식 조사 2. 듣기 인지 테스트	고조 (2015)	1. 발음 중요도, 연습 방식 등 9문항 2. 10문항

조사·분석	(탈맥락) 3. 문장 음독 실험 (탈맥락) 4. 오류 원인에 대한 인터뷰		3. 예비 실험: 103개 문장 본 실험: 109개 문장 국립국어원 〈한국어교육 어휘 내용 개발〉, 〈한국어 표준 발음법〉에 기재되어 있는 고빈도 어휘 24개 겹받침 어휘, 9개 홑받침 어휘
/ㄱ, ㄷ, ㅂ/ 종성 발음 양상, 인지 양상, 오류 양상 조사·분석	1. 단어 음독 실험(탈맥락) 2. 듣기 인지 테스트 (탈맥락/32개 무의미 단어)	장징 (2015)	1. 〈연세 한국어 1-1, 1-2, 2-1, 2-2〉에서 종성 /ㄱ, ㄷ, ㅂ/ 어휘를 선정하여 단어 음독 실험 진행. 16개 단어, 16개 문장

중국인 한국어 학습자의 한국어 종성 발음 오류를 관찰하기 위하여 모든 연구에서 음독 실험을 설계하였다. 구체적인 실험 유형을 살펴보자면, 대화 형식으로의 문장 단위 음독 실험은 2편(이수연, 2020; 조용철, 2017), 탈맥락의 문장[12] 단위 음독 실험은 5편(이원, 2010; 장우군, 2009; 안연희, 2007; 공야녕, 2015; 고조, 2015), 탈맥락의 비문[13]을 활용하여 진행한 음독 실험은 1편(양환환, 2018)이 있었으며 탈맥락의 단어 음독 실험은 7편(백열추, 2017; 왕봉염, 2016; 김진석, 2013; 이원, 2010; 장우군, 2009; 안연희, 2007; 장징, 2015), 탈맥락의 음절 음독 실험은 1편(황은지, 2013)이 있었다.

그리고 음독 실험의 결과를 설명하거나 오류의 원인을 밝히고자 추가적인 테스트나 실험을 진행한 경우도 있다. 예컨대, 발음 표기 테스트를 실시한 김진석(2013), 단어와 문장 받아쓰기 테스트를 실시한 안연희(2007), 음절 받아쓰기 테스트를 실시한 양환환(2018)이 있었다. 한편, 학습자가 발음 교육에 대한 중요도를 강조하거나 설문지로 난이도를 조사한 연구는 2편(조용철, 2017; 고조, 2015)이 있었다. 오류 원인에 대해 인터뷰를 실시한 연구는 1편(고조, 2015)이 있었다.

한편, 입력과 출력의 연관성을 고려하여 듣기 인지 테스트를 실시하여 음독 실험 결과를 방증한 연구가 4편(황은지, 2013; 조용철, 2017; 고조, 2015;

12 탈맥락의 문장은 맥락이 없이 고립적으로 제시된 문법에 맞는 문장을 의미한다.

13 탈맥락의 비문은 맥락이 없이 고립적으로 제시된 비문을 의미하고 연구자에 따라 '틀문장(carrier sentence)'으로 칭하기도 한다. 이는 단일한 문장 틀로 교체된 어휘의 출현 환경을 인위적으로 고정시키고 음운 환경의 변인을 통제하는 조치로 이해하면 된다.

장징, 2015)이 있다.

이러한 실험을 설계하는 데에는 다음과 같은 논의점을 가지고 있다.

첫째, 실험 설계의 원리를 살펴보자면, 모든 연구에서 중국인 한국어 학습자의 발음 실제 양상, 즉 출력 혹은 산출의 측면을 고려하였으나 소수의 연구는 입력과 출력의 관계를 고려하여 출력을 중심으로 실험을 진행한 다음 입력 관련 실험을 진행하였다. 이러한 연구 설계에는, 입력이 출력에 어느 정도 영향을 미칠 수 있다는 논리가 내재되어 있으며 청취 양상과 인지 양상은 발음 양상을 설명할 수 있다고 보았기 때문이라고 볼 수 있다. 그러나 입력의 측면에서 출발하여 설계한 실험, 특히 '녹음 자료를 듣고 받아쓰기'나 '발음대로 표기하기'와 같은 실험을 보충적으로 진행한 경우 실험 설계의 타당성에 대해 더 검증할 필요가 있다. '녹음 자료를 듣고 받아쓰기'의 경우, 한국어 종성 발음을 측정할 수 있는지, 음성과 철자 간의 관계를 측정하고 있는지에 대한 의문이 들 수 있다. 즉, '녹음 자료를 듣고 받아쓰기'나 '발음대로 표기하기' 등 실험은 한국어 학습자의 종성 인지 양상을 어느 정도 보여줄 수 있으나 궁극적으로는 학습자의 형태론적 지식이나 맞춤법 등 지식의 정도를 구현해 낼 수 있기도 하다. 왜냐하면 한국어 학습자의 종성 발음 오류, 특히 겹받침의 발음 오류의 경우 발음의 문제인지, 음운 규칙에 대한 인식의 문제인지, 기억의 오류인지를 변별해야 하기 때문이다. 따라서 소규모 피험자를 대상으로 실험을 진행하는 경우 오히려 인터뷰 등 방식을 통해서 인지 양상을 확인해야 더 효율적이고 지향적일 것이다.

둘째, 실험의 내용을 살펴보자면, 종성 대조 연구는 주로 '언어 단위'와 '언어 맥락' 두 가지 변인을 고려하여 실험 내용을 선정하여 설계하였다. '언어 단위'의 경우, 어휘 단위, 문장 단위로 나뉠 수 있으며 '언어 맥락'은 맥락이 있는 대화 형식과 탈맥락 형식으로 구분될 수 있다. 문장 단위를 실험 내용으로 설계하는 것도 측정하고자 하는 어휘를 문장의 맥락에 넣은 것으로 간주될 수 있다. 이와 반대로 어휘를 고립적으로 하나씩 측정하는 것은 연구의 측면에서 편리하지만 한국어교육의 최종적인 교육 목표인 의사소통 능력의 신장을 고려하여 맥락 속에서 어휘의 종성 발음을 고찰하는 연구도 있었다. 그러나 음독 실험의 내용을 선정하는 데 어휘 선정의 균형성, 이론적 근거가 결여된 경우가 존재하였다. 예컨대 이원(2010), 왕봉염(2016) 등의 경우, 실험용 어휘를 선정하는 데 그 이론적 근거와 설명을 명시하지 않았기 때문에 실험 설계의 타당성과 신뢰도가 떨어질 수밖에 없다. 또한, 이론적 배경에서 논의된 대조언어학적인 결론은 연구 설계의 이론적 근거와 관련되지 않은 경우가 많았다.

셋째, 실험의 목적을 살펴보자면, 중국인 한국어 학습자의 종성 발음의 전반적인 양상을 조사하는 연구가 다수이지만 개별 종성에 초점을 둔 연구도 있다. 단, 특정 종성에만 집중하여 음독 실험 내용을 설계할 때 요구 특성(demand characteristics)의 통제는 연구 결과에 영향을 미칠 수 있다. 보통 한국어 학습자를 대상으로 종성 발음을 연구할 때, 한국어 종성을 측정할 수 있는 어휘만 음독 내용으로 실험을 설계하는데 실험 과정에서 피험자가 실험 목적을 알게 될 수 있다. 즉, 피험자가 의식적으로 올바르게 발음하거나 확신이 있는 발음의 규칙을 통해 모르는 발음을 유추할 수 있으니 연구 결과에 영향을 미칠 수 있다는 것이다. 따라서 이러한 문제는, 해당 연구의 목적이 돋보이지 않게 관련이 없는 어휘도 음독 실험 내용에 넣는 방식으로 해결될 수 있다. 종성 대조 연구들 중 요구 특성을 통제한 연구로는 조용철(2017)이 참고할 만하다.

넷째, 음독 실험용 어휘의 선정 기준을 살펴보면, 보통 두 가지 근거가 있는데 하나는 연구의 목적에 맞춰 어휘를 선정하는 것이고 다른 하나는 고빈도 어휘를 선정하는 것이다. 물론 두 가지 근거를 종합하여 어휘를 선정한 경우도 있다. 다만, 의사소통이나 교육 현장의 언어 맥락을 고려할 때 실제성이 낮고 빈도가 낮은 어휘를 선정하여 실험용 어휘로 삼은 경우도 없지 않다. 한편, '뚫는' 등 다양한 저빈도 겹받침을 선정하여 초급 한국어 학습자를 대상으로 오류 실험을 실시하는 연구(백열추, 2017)도 있었다. 이는 실험용 어휘의 선정에 있어 피험자의 한국어 숙달도를 충분히 고려하지 못하였음을 의미한다. 또한, 음독 실험용 어휘를 유형화하는 데 근거를 명시하지 않거나 근거가 있어도 타당성이 결여된 경우가 있었다. 예컨대, 공야녕(2015)에서 오류의 유형에 따라 "받침소리/ㅇ/은 모음 'ㅐ'와 결합된 발음"과 "받침소리/ㅇ/은 후행음절 받침 'ㄴ'의 경우"로 분류하였는데 결과적으로 이 두 가지 유형의 오류 양상이 똑같았다. 그래서 굳이 분류해서 서술할 필요가 없다거나 분류의 타당성이 없다고 판단할 수 있다. 이러한 연구의 경우, 이론적 배경에서 대조 분석 가설을 논의한 다음 오류 실험을 설계할 때 대조 분석한 결과를 활용하여 실험용 어휘를 선정한다면 더 합리적일 것이다. 한편, 홑받침과 겹받침 등 두 가지 부류로 나눠서 실험을 진행한 연구(백열추, 2017)도 있었는데, 이러한 경우 한국어 학습자의 음운론적인 지식뿐만 아니라 형태적인 지식도 함께 요구되기 때문에 음독 오류 실험에서 이렇게 유형화하는 것이 옳은지에 대한 성찰 역시도 필요하겠다.

이어서 각 선행 연구에서 실험 피험자의 기본 정보를 교육 맥락과 한국어 숙달도 기준에 따라 정리하면 다음 〈표 5〉와 같다.[14]

〈표 5〉 실험 피험자 정보

항목 / 연구	지역 (명)	한국어 숙달도	성별 (남, 녀)	연령 (세)	학습시간 (월)	방언 통제
백열추 (2017)	KFL(50) KSL(10)	초급	명시하지 않았음	명시하지 않았음	3-5	통제하지 않았음
장징 (2015)	KSL(10)	초급	6, 4	19-22	5-6	통제하지 않았음
황은지 (2013)	KSL(20) KNS(5)	초급	5, 15 K: 1, 4	19-26 K: 26-44	<2	통제하지 않았음
장우군 (2009)	KSL(20)	초급 (2급)	5, 15	19-27 평균 23	평균 15.7	통제하지 않았음
김진석 (2013)	KSL(20)	초급: 10 중급: 10	명시하지 않았음	명시하지 않았음	초: 2-3 중: 7-8	통제하지 않았음
양환환 (2018)	KSL(20)	중급: 10 고급: 10	중: 5, 5 고: 3, 7	중: 23.8 고: 26.8	중: 26.4 고: 55	통제 하였음

14 'K'혹은 'KNS': 한국어 원어민을 의미한다.
'성별'란의 숫자는 남성, 여성 피험자의 인수를 의미한다.
조용철(2017)에서의 '1, 2, 본'은 1차, 2차 예비 실험, 본 실험을 의미한다.

안연희 (2007)	KSL(12) KNS(4)	초급: 5 고급[1]: 2 고급[2]: 5	초: 2, 3 고[1]: 2, 0 고[2]: 2, 3 K: 4, 0	초: 21 고[1]: 21.5 고[2]: 22.2 K: 22.5	초: 1.5 고: 24	통제하지 않았음
조용철 (2017)	KSL(14) 1: (4) 2: (4) 본: (6)	고급 (4급 이상)	1: 2, 2 2: 0, 4 본: 1, 5	1: 25 2: 26 본: 27	1: 45.6 2: 66 본: 72	통제하지 않았음
왕봉염 (2016)	KSL(7)	고급 (5급)	0, 7	25	명시하지 않았음	통제 하였음
고조 (2015)	KSL(60) KNS(10)	5급: 41 6급: 19	20, 40 K: 6, 4	26.8 K: 24.9	63	통제 하였음
이수연 (2020)	KSL (107)	초급: 12 중급: 53 고급: 42	23, 84	20-30대	명시하지 않았음	통제 하였음
이원 (2010)	KSL(24) KNS(2)	초급: 8 중급: 8 고급: 8	초: 3, 5 중: 4, 4 고: 2, 6	초: 20 중: 22 고: 23	초: 5 중: 12 고: 24	통제하지 않았음
공야녕 (2015)	KSL(12) KNS(4)	초급: 4 중급: 4 고급: 4	초: 2, 2 중: 2, 2 고: 2, 2 K: 2, 2	초: 20 중: 23.5 고: 25.8 K: 20대	명시하지 않았음	통제하지 않았음

위 〈표 5〉에서 볼 수 있듯이 백열추(2017)만 KSL과 KFL 학습자를 모두 피험자로 선정하였고 나머지 연구는 모두 KSL 학습자를 연구 대상으로 삼았다. 한편, 중국인 학습자의 한국어 숙달도를 살펴보면, 초급 학습자만 대상으로 삼은 연구 4편(백열추, 2017; 장징, 2015; 황은지, 2013; 장우군, 2009), 초급과 중급 학습자를 비교하여 실시한 연구는 1편(김진석, 2013), 중급과 고급 학습자를 비교하여 진행한 연구는 1편(양환환, 2018), 고급 학습자만 대상으로 삼은 연구는 3편(조용철, 2017; 왕봉염, 2016; 고조, 2015), 초급과 고급 학습자를 비교하여 논의한 연구는 1편(안연희, 2007), 유사 종적 연구로서 한국어 발달의 전(全)과정을 포착하기 위하여 초급, 중급, 고급을 모두 연구 대상으로 삼은 연구는 3편(이수연, 2020; 공야녕, 2015; 이원, 2010)이 있다.

그중 실험조와 대조조를 나눠서 오류 분석 실험을 진행한 연구는 안연희(2007)가 유일하다. 안연희(2007)의 경우 고급 학습자를 실험조와 대조조로 나누었는데, 실험조의 경우 오류 분석 실험을 진행하기 전 6개월 동안 음소의 소리값, 음운 변동, 문장의 억양 등 한국어 발음에 대한 전반적인 지식을 교육 받았다. 이를 통해 숙달도(초급과 고급)뿐만 아니라 학습 경험별로 오류 분석을 하여 실험 결과를 비교할 수 있었다. 이 연구는 교육학적 효과를 검증하는 데 실증적인 자료를 제공할 수 있다는 점에서 가치가 있다.

한편, 학습자의 중간언어 발음을 비교하기 위하여 한국어 원어민을 함께 피험자로 삼아 진행한 연구는 5편(황은지, 2013; 안연희, 2007; 고조, 2015; 이원, 2010; 공야녕, 2015)이 있었다.

그러나 종성 대조 연구에서 피험자를 선정하는 데 다음과 같은 점에서 더욱 발전할 여지가 있다. 먼저, 피험자의 선정이 연구 결과의 일반화 가능성에 영향을 미칠 수 있다는 것을 고려해 볼 때, 엄밀하고 타당한 실험 설계가 매우 중요하다. 따라서 피험자를 샘플링하는 기준을 명시한다면 연구 결과의 활용도를 높일 수 있을 것이다.

둘째, 연구 결과의 교육학적인 가치를 높이려면 기존의 한국어교육 현장에 대한 검토 및 설명이 필요하다. 조사된 종성 대조 연구에서는 피험자가 실험을 진행하기 전에 어떤 맥락에서 어떻게 한국어 발음 교육을 받아 왔는지, 어떤 한국어교육과정에서 어떠한 한국어교재로 한국어를 학습하였는지에 대한 배경 정보를 상세히 소개하지 않았다. 그러나 한국어 학습자의 한국어 종성 발음은 일종의 교육학적인 결과로서 한국어교육현장의 교육 효과를 반영할 수 있다. 따라서 한국어 학습자의 한국어 교수·학습 맥락을 밝힌다면 발음 오류의 원인을 설명할 때 더욱 발전지향적일 것이다.

셋째, 발음을 연구하는 데 피험자의 출신 지역과 사용 방언이 연구 결과에 영향을 미칠 수 있기 때문에 실험 설계를 할 때 이러한 점들을 고려해야 할 것이다. 특히, 실험 내용인 어휘 중 한자음이 있는 경우, 혹은 중국어 얼화음[15]의 부정적인 전이를 논의한 경우는 더욱 그렇다. 이수연(2020), 왕봉염(2016)과 고조(2015)를 제외한 종성 대조 연구들은 피험자의 출신 지역

15 중국 남쪽 지역 출신 중에는 얼화음을 발음하지 못하는 경우도 존재한다. 이를 고려할 때 중국인 한국어 학습자의 지역 방언의 영향이 중요하므로 피험자 방언 변인의 통제는 필수적이다.

및 사용 방언에 대해 고려하지 않았으며 통제하지 않았다.

한편, 분석 대상 논문의 경우 대부분 수도권 외 지역 소재 대학교에서 나온 석사학위논문이고 수도권 외 지역의 대학교의 부설 한국어교육기관에서 공부한 한국어 학습자를 피험자로 선정한 경우가 많았다. 만약 한국 각 지역 방언의 노출도 일종의 언어 입력으로 간주된다면 이는 한국어 학습자의 발음 양상에도 어느 정도 영향을 미칠 수 있을 것이다. 이러한 부분 역시 논문에서 설명한다면 연구 결과의 효용성을 더 높일 수 있을 것이다.

4) 종성 대조 연구의 오류 분석 실험 결과

종성 대조 연구들의 오류 분석 실험 결과는 다음 〈표 6〉과 같이 정리할 수 있다. 각 연구에서 제시한 실험 내용, 연구의 초점, 결과가 매우 다양하다는 점을 알 수 있다.

〈표 6〉 오류 분석 실험 결과

구분	연구	연구 결과
초급	백열추 (2017)	① 홑받침 오류: 생략 오류, 대치 오류, 첨가 오류, 단순화 오류 ② 겹받침 오류: 선택 오류, 생략 오류, 단순화 오류
	장징 (2015)	① 종성 /ㄱ, ㄷ, ㅂ/ 뒤에 자음이 오는 경우에는 후속 자음이 파찰음일 때 발화 오류율이 가장 낮게 나타난 반면에 후속 자음인 유음이나 비음일 때 발화 오류율이 가장 높게 나타났다. ② 무성 중복자음을 잘 발화할 수 있다. ③ 종성 /ㄱ, ㄷ, ㅂ/을 발화할 때 음운 변화를 일으키지 않은 경우보다 음운 변화가 적용되는 경우에 더 많이 오류가 생긴다.
	황은지 (2013)	① 파열음 종성 /ㅂ, ㄷ, ㄱ/이나 비음 종성 /ㅁ, ㄴ, ㅇ/으로만 이루어진 최소대립쌍을 정확히 구별하여 발음하지 못하였다. ② 종성 /ㄹ/을 발음할 때 치(조)음이 아닌 권설음으로 발음하였다.
	장우군 (2009)	① 폐쇄음 종성을 제대로 파악하지 못하여 오류를 많이 범한다. ② 비음 종성은 중국어의 비음 운미와 비슷하지만 학습자들이 그 차이를 정확하게 인식하지 못하여 발음상의 오류를 일으킨다. ③ 유음의 경우에는 중국어의 얼화음처럼 잘못 발음하는 오류를 범하여 한국어 화자들에게 어색하게 들린다.

초급 vs 중급	김진석 (2013)	① 숙달도 단계가 올라감에 따라 대부분의 홑받침 종성 발음에 대한 발달은 잘 이뤄졌으나 철자와는 다르게 대표음으로 발음되는 기타 장애음(ㅅ, ㅈ, ㅊ, ㅌ)의 경우에는 중급에서도 발달이 완벽하게 이뤄지지 않았다. ② 음운 현상이 일어나는 환경에서는 중급에서도 대부분이 발음의 오류를 범하였다. 경음화는 학습자들이 음운 규칙을 알아서 발음을 하였다기보다는 중국인 학습자들이 모국어의 영향으로 한국어의 평음을 경음으로 발음을 한 것으로 보인다. ③ 겹받침의 발음의 경우 학습자들이 한 개의 자음을 선택해서 발음을 해야 하는 것으로 알고 있었으나 어떤 자음을 선택해서 발음해야 하는 것인지는 제대로 모르고 있었고 그 경우 과잉일반화로 대부분이 앞 자음을 선택해서 발음을 하고 있었다.
중급 vs 고급	양환환 (2018)	실험 결과는 단계별 차이가 없이 두 집단은 비슷한 양상이 나타났다. ① '동일한 음'의 경우: '안, 앙, 인, 잉' 발음 정확률이 높다. 긍정적 전이 ② '유사한 음'의 경우: '언, 엉, 온, 옹, 운, 웅' 중국어에 더 가까운 음성으로 발음. 부정적 전이 ③ '새로운 음'의 경우: '엔(앤), 엥(앵), 은, 응' 발음 정확률이 높다. 유사한 음보다 더 쉽게 변별한다. → 연구 결과는 대조 분석 가설에 부합한다.
초급 vs 고급	안연희 (2007)	① 단계별 차이가 없이 두 집단은 모두 종성의 장애음에 대해 많은 오류를 나타냈는데, 특히 /ㄷ/의 오류율이 높게 나타났다. ② 두 집단 간에 나타나는 오류율의 양상은 다소 차이가 있다. 초급의 학습자들은 문장 층위의 말하기에서 오류율이 높게 나타난 반면에 고급의 학습자들은 문장 층위의 말하기에서 낮은 오류율을 보였다.
고급	조용철 (2017)	① 단어 음독 오류: 1) 음절말 유음에서 대부분의 경우 얼화현상이 나타났으며 특히 후행 음절 두음이 유음일 경우 선행 음절 말음 유음에서 얼화현상이 많이 일어난다. 2) 한 단어에 비음화와 유음화 그리고 연음이 일어나는 복잡한 음운환경일수록 오류율이 높다. 3) 음절말 비음끼리 서로 바꿔서 발화하는 오류가 많은데 오류수가 가장 많은 유형은 음절말 'ㅇ'을 'ㄴ'으로 바꿔 말하는 것으로 26건에 달하며 제일 적은 오류의 유형은 3건으로 'ㅁ'을 'ㅇ'으로 바꿔 말하는 유형으로 나타난다. ② 문장 음독 오류: 전반적으로 문장발화에서 오류가 증가하였지만 단어발화에서 오류가 나타나면 문장발화에서 오류가 나타나는 경우가 높다.
	왕봉염 (2016)	① 자음의 변별자질을 잘 모르기 때문에 잘못 발음한 경우 ② 음절구조를 지키지 않고 발음한 경우 ③ 음운변동규칙을 지키지 않기 때문에 오류를 범한 경우 → 학습자의 인지 오류로 인해 발음 오류가 발생한다. 대조 분석 결과에 호응하지 않았다.
	고조 (2015)	① 홑받침 발음 양상: 1) 받침을 탈락시켜 발음하는 양상.

<table>
<tr><td rowspan="3">초급
·
중급
·
고급</td><td></td><td>2) 중화와 비음화 등 다양한 음운 규칙이 함께 나올 때 그중 규칙 하나만 적용시키는 음운 규칙의 불완전한 적용 양상.
3) 발음을 표기대로 하는 양상.
② 겹받침 발음 양상:
1) 중국인 학습자들에게 나타나는 오류 양상의 두드러진 특징은 겹받침의 두 자음을 모두 탈락시키는 문제이다.
2) /ㄹ/이 들어가 있는 겹받침에서는 /ㄹ/로 발음하는 것을 선호한다.
3) 중국어 철자법으로 발음하기 때문에 한국어 겹받침의 두 자음을 모두 철자식의 표기대로 발음하려는 것이다. 중국인 학습자가 두 개의 받침이 있는 겹받침을 보면 무의식적으로 모두 발음하려고 한다. 이러한 양상이 굉장히 높은 비율을 차지하고 있었다.
4) 둘 이상의 음운규칙이 적용될 때 한 개의 규칙만을 적용하고, 다른 음운규칙을 적용시키지 못한 규칙의 불안전한 적용 오류이다.
5) 발음 대치 오류이다. 실험 대상자 중에서 겹받침을 다른 발음으로 대치하여 발음한 학습자가 몇몇 보였다.
6) 단어 경계를 넘어 두 개의 단어를 한 마디로 발음하는 경우 발음을 끊어서 하기 때문에 비음동화 현상이 일어나지 못한 것이다. 실험 결과를 보면 중국인 학습자들이 단어의 경계가 개입된 경우에 비음동화 규칙을 적용시키지 않고 휴지를 두고 끊어 발음한 경향이 많았다.
7) 종성 위치에 나타나는 [ㅁ]발음과 [ㅂ]발음에 대해 구분을 못하는 오류 양상이다.</td></tr>
<tr><td>이수연
(2020)</td><td>① 개별 종성의 습득 정도는 ㄹ〉ㄱ〉ㅇ〉ㄷ〉ㄴ〉ㅂ〉ㅁ 의 순서로 나타났으며, 유음 종성 /ㄹ/에 대한 오류가 눈에 띄게 높게 나타났다.
② 종성 /ㄱ/에 대한 오류는 높게 나타났고, 종성 /ㅂ/는 오류가 많지 않았으며 종성 /ㄷ/은 숙달도에 따라 다르게 나타났다.
③ 비음 종성 역시 종성 /ㅁ/는 숙달도와 관계없이 어려움을 겪지 않는 것으로 나타났지만, 종성 /ㄴ/와 /ㅇ/은 숙달도에 따라서 습득의 차이를 보였다.</td></tr>
<tr><td>이원
(2010)</td><td>① 단음절의 종성 발음
1) 회피에 의한 발음 오류 양상
2) 전이에 의한 발음 오류 양상
② 다음절의 종성 발음
1) 다음절 단어 음절말의 종성을 발음할 때 단음절에 비하여 오류율이 더 높다. 특히, 폐쇄음 종성을 발음할 때 종성을 회피하여 잘못 발음한 것이 더 쉽다.
2) ‘ㄹ’나 ‘ㄴ’ 받침을 첨가한 오류
3) 선행 자음 다음에 후행 자음으로 폐쇄음이 오는 경우 /ㅂ-ㄷ/(돕다)를 제외한 나머지 단어들에서 오류가 대체로 많이 나타난다.
4) 비음 종성은 중국어의 비음 운미와 비슷하지만 학습자들이 그 차이를 정확하게 인식하지 못하여 발음상의 오류를 일으킨다.
5) 유음의 경우에는 중국어의 얼화음처럼 잘못 발음하는 오류를 버마여 한국어 화자들에게 어색하게 들린다.
③ 중국인 학습자들이 모국어나 영어의 간섭으로 인하여 한자어나 외래어를 발음할 때 종성의 회피와 전이 오류가 많이 일어난다.</td></tr>
</table>

		→ 숙달도 단계별의 오류 양상을 정리하여 비교하지 않았다.
	공야녕 (2015)	'새로운 음'의 경우: '생각, 행동, 은행, 생선' 발음 정확률이 낮다. /ㅇ/ 탈락, /앤/으로 대치 등 오류. → 대조 분석 결과에 호응하지 않았다. → 숙달도 단계별의 오류 양상을 정리하여 비교하지 않았다.

이러한 연구 결과는 다음과 같은 양상을 보인다.

첫째, 중국인 학습자의 한국어 유음 종성 발음의 경우, 모국어인 중국어의 부정적 전이로 인해 한국어 종성 발음 오류를 야기하는 현상 중 가장 대표적인 것은 한국어의 유음이 중국어의 얼화음으로 발음되는 것이다. 이는 황은지(2013), 장우균(2009), 조용철(2017), 이원(2010) 등에서 논의된 바와 같이, 한국어 수준과 상관없이 모든 중국인 학습자에게서 공통적으로 나타나는 간섭 현상으로 볼 수 있다. 이러한 실험 결과는 대조 분석 가설에 부합한다.

둘째, 중국인 학습자 한국어 비음 종성 발음의 경우, 조용철(2017)과 고조(2015)에서 논의한 바와 같이 한국어 어휘가 중화, 비음화, 유음화 등 다양한 음운 현상이 동시에 적용될수록 해당 어휘의 발음 오류율이 높게 나타나고 여러 개 음운 현상 중 하나만 집중하여 발음하는 경우가 있다. 이러한 현상의 원인에 대한 구체적인 설명은 제시되지 않았지만 크게 두 가지로 생각해 볼 수 있다. 하나는 인지의 측면에서 어휘의 음운 환경이 복잡할수록 학습자의 인지 부담이 더 커지기 때문에 오류율도 함께 높아질 수 있다는 점이다. 다른 하나는, 조용철(2017)과 고조(2015)의 연구와 같이 고급 한국어 학습자를 대상으로 실험한 경우 한국어 언어 내 간섭이 일어나서 음운 현상들 간의 습득도 혼동될 수 있다는 점이다. 단, 고조(2015)의 경우 이러한 음운 현상의 불완전 적용 오류를 홑받침과 겹받침 어휘 발음에서 모두 발견하였다는 것이 해당 두 연구의 차이점이라고 할 수 있겠다.

셋째, 중국인 학습자의 한국어 겹받침 발음의 경우, 백열추(2017)에서는 겹받침 발음 오류는 선택 오류, 생략 오류, 단순화 오류와 같이 세 가지 오류 유형으로 분류될 수 있다고 하였다. 그리고 김진석(2013)은 "학습자들이 한 개의 자음을 선택해서 발음을 해야 하는 것으로 알고 있었으나 어떤 자음을 선택해서 발음해야 하는 것인지는 제대로 모르고 있었고 그 경우 과잉일반화로 대부분이 앞 자음을 선택해서 발음을 하고 있었다"고 오류의 원인을 설명하였다. 고조(2015)의 경우에는 겹받침의 오류 양상을 나열하고 제시하였다. 이 세 편의 연구는 각각 초급, 초급과 중급, 고급 학습자를 대상으로 실험을 진행하였으므로 이들 연구 결과를 참고한다면 숙달도별 중국인 한국어 학습자의 겹받침 발음 양상이나 오류를 보다 전반적으로 파악할 수 있을 것이다. 겹받침 오류의 경우, 모든 수준의 중국인 한국어 학습자에게서 일어날 수 있으며, 언어 간 또는 언어 내 간섭이 모두 발생할 수 있다. 이러한 겹받침의 오류는 중국인 한국어 학습자만의 오류라고 보기에는 어려우며, 다른 언어권 학습자들 역시 비슷한 오류를 범할 가능성이 충분히 있다. 따라서 이러한 연구들은, 오류 분석의 측면에서는 큰 의의가 있기는 하나, 대조 분석 가설을 검증하려는 목적을 가지고 있다면 겹받침에 대한 정확한 발음 양상도 함께 주목하거나 다양한 언어권 학습자의 발음 양상을 함께 비교함으로써 중국인 학습자의 특성을 더 찾아낼 수 있을 것이다.

3. 나가는 말

종성 대조 연구는 비교적 적게 출간되었지만, 한국어교육 학계와 현장에서 한·중 언어의 차이로 인한 중국인 한국어 학습자의 종성 발음 오류 및 수정에 대한 관심은 계속 이어져 왔다. 따라서 지금까지 진행된 연구의 동향을 면밀히 살펴보고 관련 연구들의 성과를 기술하는 과정을 통해 종성 대조 연구의 현주소를 이해하는 것은 매우 의미 있는 일이라고 본다. 앞으로 더 체계적인 방법론과 이론을 활용하여 당위적으로 향후 연구의 방향을 제시하는 후속 연구가 나오기를 기대한다.

참고문헌

권영미(2008), 「중국 학습자를 위한 한국어 발음 지도 방안 연구」, 청주대학교 석사학위논문.

허용·김선정(2013), 『대조언어학』, 소통.

허용·김선정(2006), 『외국어로서의 한국어 발음 교육론』, 박이정.

분석 대상 논문

고조(2015), 「중국인 한국어 학습자의 한국어 겹받침 발음 오류 양상 연구: 비음 발음과 비음동화 중심으로」, 숭실대학교 석사학위논문.

공야녕(2015), 「중국인 한국어 학습자의 한국어 받침소리 /ㅇ/의 발음연구」, 한양대학교 석사학위논문.

김진석(2013), 「중국인 학습자의 한국어 종성 발음 특성 연구: 숙달도 단계별 특성을 중심으로」, 계명대학교 석사학위논문.

백열추(2017), 「중국인 초급 학습자를 위한 한국어 교재 개선 방안: 받침 발음을 중심으로」, 숙명여자대학교 석사학위논문.

안연희(2007), 「중국인 학습자의 한국어 종성 발음 교육 연구」, 충남대학교 석사학위논문.

양환환(2018), 「중국인 학습자의 한국어 종성 비음 /ㄴ, ㅇ/ 습득 연구」, 부경대학교 석사학위논문.

왕봉염(2016), 「한·중 자음 발음 실험 비교 연구」, 공주대학교 석사학위논문.

이수연(2020), 「중국인 학습자의 한국어 종성 발음 오류 양상 분석」, 이화여자대학교 석사학위논문.

이원(2010), 「중국어권 학습자의 한국어 종성 발음의 오류 양상 분석 및 교육 방안 연구」, 인천대학교 석사학위논문.

장우균(2009), 「중국인 초급 학습자를 위한 한국어 종성 발음 교육 방안 연구」, 한국외국어대학교 석사학위논문.

장징(2015), 「중국인 초급 학습자의 한국어 종성 발음의 오류 양상 분석 및 교정 방안 연구: 종성 /ㄱ, ㄷ, ㅂ/을 중심으로」, 안동대학교 석사학위논문.

조용철(2017), 「한국어 음절말 비음, 유음 발음 오류 분석 및 교육방안 연구: 중국인 고급학습자를 대상으로」, 숭실대학교 석사학위논문.

진청(2013), 「중국인 한국어 학습자의 홑소리 발음 오류에 관한 연구」, 연세대학교 석사학위논문.

황은지(2013), 「중국인 초급 학습자를 위한 한국어 종성 발음의 교육 방안 연구」, 동아대학교 석사학위논문.

제3장

한·중 문법 대조 연구

Ⅰ.
한·중 문법 대조 연구 동향 분석

남선희 · 손붕위 · 유정영 · 지립군

1. 들어가는 말

한국어와 중국어의 영역별 대조 연구를 살펴보면 음운, 어휘 분야에서는 어원 및 어휘 차용 등의 측면에서 많은 유사성을 지니고 있고 화행 및 발화 표현에서는 동양 문화권의 영향을 받아 비교적 많은 공통점이 있어 학습자들이 상대적으로 쉽게 접근할 수 있다. 이에 반해 언어유형론의 관점에서 봤을 때 한국어는 교착어, 중국어는 독립어에 속해 그 실현 방식과 형태에 있어 차이가 있기에 다른 영역보다 문법 차원에서 두 언어는 많은 차이점을 가진다고 할 수 있다.

외국어 교육에서 문법의 중요성에 대한 논의는 초기 문법 번역식 교수법부터 현재 의사소통 중심 교수법에 이르기까지 계속되고 있다. 김병운(2009)에서는 중국어권 한국어 학습자들에게 있어 한국어 학습에서 가장 어려운 부분을 꼽으라면 단연 문법 영역이 될 것이라고 하며 중국어 문법은 상대적으로 간단하고 어순에 의하여 말과 글의 논리를 세울 수 있지만 한국어 문법은 어미나 조사에 의하여 논리를 정치하게 만들어 나가는 구조의 언어이므로, 중국어를 모국어로 하는 학습자에게 이와 같은 '어미와 조사'의 미세한 차이를 인식하고 한국어를 배우는 것은 쉬운 일이 아니라고 하였다. 그러므로 중국인을 위한 한국어교육에서는 문법의 대조를 바탕으로 문법 교육의 단계, 내용, 절차를 점검하여 효과적인 교수 방법과 원칙을 모색하는 것이 중요한 연구 영역이다.

특히 중국어와 한국어 문법은 문법 기능이 실현되는 형태에 차이가 있을 뿐만 아니라 기능의 제한, 실현될 때의 순서(어순), 논항의 구성에 있어서 많은 차이점을 지니고 있다. 이에 이 장에서는 기존 연구에서 한·중 조사, 부정, 피·사동태, 어미 및 표현 등 다양한 문법 범주에서 이루어진 한·중 대조 연구를 살펴봄으로써 제2언어로서의 한국어 문법 지도 방안, 학습자 사용 양상 및 오류 분석에 관한 연구를 검토해 보고자 한다.

1) 연구의 기본적인 분포 통계

먼저 RISS에서 추출한 2021년까지의 연구들 중에서 '조사, 어미, 높임 표현, 피사동 표현, 시제 표현, 부정 표현, 문장 구성' 등 문법적인 범주에서 한·중 대조 연구 총 497편을 취합하여 문법 연구의 동향을 살펴보도록 한다. 497편의 연구물에 대한 연도별 발행 편수의 추이는 다음 <표 1>을 통해 확인할 수 있다.

<표 1> 연도별 한·중 문법 대조 연구 동향

연도	2001	2002	2003	2004	2005	2006	2007	2008	2009	2010	2011
연구 수	1	1	3	0	0	1	8	16	15	14	19
연도	2012	2013	2014	2015	2016	2017	2018	2019	2020	2021	
연구 수	35	47	58	39	38	36	46	44	35	35	

연도별 분포에서 볼 수 있듯이 한·중 문법 영역의 대조 연구는 2000년대 후반부터 많이 이루어지기 시작하였는데, 특히 2008년 이후 한 해에 10편 이상의 결과물이 나타났다. 2014년은 가장 많은 연구가 산출된 해로, 총 58편의 한·중 문법 대조 연구가 이루어졌다.

연구는 크게 학위논문 410편과 학술지 논문 87편으로 나뉘며, 학위논문은 석사논문 361편과 박사논문 49편으로 다시 나눌 수 있다. 이는 다음 〈표 2〉를 통해 확인할 수 있다.

〈표 2〉 발간 유형별 한·중 문법 대조 연구 동향

발간 유형		연구 수
학위논문	석사	361
	박사	49
학술지 논문		87
합계		497

전체적으로 봤을 때 한·중 문법에 관한 대조 연구는 주로 석사학위논문에서 이루어졌으며, 개별문법과 문법 체계에 대한 세부적인 분류 대조 및 등가 관계를 탐색하는 연구가 많았다. 연구자의 국적을 살펴보았을 때 대부분 한·중 문법 대조 연구는 중국어권 외국인 연구자들을 중심으로 연구가 이루어지고 있었다.

2) 세부 영역별 연구 동향

(1) 한·중 문법 대조 연구의 분류 기준

대조언어학이 외국어 교육을 위한 실용적인 목적으로 연구되어 왔듯이 한·중 문법 대조 연구 역시 이러한 전제 하에 이루어져 왔다. 대부분의 한·중 문법 대조 연구는 두 언어의 문법 요소의 공통점과 차이점을 밝힘으로써 원활한 문법 교수·학습에 도움을 주는 데에 목적을 두고 있다. 이러한 까닭으로 한·중 문법 대조 연구의 세부 영역은 단순히 한국어 문법 체계에 따라 명확하게 분류하기가 어려우며 실제로 한국어 문법이 어떠한 형식으로 교수되고 있는지도 고려하여야 한다. 실제로 한·중 문법 대조의 분류에 있어 여러 가지 쟁점이 있다.

첫째, 한·중 품사 대조 연구를 문법 대조 연구로 보느냐의 문제이다. 이와 관련해서 강현화(2022)에서는 한국어 문법 교육의 내용으로 '품사별 문법 교수', '문법 요소별 교수(대우 표현, 피사동 표현, 시제 표현, 부정 표현)', '조사 교수', '문장 구성과 문법 교수(어미)' 등을 제시한 바가 있는데 이러한 관점에 따르면 한국어의 '품사'에 대한 중국어 대조 연구는 문법 대조 연구로 볼 수 있을 것이다. 그러나 한·중 대조 연구를 '음운 대조', '어휘 대조', '문법 대조', '담화·표현 대조'로 나누어서 본다면 품사 대조 연구는 어휘 대조의 범주로 분류하는 것이 더 타당해 보인다. 따라서 본고에서 한·중 품사 대조 연구는 문법 대조의 범주에서 제외하였다.

둘째, '품사' 대조 연구를 어휘 대조의 범주에 분류시킨다면 한국어 '조사'에 대한 중국어 대조 연구는 어디로 분류하여야 하는지의 문제를 제기할 수 있다. 한국어 '조사'의 대조 연구는 어휘 대조로 보아도 타당하나 한국어의 조사는 한국어의 문법 범주를 실현하는 주요 요소이며 말과 다른 말과의 관계를 표시하거나 특수한 뜻을 더해 주는 역할을 하므로 문법적인 특징을 많이 띈다고 할 수 있다. 또한 한·중 대조에 있어서 한국어의 조사는 중국어의 개사(介词-전치사), 개사구(介词구), 동사, 어순 등으로 대응되기도 한다. 이러한 점을 고려하여 본고에서는 한국어 조사에 대한 한·중 대조 연구 역시 한·중 문법 대조로 분류하였다.

셋째, '-는 바람에', '-는 통에', '-을 것이다', '-ㄴ/는/ㄹ 줄 알다' 등과 같은 복합형 구성의 대조 연구들을 어떻게 처리하느냐의 문제이다. 이러한 구성은 실제로 중국어와 대조할 때 연구에 따라 사용되는 용어가 달라 명확하게 분류하기가 어렵다. 한국어교육에서 이러한 구성들은 흔히 '표현 문형'이라 하는데 이러한 구성과 관련된 연구들은 표현이라는 범주를 설정하여 분류하면 될 것이다. 그러나 실제로 한·중 문법 대조 연구를 분류해 보면 더 복잡한 문제에 직면하게 된다. 예를 들어, 한국어 이유·원인 표현의 중국어 대응 양상을 살펴볼 때 대조가 되는 대상이 '-는 바람에', '-는 통에'와 같은 복합형 구성이 있는 동시에 '-아/어/여서', '-(으)니까'와 같은 순수한 연결어미도 있는 것이다. 그렇다면 이러한 연구들은 단순히 '표현'의 범주에 분류시키는 것이 다소 적절하지 않을 수도 있다. 사실 이러한 복합형 구성은 한국어 문법을 교육할 때 분리하여 교수되는 것이 아니라 하나의 덩어리로 교수되는 것이 대부분이다. 또한 이러한 구성은 어미로 보기가 어려우나 실제로 연결어미 혹은 종결어미와 대등한 기능을 하므로 한·중 문법 대조 연구를 분류하는 데 있어 보다 포괄적인 범주인 '어미(표현)'라는 범주를 설정해 해당 연구를 분류하였다. 또한 어미(표현)에서 어미와 복합형 표현을 최대한 기능별로 묶어 제시하였다.

넷째, 선어말어미 '-었-', '-겠-', '-더-', '-시-'에 대한 중국어 대조 연구를 어떻게 처리하느냐의 문제가 제기될 수 있다. 선어말어미 '-겠-', '-었-', '-더-'는 어미의 범주로 분류할 수 있으나 실제로 한·중 문법 대조 연구들을 살펴보면 이들은 시제의 표지로 더 많이 다루어지기 때문에 본고에서는 '-었-', '-더-', '-겠-'과 관련한 연구는 '시간 표현'으로 분류하였다. 본고에서 말하는 '시간 표현'은 '시제'와 '상'을 아우르는 개념으로 '-고 있다', '-어 있다', '-어 버리다' 등 보조 용언 구성도 실제로 한·중 대조 연구에서 상의 표지로 많이 다루고 있기 때문에 이러한 연구들은 '시간 표현'의 범주로 분류하는 것이 더 타당해 보인다. 선어말어미 '-시-'는 주로 주체높임과 관련한 연구에서 다루어지기 때문에 '높임 표현'의 범주로 분류하였다.

앞의 논의를 토대로 본고에서는 한·중 문법 대조 연구를 '조사', '어미(표현)', '시간 표현', '부정 표현', '높임 표현', '피사동 표현', '문장 구성'으로 분류하였다. 이러한 기준에 따른 분류 결과는 다음 〈표 3〉과 같다.

〈표 3〉 영역별 한·중 문법 대조 연구

세부 영역	조사	어미(표현)	시간 표현	부정 표현	높임 표현	피사동 표현	문장 구성
연구 수	67	154	77	48	33	56	62

위의 표에서 확인할 수 있듯이 한·중 문법 대조 연구는 어미(표현)에 관련된 연구가 총 154편으로 제일 많이 이루어졌으며 그 다음으로 시간 표현(77편), 조사(67편), 문장 구성(62편), 피사동 표현(56편), 높임 표현(33편)이 있었다. 이러한 분류 결과를 바탕으로 각 영역별 연구에서 대조 대상으

로 삼는 개별 요소를 구체적으로 정리하였는데 그 결과는 다음 〈표 4〉와 같다.[1]

〈표 4〉 세부 영역별 한·중 문법 대조 연구

세부 영역		개별 요소		연구 수	합계
		한국어	중국어		
조사		에	在	42	67
		에서	在		
		에게	给		
		(으)로	到		
		와/과	和		
		의	的	11	
		이다	是	4	
		을/를	把	3	
		보다	比	4	
		만큼, 처럼, 같이, 마냥	像~似的, 犹如~, 像~般		
		까지, 조차, 마저, 도	(连)...也/都		
		만	只		
		조사 전체	개사	3	
어미(표현)	원인·이유	-아서, -니까, -므로, -느라고, -기에, -길래, -는 바람에, -기 때문에, -는 통에 등	因为…所以… 由於…因此 因而…	26	154
	추측+의지[2]	-겠-, -(으)ㄹ 것이다, -ㄴ/는/ㄹ 것 같다, -ㄹ까, -ㄹ래 등	会, 应, 该, 要, 能, 可能	22	
	동작 순서	-면서	一边...一边...	17	
		-고	先...然後		
		-자마자	一...就		
		-자	马上		
	대립	-는데, -지만, -(으)나 등	但是, 可是, 然而, 只是, 不过	14	

1 한·중 문법 대조의 개별 요소를 제시할 때 선행 연구에서 대응 요소로 삼는 대표적인 요소를 중심으로 정리하였다. 예를 들어 조사 '에'와 '에서'는 보통 중국어 '在'를 대응시켜 대조 분석을 하는 경우가 많다. 한편 표에서 제시하지 않았으나 특정한 중국어 요소를 한정하지 않고 한국어 문법 요소를 중심으로 이에 대응되는 중국어 표현을 살펴보는 연구도 있음을 밝힌다. 예를 들어, 박연옥(2014)과 송승남(2021)과 같은 연구가 이에 해당된다.

2 어미(표현)에 대한 한·중 대조 논문을 분류함에 있어 다시 어미(표현)의 기능에 따라 재분

<table>
<tr><td rowspan="17">어미
(표현)</td><td rowspan="2">조건</td><td>-면, -다면, -거든</td><td>如果, 假如, 要是</td><td rowspan="2">10</td><td rowspan="17"></td></tr>
<tr><td>-어야</td><td>只要, 只有, 除非</td></tr>
<tr><td>양보</td><td>-어도, -더라고, -ㄹ지라도,
-ㄹ망정, -ㄹ지언정, -ㄴ들 등</td><td>虽然…也…, 即使…也…,
哪怕…也…, 无论…都…, 宁</td><td>8</td></tr>
<tr><td>목적</td><td>-(으)려고, -(으)러, -고자,
-게, -도록</td><td>想, 要, 企图</td><td>7</td></tr>
<tr><td>가능성
+능력</td><td>-(으)ㄹ 수 있다, -(으)ㄹ 줄 알다</td><td>能, 会, 可以</td><td>7</td></tr>
<tr><td>이다</td><td>이다 구문</td><td>'是'</td><td>4</td></tr>
<tr><td colspan="3">간접인용</td><td>3</td></tr>
<tr><td>선택</td><td>-거나, -든지, -건...건,
-든...든</td><td>不是...就是...
或者...或者...
无论/不 管...还是...</td><td>2</td></tr>
<tr><td rowspan="9">기타</td><td colspan="2">-어야 하다</td><td rowspan="9">34</td></tr>
<tr><td colspan="2">-에 대하여</td></tr>
<tr><td colspan="2">-음, -기, -는지, -는가</td></tr>
<tr><td colspan="2">-고 싶다</td></tr>
<tr><td colspan="2">-어 죽다</td></tr>
<tr><td colspan="2">-어 주다</td></tr>
<tr><td colspan="2">양태표현 전체</td></tr>
<tr><td colspan="2">연결어미 전체</td></tr>
<tr><td colspan="2">종결어미 전체</td></tr>
<tr><td rowspan="8" colspan="2">시간 표현</td><td>-었-, -었었-</td><td>了, 过</td><td>28</td><td rowspan="8">77</td></tr>
<tr><td>-더라-</td><td>来着</td><td rowspan="2">12</td></tr>
<tr><td colspan="2">-더-, -던-, -었던-</td></tr>
<tr><td colspan="2">-겠-, -(으)ㄹ 것-</td><td>5</td></tr>
<tr><td>-고 있다, -어 있다,
-는 중이다, -어 버리다</td><td>在, 正, 正在, 呢, 着</td><td>21</td></tr>
<tr><td colspan="2">시제 전체</td><td>5</td></tr>
<tr><td colspan="2">상 전체</td><td>5</td></tr>
<tr><td colspan="2">시제와 상</td><td>1</td></tr>
</table>

류하였는데 실제로 모든 연구가 명확히 분류되기가 어렵다. 본고에서 '추측+의미'와 같이 제시한 것이 바로 이것으로 선어말어미 '-겠-'에 대해 분석하는 하나의 연구에서 '-겠-'의 '추측'과 '의지'의 기능을 모두 다루는 경우가 많기 때문이다.

부정 표현	부정문		43	48
	이중부정		2	
	부정극어		3	
높임 표현	높임법, 경어법, 존대법		30	33
	상대높임법		3	
피사동 표현	피동	被, 让, 叫, 给	33	56
	사동	让, 使, 令, 叫, 把, 给	21	
	피동과 사동		2	
문장 구성	어순		8	62
	의문문		8	
	이중주어문		6	
	명령문		3	
	감탄문		3	
	청유문		3	
	내포문		2	
	부사절		1	
	관형절		3	
	관계절		2	
	명사구		2	
	주어		3	
	부사어		1	
	동사 논항구조		2	
	문장 성분		1	
	동사구		1	
	접속문		4	
	명사절		1	
	조건문		1	
	결과 구문		1	
	소유문		1	
	비교 구문		2	
	수여 구문		1	
	반의관계 구문		1	
합계	497			

위의 분석 결과를 통해 한·중 문법 대조에 있어서 '어미(표현)'에 관련된 연구가 제일 많이 이루어진 것을 확인할 수 있다. 그 이유는 한국어의 어미

자체가 학습자에게 어려운 학습 내용이기 때문일 것이다. '이유·원인'을 나타내는 어미(표현)의 예를 들자면 중국어에서 하나의 의미 기능은 한국어의 여러 어미 혹은 복합형 표현으로 대응되므로 학습자는 이러한 어미나 표현을 학습함에 있어 어려움을 더 많이 느낀다. 이러한 어려움을 해소하기 위해 한국어 어미와 중국어의 해당 요소에 대한 대조 분석이 더 많이 이루어졌을 것이라 생각된다.

그 다음으로 '시간 표현'에 대한 대조 연구도 상당히 많았는데 이 부분에서 한국어 과거 시제 표지 '-었-'과 중국어 '了'에 대한 대조 분석이 상당히 많았으며 '-고 있다'와 같은 진행상을 나타내는 표지에 대응되는 중국어 요소를 분석하는 연구도 많이 이루어졌다. 그 외에는 한국어와 중국어의 시제와 상 전체 체계를 대조하는 연구는 많지는 않으나 11편 정도 있었다.

또한 한국어 조사에 대한 중국어 대조 연구도 많이 축적되었다. 흔히 중국어에는 조사가 없다는 견해가 일반적인데 사실상 중국어의 품사에도 조사가 존재한다. 이와 관련하여 허용(2013)에서는 중국어의 품사를 '양사(量词), 대사(代词), 탄사(叹词), 상성사(象声词), 연사(连词), 개사(介词), 조사(助词), 어기사(语气词)' 총 8개로 제시한 바가 있다. 여기서 말하는 '조사'는 보통 '的, 地, 得'와 같이 낱말이나 구 뒤에 붙어서 문장성분 간의 관계를 나타내거나 '著, 了, 过'와 같은 동사나 형용사 뒤에 붙어 동작 혹은 상태의 변화를 나타내는 기능을 하는 것들이다. 따라서 중국어의 조사는 본질적으로 특수기능어로서 한국어의 조사와 다르며 보통 한국어의 조사는 중국어의 개사와 더 비슷하다는 관점이 더 많이 받아들여진다. 이러한 이유로 실제로 한국어의 조사에 대한 대조 연구는 대부분 중국어의 개사와 대응시키거나 대응 표현을 분석하는 경우가 많았다. 구체적인 연구 대상을 살펴보면 학습자들이 오류를 자주 범하는 부사격조사에 대한 대조 연구가 큰 비중을 차지하였다. 그 외에는 관형격 조사 '의'에 대한 연구도 12편 정도 이루어졌으며 이에 비해 보조사에 대한 중국어 대조 연구는 그리 많지 않은 것으로 나타났다.

피동과 사동은 한국어, 중국어에 모두 존재하는 개념으로 학습자들이

의미를 익히는 데에는 큰 무리가 없다. 그러나 한국어와 중국어의 피동·사동은 어휘적 형태로 실현되는지 혹은 문법적 형태로 실현되는지에 있어서 구분이 된다. 보다 일반적인 견해는 중국어의 피동과 사동은 어휘적 형태로 실현된다는 것이다. 따라서 한국어와 중국어의 피동·사동을 대조 분석을 통해 그 공통점과 차이점을 밝히는 연구는 꾸준히 이루어져 왔다. 이러한 연구에서 한국어의 피동·사동은 특정한 중국어 어휘로 대응시켜 분석하는 경우가 있으며 말뭉치 자료에 기반하여 중국어 대응표현을 분석하는 경우도 있다. 한·중 부정표현에 대한 대조 연구는 큰 단위에서 부정문의 구조를 비교하는 연구가 많으며 작은 단위에서 부정극어를 비교하는 연구도 있었다. 또한 높임 표현의 대조에 있어서 연구에 따라 사용된 용어가 '경어법', '존대법', '높임법'과 같이 다양한데 본고에서는 모두 '높임 표현'으로 분류하였다. 마지막으로 '문장 구성'에 있어서 각 요소별 연구의 수가 많지는 않았으나 '주어', '부사어' 등과 같은 문장 성분에 대한 대조, '청유문', '명령문', '의문문', '감탄문'과 같은 문장 유형에 대한 대조, '관형절', '부사절', '관계절' 등과 같은 문장 구조에 대한 대조로 다양하게 이루어진 것을 확인할 수 있었다.

2. 대조 목적

1) 대조 목적에 대한 개괄

한·중 문법 대조 연구 목적은 크게 단순 대조, 오류 분석, 습득 양상, 교수 방안, 번역 5가지로 나누었다. 이는 연구자가 관심을 어디에 두느냐에 따라 분류한 것이다. 즉, 단순히 대조언어학을 적용한 연구들을 단순 대조로, 대조 내용 외에 오류 양상이나 오류 원인을 중점으로 살펴본 연구는 오류 분석으로, 학습자가 제2 언어 한국어를 습득하는 양상을 중점적으로 살펴본 연구는 습득 양상으로, 교육 방안 등을 중점으로 제시한 연구들을 교수 방안으로 분류하였다. 번역을 중심으로 하는 연구는 번역학적 시각으로 실제 번역 양상을 살펴본 것이다. 구체적인 논문 수를 정리하면 다음 〈표 5〉와 같다.

〈표 5〉 대조 목적별 한·중 문법 대조 연구

대조 목적	학위논문		학술지	연구 수	비율(%)
	박사	석사			
단순 대조	33	229	76	338	68.01
교수 방안	10	78	9	97	19.52
오류 분석+교수 방안	4	32	1	37	7.44
오류 분석	1	17	0	18	3.62
습득 양상	0	5	1	6	1.21
번역	1	0	0	1	0.2
합계	49	361	87	497	100

위를 살펴보면 한·중 문법 대조 연구는 총 497편이었으며, 단순 대조가 338편, 교수 방안이 97편, 오류 분석+교수 방안이 37편, 오류 분석이 18편, 습득 양상이 6편, 번역 1편인 것으로 나타났다. 이것을 각 유형별로 보면 다음과 같다.

첫째, '단순 대조'를 목적으로 하는 연구는 전체 연구 497편 중 338편으로 68.01%를 차지하고 있다. 논문 유형을 보면 석사학위논문은 229편, 학술지는 76편, 박사학위논문은 33편이었다. 세부 영역을 보면 어미(표현)는 105편, 시간 표현은 56편, 문장 구성은 53편, 조사는 47편, 피사동 표현은 33편, 부정 표현은 30편, 높임 표현은 14편으로 나타났다. 정리하자면 한·중 문법 대조 연구에서는 단순 대조를 목적으로 하는 연구들이 주를 이루고 있으며, 유형별로 보면 석사학위논문이 가장 큰 비중을 차지하고 있고, 세부 영역별로 보면 어미(표현)와 관련된 연구가 가장 많이 이루어지고 있다. 이와 같은 세부적인 분석이 진행되면 단순 대조 연구의 실정을 이해하는 데에 도움이 될 것이다.

둘째, '교수 방안'을 목적으로 하는 연구는 주로 교육 방안 제기, 수업 모형 설계 등 구체적인 교수 학습 기술을 제공하는 연구들이다. 이에 해당하는 연구는 총 97편으로 전체의 19.52%를 차지하고 있다. 이 가운데 석사학위논문은 78편, 박사학위논문은 10편, 학술지는 9편으로 나타났다. 세부 영역을 보면 어미(표현)는 32편, 부정 표현은 14편, 시간 표현은 14편, 높임 표현은 12편, 피사동 표현은 12편, 조사는 8편, 문장 구성은 5편이었다. 교수 방안을 목적으로 하는 연구들 역시 석사학위논문이 가장 많았으며, 세부 영역으로는 어미(표현)가 가장 큰 비중을 차지하고 있었다. 한·중 문법 대조 연구에서 교수 방안을 목적으로 하는 연구가 비교적 많이 이루어진 이유는 한국어 문법을 학습하는 데에 있어 적합한 교수 모형이나 교수법이 이루어지지 않고 있어 이를 보완할 필요가 있기 때문이라고 본다.

셋째, '오류 분석+교수 방안'을 목적으로 하는 연구는 단순 대조뿐만 아니라 오류 분석과 교수 방안을 동시에 다루는 연구들이다. 이와 관련된 연구로는 전체 연구 497편 중 37편으로 7.44%를 차지하고 있다. 논문 유형별로 보면 석사학위논문은 32편, 박사학위논문은 4편, 학술지는 1편으로 나타났다. 세부 영역별로 보면 어미(표현)는 11편, 조사는 8편, 피사동 표현은 6편, 높임 표현은 5편, 부정 표현은 3편, 시간 표현은 3편, 문장 구성은 1편이었다. 오류 분석+교수 방안을 목적으로 하는 연구에서도 석사학위논문이 가장 많았고, 세부 영역에서 어미(표현)를 다룬 연구가 가장 많았다. 이와 같이 대조 목적이 혼합되어 있다는 것은 한·중 문법 대조 연구를 할 때 독립적인 특정 목적만 가지는 것보다는 다양한 목적으로 다면적으로 진행되어야 할 필요가 있음을 시사한다.

넷째, '오류 분석'을 목적으로 하는 연구는 18편으로 전체의 3.62%에 해당한다. 논문 유형별로 보면 석사학위논문은 17편, 박사학위논문은 1편으로 나타났다. 이와 관련된 학술지 논문은 살펴볼 수 없었다. 세부 영역별로 보면 어미(표현)는 4편, 시간 표현은 3편, 조사는 3편, 피사동 표현은 3편, 높임 표현은 2편, 문장 구성은 2편, 부정 표현은 1편으로 나타났다. 오류 분석을 목적으로 하는 연구들도 마찬가지로 유형으로는 석사학위논문이 가장 많았으며, 세부 영역으로는 어미(표현) 연구가 가장 많이 이루어졌다. 그러나 논문 수를 보면 오류 분석에 대한 대조 연구는 비교적 그 수가 적다고 할 수 있다. 이는 언어 대조에만 초점을 맞추는 연구는 많지만 학습자의 입장을 고려하여 진행하는 연구는 아직 미진함을 시사한다.

그밖에 '습득 양상', '번역'을 목적으로 하는 연구들은 각 6편, 1편으로 나타났다. 위에서 언급했듯이 언어 대조에만 초점을 맞추어 분석하는 경우가 많아 습득 양상이나 번역 양상을 고려하는 경우가 많이 이루어지지 않은 것으로 보인다. 그러나 대조 외에 습득, 번역 등 다면적인 시각에서 함께 분석하는 연구도 필요하다. 이에 따라 한·중 문법 대조 연구에서는 언어 자체, 교사의 입장, 학습자의 입장 등 다양한 면에서 살펴보는 것이 중요하다고 할 수 있다.

이상을 종합해 보면 한·중 문법 대조 연구에서는 단순 대조를 목적으로 하는 연구가 가장 많았고, 교사의 입장에서 교수 방안을 목적으로 하는 연구가 그 뒤를 이었다. 학습자의 입장을 고려하여 분석하는 오류 분석이나 습득 양상 등을 목적으로 하는 연구는 비교적 수가 적었다. 또한 각 대조 목적에 따른 논문 유형으로는 석사학위논문이 가장 큰 비중을 차지하고 있고, 세부 영역으로는 어미(표현)를 다룬 연구가 가장 많은 것을 확인할 수 있었다.

2) 대조 목적의 균형에 나타난 문제

한·중 문법 대조 목적에 대한 개괄을 살펴본 후에 이를 기반으로 대조 목적과 관련된 문제점을 다음과 같이 논의하고자 한다.

하나는 대조 분석에만 치중하지 않고 다양한 접근에서 고찰할 필요가 있다는 것이다. 앞서 언급했듯이 각 대조 목적에 따른 논문 수가 큰 차이를 보이는데 특히 한·중 문법 대조 연구에 있어 단순 대조를 목적으로 하는 연구(338편)에 편중되어 있다고 할 수 있다. 이는 한·중 대응 양상을 포괄적이고 광의적으로 살펴보고, 언어 교육을 효과적으로 하는 데에 대조 분석뿐만 아니라 다른 접근에서 고찰할 필요가 있음을 시사한다. 이와 관련하여 허용(2008)에서도 대조언어학은 기초가 되는 학문으로 그 중요성이 매우 크지만 오류에 대한 설명이 대조분석 가설로만 충분하지 않으므로 보편성과 유표성 등 개념 도입의 필요성이 있다고 주장한 바 있다.

다른 하나는 세부 영역을 균형적으로 고찰할 필요가 있다는 것이다. 한·중 문법 대조 연구에서 각 대조 목적에 따른 세부 영역으로는 어미(표현)에 대한 연구가 가장 큰 비중을 차지하고 있다. 이는 중요한 범주인 어미(표현)를 살펴봄으로써 학습자가 어미(표현)를 학습하는 데 도움이 되지만 세부 영역을 체계적이고 균형적으로 살펴보기 위해서는 어미(표현)에만 치우치지 않고 다른 세부 영역을 더 연구할 필요가 있다고 보인다.

지금까지 한·중 문법 대조 목적을 살펴보았는데 대조 목적으로는 단순 대조를 목적으로 하는 연구가 가장 많았고, 논문 유형으로는 석사학위논문이 비교적 큰 비중을 차지하고 있었으며, 세부 영역으로는 어미(표현) 연구가 가장 많이 이루어졌음을 확인하였다. 그리고 이를 바탕으로 대조 목적의 균형성에 대한 문제점을 논의하였다. 즉, 대조 분석 외에 다른 접근에서의 고찰, 어미(표현) 외에 다른 세부 영역에 대한 고찰이 필요하다는 것이다.

3. 대조 방법

한·중 문법 대조의 대조 방법을 보면 주로 이론적 대조, 말뭉치 대조, 사전적(辞典的) 대조 방법을 사용하였다. 그중에서 이론적 대조 방법을 사용한 연구가 414편으로 제일 많았으며, 말뭉치 대조 방법을 사용한 연구(77편), 사전적 대조 방법을 사용한 연구(6편)가 그 뒤를 이었다. 다음으로는 각 대조 방법을 세부 영역에 따라 구체적으로 살펴보고자 한다.

1) 이론적 대조

이론적 대조 방법은 주로 문법 서적이나 이론적 서적, 혹은 선행연구의 검토를 통하여 해당 문법의 공통점과 차이점을 밝힌 방법이다. 이론적 대조 방법을 사용한 연구는 427편으로 각 세부 영역별로 이론적 대조 방법을 사용한 논문을 살펴보면 아래 〈표 6〉과 같다.

〈표 6〉 이론적 대조 방법을 사용한 연구

세부 영역	어미(표현)	시간 표현	조사	문장 구성	피사동	부정 표현	높임 표현
연구 수	123	66	56	54	46	42	27

위의 〈표 6〉과 같이 세부 영역에서 이론적 대조 방법을 가장 많이 사용한 것은 어미(표현) 123편이며, 다음으로는 시간 표현 66편, 조사 56편, 문장 구성 54편, 피사동 표현 46편, 부정 표현 42편, 높임 표현 27편이 있었다.

어미(표현)은 주로 의미적·통사적·화용적 특성을 고찰하고 한국어에 대응하는 중국어의 표현이 어떤 차이가 있는지에 대한 논의들로 논문을 구성하고 있다. 왕정춘(2003), 서성(2012), 소홍(2014) 등의 논문에서는 주로 선행연구 및 문법서를 토대로 한국어 인과관계 연결어미인 '-어서', '-니까'의 통사적, 의미적, 화용적인 특징에 대해 제시한 다음 중국어에서 인과관계를 나타내는 접속사와 비교 대조하였다.

시간 표현은 주로 한국어 시간 표현에 대응되는 중국어 표현의 의미적·통사적 특성을 살펴보고 용법에 대해 논의하는 것으로 논문을 구성하고 있다. 노성(2014), 박연옥(2014), 위교(2013), 이향란(2014), 장로요(2021) 등의 논문에서는 선행연구를 토대로 한국어와 중국어의 상표지 '-고 있-'과 '在', '着'의 의미적·통사적 특징을 구체적으로 분석하고 그들의 대응 관계를 밝혔다.

조사는 주로 각 조사의 형태·통사적, 의미적 특성을 검토하고 그에 대응하는 중국어의 공통점과 차이점 및 통사·의미적 공통점과 차이점을 밝히고 있었다. 주첸(2012), 이광연(2013), 항름림(2016) 등의 논문에서는 선행연구를 토대로 '의'와 '的'의 실현 환경에서 나타나는 특징적인 유사점과 차이점을 정리하였다.

피사동 표현은 주로 유형론의 입장에서 '피사동태'의 개념과 특징을 살펴본 후 유형, 의미를 기술하고 한국어와 중국어의 공통점과 차이점을 분석하였다. 양설(2009), 왕영(2010), 신희경(2014) 등의 논문에서는 '-이, 히, 리, 기-'에 의한 피동문과 중국어 被字피동문 의 개념, 유형, 실현 방법과 특징을 제시하고 두 언어의 피동 표현을 대조하여 공통점과 차이점을 정리하였다.

문장 구성은 주로 선행연구를 검토하면서 문장 구성의 통사·의미적 특성과 화용적 특성을 대조하고 한·중 문장 구성의 공통점과 차이점을 분석하였다. 소남(2014), 양수(2018), 위환(2019) 등의 논문에서는 한·중 의문문의 개념, 유형, 구성 요소를 살펴보고 의문문의 유형들을 대조하여 그 차이점과 공통점을 정리하였다.

부정 표현은 주로 부정문의 정의에 따라 부정문의 범위를 확정하고, 부정문의 형식과 통사·의미적인 결합양상 및 한·중 대응 양상에 관하여 연구하는 논문들로 구성되었다. 류남(2011), 탄나나(2012), 판인옌(2014) 등의 논문에서는 한국어 '안', '못', '말-' 부정문과 중국어 '不, 没, 别' 부정문의 특성 즉, 문법 기능, 의미, 기원을 정리하고 부정문의 유사점과 차이점을 정리하였다.

높임 표현은 주로 개념과 기능에 대해 살펴보고 높임 표현의 실현 양상을 어휘 형태와 문법 형태에 의한 높임 표현으로 나누어 대조 분석을 하였다. 왕정(2013), 유흠(2015) 등의 논문에서는 한국어와 중국어의 높임 표현 체계를 정의한 후, 개념과 기능을 정리하고 표현방식을 분석하여 공통점과 차이점을 밝혔다.

2) 말뭉치 대조

김정렬 외(2012)에서는 말뭉치를 전자저작물의 모둠으로, 컴퓨터로 분석 처리할 수 있는 전산화된 형태의 텍스트 모둠, 언어 연구를 위해 모아 놓은 어느 정도 의도된 텍스트의 집합이라고 정의하였다. 한·중 문법 대조에서는 이러한 말뭉치를 사용하여 각 문법의 출현 양상 추출, 빈도 및 비율 분석, 용례 제시 그리고 중국어 대응 양상을 살펴보고 있다.

한·중 문법 대조에서 말뭉치 대조 방법을 사용한 연구는 총 77편으로 말뭉치의 유형은 아래 〈표 7〉과 같이 병렬말뭉치(36편), 번역말뭉치(32편), 비교말뭉치(9편)로 나누었다.

〈표 7〉 한·중 문법 대조에서 사용된 말뭉치 유형

말뭉치 유형	병렬말뭉치	번역말뭉치	비교말뭉치
연구 수	36	32	9

Sylviane Granger(2003:21)에서 병렬말뭉치는 비교말뭉치나 비교/번역 결합 말뭉치를 말한다고 하였다. 한·중 문법 대조에서 병렬말뭉치는 주로 소설, 신문, 드라마를 사용하여 구축한 것을 확인할 수 있었다. 병렬 말뭉치[3]에서 사용한 자료를 자세히 살펴보면 아래의 〈표 8〉과 같다.

〈표 8〉 병렬말뭉치의 유형

병렬말뭉치 유형	세부 정보	연구 수
소설	출처없음	2
	한·중(일방향)	3
	한·중, 중·한(양방향)	3
드라마	한국드라마(일방향)	5
	중국드라마(일방향)	1
신문	한·중(일방향)	8
신문 드라마 병렬	중·한(일방향)	4
책	한·중(일방향)	1
세종나눔터	한·중(일방향)	1
연세병렬말뭉치	한·중(일방향)	1

3 논문에서 저자가 병렬말뭉치라고 명확히 제시한 것을 중심으로 추출하였다.

드라마, 소설, 염설 법률서	한·중(일방향)	1
자체구축	출처없음	1
말뭉치	출처없음	5
합계		36

예를 들어 Li Xian(2018)에서는 접속표현에 대한 한·중 대응 표현을 연구하기 위하여 두 권의 책, 즉 신경숙의 『외딴방』과 박근혜의 『절망은 나를 단련시키고 희망은 나를 움직인다』를 분석 대상으로 삼고, 각각의 중역본, 즉 『单人房』(薛舟, 徐丽红 역), 『绝望锻炼了我:朴槿惠自传』(蓝青荣 등 역)과 대조하여 한·중 병렬말뭉치를 구축하는 작업을 실시하였다.

Sylviane Granger(2003:21)에서 번역 말뭉치는 한 언어의 원문과 하나 이상의 언어로 번역이 이루어진 말뭉치라 하였다. 번역 말뭉치는 주로 소설, 드라마 번역을 중심으로 구축되었으며 자세한 사항은 아래 〈표 9〉에서 살펴볼 수 있다.

〈표 9〉 번역말뭉치의 유형

번역말뭉치 유형	세부 정보	연구 수
소설	한·중(일방향)	8
	중·한(일방향)	4
	번역(양방향)	3
드라마	한국드라마(일방향)	6
소설, 드라마	한·중(일방향)	1
신문 소설, 영화, 드라마	한·중(일방향)	1
교재	한·중(일방향)	1
	중·한(일방향)	1
	양방향	1
한·중 병렬텍스트	양방향	1
세종구어말뭉치	한·중(일방향)	1
말뭉치	출처없음	1
기타	출처없음	4
합계		32

예를 들어 고옥교(2020)에서는 중국 신문 출판사에서 나온 신문 기사와 그에 대응되는 한국어 번역문, 한국 드라마 속에 사용된 한국어 대사와 그에 대응되는 중국어 번역문을 자료로 수집하였다. 그리고 한국어 예문에서 연결어미 '-는데'를 포함하고 있는 예문과 그에 대응하는 중국어 예문 총 1000개를 추출하였다. 신문은 인민일보(人民日报), 중국신문망(中国新闻网), 신화망(新华网), 중국망(中国网)에서 추출하였으며 드라마는 〈별에서 온 그대〉, 〈태양의 후예〉, 〈쾌걸춘향〉, 〈시크릿 가든〉, 〈도깨비〉에서 대본을 추출하였다.

번역 말뭉치와 병렬말뭉치를 살펴본 결과 일부 연구에서 번역 말뭉치와 병렬말뭉치를 혼동하는 경향을 보이고 있었다. Yi Chao(2014)에서는 중앙일보와 조선일보의 한·중 대역 형식이 있는 신문 기사를 수집하여 약 912만 어절(62,855문장 쌍)이 있는 한·중 신문 기사 병렬 말뭉치라고 말하고 있으나 필자는 번역 말뭉치라고 생각한다.

Sylviane Granger(2003:21)에서 비교말뭉치는 구성 시기, 텍스트, 범주, 목표 청중 등이 서로 상응하며 둘 이상의 언어로 이루어진 말뭉치를 말한다고 하였다. 그래서 비슷한 주제의 한국어 원문 말뭉치와 중국어 원문 말뭉치로 구성된 것을 추출하였다. 한국어 원문 말뭉치는 주로 국립국어원 '언어 정보 나눔터'와 '21세기 세종말뭉치'를 주로 사용하였고 중국어는 주로 북경대학교의 '현대언어학연구센터(北京大学现代语言学研究中心语料库, CCL)'를 주로 사용하였다.

〈표 10〉 비교 말뭉치의 유형

저자	한국어	중국어
김민정(2009)	국립국어원 언어 정보 나눔터	CCL北京大学语料库
채의나(2011)	21세기 세종말뭉치	现代汉语语料库
박덕준(2011)	21세기 세종말뭉치	CCL北京大学语料库, 现代汉语语料库(CQS)
전유갑(2014)	한국어 학습용 어휘 선정 결과 보고서	CCL北京大学语料库

한경숙(2018)	출처없음	CCL北京大学语料库
설교, 박덕유(2019)	21세기 세종말뭉치	연변대학 중·한 대역 말뭉치
왕연(2020)	21세기 세종말뭉치	한어 온라인 말뭉치
고비(2020)	출처없음	CCL北京大学语料库/BCC语料库/语料库在线(现代汉语语料库检索)
Hou, Xiaorong(2020)	국립국어원 언어 정보 나눔터	CCL北京大学语料库
이심우(2021)	우리말뭉치	현대한어말뭉치, BCC语料库

예를 들어 김민정(2009)에서는 관형절 대조를 위하여 한국어는 국립국어원 언어 정보 나눔터(https://ithub.korean.go.kr)에서 자료를 수집하였고 중국어는 北京大学CCL语料库(https://ccl.pku.edu.cn)에서 수집하였다.

3) 사전적 대조

사전적 대조 방법은 조사나 어미 영역에서 많이 사용되었는데 주로 문법 기능과 의미를 살펴보는 연구들이었다. 사전적 대조 방법을 사용한 연구의 수는 많지 않았다. 한국어에서 주로 사용된 사전은 국립국어원의 『표준국어대사전』이고 중국어에서 주로 사용된 사전은 『현대한어사전』이다. 각 연구에서 사용된 사전을 정리하면 아래의 〈표 11〉과 같다.

〈표 11〉 사전적 대조 방법에 사용된 사전

저자	한국어	중국어
유사사(2012)	(고려대)한국어대사전 (국립국어연구원)표준국어대사전 (금성판)국어대사전 국어대사전 (온면천연색판)우리말큰사전	한·중대사전 (진명)뉴밀레니엄韩中辞典 NewMillenniumKorean-ChineseDictionary
유환(2014)	표준국어대사전(2000) 연세한국어사전(2001) 어미·조사사전(2010) (외국인을 위한)한국어학습사전(2006)	现代汉语词典(1983) 现代汉语虚词词典(1998) 现代汉语规范词典(2004)
장쉬(2015)	연세한국어사전(1998)	辞海(1989)

	표준국어대사전(1999) 고려대 한국어 대사전(2009)	现代汉语词典(2002) 新华字典(2004)
왕효단(2020)	표준국어대사전	현대한어사전
YE JIAQI(2021)	세종전자사전	现代汉语辞典

사전적 대조에 사용된 사전을 살펴보면 한국어 연구 자료로는 『표준국어대사전』이 가장 많이 사용되었고, 그 다음으로 『연세한국어사전』을 참조하여 대조를 진행하였다. 중국어 부분은 『现代汉语词典(현대한어사전)』이 가장 많이 사용되었다. 유사사(2012)에서는 한·중 대역 사전을 사용하여 대조를 한 것이 다른 연구들과 구분된다.

4. 나가는 말

지금까지 한·중 문법 대조 연구의 분포, 세부적인 하위 분류에 나타나는 연구 경향, 연구 방법, 연구자료를 살펴보았다. 전체적으로 봤을 때 한·중 문법 연구는 주로 이론적 대조 및 말뭉치 대조를 기본 방법으로 하여 사전, 말뭉치, 기존 연구의 자료를 활용하고 있었다. 그리고 이를 통해 두 언어의 기본적인 실현 형태, 내재적인 의미 범주, 실제적인 사용에서 관찰된 대응 양상, 해당 문법의 사용 제약 등 여러 측면에서 한국어와 중국어의 문법을 대조하고 있었다. 또한 연구 결과를 바탕으로 한국어 학습자들의 오류 원인을 연구하고 문법 수업의 교수 방안을 모색하기도 하였다.

다음으로는 기존 연구에서 많이 논의된 조사, 어미(표현), 시간표현, 피사동 표현에서 구체적인 연구 내용 및 연구의 쟁점을 검토하고자 한다.

참고문헌

강현화(2022), 『한국어 문법 교육론』, 소통.

고옥교(2020), 「한국어 접속어미 '-는데'의 중국어 대응 양상 연구」, 연세대학교 석사학위논문.

김민정(2009), 「한국어와 중국어 관형절 대조 연구」, 부산외국어대학교 석사학위논문.

김병운(2009), 『중국어권 학습자를 위한 한국어교육연구』, 한국문화사.

노성(2014), 「한국어와 중국어 진행상(进行相) 표지 '-고 있다'와 '在'의 대조 연구」, 한양대학교 석사학위논문.

류남(2011), 「한국어 부정표현 지도 방안 연구 : 중국인 학습자를 중심으로」, 건국대학교 석사학위논문.

박연옥(2014), 「한국어 "-고 있다"와 중국어 대응표현의 대조분석」, 『人文科学』 54, 성균관대학교 인문학연구원, 319-340쪽.

서성(2012), 「한국어 접속어미와 중국어 접속사에 대한 비교연구 : 의미론적 기능을 중심으로」, 명지대학교 석사학위논문.

소남(2014), 「한·중 의문문 대비 및 교육 방안 연구」, 건국대학교 석사학위논문.

소홍(2014), 「중국인 학습자를 위한 한국어 인과관계 연결어미 교육 연구 : '-어서'와 '-니까'를 중심으로」, 세종대학교 석사학위논문.

신희경(2014), 「한·중 피동문 대조 연구 : 중국어 무표지 피동문과의 대조를 중심으로」, 부산대학교 석사학위논문.

양설(2009), 「한·중 피동문 대조 연구: 중국어 被자문과의 대조를 중심으로」, 경희대학교 석사학위논문.

양수(2018), 「한국어와 중국어의 수사의문문 대조연구」, 전남대학교 석사학위논문.

왕영(2010), 「韩中 被动 表现 对照 研究」, 한국외국어대학교 석사학위논문.

왕정(2013), 「중국인 학습자를 위한 의문문 교육 연구 : 의사소통 기능을 중심으로」, 인하대학교 박사학위논문.

왕정춘(2003), 「중국인 위한 韩·中 대조분석 : '-因为... 所以...', '既然... 就...'와 '-어서', '-니까' 중심으로」, 연세대학교 석사학위논문.

위교(2013), 「한국어와 중국어 상의 문법화 대조연구 : "-(고) 있-"과 "着"을 중심으로」, 서울시립대학교 석사학위논문.

위환(2019), 「한·중 의문문의 대조 연구」, 경희대학교 석사학위논문.

유흠(2015), 「한국어와 중국어의 경어 표현 대조 연구」, 전남대학교 석사학위논문.

이설(2014), 「한국어와 중국어의 동작상에 대한 대조연구」, 고려대학교 석사학위논문.

이광연(2013), 「한국어 조사 '의'의 통사와 의미 : 중국어 조사 '的'과의 대조를 중심으로」, 서울시립대학교 석사학위논문.
이향란(2014), 「중국인 학습자를 위한 '-고 있다', '-어 있다' 교육 방안 연구」, 부산대학교 석사학위논문.
장로요(2021), 「한국어 '-었-'과 중국어 '了'의 상적 특징 대조 연구」, 경희대학교 석사학위논문.
장시아(2019), 「중국인 학습자의 한국어 피동 표현의 조사 오류 분석」, 연세대학교 석사학위논문.
장요요(2014), 「중국 학습자를 위한 한국어 피동 표현 교수법 연구」, 경희대학교 석사학위논문.
전원(2019), 「한국어 조사 '을/를'과 '에'의 대치 오류 연구 : 중국인 한국어 학습자를 대상으로」, 연세대학교 석사학위논문.
주첸(2012), 「한국어 격조사 '의'와 중국어 '的'의 대조 연구」, 창원대학교 석사학위논문.
진민기(2018), 「중국어권 한국어 학습자의 한국어 "-고 있다"와 "-어 있다"의 습득 연구」, 한국어외국어대학교 석사학위논문.
탄나나(2012), 「한·중 부정문 대조 연구」, 경북대학교 석사학위논문.
허용(2008), 「한국어교육에서의 대조언어학과 보편문법의 필요성 연구」, 『이중언어학』 36, 이중언어학, 1-24쪽.
허용·김선정(2013), 『대조언어학』, 소통.
호선희(2012), 「중국인 학습자를 위한 한국어 시제표현 교육 연구 : 과거시제를 중심으로」, 부산대학교 박사학위논문.
Li Xian(2018), 「한국어 접속표현에 대한 중국어 등가 번역 연구」, 한국외국어대학교 박사학위논문.
Xu, Xue(2016), 「중국어권 한국어 학습자의 연결어미 '-는데' 습득 양상 연구」, 이화여자대학교 석사학위논문.
Yi Chao(2014), 「한국어 연결어미 "-면서"와 중국어 대응표현의 대조연구 -한·중 병렬 말뭉치를 기반으로-」, 『比較文化研究』 37, 경희대학교(국제캠퍼스) 비교문화연구소, 309-334쪽.

Ⅱ.
한국어 조사에 대한 중국어 대조 연구의 실제와 쟁점

지립군(CHI LIQUN)

1. 들어가는 말

언어유형론적으로 볼 때 한국어와 중국어는 서로 다른 언어 유형에 속한다. 한국어는 교착어로 문법적 의미의 변화가 주로 문법적 요소의 결합과 분리와 같은 형태적인 변화에 의하여 실현된다. 이와 달리 중국어는 고립어로 단어의 형태 변화가 없이 주로 어순을 통하여 문장 성분 간의 문법적 관계를 나타낸다. 특히 한국어의 교착어적인 언어의 특성을 잘 보여주는 것 중 하나는 바로 조사가 발달한 것이다. 이러한 언어적 특성으로 인해 중국인 학습자들은 한국어를 학습함에 있어 한국어 조사를 아주 낯선 요소로 인지한다. 또한 한국어의 조사는 수도 많고 각 조사의 의미 기능이 다양할 뿐만 아니라 어떤 조사들은 명확히 구분하기가 어려우며 유사성을 가지는 경우가 많기 때문에 중국인 학습자에게 어려운 학습 항목이라고 할 수 있다. 따라서 학습자의 이러한 어려움을 해소하고 효과적인 한국어 조사 학습에 도움을 주기 위해 한국어교육 연구에서는 오래전부터 학습자의 모국어에 접근하여 한국어의 조사에 대한 중국어 대조 분석을 시도해 왔다. 이러한 연구에서는 다양한 한국어 조사를 대상으로 이에 대응되는 중국어 요소를 고찰하였으며 이를 토대로 학습자가 한국어 조사를 사용함에 있어 학습자의 모국어가 어떤 영향을 미쳤는지를 규명하려고 노력하였다. 그럼에도 불구하고 현재까지 이루어진 한국어 조사에 대한 중국어 대조 연구들을 보면 동일한 조사에 대한 대조 분석이라도 대조의 결과가 상이한 경우가 많이 존재한다. 또한 학습자 오류에 대한 설명에 있어 어떤 부분은 언어 간의 오류인지 어떤 부분은 언어 내의 오류인지에 대한 구분은 연구에 따라 의견이 분분하다. 본고는 바로 이러한 문제의식에서 출발하여 현재까지 이루어진 한국어 조사에 대한 중국어 대조 연구들의 연구 대상, 연구 방법, 연구 결과, 그리고 연구에서 오류에 대한 설명에 드러나는 쟁점이 무엇인지를 분석하는 데에 목적을 둔다. 본고에서는 여러 선행 연구를 검토하여 연구들의 문제점이나 한계점을 밝힘으로써 한국어 조사의 중국어 대조 연구에 대해 시사점을 제공하고 향후 나가야 할 방향을 모색하고자 한다.

2. 한국어 조사에 대한 중국어 대조 연구의 동향

한국어 조사에 대한 중국어 대조 연구의 현황을 파악하기 위해 RISS에서 검색 결과를 참조하여 한국어 조사에 대한 중국어 대조 연구 연도에 따른 동향과 세부 요소별 동향을 분석할 것이다. 본고에서는 한국어 조사에 대한 중국어 대조에 관련된 학위논문과 학술지 논문을 모두 포함한 후, 원문이 제공되지 않은 연구를 제외하여 총 67편의 논문을 분석하였다. 본고에서는 이 67편의 논문을 연구 대상으로 삼아 그간 한국어 조사와 중국어 대조 연구의 추세를 살펴보고자 한다. 먼저 연구의 연도별 동향을 살펴보겠다.

1) 연도별 연구 동향

먼저 67편의 논문을 연도별로 정리한 결과는 다음 〈표 1〉과 같다.

〈표 1〉 연도별 한·중 조사 대조 연구 동향

연도	2005	2007	2008	2009	2010	2011	2012	2013
연구 수	2	2	1	4	4	1	3	7
연도	2014	2015	2016	2017	2018	2019	2020	2021
연구 수	3	8	6	8	7	4	3	4

위의 〈표 1〉을 보면 한국어 조사에 대한 중국어 대조 연구는 전체 한·중 문법 대조 연구보다 조금 늦게 시작된 편이다. 2005년에 2편의 연구로 시작해 2011년부터 2013년까지 증가세를 보였으나 2014년에 다시 하락세를 보였다. 전체 한·중 문법 대조 연구의 추세와 비교해 보면 2014년에 전체 문법 대조 연구가 가장 많이 이루어졌음에도 한국어 조사에 대한 중국어 대조 연구는 그리 많지는 않았다. 또한 2014년 이후로는 다시 증가세를 보이다가 2017년부터 현재까지는 점차 감소하는 추세를 보이고 있음을 확인할 수 있다.

2) 세부 요소별 연구 동향

한국어의 조사는 '자립성이 있는 말, 즉 체언(구, 절)에 붙어 그 말과 다른 말과의 관계를 나타내거나 특수한 뜻을 더해 주는 말'로 정의된다(구본관 외, 2020). 한국어의 조사는 격조사, 보조사, 그리고 접속 조사로 분류될 수 있는데 격조사는 문장에서 격을 표시하는 기능을 하고, 보조사는 체언, 부사, 어미에 붙어 어떤 특별한 의미를 더해 준다. 한편 접속 조사는 둘 이상의 단어나 구를 같은 자격으로 이어 주는 구실을 하는 조사이다. 이와 관련하여 학교 문법에서 조사에 대한 분류는 다음 〈표 2〉와 같이 제시할 수 있다.

〈표 2〉 한국어 조사의 유형

조사	격조사	주격 조사	이/가, 에서, 께서
		보격 조사	이/가('되다', '아니다' 앞)
		목적격 조사	을/를
		서술격 조사	이다
		관형격 조사	의
		부사격 조사	에, 에서, 에게, 으로/로 등
		호격 조사	아/야
	보조사	은/는, 만, 도, 조차, 부터, 까지, 이나/나, 이나마/나마 등	
	접속 조사	와/과, 하고, 이랑/랑 등	

위의 분류는 일반적인 학교 문법 체계의 기준이며 본고에서도 역시 이러한 분류 기준에 따라 한국어 조사에 대한 중국어 대조 연구의 각 요소별에 따른 동향을 분석하고자 한다. 그 결과를 제시하면 아래 〈표 3〉과 같다.

〈표 3〉 연구 대상별 한·중 조사 대조 연구 동향

연구 대상	세부 분류	연구 수	비율
격조사	부사격 조사	41	61%
	관형격 조사	11	16%
	서술격 조사	4	6%
	목적격 조사	3	4%
보조사		4	6%
접속 조사		1	2%
조사 전체		3	5%
합계		67	100%

위의 〈표 3〉에서 확인할 수 있듯이 한국어 조사에 대한 중국어 대조 연구는 '격조사', '보조사', '접속조사'와 같이 모두 조사의 유형에 따라 분석되었으며 그중에서 격조사에 대한 연구가 87%로 제일 많이 이루어진 것으로 나타났다. 특히 한국어 격조사에 대한 중국어 대조 연구는 부사격 조사를 대상으로 한 연구가 확연히 많은 것으로 확인되었다. 그 이유는 한국어의

부사격 조사는 일상생활에서 사용 빈도가 아주 높은 조사로 한국어교육 현장에서 중요하게 다루어질 뿐만 아니라 형태가 많고 의미 기능도 다양하므로 학습자가 많이 어려워하는 요소이기 때문이다. 물론 조사의 사용 빈도에 있어서 주격 조사 '이/가'와 보조사 '은/는'의 빈도도 높으나 한국어와 중국어를 대조할 때 등가성의 문제가 생겨 대조하기가 어렵다고 볼 수 있다. 이와 달리 한국어의 부사격 조사는 일반적인 견해에 따르면 중국어의 개사와 많은 공통점을 가지므로 이에 따른 대조 연구도 활발하게 이루어졌다. 이 외에는 관형격 조사에 대한 대조 연구도 16%를 차지하는데 이는 한국어의 관형격 조사 '의'와 중국어 조사 '的'를 비슷하게 여겨 이를 대상으로 한 대조 분석이 종종 있었다. 이 외에는 한국어 조사 전체를 대상으로 한 연구, 보조사를 대상으로 한 연구도 있었으나 격조사만큼 연구가 많이 이루어지지 못한 것으로 나타났다.

3. 한국어 조사에 대한 중국어 대조 연구의 쟁점

앞서 한국어 조사에 대한 중국어 대조 연구의 연도별, 세부 요소별 동향을 같이 살펴보았다. 이 절에서는 구체적인 연구 분석을 통해 선행 연구의 연구 대상, 연구 방법, 대조 분석 결과, 그리고 각 연구에서 오류에 대한 설명에 어떤 쟁점이 있는지를 살펴보고자 한다.

1) 연구 대상의 쟁점

대조 연구할 때 우선적으로 고려하여야 하는 것은 바로 대조하고자 하는 두 개의 요소가 '등가(equivalent)'인가의 문제이다. 즉, 무엇과 무엇이 서로 대응하는 요소인가의 점을 명확히 하여야 하는 것이다(허용 외, 2013). 이 절에서는 한국어 조사와 등가로 볼 수 있는 중국어 요소가 무엇인지를 살펴보고 선행 연구에서 한국어 조사의 대조 대상으로 삼은 중국어 요소에 있어서 어떤 쟁점이 있는지를 밝히고자 한다.

한국어 조사에 대한 중국어 대조 연구의 첫 번째 문제점은 흔히 한·중 대조 연구에서 한국어에는 조사가 있는 반면 중국어에는 조사가 없다고 주장하는데 이렇게 기술하는 것이 다소 불명확한 부분이 있다는 것이다.[1] 엄밀하게 말하자면 중국어에도 '조사(助词)'가 존재하며 단 한국어의 '조사'와는 다른 개념일 뿐이다. 중국어의 조사는 최병덕(2005)에 따르면 구조 조사, 어기 조사, 동태 조사로 나눌 수 있다. 이들은 특수한 허사(虚词)로 문법적 의미만 갖고 어휘적 의미는 없으며 단어, 구, 문장 등에 붙어 쓰임으로써 부가된 의미를 나타낸다는 점에서 하나의 범주로 분류된다. 구조 조사는 '的', '地', '得', '所' 등과 같이 다른 단어들을 연결해 줌으로써 어떤 문법적 관계를 가진 구로 만드는 것이다. 동태 조사의 경우에는 '了', '着', '过'와 같이 동사나 형용사 뒤에 붙어 행위나 동작의 완성, 지속 혹은 어떤 경험이 있었음을 나타내는 기능을 하는 조사이다. 또한 어기 조사는 '啊', '吧', '呢', '么' 등과 같이 주로 문장의 중간이나 끝에 나타나 어기를 표시하는 조사이다. 중국어 조사의 분류를 정리하면 다음 〈표 4〉와 같다.

〈표 4〉 최병덕(2005), 중국어 조사의 분류

분류	기능	예
구조 조사	형용사·동사·명사·대명사와 결합하여 뒤에 오는 명사를 수식하는 관형어 역할을 한다.	的, 地, 得, 似的 등
동태 조사	동사·형용사 뒤에 붙어 행위·동작의 완성, 동작·상태의 지속, 또한 어떤 경험이 있었음을 나타내는 기능을 한다.	着, 了, 过 등
어기 조사	주로 문장 끝에 나타나 의문, 명령, 감탄, 진술 등의 어기를 나타내거나, 문법 기능을 한다.	的, 了, 嘛, 呢, 啦 등

1 이와 관련하여 김이영(2016)을 예로 들 수 있는데 이 연구에서는 '한국어는 조사가 상당히 발달되어 있는 반면에 중국어에서는 조사라는 문법 범주가 없다'라고 기술한 바가 있다. 이와 비슷하게 장결민(2018)에서도 학습자가 조사 '에'와 '에서'를 사용할 때 범하는 오류의 원인으로 중국어에 조사라는 품사가 없기 때문이라고 한 바가 있다.

위에서 제시된 각 중국어 조사의 기능을 통해 알 수 있듯이 중국어의 조사는 특수기능어로 한국어 조사의 개념이 다르다. 따라서 한국어 조사와 중국어의 조사는 등가로 취급하기가 어렵다. 그렇다면 한국어 조사에 대응되는 중국어 요소가 없는가에 대한 의문을 품을 수 있는데 이와 관련하여 보다 일반적인 접근은 한국어의 '조사'와 중국어의 '개사(介词)'를 대응시켜서 분석하는 것이다. 黄伯荣, 廖序东(2017)에 따르면 중국어의 '개사(介词)'는 실사(实词)나 구 앞에 붙어 개사구를 구성하여 서술어를 수식하거나 보충하는 역할을 한다. 흔히 문장 성분 간에 관계를 나타내는 표지로 동작과 상태와 관련한 시간, 처소, 방식, 원인, 목적, 동작주, 피동작주, 대상 등을 표시한다. 이와 비슷한 논의는 孙德金(2002)에서도 찾을 수 있는데 '개사'란 명사, 대명사, 명사구 및 일부의 동사구와 함께 개사구를 이루어 시간, 대상, 장소, 방식 등을 나타냄으로써 동사, 형용사 또는 문장 전체를 수식하는 것이라 하였다. 이러한 논의를 토대로 구체적인 중국어 개사의 분류를 다음 〈표 5〉와 같이 제시할 수 있다.

〈표 5〉 黄伯荣, 廖序东(2017), 중국어 개사의 분류

의미 기능	개사
시간, 처소, 방향	从, 自从, 自, 打, 到, 往, 在, 由, 向, 于, 至, 趁, 当, 当着, 沿着, 顺着
근거, 방식, 방법, 도구, 비교	按, 按照, 遵照, 依照, 依据, 据, 靠, 本着, 用, 通过, 拿, 比
원인, 목적	因, 因为, 由于, 为, 为了, 为着
동작주, 피동작주	被, 给, 让, 叫, 归, 由, 把(将), 管
대상	对, 对于, 关于, 跟, 和, 同, 给, 替, 向, 除了

또한 중국어 개사의 문법적 기능에 대해 김지우(2009)에서 개사는 허사이기 때문에 문장에서 단독적으로 문장 성분이 될 수 없다고 하였다. 개사는 동사적 성질을 갖고 있으나 형식상 동사와는 다르다. 또한 명사, 대명사 혹은 명사구와 결합하여 개사구를 이루어 문장에서 부사어가 되는 경우가 많다. 이상 중국어 개사의 의미적 기능과 문법적 기능을 종합해 보면 중국

어의 '개사'는 사실상 한국어 '부사격 조사'의 개념에 가장 가깝다고 할 수 있으므로 대조를 함에 있어 등가성이 있는 요소라고 할 수 있다. 따라서 본고에서는 앞의 논의를 토대로 실제 한국어 조사에 대한 중국어 대조 연구에서 대응 요소를 선정하는 데 어떤 쟁점이 있는지를 살펴보고자 한다.

두 번째 쟁점은 바로 한국어 조사와 중국어 개사를 일대일로 대응시키는 것이 타당한지의 문제이다. 앞에서 언급하였듯이 한국어와 중국어에는 둘 다 조사가 있으나 두 언어에서 조사의 개념이 달라 등가성이 있는 대조 요소로 삼기가 어렵다. 보다 한국어 조사의 개념에 근접한 중국어 요소는 중국어의 '개사'로 들 수 있으나 중국어의 개사는 한국어의 모든 유형의 조사에 대응되기 어려우며 오히려 부사격 조사와 등가로 보는 것이 더 타당하다. 따라서 한국어 조사에 대한 중국어 대조 연구에서 한국어의 모든 조사를 중국어 개사와 대응시키는 것이 다소 부적절하다 할 수 있을 것이다. 이에 해당하는 연구는 여나(2015), 김이영(2016), 양기(2019), 허김정(2020) 등이 있다. 이들의 연구에서는 한국어의 격조사, 보조사, 접속조사에 모두 중국어 개사를 대응시키는 문제가 나타난다. 그 이유는 한국어 보조사는 중국어의 개사로 대응되기 어려워 보통 부사로 대응되는 경우가 많으며, 격조사에서도 주격 조사, 목적격 조사의 경우 중국어에 대응되는 표지가 없고 대부분 어순에 의해서 실현되기 때문이다. 또한 관형격 조사 '의'는 중국어 개사가 아니라 구조 조사 '的'에 대응하는 것이 더 적절해 보인다.[2]

구체적인 연구를 같이 살펴보면 양기(2019)에서 한국어 조사와 중국어 개사를 대조하였는데 한국어 부사격 조사와 중국어 개사의 대응표현에 대한 분석은 어느 정도 타당성이 보인다. 그러나 한국어의 주격과 목적격 조사, 관형격 조사, 보격 조사 그리고 보조사에 대한 분석은 더 명확히 해야 할 필요가 있다. 이 연구에서는 '这件事由他负责(이 일은 그가 책임진다)'라는 하나의 예문을 제시하여 이를 통해 한국어 주격 조사 '이/가'가

2 본고와 비슷한 견해인 김지우(2009)에서는 한국어 조사는 대부분 중국어 허사 중에서 조사, 개사, 접속사와 부사로 대응된다고 하였다. 또한 한국어 조사 중에서도 격조사는 대부분 중국어의 개사와 대응된다고 밝혔다.

중국어 개사 '由'로 대응된다는 결론을 내렸다. 그러나 '이 일은 그가 책임진다'라는 문장에 대응되는 중국어 번역은 '这件事他负责', '这件事是他负责' 등과 같이 다양하게 나타날 수 있으며 이렇게 번역이 된다면 개사 '由'가 쓰이지 않는다. 따라서 이러한 대조 결과에 연구자의 주관성이 많이 개입된 것으로 보이며 대표성이 있는 대조 결과로 보기가 어렵다. 보통 한국어 주격 조사는 중국어에서 어순으로 실현되는 경우가 더 일반적이다. 또한 이 연구에서 호격 조사, 관형격 조사, 보격 조사 그리고 보조사는 중국어 개사가 아니라 다른 요소로 대응된 것을 제시였는데 이를 "조사와 개사의 대응 표현"이라고 하는 모순된 부분이 있었다. 비슷하게 김이영(2016)에서도 한국어 조사와 중국어 개사를 중심으로 대조하였는데 실제로 제시된 대조 결과는 부사격 조사와 접속 조사만 중국어 개사로 대응되는 것으로 나타났다. 따라서 실제로 한국어 조사에 대해 중국어와 대조 분석할 때 조사 유형에 따라 대응되는 중국어 요소가 무엇인지를 명확히 할 필요가 있으며, 이는 대조하고자 하는 두 언어의 요소가 등가인지를 확인하는 것으로 아주 중요하다고 할 수 있다.

세 번째 쟁점은 '에', '에서', '로' 등 조사에 대해 특정한 중국어 개사를 한정해 대응시키는 것이 타당한지의 문제이다. 앞의 논의를 통해 알 수 있듯이 모든 한국어 조사가 중국어 개사로 대응되지 않으며 한국어 조사에서 부사격 조사가 중국어 개사로 대응되는 경우가 더 많다. 따라서 대부분 연구에서 한국어 부사격 조사와 중국어 개사를 대응시켜 분석하였다. 특히 부사격 조사 '에'와 '에서'를 중심으로 중국어 개사 '在'를 대응표지로 대조 분석하는 연구가 상당히 많았다. 그러나 '에', '에서'와 같은 부사격 조사를 중국어의 개사 '在'와 대응시키면 '에', '에서'의 중국어 대응 관계를 입체적으로 살펴볼 수 없다는 한계가 있다. 그 이유에 대해서는 다른 연구를 통해 해답을 찾을 수 있다. 이문화(2015)에서 한·중 병렬말뭉치를 통해 확인한 결과 한국어 '에'와 '에서'는 조사이지만 그에 대응되는 중국어 표현은 '개사'뿐만 아니라 '명사', '접속사', '개사구', '부사' 등으로 다양하게 나타났다. 이와 비슷하게 설교·박덕유(2019)에서는 한국어 부사격 조사 '에'와 '로'

의 중국어 대응 양상을 말뭉치를 통해 확인하였는데 그 결과 '에'와 '로'는 부사격 조사이지만 중국어와 대응할 때 개사뿐만 아니라 접속사, 조사, 개사구, 동사 등에 다양하게 대응될 수 있음을 확인하였다.

앞에서 언급한 바와 달리 한국어 '에'와 '에서'를 중심으로 대조가 되는 중국어의 대상을 지정하지 않고 대응 표현을 분석한 연구도 있었다. 이러한 연구에서 보다 더 입체적으로 한국어 '에', '에서'에 대한 중국어 대응 관계를 살펴볼 수 있었다. 예를 들어 이문화(2015)에서 말뭉치 자료를 분석한 결과 한국어 '에'와 '에서'는 조사이지만 그에 대응되는 중국어 표현은 '개사'뿐만 아니라 '명사', '접속사', '개사구', '부사' 등으로 다양함을 확인할 수 있었다. 이와 비슷하게 장걸민(2018)에서는 한국어 '에'와 '에서'에 대응되는 중국어 요소를 품사별로 보면 '무표지'를 제외하고 주로 개사, 개사구, 방위 명사, 동사 등이 있다고 밝혔다.

2) 연구 방법의 쟁점

앞에서 한국어 조사와 중국어 대조에 있어 연구 대상의 쟁점에 대해 같이 살펴보았다. 이 절에서는 한국어 조사에 대한 중국어 대조 연구의 연구 방법에는 어떤 쟁점이 있는지 살펴보고자 한다. 한국어 조사의 중국어 대조 연구는 크게 '문헌 중심 대조'와 '말뭉치에 기반한 대조' 두 가지 방법으로 이루어진 연구로 분류할 수 있다. 그중에서 '문헌 중심 대조' 연구는 총 57편이 있었으며 '말뭉치에 기반한 대조' 연구는 10편에 불과하였다. 이러한 경향이 시사하는 첫 번째 문제점은 한국어 조사에 대한 중국어 대조 연구가 문헌 중심 대조에 치우친 경향이 있으며 말뭉치에 기반한 연구는 그리 많지 않다는 것이다. 대조 연구에서 말뭉치 분석의 중요성은 여러 연구에서 강조되었다. 신자영(2010)은 말뭉치를 이용한 대조 연구는 모어 화자의 직관에 의존한 연구에 실증적인 자료를 제공해 주며 모어 화자 직관만으로 파악하기 어려운 언어 정보에 대해 더 정밀하게 대조할 수 있게 한다고 하였다. 또 다른 장점은 말뭉치를 통해 모어 화자 직관에 의한 대조 결과에서는 나타나지 않았던 새로운 패턴을 발견할 수 있다는 것이다. 이와 비슷하게 유현경, 황은하(2010)에서는 말뭉치라는 실증적인 연구 방법론은 언어가 대조분석의 연구 결과를 좌우하는 중요한 선결 조건이라고 언급하였다. 이문화(2015)에서는 선행 연구들이 실증적인 자료를 바탕으로 분석한 것이 아니라는 문제점을 지적하면서 더 객관적인 대조분석을 위해 실증적인 자료인 말뭉치를 활용해야 함을 강조한 바 있다. 이러한 논의를 보면 그동안 대조분석에서 말뭉치 분석의 중요성이 강조되어 왔음에도 불구하고, 말뭉치를 기반으로 한 연구가 많이 이루어지지 않은 것이 아쉬운 점이라 할 수 있다. 이는 말뭉치 자료 수집의 어려움과 관련이 있어 보인다. 현재까지 공개된 한·중 병렬말뭉치 자료는 없으며 소수의 연구에서 말뭉치 자료를 사용하기는 했으나 모두 개인 연구자가 연구 목적에 맞게 구축하여 활용한 것이었다. 그러나 병렬말뭉치를 구축하는 데에 상당한 시간과 노력이 소모되므로 구축하기가 쉽지 않다. 결국 병렬말뭉치에 접근하기 어려운 연유로 한국어 조사에 대한 중국어 대조 연구에서 대부분 문헌 중심의 대조 방법을 취한 것으로 추정할 수 있다.

앞에서 언급한 바와 같이 대부분의 한국어 조사에 대한 중국어 대조는 문헌 혹은 선행 이론을 중심으로 이루어졌다. 이들 연구에서 가지는 공통점은 첫째, 한국어의 조사와 중국어 개사의 정의, 특징, 분류에 대한 논의를 통해 서로의 공통점과 차이점을 규명하였다는 것이다. 둘째, 연구에 따라 대조 분석의 대상으로 삼은 개별 조사가 다르기는 하지만 대부분 여러 사전이나 문법서를 바탕으로 해당 조사의 의미 기능을 제시한 뒤, 각 의미 기능에 대응되는 중국어 요소를 제시하는 경향을 보였다. 다음으로 이들의 연구에서 보편적으로 어떤 이론을 근거로 하였는지 살펴보도록 하겠다.

〈표 6〉 한국어 조사의 이론적 경향

연구 자료	피인용 횟수
남기심, 고영근(1993, 2011)	9
이익섭 외(1997)	7

남기심(1993)	6
이익섭, 채완(1999, 2003)	6
임홍빈(2001)	6
『표준국어대사전』	6
『국어대사전』	5
김종록(2008)	5
고영근, 구본관(2008)	4
서정수(1996)	3
허용 외(2005)	3
『고려대한국어대사전』	2
이익섭(2000)	2
이익섭(2005)	2
임동훈(2004)	2
주경희(2009)	2

먼저 선행 연구에서 한국어 조사의 정의, 특징, 분류에 있어 어떤 논의를 주로 참고하였는지를 〈표 6〉을 통해 살펴보면 남기심, 고영근(1993, 2011)을 대표적으로 가장 많이 참고하였다. 그 이외에는 한국어 조사에 대한 이론적 근거를 제시할 때 이익섭 외(1997), 남기심(1993), 이익섭, 채완(1993, 2003) 그리고 김종록(2008)도 많이 참고하였다는 것을 확인할 수 있었다. 또한 『표준국어대사전』이나 『국어대사전』에 근거해 조사에 대한 사전적 정의를 제시하는 연구도 종종 있었다.

〈표 7〉 중국어 개사의 이론적 경향

연구 자료	피인용 횟수
『现代汉语词典』	8
朱德熙(1982, 2002)	8
맹주억(1992)	7
刘月华(2001)	6
刑公畹(1994)	6
黄伯荣·廖序东(1997, 2011)	5
孙德金(2002)	5
하성도(2005, 2007)	5

김근(1988)	4
马贝加(2002)	4
朴淇秀(2003)	3
강윤옥(2004)	2
刘月华, 潘文娱, 故韡(2005)	2

한편으로 한국어 조사에 대응되는 중국어 개사의 사전적 정의를 제시할 때는 『现代汉语辞典(현대한어사전)』을 참고하는 경우가 상당히 많았다. 또한 대부분 연구는 〈표 7〉에서 확인할 수 있듯이 중국어 개사의 정의, 특징, 분류에 있어 朱德熙(1982, 2002), 맹주억(1992), 刘月华(2011), 邢公畹(1984), 黄伯荣·廖序东(1997, 2011), 孙德金(2002), 하성도(2005, 2007) 등에 근거하여 기술하는 경향을 보였다.

〈표 8〉 한국어 조사 의미 기능의 이론적 경향

연구 자료	피인용 횟수
『표준국어대사전』	26
『한국어 학습용 어미·조사 사전』	18
『외국인을 위한 한국어 학습 사전』	14
『외국인을 위한 한국어 문법 2』	14
『연세 한국어 사전』	12
이희자·이종희(1998)	5
『외국어로서의 한국어 문법 사전』	3
『고려대 한국어대사전』	3

또한 개별 조사의 의미 기능을 분석할 때는 여러 사전과 문법서에 근거하여 제시하는 경향을 보이는데 〈표 8〉을 보면 이들의 연구에서 『표준국어대사전』을 제일 많이 참조한 것을 확인할 수 있다. 이와 동시에 『한국어 학습용 어미·조사 사전』, 『외국인을 위한 한국어 학습 사전』, 『외국인을 위한 한국어 문법 2』, 『연세 한국어 사전』도 비슷하게 대다수의 연구에서 개별 조사의 의미 기능을 분석하는 데에 연구 자료로 삼았다.

두 번째 문제점은 다수의 연구에서 한국어 조사의 의미 기능에 대응되는 중국어 요소나 표현을 분석하는 데에 실증적인 말뭉치 자료 없이 출처가 없는 예문 혹은 한국어 문법서나 사전에 있는 예문을 연구자가 직접 번역함으로써 대조 결과를 제시하는 경우가 많았다. 이러한 방법은 연구자에 따라 대조 결과가 다르게 제시될 우려가 있으며, 설득력이 있고 대표성이 있는 대조 결과라고 보기가 어렵다. 현재 한국어 조사에 대한 중국어 대조 연구를 보면 하나의 조사라도 연구마다 다르게 중국어 대응표현을 제시하고 있다. 해당 조사에 대응되는 중국어 표현이 다양하게 존재할 가능성도 있으나, 이는 대조분석을 진행할 때 연구자 개개인이 임의로 한국어 예문을 번역하기 때문에 나타나는 현상으로 보인다. 연구자 개인이 번역하는 것의 또 다른 문제점은 바로 많은 연구에서 한국어 조사에 대응되는 요소가 무엇인지 명확하게 나타나지 않았다는 것이다. 어떤 한국어 조사가 중국어의 어떤 요소로 대응된다고 했는데도 제시된 예문을 보면 해당 조사가 부재하는 경우가 종종 있었다. 구체적인 예를 살펴보면 슬지엔(2010), 소후박(2015), 손함(2015) 등의 연구에서는 '그 사람은 경찰에 쫓기고 있었다(那个人正在被警察追)'라는 동일한 예문을 사용하여 '에'가 중국어의 '被(피)'와 대응된다고 주장하였다. 그러나 해당 예문을 더 자세히 분석해 보면 '에'가 중국어 피동문과 대응되는 것이 아니라 한국어 동사 '쫓기다'가 피동의 기능을 하므로 중국어 '被'와 대응되는 것을 알 수 있다. 이와 같이 대조 분석할 때 해당 중국어 요소는 '에'와 '에서'에 대응되는 것인지 다른 한국어 요소로 인해 번역된 것인지를 명확치 않은 부분이 있다.

세 번째로, 이보다 연구의 객관성을 상실하게 만드는 것은 사용된 예문에서 대조하고자 하는 한국어 조사가 부재하는 것이다. 이러한 문제점은 백설(2012), 소후박(2015), CHEN ZHOUJUN(2021) 등을 비롯한 연구에서 발견되었다. 백설(2012)은 '그는 나와 나이가 같다.(他和我的年纪相仿.)', '이 외국인이 한국말을 말하는 한국 사람만큼 잘한다.(这外国人的韩国语说的和韩国人一样好!)'라는 예문을 '에', '에서'의 중국어 대응 표현 분석에 사용하였는데 이 두 예문에는 '에'와 '에서'가 쓰이지 않았다. CHEN ZHOUJUN(2021)도 비슷하게 '이 로션을 쓰면 피부가 좋아질 것이다', '이번 일이 완성

됨을 통하여 우리 계획은 이루어진다' 등과 같은 예문을 대조 분석할 때 사용하였는데 대조의 대상인 '에'와 '에서'가 예문에 부재한다는 문제점이 있다.[3] 또한 소후박(2015)에서는 조사 '에'에 대응되는 중국어 표현을 분석하면서 '2번 출구로 나오세요'와 같은 조사 '로'가 사용된 예문을 제시한 경우도 있었다.

한편 위에서 언급한 문제점을 해결하기 위해 소수의 연구에서는 실증적인 말뭉치 자료 분석을 통해 한국어 조사에 대응되는 중국어 표현을 찾아내는 시도를 하였다. 그러나 해당 연구에서 어떤 유형의 말뭉치 자료를 사용하였는지, 또한 어떻게 말뭉치 자료를 사용하였는지에 따라 문제점이 다르게 나타났다. 예를 들어 설교·박덕유(2019), 류한(2020)에서는 말뭉치 자료와 한국어 교재의 중국어 번역본을 기반으로 해당 조사에 대응되는 중국어 표현을 분석하였는데 이는 문헌 중심 대조 연구와 달리 실증적인 자료를 사용했다는 점에서 의의가 있다고 생각된다. 그러나 이들 연구에서 얻은 중국어 대응 표현을 통계적으로 제시하지 못하였다는 한계점이 있다. 예를 들면 설교·박덕유(2019)에서는 조사 '에'의 '처소'의미 기능에 대응되는 중국어 표현으로 '무표지', '在', '上', '中', '下', '里', '在…上', '在…下', '处', '下/往…中' 등 십여 개를 제시하였다.

한편, 이 연구에서는 이러한 연구결과를 교재 편찬이나 한·중 사전 편찬에 활용할 수 있으며 학습자에게 유용한 자료가 될 수 있다고 하였는데 이 많은 대응표현들을 다 제시할 수 있을지에 대한 문제를 제기할 수 있다. 또 이러한 대응표현들을 다 제시한다고 해도 학습자에게 과연 효과적인지에 대한 의문도 동시에 생긴다. 따라서 한국어 조사에 대응될 수 있는 중국어 요소가 다양하게 존재할 수 있으나 그중에서 어떤 것이 대표적인 요소

3 이와 같은 문제점은 CHEN ZHOUJUN(2021)의 다른 부분에서도 찾을 수 있었다. 예를 들어, 이 연구에서 '에'와 '에서'의 '범위'의 의미 기능에 대응되는 중국어 표현은 '在, 在…(当)中, 在…内, 在…上, 在…里'가 있다고 하였는데 실제 예문은 '에서'만 사용된 예문이 제시되었다. 이에 대응되는 중국어 표현도 '在'와 '在…上'만 제시되었는데 앞에서 나열하였던 '在…(当)中, 在…内, 在…里'와 같은 표현들은 어떤 상황에서 '에'와 '에서'에 대응되는지를 확인할 수 없었다.

인지를 말뭉치 분석을 통해 통계적으로 분석할 필요가 있다. 이러한 한계점을 보완하여 대규모 한·중 병렬말뭉치를 기반으로 한 연구는 이문화(2015), 장걸민(2018) 등이 있다. 이문화(2015)에서는 드라마 병렬말뭉치에서 나타난 '-에'의 용례 3,350개, '-에서'의 용례 897개를 대상으로 연구를 진행하였으며 장걸민(2018)에서는 한·중 신문기사 병렬말뭉치를 연구 자료로 삼아 '에'와 '에서'에 대응하는 중국어 표현을 확인하기 위해 각각 1000개, 총 2000개의 용례를 추출하여 대조 분석을 하였다. 이 두 연구는 실증적인 대규모 병렬말뭉치를 사용해 '에'와 '에서'에 대응되는 중국어 표현을 객관적으로 분석했다는 점에서 의의가 있다. 특히 이문화(2015)에서는 한국어 조사 '에'와 '에서'에 대응되는 중국어 표현을 분석할 때 각 대응 표현이 말뭉치에 나타난 빈도를 함께 제시하였는데, 이는 '에'와 '에서'의 대표적인 중국어 대응표현을 확인할 수 있었다는 점에서 선행연구와 차별화가 된다고 할 수 있다. 그럼에도 불구하고 이문화(2015)에서는 준구어 말뭉치만을 사용하였으며 장걸민(2018)에서는 문어 말뭉치만을 사용하여 아직 한국어 조사에 대한 중국어 대조 연구에서 균형병렬말뭉치를 사용한 연구가 거의 없다는 것이 아쉽다.

앞의 논의를 정리하면 선행 연구 방법의 네 번째 문제점은 바로 대규모 병렬말뭉치와 같은 실증적인 자료를 기반으로 한 대조 연구가 아직 많지 않으며, 병렬말뭉치를 사용한 연구라 하더라도 구어나 문어만 중심으로 분석하여 조사의 대응 양상을 입체적으로 살펴보지 못했다는 것이다. 따라서 향후 한국어 조사를 중국어와 대조 분석할 때 실증적인 말뭉치 자료를 기반으로 하여 분석할 필요가 있으며 선행 연구에서 축적된 연구 결과를 검증할 수 있도록 보다 규모가 크고 균형적인 병렬말뭉치가 구축되어야 할 필요가 있다.

3) 대조 결과의 쟁점

앞에서 언급한 바와 같이 한국어 조사에 대한 중국어 대조는 한국어 부사격 조사를 중심으로 이루어졌다. 이 점을 감안하여 이 절에서는 한국어 부사격 조사에 대한 중국어 대조 연구를 중심으로 연구 결과에 있어서 어떤 쟁점이 있는지 살펴보겠다. 이를 통해 현재까지 축적된 한국어 부사격 조사에 대한 중국어 대조의 결과들 중 어느 부분이 보편적으로 인정되고 있는지, 또는 어느 부분에 쟁점이 있는지를 살펴봄으로써 향후 연구의 방향성을 제시하고자 한다. 한편 한국어 부사격 조사에 대한 중국어 대조 연구의 개별 조사를 살펴보면 '에', '에서', '로'에 대한 연구가 많음을 알 수 있었다. 이는 일상생활에서 조사 '에', '에서', '로'의 사용 빈도가 높을 뿐만 아니라 다양한 의미 기능을 가지면서도 서로 비슷한 의미 기능을 공유하므로 학습자에게 어려운 학습 항목이라고 볼 수 있기 때문이다. 따라서 이 절에서는 조사 '에', '에서', '로'를 중심으로 이에 대한 중국어 대조 결과가 각 연구에서 어떻게 제시되어 있는지를 살펴보겠다.

조사 '에'와 '에서'의 중국어 대응 표현에 대해 이문화(2015)에서는 선행 연구 분석을 통해 연구에 따라 대조 결과가 각기 다르게 제시되었다고 지적을 한 바가 있다.[4] 구체적으로 보면 하나의 조사가 상당히 많은 대응 표현을 제시하는 경우도 있고, 보다 적게 제시되는 경우도 있다. 또 개별 조사의 의미 기능에 따라 중국어와 대조할 때 무표지로 나타난다고 보는 연구도 있는 반면 대응 표지가 있다고 주장하는 연구도 있는 것이다. 특히 조사 '에', '에서', '로'에 대한 중국어 대조 연구가 상당히 축적되었음에도 불구하고 이들의 연구에서 조사의 의미 기능에 따라 과연 어떤 중국어 요소로 대응되는지에 대해 의견이 분분하다. 대다수의 연구에서 대조 결과를 토대로 한·중 사전에 대역어를 보충하거나 학습자에게 유용한 학습 자료로 활용할 것을 목표로 삼았는데, 이러한 대조 결과의 문제점을 생각했을

---

4 이와 관련하여 안령군(2005)에서는 '에'에 대응되는 중국어 표현이 7개가 있다고 하였다. 슬지엔(2009)에서는 '에'에 대응되는 중국어 표현을 총 16개, '에서'에 대응되는 중국어 표현을 5개로 제시하였다. 그러나 같은 '에'와 '에서'에 대한 연구인 백설(2012)에서는 '에'에 대응되는 중국어 표현을 18개로 정리하였으며 '에서'에 대응되는 중국어 표현을 총 8개로 정리하였다.

때 과연 이들의 연구에서 기대한 바로 될 수 있는지 의문이 들 수밖에 없다. 모든 대조 결과를 실제로 사전에 대역어로 등재하기 어려우며, 학습자에게 변별 없이 모두 제시하면 상당한 혼란을 불러일으킬 수 있기 때문이다. 그러므로 우선 현재까지 축적된 대조 결과에 대한 분석이 필요하며 이를 통해 대조 결과의 타당성을 검증해야 할 필요가 있다. 또한 같은 조사를 대상으로 한 연구가 상당히 많이 이루어졌음에도 불구하고 왜 연구마다 제시되는 결과가 다른지에 대한 숙고도 이루어져야 한다. 즉, 한국어 조사에 대한 중국어 대조 결과의 차이는 과연 연구에서 채택된 대조 방법에서 기인한 것인지, 아니면 연구자의 개인 주관성에서 기인한 것인지, 이외에 다른 요인도 있는지를 명확히 밝혀야 앞으로 더 객관적이고 의미있는 연구 결과를 얻을 수 있을 것이다.

(1) 부사격 조사의 의미 기능 설정

조사 '에', '에서', '로'에 대한 대조 결과가 연구에 따라 다르게 제시되는 이유 중 하나는 연구마다 각 조사의 의미기능을 다르게 설정하기 때문이라고 생각된다. 구체적으로 각 연구에서 설정한 조사의 의미 기능은 아래의 〈표 9〉, 〈표 10〉, 그리고 〈표 11〉을 통해 살펴볼 수 있다.

〈표 9〉 조사 '에'에 대한 의미 설정

'에'의 의미	CHEN ZHOU JUN	ZHAOMI NGKUN	김상옥	김지영	까오페이	백설	설교·박덕유	황정숙	콩후이	조건유	장걸민	이문화	왕종연	왕봉	왕경남	안령군	송기악	손함	소후박	유민
시간	○	○	○	○	○	○	○	○	○	○	○	○	○	○	○	○	○	○	○	○
장소[5]	○	○	○	○	○	○	○	○	○	○	○	○	○	○	○	○	○	○	○	○
목적지[6]	○	○	○	○	○	○	○	○	○	○	○		○	○					○	○
상황, 조건[7]	○	○	○	○	○	○	○	○	○	○	○	○	○	○	○	○	○	○	○	
도구, 수단	○	○	○	○			○	○	○	○	○	○	○		○	○	○	○		
기준	○	○	○	○			○	○	○		○	○			○	○	○	○		
원인, 이유	○	○	○	○	○	○	○	○	○	○	○	○	○	○	○	○	○	○	○	○

첨가	○	○	○	○	○	○	○	○	○	○	○	○	○	○		○			○	
범위	○				○	○		○	○	○	○	○	○	○					○	
대상	○	○	○	○	○	○	○	○	○	○	○	○	○	○	○	○	○	○	○	○
비교	○							○	○		○									
단위		○	○	○	○		○	○	○	○		○	○	○		○	○	○		○
자격, 신분		○	○	○	○		○	○	○	○	○	○	○	○	○	○		○		
피동	○																			
관용 표현	○		○								○					○	○			
강조				○	○						○	○						○		
열거					○					○	○	○	○	○		○	○			
합계	13	11	12	12	12	8	11	13	13	12	15	13	12	11	8	12	10	10	8	6

먼저 〈표 9〉를 보면 선행연구에서 '에'의 의미기능을 다양하게 설정하는 것을 확인할 수 있다. 선행 연구에서 설정한 '에'의 의미 기능을 종합적으로 보면 '시간, 장소, 목적지, 상황/조건, 도구/수단, 기준, 원인/이유, 첨가, 범위, 대상, 비교, 단위, 자격/신분, 피동, 강조, 열거/나열, 관용표현' 등 총 17가지가 있다. 연구에 따라 '에'의 의미기능에 대한 설정은 각기 다른데, 많으면 15개로 설정하는 연구도 있고 적으면 6개로 설정하는 연구도 있었다. 하지만 보통 '시간, 장소, 상황/조건, 도구/수단, 원인/ 이유, 첨가, 대상, 단위, 자격/신분' 9개의 의미 기능을 설정하는 것이 일반적이라고 할 수 있다.

〈표 10〉 조사 '에서'에 대한 의미 설정

'에서'의 의미	CHEN ZHOU JUN	ZHAO MING KUN	김상옥	김지영	까오페이	백설	황정숙	장걸민	이문화	왕종연	왕붕	왕경남	손함	손방원	소후박
장소	○	○	○	○	○	○	○	○	○	○	○	○	○		○
출발점	○	○	○	○	○	○	○	○	○	○	○	○	○	○	○

5 왕경남(2015): 처소, 슬지엔(2010): 장소/자리, 송기악(2011): 장소, 손함(2014): 장소/자리, 소후박(2015): 처소.

6 왕붕(2008): 진행방향, 소후박(2015): 진행의 방향.

7 왕붕(2008): 환경 및 조건.

범위	○	○	○							○				○	
상황	○														
비교	○					○	○	○	○	○	○	○	○		○
근거	○			○	○	○	○	○	○		○			○	○
출처	○							○						○	
주격 조사	○		○	○	○	○		○	○	○	○				○
기준		○	○	○	○									○	
배경				○				○							
시간의 시작점														○	
비롯되는 대상														○	
합계	8	4	5	6	5	5	4	7	5	5	5	3	3	7	5

한편 '에서'의 의미기능 설정은 조사 '에'보다 단순한데 〈표 10〉을 보면 '장소, 출발점, 범위, 상황, 비교, 근거, 출처, 주격 조사, 기준, 배경, 시간의 시작점, 비롯되는 대상' 총 12개의 기능이 있었다. 연구에 따라 3개~8개의 의미기능을 설정하고 있으며 '장소, 출발점, 주격 조사'와 같은 의미기능은 연구에서 공통적으로 제시되고 있음을 알 수 있었다.

〈표 11〉 조사 '로'에 대한 의미 설정

'로'의 기능	ZHAO MING KUN	김지영	까오 페이	백설	번웨 이샤	설교 박덕유	슬지엔	황정숙	왕종연	소후박	유민
방향	○	○	○	○	○	○	○	○	○	○	○
경로	○	○		○	○	○		○	○	○	○
재료, 도구, 수단	○	○	○	○	○	○	○	○	○	○	
방식, 방법	○	○	○	○	○	○	○	○	○	○	
자격, 신분	○	○	○	○	○	○	○	○	○	○	
변화	○	○	○	○	○	○	○	○	○	○	○
원인, 이유	○	○	○	○		○	○	○	○	○	○
시간	○	○	○	○	○	○	○	○	○	○	○
지향점		○									
판단		○	○				○				

선택		○									
강조		○									
모양											
설명, 제시											
한계				○				○		○	
대상				○						○	
약속, 결정				○				○		○	
합계	8	12	8	11	7	8	8	10	8	11	5

조사 '로'의 의미기능에 대한 설정은 〈표 11〉을 통해 확인할 수 있듯이 '방향, 경로, 재료/도구/수단, 방식/방법, 자격/신분, 변화, 원인/이유, 시간, 지향점, 판단, 선택, 강조, 모양, 설명/제시, 한계, 대상, 약속/결정' 등 총 17가지로 나타났다. 또한 '방향, 경로, 재료/도구/수단, 방식/방법, 자격/신분, 변화, 원인/이유, 시간'을 비롯한 8가지 기능을 설정하는 것이 일반적이었다.

앞에서 살펴본 바와 같이 연구에 따라 개별 조사의 의미기능을 설정하는 것이 상당히 다른데 이는 연구자마다 각 조사의 의미기능에 대한 견해가 다르거나 연구 목적에 맞게 달리 설정하는 경우도 있기 때문이다. 이로 인해 각 연구에서 제시되는 중국어 대응 표현의 수도 당연히 차이가 날 수밖에 없다. 그러나 이런 차이가 만약 하나의 특정적인 기능에 대한 중국어 대조 결과에서 일어난다면 그 대조 결과를 유심히 살펴보아야 필요가 있겠다. 예를 들면, 보통 조사 '에'의 '행위 장소'의 의미기능에 대응되는 중국어 표현은 '在'로 제시되는 것이 일반적인데 어떤 연구에서는 '到, 入, 于, 在, 在…上, 在…中, 上, 中'과 같이 여러 개의 표현을 제시하였다. 이러한 경우는 '在'를 제외한 나머지 표현들이 진정한 조사 '에'의 대응표현인지에 대해 의문을 제기할 수 있고 이에 대한 검토가 필요하다. 따라서 다음 절에서는 선행연구에서 제시된 각 조사의 여러 의미기능에 대응되는 중국어 표현을 비교함으로써 어떤 공통점과 차이점이 있는지 밝히고자 한다. 또한 대조 결과의 차이점을 야기하는 원인이 무엇인지에 대해서도 같이 제시하도록 하겠다.

(2) 부사격 조사에 대한 중국어 대조 결과의 분석

본고에서는 조사 ‘에’, ‘에서’, ‘로’에 대한 중국어 대조 결과가 연구에 따라 어떤 공통점과 차이점이 있는지를 파악하기 위해 조사의 각 의미기능에 따른 중국어 표현을 〈표 12〉, 〈표 13〉, 〈표 14〉로 정리하였다. 먼저 ‘에’에 대한 대조 결과를 〈표 12〉와 〈표13〉을 통해 살펴보겠다.

〈표 12〉 ‘에’에 대한 중국어 대조 결과 1

에	CHEN ZHOU JUN	ZHAO MING KUN	김상옥	김지영	까오 페이	대문	설교 박덕유	황정숙	쿵후이	유민
존재 장소	Ø	Ø/在	Ø		在	在	Ø/在 / 上	在	在	Ø/在
행위 장소	在 在…之上 在…之里	在/Ø	在	在	在		在 / 在…上 / 在…处 / 在…里 / 往…中	在		在
목표지	到	Ø	Ø	到	到	在	Ø/到	到	Ø	Ø
시간	在 / 当	Ø 在 在…之内	Ø 在 在…之内	Ø	在	在 在…之内 在…之中	Ø / …的时候 / 在…中 / 在 / 于 / 趁 / 中	在 / Ø	在	Ø
범위	在 在…上				属于	属于		里 / 中 / 内	在…之中	
원인 이유	由于 因…原因 因为…缘故	因为 / 由于	因 / 因为 / 由于	被	因 / 因为 / 由于	因为 / 由于 / 被	Ø / 因 / 以 / 所以 / 因为 / 因为…所以	因为 / 由于 / 因为…所以 / 被	因为 / 由于 / 被	因为 / 被
대상	给 / 对 / 朝 / 向 / 和 / 同	给 / 于	给 / 于 / 到	到 / 从 / 对	对 / 给 / 为 / 在 / 于	关于 / 根据 / 于 / 给 / 被 / 对 / 合 / 和 / 跟 / 用 / 对于 / 于	Ø / 对 / 对于 / 于 / 被 / 叫 / 往 / 给 / 向 / 让 / 托 / 为 / 为…而	对 / 给 / 用 / 跟 / 关于 / 对于 / 有关	在 / 被 / 给 / 对于 / 关于	于
비교	比 / 和 / 同								跟 / 和 / 与	

도구 수단		被 / 用	以 / 被 / 用	被 / 用 / 拿			Ø / 用 / 搭 / 坐 / 地 / ...地时候		用	
첨가		在... 上 / 里	加之 加上 在...上 在...里	Ø	在	在	Ø / 连	在...里	在... 里 / 再	
자격 신분		被 / 里	为	为	为 / 是		Ø / 为	为	为 / Ø	
기준		对 / 于	同 / 跟 / 和 比 / 于	于			Ø / 与 / 跟 / 同 / 和 / 于		于 / 每	
단위		每 / 以 / Ø	每 / 以 / Ø	Ø	用 / Ø		Ø			Ø / 以
상황		在 在... 上 Ø	Ø 在...中 在...下	Ø	在...中 在...下 在...里 / 内		Ø / 处于 / 在...中	在...中 / 下	Ø	
강조				Ø						
열거					Ø					

〈표 13〉 '에'에 대한 중국어 대조 결과 2

<table>
<tr><th>에</th><th>조건유</th><th>장걸민</th><th>이문화</th><th>왕종연</th><th>왕붕</th><th>왕경남</th><th>안령군</th><th>송기악</th><th>손함</th><th>소후박</th></tr>
<tr><td>존재 장소</td><td>在</td><td></td><td rowspan="2">里 / 在 / 上 / 在...上 / 在... 里 / 中 / Ø</td><td rowspan="2">在 / 到</td><td rowspan="2">在 / 到</td><td rowspan="2">在</td><td>在</td><td>在</td><td rowspan="2">在 / 经过</td><td>在</td></tr>
<tr><td>행위 장소</td><td></td><td>到 / 入 / 于 / 在 / 在...上 / 在...中 / 上 / 中 / Ø</td><td>在 / 到</td><td>在</td><td>在 / 到 / 在... 里 / 在 ...中</td></tr>
<tr><td>목표지</td><td></td><td>到 / 向 / Ø</td><td></td><td>到 / 在</td><td>到</td><td></td><td></td><td>到</td><td>Ø</td><td>到 / 从</td></tr>
<tr><td>시간</td><td></td><td>于 / 在 / 在...内 / Ø</td><td>Ø</td><td>在 / Ø</td><td>在 / Ø</td><td>在</td><td>在</td><td>在</td><td>Ø / 内 / 之内</td><td>在 / 内 / 之内</td></tr>
<tr><td>범위</td><td></td><td>Ø</td><td></td><td>属于 / 里</td><td>Ø</td><td></td><td>在...里 / 属于 / 包括在</td><td></td><td></td><td></td></tr>
<tr><td>원인, 이유</td><td></td><td>因为 / 由于 / Ø</td><td>Ø</td><td>因 / 由于 / 被</td><td>因 / 由于 / 被</td><td>由于</td><td>因为 / 被</td><td>因为</td><td>因为 / 由于</td><td>因为 / 由于 / 被</td></tr>
</table>

대상	对 / 给 / 关于 / 属于 / 对 / 在	到 / 对 / 对于 / 给 / 入 / 为 / 向 / 于 / 在 / 在...上 / 在... 中 / 针对 / 中 / Ø	给 / Ø	对 / 给 / 关于 / 对于 / 依据 / 被 / 因 / 由于 / 在 / 于 / 用 / 和 / 跟	对 / 给 / 为 / 关于 / 对于 / 依据 / 因 / 由于 / 被 / 在 / 于 / 用 / 和 / 跟	给 / 在 / 对 / Ø	在 / 对于	被	于 / 给 / 被 / 和 / 在 / 入 / 在...中 / Ø	于 / 对 / 在 / 给 / 被
비교		于 / Ø				跟...比				
도구, 수단		在..内	Ø	在 / 用		用 / 被	被 / 用	用	被 / 用	
첨가		在..里 / 上 / 又 / 加上 / Ø	Ø	在	在		给 / 在... 加上			
자격, 신분	被... / 为	为 / Ø	Ø	为 / 是	为 / 是	被 / 跟	为		为	
기준			在...来 / 在... 里 / Ø				于 / 起来	对于 / 跟	于 / 和 / 对 / Ø	
단위	买	Ø		用 / Ø	用 / Ø		每 / 用	每	Ø	
상황		在 / 在... 中/中	Ø	在	在	Ø	在...当中 / 在...中	在	Ø / 对于 / 在	
강조		Ø	Ø						Ø	
열거		Ø	和 (跟) / Ø	Ø	Ø		Ø	Ø		
관용 표현		Ø	的				关于 / 对于 / 随着 / 依据	根据 / 对于		

위의 〈표 12〉와 〈표 13〉을 보면 선행 연구에서 '에'에 대한 대조결과는 연구에 따라 상당히 다르게 제시되고 있음을 확인할 수 있다. 이들의 연구에서 공통적으로 다룬 의미기능을 중심으로 살펴보면 '에'의 '존재 장소'의 의미기능은 중국어 '무표지'로 대응된다는 견해도 있으나 일반적으로 중국어 개사 '在'와 대응된다는 견해가 더 많았다. 이와 비슷하게 '행위 장소'의 의미기능도 중국어의 '在'와 대응된다고 하는 연구가 상당히 많았다. 또한

'목표지'의 의미기능은 보통 중국어 '到'와 대응된다고 보았으나 '무표지'나 '到'로 대응된다는 의견도 있었다. '시간'의 의미 기능에 대해서는 '在'로 대응된다는 주장과 '무표지'로 대응된다는 주장으로 나뉜다. '자격, 신분'의 의미기능은 주로 '为 / 是'로 대응된다고 보았다. '원인, 이유'의 의미기능은 대체로 중국어의 '因为 / 由于'와 대응된다고 보았다. '열거' 혹은 '나열'의 의미기능은 대부분의 연구에서 중국어와 대응할 때 '무표지'로 나타난다고 하였다. 한편 '대상'의 의미기능에 대한 대조 결과를 보면 선행 연구에서 적으면 1개의 대응 표현을 제시하는 경우도 있으며, 많으면 14개로 제시하는 경우도 있어 연구에 따라 차이가 크게 났다. 이에 대한 원인은 뒷부분에서 자세히 설명하겠다.

〈표 14〉 '에서'에 대한 중국어 대조 결과

에서	CHEN ZHOU JUN	ZHAO MING KUN	김상옥	김지영	까오페이	백설	황정숙	장걸민	왕종연	왕붕	왕경남	손함	손방원
장소	在 在…之上 在…里	在	在	在	在	在	在	从 / 于 / 在 / 在…中 / 在…下 / 中 / 内 / 上 / Ø	在	在	在	在	
출발점	在 / 从 / 由 / 跟	从 / 以	从 / 以	从	自 / 从	在 / 从	从 / 自	从 / 由 / 自 / 从…开始 / 中 / Ø	从 / 在 / 自	从 / 自	从	从	从 / Ø / 自 / 在 / 离 / 与 / 由 / 比
범위	在 在…上	在 在…上	在 在…上 在…中						从				Ø / 从
기준		Ø / 离	Ø 比 / 离 在…之上	比 / 和	比	比	比		比	比	比	比	从 / 在 / 比
주격조사			Ø	Ø	Ø	Ø		Ø	Ø	Ø			
근거				Ø	为了 / 为	因为 由于	为 / 为了	从 / 基于 / 鉴于 / 从…出发 / 上 / Ø		为 / 为了			Ø / 从 / 因为 / 由 / 于

배경				在				在 / 从…中 / 于…中 / 在…下 / 上 / 中 / Ø					
출처								于 / 在 / 于…中 / 在…中/中 / Ø					从 / 在 / 自 / 于 / 由 / Ø
시간의 시작점													从 / 在
비롯되는 대상													Ø

위의 〈표 14〉에서 볼 수 있듯이 조사 '에서'에 대한 대조 결과는 '에'보다 상대적으로 단순하다. '장소'의 의미기능에 대해서는 중국어 '在'로 대응된다는 견해가 일반적이다. '출발점'의 의미기능에 대응되는 중국어 표현은 연구에 따라 다르나 기본적으로 다 '从'와 대응된다고 보고 있다. '기준'의 의미기능은 다수의 연구에서 중국어의 '比'로 대응된다고 보았다. '근거'의 의미기능에 대해서는 연구에 따라 '为 / 因 / 於 / 基於 / 由 / 从…出发'로 다양하게 제시되었다. 또한 '에서'가 문장에서 '주격 조사'로 사용될 때 중국어에는 해당되는 요소가 없다는 결과에 대해서는 이견이 없는 것으로 나타났다.

〈표 15〉 '로'에 대한 중국어 대조 결과

로	김지영	ZHAO MING KUN	까오 페이	백설	번웨 이샤	설교· 박덕유	슬지엔	황정숙	왕종연	유민
방향	向 / 朝 / 往	Ø/朝 / 往	往 / 向 / 朝 / 到 / 从	去 / 到	往 / 朝 / 向	Ø/往 / 上 / 到	向 / 往 / 朝 / 到	向 / 往 朝 / 到	向 / 朝 / 往 / 到	Ø / 往 / 朝 / 向
경로	从 / 由	从 / 由		经 / 由	从 / 经 / 由	Ø / 从 / 由	从	从	从	从 / 经过 / 由
재료, 도구	用 / 拿	用 / 坐	被 / 由 / 用	用 / 拿	用 / 拿 / 乘 / 坐	用 / 搭 / 坐由	被 / 由 / 用	被 / 由 / 用	用 / 由	
방식	以 / 着	以	以 / 在	以	用 / 拿 /	被 / 以 /	以 / 在	以 / Ø		

			/ 从		以 / 通过 / 穿着	得 / 地 / 为 / 靠	/ 从			
자격, 신분	为 / 以	以 / 为	以 / 为	以 / 为	当 / 以 / 为	作为 / 当 / 为		为 / 以	为 / 以	
변화	成	变成 / 变化	成	改		Ø	成	成	成	成
원인, 이유	因为 / 因 / 由于 / 由	因为 / 由于	因为 由于	因为 由于		由于 / 因为 / 因	由于 / 因	因	由于 / 因 / 因为	由于
시간	为	在 / 从 / 到	到 / 自从	在 / 到 / 从 / 自从	从 / 自从 / 在 / 到	Ø	在 / 到 / 自从	到 / 从 / 自从 / 为 / 在	在 / 到 / 自从	Ø
지향점	到				到					
판단	为		为 / 成							
선택	Ø									
강조	Ø			和 / 跟						
대상										
약속, 결정								Ø		

마지막으로 조사 '로'에 대한 중국어 대조 결과를 보면 '로'의 여러 의미기능 중에 '방향'의 기능은 대체로 중국어 '向 / 朝 / 往'에 대응된다고 보고 있다. '경로'의 의미기능은 어떤 연구에서 중국어의 '经, 由'에 대응된다고 하는 의견도 있으나 '从'에 대응된다는 것이 더 일반적인 견해라고 할 수 있다. 또한 '재료, 도구'는 중국어 동사 '用', '방식'은 중국어 '以', '자격·신분'은 중국어 '以 / 为', '원인, 이유'는 조사 '에'와 마찬가지로 '因为 / 由于'와 대응되는 것이 일반적인 모습을 보였다.

앞의 논의를 통해 알 수 있듯이 선행 연구에서 조사의 각 의미기능에 대한 대조 결과는 연구에 따라 서로 상이하였다. 이들의 연구에서 조사의 특정한 의미기능에 대해 보편적으로 어떤 중국어 표현이 제시되었는지를 다음 〈표 16〉으로 정리할 수 있다.

〈표 16〉 조사 의미기능에 따른 중국어 대응표현 제시의 경향

조사	의미 기능	중국어 대응표현
에	존재 장소	在
	행위 장소	在
	목표지	到
	원인, 이유	因为 / 由于
	자격, 신분	为
	열거	무표지
에서	장소	在
	출발점	从
	주격 조사	무표지
로	방향	向 / 朝 / 往
	경로	从
	재료, 도구	用
	방식, 방법	以
	자격, 신분	以 / 为
	원인, 이유	因为 / 由于

이처럼 조사의 각 의미기능에 대한 대조 결과를 통해 일반적으로 어떻게 대응이 되는지 그 경향을 파악하였으나, 연구에 따라 대응시키는 중국어 표현이나 요소가 상이한 것이 사실이다. 이러한 연구결과는 한·중 사전이나 교재 편찬에 그대로 활용되기가 어려우며, 학습자에게 제시한다 해도 많은 대조 결과들 중에 대표성이 있는 표현을 선정할 필요가 있다. 그렇다면 이런 대조 결과에 드러나는 쟁점이 과연 어디에서 기인한 것인지에 대한 질문을 품게 된다. 이에 대해서는 아래와 같이 설명할 수 있다.

첫 번째 원인은 대부분 연구에서 한국어 조사에 대한 중국어 대조 연구는 실증적인 자료를 기반한 것이 아니라 연구자 개인의 번역에 의해 이루어지기 때문이다. 연구자가 한국어 문장을 중국어로 번역할 때는 개인의 주관성을 배제할 수 없고, 같은 문장이라도 연구자에 따라 달리 번역될 수 있으므로 이에 따른 중국어 표현도 다르게 제시될 수밖에 없다. 예를 들어, 쿵후이(2017)와 김상옥(2019)에서는 모두 조사 '에'의 '환경, 상황, 조건'이라는 의미기능을 설명하면서 '이 무더위에 어떻게 지냈니?'라는 예문을 공통적으로 사용하였다. 쿵후이(2017)에서는 이 예문에 대해 '这么热的天气, 你过的还好吗?'라고 번역해 한국어 조사 '에'에 대응되는 중국어 요소가 없는 것으로 본 반면에, 김상옥(2019)에서는 같은 예문에 대해 '在这酷暑的天气中你是如何度过的?'라고 번역해 중국어 개사구 '在...中'는 한국어 조사 '에'와 대응된다고 주장하였다. 그렇다면 두 연구에서 '에'는 중국어의 '무표지'와 '在...中'와 대응된다고 했으므로 이 두 개를 모두 '에'의 대응표현으로 보는 것이 하나의 해결책이 될 수 있을까? 하지만 이에 대한 해답은 역시 아니라는 것이다. 그 이유는 이 두 연구에서 제시된 중국어 번역문을 보면 쿵후이(2017)의 번역은 자연스러운 중국어 문장이지만 김상옥(2019)에서 제시된 '在这酷暑的天气中你是如何度过的?'와 같은 문장은 다소 부자연스러운 문장으로 여겨질 수 있기 때문이다. 특히 이 연구에서 조사 '에'에 대응된다고 하는 '在...中'을 제거하면 오히려 문장이 더 자연스러워진다. 따라서 과연 '在...中'는 조사 '에'에 대응된다고 볼 수 있는지 재고해 볼 필요가 있다. 이와 비슷한 문제점은 다른 연구에서도 흔히 찾아볼 수 있었다. 예를 들면, 안령군(2005)에서는 '이런 소낙비에 떠나겠다니 네가 지금 제정신이냐?'라는 문장을 제시하면서 이를 '在这样的雷雨中说要离开, 你现在神经正常吗?'라고 번역하였는데 이 번역도 역시 어색한 느낌이 들며 특히 '在...中'은 필수적인 요소가 아니다. 이와 관련하여 왕붕(2008), 까오페이(2009), 왕종연(2010) 등을 비롯한 연구에서는 이에 대한 판별없이 안령군(2005)과 동일한 예문과 번역문을 사용해 대응표현을 제시하고 있었다. 이를 통해 얻은 대조 결과는 타당성과 객관성이 많이 결여되어 대표성이 있는 대조 결과로 보기가 어렵다.

두 번째 원인은 해당 연구에서 제시된 대응 표현이 한국어 조사에서 기인한 것인지 아니면 다른 한국어 요소에서 기인한 것인지에 대한 구분이 명확하지 않기 때문이다. 이런 경우에 연구자에 의해 번역된 중국어 문장이 문제가 없으나 대조 결과를 제시할 때 임의적으로 중국어 요소를 대응시키는 것에 문제가 발생한다. 예를 들어, 백설(2012)에서는 다른 연구와 달리 조사 '에'의 '진행의 방향'이라는 의미 기능에 대응되는 중국어 요소로 '在'를 제시하였다. 이에 대한 근거로 '지금 은행에 가는 길입니다(正在去银行的路上)'와 같은 예문에서 조사 '에'가 중국어 '正在'의 '在'와 대용된다고 제시하였다.

그러나 '正在'는 독립된 부사로 이 예문에 있는 '지금'과 서로 대응되는 것이다. 따라서 부사인 '正在'를 분리하여 조사 '에'와 대응시키는 것이 적절하지 않으며 이 경우에 한국어 조사 '에'는 중국어와 대응할 때 표지가 없는 것으로 볼 수 있다.[8] 또한 조건유(2013)에서는 '게임 시디를 5천에 샀다.(用五千块买了CD)'와 같은 예문을 통해 조사 '에'의 '단위'라는 의미기능에 대해 중국어 대응표현은 '买(사다)'라고 제시하였는데 실제로 중국어 '买'의 의미는 조사 '에'에서 기인한 것이 아니라 동사 '사다'에서 기인한 것이다. 이와 비슷하게 소후박(2015)에서는 '쌀을 항아리에 담아라'와 같은 예문을 제시하면서 이 예문에서 사용된 '에'는 중국어 번역문 '把大米装进米缸'의 '把'로 대응된다고 하였다. 이렇게 대응시키는 것 역시 타당한지 의문이 들며 실제로 조사 '에'는 '进'을 대응시키는 것이 더 타당하다고 본다. 비슷한 문제는 설교·박덕유(2019)에서도 발견되었는데 이 연구에서는 조사 '에'의 '첨가'의 기능에 대응되는 중국어 표현으로 다른 연구와 달리 '连'을 제시하였다. 해당 예문을 보면 '아이들에 이르기까지 다 안다'에서 조사 '에'가 중국어 개사 '连'에 대응된다고 보았는데 실제로 '连'은 이 예문의 '까지'와 대응되는 것으로 보는 것이 더 타당할 수도 있다.

이처럼 일인의 연구자가 한국어 예문을 중국어로 번역하는 경우 번역 오류가 나타날 수 있으며, 정확하게 번역을 해도 조사에 대응되는 중국어

8 같은 연구에서 여러 비슷한 문제들이 발견되었다. 예를 들어, 이 연구에서 '옷이 마음에 안 들어요(这不合心意)'와 같은 예문을 제시하면서 이 예문에서 사용된 '에'는 중국어 '合'와 서로 대응된다고 하였는데 실제로 중국어 '合'의 의미는 한국어 동사 '들다'에서 유래한 것으로 판단된다. 또한 '고래는 포유동물에 속하다.(鲸鱼属于哺乳动物)'라는 예문을 통해 조사 '에'는 중국어 '属于'에 대응된다고 하였는데 그러나 중국어 '属于'의 의미는 과연 조사 '에'에서 기안한 것인지 아니면 형용사 '속하다'에서 기인한 것인지를 다시 생각할 필요가 있다.

요소를 잘못 지정하는 문제가 발생할 수 있다. 이러한 문제는 결국 연구마다 각기 다른 결과를 야기하며, 이는 객관성이 있고 대표성이 있는 결과로 보기가 어렵다. 따라서 연구에서 번역을 통해 대조 결과를 제시한다면 연구자 외의 다른 모어 화자와 함께 여러 차례 번역문의 정확성을 점검하는 것이 필요하다. 또 제시된 예문에서 한국어의 요소가 중국어의 어떤 요소에 대응되는지에 대해도 임의적으로 지정해서는 안 되며 중국어 대응 표현이 다른 요소에서 기인했는지의 가능성을 배제하지 않고 조심스럽게 판단을 내려야 한다.

세 번째 원인은 연구자가 해당 조사의 의미 기능을 정확히 인식하지 못한 것에서 찾을 수 있다. 조사 '에', '에서', '로'의 경우에는 하나의 조사가 다양한 의미기능을 가지므로 객관적인 대조 결과를 얻기 위한 그 선결 조건은 바로 조사의 각 의미기능을 정확히 이해하고 인식하는 것이다. 만약 연구자가 조사의 의미기능을 제대로 인식 못했다면 이에 따른 중국어 대조 결과의 타당도도 떨어질 수밖에 없다. 예를 들어, 대부분의 연구에서 조사 '에'의 '행위 장소'의 의미기능에 대해 중국어 개사 '在'와 대응된다고 제시하였다. 그러나 왕종연(2010)에서는 조사 '에'의 '장소'의 의미 기능에 대해 중국어의 대응 표현으로 다른 연구와 달리 '到'를 제시하였다. 자세히 보면 이 연구에서는 조사 '에'의 '장소'의 의미기능을 설명할 때 '나는 학교에 간다'와 같은 예문을 제시하면서 '에'에 대응되는 중국어 요소는 '到'라고 하였다. 또한 이 연구에서는 '조금 있으면 대련에 도착합니다'라는 예문을 제시하면서 이 예문에서 사용된 '에'는 '도달점'의 의미를 나타낸다고 하였다. 그런데 실은 앞에서 언급한 두 예문에서 사용된 '에'는 같은 '도달점'의 의미기능을 나타낸다. 하지만 이 연구에서는 이런 의미 기능을 정확히 인식하지 못하여 '도달점'의 의미기능을 '장소'로 분류했기 때문에 이에 대응되는 중국어 표현도 다른 연구와 다르게 제시한 것이다. 또한 '고래는 포유동물에 속한다'라는 예문은 안령군(2005), 왕붕(2008), 까오페이(2009), 왕종연(2010), 백설(2012)에서 공통적으로 제시되며 이때 '에'의 의미기능은 '범위'라고 보았다. 그러나 조건유(2013)에서도 동일한 예문을 제시하였는데,

여기에서는 예문 속 '에'가 '대상'의 의미기능을 나타낸다고 주장하였다. 이에 따라 다른 연구에서 '에'의 '대상'의 의미기능에 대응되는 중국어 표현으로 '对, 给, 于' 등을 제시한 것과 달리 '属于'라는 표현을 특별하게 제시하였다. 이같은 문제는 소후박(2015)에서도 발견되었는데 이 연구에서는 조사 '에'의 '처소'의 의미기능에 대응되는 중국어 표현을 제시할 때 '12시에 점심을 먹습니다', '가을에 여행을 가고 싶습니다'와 같은 예문을 제시하였다. 그러나 실제로 해당 예문에서 사용된 '에'는 '처소'보다는 '시간'의 의미기능으로 해석하는 것이 더 적절해 보인다.

대조 분석은 두 개 이상 언어의 공통점과 차이점을 분석하는 작업으로 연구자가 최소 두 개의 언어에 대한 지식을 충분히 갖추어야 하며 어느 한 언어에 대해 깊이 알지 못하면 객관적인 대조분석이 이루어지기가 어려울 것이다. 특히 한국어 조사에 대한 중국어 대조 분석을 할 때는 선결적으로 조사의 각 의미기능에 대한 정확한 이해가 필요하다. 이를 기반으로 타당성이 있는 중국어 대조를 덧붙이면 보다 객관적인 대조 결과를 얻을 수 있을 것이다. 앞서 언급한 연구들은 조사의 의미기능을 정확하게 이해하지 못했기에 제시된 대조 결과의 설득력이 부족하다. 또한 번역의 방법을 취한 연구에서 조사의 여러 의미 기능을 정확하게 파악했더라도 이에 대응되는 중국어 문장을 잘못 번역하면 역시나 타당한 대조 결과를 얻을 수 없다.

네 번째 원인은 연구마다 특정한 의미 기능에 대해 다르게 설정하기 때문이라 할 수 있다. 이와 관련하여 한국어 조사 '에'의 '대상'이라는 의미기능에 대한 중국어 대응 표현을 살펴보면 어떤 연구에서는 중국어 '被'처럼 하나의 대응표현만 제시하였고 어떤 연구에서는 '对 / 给 / 关于 / 对于 / 依据 / 被 / 因 / 由于 / 在 / 于 / 用 / 和 / 跟'과 같이 다양하게 제시하는 경우도 있었다. 이러한 대조 결과의 차이는 바로 연구마다 '대상'이라는 의미기능을 다르게 설정한 것에서 기인한 것이다. 예를 들어 송기악(2011)에서 조사 '에'의 '대상'의 의미기능에 대해 '행위자의 행동이 움직임을 미치는 일반적인 목표 대상' 하나의 기능으로만 보았기 때문에 이에 따른 대조표현도 '被' 하나만 있었다. 안령군(2005)에서는 '대상'의 의미기능을 '나는 생각에 잠겼다'와 같은 '심리적 대상'과 '그는 자기의 일에 열의가 대단하다'와 같은 '일반적 목표 대상'으로 나누어 보았고, 이에 대응되는 중국어 표현도 '在 / 对于' 두 개로 제시하였다. 이와 다르게 설교·박덕유(2019)에서는 '대상'의 의미기능을 세부적으로 '작용이 미치는 대상', '목표가 되는 대상', '행위나 감정의 대상', '어떤 움직임을 일으키게 하는 대상', '행위의 영향을 받는 대상'으로 분류하였으며 이에 대응되는 중국어 표현도 '무표지, 对 / 对于 / 于 / 被 / 叫 / 往 / 给 / 向 / 让 / 托 / 为 / 为...而'와 같이 다양하게 제시하였다.

다섯 번째 원인은 각 연구의 연구 방법 차이로 인한 것이라 추정할 수 있다. 앞에서도 언급하였듯이 한국어 조사에 대한 중국어 대조분석 연구는 문헌을 중심으로 이루어진 경우도 있으며 말뭉치를 기반으로 한 경우도 있다. 따라서 조사 '에', '에서', '로'의 중국어 대조 결과의 차이도 이러한 연구방법의 차이에서 기인한다고 할 수 있다. 조사에 대한 중국어 대조 결과를 전체적으로 보면 말뭉치를 기반으로 한 대조 연구는 문헌 중심으로 이루어진 대조 연구에 비해 조사의 각 의미기능에 대응되는 중국어 표현을 더 다양하게 제시하는 경향을 보인다. 예를 들면, 일반적으로 문헌 중심 연구에서 조사 '에'의 '장소'의 의미기능에 대한 중국어 대응표현은 '在' 하나로 많이 제시되었는데 말뭉치를 기반으로 한 이문화(2015), 장걸민(2018), 설교·박덕유(2019)에서는 보다 다양하게 제시된 것을 확인할 수 있었다. 이문화(2015)에서는 '장소'의 의미기능에 대응하는 요소로 '里 / 在 / 上 / 在...上 / 在...里 / 中 / 무표지'를 제시하였으며 장걸민(2018)에서는 '到 / 入 / 于 / 在 / 在...上 / 在...中 / 上 / 中 / 무표지'를 제시하였다. 비슷하게 설교·박덕유(2019)에서는 '在 / 在...上 / 在...处 / 在...里 / 往...中'를 제시한 바가 있었다. 이렇게 문헌 중심 대조 연구와 말뭉치 기반 연구의 대조 결과에 차이가 나타나는 이유는 말뭉치를 사용할 경우대규모의 실제 언어 자료를 분석함으로써 언어가 사용되는 실제 모습을 반영하여 다양성을 포함할 수 있기 때문이다. 대조 연구에서 말뭉치 분석의 중요성이 많이 강조되었음에도 불구하고 실제로 한국어 조사 '에', '에서', '로'에 대한 중국어 대조 연구에서 말뭉치를 기반으로 한 연구는 많이 이루어지지 못하였다. 그리고 그중에서 대규모 병렬말뭉치를 사용한 연구는 이문화(2015), 장걸민(2018)만을 찾을 수 있었다. 이들의 연구에서는 실제 언어 자료를 사용하여 보다 더 객관적인 대조 결과를 얻을 수 있었다. 먼저 이문화(2015)에서 분석한 '에', '에서'의 중국어 대응표현을 〈표 17〉을 통해 살펴보겠다.

〈표 17〉 이문화(2015)에서 제시된 대조 결과

'에' 의미		중국어 대응 표현	'-에서' 의미		중국어 대응 표현
①	장소, 자리	里(10%)	①	장소	里(2%)
		在(5%)			在(57%)
		上(3%)			上(4%)
		在...上(1%)			在...上(2%)
		在...里(1%)			在...里(4%)
		中(0%)			在...中(1%)
		무표지(79%)			在...下(1%)
					무표지(29%)
②	대상	给(1%)	②	출발점	从(64%)
		무표지(99%)			무표지(36%)
③	기준	在...来(4%)	③	비교의 기준	在...上(72%)
		在...里(3%)			在...看来(28%)
		무표지(93%)	④	주격 조사	무표지(100%)
④	나열	和(跟)(69%)	⑤	관용 표현	敢, 竟敢(100%)
		무표지(31%)			
⑤	상황	무표지(100%)			
⑥	원인	무표지(100%)			
⑦	강조	무표지(100%)			
⑧	자격	무표지(100%)			
⑨	시간	무표지(100%)			
⑩	단위	무표지(100%)			
⑪	도구, 수단	무표지(100%)			
⑫	첨가	무표지(100%)			
⑬	범위	무표지(100%)			
⑭	나열	和(跟)(100%)			

위의 표를 통해 알 수 있듯이 이문화(2015)에서 분석된 결과는 다른 연구와 몇 가지 차이점이 있다. 첫째, 문헌 중심 대조 연구에서는 '에'의 '장소, 자리'의 의미가 중국어 '在'에 대응된다고 하는 경우가 대부분인데 이문화(2015)에서 말뭉치 분석을 통해 얻은 결과에서는 이와 달리 79%가 '무표지'로 대응되었다. 또한 다른 연구에서 많이 제시했던 '在…上, 在…里'로 대응되는 경우도 있었으나 그 비율은 1%에 불과했다. 둘째, '에'가 '대상'을 나타낼 때 대부분 연구에서는 '给, 于, 到'로 대응된다고 하였으나 이문화(2015)에서는 1%의 경우만 '给'로 대응되며 대부분 경우에는 모두 '무표지'로 대응된다는 결과가 나왔다. 셋째, '에'의 '상황', '원인', '강조', '자격', '시간', '단위', '도구, 수단', '첨가', '범위'의 의미기능들의 경우 다른 문헌 중심 대조 연구에서는 종종 대응되는 중국어 요소를 제시하였으나 이문화(2015)에서는 이러한 의미기능들은 중국어와 대응하였을 때 모두 '무표지'로 나타난다고 하였다.

한편, 이문화(2015)에서는 '에서'가 '장소'의 의미를 나타낼 때 57%의 경우 '在'로 대응되며, 29%의 경우 '무표지'로 나타났다. 이와 관련하여 염준(2007)에서는 중한 병렬말뭉치를 사용하여 중국어 '在'에 대응되는 한국어 표현을 분석하였는데 그 결과가 비슷하게 나타났다. 이는 아래 〈표 18〉에서 자세히 살펴볼 수 있다.

〈표 18〉 염준(2007), '在' 대응어의 분포

유형	출현 횟수	비율
'에서'류	81	54.3%
'영 대응'류	41	27.5%
'에'류	14	9.44%
'대'류	4	2.7%
'에게'류	6	4.0%
'를'류	2	1.3%
'로'류	1	0.7%
합계	149	100%

또한 ‘에서’가 ‘출발점’의 의미일 때 다른 연구에서는 다양한 대응 양상을 보였는데 이문화(2015)에서는 64%의 경우 ‘에서’는 ‘从’으로 대응되며, 36%의 경우 ‘무표지’로 대응된다고 하였다. 이와 비슷하게 장걸민(2018)에서도 말뭉치를 사용해 ‘에’와 ‘에서’에 대한 중국어 대조 분석을 진행하였다. 그렇다면 과연 두 연구의 연구 결과가 같은지 의문이 제기될 수 있는데 아래의 〈표 19〉를 같이 살펴보겠다.

〈표 19〉 장걸민(2018), ‘에’와 ‘에서’ 의미역별로 대응하는 중국어 표현

에	대응표현	표현 수	에서	대응표현	표현 수
장소나 위치	到, 入, 于, 在	9	장소	从, 于, 在	9
	在…上, 在…中			在…中, 在…下	
	上, 中			中, 内, 上	
	무표지			무표지	
방향이나 목적지	到, 向	3	출발점	从, 由, 自	6
	무표지			从…开始	
				中	
				무표지	
시간	于, 在	4	출처	于, 在	6
	在…内			于…中,在…中	
	무표지			中	
				무표지	
원인	因为,由于	3	근거	从, 基于, 鉴于	6
	무표지			从…出发	
				上	
				무표지	
대상	到, 对, 对于, 给, 入, 为, 向, 于, 在	14	비교 기준	距离	1
	在…上, 在…中				
	针对				
	中				
	무표지				
비교 기준	于	2	배경	在	7
	무표지			从…中, 于…中, 在…下	

				上, 中	
				무표지	
자격, 신분	为	2	주격 조사	무표지	1
	무표지				
기준이나 단위	무표지	1			
더해짐	在…里	5			
	上				
	又				
	加上				
	무표지				
나열	무표지	1			
수단, 방법	在…内	1			
조건, 환경, 상태	在	3			
	在…中				
	中				
범위	무표지	1			
강조	무표지	1			
관용표현	무표지	1			

위의 〈표 19〉를 통해 알 수 있듯이 공통적으로 말뭉치를 사용해서 대조 분석을 하였음에도 장걸민(2018)에서는 이문화(2015)보다 더 다양한 대조 양상을 제시하였다. 그 이유는 두 연구에서 사용된 말뭉치의 장르가 본질적으로 다르기 때문일 것이다. 다시 말해 이문화(2015)에서는 드라마 말뭉치를 사용하므로 구어에서의 실제 사용양상을 반영한 반면에 장걸민(2018)에서는 신문기사 병렬말뭉치를 분석 자료로 삼아 문어에서의 사용양상을 반영했다고 할 수 있다. 이는 대조 결과를 통해도 확인할 수 있는데 장걸민(2018)은 조사 '에서'의 '근거'의 의미기능에 대해 '基于 / 鉴于'와 같은 중국어 표현을 제시하였는데 이는 문어에서 더 많이 사용되는 표현들이다. 그러나 장걸민(2018)에서는 의미기능에 따른 대응표현의 구체적인 사용 비율이 제시되지 않아 어떤 중국어 표현이 더 대표성이 있는지를 확인할 수 없다는 아쉬움이 있다. 이 두 연구는 분석된 연구 자료에 차이가 있으므로 어느 연구의 대조 결과가 더 타당하며 객관적이라고 판단하기가 어렵다.

앞서 한국어 조사에 대한 중국어 대조 연구의 결과를 살펴보았는데 향후에 한국어 조사에 대한 중국어 대조 연구에서는 실증적인 말뭉치 자료를 분석하는 연구가 더 많이 이루어질 필요가 있다. 특히 대규모 균형 병렬말뭉치를 분석하는 연구는 더욱 그렇다. 이러한 말뭉치 분석을 통해 현재까지 축적된 대조 결과에 대한 검증도 가능할 것이다. 이렇게 해야만 수많은 대조 결과 중에서 타당한 대조 결과가 선별될 수 있으며 이를 토대로 많은 연구에서 바라는 바처럼 사전, 교재 편찬이나 실제 교수 현장에 활용될 수 있을 것이다.

4) 학습자 오류 분석의 쟁점

다음으로는 한국어 조사 '에', '에서', '로'를 대상으로 중국어와 대조 분석을 진행하고, 이를 바탕으로 학습자들의 오류를 분석한 연구들에 대해 살펴보도록 하겠다. 이에 해당하는 연구로는 왕경남(2015), ZHAO, MINGKUN(2017), 쿵후이(2017), 유민(2018), 김지영(2018), 장걸민(2018), 김상옥(2019)이 있다. 이들의 연구에서 학습자가 각 조사를 사용할 때 범하는 오류에 대해 연구자가 그 원인을 어떻게 설명하였는지를 살펴보고 또한 이러한 설명들에 드러나는 쟁점이 무엇인지를 확인하고자 한다. 조사 사용 오류에 대한 분석 내용은 아래 〈표 20〉과 같다.

〈표 20〉 조사 사용 오류에 대한 분석

연구	모국어로 인한 오류	목표어로 인한 오류
왕경남(2015)	처소: '에'와 '에서' 대치	'자격, 원인, 도구 수단, 조건' 등의 의미 기능을 나타내는 '에'의 사용
	비교 기준: '에'와 '에서' 대치	출발점: '에서'와 '에' 대치
쿵후이(2017)	장소: '에'와 '에서' 대치	대상: '에'와 '에게' 대치
	방향: 생략 오류	수단, 방법: '에'와 '에서' 대치
	조건이나 환경: 생략	비교의 대상: '에'와 '에게' 대치
	제한된 범위: '에'와 '에서'의 대치	자격, 노릇: '에'와 '에게' 대치

	단위: 생략	
ZHAO MINGKUN(2017)	장소: '에'와 '에서'의 대치	방향: '에'와 '로' 대치
		대상: '에'와 '에게' 대치
유민(2018)	존재지: 조사 '에'와 '의'의 대치	장소: '에'와 '에서' 대치
	대상: 조사 '에'와 '을/를'의 대치	지향점: '로'와 다른 조사 대치
	경로: 조사 '로'와 '에서'의 대치	변화, 방식: '로'와 '이/가' 대치
	상태, 시간, 대상, 단위: '에' 생략	수단, 도구: '로'와 '을/를' 대치
장걸민(2018)	장소: '에'와 '에서' 대치	배경: '에'와 '에서' 대치
	수단, 방법: '에'와 '에서' 대치	장소: '에'와 '에서' 대치
	배경: '에'와 '에서' 대치	출발점, 목적지: '에'와 '에서' 대치
김상옥(2019)	기준: '에'와 '로'의 대치	장소: '에'와 '에서' 대치
김지영(2018)	단위, 시간: '에' 생략	대상: '에'와 '에게' 대치
	장소: '에'와 '에서' 대치	시간: '에' 첨가 오류
	강조: '로' 생략	장소: '에서'와 '로' 대치

위의 〈표 20〉을 통해 확인할 수 있듯이 각 연구에서 의미기능에 따라 조사 오류 양상이 다양하게 분석되었으나 기본적으로 학습자가 오류를 범하는 원인에 대해서는 모국어로 인한 오류와 목표어로 인한 오류로 두 가지 측면에서 해석되었다. 이러한 연구들에서 오류에 대한 해석을 살펴보면 아래와 같이 쟁점을 정리할 수 있다.

첫째, 중국인 한국어 학습자는 '처소, 장소'의 의미기능을 나타내는 조사 '에'와 '에서'를 사용할 때 오류를 많이 범하는데 그 원인을 모국어로 인한 것이라고 밝힌 연구가 있는 반면에, 목표어로 인한 것이라고 밝힌 연구도 있었다. 이와 관련하여 왕경남(2015), 쿵후이(2017), ZHAO, MINGKUN(2017), 김지영(2018) 등의 연구는 학습자가 '처소, 장소'의 의미를 나타내는 조사 '에'와 '에서'의 대치 오류를 범하는 원인을 모국어의 간섭 때문이라고 보았다. 즉, 조사 '에'와 '에서'가 '장소'의 의미로 실현이 될 때 모두 중국어 개사 '在'로 대응되기 때문에 어떤 상황에 '에'를 사용해야 하는지 어떤 상황에 '에서'를 사용해야 하는지에 대해 학습자가 헷갈리게 되므로 이에 따른 대치 오류를 범하게 된 것이다. 이러한 입장과 반대로 유민(2018), 김상옥(2019)에서는 학습자가 '처소, 장소'를 나타내는 조사 '에'와 '에서'를 사용할 때 범하는 대치 오류는 목표어의 영향으로 인한 것이라고 보았다. 유민(2018)에서는 '장소'로 사용된 '에'와 '에서'의 대치 오류는 학습자가 '에'와 '에서' 간의 통사적인 차이에 대한 인식이 부족하기 때문에 생긴 오류라고 판단하였다. 예를 들어 '여기에서 앉으세요'와 같은 경우 학습자가 '에'와 순간적인 동사를 결합해야 하는 것을 모르기 때문에 범한 오류로 보았다. 이와 비슷하게 김상옥(2019)에서도 조사 '에'와 '에서'가 가진 '장소'의 의미는 유사하면서도 차이점이 있으므로 학습자가 이에 대한 인식이 부족하기 때문에 오류를 범하게 된다고 하였다.

앞의 논의들과 달리 '에'와 '에서'의 대치 오류를 분석함에 있어 더 절충적인 관점도 있는데 장걸민(2018)에서는 '장소'의 의미기능으로 쓰일 때 '에'와 '에서'의 대치 오류에 대해 모국어의 측면과 목표어의 측면에서 모두 설명하였다. 먼저 모국어의 영향으로 해석하면 '나는 학교에 있다(我在学校)', '나는 학교에서 공부한다(我在校学习)'와 같은 문장에서 '에'와 '에서'는 모두 중국어 '在'로 표현할 수 있다. 즉 중국어에서는 '在' 하나의 표현이지만 한국어에는 '에'와 '에서' 두 가지로 나누어져 있다. 다시 말해 중국어에서는 하나의 표현으로 위의 두 문장을 모두 표현할 수 있기 때문에 학습자가 '에'와 '에서'의 차이를 모른다면 중국어 표현을 근거로 조사 '에'와 '에서'를 선택할 때 쉽게 혼동할 수 있는 것이다. 또한 장걸민(2018)은 학습자가 이러한 대치 오류를 범하는 원인이 목표어의 영향일 수도 있다고 보았다. '에'와 '에서'가 '장소'의 의미기능을 나타낼 때 후행 서술어나 선행 체언과의 결합이 명확하게 구분되기가 어려운 경우가 많다. 따라서 두 조사가 유사한 의미기능을 가지고 있음에도 불구하고 용법상의 차이가 존재하므로 학습자가 이를 변별하지 못하면 쉽게 오류를 범한다고 하였다.

둘째, 학습자가 '도구, 수단'의 의미로 쓰인 '에'를 사용할 때 범하는 오류의 원인은 연구에 따라 다르게 해석되었다. 왕경남(2015)에서는 조사 '에'가 '고기는 강한 불에 익혀야 한다'와 같은 문장에서 '도구, 수단'의 의미로 쓰일 때 학습자의 정답 비율이 상당히 낮았다고 하였다. 그 이유는 학습자들이 조사 '에'의 '도구, 수단'의 의미기능을 아직 습득하지 못했기 때문인 것으로 추정하였다. 또한 학습자가 조사 '에서'를 대치하여 사용한 이유는 '익히다'가 동사이므로 어떤 행위나 동작이 일어나는 장소의 의미를 가진 '에서'를 사용해야 한다고 잘못 인식하여 오류를 범한다고 하였다. 이와 비슷한 견해로 쿵후이(2017)도 있는데 이 연구에서는 '우리는 햇볕에 옷을 말렸다', '등잔불에 글을 읽었다'와 같은 문장에서 보이는 대치 오류는 학습자가 '에'의 '수단, 도구'의 의미기능에 대한 인식이 부족하여 범한 것이라고 지적하였다. 한편, 동일한 오류 양상을 보임에도 불구하고 장걸민(2018)에서 오류 원인을 달리 해석하였다. 장걸민(2018)에서는 학습자가 '전자레인지에서(✓에) 국을 데워 먹었어요'와 같은 문항에서 매우 높은 오류율을 보인다고 하였다. 해당 문장은 '在微波炉里热了一下粥'라고 번역할 수 있다. 그러나 '在...里'는 중국어에서 '장소'의 의미를 나타내기 때문에 학습자가 이 문장에서 '어디에서 무엇을 한다'라는 의미를 가진 조사를 사용해야 한다고 잘못 인식하여 '에' 대신에 '에서'를 사용하는 오류는 범한다고 설명하였다.[9]

셋째, 학습자가 조사를 생략하는 오류의 원인에 대해 중국어에 대응되는 요소가 없기 때문이라고 해석되는 경향이 있으며, 어떤 연구에서는 이와 상반된 견해도 존재한다. 예를 들어 유민(2018)에서는 학습자가 '존재', '방향', '시간', '단위'의 의미로 쓰인 조사 '에'를 생략하는 오류가 발견되었는데 그 원인은 이들의 의미에 대응되는 중국어 전치사가 없기 때문이라고 해석하였다. 비슷하게 김지영(2018)에서는 학습자가 '단위'와 '시간'을 나타내는 '에'를 생략하는 오류를 범한 것을 지적하였는데 이를 '시간'과 '단위'의 의미를 나타내는 '에'에 대응되는 중국어 요소가 없는 것으로 설

9 그러나 이러한 설명이 과연 객관적인지에 대해 다시 고민해 볼 필요가 있다. 그 이유는 이 연구의 예문인 '전자레인지에서(✓에) 국을 데워 먹었어요'가 반드시 '在微波炉里热了一下粥'로 번역되어야 하는 것은 아니며, 또한 이렇게 번역하면 다소 어색한 느낌도 있기 때문이다. 이 문장의 경우는 '用微波炉加热'로 번역하면 더 자연스러운데 그렇다면 학습자의 오류가 중국어 번역에서 기인한다는 판단은 성립하기가 어렵다.

명하였다. 한편 쿵후이(2017)에서도 학습자가 '단위', '방향', '조건'의 의미로 쓰인 조사 '에'를 생략하는 오류에 대해 중국어에 대응되는 요소가 없기 때문이라고 설명하였다.[10] 그러나 같은 '방향'의 의미기능에 대해 ZHAO, MINGKUN(2017)에서는 중국인 학습자들은 방향성 동사가 나타나면 '에'를 사용해야 한다고 착각하여 '대전에 떠나다', '왼쪽에 돌아가세요'와 같은 오류를 범하게 된다고 지적하였다. 이는 앞의 쿵후이(2017)와 유민(2018)에서 '방향'의 의미로 쓰인 조사 '에'의 생략 오류에 대한 해석과 상치된다.

넷째, 선행연구에서 학습자 오류 원인을 분석할 때의 또 하나의 문제점은 바로 모든 사용양상을 모국어의 영향으로 해석하는 경향이 보인다는 것이다. 학습자 오류의 원인을 해석할 때 목표어로 인한 오류를 모국어의 간섭으로 잘못 해석한 경우가 있었으며, 모국어의 긍정적 전이로 보이는 것이 오류의 원인으로 해석된 경우도 있었다. 이와 관련하여 구체적인 예를 보도록 하겠다. 유민(2018)에서는 조사 '에'와 다른 조사의 대치 오류를 살펴보았다. 이 연구에서 '弟弟吃了在冰箱里的水果'와 같은 중국어 문장을 학습자에게 한국어로 번역하게 하였는데, 학습자는 '동생은 냉장고<u>의</u> 케이크를 먹었다'처럼 관형격 조사 '의'를 잘못 사용하는 오류를 범했다고 하였다. 그 이유에 대해서는 한국어 '~에 있는'과 같은 표현이 중국어 '(在)...的'로 대응되면 전치사 '在'가 생략될 수 있으므로 학습자가 중국어 '的'를 관형격 조사 '의'로 번역했다고 설명하였다. 그러나 이런 해석의 타당성에 대해 다시 생각할 필요가 있다. 이 연구에서는 학습자가 제시된 중국어 문장을 보고 한국어로 번역하게 하는 것이므로 중국어 '在'를 생략한다는 것은 납득이 안 된다. 또한 장걸민(2018)에서 '내 친구는 나같이 무직으로 지내는 처지에서(✓에) 일간지를 네 개나 봤다', '딱딱한 분위기에(✓에서) 회의는 계속됐다.'에 대하여 학습자가 '배경'을 나타내는 '에'와 '에서'

10 쿵후이(2017)에서는 '무사히 뉴욕에 도착한다'와 같이 조사 '에'가 '방향'을 나타내는 경우, 중국어에는 대응되는 표지가 없기 때문에 생략 오류를 보였다고 하였다. 또한 '조건이나 환경'의 의미기능에 대응되는 요소도 없으므로 학습자가 '이 무더위에 어떻게 지냈니?'와 같은 문장을 번역할 때 조사 '에'를 생략하는 오류를 범한다고 하였다.

의 차이를 파악하지 못할 때 모국어로 번역해 답을 찾는 노력을 한다고 하였다. 그러나 '에'와 '에서'는 모두 '在...中'에 대응되므로 더더욱 혼란스러워 오류를 범한 것으로 추정된다고 하였다. 이러한 해석을 다시 검토하면 학습자가 기본적으로 두 조사 의미기능의 차이조차도 모른다면 과연 두 조사에 대응되는 중국어 번역을 정확히 할 수 있는지, 또 반드시 '在...中'로 번역하는지 의문도 생기게 되어 이런 해석은 합리적이라고 하기가 어렵다. 학습자가 '에'와 '에서', '배경'의 의미를 구분하지 못하여 범하는 오류라면 목표어로 인한 오류로 보는 것이 더 타당할지도 모른다. 김상옥(2019)은 학습자의 오류 원인에 대해 여러 측면으로 해석했다는 점에서 의미가 있으나 '모국어 전이에 의한 영향'으로 보는 몇 가지 오류 양상은 앞의 대조 결과와 관련이 없으며, 모국어의 전이로 보기가 어려웠다. 예를 들어 '천원*으로(√에) 두 개예요.' 같은 오류는 이 연구에서 학습자 모국어의 전이로 보았는데 실제로 인터뷰에서 학습자는 '로'를 사용한 이유가 단지 '에'의 '기준'을 나타내는 의미기능을 모르기 때문이라 밝혔다. 따라서 이러한 오류 양상은 학습자의 모국어 전이의 결과로 보기가 어렵다. 또한 '국*이(√에) 밥을 말아 먹다'와 같은 오류는 학습자가 중국어 문장성분의 영향을 받아 범한 것이라고 하였다. 즉, 학습자들은 '국'을 주어로 여기고 '에'의 '기준'의 의미를 나타내는 자리에 주격 조사 '이'를 잘못 사용한 것이다.[11] 그러나 이런 해석을 자세히 살펴보면 학습자가 '국'을 주어로 생각하는 것이 중국어의 영향을 받아 오류를 범한다는 증거로서 명확하지 않으며 학습자가 '에'의 해당 의미기능을 모르기 때문에 이런 오류를 범하게 된 것도 배제할 수는 없다.

한편 모국어의 긍정적 전이가 오류의 원인으로 해석된 예는 김지영(2018)에서 볼 수 있다. 여기에서는 중국인 한국어 학습자가 조사 '에서'의 사용에 있어 생략 오류는 전급에서 1~2회로 매우 적게 나타났고 하였다. 그 이유

11 이 연구에서 '국에 밥을 말아 먹다'에서 '에'가 '기준'의 의미를 나타낸다고 하였는데 실제로 여기에 사용된 '에'는 '더해짐' 혹은 '첨가'의 의미로 해석하는 것이 더 타당해 보인다.

로는 '에서'가 중국어의 '在'와 일대일 대응이 되므로 중국어에서 '在'를 붙여서 사용해야 하는 것처럼 '에서'를 생략할 수 없다고 인식하여 이러한 오류를 덜 범한다고 해석하였다. 이 해석에 따르면 중국인 학습자가 모국어의 영향으로 한국어의 요소를 더 잘 사용할 수 있으므로 긍정적 전이로 볼 수 있다. 따라서 이 연구에서 이를 근거로 학습자의 오류를 설명하는 것은 타당하지 않다고 할 수 있다. 비슷한 문제는 왕경남(2015)에서도 발견되었는데 이 연구에서는 학습자가 '시간'의 의미를 나타내는 '에'를 사용할 때 오류가 적게 나타난 것에 대해 '에'는 중국어 개사 '在'와 대응되기 때문에 학습자에게 어려운 문제가 아니라고 하였다.

앞의 논의를 다시 정리하자면 기존의 연구에서는 같은 조사 오류일지라도 연구자에 따라 그 원인을 다르게 해석하여 모국어의 간섭인지 목표어의 영향인지에 대한 의견이 분분하다. 이에 대해 어느 한쪽이 더 타당하다고 결론을 내리는 것보다는 향후에 더 객관적인 방법을 통해 오류 원인에 대한 해석을 검증하는 것이 더 중요하다고 할 수 있다. 예를 들어 학습자를 대상으로 인터뷰하거나 혹은 다시 중국어로 번역하게 함으로써 언어 간의 차이가 학습자의 한국어 사용에 작용했는지를 확인할 수 있다. 그리고 학습자 조사 생략 오류의 원인에 대해 중국어에 대응되는 요소가 없기 때문이라고 설명하고자 한다면, 해당 조사 의미기능에 대응되는 요소가 존재하는 언어권의 학습자도 이러한 생략 오류를 범하는지 살펴봐야 더 객관성이 있는 판단을 내릴 수 있을 것이다. 또한 일부 연구에서는 학습자의 모든 오류 양상을 모국어 영향의 관점에서 설명하려는 경향이 보였다. 그러나 학습자의 모국어와 목표어의 차이만으로 학습자가 범하는 오류가 설명되기는 어렵다. 학습자가 언어 습득의 과정에서 범하는 오류에는 다양한 요인이 있다. 무엇보다 연구자가 학습자의 오류를 설명할 때 모국어의 역할에 대해 재고해 볼 필요가 있으며, 어떤 오류는 모국어의 영향으로 설명할 수 있는지 또 어떤 오류는 모국어의 영향으로 설명할 수 없는지를 명확히 해야 할 것이다.

4. 나가는 말

한국어 조사는 종류가 아주 다양하며 각 조사의 의미기능도 매우 복잡하므로 중국인 학습자가 조사를 학습함에 있어 항상 어려움을 겪는다. 학습자의 이러한 어려움을 해소하기 위해 그간 한국어 조사에 대한 중국어 대조분석이 많이 이루어져 왔다. 본고의 목적은 현재까지 축적된 한국어 조사에 대한 중국어 대조 연구에 어떠한 쟁점과 문제점이 있는지를 파악하는 것이다. 이를 위해 본고에서는 연구가 많이 축적된 부사격 조사 '에', '에서', '로'에 대한 중국어 대조 연구를 대상으로 이들의 연구대상, 연구방법, 연구결과 그리고 학습자 오류 원인에 대한 해석을 비판적으로 분석하였다. 그 결과는 다음과 같이 정리될 수 있다.

첫째, 기존 연구에서 대조하고자 하는 대상을 설정함에 있어 몇 자기 문제점이 있었다. 즉 일부 연구에서 한국어 조사와 중국어의 개사를 일대일로 대응시키는 것이 다소 타당하지 않은 부분이 있었다. 이는 대조의 등가성 문제 관련되는데 중국어 개사의 개념을 자세히 살펴보면 사실상 한국어 부사격 조사와 등가로 보는 것이 더 합리적이다. 또한 '에', '에서', '로'에 대한 대조 연구에서 연구자가 특정한 중국어 개사에 한정하여 대조하는 것은 한국어 조사에 대한 중국어 대응 양상을 입체적으로 살펴볼 수 없다는 한계점이 있었다.

둘째, 기존 연구의 연구방법을 보면 문헌 중심 대조에 치우치고 있으며 말뭉치를 사용한 연구가 그리 많지 않았다. 대부분 연구에서 연구자 개인이 번역하는 방법을 취하였는데 이러한 방법을 통해 얻은 대조 결과는 임의성을 배제할 수 없고 연구자에 따라 다르게 제시된다는 우려가 있다. 이 외에는 병렬말뭉치를 분석한 연구도 있었으나 해당 연구에서 문어나 구어 중 하나의 장르만을 분석하기에 조사의 대응 양상을 입체적으로 살펴볼 수 없다는 한계가 있었다.

셋째, 기존 연구에서 같은 조사임에도 불구하고 연구마다 제시된 중국어 대응표현이 모두 상이하였다는 것을 확인할 수 있었다. 물론 구체적인 조사의 의미기능에 대응되는 중국어 표현에 일정한 경향이 보이기도 하였으나 아직은 이들의 연구에서 합의된 대조 결과가 없었다. 이는 각 연구에서 연구자가 해당 조사의 의미기능을 정확히 인식하지 못했으며, 대응 양상을 분석할 때 연구자 개인이 주관적으로 번역한 것과 관련이 있다. 한편 말뭉치 자료를 사용해 객관적인 분석이 이루어진다 해도 대조 결과가 사용된 말뭉치의 특성에 따라 다를 수도 있다는 것이 확인되었다.

넷째, 기존 연구에서 오류 원인에 대한 해석을 보면 같은 조사의 오류일지라도 연구자에 따라 모국어 전이로 보는 견해도 있고 목표어의 영향으로 보는 견해가 있어 의견이 분분하였다. 또한 일부 연구에서는 학습자의 모든 오류 양상을 모국어의 전이로 해석하는 경향이 보였다.

앞에서 언급한 기존 연구의 쟁점과 문제점을 토대로 향후에 한국어 조사에 대한 중국어 대조 연구가 나가야 할 방향에 있어 몇 가지 시사점을 얻을 수 있었다. 첫째, 무엇보다 대조분석을 할 때 우선적으로 대조의 등가성 문제를 고려하여야 하며 한국어 조사에 대해 중국어와 대조할 때 하나의 중국어 요소에 한정하여 대조하는 것보다 실제적인 언어 자료를 바탕으로 해당 조사에 대응되는 모든 중국어 요소를 살펴보는 것이 더 의미가 있다. 둘째, 대조 연구에서 말뭉치 분석의 중요성을 감안하여 가능한 한 대규모 균형적인 병렬말뭉치를 사용한다면 보다 더 객관적이고 대표성이 있는 대조 결과를 얻을 수 있을 것이며, 이미 축적된 대조 결과에 대한 검증이 가능할 것이다. 셋째, 한국어 조사에 대해 대조 분석할 때는 조사에 대한 연구자의 정확한 인식이 선결되어야 한다. 만약 번역을 통해 대조 결과를 제시한다면 번역문의 정확성을 점검하여야 하며, 제시된 중국어 대응요소가 해당 조사가 아닌 다른 한국어 요소에서 기인하는 것인지도 항상 주의해야 한다. 넷째, 연구마다 학습자의 오류를 설명할 때 초점을 어디에 맞추는지에 따라 해석이 다를 수 있으나, 모국어의 전이든 목표어의 영향이든 이에 따른 근거가 뒷받침될 필요가 있다. 한편 대조 분석을 통해 얻은 결과는 학습자의 오류를 모두 설명하기가 어려우며, 학습자가 범하는 오류를 설명할 때는 다른 오류를 일으키는 요인도 있는지 동시에 고려해야 할 필요가 있다.

본고는 일부 조사의 중국어 대조 연구만 분석하였기에 한국어 조사에 대한 중국어 대조 연구의 모든 쟁점과 문제점을 포괄하기는 어려울 것이나 본고에서 연구대상, 연구방법, 대조 결과 등 여러 측면에서 분석해 얻은 결과가 향후 한국어 조사에 대한 중국어 대조 연구에 조금이나마 도움이 되었으면 한다.

참고문헌

구본관·박재연·이선웅·이진호(2020), 『한국어학 개론』, 집문당.

김지우(2009), 「중국인 한국어 학습자의 조사 생략 오류 분석과 교육 방안 연구」, 고려대학교 석사학위논문.

신자영(2010), 「병렬 코퍼스 및 학습자 코퍼스를 이용한 중간언어 연구법」, 『언어사실과 관점』 25, 연세대학교 언어정보연구원.

유현경·황은하(2010), 「병렬말뭉치 구축과 응용」, 『언어사실과 관점』 25, 연세대학교 언어정보연구원.

최병덕(2005), 『현대중국어어법』, 学古房.

허용·김선정(2013), 『대조언어학』, 소통.

孙德金(2002), 『汉语语法教程语言和识类』, 北京语言文化大学出版社.

黄伯荣·廖序东(2017), 『现代汉语』, 高等教育出版社.

분석 대상 논문

김상옥(2019), 「한국어 부사격조사 '에', '에서'의 교수 방안 연구: 중국인 학습자를 중심으로」, 남서울대학교 석사학위논문.

김이영(2016), 「중국인 한국어 학습자의 조사 사용 오류 분석 및 교육방안 연구」, 인하대학교 석사학위논문.

김지영(2018), 「한·중 대조분석을 통한 한국어 부사격조사 교수방안 연구: '에', '에서', '에게', '(으)로', '와/과'를 중심으로」, 서울여자대학교 박사학위논문.

까오페이(2009), 「한국어 조사와 중국어 개사의 대조 연구 '-로, -에, -에서, -에게'를 중심으로」, 청주대학교 석사학위논문.

대문(2011), 「한국어 부사격 조사 '-에', '-로'에 대응하는 중국어 표현 연구」, 한양대학교 석사학위논문.

류한(2020), 「한국어 격조사 '에'와 '에서'의 중국어 대응 양상 연구: 처소 의미를 중심으로」, 서울시립대학교 석사학위논문.

백설(2012), 「한국어 조사 {에/에서/(으)로}와 중국어 개사의 대조 연구」, 상명대학교 석사학위논문.

번웨이샤(2013), 「한국어 조사 {로}와 관련되는 중국어 개사 대조 연구」, 한국언어문화학 10(2), 「국제한국언어문화학회.

상산(2012), 「한국어 부사격 조사와 중국어 개사의 대조 연구」, 세명대학교 석사학위논문.

설교·박덕유(2019), 「한국어 부사격 조사 '에'와 '로/으로'의 중국어 대응 양상 연구」, 『韩民族语文学』 85, 한민족어문학회.

소후박(2015), 「한국어 조사와 중국어 개사의 대조 연구: '에, 에서, 에게, 로'를 중심으로」, 수원대학교 석사학위논문.

손방원(2021), 「출발점을 나타내는 한국어 조사와 중국어 개사의 대응 관계 연구」, 연세대학교 석사학위논문.

손함(2014), 「중국인 한국어 학습자를 위한 한국어 부사격 조사와 중국어 개사의 대조 연구 '-에', '-에서'를 중심으로」, 경희대학교 석사학위논문.

송기악(2011), 「한국어 조사 '-에'와 중국어 개사의 대응관계 연구: 황석영의 〈삼포 가는 길〉·〈이웃 사람〉 원본과 중역본을 활용하여」, 중앙대학교 석사학위논문.

슬지에(2009), 「한국어 부사격 조사와 중국어 개사의 대조 연구」, 경북대학교 석사학위논문.

안령군(2005), 「한국어 조사 '에'의 의미와 용법 연구: 중국인을 위한 한국어교육적 관점에서」, 연세대학교 석사학위논문.

양기(2019), 「한국어 조사와 중국어 개사의 유형론적 대조 연구」, 전남대학교 석사학위논문.

여나(2005), 「문법화로 본한국어 조사와 중국어 개사의 대조 연구」, 한남대학교 석사학위논문.

염준(2007), 「전치사 '在'와 조사 '에, 에서'의 대응연구: 처소 의미를 중심으로」, 연세대학교 석사학위논문.

왕경남(2015), 「한국어 부사격 조사 '에', '에서'와 중국어 개사의 대조 및 교수법 연구」, 우석대학교 석사학위논문.

왕붕(2008), 「한국어 助词와 중국어 介词의 대응관계 연구: '~에, ~에서, ~에게'를 중심으로」, 부산대학교 석사학위논문.
유민(2017), 「중국어권 학습자의 부사격조사의 사용오류와 교육방안 '에/로'를 중심으로」, 서울여자대학교 석사학위논문.
이문화(2015), 「한국어 부사격 조사 '-에'와 '-에서'의 중국어 대응 연구」, 『국제어문』 65, 국제어문학회.
장걸민(2018), 「한국어 조사 '에'와 '에서'의 대치 오류 연구: 중국인 한국어 학습자를 대상으로」, 연세대학교 석사학위논문.
조건유(2013), 「한국어 조사 '-에'와 중국어 대응표현 연구」, 건국대학교 석사학위논문.
쿵후이(2017), 「중국인 학습자를 위한 부사격 조사 '에'의 학습에 대한 연구」, 전남대학교 석사학위논문.
황정숙(2008), 「한국어 부사격조사 '에, 에, 에게, 로'에 대응하는 중국어 표현 연구」, 충남대학교 석사학위논문,
허김정(2020), 「중국어 개사와 한국어 조사의 대조 연구: 『아큐정전』의 한국어 번역본을 중심으로」, 단국대학교 석사학위논문.
CHEN ZHOUJUN(2021), 「한국어 부사격조사 에, 에서, 에게'와 중국어 개사 '在, 给' 종류의 대조 연구」, 이화여자대학교 석사학위논문.
ZHAO MINGKUN(2017), 「중국인 학습자를 위한 부사격 조사 교육 방안 연구 '에', '에서', '에게', '(으)로'를 중심으로」, 충북대학교 박사학위논문.

Ⅲ.
한·중 어미 대조 연구 분석
: 원인, 이유 범주를 중심으로

남선희(NAN SHANJI)

1. 들어가는 말

한국어는 어미[1]가 매우 발달한 언어이다. 어미는 한국어의 문법 범주를 실현하는 주요 요소로서 한국어의 교착어적 특성을 잘 반영하는 요소이다.[2] 어미는 통사론적으로 보면 구나 절 등에 연결되어 문장을 형성하지만 형태론적으로 보면 용언 어간에 결합하는 것으로 볼 수 있다. 어미의 통사론적 특성은 높임법, 시제, 양태, 문장의 유형, 문장의 확대 등 다양한 문법 범주를 실현한다. 이렇게 한국어는 교착어로서 풍부한 어미를 가지고 있는 반면 고립어로서의 중국어는 어미가 발달되어 있지 않다. 이에 따라 중국인 한국어 학습자들에게 있어 어미는 어려운 부분이다.

---

1 한국어 이유·원인 표현의 중국어 대응 양상을 살펴볼 때 대조가 되는 대상이 '-아서', '-니까'와 같은 순수한 연결어미도 있지만, '-는 바람에', '-는 통에'와 같은 복합형 구성도 있다. 한국어교육에서 이러한 구성들을 흔히 '표현 문형'이라 하는데 사실 이러한 복합형 구성은 한국어 문법을 교육할 때 분리하여 교수되는 것이 아니라 하나의 덩어리로 교수되는 것이 일반적이다. 또한 이러한 구성은 어미로 보기가 어려우나 실제로 연결어미 혹은 종결어미와 대등한 기능을 하므로 한·중 문법 대조 연구를 분류하는 데 있어 '어미' 범주에 넣어 살펴보려고 한다.

2 『한국어 문법 총론 I』: 제3장 통사론, 집문장(2015:200).

그래서 어미에 대한 연구는 이미 많은 연구자들의 관심 대상이 되는 영역이며 대조언어학 분야에서도 한·중 어미에 대한 대조 연구는 〈표 1〉에서와 같이 2000년대 초반부터 끊임없이 진행되고 있으며 증가하는 추세를 보이고 있다. RISS에서 한·중 어미에 대한 대조 연구는 총 154편이 있었는데 그중 박사학위논문은 15편, 석사학위논문은 109편, 학술지 논문은 30편이 있었다.

〈표 1〉 연도별 한·중 어미 대조 연구 동향

연도 (20~)	03	05	07	08	09	10	11	12	13	14	15	16	17	18	19	20	21
연구 수	1	1	3	6	2	1	5	8	14	19	12	15	10	13	21	13	10

한국어교육학에서 초창기에는 어미에 대해 많은 관심을 기울이지 못하였으며 교육현장에서는 국어학의 연구 성과를 단순히 받아들이고 가공하여 교육 내용으로 삼아왔다. 1990년대 이후부터 본격적으로 어미에 대한 연구가 진행되기 시작하였으나 여전히 국어학의 성과를 그대로 가지고 와 한국어교육 내용으로 다루는 수준에서 더 나아가지 못하는 경향을 보였다. 2000년대 이후의 연구는 대조언어학적 관점에서 교착어인 한국어의 어미와 고립어인 중국어의 대응표현을 대조하여 의미적, 통사적, 화용적 특징의 공통점과 차이점을 밝히고자 한 연구들이 대부분이다. 그리고 학습자들의 오류 양상 분석 및 교육 방안을 제시하는 연구들이 주로 진행되었다. 이러한 어미에 대한 연구는 주로 대학원 학위논문을 통하여 이루어졌으며 어미를 다양한 측면에서 다루고자 하는 시도가 계속해서 이루어졌다. 따라서 본 연구에서는 한·중 어미에 대하여 연구 동향은 어떤지, 어떤 방법, 자료를 사용하였는지 등에 대해 살펴보고 한·중 어미의 다양한 연구 중에서 많이 연구된 원인·이유 범주의 어미에 대한 연구를 중심으로 결과를 분석해 보고자 한다.

2. 한·중 어미에 대한 연구의 동향: 연구 목적과 방법을 중심으로

1) 한·중 어미 대조 연구 목적

한·중 어미의 연구 목적은 아래 〈표 2〉와 같이 단순 대조, 오류 분석, 습득 양상, 교수 방안, 번역[3] 5가지로 나누었다. 이는 연구에서 제시한 연구 목적을 기반으로 분류한 것이다.

〈표 2〉 연구 목적별 한·중 어미 대조 연구 동향

연구 목적	연구 수	비율(%)
단순 대조	105	68
단순 대조 + 교수 방안	32	21
단순 대조 + 오류분석	4	3
단순 대조 + 습득양상	1	1
단순 대조 + 번역	1	1
단순 대조 + 오류분석 + 교수방안	11	7
합계	154	100

위 〈표 2〉를 보면 한·중 어미 연구에서는 대조언어학 이론을 활용하여 단순 대조하는 연구(105편)가 가장 많았다. 다음으로는 교수 방안 연구(32편), 오류 분석+교수 방안(11편), 오류 분석(4편), 습득 양상(1편), 번역(1편)이 그 뒤를 이었다.

단순 대조 연구를 자세히 살펴보면, 대부분의 연구는 대조언어학(contrastive linguistic)의 방법론을 이용하여 한국어와 중국어의 차이점과 공통점을 찾으려고 하였다. 이옥환(2010)에서는 중국어 양태 조동사 '要',

3 대조언어학 이론을 기반으로 진행한 연구는 단순 대조로, 이론 대조 부분이 있지만 오류 양상이나 오류 원인을 중점으로 살펴본 연구는 오류 분석으로, 학습자가 제2언어인 한국어를 습득하는 양상을 중점적으로 살펴본 연구는 습득 양상으로, 교육 방안 등을 중점으로 살펴본 연구들은 교수 방안으로 분류하였다. 번역은 번역학적 시각으로 실제 번역 양상을 살펴본 것이다.

'会', '能'과 한국어의 '-겠-', '-ㄹ 것이-', '-ㄹ 수 있-'을 함께 연구 대상으로 삼아 한국어와 중국어의 양태 체계 전반의 양상을 거시적으로 조명해 보았다. 또한 의미적 대응 관계를 갖고 있는 두 언어의 양태 표현 '-겠-', '-ㄹ 것이', '-ㄹ 수 있-'과 '要', '会', '能'에 다시 초점을 맞추어 언어 내에서의 특성을 분석한 후에 두 언어 간의 대응 관계를 밝혔다. 짜오커커(2013)에서는 한·중 인과관계 표현을 발화 환경, 통사적인 제약, 의미 세 측면으로 살펴보았다. 교재에서 수집한 용례를 바탕으로 각 표현별의 대응 표현을 분석한 결과 '-아서'는 중국어 인과관계 구문에서 단순히 원인과 결과를 설명하는 '因为 … 所以', '由于 … 因此(因而, 所以, 以致)'와 대응관계를 보이며, '-니까'는 추론적 인과관계로서 화자의 주관적인 추론을 근거로 이유를 강조한다는 것을 밝혔다. 어미의 교수방안을 제시하는 데 목적을 둔 연구도 비교적 많은 비중을 차지하였다. 이러한 연구들은 모두 한국어와 중국어의 어미에 대한 통사적, 의미적, 화용적 특징을 대조 분석한 결과를 바탕으로 교육 내용을 구성하였지만 실제 교수현장에서 검증된 바는 없다. 예를 들어 여숙연(2016)에서는 한국어와 중국어 인과표현의 통사적, 의미적, 화용적 특징을 알아본 다음에 한·중 인과표현을 하나씩 대조하였다. 그리고 분석한 결과를 바탕으로 한국어 인과표현의 통사적 특징과 의미·화용적 특징에 대한 교육 내용을 구성하였다.

어미에서의 오류분석을 목적으로 한 연구는 비교적 적었다. 이러한 연구들은 주로 설문조사나 작문시험을 통하여 중국인 한국어 학습자가 왜 오류를 보이는지에 대한 원인을 밝히는 데 목적을 두었다. 예를 들어 원 샤오옌(2012)에서는 작문 분석을 통해 중국어권 학습자의 한국어 연결어미 사용에 나타난 시제 오류를 살펴보고 연결어미와 시제 선어말어미가 결합할 때의 제약을 분석함으로써 오류가 나타난 이유를 밝혔다.

어미에서의 오류분석과 교육 방안을 같이 제시하는 연구도 있었다. 예를 들어 QI TINGTING(2017)에서는 연결어미 '-(으)ㄴ/는데'의 의미적 기능과 통사적 기능에 대응하는 중국어 표현을 살펴보고 중국어 학습자들의 실제 작문에서 나타나는 오류의 양상을 분석하였다. 또한 한국어교육기관에서 사용하고 있는 한국어 교재들을 분석하고 중국어 학습자들이 자주 범하는 오류와 비교함으로써 효율적인 학습 방안을 제시하였다.

이와 같이 연구 목적에 따라 살펴본 한·중 어미는 모두 한국어와 중국어의 차이점과 공통점을 찾으려고 하였으며 대응 관계에 따라 통사적, 의미적, 화용적 특징을 단순 대조한 연구들이 많았다.

2) 한·중 어미 대조 방법

한·중 어미의 대조 방법은 주로 이론적 대조, 말뭉치 대조, 사전적 대조 방법을 사용하였다. 그중 〈표 3〉에서와 같이 이론적 대조 방법을 사용한 연구가 128편으로 제일 많았으며 다음으로 말뭉치 대조 방법을 사용한 연구는 23편, 사전적 대조 방법을 사용한 연구는 3편으로 확인되었다.

〈표 3〉 한·중 어미의 대조 방법

대조 방법	연구 수	비율(%)
이론적 대조	128	83
말뭉치 대조	23	15
사전적 대조	3	2
합계	154	100

어미에서의 이론적 대조 방법을 사용한 연구는 128편으로 주로 해당 문법의 공통점과 차이점을 문법 서적이나 이론적 서적, 혹은 선행연구의 검토를 통해 분석하고 있었다. 주로 어미의 의미적·통사적·화용적 특성을 고찰하고 한국어에 대응되는 중국어의 표현과 어떤 차이가 있는지에 대한 논의들로 연구을 구성하고 있었다. 왕정춘(2003), 서성(2012), 소홍(2014) 등의 연구에서는 주로 선행연구 및 문법서를 토대로 한국어의 인과관계 연결어미인 '-어서', '-니까'의 통사적, 의미적, 화용적 특징에 대해 제시한 다음 중국어에서 인과관계를 나타내는 접속사와 대조하였다.

어미에서의 말뭉치 대조 방법을 사용한 연구는 23편으로 말뭉치에 따라 아래 〈표 4〉와 같이 병렬말뭉치 10편, 번역말뭉치 11편, 비교말뭉치 2편으로 이루어졌다.

〈표 4〉 한·중 어미 대조 연구에 사용된 말뭉치 유형

대조 방법	연구 수	비율(%)
병렬말뭉치	10	43
번역말뭉치	11	48
비교말뭉치	2	9
합계	23	100

어미의 말뭉치 대조 연구에서 병렬말뭉치[4]를 사용한 연구는 10편으로 주로 소설, 신문, 드라마를 사용하여 구축하였다. 병렬 말뭉치[5]에서 사용한 자세한 자료 유형을 살펴보면 아래의 〈표 5〉와 같다.

〈표 5〉 병렬말뭉치의 유형

선행연구	연구주제	중국어 대응 표현	말뭉치 유형	방향	자료	규모
Yi Chao (2014)	동작 순서 -면서	一边....一边, 一面.....一面, 且...且	신문	한·중 (일방향)	중앙일보, 조선일보	91.2만 어절
Yi Chao (2015)	동작 순서 -자, -자마자	从而, 于是, 一(刚)...就(便)...	신문	한·중 (일방향)	중앙일보, 조선일보	91.2만 어절
장경희 (2016)	추측 -겠-	会, 能, 应该	신문	한·중 (일방향)	동아일보, 조선일보, 중앙일보	533,621 어절
왕서혜 (2016)	의무 -어야 하다	应该, 要, 得, 必须	산문, 소설	한·중 (일방향)	『아프니까 청춘이다』 『봉순이 언니』 『네가 어떤 삶을 살든 나는 너를 응원할 것이다』 『무소의 뿔처럼 혼자서 가라』 『우리들의 행복한 시간』 『엄마를 부탁해』	592,276 어절

4 Sylviane Granger(2003:21)에서 병렬말뭉치는 비교말뭉치나 비교/번역 결합 말뭉치를 말한다고 하였다.

5 연구에서 저자가 병렬말뭉치라고 명확히 제시한 것을 중심으로 추출하였다.

					『두근두근 내 인생』『소년을 위로해줘』 『가시고기』 『너무도 쓸쓸한 당신』 『당신들의 천국』	
임형재·이선 (2017)	원인, 이유 -어서, -니까	因为, 所以, 因此	소설	한·중 (일방향)	신경숙『외딴방』 박근혜『절망은 나를 단련시키고 희망은 나를 움직인다』	미제시
강우림 (2018)	추측 -ㄴ/ㄹ 것 같-, -ㄴ/ㄹ 듯-	会, 可能, 能, 要, 可以, 能够, 该, 肯定, 应该, 一定, 必须, 应该会, 一定会, 肯定会	소설	한·중 (일방향)	『너무도 쓸쓸한 당신/孤独的你』 『엄마를 부탁해/寻找母亲』 『바이올렛/紫罗兰』	9993 어절
Li Xian (2018)	원인, 이유 -아서, -니까, -므로, -기에, -면, -아야, -아도, -더라도	于是, 因为, 因此, 因为…所以	소설	한·중 (일방향)	신경숙『외딴방』 박근혜『절망은 나를 단련시키고 희망은 나를 움직인다』	72,017 어절
HAN, XUE (2019)	대립 -지만, -는데	但(是), 却, 虽(然)	소설	한·중, 중·한 (양방향)	한·중: 『채식주의자』 『죽은 왕녀를 위한 파반느』 『무소의 뿔처럼 혼자서 가라』 『두근두근 내 인생』 중·한: 《师傅越来越幽默》 《许三观卖血记》 《告别薇安》 《微微一笑很倾城》	미제시
ZHOU KE (2020)	추측 -겠-, -을 것 같-, -을 것이-, -을 듯하-, -을 수 있-, -을지 모르-	似乎	신문	한·중 (일방향)	한겨레, 조선일보, 동아일보	미제시
고옥교 (2020)	대립 -는데	才, 并, …的时候, 正好, 时, 还, 也	신문, 드라마	신문 (중한 일방향) 드라마 (한·중 일방향)	신문: 인민일보, 중국신문망, 신화망, 중국망 드라마: 별에서 온 그대 태양의 후예 쾌걸춘향 시크릿 가든 도깨비	예문 1000개

위의 〈표 5〉에서와 같이 대부분 연구의 자료는 한·중 일방향 말뭉치로 구축되었다. 엄밀히 말하자면 이러한 말뭉치들은 번역말뭉치에 불과하다. 유일하게 HAN, XUE(2019)에서 구축한 말뭉치만 한·중, 중·한의 양방향으로 구축되었다. 그리고 대부분의 말뭉치는 주로 신문이나 소설 등으로 구축되었으며 일부 말뭉치 규모를 밝히지 않는 연구를 제외하면 말뭉치 규모는 모두 100만 어절을 넘지 않았다. 말뭉치는 문어말뭉치가 대부분이며 유일하게 고옥교(2020)에서 신문과 드라마를 활용하여 문어와 구어 말뭉치를 함께 구축하여 살펴보았다.

어미에서의 말뭉치 대조 방법 중 번역말뭉치를 사용한 연구는 11편으로 주로 소설을 사용하여 말뭉치를 구축하였다. 번역 말뭉치[6]에서 사용한 자세한 자료 유형을 살펴보면 아래의 〈표 6〉과 같다.

〈표 6〉 번역말뭉치의 유형

선행연구	연구주제	중국어 대응양상	말뭉치 유형	방향	자료	규모
곽정(2011)	원인, 이유 -어서	因为, 所以, 因此, 为此	소설	한·중(일방향)	『가시고기』 『등대지기』	미제시
유욱봉(2012)	추측 -겠	像, 好像, 可能, 一定, 必须, 可能, 将	소설	한·중(일방향)	『첫사랑』	미제시
전여총(2013)	목적 -(으)러, -(으)려고, -고자	要 想, 企图	소설	한·중, 중·한(양방향)	한·중: 『천년의 침묵』 『바이올렛』 중·한: 『女心理师』 『面包树上的女人』	미제시
이효가(2013)	대립 -지만, -나, -아도	但 /但是, 虽然… 但/但是,	소설	한·중(일방향)	『고등어』 『사랑 후에 오는 것들』 『표본실의 청개구리』 『배따라기』 『메밀꽃 필 무렵』	미제시

6 Sylviane Granger(2003:21)에서 번역 말뭉치는 한 언어의 원문과 하나 이상의 언어로 번역이 이루어진 말뭉치를 말한다.

짜오커커 (2013)	원인, 이유 아서, -니까, -기, 때문에, -느라고, -므로, -는 바람에	因为…所以, 由于…因此(因而, 所以, 以致)	교재	한·중, 중한 (양방향)	한·중(9권) 중·한(9권)	미제시
범총 (2016)	양보 '-아도, -더러도, -ㄹ지라도, 그리고'	无论… 都/也…	소설	한·중 (일방향)	공지영 『즐거운 나의 집』	미제시
담혜 (2017)	추측 '--겠-, (으)ㄹ 것-'	会…的, 要 / 来, 肯定, 应该	드라마	한·중 (일방향)	푸른 바다의 전설	미제시
장리옌 (2017)	기타 '-지(요)'	吧, 啊, 啦, 呢, 吗, 了, 的	소설	중·한 (일방향)	『허삼관 매혈기』	미제시
장천 (2018)	대립 '-지만, -ㄴ/는데, -(으)나'	虽然… 但/但是	소설	한·중 (일방향)	이선영 『천년의 침묵』	미제시
황정혜 (2019)	이유 '-어서', '-니까'	要, 猜	세종 말뭉치	한·중 (일방향)	세종구어말뭉치에서 구어상 자주 사용되는 종결어미화된 연결어미 '-는데', '-고/구', '-게', '-(으)려고/(으)려구', '-다고/다구' 등 담화 맥락에서 사용된 의미를 중국어로 번역	미제시
Wang, Luxin (2019)	대립 '-지만, -(으)나, -아도, -는데'	但是, 可是, 然而, 只是, 不过, 却	소설	한·중 (일방향)	『엄마를 부탁해』	미제시

위의 〈표 6〉과 같이 대부분의 연구 자료는 한·중 일방향 번역말뭉치로 구축되었다. 그중 짜오커커(2013), 전여총(2013)에서 구축한 말뭉치는 한·중, 중·한 양방향으로 구축되었다. 번역말뭉치 또한 소설 위주로 구축되었으며, 담혜(2017)에서는 드라마 말뭉치를 구축하였고, 황정혜(2019)에서는 세종말뭉치를 사용하였다.

어미의 말뭉치 대조 연구 중에서 비교말뭉치[7]를 사용한 연구는 2편이

7 Sylviane Granger(2003:21)에서 비교말뭉치는 구성 시기, 텍스트, 범주, 목표 청중 등이

있었다. 이들 연구에서는 비슷한 주제로 한 한국어 원문 말뭉치와 중국어 원문 말뭉치를 구성하였다. Hou·Xiaorong(2020)에서는 이유 표현의 어미인 '-는 바람에, -는 통에, -는 탓에'의 한국어와 중국어의 특징을 살펴보기 위하여 한국어 원문 말뭉치는 국립국어원의 '언어 정보 나눔터'를 사용하였고 중국어는 북경대학교의 '현대언어학연구센터 말뭉치(北京大学现代语言学研究中心语料库, CCL)'를 사용하였다. 이심우(2021)에서는 의사소통에서 많이 쓰이는 종결어미 '-네(요)'의 통사적 특성과 상황에 따른 다양한 의미를 파악하기 위하여 한국어 원문 말뭉치로 '우리 말뭉치'를 사용하였고 중국어는 '현대한어 말뭉치(现代汉语语料库)'를 사용하였다.

어미의 말뭉치 대조 연구에서 사전적 대조를 사용한 연구는 3편이 있었는데 이는 아래의 〈표 7〉과 같다. 사전적 방법에서는 주로 문법 기능과 의미를 살펴보고 있었다.

〈표 7〉 사전적 대조 방법

선행 연구	연구 주제	중국어 대응 양상	한국어 사전	중국어 사전
유사사 (2012)	거든	"更何况", "难道" "如果…"的话, 就…"	1.『(고려대)한국어대사전』 2.『(국립국어연구원)표준국어대사전』 3.『(금성판)국어대사전』 4.『(한국어사전편찬회)국어대사전』 5.『(온면천연색판)우리말큰사전』	1.『(조선외국문도서출판사, 중국민족출판사)한중대사전』 2.『(진명)뉴밀레니엄韩中辞典NewMillenniumKorean-ChineseDictionary)』
장쉬 (2015)	'이다' 구문	'是' 자문	1.『연세한국어사전(1998)』 2.『표준국어대사전(1999)』 3.『고려대 한국어 대사전(2009)』	1.『辞海(1989)』 2.『现代汉语词典(2002)』 3.『新华字典(2004)』
왕효단 (2020)	의지 -겠-, -(으)ㄹ 것이-	'要', '会'	『표준국어대사전』	『현대한어사전』

세 편의 연구를 구체적으로 살펴보면 유사사(2012)에서는 어미 '-거든'이 한국어 사전에 어떻게 수록되어 있는지 알아보기 위하여 현대 문학 작품

서로 상응하며 둘 이상의 언어로 이루어진 말뭉치를 말한다고 하였다.

속의 새 어휘를 수집하여 45만 이상의 어휘를 수록한 90년대 초반에 간행된 『국어대사전』, 90년대 후반에 간행된 『표준국어대사전』, 2009년에 간행된 『고려대 한국어대사전』에 수록된 '-거든'에 대한 뜻풀이를 살펴보았지만 중국어 사전에서의 뜻풀이는 제시하지 않았다. 그리고 한국에서 출판된 학습 사전에 수록된 어미 '-거든'의 문법 기능을 『외국인을 위한 한국어 문법2』, 『(한국어 학습자용) 어미·조사 사전』, 『(외국인을 위한) 한국어 학습 사전』에서 살펴보았다. 그리고 중국어에서 어미 '-거든'의 문법 기능이 어떻게 제시되는지를 살펴보기 위하여 『한중대사전』, 『(진명)뉴밀레니엄 韩中辞典』에서 살펴보았다. 장쉬(2015)에서는 한국어의 '이다' 구문과 중국어의 '是' 자문 즉 개사 구문에 대한 한국어와 중국어의 사전 기술을 살펴보았다. 한국어사전에서 '이다'에 대하여 어떻게 기술하고 있는가를 『연세한국어사전(1998)』, 『표준국어대사전(1999)』, 『고려대 한국어 대사전(2009)』을 통해 보고 중국어 '是' 자문의 범주와 의미를 확인하기 위하여 『辞海(1989)』, 『现代汉语词典(2002)』, 『新华字典(2004)』을 살펴보았다. 왕효단(2020)에서는 한국어의 '-겠-', '-(으)ㄹ 것이-'와 중국어의 '要', '会'의 양태적 의미를 고찰하기 위하여 한국의 『표준국어대사전』과 중국의 『현대한어사전』에서 제시된 의미를 기준으로 양태 관련 의미를 살펴보았다.

이와 같이 한·중 어미의 대조 방법을 살펴본 결과 이론적 대조는 해당 문법의 공통점과 차이점을 문법 서적이나 이론적 서적, 혹은 선행연구의 검토를 통하여 밝히는 방법을 사용하고 있었다. 다음으로 말뭉치 대조에서는 연구자들이 말뭉치의 유형에 대하여 명확히 하지 않고 있는 것 같았다. 또한 각 연구자마다 구축한 말뭉치의 규모가 비교적 작아 연구의 실용성이나 타당도에 의문이 든다. 그리고 문어와 구어 말뭉치를 모두 구축하여 살펴본 연구가 거의 없었다. 사전적 대조에서는 해당 문법의 뜻풀이를 살펴보거나 범주와 의미를 확인하고 예문을 사용하는 면에서 사용되었을 뿐 구체적으로 대조 분석이 이루어지고 있지 않았다.

3. 한·중 어미 대조 연구의 쟁점: 원인·이유 범주를 중심으로

1장에서 언급했듯이 어미의 통사론적 특성은 높임법, 시제, 양태, 문장의 유형, 문장의 확대 등 다양한 문법 범주를 실현한다. 한국어 문법 교육에서 강현화·원미진(2017)[8]은 한국어 학습자들은 문법 학습을 통해 의미 표현을 향상시키고 정확한 의사소통을 수행할 수 있게 된다고 하였다. Larsen-Freeman(1991)에서는 문법을 구성하는 세 가지 요소로 형태, 의미, 실제 사용에 대한 내용을 가르쳐야 한다고 하였다.[9] 앞선 문법 대조의 전체 동향에서 한·중 어미 대조 연구를 분류함에 있어 몇 가지의 쟁점들에 대해 논의한 바가 있다. 그리고 어미를 의미에 따라 '추측, 원인, 대립, 조건, 양보, 목적' 등으로 나누었다.[10] 한·중 문법 연구에서 제일 많은 비중을 차지하고 있는 한·중 어미 대조 연구는 총 154편으로 이를 모두 살펴볼 수 없기에, 그중 가장 많은 비중을 차지하는 원인·이유를 나타내는 어미 연구를 자세히 살펴보고자 한다. 구체적으로는 이론적 배경, 연구자료, 연구의 방법 등의 다양한 측면에서 한·중 어미연구의 경향성을 찾아보고 연구의 쟁점을 정리할 것이다.

1) 연구 대상

한국어에서 원인·이유를 표현하는 어미들은 '-아서, -으니까, -으므로, -은즉/은즉슨, -는지라, -기에/-길래, -느라고, -느니만큼, -는답시고' 등이 있다. 이 중에서 '-아서'와 '-으니까'는 원인·이유 어미의 대표적인 요소이다.[11] 원인을 표현하는 어미는 '-아서, -은즉/은즉슨, -는지

8 강현화, 원미진(2017:75), 『한국어교육의 이해와 탐구』, 한국문화사.

9 강현화, 원미진(2017:88) 재인용.

10 1장 한·중 문법 대조 연구의 분류 기준에서 논의.

11 남기심(1978)에서는 연결어미 '-아서'는 '원인'을, 연결어미 '-으니까'는 '이유'를 나타내는 것으로 기술하고 있다.

라, -기에/-길래, -느라고, -는답시고' 6가지이며 이유를 표현하는 어미는 '-으니까, -으므로, -느니만큼' 3가지로 나눌 수 있다.[12] 그러나 한국어를 공부하는 학습자들은 이러한 어미의 유사한 의미와 용법의 난해함 때문에 어미를 사용할 때 자주 어려움을 느끼며 고급 수준의 학습자들도 한국어 어미들 중에서 매우 한정된 표현들만 사용하고 있다(이정희, 2002). 연구자들이 모두 이러한 어미를 전반적으로 살펴보는 것은 아니다. 각 연구들에서 살펴본 어미를 보면 아래의 〈표 8〉과 같다.

〈표 8〉 원인·이유를 표현하는 어미 대조 연구

	아서	으니까	으므로	느라고	는지라	기에	길래	은즉 /은즉슨	느니 만큼	는답 시고
왕정춘(2003)	○	○								
최봉랑(2005)	○	○								
구정영(2007)	○	○	○	○						
송엽휘(2008)	○	○								
곽정(2011)	○									
장수(2011)	○	○								
서상규, 안령군(2011)							○			
서성(2012)	○	○	○	○			○			
이운(2012)	○	○	○	○		○	○			
liuliu(2013)	○	○								
짜오커커(2013)	○	○	○	○						
장원(2014)				○						
소홍(2014)	○	○								
허정(2015)	○	○		○						
두쿤잉(2015)	○	○	○	○						
고박(2016)	○	○	○	○	○	○	○	○	○	○
여숙연(2016)	○	○	○	○		○	○			
임형재, 이선(2017)	○	○								

12 고박(2016:11) 재인용.

배성애(2017)	○	○	○	○						
맹잉(2019)	○	○		○						
장원원(2021)	○	○		○						

위 〈표 8〉을 살펴보면 고박(2016)이 유일하게 모든 원인·이유에 관한 어미를 전부 살펴본 연구이다. 이 연구에서는 한국어와 중국어의 원인·이유 접속문의 표현들을 전반적으로 살펴보고, 그다음으로 연결어미 '-아서, -으니까, -으므로, -은즉/은즉슨, -는지라, -기에/-길래, -느라고, -느니만큼, -는답시고'를 중심으로 각각의 의미 규정을 제시하였다. 또한 그 통사적 특성을 살펴본 후 의미 규정이 타당한지를 검토하고 중국어 원인·이유 접속문과의 대응 관계를 기술하였다.

곽정(2011)에서는 연결어미 '-아서'만 살펴보았는데 '원인, 계기, 때, 방법' 등의 의미를 살펴보고 통사적으로 주어와 관련된 제약, 서술어와 관련된 제약, 시제와 관련된 제약, 문장형태와 관련된 제약을 살펴보았다. 또한 이에 대응하는 중국어로는 인과 관계, 연속관계(连续关系), 방식 관계나 시간 관계 등을 표현하는 접속사를 살펴보았다.

왕정춘(2003), 최봉랑(2005), 장수(2011), liuliu(2013), 임형재·이선(2017)에서는 '-아/어서', '-(으)니까'와 '因为…所以…', '既然…就…'의 대응 양상을 살펴보고 있었다. '因为…所以…'는 설명성(说明性) 인과관계를 나타낼 때 한국어의 '원인'과 그 의미가 유사하여 한국어에서 '원인'을 의미하는 '-아/어서'와 대응이 된다. '既然…就…'는 추론성(推论性) 인과관계를 나타낼 때 한국어 '이유'의 의미와 비슷하여 '이유'를 의미하는 '-(으)니까'와 대응된다고 하였다. 반면에 송엽휘(2008), 소홍(2014)에서는 '-아/어서'와 '-(으)니까'에 대응하는 중국어 인과관계 접속표현에 대하여 전부 살펴보고 있었다.

구정영(2007), 짜오커커(2013), 두쿤잉(2015), 허정(2015), 배성애(2017), 맹잉(2019), 장원원(2021)과 같은 대부분의 연구에서는 한국어의 연결 어미 중 이유나 원인을 나타내는 연결 어미를 사용 빈도에 따라 '-아서, -니까,

-느라고, -므로'로 한정하여 중국어와 대조 분석하였다. 이들은 사용 빈도가 높을 뿐만 아니라 이유·원인의 의미를 공통적으로 가지면서 각각의 어미가 통사·의미적으로 변별 가능한 특성을 가지기 때문이다. 이에 따라 구정영(2007)에서는 중국어의 인과관계를 나타내는 '因为…所以'와 '既然…就'를 연구 대상으로 하여 한국어와 대조 분석하였다. 또한 두쿤잉(2015)에서는 중국어 인과관계 접속사 '因为', '所以', '由于', '因此', '因而', '以致'를 연구 대상으로 한정하였다.

이운(2012), 서성(2012)에서는 한국어의 접속 어미와 중국어 접속사를 전반적으로 살펴보면서 한국어의 대표적인 인과관계 연결 어미인 '-아서, -니까'의 의미 기능적 특성을 고찰하고 중국어 인과관계 접속사 '因为, 由于, 所以, 因此, 因而, 既然' 등과의 대응 관계에 분석하였다. 그리고 '-므로, -느라고, -기에' 등 기타 인과관계 연결 어미의 의미 특성과 중국어 대응 형식도 함께 고찰하였다.

서상규·안령군(2011)에서는 연결어미 '-길래'에 대하여 살펴보았는데, 이 연구에서는 '길래'가 『21세기 세종 계획』에서 구축한 균형 말뭉치 자료에 나타난 이유 표현 중 출현 빈도가 전체 21개 중 10위였음을 언급하며 실용적인 문법 항목이라고 한 바 있다. 유로(2016)에서는 한·중 인과관계 표현에 대한 선행연구를 검토하여 선행연구에서의 문제점들을 살펴보고 언어철학의 시각에서 한국어의 인과관계 표현 형태들과 중국어의 인과관계 표현 형태들을 분류, 계층화하였다. 그리고 동일한 잣대를 기준으로 대조, 분석하여 한·중 두 언어의 인과관계 표현 형태들의 대응 법칙을 제시하였다.

이상으로 원인·이유를 표현하는 어미 연구에서 살펴본 연구 대상은 '-어서'>'-니까'>'-므로'>'-기에'>'느라고'>'-길래'>'-ㄴ지라'>'-거늘'>'-기로'의 순이었다. 이는 한국어의 문법 교육 현장에서 제시되는 것과 관련이 있기도 하다. 한국어문법 교육에서 인과관계 연결어미는 대부분 3단계로 설정하고 있는데 그 분류는 아래의 〈표 9〉와 같다.[13]

〈표 9〉 한국어문법 교육에서의 등급별 연결어미 분류

	초급	중급	고급
연세대학교 어학당	-어, -아서, -니까, -기 때문에.	-느라고, -니, -므로, -는 바람에	-기에, 길래
안주호(2002:177)	-아서, -니까, -기 때문에	-니, -므로, -는 바람에, -느라고, -는 통에	-길래, -기에, -는 김에
진정란(2002:352)	-아서, -니까, -기 때문에	-느라고, -길래, -아 가지고	-는 바람에, -기에, -므로
오경진(2002:378)	-니까, -아서, -기 때문에	-느라고, -는 바람에	-길래, -므로, -는 통에

대부분의 연구에서는 초급이나 중급에서 배우는 '-아서, -니까, -느라고, -므로' 등으로 연구 대상을 한정하는 경우가 많다. 중국어에서 인과관계는 대부분 관련사로 표현하며 연결어미 표지로는 因为(由于)…所以(才, 就, 便, 于是, 因此, 因而, 以至) 之所以…是因为(是由于, 就在于)因为, 由于, 是因为, 是由于, 所以, 因此, 因而, 以至, 致使既然…那么(就, 又, 便, 则) 既然, 既, 就, 可见 등이 있다. 이 관련사들의 의미와 기능은 비슷하다. 그중에서 가장 의미가 넓고 구어나 문어에서 모두 사용할 수도 있는 대표적인 관련사는 '因为...所以...', '既 然…就'이다. 따라서 원인·이유의 연결어미 연구에서는 중국어 '因为...所以...', '既 然…就'와 관련된 대조 연구가 가장 많다.

학습자가 자기의 모국어를 바탕으로 제2언어의 문법을 받아들일 때 보통 의미적으로 어느 정도 부합하기만 하면 단순하게 일대일 대응시키는 경향이 있는데 이러한 과정에서 오류가 발생하게 된다고 생각한다. 한국어의 연결어미는 중국인 학습자에게 생소한 문법이기 때문에 주로 중국어 번역 혹은 대조를 통하여 학습하려고 한다. 이때 서로 대응할 만한 표현을 찾기가 매우 어려울 뿐만 아니라 비슷한 1:1 대응 표현을 찾는다 해도 그 의미와 기능에 차이가 있기 때문에 제대로 된 이해가 불가능해 이로 인한

13 진정란(2002:348) 재인용.

오류 발생이 빈번한 실정이다. 그러나 대부분의 연구에서는 원인·이유를 표현하는 어미에 대한 중국어의 1:1 대응표현을 찾는 경우가 많았다.

2) 연구 방법

앞서 살펴보았듯이 한·중 어미의 대조에서는 주로 이론적 대조, 말뭉치 대조, 사전적 대조 방법을 사용하였다. 원인·이유 어미에서도 마찬가지로 이론적 대조, 말뭉치 대조, 사전적 대조 방법을 사용한 연구들이 대부분이다. 원인·이유 어미의 이론적 대조 연구에서는 인과관계 표현의 개념을 알아보기 위해서 먼저 한국어와 중국어의 인과관계의 개념과 분류체계를 설명하는 연구들이 많았다. 한국어의 인과관계의 사전적인 의미로 인과관계, 원인, 이유 등의 의미를 설명해주고 있었다.[14] 중국어 인과관계 표현은 선행절과 후행절을 '원인-결과', '결과-원인' 관계로 이어주는 의미관계를 나타내는 표현이다(구정영, 2007; 서성[15], 2012; 이운, 2012; 두쿤잉, 2015; 여숙연, 2016; 유로, 2016; 맹잉, 2019).

한국어에서 인과관계 표현은 매우 다양하게 나타난다. 한국어에서 연결어미는 〈표 10〉에서와 같이 일반적으로 문장과 문장을 결합시켜 접속문을 만드는 것이며 연결된 두 절은 사건 사이의 의존적인 의미 관계를 갖는다.[16]

---

14 인과관계(因果关系): 1. 어떤 행위와 그 후에 발생한 사실과의 사이에 원인과 결과의 관계가 있는 일. 민법, 형법에서 행위자에게 책임을 지우는 근거가 된다. 2. 한 현상은 다른 현상의 원인이 되고, 그 다른 현상은 먼저의 현상의 결과가 되는 관계.
원인(原因): 어떤 사물이나 상태를 변화시키거나 일으키게 하는 근본이 된 일이나 사건. ≒원유
이유(理由): 1. 어떠한 결론이나 결과에 이른 까닭에 근거. 2. 구실이나 변명. 3. 존재의 기초가 되거나 어떤 사상이 진리라고 할 수 있는 조건. 좁은 의미로는 결론에 대한 전제나 결과에 대한 원인을 이른다. ≒근거

15 서성(2012)에서는 한국어 연결어미와 중국어 접속사의 의미론적 기능을 분석하기 위해 각각 개념과 분류에 대해 전반적으로 정리한 후 원인·이유 부분만 추출하였다.

16 두쿤잉(2015:13) 재인용.

〈표 10〉 한국어 인과관계 표현의 분류

통사적 분류	문법 형태별 분류	각 인과관계 표현의 예
인과관계 접속 표현	연결어미	-(으)니까, -므로, -느라고, -아/어/여서, -(으)니, -기에, -길래
	접속부사	그래서, 그러니까, 그러므로
	조사	-(으)로, -에
	접속 복합구성	-기 때문에, -는 바람에, -아/어/여 가지고, -는 통에
인과관계 종결 표현	종결어미	-거든(요), -니까(요)
	종결 복합구성	-기 때문이다, -ㄴ 탓이다, -ㄴ 덕분이다, -ㄴ/는 까닭이다, -ㄴ 결과이다.

중국어 인과관계의 표현은 복잡하고 종류가 매우 많은데 이를 분류하면 아래의 〈표 11〉과 같다.

〈표 11〉 중국어 인과관계 표현의 분류

통사적 분류	품사 형태별 분류	각 인과관계 표현의 예
인과관계 접속 표현	접속사 (连词)	원인접속사: 因为, 由于, 既然, 既是, 惟其, 故, 故而
		결과접속사: 所以, 因此, 因而, 以致, 以至, 以至于, 致使
	개사(介词)	因, 因为, 为, 为了, 由于, 由
	관련부사 (关联副词)	便, 才, 就, 也, 还, 总, 则, 难怪, 原来, 反正
	어휘형식 (词汇形式)	是因为, 就因为, 正是因为, 正由于, 是由于, 正是由于, 之所以, 由此可见, 由此可知, 由此看

〈표 10〉과 〈표 11〉의 분류에 따라 구정영(2007)에서는 '인과관계'는 다음의 두 가지 요소를 포함한다고 하였다. 첫째는 원인이 결과에 선행한다는 시간관계이고 둘째는 선행 사건이 후행 사건의 조건이 된다는 논리관계이다.

두쿤잉(2015)은 한국어와 중국어의 인과관계 표현을 총체적으로 알아보기 위하여 이에 대한 개념과 분류체계를 살펴본 후 '이유·원인'을 나타내는 '인과관계' 표현을 살펴보았다.

liuliu(2013)에서는 한국어 연결어미와 중국어 관련사에 대해서 이론적으로 접근하여 한국어 연결어미 및 중국어 관련사의 특징을 살펴보고 하위분류를 나누었다.

곽정(2011)에서는 한국어 연결어미와 중국어 접속사의 개념을 분류하여 제시하고 대조를 통하여 그들의 공통점과 차이점을 밝혔다. 그리고 2001년에 한국문화사에서 출판된 『어미·조사 학습자용 사전』과 2003년에 두산동아 출판된 『연세한국어사전』을 참고하여 연결어미 '-아서'의 의미를 바탕으로 원인, 계기, 때, 방법으로 분류하였다.

말뭉치 분석을 진행한 연구는 2편이 있었다. 배성애(2017)에서는 대조분석 가설에 따라 우선 한국어와 중국어의 이유 표현의 대상을 살펴보고, 한국어 이유 표현에 대응하는 중국어 표현을 찾으려고 하였다. 1:1 대응 표현이 없을 경우 어휘를 덧붙이는 방식으로 의미적 차이를 구분하려고 하였다. 그리고 오류 분석 가설에 따라 중국대학교 한국어학과 학생을 대상으로 설문조사를 실시하여 가장 많은 오류를 범하는 표현이 무엇인지 또 그 원인은 무엇인지에 대해 알아보고 교육 방안을 제시하였다. 또한 한국과 중국에서 사용하고 있는 한국어 교재의 이유 표현 연결어미의 제시 단계와 순서 그리고 문법 설명을 비교해 보았다.

서상규·안령군(2011)에서는 사전, 문법책, 그리고 한국어 교재에서 나타나는 연결어미 '-길래'에 관련된 기술들을 토대로 한국어교육의 관점에서 '-길래'의 통사적 양상과 의미적 특성을 체계적으로 정리하고 말뭉치를 활용하여 연결어미 '-길래'에 대한 한국어와 중국어의 대조분석을 실시하였다.[17]

그리고 각 연구에서는 대조분석을 할 때 원인·이유를 표현하는 어미에 대한 예문을 제시하고 있었는데 왕정춘(2003), 서성(2012)에서는 대조분석을 하기 위해 제시한 한국어 예문은 사전, 문법저서 및 연결어미에 관한 선행연구에서 가져왔으며, 중국어 예문과 한국어 예문 일부는 연구자가

17 21세기세종균형말뭉치 100만 어절, 새연세말뭉치 100만 어절, 연세구어말뭉치 100만 어절, 한국어교육표준말뭉치 100만 어절, 초등학교교과서말뭉치-6차, 초등학교교과서말뭉치-7차, 한국어교과서말뭉치(32종)를 사용하여 '-길래'에 관련된 문장들을 살펴보았다.

직접 만들었다. 이렇게 예문을 연구자가 직접 만들었을 때는 정확성과 신빙성에 의문이 생기며 대조 결과에도 영향을 미칠 수 있다. 이 외에 대부분의 연구들에서는 예문의 출처를 밝히지 않았다.

원인·이유 어미의 연구는 위에서 살펴본 바와 같이 이론적 대조 방법을 사용한 연구가 대부분이며, 말뭉치 대조 방법을 사용한 연구도 많았다. 이론적 대조 방법을 사용한 연구들에서는 해당 문법의 공통점과 차이점을 문법 서적이나 이론적 서적, 혹은 선행연구 통해 밝혔으며, 말뭉치 대조 연구에서는 말뭉치에서의 해당 문법의 대응 양상을 살펴보았다.

3) 연구결과

원인·이유 어미(표현)의 연구에서 연구 결과는 주로 의미적·통사적·화용적 특징을 대조하는 것이 일반적이었다. 예를 들어 liuliu(2013)에서는 한국어 인과관계 연결어미 '-아/어서', '-(으)니까'와 이에 대응되는 중국어의 설명성 인과관계 관련사 '因为...所以...', 추론성(推论性) 인과관계 관련사 '既 然...就...'의 의미적·통사적·화용적 특징을 대조하였다. 각 연구의 연구 대상은 다음 〈표 12〉와 같다.

〈표 12〉 한국어 원인·이유 연결어미 연구

연구 \ 어미	-아/어서	-(으)니까	-느라고	-므로	-길래	-기에
최봉랑(2005)	○	○				
구정영(2007)	○	○	○	○		
송엽휘(2008)	○	○				
장수(2011)	○	○				
서상규, 안령군(2011)					○	
서성(2012)	○	○	○	○		
이운(2012)	○	○	○	○	○	○
liuliu(2013)	○	○				
장원(2014)				○		
소홍(2014)	○	○				

허정(2015)	○	○	○			
두쿤잉(2015)	○	○	○	○		
여숙연(2016)	○	○	○	○		
배성애(2017)	○	○	○	○		
맹잉(2019)	○	○	○			
장원원(2021)	○	○	○			

위 〈표 12〉에서 본 것처럼 한국어 원인·이유 표현 연결어미의 의미적·통사적·화용적 특징에 대해 살펴본 연구는 비교적 많다고 할 수 있다. 그러나 학자들마다 한국어 원인·이유 표현 연결어미에 대한 의미적·통사적·화용적 특징에 대한 서술에는 연구자들 간의 차이가 크지 않았다. '-아/어서', '-(으)니까'를 대상으로 비교적 많은 연구가 진행되었는데도 학자들마다 특징에 대한 서술에 큰 차이가 없다. 이에 대한 중국어 원인·이유 표현의 의미적·통사적·화용적 특징에 대한 서술은 오직 '因为…所以…', '既然…就…', '由于 … (因此/因而)', '(由于)…以致'에 대하여서만 서술되었다. 이에 대한 연구자들의 서술에는 역시 차이가 크지 않음을 확인할 수 있었다.

각 연구에서 분석한 한국어 원인·이유 표현에 대한 중국어 대응 양상을 살펴보면 아래의 〈표 13〉과 같다.

〈표 13〉 한국어 원인·이유 표현에 대한 중국어의 대응양상

원인·이유 표현	대응되는 중국어 인과관계 접속사	대응되는 상황	관련 연구
-아서	因为…所以, 由于, 因此, 因而	객관적인 보편성 인과관계	왕정춘(2003), 최봉랑(2005), 구정영(2007), 이운(2012), 서성(2012), liuliu(2013), 소홍(2014), 두쿤잉(2015), 허정(2015), 여숙연(2016), 배성애(2017), 맹잉(2019)
	因此, 因而	객관적인 사실성 인과관계	두쿤잉(2015)
	由于	초점이 선행절에 있을 때	서성(2012), 두쿤잉(2015), 맹잉(2019)

		공손하고 사교적인 표현, 관습상의 의미를 가질 때	소홍(2014), 두쿤잉(2015), 배성애(2017), 맹잉(2019)
		원인이나 결과가 청자에게 새로운 정보를 나타낼 때	두쿤잉(2015), 배성애(2017)
-니까	因为…所以	객관적인 보편성 인과관계	구정영(2007), 이운(2012), 서성(2012), 소홍(2014), 두쿤잉(2015), 여숙연(2016), 배성애(2017), 맹잉(2019)
	既然…就	주관적인 추론성 인과관계, 강한 주장과 무뚝뚝한 표현을 나타낼 때	왕정춘(2003), 최봉랑(2005), 구정영(2007), 이운(2012), 서성(2012), liuliu(2013), 소홍(2014), 두쿤잉(2015), 허정(2015) 여숙연(2016), 배성애(2017), 맹잉(2019)
	因此, 因而, 以致, 由于	초점이 후행절에 있을 때	두쿤잉(2015), 맹잉(2019)
-므로	因为…所以	객관적인 보편성 인과관계	이운(2012), 서성(2012), 두쿤잉(2015), 여숙연(2016), 배성애(2017)
	由于, 由于…因此/因而	객관적인 논리성 인과관계	이운(2012), 서성(2012), 두쿤잉(2015), 여숙연(2016)
	既然…就	주관적인 추론성 인과관계	구정영(2007)
-느라고	因为…所以	'원인·이유'의 의미를 가질 때	구정영(2007), 서성(2012), 이운(2012), 장원(2014), 두쿤잉(2015), 여숙연(2016), 배성애(2017), 맹잉(2019)
	为了, 只顾着…了, 所以(没)…	'목적·의도'의 의미를 가질 때	서성(2012), 장원(2014), 두쿤잉(2015), 배성애(2017)
	以致 光顾着…(连)…都没	후행절에 일반적인 부정적 결과를 초래할 때	서성(2012), 장원(2014), 두쿤잉(2015), 허정(2015), 맹잉(2019)
-길래	因为…所以	다른 사람의 말을 인용하여 원인이 되는 경우	서상규·안령군(2011), 이운(2012), 서성(2012), 여숙연(2016)
	到底(究竟)	'얼마나, 무슨, 몇, 어떻게'와 같은 의문사	서상규·안령군(2011)
	因此(因为这样)	청자의 행위에 대해 핀잔을 줄 때	서상규·안령군(2011)
	既然…就	-	이운(2012)

	于是	-	이운(2012)
-기에	因为…所以	중립적이고 광의적인 이유나 원인의 의미	이운(2012), 여숙연(2016)
	由于… 因此/因而	-	이운(2012), 여숙연(2016)
	于是	-	이운(2012)

원인·이유 표현에 대응되는 중국어 인과관계 접속사를 살펴보면 연구자들마다 일부 차이가 있는 것을 볼 수 있다. 예를 들어 '-아서'의 경우 중국어 인과관계 접속사 '因为…所以', '由于', '因此', '因而'에 대응된다고 하는 연구가 많았다. 그러나 두쿤잉(2015)은 '因此', '因而'에 대응된다고 하였다. 왕정춘(2003)에서는 의미적·통사적·화용적 특징에 대한 비교를 하지 않았고 두쿤잉(2015)에서는 의미적·통사적·화용적 특징을 비교하였다. 또한 배성애(2017)는 오류 분석을 추가로 진행하여 '由于'라는 대응 양상을 찾아냈다. 말뭉치를 활용한 서상규·안령군(2011)에서는 '-길래'에 대한 중국어 대응으로 '到底(究竟)', '因此(因为这样)'를 제시하였는데 이운(2012)에서는 의미적·통사적·화용적 특징에 대해 비교한 결과 '既然…就', '于是'와 대응된다고 하였다. 이와 같이 동일한 연구 대상에 대하여 비슷한 연구 방법을 사용한 연구에서는 비슷한 대응 양상이 나타나지만, 또 다른 연구방법을 사용하면 더 많은 대응 양상을 살펴볼 수 있음을 알 수 있다. 그러나 동일한 연구 대상에 대해 다른 연구 방법을 사용하였을 때 완전히 다른 대응양상이 나타나는 것은 해당 분야의 연구가 아직 미흡하다는 것을 의미한다고 할 수 있다.

4. 나가는 말

지금까지 한·중 어미에 대한 대조 연구 동향은 어떠한지, 어떤 방법, 자료를 사용하였는지 등에 대하여 살펴보았다. 또한 한·중 어미의 다양한 연구 중에서도 연구가 많이 축적된 원인·이유 범주의 어미 연구를 중심으로 그 결과를 살펴보았다.

한·중 어미의 연구 목적을 보면 단순 대조를 하는 논문들이 많았기에 앞으로는 다른 목적으로 하는 연구도 더 진행되면 좋을 것 같다. 그리고 한·중 어미 대조 연구의 방법을 보면, 한·중 어미의 공통점과 차이점을 문법 서적이나 이론적 서적 혹은 선행연구를 통해 분석하는 연구가 많았다. 말뭉치 대조에서는 여러 가지 말뭉치 유형을 사용하고 있었는데 연구자들이 말뭉치의 유형에 대하여 명확히 하고 있는 것 같지 않았다. 그리고 각 연구자마다 구축한 말뭉치의 규모가 비교적 작아 연구 대상을 전반적으로 살펴보기는 어려워 보였다. 또한 문어와 구어 말뭉치를 모두 구축하여 살펴본 연구가 거의 없어 앞으로는 말뭉치를 구축할 때 구어와 문어 말뭉치를 같이 구축하여 살펴보는 것이 좋을 것 같다. 사전적 대조는 해당 문법의 뜻풀이를 살펴보거나 범주와 의미를 확인하고 예문을 사용할 때 사용되고 있어 구체적인 대조 분석을 하기에는 부족해 보였다.

다음으로, 연구 대상과 관련하여 대부분의 연구에서는 원인·이유를 표현하는 한국어 어미에 대한 중국어의 1:1 대응 표현을 찾고 있었다. 그러나 한국어 어미의 의미와 기능은 중국어와 차이가 있기 때문에 1:1 대응 표현보다는 여러 가지 대응 표현을 염두에 두고 연구를 진행하는 것이 좋을 것 같다. 연구 방법과 관련하여서는 동일한 연구 대상에 대하여 비슷한 연구 방법을 사용하면 대응양상 역시 비슷하게 나타났으며, 거기에 또 다른 연구 방법을 추가로 진행하였을 때 더 많은 대응양상을 살펴볼 수 있었다. 그러나 동일한 연구 대상에 대해 다른 연구 방법을 사용하였을 때 완전히 다른 대응 양상이 나타나는 것은 해당 분야의 연구가 아직 미흡하다는 것을 의미한다고 볼 수 있다.

이상으로 본고에서는 일부 한·중 어미에 대하여 분석함으로써 모든 어미의 연구 동향을 및 문제점을 살펴볼 수 없었으나, 앞으로 본 연구가 한·중 어미대조 연구에 조금이나마 도움이 되기를 바란다.

참고문헌

강현화, 원미진(2017), 『한국어교육의 이해와 탐구』, 한국문화사.

구본관 외 4명(2015), 『한국어문법총론Ⅰ』, 집문당.

진정란(2002), 『학습자 중심으로 본 이유의 연결 표현』, 한국외국어대학교.

분석 대상 논문

고박(2016), 「한국어와 중국어의 원인·이유 접속문에 대한 대조 연구」, 연세대학교 석사학위논문.

곽정(2011), 「연결어미 '-어서'와 중국어 대응표현 연구」, 건국대학교 석사학위논문.

구정영(2007), 「인과관계 의미표현에 대한 한·중 대조 분석」, 경북대학교 석사학위논문.

맹잉(2019), 「한·중 인과관계 표현의 대조 연구 : '-아서, -니까, -느라고' 중심으로」, 서울시립대학교 석사학위논문.

배성애(2017), 「중국어권 학습자를 위한 한국어 '이유 표현 연결어미' 교육 연구 : '-아서', '-니까', '-느라고', '-므로'를 중심으로」, 경상대학교 석사학위논문.

서성(2012), 「한국어 접속어미와 중국어 접속사에 대한 비교연구 : 의미론적 기능을 중심으로」, 명지대학교 석사학위논문.

서상규·안령군(2011), 「한국어 이유표현에 대한 한중 대조연구-연결어미 "-길래"를 중심으로」, 『국제한국어교육학회 학술대회연구집 2011』, 국제한국어교육학회, 174-185쪽.

소홍(2014), 「중국인 학습자를 위한 한국어 인과관계 연결어미 교육 연구 : '-어서'와 '-니까'를 중심으로」, 세종대학교 석사학위논문.

송엽휘(2008), 「한·중 인과관계 접속문 대조 연구」, 『한국학연구』 18, 한국학연구소, 139-167쪽.

여숙연(2016), 「중국인을 위한 한국어 인과표현 교육 내용 연구」, 인하대학교 석사학위논문.

왕정춘(2003), 「중국인 위한 韩·中 대조분석 : '-因为... 所以...', '既然... 就...'와 '-어서', '-니까' 중심으로」, 연세대학교 석사학위논문.

왕효단(2020), 「한국어 '-겠-', '-(으)ㄹ 것이-'와 중국어 '要', '会'의 대조 연구 : 양태적 의미와 통사적 특징을 중심으로」, 석사학위논문.

원 샤오옌(2012), 「중국어권 학습자의 한국어 연결어미 사용에 나타난 시제 오류 분석」, 부산대학교 석사학위논문.

유사사(2012), 「중국어권 학습자를 위한 한국어 어미 '-거든'의 대조 분석」, 동국대학교 석사학위논문.

이운(2012), 「인과관계 표현에 대한 한·중 대조분석」, 한양대학교 석사학위논문.

이심우(2021), 「부정적인 결과를 나타내는 한·중 인과관계 표현의 대조 연구」, 서울시립대학교 석사학위논문.

이옥환(2010), 「한국어와 중국어의 양태 표현 대조 연구」, 한양대학교 석사학위논문.

임형재·이선(2017), 「한국어 인과관계 표현에 대한 중국어 번역 양상 연구 - 연결어미 '-어서'와 '-니까'의 번역을 중심으로」, 『한중인문학연구』 56, 한중인문학회, 251-280쪽.

장수(2011), 「중국인 학습자를 위한 한국어 인과관계 연결어미 '-어서', '-니까'의 효과적 교수 방안」, 부산외국어대학교 석사학위논문.

장원(2014), 「한·중 인과 표현 대조 연구 : '-느라고', '-는 바람에'를 중심으로」, 국민대학교 석사학위논문.

장원원(2021), 「한국어교육을 위한 한·중 인과 표현 대조 연구」, 충남대학교 석사학위논문.

전여총(2013), 「한국어 목적 관계 접속어미와 중국어 대응 표현 연구 : '-(으)러, -(으)려고, -고자'를 중심으로」, 건국대학교 석사학위논문.

짜오커커(2013), 「대역 자료 중심의 한·중 인과관계 연결표현 대조 분석」, 부산외국어대학교 석사학위논문.

최봉랑(2005), 「韩中 因果关系 表现对照와 教育」, 『중국어교육과연구』 1, 한국중국어교육학회, 31-42쪽.

하천(2013), 「중국인 학습자를 위한 한국어 이유 원인 표현 교육 연구 : 중국어 인과관계 관련사와의 대조 분석을 중심으로」, 인하대학교 석사학위논문.

허정(2015), 「한국어 연결어미와 중국어 관련사어의 대조 연구 : 주어 제약을 중심으로」, 경희대학교 석사학위논문.

황정혜(2005), 「한국어와 중국어 의문문의 대조 연구 - 의문기능을 가진 종결어미화된 연결어미를 중심으로」, 『언어와문화』 15(1), 한국언어문화교육학회, 445-476쪽.

DU KUNYING(2015), 「한·중 인과관계 표현 대조 연구」, 경북대학교 석사학위논문.

HAN, XUE(2019), 「병렬말뭉치 기반 한·중 역접 표현의 대조 연구 : 연결어미 '-지만', '-는데'와 '但(是)', '却', '虽(然)'을 중심으로」, 이화여자대학교 석사학위논문.

Hou, Xiaorong(2020), 「한국어 종결어미 '-네(요)'와 중국어 어기사 '啊', '呢', '吧'의 대조 연구」, 경희대학교 석사학위논문.

LIULIU(2013), 「한국어와 중국어 인과관계 구문의 대조 연구 : '-아/어서'와 '因为...所以...', '-(으)니까'와 '既然...就...'를 중심으로」, 경희대학교 석사학위논문.

LIULU(2016), 「한·중 인과관계 표현 형식과 분류 기준 연구」, 『어문논집』 77, 민족어문학회, 233-280쪽.

LIXIAN(2018), 「한국어 접속표현에 대한 중국어 등가 번역 연구」, 한국외국어대학교 박사학위논문.

QI TINGTING(2017), 「중국인 학습자를 위한 한국어 연결어미의 학습 방안 연구 : '-(으)ㄴ/는데'를 중심으로」, 세종대학교 석사학위논문.

Ⅳ. 한·중 피사동 대조 연구의 실제 : 접근 방법 및 대조 결과를 중심으로

손봉위(SUN FENGWEI)

1. 들어가는 말

'피동'과 '사동'은 항상 '능동'과 함께 언어 연구에서 '태'를 구성하여 같이 논의되어 왔다. 한국어와 중국어는 태의 실현에 있어서 모두 '태-분리'형 언어에 속하고 일정한 표지 및 논항 추가로 피동과 사동이 실현된다.[1] 한국어와 중국어의 피동 및 사동 표현에 대한 대조 연구는 대부분 언어 표현의 형태 특징 분석 및 대응에 그치지 않고 한국어교육을 목적으로 '오류 분석', '교육방안 제시'를 하는 경우가 상당히 많았다.

'태'의 관점에서 피사동은 복합적인 문법 범주라 할 수 있다. 태의 실현에 있어서 문장 차원에서 여러 가지 문장 구성 요소와 격틀 관계를 고려해야 한다. 또한 피사동 실현 수단의 범위 및 일반화의 특징 등 여러 가지 측면에서 깊은 검토가 필요하다. 언어마다 이러한 태를 실현하는 방식에는

1 Pylkkänen(2002)의 이론에 의하면 세계 언어는 언어에서 사동기능핵 CAUSE와 외부 논항을 도입하는 VOICE기능핵이 분리되어 나타나거나 외부논항을 도입하지 않고 사동 표지만 존재하는 구조를 허용하는 유형인 반면에 '태-합일'언어는 사동기능핵 CAUSE와 외부논항을 도입하는 VOICE기능핵이 하나의 기능핵 묶음으로 외부 논항의 수반이 반드시 요구된다(왕녕박, 2017 재인용).

차이가 있어 '태'에 관한 대조 연구는 언어 유형적인 관점에서부터 체계적으로 접근해야 할 필요가 있다.

언어유형론적 관점에서 봤을 때 교착어인 한국어와 독립어인 중국어는 유형적으로 큰 차이가 존재한다. 따라서 한·중 사동 및 피동을 대조할 때는 실현되는 형태, 의미적인 범주 등 다양한 측면을 다 포괄하여야 한다. 본 연구에서는 기존의 한·중 문법 대조 연구 중에서도 '피동' 및 '사동'에 관한 대조 연구를 정리하여 연구 방법, 대조 결과, 연구의 경향 및 쟁점을 중심으로 살펴보고자 한다.

2. 한·중 피사동 대조 연구 동향

1) 연도별 동향

한·중 피동 및 사동에 관한 대조 연구의 현황을 파악하기 위해 이 절에서는 RISS에서 검색한 결과를 참조하여 연구의 초점과 세부 요소에 따른 동향을 분석할 것이다. 검색 결과, 원문이 제공되는 연구 중 한국어와 중국어의 피동 및 사동 그리고 '태'의 표현에 대해 대조 분석한 연구 총 58편을 수집하였다.[2] 학술지 논문은 13편, 학위논문은 석사학위논문 40편, 박사학위논문 5편으로 총 45편이 있었으며, 학위논문의 수가 학술지 논문보다 많았다. 한·중 피사동 대조 연구들은 대부분 2007년 이후 이루어진 연구들이었다. 연구의 연도별 분포는 다음 〈표 1〉과 같다.[3]

2 앞서 전체 경향 연구에서 59편을 추렸으나 이 중 이빙빙(2011)이 동일한 연구 내용으로 학술회의 발표 자료집, 학술지에 게재되어 본고에서는 학술지 논문에 중점을 두어 연구를 하였다.

3 본고에서는 2021년까지의 연구 분포를 통계하여 제시한다.

〈표 1〉 연도별 한·중 피사동 대조 연구 동향

연도	2007	2008	2009	2010	2011	2012	2013	2014
연구 수	1	3	2	1	4	6	6	9
연도	2015	2016	2017	2018	2019	2020	2021	
연구 수	5	5	5	5	2	2	1	

연도별 피사동 연구를 보면 2011년부터 2014년까지는 조금씩 증가세를 보이다가 2015년부터 2018년까지는 한 해에 5편의 연구가 꾸준히 나왔다. 2019년 후로는 한 해에 한두 편의 연구가 진행되고 있음을 확인할 수 있다.

2) 연구 목적

한·중 피사동 대조 연구는 크게 대조 내용 및 대응 관계를 제시한 연구, 대조 내용과 함께 학습자의 사용 양상을 제시한 연구, 대조 내용과 함께 교수 방안을 제시한 연구, 대조 내용과 오류 내용을 기술한 연구, 대조 내용과 오류를 제시하고 더불어 교수 방안을 제시한 연구로 크게 나눌 수 있다. 이에 따라 논문의 연구 목적을 '대조', '대조+습득양상', '대조+교수', '대조+오류', '대조+오류+교수'로 구분하였으며 각 목적에 따른 연구의 수는 다음 〈표 2〉와 같다.

〈표 2〉 연구목적별 한·중 피사동 대조의 연구 수

연구 목적	대조	대조+습득양상	대조+교수	대조+오류	대조+오류+교수
연구 수	34	2	12	3	6

전체적으로 봤을 때 피동과 사동을 한국어 및 중국어에서 실현되는 형태, 통사적 구조, 내포된 의미를 검토하는 단순 대조 연구가 34편으로 가장 많았다. 대조의 결과를 바탕으로 교수 방안을 함께 제시하는 연구는 12편이 있었고, 대조와 함께 학습자 용례의 오류를 분석하고 교수 방안까지

제시하는 논문은 6편이 있었다. 이외에 대조의 결과를 바탕으로 오류를 분석하여 오류의 원인을 검토하는 논문이 3편, 대조 결과를 바탕으로 학습자들의 습득 양상을 분석하는 연구가 2편 있었다.

3) 세부 연구 영역 및 층위

한·중 피사동 대조 연구의 세부 영역은 크게 '피동 대조', '사동 대조', '피동 및 사동 대조' 세 가지로 나누어 볼 수 있다. 대부분 연구는 피동이나 사동 중 하나의 범주를 대조하였는데, 피동과 사동을 함께 다룬 대조 연구로는 왕녕박(2017) 한 편이 있었다.

왕녕박(2017)은 '태'에 관한 범언어적인 정의를 내리고 피동과 사동을 나누어 각 범주 안에서 형태 대응 및 통사적 관계를 분석하였다.

한국어 및 중국어의 피사동 연구의 층위를 봤을 때 크게 피동 및 사동을 '어휘', '문장 구문', '언어 표현' 세 가지 층위에서 살펴보았다. '어휘'의 층위에서 살펴볼 때는 파생 접사를 사용한 피사동사, 피동과 사동의 의미를 내포한 개별 동사에 초점을 맞추어 대조하였다. 또한 '문장 구문', '언어 표현'의 층위에서 한국어와 중국어 피사동을 대조한 연구들을 주로 '형태적 수단', '어휘적 수단', '통사적 수단'의 층위에서 한국어와 중국어 피사동의 실현 및 대응을 살펴보았다. 한·중 피사동 대조 연구 연구들을 세부 영역 및 연구의 층위에 따라 정리하면 다음 〈표 3〉과 같다.

〈표 3〉 세부 영역 및 연구 층위별 한·중 피사동 대조 연구

세부 영역	연구 층위	연구 수	합계
사동	사동사	2	20
	사동문/사동구문	8	
	사동 표현	9	
	사동법	1	
피동	피동문	9	38
	피동 표현	29	

전체적으로 봤을 때 사동보다 피동에 관한 연구가 조금 더 활발히 진행되었음을 알 수 있다. 사동에 대한 연구를 보면 '사동'을 문장과 언어 표현의 층위에서 살펴본 연구가 각각 8편, 9편으로 큰 비중을 차지하고 있었다. 이외에 개별적인 사동사를 살펴본 어휘 층위의 연구가 2편이 있었고 전체적인 사동을 하나의 문법 범주인 '사동법'으로 논의한 논문이 1편 있었다. 한편 피동 연구에서는 피동을 문장 층위에서 논의한 연구가 9편, 피동 표현을 다룬 연구가 29편이 있었다. 이처럼 '피동 표현'이라는 용어를 사용하여 대조한 연구가 압도적인 비중을 차지하고 있었다. 한국어의 피동과 중국어의 피동을 문장 차원에서 대조할 때 동일한 층위에서 대응되는 형태소를 찾는 것이 쉽지는 않다. 그러므로 '표현'이라는 용어를 취하여 다른 층위에서 피동이 실현되는 경우를 함께 살펴봄으로써 다양한 표지 및 내재적인 피동의 의미에서 등가성을 찾고 논의하는 경우가 많았다.

4) 연구 자료 및 방법

한·중 피동 및 사동 대조 연구에서 주로 사용하는 대조의 방법은 '선행 문헌 분석', '말뭉치 대조' 두 가지로 나누어 볼 수 있다. 여기에서는 실증적인 자료인 말뭉치를 활용한 연구에서 사용한 말뭉치의 유형을 살펴보도록 하겠다. 많은 연구에서 예문을 추출할 때 말뭉치를 적극 활용하는데 본고에서는 '언어 표현 양상 대조'에 초점을 맞추어 '말뭉치 기반 연구'의 실제적인 자료 구성을 살펴보겠다. 말뭉치를 사용한 연구는 총 7편이 있었으며, 구체적인 구성 및 말뭉치의 크기는 다음 〈표 4〉에서 제시하도록 한다.

〈표 4〉 말뭉치 대조 연구 사용된 언어 자료 및 말뭉치 크기

연구	연구 영역	말뭉치 유형	
		문어 말뭉치	구어 말뭉치
		구체적인 자료	구체적인 자료
주순 (2013)	피동	한국소설 및 중국어 번역본	

전유갑 (2014)	피동	한국어: 한국어 학습용 어휘 선정결과 보고서 5965개 어휘 중국어: 北京大学 CCL 现代汉语语料库 8억 어절	
이문화 (2015)	사동	50만 어절 신문기사 병렬말뭉치	
이문화 (2016)	사동	83만 어절 신문기사 말뭉치	83만 어절 드라마 말뭉치
이문화 (2017)	사동		83만 어절 드라마 말뭉치
이문화 (2018)	피동	약 90만 어절 신문기사 말뭉치	약 35만 어절 드라마 말뭉치
김경진 (2022)	사동	2편의 한국 소설과 중국어 번역본 2편의 중국 소설과 한국어 번역본	54편 중국어 드라마 대본과 한국어 번역본 46편 중국어 드라마 대본과 중국어 번역본

위에서 제시한 말뭉치를 이용한 연구들을 보면 다음과 같은 몇 가지 특징을 보이고 있다. 먼저 문어 말뭉치에서 사용된 텍스트는 주로 '신문기사' 및 '소설' 두 장르로 구성되었다. 구어 부분에서는 모든 연구가 '드라마 말뭉치'를 사용해서 연구를 진행하였다. '신문 기사'에서 나온 문어 용례들은 격식성을 갖추는 특징이 있는 반면 '소설'은 일상생활 용어가 많이 담긴 텍스트 자료이다. '드라마 대사'는 많은 연구에서 '준구어'로 여기고 있고 실제 발화와 완전히 일치하지 않는다는 한계가 있지만 다양한 장르에서 다양한 연령층, 직업, 성별의 화자들의 발화를 수집할 수 있다는 장점도 있다.

그리고 대부분 연구에서 사용된 말뭉치는 '번역말뭉치', 즉 한국어 원문과 중국어의 번역문 또는 중국어 원문과 한국어 번역문이었다. 대부분 연구에서는 이러한 '번역'의 대응이 일방적이지만 김경진(2022)에서는 한국어 원본과 중국어 번역본, 중국어 원본과 한국어 번역본을 모두 검토하여 양방향으로 대조를 진행하였다.

3. 사동 대조 연구의 동향 및 쟁점

1) 사동 대조의 연구 대상

'사동'이라는 문법적인 개념은 좁게는 어휘 차원으로 '사동사'로 볼 수도 있고 넓게는 문장 및 담화 차원까지도 볼 수 있다. 대조 연구를 진행하기에 앞서 먼저 살펴보아야 하는 항목을 설정하는 것이 중요하다. 앞서 연구의 층위에서 볼 수 있듯이 '사동'에 관한 연구는 주로 '어휘' 및 '구문과 표현' 두 가지 측면에서 논의되어 왔으며 한국어의 사동은 '형태적 사동', '어휘적 사동', '통사적 사동' 세 가지 층위에서 실현된다. 이에 따라 지금부터는 기존 연구에서 사동을 대조할 때 다루었던 대상을 살펴보도록 하겠다. 지금까지 한·중 사동 대조 연구의 연구 범주, 한·중 사동 표현의 하위 분류에 대한 관점은 연구자들 간에 통일이 되어 있지 않다. 예를 들어 사동의 의미는 '행동의 주체가 자기 스스로 행하는 것이 아니라 남으로 하여금 어떤 동작이나 행동을 하게 하는 것'이다. 이에 따라 형태적으로 사동이 실현된 것을 사동 표현으로 인정하되, 무표지성을 가지며 내재적으로 사동의 의미를 가진 것까지 사동에 포함하느냐에 대한 견해는 연구자마다 다르다고 할 수 있다.

〈표 5〉 한국어에서의 사동 대조 연구 대상

연구	형태적 사동	어휘적 사동		통사적 사동
		단순 사동사 사동	'-시키다' 사동	
최길림(2007)	○		○	○
박연옥·박동호(2008)	○		○	○
김봉민(2012)	○	○	○	
근향동(2012)	○		○	○
손영(2012)	○		○	○
혁미평(2013)	○	○	○	○
노금송(2014)	○		○	
주원사(2014)	○		○	○

ZHANG, QI(2021)	○		○	○
최규발·김은주(2014)	○		○	○
이문화(2015)	○		○	○
장내천(2014)	○	○	○	○
이문화(2015)	○		○	○
정징(2016)	○		○	○
이문화(2016)	○		○	○
왕녕박(2017)	○			○
Hua, Shengnan(2018)	○		○	○
이중아(2019)	○		○	○
왕연(2020)		○		
김경진(2022)	○		○	○

위의 〈표 5〉에서 볼 수 있듯이 특정 사동 의미를 내포한 어휘를 연구한 김봉민(2012), 왕연(2020)을 제외한 나머지 연구는 한국어에서 '-이-, -히-, -리-, -기-'의 파생적인 형태적 사동, '-게 하다'의 통사적 사동을 공통적으로 다루고 있었다. 그리고 '어떤 일이나 행동을 하게 하다'라는 내재적인 사동 의미를 가진 '시키다'를 명사 뒤에 붙여 자동사로 보기도 하였고, 동작성 한자어 어근과 '고유어+하다' 동사 어근의 빈번한 결합으로 '(-)시키다'를 하나의 접미사로 보기도 하였다. 이처럼 연구마다 '(-)시키다' 사동에 대한 범주적 분류에 대한 논의는 다소 다른 양상으로 나타나며 꾸준히 이어지고 있다. 이 중 대부분의 연구는 '(-)시키다'를 어휘적 사동의 하위 범주로 여기고 있었다.

어휘적 사동의 범주에 대한 논의를 보면 장내천(2015)에서는 '(-)시키다' 외에 '가다: 보내다', '받다: 주다'와 같이 '주동:사동'의 내재적인 의미 대응을 가지는 일부 단어들도 어휘적 사동에 포함시켰다. 그리고 '보내다', '주다' 등의 동사를 '순수 사동사'라 하였다. 왕연(2020)에서는 '순수 사동사'를 '함축적 사동 어휘'로 정의하며 '잡다', '밀다'에 내포된 사동 의미를 구문 구조 및 의미론적 관점에서 다시 살펴봄으로써 기존 연구보다 새로운 관점을 제시하였다.

위의 논의들을 정리하면 국어학에서 널리 인정된 '-이, 히, 리, 기, 우, 구, 추'의 접미 형태적 사동과 '-게 하다' 사동을 사동 대조의 연구 대상으로 보는 것에 대해서는 이견이 거의 없었다. 또한 '사동'을 하나의 언어 표현으로 여겨 '(-)시키다' 사동 역시 대부분의 연구에서 연구 대상으로 포함시키고 있었다. 그리고 '사동사'에 초점을 맞춘 몇몇 연구에서는 '보내다', '잡다' 등 함축적 사동사도 어휘적 사동으로 여기고 있음을 확인할 수 있었다.

2) 사동 대조의 대조 방법 및 경향

(1) 대조의 출발점 및 항목

이 절에서는 한·중 사동 연구에서 대조를 진행할 때 대조하는 항목들을 살펴보겠다. 기존 연구들에서는 주로 '실현 방식', '격틀 논항', '형태 대응', '통사적 특질', '의미적 특질', '화용적 특질'의 6가지 측면에서 대조하였다. '실현 방식'에 대한 대조는 한국어 및 중국어 체계에서의 '사동 체계'를 대조하는 것이다. '격틀 논항'은 사동을 하나의 구문으로 봤을 때 사동 구문에서의 문장성분의 배열을 말하는 것이다. '대응 형태'에 대한 대조는 주로 실증적 언어 자료인 말뭉치 및 번역 연구에서 한국어에서의 특정 사동 형태에 대한 중국어 대응을 찾아 대조하는 것을 지칭한다. '통사적 특질'을 대조하는 것은 주로 사동구문에서 각 논항의 문법적 특징, 사동 표현의 통사적 기능 그리고 사동주 및 피사동주의 통사 특성, 사동 구문 중 '부정의 수식 범위' 및 '피사동주' 등을 검토하는 것이다. '의미적 특질'은 의미적으로 접근하여 한국어 및 중국어 사동 표현의 '의미 범주', '의미적 제약' 그리고 '사동의 직접 또는 간접성'을 대조한다. '화용적 특질'은 화용적인 측면에서 한국어 및 중국 사동의 화용 특징을 대조한 것이다. 기존 연구에서 대조한 항목들을 정리하면 다음 〈표 6〉과 같다.

〈표 6〉 대조 내용에서 사동의 대조 항목

연구	실현 방식	격틀 논항	형태 대응	통사적 특질	의미적 특질	화용적 특질
최길림(2007)	○	○	○			
박연옥·박동호(2008)	○	○	○			
김봉민(2012)	○	○		○	○	○
근향동(2012)	○	○	○		○	
손영(2012)	○	○		○	○	
혁미평(2013)	○	○		○	○	
노금송(2014)	○				○	
주원사(2014)	○	○			○	
장내천(2014)	○				○	
최규발·김은주(2014)	○			○	○	
이문화(2015)	○	○	○			
정징(2016)	○	○		○	○	
왕녕박(2017)	○	○		○		
이문화(2016)	○	○	○			
이문화(2017)	○	○	○		○	
Hua, Shengnan(2018)	○					
이중아(2019)	○		○			
왕연(2020)	○	○		○	○	
ZHANG, QI(2021)	○	○		○	○	
김경진(2022)	○		○			

위의 표에서 알 수 있듯이 모든 연구가 대조의 초반 단계에서 한국어와 중국어에서의 '사동'의미 실현 방식을 대조하고 있었다. 언어유형론적인 차이 및 중국어 사동의 무표적 특징으로 인해 실현되는 문법 층위의 등가성을 맞추어 대조하는 연구도 있었지만 대부분 연구에서는 두 언어 체계에서 널리 사용되는 분류 방식을 바탕으로 대조하고 있었다.

그 다음으로 격틀 논항에 대한 대조도 많이 이루어졌다. 사동은 언어에서 '태'의 범주와 관련이 있다. 그러므로 사동의 의미가 발생할 때 문장의 주어, 사동주의 문장성분, 의미 전달에 필요한 논항이 원래 주동문과 다르므로 이때의 문장 형태를 검토하는 것이 중요하다.

먼저 대부분 연구에서는 한국어와 중국어의 사동 표현을 대조할 때 먼저 형태적 측면에서 피동의 '실현 형태' 및 사동 구문에서의 '논항 및 격틀'을 검토하는 경우가 많았다. 이외에는 한국어와 중국어 '사동'의 통사적인 특징으로 부사나 부정사의 수식 범위, 사동주 피사동주의 격 정보 등 통사적 특징을 대조하기도 하였다.

그리고 대부분 연구에서 형태 및 통사 특징을 검토를 하는 동시에 의미론적으로 의미자질에 대한 검토를 함께 하였다. '의미자질'에 대한 검토는 대부분 사동 형태의 내포적인 자질 및 제약 등을 검토하는 데 초점을 두고 있다. 또한 김봉민(2012)과 같이 사동주 및 피사동주의 유정성에 따라 표현을 취택하는 것에 대한 제약을 고려하는 연구도 있었다. 그리고 행동주, 경험주, 대상의 자주성 및 육체적, 심리적, 정신적 감수성에 따라 사동 표현의 의미적 자질을 분석하는 연구도 있었다.

이외에 기존 연구에서는 한국어 및 중국어 사동에 대한 '화용적 접근'도 시도하기는 하였으나 이에 대한 대조가 많지 않아 충분히 논의되지 못하였다. 위에서 제시된 20편의 연구 중에서 김봉민(2012) 외에는 두 언어의 사동 표현을 화용론적 범주에서 대조한 연구는 없었다. 김봉민(2012)에서 사동 표현은 일정한 화용적인 목적에 의해 문장의 '결합가'(즉 필수적인 문장성분)에 일정한 변화가 있을 수 있다고 주장하며, 이를 통사적인 문항 격틀과 함께 논의하였다. 국어학 연구에서는 사동 표현에 대한 화용적인 언급이 많이 없는 반면, 중국어의 사동 개념을 제기하는 초기에는 화용적인 측면에서의 검토가 활발히 이루어져 왔다. 따라서 아직 한·중 사동 대조 연구에서는 사동 형태들의 화용적 자질을 분석하거나 각 형태의 동질성 문제를 검토하여 대조하는 연구가 많이 없음을 확인할 수 있었다.

3) 사동 대조의 결과 비교 분석

앞선 대조의 항목을 통해 알 수 있듯이 한국어와 중국어의 사동 표현을 대조할 때는 주로 실현되는 방식, 문장의 격틀 정보, 형태적인 대응, 그리고 통사, 의미, 화용적인 특징에서 접근한다. 실현되는 양상은 앞서 연구의 대상 부분에서 다루었으며, 이 장에서는 대조 항목에서 많이 다루었던 통사적 특징, 의미적 특징, 그리고 대응 형태 세 가지 측면에서 연구 결과를 정리해 보고자 한다. 통사적, 의미적 특징과 대응 형태를 대조한 연구는 다음 〈표 7〉을 통해 알 수 있다.

〈표 7〉 통사적 특징, 의미적 특징, 대응 형태를 대조한 연구

대조 영역	해당 영역을 다룬 연구	
통사적 특징	사동주 및 피사동주의 특징	김봉민(2012), 손영(2012), 혁미평(2013), 최규발·김은주(2014)
	부사어의 수식 범위	손영(2012), 혁미평(2013), ZHANG,QI(2021)
의미적 특징	직접 사동 간접 사동	손영(2012), 노금송(2014), 최규발·김은주(2014)
	실현 형태에 따른 의미 및 제약	정징(2016), 왕연(2020)
	완결성 미완결성	노금송(2014)
	지시 사동 및 조종 사동	손영(2012)
	사동의 강제성	손영(2012)
대응 형태	최길림(2007), 박연옥·박동호(2008), 근향동(2012), 이문화(2015), 이문화(2016), 이문화(2017), 이중아(2019), 김경진(2022)	

다음으로는 각 절에서 통사적, 의미적, 그리고 대응 형태를 대조하여 나온 결과를 다양한 측면에서 정리하여 살펴보도록 하겠다.

(1) 통사적 특징 대조 결과

한·중 사동 표현의 통사적 특징을 중심으로 대조한 연구에서는 주로 사동주 및 피사동주 의 문장성분, 즉 격정보와 문장에서의 필수성 그리고 부사어의 수식 범위 등에 대하여 대조를 진행하였다. 그리고 대조를 통해 밝혀진 공통점과 차이점을 바탕으로 연구 결과를 정리하였다. 다음은 연구에 따른 통사적 특징의 대조 결과를 정리한 것이다.

첫째, 사동주 및 피사동주의 통사적 특징을 살펴본 기존 연구에서는 주로 사동주 및 피사동주 문장에서의 '문장 성분', 문장에서의 '필수성' 그리고 사동주 및 피사동주의 위치에 있는 구성 요소들을 바탕으로 통사적 특징을 살펴보았다.

〈표 8〉 기존 연구에서 피사동주, 사동주의 통사적 대조 결과

<table>
<tr><th>초점</th><th>연구</th><th colspan="4">대조 결과</th></tr>
<tr><td rowspan="5">문장성분
및
격의 실현
표지</td><td rowspan="2">혁미평
(2013)</td><td rowspan="2">차이점</td><td rowspan="2">피사동주
표지성</td><td>한</td><td>목적어(을/를), 부사어(에게), 장형 사동에서 주어(이/가), 부사어(로 하여금)로 실현한다.</td></tr>
<tr><td>중</td><td>조사로 표기하지 않고 특수 어휘로 실현한다.</td></tr>
<tr><td rowspan="3">최규발
·
김은주
(2014)</td><td>공통점</td><td colspan="3">주동문을 바탕으로 만든 사동문에서 원주동문의 주어가 사동문의 목적어로 나타난다는 것은 중국어 및 한국어에서 동일하다.</td></tr>
<tr><td rowspan="2">차이점</td><td rowspan="2">주동문
주격의
변화</td><td>한</td><td>한국어에서 원주동문의 주격은 사동문에서 주격을 그대로 유지하거나, 대격 혹은 여격으로 이동하여 새 주격이 만들어진다.</td></tr>
<tr><td>중</td><td>중국어의 형용사나 자동사에서 유래한 사동문에서 원주동문의 주격이 사동문의 목적격으로 이동하고 새 주격이 만들어진다.</td></tr>
<tr><td rowspan="4">피사동주,
사동주의
특성,
생략가능성</td><td>손영
(2012)</td><td>공통점</td><td colspan="3">한국어와 중국어의 사동법에서는 모두 사동주가 필수적이다. 상황에 따라 생략되기도 한다.</td></tr>
<tr><td rowspan="3">김봉민
(2012)</td><td>공통점</td><td colspan="3">'사동주, 피사동주, 결과'는 사동태의 필수 성분이다. 하지만 화용적인 상황에 따라 생략될 수 있다.</td></tr>
<tr><td rowspan="2">차이점</td><td rowspan="2">사동주의
구성</td><td>한</td><td>사동주는 명사구로 구성된다.</td></tr>
<tr><td>중</td><td>사동주는 명사구와 용언구로 구성된다.</td></tr>
</table>

〈표 8〉에서 볼 수 있듯이 기존 연구에서 피사동주의 통사적 특징에 대한 논의를 살펴보면 한국어 및 중국어 모두 원주동문과의 격대응, 사동주의 필수성이라는 측면에서 공통점을 가진다. 차이점은 주로 사동주 구성의 특징, 주동문에서의 주격 변화, 피사동주의 표지성에서 관찰되었다.

먼저 공통점을 보면 '피사동주'의 필수성에 대해 김봉민(2012), 손영(2012)에서 논의된 바가 있는데 두 연구는 다음과 같은 공통적인 결론을 내렸다. 즉 한국어와 중국어 사동 구문에서 피사동주는 필수적인 성분이

지만 화용적인 상황에 따라 실제 발화에서 생략되기도 한다는 것이다. 이외에 최규발·김은주(2014)에서는 한·중 주동문을 바탕으로 구성된 사동문에서 원주동문의 주격이 모두 사동문의 목적어로 나타난다는 것을 밝혔다. 또한 이 연구에서는 격의 대응에 있어서 한국어와 중국어 간의 차이점도 관찰되었다. 한국어의 경우 주동문을 바탕으로 만들어지는 사동문에서는 원주동문의 주어가 사동문의 직접 목적어 또는 간접 목적어로 나타나거나 그 하위문의 주어로 나타나기도 한다. 이렇게 격표지에 따라 한국어 사동문은 '여격 사동', '대격 사동', '주격 사동', '(-)로 하여금' 사동으로 분류되기도 한다. 하지만 중국어에서는 주동문을 바탕으로 하여 만들어지는 사동문에서 원주동문이 사동 표지의 목적어나 목적어구의 형태로 나타나며 다른 격으로는 나타나지 않는다는 것이다. 그리고 한·중 사동문의 사동주 및 피사동주 부분에서 관찰된 차이점은 주로 형태적인 '표지성', '구성소'에 의해 나타났다. 언어유형론에서 한국어는 교착어이기에 형태소의 결합으로 격 등 많은 문법 정보를 나타내는 반면 중국어에서 격의 실현은 무표적인 특징이 있으며, 피사동주에 용언구도 허용된다는 점에서 차이가 있다.

둘째, 부사어의 수식 범위에 대해서는 크게 '사동의 형태', '부사어의 의미' 두 기준으로 검토를 하였으며 손영(2012), 혁미평(2013), ZHANG,QI(2021)에서 이에 관한 통사적인 대조 결과를 제시하였다. 이는 아래 〈표 9〉를 통해 살펴볼 수 있다.

〈표 9〉 한·중 사동에서 부사어의 수식 범위에 대한 대조 결과

초점	연구	대조 결과		
사동 형태	손영 (2012)	공통점	한국어	단형: 동사 전체의 의미. 장형: 피사동주의 행위를 나타내는 본용언의 의미.
			중국어	'给'사동문: 사동주의 행위. '使, 叫, 让' 부사어가 피사동주의 행위 의미를 제한한다.
	혁미평 (2013)	공통	한국어	단형: 동사 전체의 의미. 장형: 피사동주의 행위를 나타내는 본용언의 의미.

		점	중국어	어휘적 사동: 사동주만 수식할 수 있다. 통사적 사동: 피사동주만 수식할 수 있다.
재귀 사동	ZHANG, QI (2021)	공통점	한·중 형태적 사동의 부사어 모두 사동 사건을 수식한다. 사동 사건과 피사동 사건이 동일한 장소와 시간에 이루어짐을 나타낸다. 한·중 재귀 사동 구문에서 부사어가 사동주 뒤에 나타나면 사동 사건을 수식하고, 피사동주 뒤에 나타나면 피사동 사건을 수식한다.	
		차이점	한국어	시간대를 나타내는 시간 부사어가 한국어 형태적 재귀사동 구문과 통사적 재귀 사동 구문에서 모두 놓일 수 있다.
			중국어	시간부사어는 중국어의 어휘적 재귀 사동문에서 놓일 때 합리적이다. 중국어만의 제약: 통사적 재귀 사동 구문의 '把'자 구문에서 부사어가 나타나면 사동사건만 수식한다. 그리고 사동사건과 피사동 사건이 동일한 장소와 시간에 이루어져야 한다.

부사어의 수식범위에 대해 논의한 대조 연구는 주로 두 가지 측면으로 결론을 내렸다. 하나는 한국어와 중국어의 사동 실현 형태에 따라 부사어의 수식 차이를 서술하였고, 다른 하나는 ZHANG, QI(2021)에서와 같이 부사어의 구체적인 의미 범주에 따라 수식 범위가 달라진다는 것이었다.

실현 형태에 따른 부사어 수식에 대한 논의에서는 대부분 일관된 결론을 내리고 있었다. 〈표 9〉에서 확인할 수 있듯이 위 3편의 연구에서 한국어의 단형 사동(형태적 파생 사동)으로 이루어진 구문에서 부사어의 수식 범위는 동사 전체의 의미, 즉 전체 사동 사건이라는 공통적인 결론을 보였다. 그리고 장형 사동의 부사어는 본용언에 한정하여 수식한다는 것도 연구들의 공통적인 결론이었다. 중국어에서는 '给'자를 붙여 사동주 대상을 나타낸 어휘적 사동에서 부사어가 동사 전체를 수식하는 것과 달리, '使, 叫, 让'과 같은 통사적 사동에서는 부사어가 피사동주에 한정하여 수식한다.

ZHANG, QI(2021)에서는 연구의 초점을 전체 사동이 아닌 재귀 사동에 두었다. 이 연구에서는 시간 부사어의 경우 중국어에서 어휘적 재귀사동문에 놓일 수 있지만, 통사적 사동에서는 시간 부사어 사용에 제한이 있다는 것을 설명하였다. 또한 재귀사동을 논의하면서 중국어 통사적 재귀사동 구문인 '把'자 구문에서 부사어가 나타나면 사동 사건만 수식한다고 하였다. 그리고 이때 사동 사건과 피사동 사건이 동일한 장소에서 동일한 시간에 이루어져야 한다는 중국어 재귀사동만의 특징을 기술하며 결론을 내렸다.

(2) 형태 대응 대조 결과

형태 대응의 대조 결과를 보면 대부분 연구에서는 한국어의 형태적 사동, '-시키다'로 이루어진 어휘적 사동, '-게 하다'로 이루어진 통사적 사동과 중국어의 통사적인 개사 사동, 동사+得(조사) 사동, 무표적인 개별 어휘적 사동, '동사+동사'의 합성적 사동 간의 대응 양상을 살펴보았다.

〈표 10〉 한·중 사동 표현의 형태적 대응

중국어 사동 표현 형태				한국어 사동 표현의 형태		
				형태적 사동	어휘적 사동	통사적 사동
				'-이/히/리/기' 접미사동	'(-)시키다' 사동	'-게 하다' 사동
유표적 사동	통사적 사동	개사(介辞) 선행 사동	让	최길림(2007) 근향동(2012) 주원사(2014) 이문화(2016) 이중아(2019)	최길림(2007) 이문화(2016) 이중아(2019)	최길림(2007) 근향동(2012) 이문화(2016) 이중아(2019)
			使	최길림(2007) 근향동(2012) 주원사(2014) 이중아(2019)	최길림(2007) 이중아(2019)	최길림(2007) 근향동(2012) 이중아(2019)
			叫	최길림(2007) 주원사(2014) 이문화(2016) 이중아(2019)	최길림(2007) 이문화(2016) 이중아(2019)	최길림(2017) 근향동(2012) 이중아(2019)
			把	최길림(2007) 주원사(2014) 이문화(2016)	최길림(2007) 이문화(2016)	최길림(2007) 근향동(2012) 이문화(2016)
			给	최길림(2007) 근향동(2012) 주원사(2014)	최길림(2007) 이문화(2016)	이문화(2016)

				이문화(2016) 이중아(2019)		
		동사+조사	v+得	–	–	박연옥·박동호(2008)
무표적사동	어휘적 내재 의미			최길림(2007) 근향동(2012) 주원사(2014)	최길림(2007)	–
	합성적 사동			박연옥·박동호(2008)	–	최길림(2007)

〈표 10〉을 보면 대조의 출발 언어인 한국어에서는 '형태적 사동', '(–)시키다'사동, 함축적 어휘 사동을 포함한 '어휘적 사동', 그리고 '통사적 사동'의 사동 형태가 거의 모든 사동 표현을 포괄하였다. 하지만 이와 달리 중국어에서는 연구마다 사용된 말뭉치의 용례, 번역본의 장르 제한, 번역가의 언어 습관으로 인해 보다 다양한 사동의 형태가 나타났다. 이 중에서 한국어 형태적 파생 접미 사동은 'V+得'를 제외한 대부분의 중국어 사동 표현과 대응할 수 있는 것으로 관찰되었다. 이외에 한국어에서 결합에 제약을 덜 받는 통사적 장형 사동 은 중국어에서 유표적으로 나타나며, 특정한 문장 구조로 표현되는 대부분의 사동 방법과 대응되는 것으로 확인하였다.

'(–)시키다' 사동은 많은 연구에서 대조 항목으로 삼지 않았는데, 이는 사용되는 어휘들이 제한적인 것과도 관련이 있어 보인다. 최길림(2007), 이문화(2016)는 '(–)시키다' 사동의 중국어 대응 표현에 대하여 고찰하였는데, '(–)시키다' 사동은 중국어의 개사 사동과 무표적인 어휘 내재적인 사동과 대응하는 것으로 나타난다. 많은 연구에서 '무표적인 사동'을 다루었지만, 한국어에서 사동 의미를 담은 어휘의 개별성, 무표성에 따라 중국어 대응 양상을 찾기 어려운 경우가 많았다. 또한 중국어로 표현될 때 무표성으로 인해 '사동'의 의미를 상실하게 되거나 문장 어순으로 인해 주동문으로 바뀌는 경우가 많았다. 이에 모든 선행 연구에서 한국어의 개별 어휘 사동의 대응 양상을 찾지 못하였다.

(3) 의미 특징 대조 결과

기존 연구에서 한국어 및 중국어 사동 의미 범주와 관련해 가장 자주 논의된 의미 범주는 사동 표현의 '직접성'이다. 손영(2012)에서 직접 사동은 사동주가 피사동주의 동작에 직접 관여하여 사동 행위를 실행하는 것으로 정의된다. 또한 간접 사동은 사동주가 피사동주로 하여금 어떤 행위를 하도록 하기만 할 뿐 사동주 자신이 그 행위에 참여하지 않는 것을 말한다. 이외에 사동의 형태에 따른 의미 차이, 강제성, 지시, 조종 의미, 완결성에 대한 논의도 있다. 이 절에서는 먼저 〈표 11〉을 통해 사동의 직접성에 관한 선행 연구들의 대조 결과를 살펴보겠다.

〈표 11〉 한·중 사동 표현의 직접성 대조 결과

<table>
<tr><th>초점</th><th>연구</th><th colspan="3">대조 결과</th></tr>
<tr><td rowspan="9">형태구성에 따른 사동표현의 직접성</td><td rowspan="2">손영
(2012)</td><td rowspan="2">개별특징</td><td>한</td><td>단형 사동은 직접 사동의 의미를 나타내고 장형 사동은 간접 사동의 의미를 나타낸다.</td></tr>
<tr><td>중</td><td>어휘 사동, '给'사동은 직접 사동의 의미를 나타내고 '使'사동, '叫'사동, '让'사동은 간접 사동의 의미를 나타낸다.</td></tr>
<tr><td rowspan="3">노금송
(2014)</td><td>공통점</td><td colspan="2">한·중 언어에서 형태적, 통사적 사동문은 모두 직간접 사동으로 대칭 관계를 이루지 않는다. 즉 한·중 사동문의 형태 구조가 사동 행위의 직간접성과 밀접한 관련이 없음을 시사한다.</td></tr>
<tr><td rowspan="2">차이점</td><td>한</td><td>한국어 형태적 사동문은 직간접 사동을 모두 나타난다.</td></tr>
<tr><td>중</td><td>문법 표지 있는 통사적 사동문은 모두 간접 사동을 나타내고 어휘적 사동은 직접 사동만 나타낸다.</td></tr>
<tr><td rowspan="2">최규발
·
김은주
(2014)</td><td rowspan="2">개별특징</td><td>한</td><td>단형사동은 직접 사동에 속하고, 장형 사동, '시키다'사동은 간접 사동에 속한다.</td></tr>
<tr><td>중</td><td>어휘적 사동, '给'는 직접 사동이고 통사적 사동은 간접 사동에 속한다.</td></tr>
<tr><td rowspan="2">ZHANG,
QI
(2021)</td><td rowspan="2">개별특징</td><td>한</td><td>형태적 재귀사동문은 직접 사동이고 통사적 재귀 구문은 간접 사동에 속한다.</td></tr>
<tr><td>중</td><td>어휘적 구문은 직접 사동에 속하고 통사적 구문은 상황에 따라 직접 사동의 상황도 있고 간접 사동도 있다.</td></tr>
</table>

대부분 연구에서 한국어 및 중국 사동 표현의 직접성은 주로 사동 표현을 실현하는 데 사용된 형태와 긴밀한 관련이 있었다. 사동의 직접성을 살펴

본 4개의 연구 중에서 손영(2012), 최규발·김은주(2014), ZHANG,QI(2021) 3편 연구에서 합의된 결론은 '-이/히/리/기'로 이루어진 형태적 사동은 모두 직접 사동이라는 것이다. 즉 행위주가 대상에 미치는 영향이 직접적인 것이다. 반면에 '-게 하다'로 이루어진 장형 사동은 사동주가 피사동주, 피사동 행위에 간접적인 영향을 미친다고 하였다.

위 3편의 연구는 중국어 부분에서도 동일한 결론을 내렸다. 즉 '给'처럼 통사적 표지가 나타나는 구문, 어휘적인 사동문은 직접 사동에 속하고 '使'사동, '叫'사동, '让'사동 등 개사적 사동, 동사의 결합으로 이루어진 통사적 사동 표현들은 모두 간접 사동에 속한다고 하였다. 하지만 두 언어의 직간접성의 공통점에 대해 논의한 노금송(2014)에서는 한국어와 중국어에서 형태적 통사적 사동문은 모두 직간접 사동으로 대칭관계를 이루지 않았으며, 사동문의 구조가 사동 행위의 직간접성과 밀접한 관련이 없음을 시사하였다.

(a) ㄱ. 할머니가 손자에게 옷을 입힌다.
ㄴ. 철이가 할머니를 웃겼다.
ㄷ. 할머니가 손자에게 옷을 입게 했다.
ㄹ. 철이가 할머니를 웃게 했다. (노금송, 2014)

노금송(2014)에서 (aㄱ, aㄷ)은 형태적 사동과 통사적 사동이 직접 사동과 간접 사동으로 완전히 대칭되는 모범 예문이라고 하였으나 (aㄴ, aㄹ)은 그렇지 않다고 하였다. 내적인 원인이나 외부 논항으로 행위주 논항을 갖는 동작 동사의 경우에 사동의 원인 사건과 함께 사동주인 또 다른 외부 논항이 도입되면서, 피사동주가 되는 어근 동사의 행위주 논항이 사동주의 영향을 받게 된다. 하지만 어근 동사가 가졌던 나름의 행위주로서의 자질을 유지하기 때문에 간접 사동에 가까운 의미를 갖는다고 하였다. 그러므로 형태적 사동은 직접 사동, 통사적으로 이루어진 사동은 간접사동이라는 단언적인 결론을 내릴 수밖에 없다는 관점을 취하고 있었다. 이외에 사동의 강제성, 지시성, 그리고 완결성에 대한 논의도 나타났다. 정리하면 다음 〈표 12〉와 같다.

〈표 12〉 손영(2012) 사동의 강제성 및 지시성에 대한 의미적 자질 대조

강제 사동 및 비강제 사동		지시 사동 및 조종 사동	
한국어	중국어	한국어	중국어
사동주의 지배적 강약에 따라, 의지 부사를 나타내는지에 따라 강제 사동과 비강제 사동으로 나뉜다.	중국어에서 단순 사동사는 작용 기능에 따라 사동주 지배력의 강약이 나타난다.	지시 사동과 조종 사동이 가능하지만 사동의 실현 형식과 무관하다.	통사적 사동은 주로 지시 사동을 나타내고 어휘 사동은 지시 사동과 조종 사동을 모두 나타낼 수 있다.

손영(2012)에 따르면 사동주와 피사동주가 원칙적인 관계를 드러냈을 때 사동주가 피사동주에게 지시하는 방식은 여러 가지로 달라질 수 있다고 하였다. 피사동주의 의지의 강약에 따라 지시를 강요할 수도 있고 호소 또는 설득할 수도 있으며 허락이나 방임을 할 수도 있을 것이다. 이때 사동주의 지배적인 힘의 강약에 따라 사동 표현을 강제 사동 및 비강제사동으로 나눌 수 있다. 대조의 결과를 보면 한국어 사동 표현의 강제성은 사동주의 지배적 강약에 따라 의지 부사를 통해 드러나는 반면, 중국어에서 강제성은 단순사동사의 내포적인 의미에 의해 실현되는 특징을 보이고 있다.

이 연구에서 다루는 또 다른 하나의 개념은 지시 사동이다. 지시 사동은 피사동주가 의지적 실체일 때에 나타나는 사동법이다. 이와 달리 피사동주가 의지적 행동을 하지 못할 경우에는 사동주가 물리적으로 일으키는 사동 행위는 조종 사동이다.

이 두 가지 유형은 한국어에서 모두 실현되나 부사로 실현되며, 어떤 형태로 사동 실현되는지와 관련이 없는 것과 달리 중국어에서 통사적 사동은 지시사동을 이루고 어휘 사동은 두 가지 사동을 다 이룰 수 있다는 특징이 있다.

노금송(2014)에서는 한국어 사동 표현 및 중국어 사동 표현의 '완결성'에 초점을 두었다. 한·중 사동 표현의 완결성을 의미 항목으로 두어 대조한 결과를 보면 중국어의 사동문은 완결의 의미를 많이 나타내는 반면, 한국어는 미완결의 의미를 더 많이 나타내고 있었다. 구체적으로 보자면 중국어는 사자구를 제외한 겸어구, 형태적, 통사적 사동문은 모두 완결 사동을 나타낸다. 반면 한국어는 어휘적, 통사적 사동문 모두 미완결 의미를 나타내며 형태적 사동은 완결과 미완결을 모두 나타낸다. 이는 요청 표현에 있어서 간접화행을 주로 사용하는 한국어의 특성과 직접화행을 주로 사용하는 중국어의 문장 표현의 특성을 그대로 반영하고 있다고 주장한 바가 있다.

(4) 대조 결과의 특징 및 쟁점

지금까지 기존 연구에서 한국어 및 중국어 사동 표현의 접근방법, 대조 항목, 대조 결과를 살펴보았다. 이를 바탕으로 대조 결과에서 나타난 연구들 간의 쟁점을 정리해 보면 다음과 같다.

첫째, 구체적인 형태 대응의 문제가 있다. 동일한 한국어 사동표현임에도 그에 대응하는 중국어 표현은 연구에 따라 다양한 양상을 보이고 있다. 넓은 범위에서 봤을 때 사동은 '서술어' 부분만 포함되는 것이 아니라, 사동주 피사동주의 관계 및 표현도 포함되고 있었다. 한국어에서 주동과 사동 간의 변환은 주로 서술어 부분의 형태적인 변화로 실현되나, 중국어에서 가장 많이 사용되는 방법은 '개사'를 사용하는 것이라 할 수 있다.

(b) ㄱ. 你把那姑娘弄哭了
너가 그 여자애를 울렸니?
ㄴ. 奶奶给孙子**穿**衣服
할머니가 손자에게 옷을 **입힌다**. (노금송, 2014)

예를 들어 위의 예문들을 보면 '너가 그 여자애를 울렸니?'를 뜻하는 중국어 원문에서 주동사 '哭(울다)'의 바로 앞에 '弄' 동사를 붙임으로써 새로운 사동사를 형성하였다. 이는 한국어 '울다'를 '울리다'로 만드는 것과 대응된다고 볼 수 있다. 그러나 (bㄴ)의 사동 표지 '给'는 실제적으로 피사동주를 표시하는 표기로서 개사 '给'와 한국어 형태적 사동을 대응할 수 있다고 말하는 것은 문제가 될 여지가 많다.

많은 연구에서 병렬말뭉치나 번역말뭉치를 하였기에, 동일한 뜻을 지닌 한국어와 중국어 문장에 나타난 '피동 표지'를 찾아 대응 형태라고 주장하는 경우가 있으나, 이는 각 형태의 대응보다는 같은 의미를 가진 문장에서의 '표지 대응'이라고 하는 것이 더 적합하다. 특히 중국어 '개사'는 주로 피사동주, 사동주 앞에 붙으므로 서술어와 바로 붙이지는 않는다.

많은 연구에서 논의된 한국어 및 중국어 사동의 구체적인 실현 형태에서 등가성을 찾는 것보다 중국어 및 한국어의 특성을 고려하여 형태 및 구문 구조의 격틀을 함께 고찰한다면 등가성 및 표지를 포괄하여 대조할 수 있을 것이다.

둘째, 앞선 논의들을 보면 기존 연구에서는 한국어 및 중국어 사동표현의 통사적 특징을 고찰 하였는데 주로 피사동주의 사용제약, 부사어의 수식 범위에 대해 논의를 하고 있었다. 대부분의 대조 연구 결과는 피사동주 구성의 공통점, 시간 및 부정 등 부사어 수식의 공통점을 제시하였다.

하지만 부사어의 수식 범위에 관한 공통된 논의에서 주로 '시간', '부정' 등 큰 틀에서 특정 문장을 찾아 대조를 하였는데 구체적인 부사어 의미, 또한 문장 환경에 따라 세부적으로 한국어 및 중국어의 통사적 특징에서 미세하지만 많은 차이가 있는 것을 기존 연구에서 많이 언급하지 못하였다.

ZHANG, QI(2021)에서는 재귀 사동에서 시간 부사어의 수식에 있어서 한국어 및 중국어의 차이를 발견하여 제시하였다. 이를 통해 부사어 수식 범위에서 한국어와 중국어가 공통점만 지닌 것이 아닌 것을 입증할 수 있었다. 지금까지 해 온 연구는 병렬말뭉치와 번역 말뭉치의 특성상 문장의미를 우선시하여 일방향의 번역을 하여 수식 범위에 있어서 차이점보다 공통점이 더 많은 것으로 보였다. 그러나 동일한 발화환경이 아닌 비슷한 의미, 혹은 동일한 서술어를 가진 다른 문장을 대조하여 부사어의 수식 범위를 찾아내고, 나아가 더 많은 통사적인 차이를 찾아내어 학습자에게 정확한 사동 표현 통사 교육이 이루어질 수 있도록 향후 연구에서는 더 심화된 대조 연구가 이루어져야 하겠다.

셋째, 살펴본 연구들이 대응 양상 및 통사적 특징에서 공통점을 많이 찾는 것과 달리 의미적 자질, 특히 사동 표현의 '직접성'에 관한 대조에서 서로 다른 연구 결과가 많이 나타난 것은 다음의 논의를 통해 찾을 수 있을 것이다. 손영(2012), 노금송(2014), 최규발·김은주(2014), ZHANG,QI(2021)에서 공통적으로 합의된 부분은 중국어 어휘적 사동, 한국어의 형태적 사동(단형사동) 및 '시키다' 사동은 직접 사동에 속한다는 것이다. 이 연구들에서는 주로 사동을 실현하는 방법에 따라 사동의 직접성을 분류하였는데, 사동의 직접성에 대한 연구자들의 관점을 정리하면 다음 〈표 13〉과 같다.

〈표 13〉 사동 표현의 직접성에 대한 논의

사동 형태		직접 사동	간접 사동
한국어	형태 사동	손영(2012), 노금송(2014) 최규발·김은주(2014) ZHANG,QI(2021)	노금송(2014)
	통사 사동		손영(2012) 최규발·김은주(2014) ZHANG,QI(2021)
	'-시키다' 사동		최규발·김은주(2014)
중국어	통사적 사동	ZHANG,QI(2021)	손영(2012), 노금송(2014) 최규발·김은주(2014) ZHANG,QI(2021)
	어휘적 사동	손영(2012), 노금송(2014) 최규발·김은주(2014) ZHANG,QI(2021)	

위의 표를 통해 알 수 있듯이, 대부분 연구에서 한국어 형태적 사동을 직접 사동으로 보고 있지만 노금송(2014)에서는 상황에 따라 직접 사동 및 간접 사동으로 나타날 수 있다는 관점을 취하였다. 노금송(2014)은 실증적인 자료를 가지고 연구를 하는 것 대신 기존 연구에서의 논의를 종합한 연구인데, 구본관(2008)의 논의를 따라 단형 사동문은 '행위주가 대상에 미

친 영향력'이 상황에 따라 다를 수 있으므로 직간접 다 이룰 수 있다는 관점을 취하였다. 나머지 연구는 대부분 실증적인 말뭉치를 바탕으로 단형 사동문을 어근 동사가 가진 논항 구조와 대조하였는데, 통사적 사동과 비교했을 때 사동주의 영향력이 강하므로 직접 사동으로 보는 경향이 있었다.

또한 중국어 부분에서 대부분의 연구는 중국어의 통사적 사동을 간접 사동으로 보는 관점을 가지고 있었지만, ZHANG,QI(2021)에서는 통사적 구문은 상황에 따라 직접 사동의 상황도 있고 간접 사동의 상황도 있다고 주장하였다. 이는 ZHANG,QI(2021)가 전체 사동이 아닌 재귀 사동에 중점을 두었으며, 전체 중국어 대응을 연구한 것이 아닌 특정 '把'자 구문과의 대응을 고찰하였기 때문에 재귀구문에서 피사동주가 동시에 사동주가 되므로 이러한 결과가 도출된 것으로 보인다.

위에서 정리한 바와 같이 지금까지 이루어진 한국어 및 중국어의 사동 대조 연구는 대응 형태의 등가성, 통사적 특징에서 구별된 차이점, 의미적 특징에서 여전히 많은 쟁점을 가지고 있다. 향후의 연구에서는 말뭉치에 출현하는 한국어, 중국어의 사동 표기와 관련하여 보다 구문 차원에서의 격틀 정보를 실증적인 자료를 통해 고찰해야 할 것이다. 또한 다양한 의미 형태적 특징을 번역말뭉치로 횡적 대조하는 것 외에 대규모 말뭉치 용례의 구문 특징을 분석함으로써 유의미하고 새로운 특징을 밝혀내는 연구가 나오기를 기대한다.

4. 피동 대조 연구의 동향 및 쟁점

1) 피동 대조의 연구 대상

기존 연구에서 피동 대조 연구의 범위를 봤을 때 대부분 연구에서는 피동의 실현 형태에서 출발하여 한국어 및 중국어의 피동 체계구성, 개별 표현의 통사·의미적 자질을 검토하고 있었다. 피동의 실현 형태를 봤을 때 거의 모든 연구에서 '-이/히/리/기/우/구/추'로 실현되는 형태적 피동, 그리고 '되다', '받다', '당하다'로 실현되는 어휘적 피동, '-어지다'와 같은 통사적 피동에서 출발하여 한국어와 중국어 피동 표현의 특징을 대조하고 있었다.

비중으로 봤을 때 '-이/히/리/기' 형태적 파생 피동 및 형태적 피동에 관한 연구가 가장 많은 비중을 차지하였다. 이외에 '하다' 동사에 대응되는 '되다', '받다', '당하다' 피동 표현도 많은 연구에서 언급하였으며 격틀 정보 및 실제 사용을 살펴보았다. 기존의 한·중 대조 연구에서 피동 대조의 연구 대상으로 삼은 한국어 항목들을 정리하면 아래 〈표 14〉와 같다.

〈표 14〉 한국어에서의 피동 대조 연구 대상

연구	피동의 형태				의미 및 형식의 부가 요소
	형태적 피동	어휘적 사동		통사적 피동	부사어 표지
		단순 피동사	'되다', '받다', '당하다' 피동		
최영(2008)	○		○	○	
양설(2009)					○
왕례량(2009)	○		○	○	
난매매(2011)	○		○	○	
이빙빙(2011)	○	○	○	○	
김용(2012)	○		○	○	
김정해(2012)	○		○	○	
우삼삼(2012)	○		○	○	
유탕탕(2012)	○		○	○	
Wang, Duan(2012)	○		○		
주순(2013)	○		○	○	
양금평(2013)	○		○	○	
왕진근(2013)	○		○	○	
장경청(2014)	○				
신희경(2014)	○		○	○	
전유갑(2014)	○		○	○	

교이남(2015)	○		○	○	
황려명(2015)	○		○	○	
유경옥(2016)	○		○	○	
왕녕박(2017)	○		○	○	
우동동·김인균(2017)					○
우동동(2018)	○		○	○	
강새(2018)	○		○	○	
장시아(2019)	○		○	○	
손애화(2020)	○		○	○	

위에서 언급된 피동 표현 외에 이빙빙(2011)에서는 단일동사 '맞-'을 통사적인 의미적 피동으로 간주하였다. 사동과 달리 피동에 관한 연구는 한국어 부분에서 대부분 피동 의미를 내포한 '단순 피동사'를 연구 대상으로 삼지 않았다.

이외에 양설(2009)에서는 형태적 피동에서 출발하지 않고 피동의 '의미성', '형식성'에 초점을 두고 한국어와 중국어에서 피동을 표현할 때 어떤 표지가 피동 표지를 드러내고 피동의 의미를 포함하는지 연구하였다. 이와 비슷하게 최근 연구인 우동동·김인균(2017)에서도 형태적으로 접근하지 않고 피동의 격표지인 '에', '에게'의 중국어 대응 표현을 격 실현의 측면에서 접근하여 한·중 피동 표현을 대조하였다.

2) 피동 대조의 대조 방법

(1) 대조의 출발점 및 항목

기존 연구에서 한·중 피동 표현을 대조할 때는 주로 피동 표현의 '실현 방식', 피동 구문의 '격틀 논항', 한국어 및 중국어 피동 표현의 '형태 대응', 그리고 피동 표현의 '통사적 특질' 및 '의미적 특질' 5개의 측면에서 검토를 하였다. 아래에 제시된 〈표 15〉를 보면 각 연구에서 어떤 항목을 중심으로 대조 연구를 진행하였는지 알 수 있다.

〈표 15〉 피동 대조 연구의 대조 항목

연구	실현 방식	격틀 논항	형태 대응	통사적 특질	의미적 특질
최영(2008)	○	○	○		
양설(2009)			○	○	
왕례량(2009)	○	○			
난매매(2011)	○		○	○	○
이빙빙(2011)	○	○			
김용(2012)	○		○	○	○
김정해(2012)	○		○	○	
우삼삼(2012)	○		○	○	○
유탕탕(2012)	○		○	○	○
Wang,Duan(2012)	○	○		○	○
주순(2013)	○		○	○	○
양금평(2013)	○		○	○	○
왕진근(2013)	○	○	○		
장경청(2014)	○	○		○	
신희경(2014)	○	○		○	
전유갑(2014)	○	○	○		
교이남(2015)	○	○	○	○	
황려명(2015)	○		○	○	
유경옥(2016)	○		○	○	○
우동동·김인균(2017)			○	○	
왕녕박(2017)	○	○	○	○	
우동동(2018)	○	○		○	
강새(2018)	○		○	○	○
장시아(2019)	○	○	○		
손애화(2020)	○		○		○

한국어 및 중국어 피동 표현의 실현 방식에 대한 논의는 앞서 연구의 범위에서 살펴보았듯이 대부분의 연구에서 한국어 및 중국어 피동 표현이 실현될 때의 형태적 특징을 제시하으며 양설(2009) 및 우동동·김인균(2017)에서는 피동 형태가 아닌 피사동주의 표지에서 관하여 논의하였다.

'격틀 논항'의 측면에서 한국어 및 중국어 피동 표현을 대조할 때는 주로 문장 주어, 피동주, 피동 의미가 담긴 서술구조, 필수적인 부사 정보 부분의 배열 순서를 예문을 통해 추출하여 이들을 공식화하여 제시한다.

기존 연구에서 격틀에 대한 제시는 개별적인 형태를 명시한 '[NP1이+NP2에 의해+V-어지다]'처럼 제시되거나 '[NP1이+NP2에/에게+Vpass]', '[NP1이+NP2에게+NP3를+Vpass]'처럼 구체적인 형식 대신 서술어의 품사의 구성에 따라 격틀 정보 제시하는 경우도 있다.

'형태 대응'은 주로 말뭉치 등 실증적인 언어 자료를 통해 한국어 및 중국어를 대역할 때 피동 표현이 다른 언어에서 어떤 형태로 실현되는지, 다른 언어에서 유표적인 피동 형태로 실현되는지에 대해 논의하여 등가성을 모색하는 대조 방법이다.

'통사적 특징'은 주로 피동문에 대응하는 능동문이 있는지, 있다면 통사적으로 어떤 변화를 통해 피동으로 바뀌었는지 대조하는 것이다. 또한 통사구조에서 행동주의 정보, 논항에서 서술어의 특징, 피동을 이루기 위해 복합문을 쓰거나 내포문을 쓸 때 문장의 통사적인 특징을 살피는 것이다.

'의미적 특징'은 주로 서술의 초점이 어디에 있는지, 두 언어를 대역할 때 피동문이 피동 형식을 유지하여 번역되는지, 다른 언어에서 능동으로 대체 가능한지, 피동이 저절로 되는지, 속성 및 가능 의미를 가지고 있는지에 대해 검토하였다. 이처럼 기존 연구에서 의미에 대한 검토는 대부분 서술의 초점과 관련하여 전개되었다.

위의 〈표 15〉를 보면 기존 연구에서 한·중 피동에 대한 대조는 주로 '실현 방식'에 대한 논의가 가장 빈번하게 이루어진 것을 확인할 수 있고, 그 다음으로는 구문으로서의 격틀 정보 및 통사적인 특징, 실제적인 형태 대응에 관한 논의도 빈번히 이루어져 왔다는 것을 알 수 있다.

3) 피동 대조의 결과 분석

앞 절에서 살펴보았듯이 한국어 및 중국어의 피동에 대한 대조는 주로 실현되는 형태, 격틀, 대응 및 통사적·의미적 특징에서 출발하여 일정한 언어적 범주 및 명제에서 등가성을 근거로 차이점과 공통점을 찾아내는 시도를 하였다. 기존의 피동 대조 연구에서 통사적 특징, 의미적 특징, 대응 형태와 관련하여 논의된 세부 사항은 〈표 16〉을 통해 살펴볼 수 있다.

〈표 16〉 통사적 특징, 의미적 특징, 대응 형태를 대조한 피동 연구

대조 영역	해당 영역을 다룬 연구	
통사적 특징	능동문과의 대응	김용(2008), 난매매(2011), 우삼삼(2012), 유경옥(2016)
	행위주 생략 가능성	유경옥(2016)
	피동 구문의 주어 제약	유경옥(2016)
	부사어 수식의 제약	유경옥(2016)
의미적 특징	서술의 초점	김용(2008), 난매매(2011), 우삼삼(2012), 유탕탕(2012), 유경옥(2016)
	한·중 피동 표현의 대응성	유경옥(2016)
대응 형태	강새(2008), 최영(2008), 양설(2009), 이빙빙(2011), 유탕탕(2012), 주순(2013), 왕진근(2013), 전유갑(2014), 교이남(2015), 황려명(2015), 우동동(2018), WANG,DUAN(2012)	

이 절에서는 위의 피동 대조 연구들에서 '통사적 특징', '의미적 특징' 그리고 '대응 형태'와 관련하여 어떤 논의를 하였고 어떤 결론을 내렸는지 비교해 보고자 한다.

(1) 통사적 특징 대조 결과

한·중 피동 표현을 통사적 측면에서 대조한 연구들은 주로 피동문과 능동문의 대응관계, 피동 행위주의 생략 가능성 등과 관련하여 결론을 정리하였다. 앞서 〈표 16〉에서 살펴본 것처럼 한·중 피동 표현의 통사적 특징을 대조한 연구에서 가장 많이 논의된 것은 피동문과 능동문 간의 대응관계였다. 이와 관련하여 기존 연구에서의 연구 결과를 정리하면 다음 〈표 17〉과 같다.

〈표 17〉 한·중 피동 대조에서 능동문과의 대응 대조 결과

초점	연구	대조 결과		
사동 형태	난매매 (2011)	공통점		한국어와 중국어의 피동 표현은 일반적으로 대응되는 능동 표현을 가진다.
		차이점	한	일반적으로 대응되는 능동문이 있으며, 주어와 목적어를 바꾸고 동사를 변형함으로써 실현된다.
			중	중국어는 보통 제약 없이 능동과 피동의 전환이 가능하다.
대응 형태	김용 (2008)	차이점	한	피동문으로 성립되나 능동문으로 성립되지 않는 경우가 존재한다.
			중	주동문과의 대응은 별다른 제약 없이 보통 다 존재한다.
		차이점	한	한국어의 경우 피동 표현에 대응되는 능동 표현이 한 가지 있다.
			중	중국어에는 피동 표현을 능동 표현으로 바꾸는 데 두 가지 방식이 있다. 하나는 피동의 능동주를 주어로 하고 피동주를 목적어로 하는 보편적인 방식이고, 다른 하나는 피동의 능동주는 그대로 주어로 두고 피동주는 전치사 '把'에 의해 문장의 부사어가 되면서 능동 표현을 이루는 방식이다.
추측 가능 여부	우삼삼 (2012)	공통점		피동 표현은 그에 대응되는 능동 표현을 갖는 것이 보통이다. 한국어와 중국어에서도 마찬가지로 이러한 대응관계가 성립된다. 한국어와 중국어 피동 표현에서 능동주가 누구인지 알고 있거나 추측할 수 있는 경우, 능동주를 정확히 알 수 없을 때 능동주가 생략되는 경우가 있다.
		차이점	한	한국어에서 피동문으로 성립되나 능동문으로는 성립되지 않는 경우가 있다. 또한 능동문으로 성립되나 피동문으로 만들 수 없는 경우가 있다. 한국어의 피동 표현은 그에 대응되는 능동 표현과 일대일의 대응을 이루는 것이 아니라 일정한 제약이 있다.
			중	중국어의 피동 표현은 능동 표현과의 대응 관계가 별다른 제약 없이 비교적 자유롭다.
형태 및 대응	유경옥 (2016)	형태변화	한	한국어는 능동문의 타동사 어근에 피동 접미사 '-이/히/리-' 등이 결합하여 이루어진 피동사가 서술어에 참여하여 피동문으로 바뀌게 된다.
			중	중국어 고립어이므로 동사의 변형 형태가 없기 때문에 한국어에서처럼 서술어로 피동사가 쓰이는 것이 아니라 능동 표현의 능동사가 그대로 쓰인다. 대신 그 피동의 의미 기능은 오로지 '被', '叫', '让', '给', '由'에 의해서만 수행된다.

위의 〈표 17〉에서는 통사적인 측면에서 한국어 및 중국어의 피동문과

능동문의 대응 문제와 관련된 대조 결과들을 정리하여 제시하였다. 3편의 연구에서는 범언어적인 특징에 따라 피동 표현은 그에 대응하는 능동 표현을 가지는 것이 보통이라고 주장하였다. 이처럼 한국어와 중국어도 마찬가지로 피동문과 능동문의 대응 관계가 성립한다고 하였다. 하지만 중국어에서 대부분의 피동 표현이 능동 표현과의 대응 관계에 있어 별다른 제약 없이 자유로운 반면에 한국어 피동과 능동의 대응은 일대일 대응하는 것이 아니라고 하였다. 구체적으로 말해 일반적으로 대응되는 능동문도 있고, 주어와 목적어를 바꾸며 동사 변형을 통해 능동문이 실현되는 경우 피동문으로 실현될 수 없는 능동문도 있다고 하였다.

김용(2008)에서는 '능동-피동'의 대응 형태의 가짓수에 대해 한국어 및 중국어의 특징을 대조하며 차이점을 밝혔다. 일반적으로 한국어에서 하나의 피동문은 하나의 능동문과 대응될 수 있는 것과 달리 중국어에서는 피동 표현을 능동 표현으로 바꾸는 데 두 가지 방식이 있다고 하였다. 피동의 능동주를 문장 주어로 하고 피동주를 목적어로 하는 보편적인 방식, 그리고 피동의 능동주는 그대로 주어로 두고 피동주는 전치사 '把'에 의해 문장의 부사어가 되면서 능동 표현을 이루는 방식이 있다고 주장하였다.

이외에 유경옥(2016)에서는 '능동-피동'으로 바뀌는 과정을 하나의 태 변화 과정으로 보면서 형태적으로 서술어 부분의 변화 방식과 관련된 한국어와 중국어의 차이점에 대해서도 서술하였다.

(2) 의미적 특징 대조 결과

기존 연구에서 한·중 피동 표현의 의미에 대한 논의는 주로 서술의 초점이 어디에 있는가에 중점을 두고 진행되었다. 이와 관련하여 기존 연구에서 논의된 결과를 정리하면 다음 〈표 18〉과 같다.

〈표 18〉 피동 서술의 초점

연구	서술의 초점
난매매(2011)	서술의 초점은 피동주에 있다.

김용(2009)	능동 표현은 행위의 대상에는 별다른 관심이 없고 단지 행위자의 행위 자체를 기술하는 데 초점을 둔다. 피동 표현은 행위의 대상인 피동주의 상태변화에 서술의 초점이 맞춰져 있는 것이다.
우삼삼(2012)	서술의 초점이 피동주에 있다.
유탕탕(2012)	피동 표현도 서술의 초점이 행위의 대상인 문장 주어에 있다.
유경옥(2016)	서술의 초점이 문장 주어인 피동주에 있다.

위의 표를 통해 기존 연구에서 피동문의 서술 초점에 대한 대조 결과는 모두 일치한다는 것을 알 수 있다. 즉 능동 표현은 행위의 대상에는 별다른 관심이 없고 단지 행위자의 행위 자체를 기술하는 데 초점을 두는 반면, 피동 표현은 행위의 대상인 피동주의 상태변화에 서술의 초점이 맞춰져 있는 것이다.

이외에 의미 특징에 대한 논의 중에는 일부 상황에서 한국어에서는 피동 표현으로 실현되지만 중국어에서는 피동 표현이 아닌 능동 표현으로 실현된다고 하는 관점도 있었다. 이렇듯 한국어와 중국어의 피동 표현은 결코 일대일 대응 관계로 이루어지지 않는다는 것을 알 수 있다.

(3) 대응 표현 대조 결과

기존 연구에서는 대부분 한국어와 중국어의 격틀 정보와 통사적 실현의 형태 등과 결합하여 결과를 제시하였다. 기존 연구 중 대응 형태에 대한 논의는 한국어 및 중국어에서 실현되는 문법적 층위에 따라 나눌 수 있다. 한국어 피동 표현은 '-이/히/리/기'로 형성된 '형태적 사동', '되다', '받다', '당하다'로 이루어진 어휘적 사동, '-어지다'로 나타나는 통사적 사동 3가지로 나눌 수 있다. 중국어의 경우에는 먼저 유표성 및 무표성에 따라 나눈 다음, 유표적 피동은 다시 전치사로 이루어진 '被, 让, 叫, 给, 由' 전치 피동과 '遭, 受, 挨'로 이루어진 '단일동사+주동사'의 통사적 피동으로 나눌 수 있다. 이와 관련한 자세한 연구 대조 결과는 아래 〈표 19〉에서 확인할 수 있다.

〈표 19〉 기존 연구의 대응 표현 대조 결과

중국어 피동 표현 형태				한국어 피동 표현 형태				비피동 표현
				형태적 피동	어휘적 피동		통사적 피동	
				‘-이/히/리/기’ 접미 파생 피동	‘-되다, 받다, 당하다’ 피동	단순 사동어휘 피동	‘-어지다’ 피동	기타 표현
유표적 사동	통사적 사동	전치사 피동	被	최영(2008) 강새(2008) 양설(2009) 전유갑(2014) 황려명(2015) 우동동(2018) 장경청(2014) 주순(2013) 왕진근(2013) WANG, DUAN(2018) 유탕탕(2012) 교이남(2015)	최영(2008) 양설(2009) 전유갑(2014) 황려명(2015) 우동동(2018) 주순(2013) 왕진근(2013) 유탕탕(2012)		양설(2009) 황려명(2015) 주순(2013) 왕진근(2013) 유탕탕(2012)	주순 (2013)
			让	최영(2008) 우동동(2018) 이문화(2018)	최영(2008) 우동동(2018)			
			叫	최영(2008) 우동동(2018) 교이남(2015)	최영(2008) 강새(2008) 우동동(2018)			강새 (2008)
			给	최영(2008) 우동동(2018) 교이남(2015)				
			由	최영(2008)	최영(2008) 이빙빙(2011)			
		단일동사+능동	遭	교이남(2015)	강새(2008) 전유갑(2014) 왕진근(2013) WANG, DUAN (2018)			
			受	교이남(2015)	강새(2008) 전유갑(2014) 왕진근(2013) WANG, DUAN (2018)			
			挨		강새(2008)			
무표적 사동 개별어휘적 피동				강새(2008) 주순(2013)	최영(2008) 강새(2008)		강새(2008) 교이남(2015)	

		주순(2013) 이빙빙(2011)			
무대응	주순(2013)	주순(2013) 교이남(2015) 이빙빙(2011)		주순(2013)	

위의 표를 통해 알 수 있듯이 기존 연구에서 한국어의 '-이/히/리/기'에 의한 형태적 사동과 중국어 '被자문' 사동의 대응을 가장 많이 찾을 수 있었다. 양설(2009)에서는 중국어 '被자문'의 통사 구조에서 문장성분이 주어, 술어, 목적어, 부사어로 구성되어 있다고 주장하였다. '被'의 넓은 분포에 의해 많은 항목과 대응할 수 있는 특성을 가지게 되었다. 이는 '被자문'이 한국어의 형태, 어휘, 통사적 피동 표현과 다 대응될 수 있다는 결과를 밝힌 연구들을 통해 확인할 수 있었다. 또한 고립어인 중국어에서 피동은 대체로 무표적으로 표현되고 있으며, '被'자를 가장 유표적인 중국어 피동 표현으로 볼 수 있어 문어, 구어 및 장르를 구별하시 않고 많은 텍스트에서 이와 한국어의 피동 표현을 대응하는 양상을 찾아볼 수 있는 것이다.

이외에 동사 '遭', '受'와 능동사의 결합으로 이루어진 피동 표현은 한국어의 '받다', '당하다', '되다' 피동과 대응되는 결과도 많이 찾을 수 있었다. WANG, DUAN(2012)에서는 한국어의 '되다, 받다, 당하다' 피동문과 중국어의 '遭', '受'는 성분들의 결합으로 피동의 의미를 더하게 된다는 점에 있어 공통점을 가진다고 주장하였다. 또한 '당하다', '받다', '遭', '受'를 단일 동사로 봤을 때 '당하다'와 '遭', '받다'와 '受'로 대응될 수 있다. 이에 번역가들이 직역할 때 이러한 대응 표현을 선택하기도 한다. 하지만 중국어의 피동은 항상 무표적으로 어순의 변환, 단어의 내포적인 의미로 실현되어 대응 관계를 찾는 데 어려움을 겪기도 한다. 그리고 주순(2013) 및 강새(2018)에서는 중국어의 유표적 표현이 한국어의 비피동적 표현과 대응되는 양상도 관찰되었다.

대응 표현의 결과를 보면 '-어지다'와 중국어의 유표적 피동 간의 대응은 상대적으로 제한을 받으며, 형태적 파생 사동은 거의 모든 중국어 피동 표현과 대응할 수 있다고 볼 수 있다.

(4) 대조 결과의 특징 및 쟁점

앞선 논의를 통해 알 수 있듯이 한국어와 중국어 피동 표현의 대조는 사동 대조와 비슷하게 주로 통사적 특징, 의미적 특징, 그리고 대응 형태 세 가지 측면에서 이루어졌다. 기존 연구를 바탕으로 한·중 피동 대조 연구의 몇 가지 특징 및 쟁점을 정리하면 아래와 같다.

첫째, 기존 연구에서 한국어와 중국어의 통사적 특징에 관한 논의는 주로 '능동문과의 대응'에 치우쳐져 있었다. 능동문과의 대응 부분을 살펴보면 연구들의 공통적인 특징이 돋보였다. 한국어와 중국어의 피동 표현은 일반적으로 대응되는 능동 표현을 가지며, 한국어에서는 주어 및 목적어를 바꾸고 동사를 변형하는 특징을 보인다고 하였다. 반면 중국어는 형태적인 전환이 별다른 제약 없이 가능하다는 공통적인 결론을 내렸다.

하지만 능동문과의 대응을 제외하면 통사적으로 다른 특징에 관한 논의는 많이 찾아볼 수 없었다. '태' 대조를 다룬 사동 대조 연구를 참조하여 향후 연구에서는 '피동주'의 문장성분, 격의 실현 및 제약, 부사어의 수식 범위 등 다양한 측면에서 세부적인 대조가 이루어지기를 기대한다.

의미적 특징에 관한 논의도 마찬가지로 일부 항목에만 초점을 두어 이루어졌는데, 특히 서술의 초점이 문장 주어 피동주에 있다는 것을 확인할 수 있었다. 이 부분도 피동주의 제약 및 부사어의 수식 등 다양한 측면에 대한 논의가 부족하여 앞으로의 연구에서 이에 대한 연구가 더 이루어져야 할 것이다.

둘째, 형태적인 대응에 있어 개별 표지에 대한 대조와 달리 격틀 대조 연구는 아직까지 이루어지지 않았다. 학습자의 효율적인 학습을 위해서는 격틀 논항에 중점을 두는 연구도 이루어져야 할 필요가 있다.

이외에 피동 대조 연구에서 돋보이는 대응 형태의 특징이 있었는데, 한국어에서는 피동으로 나타나지 않은 표현이 중국어에서는 피동으로 실현된 경우가 종종 있는 것을 양방향 말뭉치 대조로 발견하였다. 이 때문에 사동과 비교했을 때 표지성에 대한 논의보다는 '표지' 대응에 더 집중하여 논의해 온 경향이 있었다.

구체적인 대응 양상을 봤을 때 주된 논의는 한국어의 형태적인 피동과 중국어의 전형적인 전치사 피동에 집중되어 있었으며, 동일한 한국어 피동에 대한 중국어 대응은 연구마다 다양한 대응 결과를 보였다.

중국어 구어에서 많이 사용하는 '挨'의 대응은 강새(2008)에서만 볼 수 있었는데, 여기에서는 '되다/당하다' 등 한국어 어휘적 피동과 대응하여 살펴보았다. 이는 비전형적인 피동 표현임에도 불구하고 실제 언어 생활에서 특히 부정적인 사건을 당할 때 자주 사용되는 표현인데 문학작품 및 드라마 말뭉치의 제약을 받아 다양한 대조 양상을 살펴보지는 못하였다.

한국어 '-어지다' 피동은 기존 연구에서 중국어의 전형적인 '被' 자문 전치사 피동 및 무표적인 피동에 대응되는 모습을 보였는데, 번역말뭉치의 텍스트 장르상 및 번역가의 언어 습관과도 관련이 없지 않아 향후의 연구에서는 다양한 장르의 말뭉치 대조를 통해 보다 다양한 대응 양상을 찾을 수 있기를 기대하고 있다.

5. 나가는 말

지금까지 본고에서는 한국어와 중국어의 피동·사동에 관한 대조 연구들의 성과들을 정리해 보았다. 먼저 한·중 피사동 대조 연구들의 연도별 분포, 연구의 목적, 사용된 자료를 정리하였다. 그다음으로는 사동과 피동을 나누어 연구할 때 출발어에서 선택된 연구 내용, 대조 항목 및 접근방법, 격틀, 대응 양상, 형태 통사적 특징 및 의미적 특징에 대해 살펴보고 대조 방법 및 결과를 정리하였다.

전체적인 연구 분포를 보면 2000년 이후로 한·중 피동 및 사동의 대조 연구가 활발해졌다. 대부분 연구의 목적은 언어적인 특징 대조하고 한국어 및 중국어 교수방안을 탐색하여 오류 원인을 찾는 데 두고 있었다. 전체적으로 사동보다 피동에 관한 연구가 조금 더 활발히 진행되어 왔다. 2013년 이후로는 실증적인 자료인 말뭉치를 활용한 연구가 활발히 이루어졌으며, 주로 신문 기사 및 문학작품으로 구성된 문어 말뭉치와 드라마 대본으로 구축된 구어 말뭉치를 사용하여 연구가 이루어졌다.

구체적인 연구 대상, 방법, 결과를 봤을 때 먼저 사동과 피동은 비슷하게 특정 하나의 형태로 이루어진 피사동 표현보다 형태적인 파생 피사동, 어휘적인 피사동, 그리고 '-게 하다', '-어지다'로 이루어진 통사적 피사동 등 다양한 표현을 가지고 대조하는 연구가 많았다. 대조의 항목도 격틀 정보 대조, 대응 형태, 형태적·통사적·의미적 특징 등이 있었다.

사동 대조는 격틀 대조와 관련하여 활발히 연구가 진행되었다. 격틀 분류를 할 때 기존 연구에서는 주로 한국어의 실현 형태소에 따라 격틀을 분류하거나 서술어의 보조소 위치에 따라 살펴보기도 하였다. 대부분 연구에서 이러한 방법으로 분류를 하였으나, 사동 실현 형태의 요소들이 다양함에 따라 중국어와 한국어의 문법 층위 비대칭 등 여러 문제가 존재하여 구체적인 격틀 제시 및 대조를 하는 데 많은 문항으로 세분하게 제시하는 경향이 있었다. 보다 명확하고 학습 현장에 쉽게 적용할 수 있는 대조 결과를 제시하기 위해 개별형태보다 서술어 피사동주의 위치에 따른 배열 대조가 이루어진다면 그 결과를 교수학습에 유익하게 활용할 수 있을 것이다.

피동에 대해 가장 활발히 논의되고 있는 것은 의미 정보 및 통사적 정보이다. 기존 연구에서는 피동문의 서술 초점을 설명하면서 능동 표현은 행위의 대상에는 별다른 관심이 없고 단지 행위자의 행위 자체를 기술하는 데 초점이 있으며, 피동 표현은 행위의 대상인 피동주의 상태 변화에 서술의 초점이 맞추어져 있다는 공통된 결론을 보였다. 또한 통사적으로 대부분의 피동문은 능동문과 대응할 수 있으며, 일부 한국어 피동만 제약을 받고 있다는 것도 많은 연구에서 합의된 점이라 할 수 있다.

대응 형태에 관한 연구 결과를 보면 사용된 언어 자료가 각각 다르므로 대응 양상에 대한결과도 다양하게 나타났다. 전체적으로 봤을 때는 형태적 피사동은 중국어의 유표적 사동과 대응되는 특징을 보였으나 아직은 연구들을 통해 경향화하기는 어렵다고 할 수 있다.

한·중 피사동 대조 연구는 일찍부터 시작되어 활발히 논의되고 있는 영역이라 할 수 있다. 초기 연구는 순수언어학적 범주에서 형태, 통사적 제약, 의미적 특징을 대조하였다. 현재는 더 나아가 화용적 제약 등을 살펴보고, 한국어교육의 관점에서 학습자의 오류 분석 및 교수 학습 방안까지 논의되고 있다. 향후의 연구에서는 기존 연구에서 많이 다루지 못했던 피동 부분에서 의미적인 범주에 대하여 다양한 시도를 해 볼 수 있을 것이다. 앞선 연구들의 의미 있는 연구 성과들을 바탕으로, 앞으로는 보다 깊이 있고 실증적인 대규모 말뭉치로 다양한 함축적 피사동을 포함하는 대조 연구가 이루어지기를 기대해 본다.

참고문헌

강명순(2000), 「국어 “태”의 통시적 연구」, 충남대학교 박사학위논문.

곽연(2012), 「한·중 사동문 대조 연구 -어휘사동을 중심으로」, 『문창어문논집』 49, 297-320쪽.

김석득(1971), 「국어의 형태·통사구조론 연구-피사동 접사의 공존 관계와 변형구조」, 연세대학교 박사학위논문.

남수경(2007), 「국어(国语) 피동(被动)에 대한 고찰(考察)」, 『어문연구』 35(2), 어문연구학회, 89-113쪽.

박동은(2020), 「중국어권 한국어 학습자를 위한 피동태의 대응 양상 연구」, 한국외국어대학교 석사학위논문.

박미정(2001), 现代中国语의 使动表现 研究」, 연세대학교 박사학위논문.

박연옥(2012), 「중·한 사동문 대조 연구」, 경희대학교 박사학위논문.

박은석(2011), 「중한 실의 사동 동사문 연구」, 『중국문화연구』 18, 중국문화연구학회, 29-58쪽.

수홍(2019), 「언어유형론의 시각에서 본 한국어와 몽골어 사동범주 대조연구」, 『한·중 인문학회 국제학술대회 발표자료집』 6, 한·중인문학회, 75-81쪽.

왕녕박·박소영(2016), 「한국어와 중국어의 사동 구조 대조」, 『언어와 정보사회』 29, 서강대학교 언어정보연구소, 231-266쪽.
왕단위(2016), 「중국어 피동문의 변천을 통한 중국인 학습자의 한국어 피동문 교육방안 연구」, 공주대학교 석사학위논문.
왕례량(2009), 「한국어와 중국어의 피동 표현에 대한 대조적 연구」, 『한·중인문학연구』 28, 한·중인문학회, 447-480쪽.
우동동(2015), 「한국어와 중국어의 피동 표현 대조 연구」, 신라대학교 석사학위논문.
우삼삼(2012), 「한국어 피동 표현의 교수 방안」, 인천대학교 석사학위논문.
이설(2013), 「중국인 학습자를 위한 한국어 피동문 교육 연구」, 부산대학교 석사학위논문.
장효령(2015), 「한·중 피동문 대조 연구와 오류 분석」, 한양대학교 석사학위논문.
전천(2013), 「중국인을 위한 한국어 피동표현 교육 방안 연구」, 공주대학교 석사학위논문.
조양미(2013), 「중국인 학습자를 위한 한국어 파생적 피동표현의 교수 방안」, 공주대학교 석사학위논문.
王力(1984), 『王力文集(第一卷)中国语法理论』, 山东教育出版社.
傅雨贤(1994), 『现代汉语语法学』, 广东高等教育出版社.
Chang, Yang(2014), 「한·중 피동문 대조 연구」, 경북대학교 석사학위논문.

분석 대상 논문

강새(2008), 「중국인 학습자를 위한 한국어 피동표현 교육 연구」, 연세대학교 석사학위논문.
교이남(2015), 「한·중 양국 피동표현에 관한 대비 연구」, 한국교원대학교 석사학위논문.
근향동(2012), 「중국인 학습자의 한국어 사동 표현 오류 연구」, 경희대학교 석사학위논문.
김경진(2022), 「한·중 병렬코퍼스를 활용한 사동 표현 대조 연구」, 한국외국어대학교 석사학위논문.
김봉민(2012), 「한국어와 중국어의 사동사 대조 연구」, 경희대학교 박사학위논문.
김용(2008), 「중국어권 학습자를 위한 한국어 피동표현 교수방안」, 서울여자대학교 석사학위논문.
김정해(2012), 「중국인 학습자들을 위한 한국어 피동 표현 교육 방안」, 고려대학교 석사학위논문.
난매매(2011), 「중국어권 학습자를 위한 한국어 피동 표현 교수 모형」, 상명대학교 석사학위논문.
노금송(2014), 「한·중 사동문 구조 유형과 의미 대조 분석」, 『우리말연구』 39, 우리말학회, 117-139쪽.

박연옥·박동호(2008), 「한국어교육을 위한 한·중 사동문 대조 연구」, 『언어와 문화』, 4(3), 한국언어문화교육학회, 127-149쪽.
손애화(2020), 「중국어권 학습자를 위한 의미 중심의 피동 표현 교수·학습 방안 연구」, 인천대학교.
손영(2012), 「한·중 사동표현의 대조 연구」, 명지대학교 석사학위논문.
신희경(2014), 「한·중 피동문 대조 연구」, 부산대학교 석사학위논문.
양금평(2013), 「한·중 피동 표현 대조 연구」, 경희대학교 박사학위논문.
양설(2009), 「한·중 피동문 대조 연구 : 중국어 被자문과의 대조를 중심으로」, 경희대학교 석사학위논문.
왕녕박(2017), 「한·중 사동과 피동 대조 연구」, 부산대학교 박사학위논문.
왕연(2020), 「한·중 함축적 어휘 사동문의 내부 기제와 의미 제약 대조 연구」, 『중한언어문화연구』 18, 천진사범대학교 한국문화연구중심, 73-89쪽.
왕진근(2013), 「한·중 피동 표현 대조 연구 : 피동문 유형 대조를 중심으로」, 동국대학교 석사학위논문.
우동동·김인균(2017), 「한·중 피동 표현 대조 연구-한국어 행위주 표지와 중국어 피동 표지 대비 중심으로-」, 『비교문화연구』 47, 경희대학교 글로벌인문학술원, 217-240쪽.
우동동(2018), 「한·중 피동 표현 대비 연구」, 신라대학교 박사학위논문.
우삼삼(2012), 「한국어 피동 표현의 교수 방안」, 인천대학교 석사학위논문.
유경옥(2016), 「중국인 학습자를 위한 한국어 피동 표현 교육 연구 : 한·중 피동 대조를 중심으로」, 부산대학교 석사학위논문.
유탕탕(2012), 「중국인 학습자를 위한 한국어 피동표현 교육 방안 연구」, 세종대학교 석사학위논문.
이문화(2015), 「신문기사 병렬말뭉치에서 한·중 사동표현의 대조 연구」, 『인문과학연구』 47, 성신여자대학교 인문과학연구소, 397-418쪽.
이문화(2016), 「병렬말뭉치 기반 한·중 사동표현의 대조 연구-유표지 사동을 중심으로」, 연세대학교 박사학위논문.
이문화(2017), 「중국인 한국어 학습자를 위한 한국어 접미사 사동과 중국어 사동의 대조 연구」, 『언어와 문화』 13(4), 한국언어문화교육학회, 141-162쪽.
이문화(2018), 「병렬말뭉치 기반 한·중 피동표현의 대조 연구」, 『외국어로서의 한국어 교육』 48, 연세대학교 언어연구교육원 한국어학당, 60-80쪽.
이문화(2019), 「한국어 사동표현과 중국어 무표지 어휘 사동의 대응 양상 연구-한·중 병렬말뭉치 중심으로」, 『언어사실과 관점』 48, 연세대학교 언어정보연구원, 417-440쪽.

이빙빙(2011), 「중·한 피동 표현 대조 연구 : 의미상의 피동 표현 대조를 중심으로」, 제27회 한·중인문학회 국제학술대회, 한·중인문학회, 396-405쪽.

이중아(2019), 「한국어와 중국어의 사동 표현 대조 연구」, 신라대학교 석사학위논문.

장경청(2015), 「한국어 피동 표현 사용 실태 및 교육 방안 연구」, 충북대학교 박사학위논문.

장시아(2019), 「중국인 학습자의 한국어 피동 표현의 조사 오류 분석」, 연세대학교 석사학위논문.

전유갑(2014), 「한·중 피동문 대조 연구」, 울산대학교 석사학위논문.

정징(2016), 「중국인 한국어 학습자를 위한 사동문 교육 방안」, 부산대학교 석사학위논문.

주순(2013), 「한국어와 중국어 피동문의 대조 연구 : 한국현대소설: '엄마를 부탁해'와 중국어 번역본의 피동문 대조를 중심으로」, 영남대학교 석사학위논문.

주원사(2014), 「중국인을 위한 한국어 사동 표현 교육 연구」, 한성대학교 석사학위논문.

최규발·김은주(2014), 「한(韩), 중(中)사동법의 대조」, 『한국한문학연구』 56, 한국한문학회, 499-548쪽.

최길림(2007), 「한국어와 중국어 사동문의 대조 연구」, 연세대학교 석사학위논문.

최영(2008), 「한국어와 중국어 피동문의 대조 연구」, 연세대학교 석사학위논문.

혁미평(2013), 「중국인 학습자를 위한 한국어 사동 표현 교육 연구」, 고려대학교 석사학위논문.

황려명(2015), 「중국인 학습자를 위한 한국어 피동표현 교육 방안 연구」, 전남대학교 석사학위논문.

Hua,Shengnan(2018), 「중국인 한국어 학습자의 사동문 습득 연구 : 한·중 사동문 비교를 중심으로」, 이화여자대학교 석사학위논문.

WANG,DUAN(2012), 「한국어와 중국어의 피동문 대조 연구」, 이화여자대학교 석사학위논문.

ZHANG,QI(2021), 「한국어와 중국어의 재귀 사동 구문 대조 연구」, 이화여자대학교 석사학위논문.

V.
한·중 시간 표현 대조 연구의 동향 및 쟁점 탐구
: 선행연구 분석을 중심으로

유정영(LIU JINGYING)

1. 들어가는 말

시간 표현은 언어 사용자가 가지는 시간 개념이 반영되며 서로 다른 언어의 시간 표현은 각 언어 사용자의 시간 개념의 차이를 보여주는 자료가 될 수 있다(진영하, 2020:219). 시간 표현 방식은 언어 유형론적으로 보면 다양한 차이를 보인다. 한·중 시간 표현의 경우, 한국어는 교착어(胶着语)로서 이를 동사와 형용사의 어미 활용을 통해 나타내는데 반하여 중국어는 고립어(孤立语)로서 형태가 바뀌지 않는 어휘를 통해 나타낸다. 이와 같은 차이로 인해 중국인 한국어 학습자는 시간 표현을 학습하는 데에 어려움이 있을 것이다. 이러한 어려움을 극복하기 위해 대조언어학[1]을 적용한 한·중 시간 표현 연구가 많이 진행되어 왔다. 대조 분석을 통해 한·중 시간 표현에 나타난 특징을 비교 분석하고 이를 통해 오류 원인을 밝히거나 효과적인 교육 방안을 제안함으로써 학습자가 시간 표현을 학습하는 어려움을 최대한 감소시켜 주는 것이다.

---

1 대조언어학이란 공시적으로 언어들 간의 유사성과 차이점을 기술하기 위해 두 개 이상의 언어의 특징을 대조시켜 분석하는 언어학의 한 분야이다(허용·김선정, 2018:4).

그러나 한·중 시간 표현 대조 연구를 진행하는 과정에서 두 언어의 시간 표현 체계가 다르거나 각 체계에 따른 의미기능이 복잡하거나 하는 문제점으로 인해 한·중 시간 표현은 어려운 연구 대상이며 대조 결과 역시 다양하게 도출될 수 있다. 이에 따라 한·중 시간 표현 대조 연구의 성과가 누적되면서 이러한 성과가 정리될 필요가 있음을 인식하였다. 이러한 연구 현황 및 쟁점을 정리함으로써 한·중 시간 표현 대조 연구 분야에서 여태까지 남아 있는 문제, 향후 과제 등을 객관적이고 종합적으로 살펴볼 수 있다고 본다. 이에 본 연구는 한·중 시간 표현 대조 연구의 성과를 개괄하고, 그간 연구들에서 쟁점이 되었던 문제를 점검하는 데에 목적을 두고자 한다.

이러한 연구 목적을 위해 2장에서는 본 연구에서 살펴보고자 하는 자료를 어떻게 수집했는지, 이 자료를 대상으로 어떤 분석 틀을 기반으로 연구를 진행할 것인지를 논의할 것이다. 3장에서는 한·중 시간 표현 대조 연구의 동향을 연도별, 대조 목적별, 대조 대상별, 대조 방법별로 구체적으로 분석할 것이고 4장에서는 한·중 시간 표현 대조 방법의 쟁점과 대조 결과의 쟁점을 하위 부분으로 나누어 살펴볼 것이다. 5장에서는 본 연구의 내용을 요약하는 것으로 마무리하고자 한다.

2. 연구 방법

이 장에서 한·중 시간 표현 대조 연구의 자료 수집 및 자료 분석 틀에 대해 살펴보고자 한다. 우선 자료 수집을 어떻게 했는지에 대해 설명한 다음, 본 연구에서 분석하고자 하는 틀을 어떻게 설정했는지를 살펴볼 것이다.

1) 자료 수집

한·중 시간 표현 대조 연구를 추출하기 위해 우선, 대표적인 학술연구

정보 서비스 홈페이지(www.riss.kr)에서 '대조', '한중' 등의 키워드를 입력하여 2021년까지 이루어진 한·중 대조 연구 가운데 문법 범주와 관련된 논문 497편을 추출하였다.[2] 다음으로는 문법 범주에서 시간 표현과 관련이 없는 연구를 목록에서 제외하였다. 마지막으로 시간 표현과 관련이 있는 연구를 재검토하여 최종적으로 한·중 시간 표현 대조 연구 총 75편을 분석하였다.[3]

2) 자료 분석 틀

본 연구에서 연구 동향을 살펴보기 위해 연도, 대조 목적, 대조 대상, 대조 방법 네 가지 분석 틀을 마련하였다. 첫째, 연도별로 시간에 따라 대조언어학을 적용한 한·중 시간 표현 연구는 어떤 흐름을 보이는지를 살펴본다. 둘째, 대조 목적별로 대조와 함께 다루는 교수 방안, 오류 분석, 습득 양상 등을 모두 살펴본다. 즉, 단순 대조뿐만 아니라 대조를 한 후에 교수 방안 제기, 오류 분석, 습득 양상 분석 등의 경우를 모두 포함해서 살펴볼 것이다. 이는 시간 표현 대조 연구를 다면적으로 살펴보기 위해서이다. 셋째, 대조 대상별로 각 시간 표현에 대한 연구 현황을 살펴본다. 시간 표현은 개별 요소별로 총 22개 유형을 추출하였다. 한 형태소는 해당 문법 범주에 대한 논의가 많고 관련 의미기능도 다양하므로 문법 범주별로 유형화하기보다 시간 표현의 개별 요소에 초점을 맞추어 살펴본다. 넷째, 대조 방법을 크게 문헌 중심 연구, 말뭉치 중심 연구, 실험 중심 연구로 나누어 분석한다. 기존 연구, 교재, 사전을 사용하는 경우를

2 문법 범주와 관련된 연구는 기존 문법론 관련 저서(예: 〈표준 국어문법론〉, 〈한국어 표준 문법〉 등)를 참조하여 시간 표현, 높임 표현, 부정 표현, 문장 구성, 어미(표현), 조사, 피사동 표현 7가지로 구분하였다. 이 가운데 본 연구에서는 한·중 시간 표현에 초점을 맞추어 살펴보고자 한다.

3 시간 표현과 관련된 연구는 총 77편이 있었는데 중한 시간 표현 대조 연구(2편)를 연구 대상에서 제외하였다. 이는 본 연구에서 한·중 시간 표현 대조에 초점을 맞추어 분석하기 때문이다.

문헌 중심 연구로, 설문 조사를 수집하여 분석하는 경우를 실험 중심 연구로, 대규모 말뭉치를 기반으로 하는 연구를 말뭉치 중심 연구로 분류하여 분석한다.

또한 연구의 쟁점에 대해 논의하기 위해 크게 대조 방법과 대조 결과를 중심으로 살펴볼 것이다. 대조 방법에 대한 쟁점을 살펴보기 위해 위에서 언급한 문헌 중심 연구, 말뭉치 중심 연구, 실험 중심 연구를 기반으로 살펴볼 것이다. 그리고 대조 결과에 대한 쟁점을 살펴보기 위해 주로 한·중 시간 표현의 대응 양상과 한·중 시간 표현의 오류 양상을 중심으로 살펴볼 것이다. 이는 대응 양상 분석을 통해 한·중 시간 표현의 대조 기준이 무엇인지, 이러한 기준 분류에 따른 결과가 어떻게 나타나는지를 살펴볼 수 있기 때문이다. 또한 오류 양상 분석을 통해 한·중 시간 표현 대조 연구에서 오류 분석을 위한 연구 절차가 어떻게 이루어지고 있는지, 이러한 절차에 따른 오류 양상이 어떻게 나타나는지를 살펴볼 수 있기 때문이다. 이러한 자료 분석 틀을 기반으로 연구 동향과 연구 쟁점을 3장과 4장에서 살펴보도록 한다.

3. 한·중 시간 표현 대조 연구 동향

이 장에서는 한·중 시간 표현 대조 연구의 동향을 살펴보기 위해 우선 연도별로 한·중 시간 표현 대조 연구의 흐름을 살펴보고 다음으로 대조 목적, 대조 대상, 그리고 대조 방법의 현황을 전체적으로 살펴볼 것이다.

1) 연도별 동향

2021년 12월 말까지 대조언어학을 적용한 한·중 시간 표현 연구의 게재 유형과 연도별 분포를 〈표 1〉을 통해 살펴보고자 한다.

〈표 1〉 연도별 한·중 시간 표현 대조 연구 동향

연도	학위논문		학술지	합계
	박사	석사		
2001		1		1
2003		1		1
2005		1		1
2007		1		1
2008			1	1
2009		1		1
2010	1	1	1	3
2011		3	1	4
2012	2	3		5
2013		8	1	9
2014	1	6	2	9
2015		3	1	4
2016		1		1
2017		7		7
2018		3	1	4
2019		6	2	8
2020	2	4		6
2021	1	6	2	9
합계	7	56	12	75

논문 유형을 살펴보면 석사학위논문이 56편으로 가장 큰 비중(74.7%)을 차지하고 있고 학술지는 12편(16%), 박사학위논문은 7편(9.3%)으로 그 뒤를 이었다. 다음으로 연도별 전체 논문 분포를 살펴보면 시간 표현 대조 연구는 2001년에 시작되었으며, 2013-2014년에 9편으로 연구가 가장 많이 이루어졌음을 알 수 있다. 그 후로 연구의 수가 조금 감소하다가 최근에 다시 상승세를 보이고 있다. 그 가운데 석사학위논문은 2010년부터 박사학위논문과 학술지보다 많이 이루어져 그 수가 대폭 증가하기 시작하였다. 이를 통해 한·중 시간 표현 대조 연구는 2001년부터 지금까지 20년간 활발히 이루어져 왔고 그 가운데 석사학위논문이 대다수를 차지하고 있다고 할 수 있다.

2) 대조 목적별 동향

연구자가 관심을 어디에 두는가를 기준으로 한·중 시간 표현 대조 연구의 목적을 크게 단순 대조, 교수 방안, 오류 분석, 습득 양상 네 가지로 구분하였다.[4] 이러한 연구 목적별 논문 분포는 다음 〈표 2〉와 같다.

〈표 2〉 연구 목적별 한·중 시간 표현 대조 연구 동향

연도	단순 대조	교수 방안	오류 분석	습득 양상	합계
2001		1			1
2003	1				1
2005	1				1
2007	1				1
2008	1				1
2009	1				1
2010	3				3
2011	3	1			4
2012	4	1			5
2013	7	2			9
2014	6	3			9
2015	2	1	1		4
2016		1			1
2017	4	3			7
2018	1	2		1	4
2019	6	1	1		8
2020	6				6
2021	7	2			9
합계	54	18	2	1	75

4 이금화(2011)에서 단순 대조 + 교수 방안, 호선희(2012)에서 단순 대조 + 오류 분석 + 교수 방안, 왕교(2013)에서 단순 대조 + 오류 분석, 정희철(2013)에서 단순 대조 + 오류 분석 + 교수 방안, 한졔(2013)에서 단순 대조 + 오류 분석 + 교수 방안, 노성(2014)에서 단순 대조 + 교수 방안, 이향란(2014)에서 단순 대조 + 오류 분석 + 교수 방안, 이혜(2015)에서 단순 대조 + 교수 방안 등은 다양한 연구 목적이 혼합되어 분석된 경우도 있었지만, 연구자의 일차적인 주안점이 무엇인지에 따라 위의 네 가지 분류를 시도할 수 있다고 본다.

위에서 제시했듯이 유형별로 보면 한·중 시간 표현 연구의 목적 가운데 단순 대조가 54편으로 가장 많았고 교수 방안, 오류 분석을 중심으로 살펴본 연구는 각각 18편, 2편으로 그 뒤를 이었으며 습득 양상과 관련된 연구는 1편밖에 없었다.

연도별로 자세히 보면 단순 대조를 목적으로 하는 연구는 2003년부터 시작되었고 2013-2014년에 비교적 가장 많이 이루어졌다. 그 후로 연구 수가 감소하다가 최근에 이르러 다시 상승세를 보였다. 교수 방안 연구를 목적으로 하는 연구는 2001년에 처음 시작되었지만 그 후 이루어지지 않다가 2011년부터 다시 연구가 이루어졌다. 2011년 이후 연도별 연구 수는 비슷하게 나타났다. 오류 분석을 중심으로 하는 연구는 2015년, 2019년에 각 한 편으로 많이 이루어지지 않은 실정이다. 습득 양상을 중심으로 하는 연구는 2018년에 한 편밖에 없다. 이러한 분포를 통해 대조언어학을 적용한 연구를 진행할 때 대조언어학뿐만 아니라 오류 분석, 언어 습득론 등을 함께 다루는 연구가 있는 것을 확인하였다. 즉 대조언어학의 한계점을 보완하기 위해 오류 분석이나 습득론 등을 함께 살펴보는 연구가 어느 정도 이루어지고 있다는 것이다. 다만 연구 수를 보면 여전히 부족하다고 할 수 있다.

3) 대조 대상별 동향

한·중 시간 표현 대조 연구에서 어떤 시간 표현을 많이 살펴보는지를 고찰하고자 한다. 이러한 연구 대상을 고찰함으로써 향후 시간 표현 개별 요소에 있어 어떤 것을 중심으로 다루는지를 파악할 수 있다고 본다. 연구 대상별 연구의 분포는 다음 〈표 3〉과 같다.[5]

5 한·중 시간 표현 대조 연구에 나타난 개별 시간 표현 표지별로 분류하였지만 문법 범주 내 시간 표현 표지를 포괄 분석하여 분류하기 어려운 경우도 있다. 예컨대 상대 시제(2편), 종결상 보조동사(1편), 형용사 동사 시제(1편), 시간 표현(1편) 등을 살펴보는 데에 매우 다양한 표지를 포괄하여 분석하였으므로 분류하기 어려웠다. 따라서 이러한 경우는 연구

〈표 3〉 대조 대상별 한·중 시간 표현 대조 연구

개별 요소	출현 수
-었-	46
-고 있-	30
-어 있-	18
-더-/-었더-/-더라/-더니	14
-던/-었던	8
-겠-	5
-는 중-	5
-어 버리-	4
-어 지-	3
-어 가-	3
-어 오-	3
-어 내-	3
-게 되-	2
-기 시작하-	1
-고 나-	1
-고자 하-	1
-려고 하-	1
-게 하-	1
-도록 하-	1
-곤 하-	1
-어 두다/놓-	1
-고 말-	1

한·중 시간 표현 대조 연구 가운데 '-었-'이 46회로 가장 많이 나타났고, '-고 있-'이 30회, 한국어 '-어 있-'이 18회로 그 뒤를 이었다. 나머지 시간 표현에서도 대조 연구가 이루어지고 있지만 그 수가 많지 않다고 할 수 있다. 이에 시간 표현 대조 연구에서 전형적으로 다루고 있는 시간 표현 표지는 '-었-, -고 있-, -어 있-'이라고 할 수 있다. 후술하겠지만 본 연구에서는 이러한 전형적 시간 표현을 중심으로 대응 양상을 살펴볼 것이

대상에서 제외하였다.

다. 다만, 위에서 제시했듯이 많은 수의 시간 표현이 있는 데 반해 중심으로 논의되는 시간 표현은 비교적 한정적이라고 할 수 있다. 이에 한·중 시간 표현 대조 연구의 발달 추이를 전반적으로 살펴보기 위해서는 이러한 전형적 시간 표현에서부터 저빈도의 시간 표현 표지로 연구 대상의 범위를 확대해 나갈 필요가 있다고 본다.

4) 대조 방법별 동향

한·중 시간 표현 대조의 방법을 자료 수집 도구가 무엇인지에 따라 문헌 중심 대조 연구와 실험 중심 대조 연구, 말뭉치 중심 대조 연구로 나누었다. 구체적인 분포는 다음 〈표 4〉와 같다.

〈표 4〉 대조 방법별 한·중 시간 표현 대조 연구

대조 방법	연구 수	비율(%)
문헌 중심	61	81.33
말뭉치 중심	9	12
실험 중심	5	6.67
합계	75	100

한·중 시간 표현 대조 연구 방법 가운데 문헌 중심 대조 연구가 61편으로 가장 많았으며, 말뭉치 중심 대조 연구가 9편, 실험 중심 대조 연구는 5편이었다. 앞에서 설명했듯이 문헌 중심 연구는 선행연구에 나타난 예문이나 교재, 사전에 나타나는 용법이나 특성을 통해 시간 표현을 대조하는 경우이고, 말뭉치 중심 대조는 기존의 말뭉치[6]를 사용하거나 소설책, 드라마 등으로 형성된 말뭉치를 사용하는 경우이며, 실험 중심 연구는 주로

6 기존 말뭉치를 사용하는 경우 중국어에서는 북경대학교 '现代汉语语料库'과 중국 언어문자관리위원회 말뭉치(国家语委现代汉语语料库), 대만 '现代汉语平衡语料库'의 말뭉치를 사용하였고, 한국어에서는 '세종 말뭉치'를 사용하는 경우가 대다수였다.

설문 조사를 통해 연구 자료를 수집하여 대조하는 경우이다. 또한 말뭉치 유형을 보면 병렬 말뭉치, 번역 말뭉치, 비교 말뭉치 세 가지가 있었다. 이러한 대조 방법에 대해 다음 장에서 세부적으로 살펴볼 것이다.

4. 한·중 시간 표현 대조 연구 쟁점

앞서 한·중 시간 표현 대조 연구의 동향을 살펴보았고 이에 근거하여 이 장에서는 한·중 시간 표현 대조 결과를 중심으로 쟁점을 살펴볼 것이다. 그리고 대조 결과는 대조 방법의 영향을 받으므로 대조 방법도 함께 살펴볼 것이다.

1) 대조 방법의 쟁점

한·중 시간 표현 대조 연구는 자료를 무엇으로 하는지가 중요하다. 이는 연구 주장을 뒷받침해 주는 것이기 때문이다. 위의 연구 방법을 보면 크게 문헌 중심 연구, 말뭉치 중심 연구와 실험 중심 연구로 구분하였다. 이 세 가지 연구 방법과 관련하여 다음과 같은 세부 쟁점을 제시하도록 한다.

첫째, 대조 방법 가운데 문헌 중심 연구는 가장 큰 비중을 차지하고 있다. 그러나 문헌 중심 연구를 통해 객관적인 대조 결과를 도출할 수 있는가에 대한 문제가 있다. 문헌 중심 연구는 연구자의 주관적 판단을 배제하기 어렵기 때문이다. 예컨대 예문 번역을 통해 대조 분석을 한 지성녀(2007)와 김홍실(2008)이 있다. 지성녀(2007)에서는 한국어 '-었-'의 중국어 대응 관계를 살펴보았고, 김홍실(2008)에서는 한국어 '-었-' 과 중국어 대응 표현인 '了'의 공통점과 차이점을 기술하였다. 대조 결과 '현재 완료'를 나타낼 경우, 지성녀(2007)에서는 한국어 '-었-'이 중국어 '了'에 대응한다고 하였는데 김홍실(2008)은 한국어 '-었-'이 중국어 '了'와 '完'에 모두 대응될 수 있으므로 지성녀(2007)의 주장에 문제점이 있다고 하였다. 이러한 대조 결과 차이는 두 논문에서 주관적인 판단을 피할 수 없는 예문 번역을 통해 대조 관계를 살펴보았기 때문이라고 본다. 즉, 문헌 중심 대조 방법에 속하는 예문 번역은 연구자들의 주관적 판단을 배제할 수 없다는 한계점이 있는 것이다.

둘째, 말뭉치 중심 연구는 위의 문헌 중심 연구보다 객관적인 자료를 마련함으로써 연구 결과의 타당성을 확보할 수 있다. 그러나 지금까지 대조언어학을 적용한 한·중 시간 표현 연구에서 말뭉치를 활용하는 연구는 여전히 비중이 크지 않다고 할 수 있다. 말뭉치 중심 연구는 기존 말뭉치를 사용하는 것과 개인적으로 말뭉치를 구축하여 사용하는 것 두 가지 유형이 있다. 기존 말뭉치를 활용하는 연구에서는 말뭉치 구축 정보를 제시하였지만 연구 자료의 추출 절차와 방법에 대한 설명이 이루어지지 않은 경우가 있었다. 또한 개인적으로 말뭉치를 구축하여 활용하는 연구에서는 자료를 구축하는 방법과 어절 수 등에 대한 정보를 상세히 제시하지 않는 경우가 있었다. 대규모의 기존 말뭉치를 활용한 연구로는 김난희(2019), 우려경(2017)이 있다.[7] 김난희(2019)에서는 중국어 '了'와 한국어 '-었-'의 대응 관계를 살펴보기 위해 국립국어원의 한·중 말뭉치를 사용하였다.[8] 해당 논문에서는 말뭉치의 어절 수, 텍스트 장르 등 구성 정보를 제시하였지만 자료 추출 방법이나 도구 등 상세한 자료 추출 정보를 제시하지 않았다. 우려경(2017)에서는 한국어 진행상과 해당 중국어 대응 표현을 살펴보기 위해 서울대학교 국어국문학과 이민 선생님이 구축한 기존 말뭉치를 사용하였는데 마찬가지로 자료 추출 방법 등을 제시하지 않았다. 개인적으로 말뭉치를 구축하여 활용하는 연구로는 소설로 말뭉치를 구축한 QIU, YAJUN(2021),

---

7 ZHANG, YU WEI(2020), 이설(2014), 왕례량(2012), 채의나(2011), 진남남(2010)에서 사용한 일부 예문이나 연구 자료들은 말뭉치에서 인용한 것들이지만 이 연구들은 말뭉치를 기본적 자료가 아닌 참조 자료로 사용하여 분석하였으므로 말뭉치 중심 연구 목록에서 제외하였다.

8 김난희(2019)에서는 중한 말뭉치도 사용하였는데 본 연구는 한·중 시간 표현 대조 연구에 초점을 맞추어 쟁점을 검토하므로 중한 대조 관련 내용을 제외하였다. 이후로도 중한 대조 관련 내용은 논의하지 않기로 한다.

둥샤오멍(2020), 취위엔위엔(2019), ZHANG, HUALING(2019), 주경래(2009)가 있고, 드라마로 말뭉치를 구축한 무소림(2017), Pang, Meiling(2017)이 있다. 이를 통해 한·중 시간 표현 대조 연구에서는 소설로 말뭉치를 구축하여 분석하는 경우가 비교적 많다는 점을 확인할 수 있다. QIU, YAJUN(2021)에서는 한·중 소설 각 2권으로 병렬 말뭉치를 구축하였는데, 한국어 '-고 있-'과 중국어 대응 표현인 '着'을 추출하는 도구나 추출 절차는 제시하였지만 어절 수 등 말뭉치 구축 정보를 제시하지 않았다. 취위엔위엔(2019)에서는 한국어 소설 3권 및 중국어 번역본으로 말뭉치를 구축하여 중국어권 학습자를 대상으로 '-더-'를 연구하였는데 말뭉치의 구축 정보와 자료 추출 방법, 추출 도구를 모두 제시하지 않았다. ZHANG, HUALING(2019)에서는 한·중 과거 표현 '-었-'과 '了'를 대조하기 위해 한국어 소설 1권과 중국어 번역본, 중국어 소설 1권과 한국어 번역본으로 병렬 말뭉치를 구축하였으며, 자료 추출 방법과 도구는 제시하였지만 말뭉치 구축 정보를 상세히 제시하지는 않았다. 주경래(2009)는 소설 내에서 선어말어미 '-겠-'의 사용 빈도를 통해 중국어의 대응 관계를 살펴보았는데 자료 추출 방법을 제시하지 않았다. 무소림(2017)에서는 중국에서 방송된 한국 드라마 대본으로 말뭉치를 구축하여 종결상 보조동사와 중국어 대응 양상을 살펴보았는데 자료 추출 방법을 간략히 제시하였지만 말뭉치 구축 정보를 제시하지 않았다. Pang, Meiling(2017)에서는 종결상 보조동사와 중국어 대응 표현을 살펴보기 위해 한·중 드라마 6개로 병렬 말뭉치를 구축하였는데, 자료 추출 방법을 제시하였지만 말뭉치 규모 등 구축 정보를 제시하지 않았다.

위에서 보는 바와 같이 말뭉치를 활용한 연구들에서 말뭉치 구축 정보나 자료 추출 방법이 상세히 이루어지지 않은 경우가 있지만 둥샤오멍(2020)은 위의 연구와 달리 말뭉치 한·중 시간 표현 번역 양상을 살펴보기 위해 한·중 소설 텍스트와 역본, 신문 기사와 번역문, 드라마 대본과 번역본으로 병렬 말뭉치를 구축한 후 말뭉치의 어절 수, 텍스트 장르, 자료 추출 방법 등을 자세히 제시하였다는 점에서 주목할 만하다.

셋째, 실험 중심 연구는 주로 교수 방안, 오류 분석, 습득 양상을 목적으로 하는 연구에서 많이 활용되었다. 실험 중심 연구는 선택형 설문 조사로 이루어지는 비교적 객관적인 것이 있고, 일기 완성이나 쓰기 등으로 이루어지는 주관적인 것도 있다. 그러나 설문지 내용의 타당성을 검증하지 않고 본 실험을 바로 진행하는 경우가 있었고, 오류 판정 기준이나 동사 결합 양상을 살펴볼 때 동사의 선정 기준에 대한 설명이 이루어지지 않은 경우가 있었으며, 조사 대상 정보를 상세히 제시하지 않은 경우도 있었다. 교수 방안을 제안한 연구는 제몽요(2013), 이향란(2014), 류훤(2017), 오류 분석을 한 연구는 왕시아오롱(2015), 습득 양상을 살펴본 연구는 진민기(2018)가 있다. 교수 방안을 제안한 제몽요(2013)에서는 과거 시제 표현 교육 방안을 제시하기 위해 중국인 학습자들의 과거 시제 사용 실태와 오류를 일기 완성, 빈칸 채우기, 선택형, 쓰기, 자유 문제로 구성된 설문 조사를 통해 먼저 살펴보았다. 조사 대상 정보, 설문 조사 내용 정보, 오류 수/문제 수를 통해 오류율 계산과 관련된 계산 정보를 제시하였는데 설문지의 타당성을 미리 검증하지 않았고 오류 판정 기준을 상세히 제시하지 않았다는 한계점이 있다. 이향란(2014)에서도 중국인 학습자를 위한 한국어 '-고 있다, -어 있다'에 대한 교육 방안을 제시하기 위해 정오(O, X) 판단으로 이루어지는 설문지를 통해 동사 결합 사용의 오류를 우선 분석하였다. 숙달도에 따른 학습자의 인원수 등 학습자 정보를 제시하였고 오류 빈도/문제 수를 계산함으로써 오류를 분석하였지만 연구 목적에 맞게 구성된 설문지의 타당성을 예비 조사로 검증하지 않았고 동사와의 결합 양상을 살펴보는 데 사용된 동사의 선정 기준 등을 제시하지 않았다. 류훤(2017)에서는 한국어 '-고 있다, -어 있다'의 교육 방안을 제안하기 위해 중국인 학습자를 대상으로 동사별 시간 표현과의 결합 양상을 선택형 설문 조사를 통해 살펴보았다. 학습자의 숙달도와 각 숙달도에 따른 인원수 등 조사 대상 정보를 제시하였지만 설문지의 타당성, 동사의 선정 기준 등 설문지 구축 정보를 제시하지 않았다. 왕시아오롱(2015)은 오류 분석을 중심으로 시제 오류를 살펴보기 위해 토픽 문제의 지문에서 문단을 추출한 후 설문 조사를 실시하여 정오답 비율을 분석하였는데 설문지의 타당성, 숙달도에 따른 학습자 인원

수, 숙달도에 따른 학습자 선택 양상 등을 제시하지 않았다. 진민기(2018)에서는 중국어권 학습자를 대상으로 한국어 '-고 있다'와 '-어 있다'의 습득 양상을 살펴보기 위해 빈칸 채우기 형식으로 구성된 설문 조사를 사용하였다. 설문지 구축 절차, 설문지 타당성, 학습자의 숙달도, 오류 판정 기준, 통계적인 결과 등을 자세히 제시하였다는 점에서 주목할 만하다.

위에서 살펴본 것처럼 실험 중심 연구는 연구 목적에 따라 다양한 유형의 설문 조사로 이루어졌다. 그 가운데 선택형 설문 조사가 가장 많았다. 그러나 한·중 시간 표현 대조 연구에서 연구 목적을 위해 구축한 설문지의 타당성을 미리 검증하는 연구가 그리 많지 않았다고 할 수 있다. 또한 조사 대상 정보를 상세히 제시하지 않은 경우가 있었고, 동사 결합 사용 양상을 살펴볼 때 동사 선정 기준, 선택형 아닌 일기 완성이나 쓰기를 분석할 때 오류 판정 기준을 상세히 제시하지 않은 경우도 있었다.

지금까지 세 가지 대조 방법에 대한 쟁점을 살펴보았는데 이 세 가지 방법이 대립적인 것은 아니며 연구 목적에 따라 상호보완적으로 수용할 필요가 있다고 본다. 즉, 객관적인 연구 자료가 필요하기도 하고 연구자의 주관적 해석도 중요한 근거가 될 것이다.

2) 대조 결과의 쟁점

이어서 한·중 시간 표현 대조 결과에 나타난 쟁점을 중심으로 살펴보고자 한다. 이러한 대조 결과를 살펴보기 위해 우선 한·중 시간 표현의 대응 양상을 살펴보고 또 다른 중요한 연구 경향인 오류 분석에 따른 결과를 살펴볼 것이다.

(1) 한·중 시간 표현의 대응 양상

한·중 시간 표현 대응 양상을 살펴보기 위해 의미기능 및 어휘상 분류[9]

9 의미기능과 어휘상 외 문장 유형(긍정문, 부정문 등), 높임법 등의 제약도 있는데 의미기능

에 대해 살펴본 후 의미기능 및 어휘상에 따른 한·중 시간 표현의 대조 결과를 논의할 것이다. 다만 지면 관계상 선행연구에서 제시한 한·중 시간 표현 표지를 모두 다루지는 않고 이 가운데 자주 등장하는 시간 표현 표지를 중심으로 다룰 것이다. 이는 자주 등장한 표지들이 그 연구 분야의 주요 논의 사항이거나 관심거리일 가능성이 높기 때문이다. 이에 위의 3장에서 대조 대상 가운데 많이 다루고 있는 시간 표현 표지인 '-었-', '-고 있-', '-어 있-'을 중심으로 살펴볼 것이다.

우선, 의미기능의 분류를 살펴볼 것이다. 시간 표현의 의미기능에 대한 견해는 분분하다.[10] 기존 한·중 시간 표현 대조 연구에서도 다양한 입장을 전제로 연구를 진행하였다. 대표적인 연구를 정리하면 다음 〈표 5〉, 〈표 6〉과 같다.[11]

〈표 5〉 한국어 '-었-'의 의미기능

범주		'-었-'의 의미기능
시제	마홍염(2005)	완성; 과거; 현재
	지성녀(2007)	과거에서 현재까지 지속; 현재 완료된 상태 지속; 과거 상태; 반복적인 행위나 습관; 현재 사건; 미래사건
	오려려(2011)	과거 사건; 과거의 상태; 과거의 과거

과 어휘상의 분류에 따른 결합 제약이 대표적이므로 문장 유형과 높임법 등의 제약을 여기서 다루지 않기로 한다. 다만, 대조 결과와 관련된 쟁점을 살펴볼 때 필요한 경우에 따라 언급할 것이다.

10 국어 분야에서 한국어 '-었-'의 경우 기본 의미가 '과거 시제'를 나타내는 요소라고 주장한 경우(한동완, 1996 등), '완료상'을 나타내는 요소로 보는 경우(남기심, 1972 등), 시제와 상의 통합 범주의 요소로 보는 경우(김석득, 1974; 서정수, 1996; 이재성, 2001), 양태 범주의 요소로 보는 경우(임홍빈, 1980)가 있다. 한국어 '-고 있-'의 경우 '동작의 진행, 동작의 결과 상태 지속'의미를 나타내는 요소로 보는 입장(이남순, 1988; 김성화, 1992; 박덕유, 1998)과 기본 의미 '진행'을 나타내는 요소로 보는 경우(최현배, 1937; 손세모돌, 1996) 등이 있다. 한국어 '-어 있-'의 경우 상태 지속 의미를 나타내는 요소(김차균, 1999), '움직임 지속상'과 '정태의 지속상'을 나타내는 요소(김석득, 1992)로 보는 경우가 있다.

11 여기에서는 교수 방안, 오류 분석, 습득 양상을 목적으로 하는 연구가 아닌 단순 대조를 목적으로 하는 연구를 중심으로 정리하였다. 다만 교수 방안, 오류 분석, 습득 양상을 목적으로 하는 연구들에서 대조 부분을 비교적 세부적으로 살펴본 연구도 포함하여 정리하였다.

	서석미(2012)	완결상
	왕시아오롱(2015)	과거 시제
	이혜(2015)	과거 시제
	두가미(2017)	과거 동작 완료; 지속성 동작/과거 상태 완료; 과거 동작 반복; 현재 완료; 현재 지속; 미래 완료
	이승희(2018a)	과거 시제
	zhang, hualing (2019)	완료상; 현재
	zhu, zhihui (2020)	완전상; 완료상
	둥샤오멍(2020)	과거 시제
	刘虹杉(2021)	과거 시제
	장로요(2021)	완결상, 완료상
통합	김홍실(2008)	과거 완료; 과거 지속; 현재 완료; 현재 지속; 미래 완료; 미래 확정; 미래 진행
	장위(2010)	과거 완료; 과거 지속; 현재 완료; 현재 지속; 미래 완료; 미래 확정
	노은화(2011)	단순 과거; 현재 완료
	류명월(2014)	과거; 과거 혹은 현재; 비과거(미래)
	소효하(2014)	과거; 현재 시점 완료; 과거 시점 완료; 미래 시점 완료
	유격격(2017)	과거 동작; 과거 상태; 상태 변화 완료; 단순과거; 동작의 완료; 동작의 미완료; 과거 진행; 동작의 미완료; 과거 지속; 과거 반복; 단정 예측
	김난희(2019)	과거 시제; 완료되어 현재까지 지속; 미래 사건
	장허(2020)	과거 시제; 단순 과거; 과거 상태
상	왕례량(2012)	완료상(결과 상태; 과거 등)

〈표 6〉 한국어 '-고 있-', '-어 있-'의 의미기능

<table>
<tr><th></th><th colspan="3">-고 있-</th><th>-어 있-</th></tr>
<tr><td>진남남(2010)</td><td colspan="3">1) 진행상 2) 완료 지속상</td><td>완료 지속상</td></tr>
<tr><td>채의나(2011)</td><td colspan="3">1) 진행상 2) 완료상 3) 진행상 + 완료상
4) 반복상 5) 예정상</td><td>완료상</td></tr>
<tr><td>해가림(2012)</td><td colspan="2">1) 지속상</td><td>진행; 결과 상태 지속</td><td>결과 상태 지속</td></tr>
<tr><td rowspan="2">김정애(2013)</td><td rowspan="2">결과상</td><td>1) 진행</td><td>순수한 동작의 진행;
동작의 규칙적 반복</td><td rowspan="2">동작 끝난 후
상태 지속</td></tr>
<tr><td colspan="2">2) 상태지속</td></tr>
<tr><td>왕리(2013)</td><td colspan="2">1) 진행</td><td>순수한 동작의 진행;</td><td>상태 지속</td></tr>
</table>

		동작의 규칙적 반복	
	2) 상태 지속		
zhu,zhihui (2014)	1) 진행	예정; 결과 지속; 반복	
노성(2014)	1) 진행상		
박연옥(2014)	1) 진행		
	2) 지속	동적 상태 지속; 상태 지속; 완료 후 상태 지속; 반복에 의한 지속; 변화하는 상태 지속, 상태	완료 후 상태 지속
이설(2014)	1) 진행상 2) 결과 상태 지속상		결과상태 지속상
진려하(2014)	1) 진행 2) 반복 3) 결과 지속 4) 중의		결과지속
lili(2019)	1) 진행상	순수한 동작의 진행; 동작의 규칙적 반복	
	2) 지속상	상태 지속	지속상(상태 지속)
고은성(2019)	1) 진행 2) 완결 상태 지속 3) 동작의 반복/습관		지속
등샤오멍(2020)	1) 진행상	진행; 완결 후 지속	완료상
이성난(2020)	1) 진행 2) 동작 규칙적 반복 3) 동작 상태 지속 4) 결과 동작 상태 지속 5) 미시작 동작상태 지속(명령문)		1) 결과 후 동작 상태 지속 2) 결과 후 상태 지속 3) 미시작 동작 상태 지속(명령문)
QIU, YAJUN (2021)	1) 지속상	동작의 진행; 결과 상태의 지속	

위를 살펴보면 한국어 시간 표현의 의미기능에 대한 견해들이 많으며 아직 합의된 견해가 도출되지 않았다고 할 수 있다. 위에서 정리한 내용을 통해 시간 표현 의미기능에 대해 다음과 같이 살펴보고자 한다.

첫째, 한국어 시간 표현 범주에 대한 이견이 많다. 한국어 '-었-'의 경우, 한·중 시간 표현 대조 연구에서 '-었-'의 기본 의미를 과거 시제로 보는 관점을 취하여 연구를 진행한 경우가 가장 많았으며, 과거 등 의미가 상 범주에서 전이되어 왔다는 상 범주 주장을 받아들여 연구를 진행한 경우가 가장 적었다. 통합 범주를 전제로 하는 경우도 어느 정도 이루어지고 있다. 한국어 '-고 있-'의 경우, 기본 의미를 '진행과 완료/결과 상태 지속'이라는 주장을 받아들여 연구한 경우가 가장 많았으나 분류 수는 1~5

개로 차이가 크다. 예컨대, 진행상을 기본 의미로 보고 진행, 완결 후 지속을 하위 범주로 분류하거나 지속상을 기본 의미로 보고 진행, 결과 상태 지속을 하위 범주로 분류하는 경우가 있으며 이성남(2020), 채의나(2011)에서처럼 5가지로 분류하는 경우도 있다. 한국어 '-어 있-'의 경우, 대부분의 연구에서 결과 상태 지속이나 완료 후 상태 지속이라는 의미기능을 비교적 비슷하게 분류하였지만 이와 달리 이성난(2020)에서는 의미기능을 세 가지로 분류하였다. 이처럼 시간 표현의 범주 설정은 여전히 이견이 많고 연구 목적에 따라 범주 설정 근거나 설명을 미리 제시하는 것이 중요하다고 본다.

둘째, 개별 용어 사용의 혼란이 있다. 위에서 제시한 것처럼 한국어 '-었-' 경우 완료상, 완전상(zhuzhihui, 2020), 완결상(서석미, 2012; 장로요, 2021) 세 가지 용어를 혼동하여 사용하는 경우가 많다. 상은 일반적으로 'perfective'와 'imperfective'로 분류한다. 한국어는 'perfective'를 '완전상, 완료상, 외망상, 완망상, 완결상' 등으로 번역하고 있고, 'imperfective'를 '불완전상, 불완료상, 비완결상, 미완결상, 내망상, 비완망상, 비완결상'으로 번역하고 있다(이승희, 2018a:717). 그러나 여기서 '완료상(perfect)'은 'imperfective'의 하위 개념으로 쓰이기도 해서 이러한 용어에 대한 혼란이 가중되었다. 따라서 '완료상'을 'imperfective'의 하위범주로 이해해야 할지 모호한 면이 있다. 한국어 '-고 있-'의 의미기능은 위의 '-었-'보다 비교적 명확하나 진행의 의미 외에 '완료 지속', '결과 상태 지속', '상태 지속', '완결 후 지속' 등으로 사용되어 여전히 혼란이 많다. 한국어 '-어 있-'도 상태 지속, 결과 지속, 결과 상태 지속, 완료 후 상태 지속 등 용어가 혼재되어 사용되고 있다. 이와 같이 용어를 뒤섞어 쓰는 경우가 많아 연구 결과를 비교 분석하는 데에 어려움이 있을 것이다. 이에 용어의 정의와 설명을 명확하게 제시하는 것이 중요하다.

셋째, 문법화와 관련된 것이다. 위의 한국어 시간 표현의 범주와 용어 혼란에 대한 언급은 끊이지 않아 왔다. 이러한 혼란이 되는 것을 문법화를 중심으로 하여 분석하면 비교적 보편적인 특성과 변이 패턴을 살펴볼 수 있다고 본다. 이는 문법화 이론이 언어 현상을 설명하는 데 언어를 거시적으로 분석하기, 설명력을 가지고 있기, 언어 변화를 설명하기, 타당성이 높은 설명을 제시하기 등의 장점이 있기 때문이다(이성하, 1998:24-25). 그러나 문법화 과정을 살피는 통시적 연구는 각 시대별 고찰이 선행되어야 하므로 분석 자료의 양도 많고 분석 결과가 체계적인 모습을 보이지 않을 가능성도 있어 어려움이 예상된다(손세모돌, 2017:43). 이러한 어려움으로 인해 한·중 시간 표현 대조 연구에서 문법화를 중심으로 살펴본 연구는 위교(2013) 한 편에 그친다. 위교(2013)는 통시적, 공시적 측면에서 한국어 '-(고) 있-'과 중국어 체조사 '着'에 대해 상적 중의성이 생기는 원인과 공통점 및 차이점을 살펴보았다. 분석한 결과 가운데 문법화 과정에서 상적 의미의 중의성이 생기는 원인은 통시적으로 '은유', 공시적으로 선행 동사의 견인, 즉 '유추'라고 하였다. 이와 같이 문법화 이론을 활용하면 시간 표현을 대조 분석함으로써 관련 원인을 밝힐 수 있고 공통점과 차이점을 조명할 수도 있다(위교, 2013:87-91).

위에서 살펴본 바와 같이 한·중 시간 표현 대조 결과에 영향을 미치는 의미기능과 관련하여 시간 표현의 범주 설정, 용어 사용에 대한 명확한 설명이 중요하다. 또한 문법화 이론을 활용하여 의미기능을 대조 분석하는 작업은 한·중 시간 표현 대조 연구를 탄탄하게 진행하는 기반이 될 수 있다는 점을 확인하였다. 시간 표현은 의미기능에 따라 분석하는 것이 중요하지만 어휘상의 영향을 받기도 한다. 이에 아래에서는 어휘상 분류를 살펴보도록 한다.

다음으로는, 의미기능 외에 또 한 가지 중요한 분류는 어휘상 혹은 동사의 내재적 의미자질에 대한 분류이다. 어휘상[12]의 분류에 대해 다음 〈표 7〉과 같이 정리하도록 한다.

12 여기에서는 어휘상이라는 용어를 사용하고자 한다. 즉, 동사의 내재적 의미자질을 어휘상이라고 하는 것이다. 어휘상 외에는 동작류, 상황 유형이라는 용어로도 사용한 바가 있는데 본 연구에서는 박덕유(2010)에서 제시한 것처럼 문법 범주로서의 상을 문법상, 의미 범주로서의 상을 어휘상이라는 주장을 취하며 어휘상이라는 용어를 사용하고자 한다.

〈표 7〉 한·중 시간 표현 대조 연구에서의 어휘상 분류

	어휘상 분류
진남남(2010)	순간결과동사, 순간동사, 완성동사, 변화동사, 행위동사, 심리동사, 상태동사
노은화(2011)	완성동사(결과성, 비결과성), 과정동사(결과성, 비결성), 달성동사(결과성, 비결과성), 순간동사(결과성, 비결과성), 상태동사
채의나(2011)	상태동사, 행위동사, 완성동사, 순간동사, 이행동사, 변화동사, 심리동사
해가림(2012)	상태동사, 행위동사, 완성동사, 순간동사, 성취동사
정희철, 쭈즈훼이(2013)	상태상황유형, 행위상황유형, 완성상황유형, 순간상황유형, 성취상황유형
쭈즈훼이(2014)	
우정정(2013)	상태동사, 행위동사, 달성동사, 순간동사, 성취동사
노성(2014)	상태동사, 심리동사, 행위동사, 변화동사, 완성동사, 순간동사, 이행동사
류명월(2014)	상태동사, 동작동사, 성취동사, 완성동사
이향란(2014)	상태동사, 과정동사, 완성동사, 순간동사, 심리동사
진려하(2014)	심리동사, 행위동사, 완성동사, 순간동사
이승희(2018a)	상태유형, 활동유형, 성취유형, 완성유형, 순간유형
lili(2019)	상태동사, 행위동사, 순간동사, 성취동사, 완성동사
고은성(2019)	상태동사, 심리동사, 행위동사, 완성동사, 변화동사, 순간동사, 이행동사
김현재(2019)	상태동사, 행위동사, 달성동사, 성취동사, 순간동사
이성남(2020)	상태동사, 행위동사, 완성동사, 순간동사, 성취동사
장로요(2021)	상태동사, 동작동사, 달성동사, 성취동사

첫째, 어휘상에 따른 결합 제약을 통해 한·중 시간 표현 간의 공통점과 차이점, 그리고 시간 표현의 대응 등을 살펴볼 수 있으므로 어휘상을 고려하여 한·중 시간 표현 대조 연구가 많이 이루어져 왔다고 할 수 있다. 위의 연구들에서 제시한 것처럼 어휘상 분류는 4~7개로 다양하게 이루어지고 있다. 이는 연구자마다 어휘상의 개념과 자질 판별 기준을 다르게 해석하기 때문이라고 본다. 이로 인해 의미기능과 마찬가지로 어휘상에 대한 용어 사용도 혼란을 겪고 있다.

둘째, 기존 연구에서는 Vendler(1967)[13], Smith(1997)[14]의 어휘상 분류를

바탕으로 논의하는 연구들이 대부분이었다. 그러나 영어의 분류 기준이 한국어와 중국어에도 적용될 수 있을지 의문이다. 예컨대, Vendler(1967)의 분류는 '상태(states)' 유형과 '성취(achievement)' 유형 때문에 중국어 동사 분류에 적합하지 않고, Smith(1997)의 분류는 '방향 보어(DVC, Directive Verb Complement)'와 '결과 보어(RVC, Resultative Verb Complement)' 문제로 한국어의 동사 분류에 부담이 될 수 있다(이승희, 2018b:80). 고영근(2007)에서는 한국어 특성을 기반으로 심리동사를 어휘상 분류에 추가하여 분석하였다. 이를 바탕으로 분석한 연구도 있었지만 그 수가 많지 않다. 한국어의 특성을 고려하여 혼재되어 있는 어휘상 분류를 보완하는 것이 중요할 것이다.

셋째, 어휘상 분류는 동사의 내재적 특성을 기준으로 하는 경우가 대다수였다. 그러나 동사에만 한정하여 해석할 수 없는 경우가 있다. 예를 들어 '철수는 집에서 밥을 먹었다.'와 '철수는 집에서 밥 한 그릇을 먹었다.' 두 문장에서는 목적어 논항이 한정적인 명사구로 인해 '-었-'의 쓰임과 의미가 달라지게 된다. 첫 번째 문장에서 '-었-'은 과거 의미를 나타내지만 두 번째 문장에서는 과거 의미뿐만 아니라 '참조시와의 관련성'을 나타내기도 한다(쭈즈훼이, 2019:292-293). 이에 시간 표현을 논의할 때 논항의 의미 변화나 부가어의 첨가를 고려하여 해석하는 것이 중요하다. 즉, 어휘상 분류 범위를 동사에서 문장 차원으로 넓혀갈 필요가 있다고 본다. 지금까지 이를 고려하여 분석한 연구는 정희철·쭈즈훼이(2013), 쭈즈훼이(2013), 쭈즈훼이(2019), 쭈즈훼이·김기석(2021)이 있지만 여전히 부족하다고 본다.

지금까지 한·중 시간 표현 대조 연구에서 어휘상과 관련된 쟁점을 살펴보았다. 시간 표현이 어휘상의 영향을 받으므로 이를 고려하여 대조 분석

---

13 Vendler(1967)는 [동작성(dynamic)], [종결성(telic)], [순간성(punctual)]을 기준으로 어휘상을 상태 동사(state), 달성 동사(achievement), 행위 동사(activity), 완성 동사(accomplishment)로 분류하였다.

14 Smith(1997)는 [상태성(static)], [한계성(telic)], [지속성(durative)] 이 세 가지 자질들의 조합으로 '상태(states)', '활동(activity)', '완성(accomplishment)', '순간(semelfactive)', '성취(achievement)'의 다섯 가지 상황 유형(situation aspect)을 제시하였다(이승희, 2018b:72 재인용).

하는 연구는 많이 이루어졌다. 그러나 어휘상 분류의 기준, 용어의 사용, 관련 이론의 적용, 분류 범위 등 면에서 여전히 논란이 되는 부분이 있음을 확인하였다.

마지막으로는, 앞서 한·중 시간 표현 대조 연구에서 의미기능 및 어휘상의 분류에 대한 쟁점을 살펴보았고 이어서 이러한 분류를 기반으로 전형적 한·중 시간 표현의 대조 결과에 대한 쟁점을 살펴보고자 한다. 크게 두 부분으로 나눌 수 있는데 하나는 한·중 특정 시간 표현 간의 대응 여부를 살펴보는 것이고 다른 하나는 한국어 시간 표현의 중국어 대응 표현이 대표적인 것 외에 또 무엇이 있는가를 살펴보는 것이다.

첫째, 한국어 '-었-'과 대응되는 중국어 표현은 '了'로 보는 견해가 일반적이다. 그러나 앞에서 언급했듯이 한·중 대조 결과는 의미기능이나 어휘상 분류의 영향을 받기 때문에 한국어 '-었-'과 중국어 '了'가 항상 대응되지 않을 수 있다. 또한 한국어 '-었-'은 중국어 '了'외에 다른 표현과 대응될 수도 있다. 이러한 대조 결과를 정리하면 다음 〈표 8〉과 같다.

〈표 8〉 한국어 '-었-'과 중국어 '了'의 대응 양상

	유형	-었-	了
류명월 (2014)	상태	+완료	+
	동작	+완료	+
	성취	+완료	+
	완성	+완료	+
이승희 (2018a)	상태	+과거	–
	순간	+과거	+
	성취	+과거	+
	활동	+과거	+
	완수	+결과	+
장로요 (2021)	상태	+완료/완결	+
	동작	+완결	+
	달성	+완료	+
	성취	+완료	+

대응 여부를 중심으로 살펴본 연구로는 류명월(2014), 이승희(2018a), 장로요(2021)가 있다. 각 연구에서 의미기능 및 동사의 내재적 의미자질을 다르게 설정하고 있다. 그럼에도 불구하고 어휘상별로 다음과 같이 살펴보고자 한다.

한국어 '-었-'과 중국어 '了'는 상태 동사와의 결합에 대한 견해가 다르다. 류명월(2014)에서는 한국어 '-었-'이 상태 동사와 결합할 때 완료의 의미를 나타내 중국어 '了'와 대립 관계가 성립되었다고 하였지만 이승희(2018a)에서는 한국어 '-었-'이 과거 의미를 나타내 상태 유형과 결합할 때 중국어 '了'와 대응되지 않는다고 하였다. 이성난(2020)에서도 상태 동사와 결합할 때 두 시간 표현의 대응 관계가 성립된다고 하였지만 이때 완료와 완결 의미를 나타낸다고 하였다.

동작 동사(활동 동사)에서 한국어 '-었-'과 중국어 '了'의 대응 관계가 성립된다는 것에는 이견이 없지만 한국어 '-었-'의 의미기능에 대해서 류명월(2014)에서는 완료 의미, 이승희(2018a)에서는 과거 의미, 장로요(2021)에서는 완결 의미를 나타낸다고 하였다. 다시 말해 동작 동사에서의 결합 양상에 대해서는 이견이 없지만 의미기능은 논의마다 다르게 분석하고 있었다.

완성 동사(완수 동사)에서 한국어 '-었-'과 중국어 '了'의 대응 관계 및 의미기능에 대한 논의 결과는 대부분 일치한다. 류명월(2014), 이승희(2018a)에서는 두 표현의 대응 관계가 성립된다고 주장하였고 의미기능은 완료, 결과를 나타낸다고 하였다.

성취 동사에서 한국어 '-었-'과 중국어 '了'의 대응 관계가 성립된다는 견해는 일치하지만 여전히 한국어 '-었-'의 의미기능에 대해 류명월(2014), 장로요(2021)에서는 완료 의미, 이승희(2018a)에서는 과거 의미를 나타낸다고 하였다.

나머지 순간 동사, 달성 동사의 분류에 대해서는 이견이 많고 연구마다 분류 기준을 다르게 설정하고 있으므로 대조 결과를 분석하는 데 무리가 있을 것이다. 이어서 〈표 9〉를 통해 한국어 '-었-'의 중국어 대응 표현으로

‘了’ 외에 어떤 표현이 있는지를 살펴볼 것이다.

〈표 9〉 한국어 ‘-었-’의 중국어 대응 표현

<table>
<tr><th></th><th colspan="3">한국어</th><th colspan="5">중국어</th></tr>
<tr><td rowspan="6">왕례량
(2012)</td><td colspan="3" rowspan="2"></td><td rowspan="2">단문</td><td colspan="3">내포문</td><td rowspan="2">접속문</td></tr>
<tr><td>명사절</td><td>인용절</td><td>관형절</td></tr>
<tr><td>상태</td><td colspan="2">-었-(완료)</td><td>-</td><td>∅
(음/기)</td><td>∅</td><td>的;
可能V的N</td><td rowspan="4">생략</td></tr>
<tr><td>동작</td><td colspan="2">-었-(완료)</td><td>了</td><td>了
(음/기)</td><td>了; 过</td><td>了的;
可能V了的N</td></tr>
<tr><td>성취</td><td colspan="2">-었-(완료)</td><td>了</td><td>了(음)</td><td>了; 过</td><td>了的;
可能V了的N</td></tr>
<tr><td>완성</td><td colspan="2">-었-(완료)</td><td>了</td><td>了
(음/기)</td><td>了; 过</td><td>了的;
可能V了的N</td></tr>
<tr><td rowspan="10">유격격
(2017)</td><td rowspan="2">상태</td><td colspan="2">-었-(과거 상태)</td><td colspan="5">시간 어휘</td></tr>
<tr><td colspan="2">-었-
(상태 변화 완료)</td><td colspan="5">了</td></tr>
<tr><td rowspan="6">동작</td><td colspan="2">-었-(단순 과거)</td><td colspan="5">了</td></tr>
<tr><td colspan="2">-었-(동작의 완료)</td><td colspan="5">了</td></tr>
<tr><td rowspan="3">-었-
(동작의
미완료)</td><td>과거 진행</td><td colspan="5">在, 正在</td></tr>
<tr><td>과거 지속</td><td colspan="5">一直</td></tr>
<tr><td>과거 반복</td><td colspan="5">빈도 부사(经常, 总是, 偶尔 등)</td></tr>
<tr><td colspan="2">-었-(단정 예측)</td><td colspan="5">了</td></tr>
<tr><td>비실현성
/심리</td><td colspan="2">-었-(과거 결정,
계획, 감각, 인지 등)</td><td colspan="5">과거 시간 어휘</td></tr>
<tr><td>과거
부정문</td><td colspan="2">-었-</td><td colspan="5">没</td></tr>
</table>

〈표 9〉와 같이 한국어 ‘-었-’에 대응하는 중국어 표현을 살핀 연구로는 왕례량(2012), 유격격(2017)이 있다. 왕례량(2012)은 상 범주에서 한·중 시간 표현을 분석한 반면에 유격격(2017)에서는 과거 시간 표현으로서 분석하였다.

왕례량(2012)에서는 한국어 ‘-었-’이 상태 동사와 결합할 때 완료 의미를 나타내 단문에서 대응되는 중국어 표현이 없고, 내포문에서는 중화상(Ø)이나 '的, 可能V的N'과 대응되며, 접속문에서는 해당 중국어 대응 표현이 없거나 중화상과 대응된다고 하였다. 이와 달리 유격격(2017)에서는 상태 동사와 결합할 때 과거 상태와 상태 변화 완료라는 두 가지 의미기능을 나타내 중국어의 시간 어휘나 '了'와 대응된다고 하였다. 이처럼 한국어 '-었-'은 상태 동사와 결합할 때 중국어의 대응 표현이 두 논의에서 다르게 도출되었음을 확인할 수 있다.

동작 동사의 경우 왕례량(2012)에서는 한국어 '-었-'이 단문에서는 중국어 '了', 내포문에서는 중국어 '了, 过, 可能V了的N', 접속문에서는 '了, 过, Ø'과 대응된다고 하였다. 유격격(2017)에서는 한국어 '-었-'이 단순 과거, 동작 완료 의미, 단정 예측을 나타낼 때 중국어 '了'와 대응되고 동작 의미 완료 의미를 나타내는 경우 '在, 正在, 一直, 빈도 부사'와 대응된다고 하였다. 이와 같이 한국어 '-었-'은 동작 동사와 결합할 때 의미기능에 따라 중국어 대응 표현이 다르게 나타난다.

나머지 분류는 두 논의에서 다르게 설정하고 있다. 왕례량(2012)에서는 성취 동사, 완성 동사를 설정하였고 이때 해당 중국어 대응 표현이 동작 동사의 대응 표현과 비슷하게 나타났지만, 성취 동사와 결합할 때는 '-기' 명사절에 대응되는 중국어 표현이 없다고 하였다. 이와 달리 유격격(2017)에서는 심리 동사와 결합할 때 한국어 '-었-'이 중국어의 과거 시간 어휘, 과거 부정문에서 중국어 '没'과 대응된다고 하였다.

정리하면 한국어 '-었-'은 주로 중국어 '了'과 대응되지만 의미기능, 어휘상 분류, 문장 유형 등에 따라 대응되지 않는 경우도 있고 중국어 '了' 외에 빈도 부사, 과거 시간 어휘 등 다양한 어휘적 표현, 그리고 '可能V的N' 등과 같은 다양한 구문적 표현에 대응되는 경우도 있음을 확인하였다.

둘째, 한국어 '-고 있-', '-어 있-'의 대응 양상을 살펴보겠다. 한국어 '-고 있-', '-어 있-'에 대응되는 중국어 표현은 '在', '着'이라고 보는 견해가 대부분이었다. 이는 다음 〈표 10〉을 통해 살펴보고자 한다.

〈표 10〉 한국어 '-고 있-', '-어 있-'과 중국어 '在', '着'의 대응 양상

	유형	-고 있-	在	-어 있-	着
진남남 (2010)	순간결과	–	–	+완료 지속	–
	순간	+진행	+	–	–
	완성	+진행/완료 지속	+	–	+완료 지속
	변화	+진행	+	+완료 지속	–
	행위	+진행	+	–	–
	심리	+진행	–	–	–
	상태	–	–	–	–
	형용사	–	–	–	–
해가림 (2012)	상태	–	–	–	–
	행위	+진행	+	–	+존재상태
	완성 -결과성	+진행	+	–	+존재상태
	완성 +결과성	+진행/ 결과 상태 지속	+	–	+결과 상태지속
	순간	+반복적 진행	+	–	+반복적 지속
	성취	+예비적 진행	–	+결과상태지속 (자동사)	+결과 상태지속
노성 (2014)	상태 길다 등	–	–		
	상태 크다 등	+진행	–		
	심리 지각	+진행	+		
	심리 인식 바라다 등	+진행	–		
	심리 인식 좋아하다 등	–	–		
	심리 감각	+진행	–		
	행위	+진행	+		
	변화	+진행	+		
	완성	+진행	+		
	순간	+진행	+		
	이행	+진행	–		
진려하 (2014)	심리	+	–	–	+
	행위	+	+	–	–(복문+)
	완성	+	+	+	+
	순간 일회순간	–(반복+)	–(반복+)	–	–(반복+)
	순간 순간결과	+	–	–	–

고은성 (2019)	동태			-	-	-	-
				+진행	-	-	+
	심리	지각		+진행	+	-	+
		인지	바라다 등	+진행/완료	+	-	+
			사랑하다 등	+완료	+	-	+
	행위			+진행	+	-	-(복문+)
	변화			+진행	+	+	+
	완성			+진행/완료	+	+	+
	순간			+반복의 진행	+	-	+
	이행			+진행	-	+	-
이성난 (2020)	상태	-정태		+동작 상태지속/ 미시작 동작		-	-
		+정태		-		-	-
	행위			+진행/ 동작상태 지속/ 미시작 동작		-	+
							+
							+
	완성	-결과성		+진행/ 미시작 동작		-	+
		+결과성		+결과 동작 상태 지속/미시작 동작		-	+
	순간			+반복/ 미시작 동작		-	+
	성취	-방향성		+동작 상태 지속		+결과 후 동작 상태지속/ 미시작 상태 지속	+
		+방향성		+진행		+결과 후 상태지속/ 미시작 상태 지속	-

한국어 '-고 있-', '-어 있-'과 해당 중국어 표현 간의 대응 관계가 성립되는지 여부를 살펴본 연구로는 진남남(2010), 해가림(2012), 노성(2014), 진려하(2014), 고은성(2019), 이성난(2020)이 있다.

한국어 '-고 있-'이 상태 동사에서 사용되지 못한다고 주장하는 연구가 대부분이었지만 노성(2014), 이성난(2020)에서는 상태 동사를 다시 분류하여 일부 상태 동사가 한국어 '-고 있-'과 결합할 수 있다고 하였다. 다만,

이때 중국어의 대응 표현이 없다는 점에는 이견이 없었다. 한편, 한국어 '-어 있-'이 상태 동사와 결합하지 못해 중국어 '着'와 대응되지 않는다는 결과는 진남남(2010), 이성난(2020)에서 이견 없이 나타났다.

한국어 '-고 있-'은 행위 동사와 결합하여 진행의 의미를 나타내며 중국어 '在'와 대응된다는 대조 결과는 진남남(2010), 해가림(2012), 노성(2014), 진려하(2014), 고은성(2019)에서 이견 없이 도출되었다. 다만, 진려하(2014), 고은성(2019)은 한국어 '-고 있-'이 중국어 '着'와 복문에 한정하여 대응 관계가 성립된다고 하였다. 또한 이성난(2020)에서는 한국어 '-고 있-'이 행위 동사와 결합하여 진행 의미뿐만 아니라 동작 상태 지속, 미시작 동작(명령문)의 의미도 나타낸다고 하였으며, 이때 중국어 '着'와 대응된다고 하였다. 한편, 한국어 '-어 있-'은 행위 동사에서 쓰이지 못하여 중국어 '着'와 대응되지 않는다고 진남남(2010), 해가림(2012), 진려하(2014), 고은성(2019), 이성난(2020)에서 밝힌 바 있다.

완성 동사와의 대응 관계에 대해 진남남(2010)에서는 한국어 '-고 있-'이 진행 의미를 나타낼 때 중국어 '在'와 대응되고, 완료 지속 의미를 나타낼 때 중국어 '着'와 대응된다고 하였다. 이와 비슷하게 노성(2014)에서는 한국어 '-고 있-'이 완성 동사와 결합해 진행의 의미를 나타내 중국어 '在'와 대응된다고 하였다. 또한 고은성(2019)에서도 한국어 '-고 있-'은 완성 동사와 결합할 때 진행, 완료 의미를 나타내 중국어 '在', '着'와 대응된다고 하였다. 위의 연구들과 달리 해가림(2012), 이성난(2020)에서는 완성 동사를 결과성이 있는 완성 동사와 결과성이 없는 완성 동사로 다시 분류하였다. 해가림(2012)에서는 한국어 '-고 있-'이 결과성이 없는 완성 동사와 결합하는 경우 진행 의미를 나타내 중국어 '在'와 대응 관계가 성립되고, 결과성이 있는 완성 동사와 결합하는 경우 진행, 결과 상태 지속 두 가지 의미를 나타내 중국어 '在(진행)', '着(결과 상태 지속)'와 모두 대응된다고 하였다. 이성난(2020)에서도 비슷한 대응 관계를 도출하였지만 의미기능을 해가림(2012)보다 세부적으로 분류하였다. 한편, 한국어 '-어 있-'과 중국어 '着'의 대응 양상은 다르게 도출하고 있다. 한국어 '-어 있-'은 완성 동사에서 사용하지 못해 중국어 '着'와 대응되지 않는다고 진남남(2010), 해가림(2012), 이성난(2020)에서 밝혔으나 진려하(2014), 고은성(2019)에서는 한국어 '-어 있-'이 완성 동사와 결합할 수 있으며 이때 중국어 '着'와 대응된다고 하였다. 이러한 차이가 나타나는 것은 연구자의 주관적 판단에 인한 것으로 추측된다. 즉, 개별 동사의 의미자질에 따라 예문 번역을 통해 분석한다는 것은 어휘상의 분류 및 연구자 주관적 판단의 영향을 받을 수 있다는 한계점이 있다는 것이다.

순간 동사에서의 한국어 '-고 있-'이 중국어 '在'에 대응된다는 대조 결과는 진남남(2010), 해가림(2012), 노성(2014), 진려하(2014), 고은성(2019)에서 동일하게 나타났지만 이때 진남남(2010), 노성(2014)에서는 한국어 '-고 있-'이 진행 의미를 나타낸다고 한 반면 해가림(2012), 진려하(2014), 고은성(2019)에서는 반복 의미를 나타낸다고 하였다. 이성난(2020)에서는 한국어 '-고 있-'이 순간 동사와 결합할 때 반복, 미시작 동작 두 의미를 나타내며, 이때 중국어 '着'의 일부(미시작 동작)와 대응된다고 하였다. 한편, 한국어 '-어 있-'을 순간 동사에서 사용하지 못해 중국어 '着'와 대응되지 않는다는 결과는 각 연구에서 동일하게 나타났다.

성취 동사를 어휘상으로 분류하여 대조 분석한 연구는 해가림(2012), 이성난(2020) 두 편이다. 해가림(2012)에서 한국어 '-고 있-'은 성취 동사와 결합할 때 예비적 진행 의미를 나타낸다고 하였지만 이에 대응되는 중국어 표현이 없다고 하였다. 이성난(2020)에서는 성취 동사를 다시 방향성이 있는 성취 동사와 방향성이 없는 성취 동사로 분류하여 분석하였다. 한국어 '-고 있-'은 방향성이 없는 성취 동사와 결합할 때 동작 상태 지속 의미를 나타내 중국어 '着'(미시작 동작)와 대응된다고 하였다. 이에 성취 동사의 분류로 인해 한국어 '-고 있-'의 대응 양상을 두 논문에서 다르게 도출하였다. 한편, 한국어 '-어 있-'은 성취 동사와 결합할 때 결과 상태 지속 의미를 나타내 중국어 '着'와 대응한다고 해가림(2012)에서 밝혔다. 이성난(2020)에서도 한국어 '-어 있-'은 방향성이 없는 성취 동사와 결합할 때 결과 후 동작 상태 지속 및 미시작 동작 두 의미를 나타내며, 이때 중국어

'着(미시작 동작)'와 대응된다는 비슷한 대조 결과를 도출하였다.

나머지 이행 동사, 변화 동사를 어휘상으로 분류하여 분석한 연구로는 노성(2014), 고은성(2019)이 있다. 한국어 '-고 있-'은 이행 동사와 결합할 때 진행 의미를 나타내는데 중국어 '在'와 대응할 수 없다는 결론이 두 논의에서 동일하게 나타났다. 변화 동사에서의 결합 양상도 두 논의에서 비슷하게 도출하였다. 즉, 한국어 '-고 있-'은 변화 동사와 결합할 때 진행 의미를 나타내 중국어 '在'와 대응된다는 것이다. 한편 이행 동사, 변화 동사와 한국어 '-어 있-'의 결합 양상을 살펴본 연구로는 고은성(2019)만 있다. 이 연구에서는 이행 동사와 결합할 때는 중국어 '着'와 대응되지 않고, 변화 동사와 결합할 때는 중국어 '着'와 대응된다고 하였다. 다음은 한국어 '-고 있-', '-어 있-'의 중국어 대응 표현이 위에서 논의한 것 외에 어떤 것이 있는가를 살펴볼 것이다.

〈표 11〉 한국어 '-고 있-', '-어 있-'의 중국어 대응 표현

<table>
<tr><th></th><th>유형</th><th>한국어</th><th colspan="2">중국어</th></tr>
<tr><td rowspan="10">채의나
(2011)</td><td>상태</td><td>-</td><td colspan="2"></td></tr>
<tr><td>행위</td><td>-고 있-
(진행)</td><td colspan="2">正在/正/在 + V + 呢; V + 着 + 呢;
正在/正/在 + V + 着 + 呢; V + 呢</td></tr>
<tr><td rowspan="2">완성</td><td rowspan="2">-고 있-
(진행 + 완료)</td><td>진행</td><td>완료</td></tr>
<tr><td>正在/正/在 + V + 呢;
V + 着 + 呢;
正在/正/在 + V + 着 + 呢;
V + 呢</td><td>V + 着;
완성 동사일 경우:
V + 了</td></tr>
<tr><td>순간</td><td>-고 있-
(반복)</td><td colspan="2">不停地(계속, 쉴새없이)/
不断地(끊임없이) + V + 着 + (呢)
不停地(계속, 쉴새없이)/
不断地(끊임없이) + 正在/正/在 + V + (呢)
正在/正/在 + 不停地(계속, 쉴새없이)/
不断地(끊임없이) + V + 着 + (呢)
不停地(계속, 쉴새없이)/
不断地(끊임없이) + V + 呢</td></tr>
<tr><td rowspan="3">이행</td><td>-고 있-(예정)</td><td colspan="2">快要(금방)/就要(곧, 바로) + V + 了(어기조사)</td></tr>
<tr><td rowspan="2">-어 있-
(완료)</td><td>도착하다, 착륙하다 류</td><td>서다, 눕다 류</td></tr>
<tr><td>V + 了</td><td>V + 了; V + 着;
V + 在 + 장소</td></tr>
</table>

	변화		-고 있-(진행)	정도부사/시간부사 + V + 了
	변화		-어 있-(완료)	N + V + 了; V + 着$_1$+ N
	심리	지각	-고 있-(진행)	现在(현재, 지금)/此时(이 시간에) /此刻(지금) + V
	심리	능원	-고 있-(완료)	V *'爱(사랑하다) + 着
	심리	인식	-고 있- (진행 + 완료)	V; 부사 + V + 着
	형용사+-지다		-고 있-(진행)	정도부사/시간부사 + 变(변하다) + V + 了
	피동문		-고 있-(진행)	正在/正/在 + 被 + V + (呢); 被 + V + 着 + (呢)
	피동문		-어 있-(완료)	被 + V + 了
	사동문		-고 있- (진행)	使/让/叫 + V; 正在/正/在 + 使/让/叫 + V + (呢); 使/让/叫 + V + 呢
lili (2019)	상태		-	
	행위		-고 있- (진행)	在; 正在; 呢 在 + V + 呢; 正在 + V + 呢; 正 + V(+보어) + 呢; 正 + V + 着(+보어) + 呢 V + 着(+보어) + 呢
	행위		-고 있-(반복)	在, 正在, 着
	순간		-고 있-(반복)	在; 正在; 着; 呢; 正 + V + 着
	성취		-고 있- (진행)	在; 正在; 正 + V + 着(+보어) + 呢; Φ; 在 + V(+着); 正在 + V(+着); 正 + V + 着
	성취		-어 있- (상태 지속)	了(완료); 着
	완성	결과성	-고 있- (진행)	在; 正在; 呢; 在 + V + 呢; 正在 + V + 呢; 正 + V + 着(+보어) + 呢
	완성	결과성	-고 있- (상태 지속)	了(완료); 着
	완성	결과성	-어 있- (상태 지속)	了(완료); 着
	완성	비완 결성	-고 있-(진행)	在; 正在
	완성	비완 결성	-어 있- (상태 지속)	了(완료)

위에서 논의한 것 외에 한국어 '-고 있-', '-어 있-'에 대응하는 중국어 대응 표현을 논의한 연구로는 채의나(2011), lili(2019)가 있다.

상태 동사에서 한국어 '-고 있-', '-어 있-'을 사용할 수 없다는 것은 채의나(2011), lili(2019)에서 동일하게 제시하였다.

행위 동사의 경우 한국어 '-고 있-'과 결합할 수 있고 중국어 '正在, 在, 着, 呢', 그리고 이들로 이루어지는 구문적 표현과 대응된다는 결합 양상은 두 논의에서 동일하게 나타났다. 다만, 채의나(2011)에서는 이때 한국어 '-고 있-'은 진행 의미를 나타낸다고 하였지만 lili(2019)에서는 진행 의미뿐만 아니라 반복 의미도 나타낸다고 하였다.

완성 동사에 대한 분류는 두 논의에서 다르게 설정되고 있다. 채의나(2011)에서 한국어 '-고 있-'은 완성 동사와 결합할 때 진행과 완료 의미를 나타낸다고 하였고, 진행 의미일 때 중국어 '正在, 在, 着, 呢'로 이루어지는 구문적 표현과 대응되고 완료 의미일 때 중국어 '着', '了'와 대응된다고 하였다. 이와 달리 lili(2019)에서는 완성 동사를 결과성이 있는 것과 결과성이 없는 것으로 분류하여 분석하였다. 결과성 완성 동사와 결합할 때 한국어 '-고 있-'은 진행 의미와 상태 지속 의미를 나타내며 각각 중국어 '正在, 在, 着, 呢'로 이루어지는 구문적 표현과 중국어 '着', '了'에 대응된다고 하였다. 비결과성 완성 동사와 결합할 때 한국어 '-고 있-'은 진행 의미를 나타내 중국어 '正在, 在'와 대응된다고 하였다. 완성 동사에 대한 분류는 두 논의에서 다르게 설정하고 있기는 하지만 중국어의 대응 양상은 비슷하게 도출하였다.

순간 동사에서 한국어 '-고 있-'을 사용할 때 반복의 의미를 나타낸다는 것과 이에 대응되는 중국어 표현에 대해서는 두 논의에서 비슷한 대조 결과를 도출하였다. 다만, lili(2019)와 달리 채의나(2011)에서는 이러한 중국어 대응 표현 유형인 구문적 표현에 부사어를 별도로 추가하였다는 미세한 차이가 있었다.

나머지 어휘상 분류는 두 논의에서 다르게 설정하고 있으므로 이에 대한 쟁점 정리는 어려움이 있을 것이다.

한편 채의나(2011)에서는 한국어 '-어 있-'이 이행 동사, 행위 동사와 결합할 수 있으며, 완료 의미로서 중국어 'V+了, V+着+N' 등과 대응된다고 하였다. 이와 달리 lili(2019)에서는 한국어 '-어 있-'이 성취 동사, 완성 동사와 결합할 수 있고 상태 지속 의미로서 중국어 '了, 着'와 대응된다고 하였다. 즉 두 논의에서 한국어 '-어 있-'과 결합하는 어휘상의 분류를 다르게 설정하고 있지만 해당 중국어 대응 표현은 비슷하게 도출하였다고 할 수 있다.

위에서 한국어 '-고 있-', '-어 있-'에 대응하는 특정 중국어 표현과 기타 표현들을 살펴보았다. 앞에서 살펴본 것처럼 한국어 '-고 있-'에 대응하는 중국어 표현에 대한 분석은 어휘상 분류와 문장 유형의 영향을 받아 논의마다 차이를 보였다. 그러나 해당 중국어 대응 표현이 주로 '正在, 在, 着' 그리고 이들로 이루어지는 구문적 표현이라는 대조 결과는 유사하였다. 한편, 한국어 '-어 있-'의 경우에도 특정 중국어 표현인 '着'와 대응하는 것 외에 중국어 '了'와 대응할 수 있다는 연구 결과를 확인하였다.

지금까지 한국어 시간 표현인 '-었-'과 '-고 있-', '-어 있-'의 대응 양상을 살펴보았는데 한국어 '-었-'의 대응 양상이 '-고 있-', '-어 있-'에 비해 의미기능, 어휘상 분류, 문장 유형의 영향을 더 많이 받는다는 점을 확인하였다. 즉, '-었-'은 의미기능, 어휘상 분류, 문장 유형에 따른 대응 양상이 매우 복잡하게 나타났지만 '-고 있-', '-어 있-'은 차이를 보인다 하더라도 비교적 비슷한 대조 결과가 나타났다. 이러한 대조 연구 외 대조 분석을 포함하는 오류 분석 연구도 중요하다고 할 수 있다.

(2) 한·중 시간 표현 대조 연구에서의 오류 양상

한·중 시간 표현 대조 연구 중 또 한 가지 중요한 경향은 오류 분석이다. 이는 학습자의 오류 원인과 효과적인 교수 방안을 제시하는 데에 중요한 역할을 하고 있다. 여기에서는 오류 분석을 위한 연구 절차를 살핀 후 오류 양상을 살펴볼 것이다.

우선, 오류 분석 연구 절차를 정리해 볼 것이다. 기존 연구에서 오류 분석을 할 때 조사 대상 선정, 오류 판정 기준, 오류 계산 방법이 어떻게 나타났는지를 정리하면 아래 〈표 12〉와 같다.

〈표 12〉 한·중 시간 표현 대조 연구에서의 오류 분석 절차

	대상	인원수	자료	기준	계산 방법
노은성(2001)	중급	9	작문 자료		
호선희(2012)	중고급	34	설문 조사		오류 수/문제 수 =오류율
왕교(2013)	중급	61	번역 과제		정답 비율 오답 비율
제몽요(2013)	초중급	51	일기 완성, 빈칸 채우기, 선택형, 쓰기, 자유 문제		오류 수/문제 수 =오류율
한졔(2013)	구별 없음	30	번역문		오류를 범하는 인수/총 인수 =오류 발생률
이향란(2014)	중고급	40	설문 조사		오류 빈도/문제 수 =오류율
천루(2015)	3-4급	38	설문 조사	○	오류율
왕시아오롱(2015)	구별 없음	67	설문 조사		정답 비율 오답 비율
왕커징(2016)	3-6급	40	번역 과제 빈칸 채우기	○	오류 빈도/총 빈도 =오류율
류훤(2017)	3-6급	50	설문 조사		대답 인원수/문제 수 =응답률
고은성(2019)			학습자 말뭉치		오류 빈도

〈표 12〉에서 확인할 수 있듯이 한·중 시간 표현 대조 연구에서 오류 분석을 한 연구로는 노은성(2001), 호선희(2012), 왕교(2013), 제몽요(2013), 한졔(2013), 이향란(2014), 천루(2015), 왕시아오롱(2015), 왕커징(2016), 류훤(2017), 고은성(2019)이 있다. 이에 대해 다음과 같은 두 측면에서 살펴볼 것이다.

하나는 조사 대상 및 인원수와 관련된 것이다. 조사 대상을 보면 중급 학습자를 포함한 연구가 많고 학습자의 숙달도를 구분하지 않는 연구도 있다. 중급 학습자를 포함하는 연구 가운데 초중급이나 중고급 학습자를 대상으로 하는 경우가 많다. 그러나 학습자의 사용과 습득 과정을 이해하기 위해서는 다양한 숙달도, 즉 초중고급 학습자를 모두 포함하여 분석하는 것이 중요하다. 이에 조사 대상의 범위를 확대할 필요가 있다고 본다.

또한 노은성(2001)에서는 중국인 학습자 9명을 대상으로 자료를 수집하여 연구를 진행하였는데 조사 대상의 인원수가 부족하다고 할 수 있다. 연구 결과의 객관성이나 타당성을 확보하기 위해 연구 목적에 맞는 조사 대상 및 인원수를 선정하는 것이 중요하다.

다른 하나는 오류 판정 기준 및 계산 방법과 관련된 것이다. 연구 대상을 선정하여 자료[15]를 수집한 후에 오류 판정은 오류 분석 절차 중에 가장 중요한 단계라고 할 수 있다. 오류 판정을 위한 기준 설정은 연구자 그리고 연구 목적 등에 따라 다르게 나타날 수 있다. 이에 연구 목적에 맞는 오류 판정 기준을 마련하는 것은 오류 분석의 근거가 될 것이다. 또한 자유 작문 등 실제 언어 사용을 반영하는 자료를 사용할 때 학습자가 틀린 것이 오류인지 실수인지를 판단하기 어렵다는 면이 있다. 이는 위에서 제시한 횡적 연구 외에 동일한 학습자가 생산한 종적 자료를 활용한 연구가 이루어질 필요가 있음을 시사한다. 종적 자료를 활용하면 오류로 처리할지 실수로 처리할지를 비교적 객관적으로 판단할 수 있다. 또한 자유 작문, 번역 과제와 같은 연구 자료를 사용할 때 오류 수나 오류 빈도를 산출하는 데 미사용이나 과잉 사용을 어떻게 처리할지에 대한 기준도 제시할 필요가 있다고 본다.[16] 이에 오류 판정 기준은 오류 분석의 필수적인 항목이라고 해도 과언이 아니다. 그러나 위에서 제시한 것처럼 오류 판정 기준을 제시한 연구는 왕교(2013), 천루(2015), 왕커징(2016) 밖에 없었다. 이에 한·중 시간 표현 대조 연구에서 오류 분석의 신뢰도를 확보하기 위해 오류 판정 기준을 명확히 제시하는 것이 중요하다고 할 수 있다. 또한 오류 계산 방법에서 오류 수나 오류 빈도, 오류율이나 오류 발생률이라는 용어가 혼란을 겪고 있었다.

---

15 오류 분석을 위한 연구 자료에 대해 4장 연구 방법과 관련된 쟁점 정리에서 언급했으므로 여기에서는 생략하도록 한다.

16 왕커징(2017)에서 미사용과 과잉 사용에 대한 처리를 제시하였는데 왕교(2013)에서는 이에 대해 제시하지 않았다. 또한 노은성(2001), 한제(2003)에서는 오류 판정 기준을 전반적으로 제시하지 않았다.

이에 연구 결과의 타당성 등을 확보하기 위해 오류 분석을 하는 절차에서 조사 대상 및 인원수를 충분히 선정하고 오류 판정 기준을 명확히 제시하며 해당 용어 사용에 대한 설명을 제시하는 것이 중요하다고 할 수 있다.

다음으로는, 이러한 연구 절차를 통해 고찰한 오류 양상이 어떻게 나타나는지를 살펴볼 것이다. 위의 연구를 기반으로 오류 양상 및 오류 원인을 정리하면 아래 〈표 13〉과 같다.

〈표 13〉 한·중 시간 표현 대조 연구에서의 오류 양상

<table>
<tr><th></th><th colspan="2">오류 유형</th><th>오류 원인[17]</th></tr>
<tr><td>노은성
(2001)</td><td colspan="2">1) 시제 선택 오류
2) 문법 사항 적용 미숙으로 인한 오류
3) 부적절한 시제 호응 관계에 따른 오류
4) 모음 조화의 이해 부족으로 인한 오류
5) 격식체와 비격식체가 일치하지 않아 생기는 오류</td><td>-</td></tr>
<tr><td rowspan="6">호선희
(2012)</td><td rowspan="3">종결문</td><td>-었-: 현재형을 사용하는 오류
(상태성 용언에서의 미사용, 행위동사에서의 미사용)</td><td rowspan="6">모국어 영향
인식 부족</td></tr>
<tr><td>-었었-: '-었-'과 혼용</td></tr>
<tr><td>-더-: '-더-'와 '-었'혼용; '-더-'와 '-었더-'의 혼용
'-더-'가 결여한 오류</td></tr>
<tr><td>연결문</td><td>-었-: 결여한 오류
-더-: '-었는데'와 '던데'의 혼용</td></tr>
<tr><td>관형
사절</td><td>'-던', '-었던'을 '-은' 등으로 혼용</td></tr>
<tr style="display:none"></tr>
<tr><td>왕교
(2013)</td><td colspan="2">과거 시간 표현:
1) 대치 오류
2) 누락 오류
3) 과제 문장과 의미와 다른 오류
4) 형태적 오류
5) 동사 관련 오류
6) 쓰지 않음</td><td>모국어 영향
한·중 차이
인식 부족</td></tr>
<tr><td>제몽요
(2013)</td><td colspan="2">과거 시간 표현:
1) 초급 학습자보다 중급 학습자가 연결형 어미, 관형사형 어미에 대한 오류가 많음
2) 초급, 중급 학습자가 종결형 어미에서 '-었-'이 형용사, 명사와 결합하는 오류가 많음, 중급 학습자가 종결형 어미 '-었었-'의 오류가 많음
3) 초급 학습자는 '-(으)ㄴ, -는, -(으)ㄹ'에 대한 오류가 많으며 중급 학습자는 '-(으)ㄴ, -던, -었던'에 대한 오류가 많음</td><td>모국어 영향
교육 부족
인식 부족</td></tr>
</table>

이향란 (2014)	급수별	중급 오류 빈도가 고급보다 높음	모국어 영향 한·중 차이 인식 부족
	동사 유형별	-고 있-: 1) 결과성 순간 동사에서 중고급의 오류가 같은 비율로 가장 많음 2) 심리동사에서 중급이 고급보다 높은 비율로 2위로 나타남 3) 상태 동사에서 고급이 중급보다 높은 비율로 3위로 나타남 4) 비결과성 순간 동사에서 중급이 고급보다 높은 비율로 4위로 나타남 5) 과정 동사에서 중급이 고급보다 높은 비율로 5위로 나타남 결과성 완성 동사에서 중급이 고급보다 높은 비율로 같은 순위인 5위로 나타남 6) 비결과성 동사에서 중급이 고급보다 높은 비율로 6위로 나타남	
		-어 있-: 1) 결과성 순간 동사에서 고급이 중급보다 높은 비율로 1위로 나타남 2) 결과성 완성 동사에서 고급이 중급보다 높은 비율로 2위로 나타남 3) 과정 동사에서 고급이 중급보다 높은 비율로 3위로 나타남 4) 심리 동사에서 중급이 고급보다 높은 비율로 4위로 나타남 5) 상태 동사에서 중급이 고급보다 높은 비율, 비결과성 완성 동사에서 중급이 고급보다 높은 비율, 비결과성 순간 동사에서 중급이 고급보다 높은 비율로 같은 순위로 나타남	
천루 (2015)	시간 표현: 1) 종결형식 '-ㄴ/는다'사용 오류 2) 진행상 '-는 중이다' 사용 오류 3) 관형사형 어미 '-ㄴ/은/는' 사용 오류 4) 영형태(Ø) 사용 오류 5) 특수 형용사 '있다'+영형태 사용 오류 6) 현재 시제 '명사+이다' 사용 오류 7) 문장 뒤에 진행상 '-고 있다'사용 오류 8) 앞에 문장의 시제가 일치하지 않는 오류 9) 중국어 '正', '着'에 관한 한국어 대조 번역 오류 10) 중국어 '现在', '的'에 관한 한국어 관형사형 어미 사용 오류		인식 부족 교육 부족
왕커징 (2016)	-었-: 1) 상태 동사와 결합: 누락, 형태, 첨가, 대치 2) 동작 동사와 결합: 누락, 형태, 대치 3) 심리 동사와 결합: 누락, 형태, 대치 4) 상을 나타내는 보조 용언과 결합: 누락, 형태, 첨가 5) 부정문에서: 누락, 첨가, 누락, 기타 6) 사태의 결과를 나타내는 성상 부사와 결합: 누락, 형태, 기타 7) 미래 시간부사와 결합: 누락, 대치, 첨가 8) 연결사와 결합: 첨가		모국어 영향 인식 부족 한국어 복잡성

류훤 (2017)	-고 있- / -어 있- 1) '-고 있-'을 완성 동사와 결합할 때 오류가 많고 상태 지속 의미를 나타낼 때 '-어 있-'과 혼동 2) '-고 있-'을 심리 동사와 결합할 때 상태 지속 의미를 동작의 진행 의미로 혼동 3) '-어 있-'을 형용사와 결합할 때 오류가 많음 4) '-고 있-'과 '-어 있-'은 높임말에 대한 오류가 많음 5) '-고 있-'은 순간성 자동사와 결합 불가능한 인식 부족으로 인한 오류		모국어 영향 인식 부족 교육 부족 한국어 복잡성
고은성 (2019)	의미적 오류	-고 있-: 초급: 기간(시점을 나타날 경우) 오류, 개사, 후행절 호응 중급: 기간, 시제, 후절 호응 고급: 후절 호응, 품사(조사, 동사) -어 있-: 초급: '-고 있-'과 의미 혼동 중급: 위와 유사함 고급: 위와 유사함	-
	통사적 오류	-고 있-: 초급: 형용사와 순간성 자동사 결합 불가능에 대한 오류 중급: 격조사 부분에서 오류 등 고급: 형용사와 결합 불가능에 대한 오류 -어 있-: 초급: 일부 타동사와 결합 불가능에 대한 오류 중급: 일부 타동사와 결합 불가능에 대한 오류 고급: 위와 유사함	
	형태적 오류	-고 있-: 초급: ㄹ 탈락 오류 중급: ㄹ, 으 등 탈락 오류 고급: ㄹ, 탈락 오류, 하다 + 어지다 오류 -어 있-: 초급: 형용사와 결합할 때 형태 오류 중급: '놓이 + 어 있'과 같은 오류	

위를 살펴보면 오류 분석을 하는 연구 가운데 전반적 시간 표현을 대상으로 살펴본 연구에는 노은성(2001), 천루(2015)가 있고, 한국어 '-었-'과

17 Brown(2001)에서는 학습자가 보이는 오류의 원인이 네 가지가 있다고 하였다. 첫 번째는 언어 간 전이, 두 번째는 언어 내 전이, 세 번째는 교사나 교재의 잘못된 설명 때문에 일으킨 오류, 네 번째는 학습자가 의사소통하기 위하여 오류를 만들어 낸다는 의사소통 전략으로 일으킨 오류이다.

이를 포함하는 과거 시간 표현을 대상으로 살펴본 연구에는 호선희(2012), 제몽요(2013), 왕교(2013), 왕커징(2016)이 있으며, 한국어 '-고/어 있-'을 대상으로 살펴본 연구에는 이향란(2014), 류휜(2017), 고은성(2019)이 있다.

첫째, 전반적 시간 표현 오류는 다양한 유형으로 나타났다. 위에서 제시한 것처럼 오류 위치를 보면 종결형(예: 종결형에서 '-ㄴ/는다' 사용 오류, 문장 뒤에 진행상 '-고 있다' 사용 오류 등), 관형사형(예: 관형사형 어미 '-ㄴ/은/는'의 사용 오류 등)에서 범하는 오류가 많다. 오류 양상을 보면 대조 번역 오류, 격식체와 비격식체와 관련된 오류 등 다양한 사용 오류가 있다. 이러한 오류가 발생하는 원인에 대해 천루(2015)는 언어 내 전이 및 교육 설명 부족으로 설명하고 있다. 즉, 중국인 학습자들이 한국어 시간 표현에 대한 인식과 교육이 부족하다는 것이다.

둘째, 한국어 '-었-'과 이를 포함하는 과거 시간 표현에 대한 오류이다. 호선희(2012), 제몽요(2013)는 과거 시간 표현을 대상으로 살펴보았고, 왕커징(2016)은 한국어 '-었-'을 중심으로 살펴보았다. 호선희(2012)는 문장 유형(종결문, 연결문, 관형사절)으로, 제몽요(2013)는 문장 유형과 학습자의 숙달도별로, 왕커징(2016)은 동사의 내재적 의미자질(어휘상)별로 오류를 살펴보았다.

과거 시간 표현의 다양한 오류 유형 가운데 한국어 '-었-'과 '-었었-'의 구분, '-더-'와 '-었-'의 구분, '-더-'와 '-었더-'의 구분을 잘 하지 못해 대치 오류를 범하는 경우가 있고, '-었-'이나 '-더-' 등이 누락되는 오류도 있으며 형태적 오류, 동사 관련 오류 등도 있다. 이에 대해 호선희(2012)는 모국어의 영향, 학습자의 인식 부족, 제몽요(2013)는 교육 부족, 학습자의 인식 부족, 왕교(2013)는 모국어의 영향, 한·중 과거 시간 표현의 차이, 학습자의 인식 부족으로 인한 것이라고 설명한 바가 있다. 즉, 학습자가 과거 시간 표현을 사용하는 데 누락 오류, 대치, 형태, 동사와 관련된 오류 등을 범하며, 이는 학습자의 모국어 영향, 한·중 과거 시간 표현의 차이, 학습자의 인식 부족, 기관의 교육 부족 때문이라는 것이다.

한국어 '-었-'의 오류는 동사의 내재적 의미자질별로 보면 중국인 학습자가 상태 동사에서는 누락 오류, 형태 오류, 첨가 오류, 대치 오류를 많이 범하고, 동작 동사에서는 누락 오류, 형태 오류, 대치 오류를 많이 범하며, 심리 동사에서 누락 오류, 형태 오류, 대치 오류를 많이 범한다고 왕커징(2016)에서 밝힌 바 있다. 또한 부정문이나 미래 시간 부사와의 결합, 연결사와의 결합 등에서도 이러한 오류 양상을 보였다. 왕커징(2016)은 학습자의 모국어 영향, 학습자의 인식 부족, 한국어 자체의 복잡성 때문에 학습자들이 이러한 오류를 범한다고 설명하였다. 다시 말해 학습자가 한국어 '-었-'을 사용하는 데 누락, 대치, 형태, 첨가, 기타 등의 오류를 비교적 많이 범하고 있고 이는 언어 간의 부정적 전이 및 언어 내의 복잡성 때문이라고 하였다.

셋째, 한국어 '-고 있-', '-어 있-'에 대한 오류이다. 이향란(2014)에서는 한국어 '-고 있-', '-어 있-'에 대한 학습자 오류를 학습자의 숙달도와 동사의 내재적 의미자질을 기반으로 살펴보았고, 류훤(2017)에서는 동사의 내재적 의미자질을 기반으로 분석하였으며, 고은성(2019)에서는 의미적, 통사적, 형태적 오류 유형별로 학습자의 숙달도에 따라 살펴보았다.

동사의 내재적 의미자질, 즉 어휘상에 따른 오류는 한국어 '-고 있-'이 심리 동사와 결합할 때 상태 지속 의미를 진행 의미로 잘못 이해하여 발생한 오류, 완성 동사와 결합할 때 동일한 상태 의미를 나타내는 '-어 있-'과의 대치 오류, 순간 동사에서의 과잉 사용 오류, 형용사에서의 과잉 사용 오류, 후행절 호응에 대한 오류 등이 있다.

한국어 '-어 있-'의 경우, '-고 있-'의 상태 지속 의미와의 혼동 오류, 일부 타동사에서의 과잉 사용 오류, 형용사와 결합하는 형태 오류 등이 있다.

이러한 오류의 발생 원인에 대해 이향란(2014)에서는 모국어의 영향, 한국어와 중국어의 차이, 인식 부족 때문이라 하였으며, 류훤(2017)에서는 모국어 영향, 인식 부족, 교육 부족, 한국어 자체의 복잡성으로 설명하고 있다. 정리하자면 한국어 '-고 있-', '-어 있-'에 대한 오류는 의미적 혼동 오류, 어휘상에서의 과잉 사용 오류, 형태 오류 등이 있고, 이는 언어 간

부정적 전이와 언어 내 전이, 교육의 설명 부족으로 인한 것이라고 하였다.

지금까지 한·중 시간 표현 대조 연구에서 오류 분석의 연구 절차 및 오류 양상을 살펴보았다. 연구 절차를 보면 조사 대상의 선정, 오류 판정 기준의 제시, 용어 사용의 설명 등을 제시할 필요가 있고, 오류 양상을 보면 언어 간의 부정적 전이, 언어 내의 전이, 학습자의 인식 부족, 교육 부족 등으로 인한 누락 오류, 대치 오류, 형태 오류, 첨가 오류 등이 있음을 확인하였다.

5. 나가는 말

본 연구는 한·중 시간 표현 대조 연구의 동향을 개괄적으로 살펴보고 이를 기반으로 한·중 시간 표현 대조 방법 및 대조 결과에 대한 쟁점을 점검하는 데 목적을 두었다. 이를 위해 선행연구 분석을 중심으로 동향 및 쟁점을 논의하고 각 하위 부분에 대하여 구체적으로 살펴보았다.

한·중 시간 표현 대조 연구는 2001년에 시작되어 2013-2014년 사이에 급증하였다가 잠시 감소한 후 최근에 이르러 상승세를 보이고 있다. 이 가운데 대조 대상을 보면 몇 가지 전형적인 시간 표현에 연구가 편중되는 것은 그 분야의 연구 중점을 살펴보는 데에 도움이 되기도 하지만 한편으로는 다양한 저빈도 시간 표현의 연구를 저해하는 것이기도 하다. 이에 전형적 시간 표현 외에 다양한 시간 표현에 초점을 맞추어 살펴볼 필요가 있음을 확인하였다.

그간 한·중 시간 표현 대조 연구에서 사용되는 대조 방법은 한 가지에 편중되어 있다는 점, 관련 자료 정보나 학습자 정보 등을 상세히 제시하지 않았다는 점에서 여전히 한계를 드러내고 있다. 이러한 대조 방법 분석을 통해 연구자의 주관적 해석과 객관적 자료를 상호보완적으로 수용하는 것이 중요하다는 점을 확인하였다.

또한 대조 결과 분석에 있어 한국어 시간 표현의 문법 범주 분류, 이러한 분류에 따른 의미기능 및 어휘상 설정 등은 여전히 논란이 되는 부분이 많다. 특히 어휘상 설정은 거의 연구마다 다르게 제시하고 있다. 이러한 다른 설정 하에 시간 표현의 대응 양상을 살펴보는 것은 대조 결과를 다양하고 복잡하게 만들 수밖에 없다. 예컨대, 그중 한국어 '-었-'은 '-고 있-', '-어 있-'에 비해 의미기능 및 어휘상의 영향을 비교적 많이 받는다는 것을 살펴보았고, 특정 중국어 어휘적 대응 표현 외에 구문적 표현과도 대응될 수 있음을 확인하였다. 한편, 오류 분석을 진행하는 데 있어 조사 대상과 오류 판정 기준의 제시 등이 아직 세부적으로 이루어지지 않은 경우가 있었고, 오류 양상이 다양하게 나타났음을 확인하였다.

선행연구를 검토함으로써 한·중 시간 표현 대조 연구의 동향과 쟁점을 살펴보았는데 많은 양의 업적들을 살펴보느라 누락된 연구가 있을 수도 있다는 점, 저빈도 시간 표현까지 포함하지 못하고 전형적 시간 표현을 중심으로 대응 양상을 살펴보았다는 점은 본 연구의 한계점이다. 그럼에도 불구하고 그동안 이루어진 한·중 시간 표현 대조 연구의 동향 및 쟁점을 살펴봄으로써 남아 있는 문제와 향후 과제를 검토하였다는 점에서 의의가 있다.

참고문헌

김석득(1974), 「한국어의 시상」, 『한불연구』 1, 연세대 한불문화연구소, 97-145쪽.

김석득(1992), 『우리말 형태론 : 말본론』, 탑출판사.

김성화(1992, 2003), 『국어의 상 연구』, 한신문화사.

김차균(1999), 『우리말 시제구조와 상 인식』, 태학사.

남기심(1972), 「현대국어(现代国语) 시제(时制)에 관(关)한 문제(问题)」, 『국어국문학』 55·56·57, 국어국문학회, 213-238쪽.

남기심·고영근·유현경·최형용(2019), 『표준국어문법론』, 한국문화사.

박덕유(1998), 『国语의 动词相 研究』, 한국문화사.

박덕유(2010), 「한국어의 时相 범주와 표현에 대한 연구」, 『우리말연구』 26, 우리말학회, 5-40쪽.

서정수(1996), 『현대국어문법론』, 한양대학교 출판부.

손세모돌(1996), 『국어 보조용언 연구』, 한국문화사.

손세모돌(2017), 「중세·근대국어 보조용언 연구의 쟁점과 과제」, 『국어사연구』 25, 국어사학회, 7-57쪽.

유현경 외(2020), 『한국어 표준 문법』, 집문당.

이남순(1988), 『시제, 상, 서법』, 월인출판사.

이성하(1998), 『문법화의 이해』, 한국문화사.

이승희(2018a), 「한·중 시간 관련 범주에 관한 소고─'-었-'과 '了' 중심으로」, 『언어연구』 33(4), 한국현대언어학회, 715-732쪽.

이승희(2018b), 「한·중 어휘상 유형에 관한 고찰」, 『순천향 인문과학논총』 37(2), 순천향대학교 인문학연구소, 55-84쪽.

이재성(2000), 「국어의 시제와 상에 대한 연구」, 연세대학교 박사학위논문.

임홍빈(1980), 「{-겠-}과 대상성」, 『한글』 170, 한글학회, 587-630쪽.

진영하(2020), 「말뭉치 기반 한·중 시간 개념화 양상 대조 연구」, 『한국언어문화학』 17(2), 국제한국언어문화학회, 217-246쪽.

최현배(1937, 1991), 『우리말본』, 정음문화사.

한동완(1996), 『국어의 시제 연구』, 태학사.

허용·김선정(2018), 『대조언어학』, 소통.

Brown, H. D.(2001), *Teaching by principles: an interactive approach to language pedagogy*, NY: Longman, 권오랑·김영숙 역(2008), 『원리에 의한 교수』, Pearson Education Korea.

Smith, C. S.(1997), *THE PARAMETER OF ASPECT*(SECOND EDITION), Kluwer.

Vendler, Z.(1967), *Linguistics in Philosophy*, Ithaca: Cornell University Press.

제4장

한·중 어휘 대조 연구

I.
한·중 어휘 대조 연구 동향 분석

국흠·서준동·심묘·여란걸·
왕욱요·이신희·이우천

1. 들어가는 말

대조 분석은 유사점과 차이점을 발견할 목적으로 두 언어 사이의 음운적, 형태적, 통사적, 문화적 체계를 구조 대 구조로 비교하는 방법이다(Lado, 1957). 이는 외국어 학습에서 학습자가 발생할 오류를 예측하고 학습 상황에서 배울 필요가 있는 것을 결정하여 학습자에게 쉽거나 어려운 분야를 예측하는 것이다. 따라서 언어를 비교하는 하나의 방법으로 대조 분석은 많은 연구자의 관심을 끌어왔다.

한국어교육 영역에서 대조 분석을 활용한 연구를 찾아보면 약 8,000편의 논문이 있다.[1] 이를 통해 한국어교육에서 대조 분석은 중요한 언어 분석 방법으로 활발하게 사용되어 왔음을 알 수 있다. 이들 연구를 보면 한국어와 중국어, 한국어와 영어, 한국어와 일본어, 한국어와 베트남어 등 한국어와 다른 다양한 언어를 대조하였으며 어휘 대조나 문법 대조, 혹은 표현 대조나 발음 대조 등 다양한 주제로 대조하는 경향을 보였다. 그중 특히 한국어와 중국어의 대조 연구가 가장 많은 비중을 차지하고 있다는 것을

1 RISS에서 '한국어 대조 연구'를 검색한 결과, 7,556건이 나왔다.(2022년 7월 31일, 13:00)

확인하였다. 이는 중국인 한국어 학습자가 가장 많았기 때문일 것이라고 볼 수 있다. 한국어와 중국어의 대조 연구에서는 특히 어휘를 대조한 연구가 압도적으로 많이 이루어진 것을 확인할 수 있었다. 한·중 어휘 대조 연구에서는 한·중 한자어의 대조나 동사나 명사의 의미 대조, 혹은 사회문화적인 관점에서 이루어진 한·중 호칭어의 대조나 금기어의 대조 등 다양한 내용이 다루어져 왔다. 이에 따라 본고에서는 한·중 어휘 대조 연구에 중점을 두어 지금까지 이루어진 연구를 자세히 살펴보고 연구의 경향을 분석하는 데에 목적을 두고자 한다. 구체적으로 한·중 어휘 대조 연구의 연도별, 유형별, 연구 목적별, 대조 방법별, 하위 영역별 5가지 측면에서 동향을 살펴볼 것이다.

2. 연도별 연구 동향

먼저 한·중 어휘 대조는 통시적인 관점에서 보면 다음 〈표 1〉에서 제시한 것과 같다.

〈표 1〉 연도별 한·중 어휘 대조 연구 동향

<table>
<tr><th>연도</th><th>연구 수</th><th>연도</th><th>연구 수</th><th>연도</th><th>연구 수</th></tr>
<tr><td rowspan="4">2000이전</td><td rowspan="4">4</td><td rowspan="4">2000이전</td><td rowspan="4">4</td><td>1992</td><td>1</td></tr>
<tr><td>1994</td><td>1</td></tr>
<tr><td>1997</td><td>1</td></tr>
<tr><td>1999</td><td>1</td></tr>
<tr><td rowspan="7">2001
~
2010</td><td rowspan="7">107</td><td rowspan="5">2001
~
2005</td><td rowspan="5">16</td><td>2001</td><td>1</td></tr>
<tr><td>2002</td><td>2</td></tr>
<tr><td>2003</td><td>2</td></tr>
<tr><td>2004</td><td>5</td></tr>
<tr><td>2005</td><td>6</td></tr>
<tr><td rowspan="2">2006
~</td><td rowspan="2">91</td><td>2006</td><td>6</td></tr>
<tr><td>2007</td><td>14</td></tr>
</table>

		2010		2008	14
				2009	24
				2010	33
2011 ~ 2020	682	2011 ~ 2015	329	2011	44
				2012	56
				2013	90
				2014	69
				2015	70
		2016 ~ 2020	353	2016	72
				2017	74
				2018	80
				2019	63
				2020	64
2021 2022	80	2021 2022	80	2021	61
				2022	19
합계	873	합계	873	합계	873

한·중 어휘 대조 연구는 1992년부터 시작되었으며 30년간 900편 이상 발표되었다. 본고에서 분석할 논문은 총 873편[2]이다. 2000년 이전의 연구 수는 비교적 적었으나 2001년부터 서서히 증가하더니 2013년에 급증한 것으로 나타났다. 2014년부터 2021년까지는 매년 70편 정도의 논문들이 발표된다는 사실을 알 수 있다. 올해 2022년에도 더 많은 어휘 대조 논문이 발표되기를 기대한다.

2 900편 이상의 논문은 RISS(학술연구정보서비스) 사이트에서 간단한 정보를 찾을 수 있으나 학교 복사와 신청 필수인 논문들과 원문을 찾지 못한 논문들을 제외한 어휘 대조 논문은 873편이었다.

3. 발간 유형별 연구 동향

어휘 대조 논문은 발간 유형별로 학술지 논문, 학위논문으로 나눌 수 있다. 구체적인 양상은 다음 〈표 2〉와 같다.

〈표 2〉 발간 유형별 한·중 어휘 대조 연구 동향

발간 유형		연구 수	합계
학술지		118	118
학위논문	석사	682	755
	박사	73	
합계			873

위 〈표 2〉에 제시한 것처럼 한·중 어휘 대조 학술지 논문은 118편이고 학위논문은 755편이 있다. 이 중에서 박사논문이 73편, 석사논문이 682편으로, 석사논문이 박사논문보다 큰 비중을 차지하고 있다는 것을 알 수 있다. 또한 박사논문에 비해 학술지 논문이 더 많은 편이다.

4. 연구 목적별 연구 동향

1) 개괄

한·중 어휘의 연구 목적은 크게 단순 대조, 대조와 오류, 대조와 교수 및 대조와 습득 4가지로 나눌 수 있다. 이는 총 873편 논문에서 제시한 연구 목적을 기반으로 분류한 것이다. 대조언어학 이론을 기반으로 진행한 연구는 단순 대조로 분류하였으며, 대조 부분이 있지만 오류 양상, 오류 원인, 교육 방안과 학습자의 습득 양상을 중점적으로 살펴본 연구는 대조와 오류, 대조와 교수, 대조와 습득으로 분류하였다. 구체적인 연구 수를 정리하면 다음 〈표 3〉과 같다.

〈표 3〉 연구 목적별 한·중 어휘 대조 연구 동향

연구 목적	대조	대조 + 오류	대조 + 교수	대조 + 습득
학술지	104	1	11	2
학위논문	559	7	173	16
연구 수	663	8	184	18
합계	873			

위 〈표 3〉을 살펴보면 대조언어학 이론을 활용하여 단순 대조한 연구가 총 663편으로 가장 많았다. 그다음으로는 대조와 교수(184편)이고, 대조와 습득(18편), 대조와 오류(8편)가 그 뒤를 이었다.

2) 영역별 검토

(1) 대조

단순 대조는 어휘 대조 연구에서 가장 큰 비중을 차지하고 있다. 단순 대조와 관련한 연구는 사전이나 말뭉치를 이용하여 두 언어 간 어휘의 공통점과 차이점을 밝히는 연구가 가장 많았다. 두 언어 간 어휘의 공통점과 차이점을 제시하기 위해 우선, 두 언어 간의 개념이나 정의, 특징을 제시한 다음 대조 분석을 하고 한·중 어휘의 대응 관계와 공통점, 차이점을 제시하는 경우가 대부분이었다. 예를 들어 류창(2018)에서는 한·중 착용 동사가 문장에서 어떤 특성을 가지고 있는지, 그리고 유형별로 분류하여 한·중 착용 동사 간에 어떤 대응 관계를 맺고 있는지를 살펴보았다.

(2) 대조와 오류

한·중 어휘 대조 연구 중에 오류와 관련한 연구가 그다지 많지 않았다. 오류와 관련한 연구는 우선 대조 분석을 통해 한·중 동사의 대응 양상을 제시하고 설문 조사의 방식으로 학습자들에게 자주 나타난 오류 유형과 오류 원인을 분석한 연구였다. 예를 들어, 유승림(2018)에서는 한·중 '가다'와 '오다'의 의미적인 대응 양상을 살펴본 후 대조 분석을 통해 얻은 결과를 바탕으로 중국인 한국어 초급, 중급, 고급 학습자들에게 나타난 오류 유형과 오류를 범하는 원인을 분석하였다.

(3) 대조와 교수

한·중 어휘 대조 연구 중에는 중국인 한국어 학습자를 대상으로 한국어 어휘 교육 방안을 제시한 연구가 비교적 많은 비중을 차지하고 있었다. 교육 방안을 제시하는 연구는 우선 이론적 대조를 진행하거나 학습자의 오류를 분석한 후에 교육 방안을 제시하는 경우가 대부분이고 대조 분석을 통해 한·중 어휘의 의미적인 유사점과 차이점을 밝히고 한국어교육용 어휘 목록을 등급화하는 연구도 있었다. 예를 들어, 왕흠범(2019)에서는 교육용 분류사에 대해 한·중 대조 분석을 함으로써 이론적으로 한국어 분류사에 대한 중국어권 학습자의 습득 난이도 위계를 구분하였고 교육용 분류사를 등급화하였다.

(4) 대조와 습득

한·중 어휘 대조 연구 중에 습득 양상과 관련한 연구는 그다지 많지 않았다. 습득 양상과 관련한 연구는 대부분 한·중 어휘 간의 형태와 의미를 비교하여 중국인 한국어 학습자의 습득 양상을 살펴보는 것이었다. 예를 들어 Geng, Xin(2019)에서는 한국과 중국의 의성어·의태어를 대조하여 한국어 의성어·의태어를 유형화하고 각 유형의 특징에 따른 학습자의 습득 양상을 살펴보고 있다. 또한 대조언어학의 관점에서 중국인 한국어 학습자의 언어 사용 양상을 분석하는 연구도 있었다. 채다연(2021)에서는 중국어권 한국어 학습자들이 학술 논문 텍스트에서 접속부사를 사용하는 양상과 한국어 모어 화자의 실제 사용 양상을 비교함으로써 중간언어적 관점에서 학습자의 언어 사용을 분석하였다.

5. 대조 방법별 연구 동향

1) 개괄

한·중 어휘 대조 연구의 대조 방법을 분류하기 위하여 허용·김선정(2013:20)[3]의 대조언어학의 연구 방법을 참고한 후 아래 두 가지 기준을 추가하여 대조 방법 분류 기준을 마련하였다.

첫째, 이론적 대조는 대조언어학 연구에서 기본적인 대조 방법으로서, 다른 대조 방법과 같이 사용하면 먼저 다른 대조 방법을 우선순위에 둔다. 예를 들어, Chen Siwei(2013)에서는 먼저 색채어의 개념 및 범주에 대한 선행 연구와 문헌 연구를 토대로 정리하였기 때문에 이론적 대조를 사용한 것은 확실하였다. 연구 방법은 사전적 기술과 기존의 연구 결과물, 그리고 말뭉치의 분석 결과를 활용하여 한·중 색채어의 대조 분석을 실시하였다. 따라서 이 연구의 경우 '이론적 대조' 방법도 사용하기는 하였지만, '사전적 대조'와 '말뭉치 대조'의 대조 방법 범주로 분류하였다.

둘째, 대조 부분에서 사용한 연구 방법만을 대조 연구를 위한 대조 방법으로 분류한다. 예를 들어 한·중 사전을 참고하여 뽑은 내용으로 대조 연구를 진행하였다면 예문의 출처는 말뭉치여도 대조 방법은 사전적 대조이다. 또한 Chen Ying(2020)에서는 선행연구에서 나온 각 연구자의 의견을 정리해서 한·중 친족 호칭어의 체계에 대해 분류하였기 때문에 이론적 대조로 분류하였다. 한·중 친족 호칭어를 비교하는 부분에서 한·중 사전을 참고하여 예문을 제시하였지만 대조의 기준은 선행연구에서 정리한 내용이기 때문에 이론적 대조로 분류하였다.

이러한 원칙을 바탕으로 하여 먼저 한·중 어휘 연구의 대조 방법을 자료

3 허용·김선정(2013:20)의 대조언어학의 연구 방법:
①서로 대응하는 요소가 무엇인지 명확히 해야 한다.
②대조하는 항목의 용어와 단위를 가급적 통일하여 기술해야 한다.
③언어 간의 공통점과 차이점을 파악하되 보편성도 함께 고려해야 한다.
④주가 되는 언어와 대조 대상이 되는 언어를 일관성 있게 유지해야 한다.

중심으로 정리한 결과, '사전적 대조', '이론적(선행 문헌) 대조', '말뭉치 사용' 등의 방법이 있음을 확인할 수 있다. 그리고 세부적으로 자료를 분석한 결과, '실험', '번역', '설문조사' 등의 대조 방법도 있었다. 그리하여 최종적으로 대조 방법을 '사전적 대조', '이론적 대조', '말뭉치 대조', '실험', '번역', '설문조사'의 6가지로 분류하였다.

873편 논문을 대조 방법에 따라 구체적으로 살펴보면, 이론적 대조나 사전적 대조, 말뭉치 대조, 설문조사, 번역, 실험 등과 같이 한 가지 대조 방법만을 사용한 연구자도 있었고, '사전적 대조와 말뭉치 대조', '사전적 대조와 설문조사', '말뭉치 대조와 설문조사' 등과 같이 한 가지 이상의 방법을 사용한 연구도 많았다. 구체적인 분류 결과는 다음 〈표 4〉와 같다.

〈표 4〉 한·중 어휘 대조 연구의 대조 방법

	이론적 대조	사전적 대조	말뭉치 대조	설문조사	번역
이론적 대조	180	미통계	미통계	미통계	미통계
사전적 대조	–	456	138	2	0
말뭉치 대조	–	–	87	0	0
설문조사	–	–	–	7	0
번역	–	–	–	–	2
***'사전적 대조 + 말뭉치 대조 + 설문조사'는 1편 있다.					

〈표 4〉에서 볼 수 있듯이, 사전적 대조가 456편으로 압도적으로 많았다. 다음으로 단순 이론적 대조가 180편, 혼합 대조인 '말뭉치 대조+사전적 대조'가 138편, 단순 말뭉치 대조가 87편으로 그 뒤를 이었다. 설문조사만 진행한 연구는 7편이 있었고 혼합 대조인 '설문조사+사전적 대조'는 2편, 번역만 진행한 연구는 2편뿐이었다. 그리고 이론적 대조와 다른 대조 방법을 함께 사용하면 먼저 다른 대조 방법을 우선순위에 두기 때문에 '이론적 대조+사전적 대조', '이론적 대조+말뭉치 대조', '이론적 대조+설문조사', '이론적 대조+번역' 등 혼합 대조로 보지 않았고 '미통계'로 표기하였다. 위 표에서 제시하지 못했지만 3가지 대조 방법을 혼합하여 '사전적 대

조+말뭉치 대조+설문조사'로 연구를 수행한 경우도 1편 있었다. 다음으로는 이러한 대조 방법에 대하여 구체적으로 살펴보도록 하겠다.

2) 단순 대조

(1) 이론적 대조

본고에서 말하는 이론적 대조란 각 주제와 관련된 선행연구 문헌을 정리하는 데에 중점을 둔 방법을 말한다. 선행연구를 중심으로 한 한·중 대조 연구는 문헌을 통해 같은 주제의 공통점과 차이점을 밝히는 데에 목적이 있다. 따라서 문헌에서 용어만 선정하고 주제의 공통점과 차이점을 밝히지 않은 경우는 이론적 대조로 분류하지 않았다. 왕약옥(2021)에서는 중·한 중첩식 부사에 대한 특징 및 대응 형식을 중심으로 형태와 의미 두 가지 측면에서 대응 형식에만 초점을 두었기 때문에 이론적 대조 연구가 아니다.

그리고 〈표 4〉에서 단순 이론적 대조가 180편으로 전체의 20.6%만 차지한 이유는, 이론적 대조가 대조 연구에서 선호되지 않는 것이 아니라, 본고에서 이론적 대조와 다른 대조 방법을 같이 사용한 연구들을 이론적 대조 외의 다른 대조 방법으로 먼저 분류하는 원칙을 설정하였기 때문이다.[4]

(2) 사전적 대조

사전적 대조는 한·중 사전을 참고하여 연구하고자 하는 내용을 모두 뽑은 다음에 사전적 의미를 대조 분석함으로써 두 언어의 공통점과 차이점을 찾는 대조 방법이다. 분석 결과, 사전적 대조는 한·중 어휘 대조 연구에서 제일 많이 사용된 대조 방법(455편)이며 이는 전체의 52.1%를 차지하고 있었다. 그리고 혼합 대조인 '사전적 대조+말뭉치 대조'는 15.6%(137편)이었다.

사전적 대조에서 많이 사용된 사전들을 '한국어 사전', '중국어 사전',

4 대조 방법 선정 원칙은 앞의 개괄 내용을 참고할 수 있다.

'한·중 사전', '인터넷 사전'의 4가지 분류로 나누어 정리하였는데, 이는 아래 〈표 5〉와 같다.

〈표 5〉 사전적 대조 연구의 참고 사전 목록

한국어 사전	『표준국어대사전』(국립국어원, 2019) 『고려대 한국어대사전』(고려대학교 민족문화연구원, 2019) 『연세한국어사전』(연세대학교 언어정보개발연구원 편, 1998) 『우리말 큰 사전』(한글학회 편, 1992)
중국어 사전	『新华字典 신화사전』(中国社会科学院语言研究所词典编辑室, 2011) 『现代汉语词典 현대중국어사전』(中国社会科学院, 2005) 『现代韩中中韩词典 현대 한·중/중·한 사전』(李武英, 2004) 『常用汉字详解字典』(孙云鹤, 1986) 『应用汉语词典』(商务印书馆出版, 2002) 『现代汉语八百词修订本』(吕淑湘, 1999) 『现代汉语』(黄伯荣, 廖序东, 1995)
한·중 사전	『한·중 대사전』(韩中大辞典, 刘沛霖, 2004) 『신세계한·중사전』(新世纪韩汉词典, 韩振乾, 2005) 『중한사전』(고려대학교 민족문화연구원) 『(외국인을 위한) 한국어 학습 사전』(서상규, 2008) 『(중국어 화자를 위한) 한국어 학습 사전』(임형재, 2011) 『(서울대 임홍빈 교수의) 한국어사전』(임홍빈, 2008) 『학습자를 위한 한국어 유의어 사전』(조민정 외, 2013) 『현대 한국어 학습 사전』(신현숙 외, 2000) 『한·중 한자어 대조사전』(주양곤, 2004) 『학습중한사전』(넥서스CHINESE, 2002) 『现代中韩辞典』(교학사, 2006) 最新版『现代中韩辞典』(中国简明中韩词典编辑委员会编, 1997)
인터넷 사전	네이버 중국어 사전 http://cndic.naver.com/ 온라인 한어 사전 http://xh.5156edu.com 낱말 유의어 사전 http://www.wordnet.co.kr 표준국어대사전 https://stdict.korean.go.kr 한국어기초사전 https://krdict.korean.go.kr

대조 방법은 사전적 대조로 확인되었지만 사전만 사용하지 않은 경우도 있었다. 예를 들어, Hu Yiping(2012)에서는 한자어 동형이의어(同形异议语)를 중심으로 한·중 '동형 완전이의어'와 '동형 부분이의어'를 나누어 의미

차이를 고찰하기 위해 국립국어원의『한국어 학습용 어휘 선정 결과 보고서』를 포함한 자료를 참고하여 어휘를 선정하였다. 해당 연구의 경우 어휘 선정 과정에서『한국어 학습용 어휘 선정 결과 보고서』이외에도 한국어와 중국어 사전도 참고하여 연구 리스트를 정리하였기 때문에 사전적 대조로 분류하였다.

(3) 말뭉치 대조

말뭉치 대조는 중국 말뭉치와 한국 말뭉치를 대조하여 한·중 어휘의 공통점과 차이점을 비교하는 연구 방법이다. 하지만 만약 말뭉치가 예문의 출처로만 사용이 되었다면 이는 말뭉치 대조라고 볼 수 없다는 점을 유의해야 한다. 단순 말뭉치 대조는 전체의 9.9%(87편)를 차지하였지만 혼합 대조인 '사전적 대조+말뭉치 대조'는 15.8%(138편)를 차지하였다. 이는 한·중 어휘를 대조할 때 말뭉치 대조 방법이 자주 사용되어 있다는 것을 의미한다.

먼저 한·중 어휘 대조 연구에서 사용된 말뭉치 자료를 '한국어 말뭉치', '중국어 말뭉치', '기타 말뭉치'의 분류로 나누어 정리하면 아래 〈표 6〉과 같다.

〈표 6〉 한·중 어휘 대조 연구의 말뭉치 자료

말뭉치 분류	말뭉치 자료
한국어 말뭉치	• 국립국어원 세종말뭉치 • 국립국어원 언어정보나눔터 말뭉치 • 연세 20세기 한국어 말뭉치 • 카이스트 말뭉치(KAIST Concordance Program)
중국어 말뭉치	• 북경 언어 대학교의 BCC말뭉치 • 북경대학교 CCL말뭉치 • 国家语委现代汉语平衡语料库 • 북경구어말뭉치(北京口语语料库)
기타 말뭉치	A. 드라마 및 영화 대본 • Wang Pu(2021) -한국 드라마: 〈미생〉, 중국 드라마: 〈상하이 여자 도감〉

	• 하나은(2019) –한국 영화: 〈수상한 그녀〉, 〈과속스캔들〉, 〈미쓰 와이프〉 –중국 리메이크 영화: 〈重返20岁〉, 〈外公芳龄 38〉, <美丽的意外>
	B. 소설과 번역본 • Liu Jing(2014): 중국 소설 『骆驼祥子』, 한국 번역본 『낙타샹즈』 • Wang Jing(2019): 한국 소설 『늑대의 유혹』(1권), 중국 번역본 『狼的诱惑1』
	C. 교재 • Li Shasha(2016) –한국어 교재: 『이화 한국어』, 『재미있는 한국어』 –중국어 교재: 『标准韩国语(표준한국어)』 –한국어 교재: 『이화 한국어 1~6』, 『함께 배워요 한국어 1A~6B』 –중국어 교재: 『표준 한국어 1~3』
	D. 뉴스의 내용 • 계효하(2019) –한국어 뉴스: 네이버(https://www.naver.com/), 〈아시아투데이〉, 〈동아일보〉 –중국어 뉴스: 人民网(http://www.people.com.cn/), 〈人民日报〉, 〈中国城市报〉, 〈中国经济周刊〉 • 가오밍(2017) –한국어 신문지: 〈세계일보〉, 〈서울신문〉, 〈국제섬유신문〉, 〈조선일보〉, 〈경향신문〉, 〈부산일보〉 –중국어 신문지: 〈长沙晚报〉,〈重庆晚报〉, 〈厦门日报〉, 〈厦门晚报〉
	E. 한국어 능력시험(TOPIK) 어휘 목록 • 계효하(2019): 〈한국어 능력시험(TOPIK) 초급 어휘 목록〉

〈표 6〉에서 볼 수 있듯이 말뭉치는 크게 '한국어 말뭉치', '중국어 말뭉치', '기타 말뭉치'의 세 가지로 나눌 수 있다. '한국어 말뭉치'와 '중국어 말뭉치'에는 『국립국어원 세종말뭉치』, 『북경대학교 CCL말뭉치』 등 중국과 한국에서 이미 개발 완료된 말뭉치 자료들이 포함되어 있다. '기타 말뭉치'는 연구의 목적 및 필요에 따라 특정 자료를 모아 말뭉치로 구축한 것을 가리킨다. 세부 분류를 살펴보면, '기타 말뭉치'에는 '드라마 및 영화 대본', '소설과 번역본', '교재', '뉴스', 'TOPIK 어휘 목록' 등 다양한 자료를 활용해서 구축된 말뭉치가 포함되어 있다. 이어서 구체적인 말뭉치 유형을 아래 〈표 7〉과 같이 정리하였다.

〈표 7〉 한·중 어휘 대조 연구의 유형별 말뭉치 자료

	비교 말뭉치	번역 말뭉치	병렬 말뭉치
비교 말뭉치	54(63.5%)	3(3.5%)	0
번역 말뭉치	-	23(27%)	0
병렬 말뭉치	-	-	5(6%)

〈표 7〉에서 볼 수 있듯이 말뭉치 대조에는 주로 '비교 말뭉치', '병렬 말뭉치', '번역 말뭉치'의 세 가지 종류의 자료가 분석에 사용되었다. 이 중에서 비교 말뭉치의 사용은 63.5%(54편)로 가장 큰 비중을 차지했고 번역 말뭉치가 27%(23편), 병렬 말뭉치가 6%(5편), 그리고 '번역 말뭉치+비교 말뭉치'가 3.5%(3편)로 그 뒤를 이었다.

(4) 번역

번역 대조 방법은 한국어 어휘를 선정하고 이를 중국어로 번역하는 방법을 말한다. 이러한 연구는 두 편뿐이었다. Fu Jiajun(2021)의 경우, 추출된 중국어권 학습자들을 위한 교육용 연어들을 중국어로 번역하고 중국어와 대응시켰다. 대조언어학의 대조 분석 이론을 토대로 형태적 그리고 통사적인 측면에 초점을 맞추어 두 언어의 연어를 대조 분석하였다.

(5) 설문조사

설문조사 방법은 주로 단순 대조가 아닌 습득 연구나 교육 방안을 제시하는 연구에서 많이 사용되었다. 설문 조사를 통해 한국어 모국어 화자와 학습자의 사용 양상을 살펴보고 공통점과 차이점을 밝히는 데 그 목적이 있다.

예를 들어, 옌멍(2018)에서는 한·중 친족호칭어 확대 사용의 대조 분석 결과를 바탕으로, 한국어 모어 화자와 중국인 학습자를 대상으로 설문조사를 하여 실제 상황에서 친족호칭어가 어떻게 사용되는지, 어느 부분에서 한·중 응답자의 차이가 나타나는지, 중국인 학습자의 적절하지 않은 사용

양상은 무엇인지를 알아보고 정리하였다.

3) 혼합 대조

혼합적인 대조에는 '사전적 대조와 말뭉치 대조', '사전적 대조와 설문조사', '말뭉치 대조와 설문조사'의 세 가지 종류의 방법이 포함되어 있다.

(1) 사전적 대조 + 말뭉치 대조

혼합 대조인 '사전적 대조+말뭉치 대조' 방법을 사용한 연구는 137편이 있었으며, 이는 한·중 어휘 대조 연구에서 가장 선호되는 대조 방법이다. 예를 들어, Bu Ga(2018)는 사전을 참고하여 한국어의 복수 표지 '들'과 중국어의 복수 표지 '们'의 문법 범주를 정리하고 대조하였다. 그 다음에 소설 말뭉치에 있는 '들'과 소설 번역본에 있는 '们'의 선행 명사 및 대명사 종류에 따라 유표형 복수와 무표형 복수 빈도, 그리고 사용 양상 등을 대조하여 두 언어의 공통점과 차이점을 밝혔다.

(2) 사전적 대조 + 설문조사

혼합 대조인 '사전적 대조+설문조사' 방법을 사용한 연구는 두 편이 있었다. 예를 들어, 소열녕·구언아(2021)에서는 한국어와 중국어 모어 화자에게 실시한 설문조사의 결과를 분석함으로써 실제 언어 사용에 있어서 두 언어의 '以上', '以下', '以内'가 어떻게 다른지를 밝히고 사전적 대조 방법을 통해서 연구를 진행하였다.

(3) 사전적 대조 + 말뭉치 대조 + 설문조사

혼합 대조인 '사전적 대조+말뭉치 대조+설문조사' 방법을 사용한 연구는 단 한 편이었다. Chen Siwei(2013)에서는 사전적 기술과 말뭉치의 분석 결과를 활용하여 한·중 색채어의 대조 분석을 실시하였다. 다양한 색채어의 정확한 사용을 돕기 위해 설문조사를 통해서 중국어와 한국어를 대조 분석하고 이들의 형태적인 공통점과 차이점을 밝혔다.

6. 하위 영역별 연구 동향

1) 분류 기준

한·중 어휘 대조 연구의 하위 영역별 동향을 분석하기 전에 우선 분류 기준을 설정해야 한다. 강현화(2011)에서는 어휘 주제를 내용학과 교수학으로 구분하여 살펴봤다. 내용학 측면에서의 어휘 연구는 어휘 전반에 대한 연구, 어휘 의미 관계 연구(품사별, 단어형성법, 의미 관계, 통합 관계, 개별 어휘 의미), 사회언어학적 어휘와 기타 어휘(한자어, 의성의태어, 문화어, 번역 등)로 세분화하였다. 본고에서는 강현화(2011)의 분류 기준을 참고하여 실제 분석을 토대로 수정·보완하였다. 그 결과 본고에서 설정한 최종 분류 기준은 다음 〈표 8〉과 같다.

〈표 8〉 한·중 어휘 대조의 하위 영역 분류 기준

하위 영역		세부 분류	
1	어휘 의미관계	단어 형성	품사별
			단어 형성
		계열 관계	유의어
			반의어
			다의어
			동의어
		통합 관계	연어
			관용어
			속담
			성어
2	사회언어학적 어휘	유행어	
		존대어	

		호칭어
		완곡어
		금기어
		색채어
3	기타 어휘	한자어
		의성의태어
		외래어
		전문용어
		공간개념어
		중립가치어

강현화(2011)를 바탕으로 설정된 분류 기준을 보면 한·중 어휘 대조 연구는 크게 어휘 의미관계 연구, 사회언어학적 어휘와 기타 어휘로 나누었다. 세부 분류를 보면, 먼저 어휘 의미관계는 단어 형성, 계열 관계와 통합 관계로 분류하였고 그중 단어 형성은 다시 품사별, 단어 형성으로 분류하였다. 계열 관계는 유의어, 반의어, 다의어와 동의어로, 통합 관계는 연어, 관용어, 속담과 성어로 세부적으로 분류하였다. 그다음 사회언어학적 어휘는 유행어, 존대어, 호칭어, 금기어, 완곡어와 색채어로 분류하였으며 기타 어휘는 한자어, 의성의태어, 외래어, 전문용어 등으로 분류하였다. 본고에서는 이 분류 기준에 따라 한·중 어휘 대조 연구의 하위 영역별 동향을 분석하고자 한다.

2) 하위 영역별 연구 동향 분석

이 부분에서는 먼저 전체적인 연구 동향을 살펴본 다음에 영역별로 구체적인 동향을 살펴볼 것이다.

먼저 앞에서 설정된 분류 기준에 따라 한·중 어휘 대조 하위 영역별 동향을 전반적으로 살펴보고자 한다. 자세한 내용은 다음 〈표 9〉와 같이 정리하였다.

〈표 9〉 하위 영역별 한·중 어휘 대조 연구 동향

하위 영역		세부 분류		연구 수
1	어휘 의미관계(619)	단어 형성(440)	품사별	380
			단어 형성	60
		계열 관계(56)	유의어	15
			반의어	3
			다의어	37
			동의어	1
		통합 관계(123)	연어	11
			관용어	70
			속담	27
			성어	15
2	사회언어학적 어휘(100)	유행어		8
		존대어		3
		호칭어		51
		완곡어		9
		금기어		3
		색채어		26
3	기타 어휘(154)	한자어		84
		의성의태어		31
		외래어		27
		전문용어		8
		공간개념어		3
		중립가치어		1
합계				873

정리된 표에 따르면 총 873편의 한·중 어휘 대조 연구 중에서 어휘 의미관계 연구가 619편으로 가장 많았다. 다음으로 기타 어휘 연구가 154편, 사회언어학적 어휘 연구가 100편으로 비교적 그 수가 적었다. 영역별 세부 분류를 보면 어휘 의미관계에서 단어 형성이 440편으로 제일 많았고, 통합 관계는 123편으로 비교적 적었으며, 계열 관계는 56편으로 가장 적었다. 그중 단어 형성의 경우 품사별 어휘 대조 연구가 380편으로 압도적으로 많이 이루어져 왔음을 알 수 있다. 그 외에 파생이나 합성에 관한 한·중

어휘의 단어 형성 대조 연구가 60편, 한·중 관용어 대조 연구가 70편으로 그 뒤를 이었다. 또한, 다의어 대조는 37편, 속담 대조는 27편, 유의어와 성어 대조는 각 15편으로 확인되었다. 다음으로 사회언어학적 어휘 관련 연구에서는 호칭어와 지칭어 대조 연구가 51편으로 가장 많았고 색채어 대조 연구는 26편으로 상대적으로 적었으며 완곡어, 금기어, 유행어, 존대어 관련 대조 연구는 비교적 많이 다루어지지 않았다는 것을 알 수 있다. 마지막으로 기타 어휘 연구에서는 한자어 대조 연구가 84편으로 가장 많았고 의성의태어는 31편, 외래어는 27편이 있었다. 이에 비해 전문 용어나 공간개념어, 중립가치어와 같은 대조 연구는 많이 이루어지지 않은 것으로 확인되었다.

이상으로 한·중 어휘 대조 연구의 하위 영역별 동향을 살펴보았다. 다시 정리하자면 지금까지 한·중 어휘 대조 연구에서는 한·중 어휘의 의미관계를 대조 분석한 연구가 주를 이루고 있었다. 특히 명사, 동사, 형용사, 부사와 같은 품사 대조 연구는 다른 연구보다 압도적으로 많이 이루어져 왔고 한자어 대조, 관용어 대조, 단어 형성 대조와 호칭어 대조는 상대적으로 많이 이루어졌다는 것을 확인하였다.

(1) 어휘 의미관계 연구

먼저 품사 및 단어 형성법 관련 대조 연구를 살펴보도록 하겠다. 이 부분에서는 '품사별 대조 연구'와 '단어 형성 대조 연구'로 나누어 살펴보고자 한다. 한·중 품사별 어휘 대조 연구는 매우 활발하게 진행되어 왔으며, 품사에 따라 연구가 매우 다양하게 이루어지고 있다. 이를 구체적으로 정리하면 다음 〈표 10〉과 같다.

〈표 10〉 품사별 한·중 어휘 대조 연구 동향

하위 영역		세부 분류	연구 수
1	동사(87)	특정 의미 동사	63
		개별 동사	17

		동사 분류	2
		자동사 + 타동사	1
		피동사	1
		사동사	1
		'하다' 동사	1
		형용성 동사	1
2	형용사(83)	특정 의미 형용사	62
		개별 형용사	15
		전체 형용사	4
		'한자어 + 하다' 형용사	1
		명사파생 형용사	1
3	부사(69)	특정 의미 부사	63
		전체 부사	4
		진실성 부사	2
4	명사(68)	의존 명사	39
		공간 명사	14
		신체어 명사	9
		개별 명사	4
		동작성 서술 명사	1
		상대량 명사[5]	1
5	대명사(44)	인칭대명사	27
		지시대명사	16
		전체 대명사	1
6	용언(11)	감정 용언	4
		심리 용언	2
		전체 용언	2
		음식 용언	1
		'한자어 + 하다'류 용언	1
		한자어 용언	1
7	관형사(6)	전체 관형사	3
		지시 관형사	3
8	수사(6)	비수량적 용법	3
		수량 표현	2
		숫자와 날짜 관련 수사	1

9	감탄사(3)	전체 감탄사	2
		일음절 감탄사	1
10	품사통용(3)	품사 통용 (품사 분류 기준과 품사 체계)	2
		한자어 품사 통용	1
합계			380

정리된 표에서 볼 수 있듯이, 품사 대조 연구는 명사, 동사, 형용사, 부사, 대명사, 관형사, 감탄사, 수사, 그리고 용언, 품사 통용을 추가하여 모두 10가지로 세분화하였다. 이들 연구 중 동사 연구가 87편으로 가장 많았고 형용사 연구는 83편, 부사 연구는 69편, 명사 연구는 68편과 대명사 연구는 44편의 순으로 많이 나타난 것을 살펴볼 수 있다. 또한, 동사와 형용사를 모두 포함한 용언 연구는 11편이 있었고 관형사와 수사 연구는 각 6편이 있었으며 감탄사와 품사 통용 연구는 각 3편뿐이었다. 이에 따라 한·중 품사 대조 연구 중 동사, 형용사, 부사, 명사와 대명사가 큰 관심을 받고 있다는 점을 확인할 수 있다.

구체적으로 살펴보자면 먼저 한·중 동사 대조 연구에서 특정 의미를 가진 동사 대조 연구가 63편으로 가장 많았다. 관련 연구를 본 결과 연구 대상은 이동 동사, 탈착 동사, 요리 동사, 소유 동사, 인지 동사, 시청각 동사, 수여 동사, 동작 동사, 부정 동사, 상태 동사 등 20가지가 있었다. 이들 중 '가다/오다', '내리다/오르다' 등 한·중 이동 동사를 대조 연구한 논문이 24편으로 제일 많았고 탈착 동사나 요리 동사 대조 연구는 각 13편과 6편이 있었다. 개별 동사 관련 연구는 17편이 있었고 주로 동사 '치다', '타다', '먹다', '보다' 등을 대상으로 한 연구들이었다. 그다음으로 한·중 형용사 대조 연구에서도 특정 의미 형용사 대조 연구가 62편으로 가장 많았다. 이들 연구 중 미각 형용사 대조 연구가 20편으로 제일 많았고 감각

5 효단후·구본관(2016)에서 상대량 표현은 '기준 수량보다 많거나 적은 경우의 언어 표현'과 '기준 수량보다 많든 적든 불확정한 경우의 언어 표현'의 2가지 유형으로 분류되었다. 예를 들어 '이상/이내', '밖/안', '외/내', '만/미만', '위/아래' 등과 같은 명사 어휘가 그것이다.

형용사 연구는 10편이 있었다. 그 외에 촉각 형용사는 8편, 상격 형용사와 통각 형용사는 각 3편이 발견되었다. 이어서 한·중 부사 대조 연구에서도 역시 특정 의미를 가진 부사 대조 연구가 63편으로 가장 많은 것을 확인할 수 있었다. 그중 정도 부사가 14편, 시간 부사가 11편으로 비교적 연구가 많이 이루어진 것으로 보인다. 그 외에 접속 부사가 7편, 부정 부사가 5편, 범위 부사는 4편이 있었다. 한·중 명사 대조 연구에서는 분류사나 복수 '들' 관련 의존 명사 대조 연구가 39편으로 가장 많았고 '위/아래, 전/후' 등 공간 명사 대조 연구는 14편이 있었다. 한·중 대명사 대조 연구에서는 인칭 대명사와 지시 대명사를 대상으로 한 연구들이 많았음을 살펴볼 수 있었다. 한·중 인칭 대명사 대조 연구는 대부분 재귀대명사를 대조 대상으로 분석했고, 지시 대명사 대조 연구는 주로 '이, 그, 저'를 중심으로 분석되었다. 용언에 관한 연구에서는 감정 용언이나 심리 용언을 대상으로 한 연구가 주를 이루었고, 관형사 연구에는 지시 관형사를 대조 분석한 연구가 많았다. 나머지 수사 연구에는 수사의 비수량적 용법을 대상으로 한 대조 연구가 많았고 감탄사의 경우 감탄사에 대한 전반적 연구가 많았으며, 품사 통용에 관한 연구에는 한·중 품사 통용 현상을 대조 분석한 연구들이 있었다.

단어 형성 관련 대조 연구는 주로 파생어나 합성어 등 조어법에 의해 형성된 어휘를 대상으로 대조 분석하였다. 구체적인 동향은 다음 〈표 11〉과 같이 정리하였다.

〈표 11〉 단어 형성에 따른 한·중 어휘 대조 연구 동향

하위 영역		세부 분류	연구 수
1	파생어(32)	접두사	14
		접미사	12
		전체 접사	4
		한자어 파생어	1
		임시어 파생어	1
2	합성어(18)	한자어 합성어	5

		합성 명사	4
		전체 합성어	3
		합성 동사	2
		신체어 합성어	1
		임시어 합성어	1
		'앞/뒤' 계열 합성어	1
		동의중복 표현	1
3	반복어/중첩어 /축약형 단어(9)	반복어	5
		중첩어	2
		축약형 단어	2
4	조어법(1)	한자어 조어법	1
합계			60

위의 표에서 볼 수 있듯이 단어 형성 관련 대조 연구는 파생어, 합성어, 반복어/중첩어/축약형 단어, 조어법으로 세분화하였다. 이들 분류 중에서 파생어 연구가 32편으로 가장 많았고 합성어 연구는 18편이 있었으며 반복어/중첩어/축약형 단어는 9편, 조어법 연구는 1편 밖에 없었다. 이를 통하여 단어 형성과 조어 관련 한·중 대조 연구는 파생어와 합성어에 집중이 되어 있다는 것을 알 수 있었다.

다음으로 세부 내용을 보면 먼저 한·중 파생어 대조 연구 중에서는 접두사 대조와 접미사 대조가 가장 많이 이루어졌다. 관련 연구를 살펴본 결과 접두사 연구는 대부분 부정 접두사나 한자어 접두사를 연구했고 접미사 연구는 대부분 '-적' 접미사나 한자어 접미사, 인칭 접미사를 연구했다. 다음으로 한·중 합성어 대조 연구에서 한자어 합성어 대조 연구가 비교적 많이 나타난 것을 확인할 수 있었다. 반복어 관련 연구에는 반복어가 5편으로 가장 많았고 중첩어와 축약형 단어 연구는 각 2편 밖에 없었다.

다음으로는 계열 관계에 따른 어휘 대조 연구를 살펴보겠다. 앞에서 볼 수 있듯이 계열 관계는 어휘의 다양한 의미계열 관계를 뜻하는 것이고 세부 분류에는 다의어, 유의어, 반의어와 동의어를 포함하고 있다. 이들 연구의 세부 내용을 알아보고자 다음 〈표 12〉와 같이 정리하였다.

〈표 12〉 의미계열 관계에 따른 한·중 어휘 대조 연구 동향

하위 영역		세부 분류	연구 수
1	다의어(37)	동사	16
		신체어 명사	10
		형용사	6
		사자성어	1
		용언	1
		반의어로 된 다의어	1
		'맛' 관련 어휘	1
		시각과 청각 관련 어휘	1
2	유의어(15)	부사	8
		동사	3
		형용사	3
		유의어 목록	1
3	반의어(3)	반의어	1
		자기 반의어	1
		부정접두 한자반의어	1
4	동의어(1)	전체 동의어	1
합계			56

계열 관계 연구는 다의어, 유의어, 반의어, 동의어로 세부 분류하였다. 그중 다의어 연구가 37편으로 가장 많았고 유의어 연구는 15편이 있었으며, 반의어와 동의어는 각 3편과 1편만 있었다. 각 분류에 따른 세부 내용을 살펴보자면 먼저 한·중 다의어 대조 연구에서 동사 다의어 대조 연구가 16편으로 제일 많은 것으로 나타났다. 관련 연구를 살펴보면 주로 한국어 동사인 '잡다', '먹다', '보다', '가다/오다', '놓다/넣다', '앉다/서다', '열다/닫다', '풀다/묶다' 등과 그에 대응되는 중국어 동사의 다의어 대조 연구들임을 발견할 수 있었다. 또 신체어 관련 다의어 대조 연구는 10편으로 나타났고 대부분 '눈', '코', '입', '사지 신체어', '몸통 신체어' 등을 대상으로 한 연구임을 알 수 있었다. 형용사 다의 대조 연구는 6편이 있었고 그중 공간 형용사를 연구한 민영란(2009, 2010, 2017)이 대표적이었다.[6] 다음으로 한·중 유의어 대조 연구에서는 부사 유의어 대조 연구가 8편으로 가장 많

이 나타났고 그중 특히 한·중 시간 부사 유의어를 대조한 연구가 7편[7]으로 가장 많았음을 확인할 수 있었다. 마지막으로 반의어 연구는 3편밖에 없었고 반의어 목록을 선정하기 위해 반의어 전체를 대조한 연구와 자기 반의어나 부정접두 한자반의어 등을 대상으로 한 연구들이 있었다.

다음으로는 통합 관계에 따른 어휘 대조 연구를 살펴보겠다. 통합 관계에 따른 어휘는 주로 관용어, 연어, 속담과 성어가 있다. 구체적으로 정리하면 다음 〈표 13〉과 같다.

〈표 13〉 통합 관계에 따른 한·중 어휘 대조 연구 동향

하위 영역		세부 분류	연구 수
1	관용어(70)	신체어 표현	28
		전반적 연구	13
		감정 표현	7
		음식 표현	4
		색채어 표현	3
		시간 은유표현	3
		물과 불 관련 표현	3
		공간어 관련 표현	2
		동물 표현	1
		정신질환 은유표현	1
		작별어구 표현	1
		감각기관 표현	1
		완전 이형동의 관용어	1
		중의성 관련 표현	1
		대우어 관련 표현	1
2	속담(27)	전반적인 연구	9

6 민영란(2009a)은 한국어 '크다/작다'와 중국어 '大/小'를 대조 분석하였고, 민영란(2009b)은 전체 공간어를 분석하였다. 또 민영란(2010)은 한국어 '높다/낮다'와 중국어 '高/低'를 대조 분석하였고 민영란(2017)은 한국어 '두껍다/얇다'와 중국어 '厚/薄'를 대조 분석하였다.

7 만리(2010), CHEN XU(2018), 임가가(2019)는 한·중 시간 부사 유의어를 대조 분석하여 공통점과 차이점을 살펴봤고 여위령(2012), 최옥춘(2013), 왕단(2015), 이정정(2018)은 한·중 시간부사 유의어를 대조 분석함으로써 교육 방안을 제시하였다.

		동물 표현	8
		신체어 관련 표현	3
		음식 표현	2
		건강과 질병 관련 표현	1
		농사 표현	1
		사람 관련 표현	1
		색채어 표현	1
		암컷, 수컷과 관련 표현	1
3	성어(15)	사자성어	13
		고사성어	2
4	연어(11)	어휘적 연어	2
		전반적인 연구	2
		색채어 관련 연어	1
		'마음'과 '心' 관련 연어	1
		'먹다'류 동사	1
		목술관계 연어	1
		발병 관련 연어	1
		신체어 연어	1
		주술관계 연어	1
합계			123

정리된 결과를 보면 통합 관계 관련 연구는 관용어, 속담, 성어, 연어로 세분화하였다. 이 중에 관용어 연구가 70편으로 가장 많이 나타났고 속담 연구가 27편, 성어 연구가 15편, 연어 연구가 11편으로 뒤를 이었다. 구체적으로 보면 '신체어 관용어'를 대상으로 한 연구가 가장 많았는데 이를 통해 통합 관계 관련 대조 연구에서는 신체어 관용어 대조 연구가 중점적으로 이루어졌다는 것을 알 수 있었다. 이 외에 성어에서는 사자성어가 13편이 있었고, 속담에서는 전반적 연구가 9편, 동물 속담이 8편이 있었다. 연어에서는 다양한 주제로 연구가 이루어졌으나 주제별 논문 수는 많지 않은 것으로 확인되었다.

(2) 사회언어학적 어휘 연구

사회언어학적 연구는 주로 호칭어, 색채어, 완곡어, 금기어, 유행어와 존대어를 대상으로 대조 분석함으로써 한·중 양국의 사회적, 문화적 차이를 살펴보았다. 본고는 '호칭어+지칭어'와 '지칭어'에 관한 연구를 '호칭어'와 함께 모두 '호칭어' 연구로 분류하였고, '완곡 표현'에 관한 연구는 '완곡어'와 함께 완곡어 연구로 분류하였다. 각 분류별 구체적인 세부 내용은 다음 〈표 14〉와 같다.

〈표 14〉 사회언어학적 한·중 어휘 대조 연구 동향

하위 영역		세부 분류	연구 수
1	호칭어(51)	호칭어	42[8]
		지칭어	2
		호칭어와 지칭어	7
2	색채어(26)	특정 색채 계열	14[9]
		오색 계열	9
		감정 관련 색채표현	2
		신체 묘사 색채어	1
3	완곡어(9)	완곡어	6
		완곡 표현	3
4	유행어(8)	신어	5
		사람 관련 신어	2
		생활 관련 신어	1
5	존대어(3)	높임 어휘	3
6	금기어(3)	변형 양상 대조	2
		금기어와 완곡 표현 대조	1
합계			100

8 호칭어에 관한 연구는 사회호칭어와 친족호칭어를 모두 대상으로 한 연구(8), 사회호칭어(17), 친족호칭어(11), 여성 친족호칭어(4), 경어표현의 '님'(1), 서비스호칭어(1)를 대상으로 한 연구가 있다.

9 특정 색채 계열에 관한 연구는 희다 계열(4), 푸르다 계열(3), 붉다 계열(2), 감정 관련 색채표현(2), 검다, 희다, 푸르다, 붉다 계열(2), 노랑 계열(1), 검다 계열(1), 붉은색, 노란색, 푸른색 계열(1)이 있다.

〈표 14〉를 보면 사회언어학적 연구 중에서 호칭어 연구가 절반을 넘은 51편으로 가장 많았다. 다음으로 색채어 연구가 26편으로 그 뒤를 이었으며, 완곡어 연구가 9편, 유행어 연구가 8편이 있었다. 마지막으로 금기어와 존대어에 관한 연구는 각각 3편만 있었다. 세부 내용을 살펴보면 호칭어에 관한 연구에서 호칭어만 대상으로 한 연구는 42편에 달했고 호칭어와 지칭어를 모두 대상으로 한 연구는 7편이 있었다. 지칭어만 대상으로 한 연구는 2편 밖에 없었다. 색채어 대조 연구에서는 특정 색채 계열 어휘에 관한 연구가 14편으로 가장 많았고 오색 계열에 관한 연구가 9편이 있었다. 이 외에 감정 관련 색채 표현에 관한 연구가 2편 있었고 신체 묘사 색채어를 대상으로 한 연구는 한 편밖에 없었다. 완곡어에 관한 연구의 경우는 완곡어 연구가 6편으로 비교적 많았고 완곡 표현에 관한 연구는 3편뿐이었다. 신어에 관한 연구에는 특정 시기에 나타난 신어의 형성 양상을 대조 분석한 연구들이 5편으로 가장 많았다. 그다음으로 사람 관련 신어가 2편, 생활 관련 신어가 한 편 있었다. 금기어에 관한 연구 중에 한·중 금기어의 변형 양상 대조 연구가 2편이 있었고 한·중 금기어와 완곡 표현 대조 연구가 1편이 있었다. 마지막으로 존대어에 관한 연구는 주로 높임 어휘에 대한 연구였으며 총 3편이 있었다. 전반적으로 보면, 어휘 영역에서의 사회언어학적 연구는 호칭어와 색채어에 집중되어 왔다고 말할 수 있다.

(3) 기타 어휘 연구

기타 어휘 연구는 한자어, 의성의태어, 외래어, 전문용어 등으로 세분화하였다. 이들 연구의 세부 내용을 정리하자면 다음 〈표 15〉와 같다.

〈표 15〉 기타 한·중 어휘 대조 연구 동향

하위 영역		세부 분류	연구 수
1	한자어(84)	한자어 전반적 연구	26
		한자어 특정 분류 연구	58
2	의성의태어(31)	의성의태어	16

		의태어	8
		의성어	7
3	외래어(27)	전체 외래어	22
		일상생활 관련 외래어	4[10]
		형용사형 외래어	1
4	전문용어(8)	음식 어휘	2
		생물 분야 어휘	1
		물리 분야 어휘	1
		불교어	1
		행정 용어	1
		꽃 이름	1
		군사 용어	1
5	공간 개념어(3)		3
6	중립 가치어(1)		1
합계			154

정리된 결과를 보면 기타 어휘 연구에서는 한자어 연구가 가장 많았고 그중에서 한자어 전반적인 연구가 26편이 있었다. 이 연구들은 주로 교재나 사전 등에서 나온 전체 한자어를 대상으로 한 연구들이었다. 이들 연구 중 한자어 특정 분류 연구는 58편이 있었는데 이들은 한자어의 특정 세부 영역에 초점을 둔 연구들이었다. 한자어 특정 분류 연구에서는 동형이의어에 관한 연구는 19편으로 가장 많았고 동형어에 관한 연구는 12편이 있었다. 이 외에 또 이형동의어, 동소역순어 등 다양한 대조 대상들이 나타났다. 다음으로 의성의태어 연구에서는 한·중 의성어와 의태어를 전체 대조 분석한 연구가 16편으로 가장 많았고 의태어만을 대조 분석한 연구는 8편, 의성어만을 대조 분석한 연구는 7편이 있었다. 한·중 외래어 대조 연구에서는 외래어의 수용 방식, 표기법, 변화 과정 등을 살펴보고 두 언어에서 나타난 외래어의 형태, 의미 특징을 대조 분석하여 외래어의 공통점과 차

10 일상생활 관련 외래어(4)는 음식 관련 외래어(2), 음식·스포츠 관련 외래어(1), 의식주 관련 외래어(1)가 있다.

이점을 전반적으로 고찰한 연구들이 가장 큰 비중을 차지하였다. 다음으로 전문용어 대조 연구를 보면 음식 어휘, 생물과 물리 등 분야에서 사용되는 용어, 행정 용어 등을 대상으로 대조 분석한 연구들이 발견되었다.

7. 나가는 말

지금까지 본고에서는 한·중 어휘 대조 연구의 동향을 연도별, 유형별, 연구 목적별, 연구 방법별 그리고 하위 영역별로 전반적으로 분석하였다. 분석 결과를 다시 정리하자면 다음과 같다.

우선 연도별로 보았을 때, 한·중 어휘 대조 연구는 1992년부터 시작되었으며 2011년부터는 매우 빠르게 증가하는 양상을 보였다. 특히 석사논문으로 발표된 연구물이 가장 많았으며, 이에 비해 박사논문과 학술지 논문으로 발표된 연구물은 비교적 많이 발견되지 않았다. 다음으로 연구 목적별로 연구 동향을 정리해보면, 한·중 어휘 대조 연구에서 단순 대조 분석을 한 연구가 제일 많았고 대조 분석을 통해 교육 방안을 제시한 연구도 비교적 많은 것을 확인하였다. 그 외에 대조 분석을 기반으로 오류 양상을 분석한 연구와 대조 분석을 한 후 학습자 언어 습득 및 사용을 살펴본 연구는 그 수가 많지 않은 것을 알 수 있었다. 이어서 한·중 어휘 대조 연구에서 사용된 연구 방법을 살펴보면, 사전을 사용하여 사전의 의미를 대조 분석하는 방법이 주로 사용되었음을 알 수 있었다. 그 외에 말뭉치 자료를 분석하는 연구들도 많았다. 마지막으로 한·중 어휘 대조 연구의 하위 영역별 동향 분석 결과를 정리해보자면, 한·중 어휘 의미관계 연구가 제일 많은 비중을 차지하고 있었고 그중 특히 품사별 어휘 대조 연구가 압도적으로 많이 이루어졌음을 확인할 수 있었다. 뿐만 아니라 한자어 대조, 관용어 대조, 단어 형성 대조와 호칭어 대조도 상대적으로 많이 이루어진 것을 알 수 있었다.

이상으로 한·중 어휘 대조 연구의 동향 분석 결과를 다시 정리하여 살펴보았다. 지금까지 한·중 어휘 대조 연구는 다양한 연구 주제로 매우 활발하게 다루어지고 있다는 것을 알 수 있었다. 그럼에도 불구하고 그동안의 한·중 어휘 대조 연구는 주로 석사논문으로 발표되었다는 점, 다양한 연구 방법을 활용하지 못한 점, 지나치게 품사별 대조 연구에 집중되어 있는 점에서 문제점을 제시해 볼 수 있다. 앞으로 이러한 문제점을 개선하여 보다 다양한 방법을 활용한 한·중 어휘 대조 연구가 나오기를 기대한다.

참고문헌

가오밍(2017), 「한·중 음식 관련 관용표현 대비와 교육 방안 연구」, 건국대학교 박사학위논문.

강현화(2011), 「한국어 어휘 교육 연구방법론 동향 분석」, 『이중언어학』 47, 이중언어학회, 454-479쪽.

계효하(2019), 「중국어권 한국어 학습자를 위한 어휘 정보 구축과 대조 연구: {아름답다/예쁘다/곱다/착하다/美/漂亮/好看/善良}을 중심으로」, 상명대학교 박사학위논문.

류창(2018), 「한국어와 중국어의 착용동사 비교연구」, 강원대학교 석사학위논문.

민영란(2009), 「한중 공간감각어의 다의 구조 연구: 한국어에 대한 중국어의 대응표현을 중심으로」, 경북대학교 박사학위논문.

소열녕·구언아(2021), 「한국어 '이상', '이하', '이내'와 중국어 '以上', '以下', '以内'의 대조 연구」, 『중국언어연구』 97, 한국중국언어학회, 153-176쪽.

옌멍(2018), 「중국인 학습자를 위한 한국어 친족호칭어 확대 사용 교육 방안 연구」, 세종대학교 석사학위논문.

왕약옥(2021), 「중·한 중첩식 부사의 대응형식 연구」, 연세대학교 석사학위논문.

왕흠범(2019), 「중국어권 학습자를 위한 한국어교육용 분류사 선정 연구」, 연세대학교 석사학위논문.

유승림(2018), 「한국어 '가다/오다'와 중국어 '去/来'의 대조연구」, 전주대학교 석사학위논문.

지즈한(2020), 「중국인 학습자를 위한 한국어 호칭어 교육 연구: 상호문화적 관점에서」,

세종대학교 박사학위논문.
채다연(2021), 「중국어권 한국어 학습자의 접속부사 사용 양상 연구 : 학술논문 텍스트를 중심으로」, 연세대학교 석사학위논문.
하나은(2019), 「한국영화 속 호칭어의 중국어 번역 연구: 비번역 텍스트와의 비교를 중심으로」, 부산외국어대학교 석사학위논문.
허용·김선정(2013), 『대조언어학』, 소통출판사.
BU GA(2018), 「한국어 복수 표지와 중국어 복수 표지의 대조 연구」, 영남대학교 석사학위논문.
CHEN SIWEI(2013), 「중국어권 학습자를 위한 한국어 색채어 교육 연구」, 서울대학교 석사학위논문.
CHEN YING(2020), 「한·중 친족 호칭어 대조를 통한 한국어교육 연구」, 충북대학교 석사학위논문.
FU JIAJUN(2021), 「한국어교육을 위한 한국어 연어의 중국어 대응 연구」, 제주대학교 박사학위논문.
Geng, Xin(2019), 「중국인 한국어 학습자의 의성어·의태어 습득 양상 연구」, 연세대학교 석사학위논문.
HU YIPING(2012), 「한·중 한자어의 동형이의어 의미 대조를 통한 뜻풀이의 사전 기술 방안」, 경북대학교 석사학위논문.
LI SHASHA(2016), 「중국인 한국어 학습자를 위한 관용 표현 교육 방안 연구: 한·중 비교 양상을 중심으로」, 이화여자대학교 석사학위논문.
LIU JING(2014), 「韩国语와 中国语 范围副词 比较研究 : 소설『骆驼祥子』에 나오는 范围副词를 中心으로」, 강원대학교 석사학위논문.
WANG JING(2019), 「한국어와 중국어의 복수표지에 대한 대조 연구」, 경희대학교 석사학위논문.
WANG PU(2021), 「한·중 드라마에서 나타난 사회 호칭어에 대한 대조연구: 드라마 〈미생〉과 〈상하이 여자 도감〉을 중심으로」, 중앙대학교 석사학위논문.

Ⅱ.
한·중 명사 대조 연구 동향 및 쟁점

이신희(LI CHENXI)

1. 들어가는 말

명사는 모든 언어에 존재하는 매우 기본적이고 보편적인 어휘범주이다. 한국어와 중국어의 명사는 사람, 사물, 장소 등을 나타내는 품사로 문장에서 주어나 목적어 등으로 쓰인다. 한국어와 중국어는 명사가 발달하여 한국어교육에서 명사의 의미적인 특징이나 문법적인 특징에 따른 한·중 명사 대조 연구가 활발하게 이루어졌다. 한·중 어휘 대조 연구 중에서 명사에 관련된 연구는 총 68편이 있다. 본 연구는 지금까지 이루어진 한·중 명사 대조 연구를 바탕으로 한국어와 중국어에서 공통적으로 발달한 명사의 대조 연구 동향을 파악하고, 연구 대상과 연구 방법을 살펴본 후 한·중 명사 대조 연구의 쟁점을 정리하는 데 목적이 있다. 본 연구가 향후 이루어지는 한·중 명사 대조 연구의 방향성에 보탬이 되기를 바란다.

2. 한·중 명사 대조 연구 동향

한·중 명사 대조 연구의 동향을 분석하기 위해서 먼저 연구 목록을 추출하였다. 본 연구에서 한국교육학술정보원(RISS)의 검색을 통해 연구 목록으로 선정된 연구는 총 68편으로 학술지 논문 15편, 학위논문 53편이다. 선정된 연구들을 대상으로 연도별, 연구 주제별 연구 동향과 분석 결과를 살펴보고자 한다.

1) 연도별 연구 동향

한·중 명사 대조 연구의 연도별 및 발간 유형별로 분류한 결과는 아래 〈표 1〉과 같다. 연도별 연구 경향성 분석은 한·중 명사 대조 연구의 시대적인 추이를 해석하는 것에 도움이 될 것이다.

〈표 1〉 연도별 한·중 명사 대조 연구 동향

연도	학술지	학위논문		합계
		석사	박사	
2005	1	0	0	1
2007	1	2	0	3
2008	0	1	0	1
2010	0	4	0	4
2011	0	3	0	3
2012	0	1	0	1
2013	0	5	1	6
2014	0	4	1	5
2015	2	3	2	7
2016	1	3	2	6
2017	3	1	0	4
2018	3	2	1	6
2019	1	7	0	8
2020	0	4	1	5
2021	3	5	0	8
합계	15	45	8	68

위 〈표 1〉에서 볼 수 있듯이 한·중 명사 대조 연구는 2005년부터 지금까지 지속적으로 진행되어 왔는데, 특히 2012년 이후 연구가 증가한 것을

확인할 수 있다. 발간 유형을 보면 학술지 논문보다 학위논문에서 연구가 더 많이 이루어졌으며, 그중에서도 특히 석사학위논문에서 가장 많은 연구가 발표된 것을 알 수 있다. 2016년 이후 박사학위논문은 점차 감소하였으나 석사학위논문은 이와 달리 점차 증가하는 추이를 보였다.

2) 주제별 연구 동향

본 연구에서 연구 목록으로 삼은 한·중 명사 대조 연구는 명사의 의미적 특징과 문법적 특징에 따라 분류사, 공간명사, 신체명사, 복수표지 등으로 나눌 수 있다. 연구 주제별 분류 결과는 다음 〈표 2〉와 같다.

〈표 2〉 주제별 한·중 명사 대조 연구 동향

연구 대상	어휘 유형	연구 수
분류사	명3(名), 개7(个), 마리1, 대16(台) 등	30 (44.12%)
공간 명사	앞, 뒤, 옆, 위, 아래, 안, 밖, 속 등	14 (20.59%)
신체 명사	마음, 머리, 얼굴, 코, 입, 귀 등	11 (16.18%)
복수표지	-들	6 (8.82%)
기타 명사[1]	동작성 서술 명사, 관형 명사, 상대량 표현	7 (10.29%)
합계		68 (100%)

1 남명애(2013)에서는 접사 '-하다', '-되다'와 결합되는 한국어 동작성 서술 명사와 이에 대응하는 중국어 어휘에 대한 대조를 통해 한국어와 중국어의 공통점과 차이점을 밝혔다. 또한 학습자 언어테스트를 통해 동작성 서술 명사의 습득 양상을 파악하고 교수 방안을 설계하였다. 사천선(2019)에서는 한국어 의존명사와 대응하는 중국어 표현과 대조하며 설문지와 언어테스트를 통해 중국인 학습자의 의존명사 사용 양상을 분석하였다. 왕록명(2020)에서는 한국어의 관형명사와 중국어의 구별사(区別词)를 대조하여 이들의 공통점과 차이점을 밝혔다. 왕아이원(2018) 및 왕애운(2017)에서는 날씨 어휘 '바람, 구름, 비, 눈'을 대상으로 인지언어학의 비유 이론을 토대로 은유적 의미를 살펴보고 한·중 날씨 관련 명사의 조어과정에서 작용된 인지 과정을 분석하였다. 효단후, 구본관(2016)에서는 한·중 두 언어에서 서로 대칭을 이루는 것처럼 보이는 공간 은유 표현들이 제각기 물량, 공간량, 시간량, 행위량, 등급량 표현과 어울릴 때 어떠한 공통점과 차이점을 보이는지 살펴보았다. 악일비(2019)에서는 언어유형론의 관점에서 상하이 방언, 표준 중국어, 그리고 한국어에서의 명사 분류사 및 복수표지의 의미적 기능을 대조 분석하였다.

분석 대상 연구 중 분류사 연구가 30편으로 가장 활발하게 진행되었고, 공간명사와 신체명사는 각각 14편과 11편으로 비교적 많이 이루어진 것으로 나타났다. 한·중 명사 대조 연구 중에 분류사 연구의 수가 가장 많은 것은 한국어와 중국어에서 수량 표현이 다양하고 광범위하게 사용되고 있을 뿐만 아니라 의미와 용법에 차이가 있어서 일대일로 대응되지 않는 경우가 많아 중국인 학습자들이 분류사를 습득하는 데에 어려움을 겪게 되기 때문이다. 공간 개념을 나타내는 공간명사는 고유어와 한자어 공간명사의 두 종류가 존재하는데, 한·중 공간명사는 서로 완전 동일한 의미로 교체할 수 없으므로 중국인 학습자들이 언어를 사용할 때 간섭이 일어나 혼란이 될 가능성이 있어 한·중 공간명사에 관한 연구가 많이 이루어졌다. 신체명사에 대한 연구는 한국어와 중국어의 의미 확장 측면에서 은유 및 환유적인 의미를 다루는 연구가 대부분이다. 신체명사에 대한 연구 내용은 '한·중 다의어 대조 연구 분석'에서 구체적으로 다루었다. 복수표지에 대한 연구는 6편으로, 주로 한국어의 '-들'과 중국어의 '们'의 용법과 특징을 검토하였다. 그 이외에 기타 명사로 분류한 연구는 각각 동작성 서술 명사, 의존명사, 관형 명사의 문법적 특징을 분석하는 연구와, 날씨 관련 명사, '이상/이하', '만/미만'과 같은 상대량 표현의 은유적인 의미를 대조 분석하였다. 본 연구에서는 분류사와 공간명사에 대한 대조 연구를 구체적으로 살펴볼 것이다.

3) 목적별 연구 동향

한·중 명사 대조 연구는 크게 두 언어의 의미적, 통사적 특징을 대조하는 연구, 대조를 통해 교육 방안을 제시하는 연구, 오류분석을 통해 두 언어의 공통점과 차이점을 제시하는 연구, 그리고 대조와 오류분석을 거쳐 교육 방안이나 교육용 어휘 목록을 제시하는 연구로 나뉠 수 있다. 이에 따라 한·중 명사 대조 연구의 연구 목적을 '대조연구', '대조연구+교육방안', '대조연구+오류분석', '대조연구+오류분석+교육방안'으로 분류하여 다음 〈표 3〉과 같이 제시하였다.

〈표 3〉 연구 목적별 한·중 명사 대조 연구 동향

연구 주제	연구 목적	연구 수	합계
분류사	대조연구	23	30
	대조연구 + 교육방안	5	
	대조연구 + 오류분석	1	
	대조연구 + 오류분석 + 교육방안	1	
공간명사	대조연구	11	14
	대조연구 + 교육방안	3	
	대조연구 + 오류분석	0	
	대조연구 + 오류분석 + 교육방안	0	
신체명사	대조연구	9	11
	대조연구 + 교육방안	2	
	대조연구 + 오류분석	0	
	대조연구 + 오류분석 + 교육방안	0	
복수표지	대조연구	6	6
	대조연구 + 교육방안	0	
	대조연구 + 오류분석	0	
	대조연구 + 오류분석 + 교육방안	0	
합계			61

대조연구는 전반적으로 모든 연구 주제에서 제일 큰 비중을 차지하였다. 대조연구를 통해 교육방안을 제시하는 연구는 총 10편이 있었다. 대조연구를 통해 학습자의 오류 양상과 오류 원인을 분석하는 연구와 대조 및 오류 분석을 거쳐 교육용 어휘 목록을 선정하는 연구는 분류사 대조 영역에서 각각 한 편이 있었다. 분류사 대조 영역에서 연구 목적이 제일 다양하게 나타났고, 공간명사와 신체명사 대조 영역에서는 대조연구와 대조를 통해 교육 방안을 제시하는 연구가 있었으며, 복수표지 대조 영역에서 두 언어를 대조만 하는 목적으로 진행한 연구가 있었다.

4) 방법별 연구 경향

한·중 명사 대조 연구에서 사용한 연구 방법은 크게 선행문헌 정리, 사전 의미 분석, 말뭉치 분석, 교재 분석, 실험 조사로 분류할 수 있다. 연구의 목적에 따라 하나의 방법으로 대조를 진행한 연구가 있고 여러 방법을 사용하여 대조를 진행한 연구가 있다. 본고에서 살펴볼 분류사, 공간명사, 신체명사, 복수표지에 대한 연구는 연구 주제에 따라 사용한 방법과 연구 자료에 차이가 있다. 각 연구 주제에서 사용한 구체적인 연구 방법은 다음 〈표 4〉와 같다.

〈표 4〉 분류사 대조 연구의 연구 방법

연구 방법	연구 수	연구 자료
사전의미 분석	21	『표준국어대사전』(국립국어원), 『우리말 큰사전』(한글학회), 『단위어사전』(박성훈), 『现代汉语词典』(商务印书馆), 『现代汉语量词用法辞典』(郭先珍), 『新华字典』(商务印书馆)
말뭉치 분석	3	21세기 세종계획 현대국어 말뭉치 북경대학교 CCL말뭉치 한국어 교재, 중국어 교재, TOPIK과 HSK 시험 어휘 목록으로 구축한 말뭉치 신문 기사로 구축한 한·중 병렬 말뭉치
사전 + 말뭉치	4	『표준국어대사전』(국립국어원) + 북경대학교 CCL말뭉치 『우리말 큰사전』(한글학회), 『新华字典』(商务印书馆) + 21세기 세종계획 현대국어 말뭉치, 북경대학교 CCL말뭉치 『표준국어대사전』(국립국어원), 『고려대 한국어대사전』(고려대학교 민족문화연구원), 『新华字典』(商务印书馆), 『现代汉语词典』(商务印书馆), 『现代汉语量词用法辞典』(郭先珍) + 문학작품으로 구축한 한·중 비교 말뭉치 『표준국어대사전』(국립국어원), 『现代汉语词典』(商务印书馆), 『通用谚语词典』(温端政·沈慧云) + 신문 기사로 구축한 한·중 비교 말뭉치
사전 + 실험조사	1	『표준국어대사전』(국립국어원), 『新华字典』(商务印书馆) + 학습자의 분류사 사용에 대한 설문조사
사전 + 말뭉치 + 실험조사	1	『표준국어대사전』(국립국어원), 『연세한국어사전』(연세대학교 언어정보개발연구원), 『(民众)单位语辞典』, 『现代汉语词典』(商务印书馆), 『现代汉语量词用法辞典』(郭先珍) + 21세기 세종계획 현대국어 말뭉치, 북경대학교 CCL말뭉치 + 학습자의 분류사 사용에 대한 설문조사

위 〈표 4〉에서 볼 수 있듯이 분류사 대조 연구에서는 다양한 연구 방법 및 자료를 사용하였다. 그중에서도 사전 의미 분석 방법이 가장 많이 사용되었는데, 사전 의미 대조에서 많이 사용된 연구 자료로는 한국어 사전인 『표준국어대사전』과 『우리말 큰사전』, 중국어 사전인 『现代汉语词典』과 『新华字典』이 대표적이었다. 이 사전들은 다른 연구 주제에서도 많이 사용된 연구 자료로 한국과 중국에서 대표성이 있고 신뢰성이 높은 사전이다. 분류사 대조 연구에서만 사용한 사전은 『단위어사전』, 『(民众)单位语辞典』과 『现代汉语量词用法辞典』이다. 이 사전들은 각각 한국어의 단위어와 중국어의 양사를 수록하고 있어 분류사의 의미와 용법을 대조할 때 활용하기 좋은 자료다. 말뭉치 분석은 주로 한·중 말뭉치를 통해 연구 대상에 해당하는 분류사의 예문을 산출해서 대조하는 방법이다. 분류사 대조 연구에서 말뭉치 분석으로만 대조 연구를 진행하는 연구는 총 3편이 있다. 유정정(2015)에서는 21세기 세종계획 현대국어 말뭉치와 북경대학교 CCL 말뭉치를 사용하여 한·중 분류사의 통사적 특성 및 의미적 특성을 살펴보고 한·중 분류사 구성의 차이를 정리하였다. 이영남(2011)은 한국어 교재, 중국어 교재, TOPIK과 HSK 시험의 어휘 목록에서 나온 분류사를 연구 대상으로 설정하여 이 자료들로 구축한 말뭉치를 활용하여 한·중 분류사의 사용 양상과 구성 유형을 분석하였다. 장하화(2021)에서는 〈중앙일보〉와 〈동아일보〉의 신문기사를 수집하여 한·중 병렬 말뭉치를 구축하고, 총 300편의 기사를 연구 자료로 하여 한국어 분류사의 용법별 분포를 살펴보고 중국어 양사와의 대응 관계를 분석하였다.

여러 방법을 사용한 연구도 있다. 사전 의미 분석과 말뭉치 분석을 같이 사용한 연구는 4편으로, 이러한 연구들은 우선 한국어와 중국어 사전에서 제시한 분류사의 의미와 용법을 파악하고 말뭉치를 통해 분류사의 사용 양상을 고찰한 연구들이다. 앞에서 언급한 대표성이 있고 빈번하게 사용되는 사전과 말뭉치 이외에 연구자가 한·중 문학 작품과 신문 기사로 말뭉치를 구축하여 해당 연구 대상의 사용 양상을 살펴보았다. 예를 들면, 장성남(2020)에서는 사전적 의미를 분석한 후 한국어와 중국어로 출판한 문학 작품 『그림동화전집』과 『鲁迅全集(루쉰전집)』에 나타난 대상 분류사의 사용 양상을 고찰하였다. 사전 의미 분석과 실험 조사를 같이 실행한 연구는 1편이 있다. 추청(2013)은 우선 한국어 분류사의 특징을 정리한 후 중국인 학습자를 대상으로 분류사 사용에 대한 설문조사를 실시하였다. 설문조사를 통해 학습자가 한국어 분류사를 사용할 때 범하는 오류를 파악하고 오류를 범하는 원인을 분석하였다. 사전 의미 분석, 말뭉치 분석, 실험 조사 세 가지 방법을 사용하는 연구도 있다. 왕흠범(2019)에서는 중국어권 학습자를 위한 교육용 분류사를 등급화하기 위해 한국어와 중국어 사전을 통해 분류사의 용법을 정리하며 21세기 세종계획 현대국어 말뭉치와 북경대학교 CCL말뭉치를 이용해 용례를 추출하였다. 대조 분석의 결과를 바탕으로 중국어권 학습자가 습득할 한국어 분류사의 난이도 위계를 8단계로 구분하였다. 해당 연구에서는 학습자의 분류사 습득 현황과 오류 양상을 분석하기 위해 친숙도 조사를 실시하였고, 설문조사의 결과로 학습자 오류의 원인과 각 분류사의 정답률을 분석하여 앞에서 살펴보았던 결과와 종합하여 교육용 분류사를 등급별로 분류하였다. 다음으로는 공간 명사 대조 연구의 연구 방법에 대해 살펴보도록 한다.

〈표 5〉 공간 명사 대조 연구의 연구 방법

연구 방법	연구 수	연구 자료
선행문헌 정리	1	김주식(2002) 공간 개념어의 인지적 의미 분석, 박경현(1986) 공간개념어의 속성, 刘月华(2005) 〈实用现代汉语语法(上)〉, 张斌(1956) 〈所处方位和时间〉
사전의미 분석	8	『표준국어대사전』(국립국어원), 『우리말 큰사전』(한글학회), 『연세한국어사전』(연세대학교 언어정보개발연구원), 『现代汉语词典』(商务印书馆), 『新华字典』(商务印书馆), 『现代汉语八百词』(商务印书馆), 『说文解字』(中华书局)
말뭉치 분석	3	21세기 세종계획 현대국어 말뭉치 + 国家语委现代汉语平衡语料库 국립국어원 언어정보나눔터 + 북경 언어 대학교의 BCC말뭉치
사전 + 말뭉치	2	『한·중대사전』(刘沛霖), 『现代汉语词典』(商务印书馆), 『新华字典』(商务印书馆) + 21세기 세종계획 현대국어 말뭉치, 国家语委现代汉语平衡语料库

		『표준국어대사전』(국립국어원), 『연세한국어사전』(연세대학교 언어정보개발연구원), 『외국인을 위한 한국어 학습 사전』(서상규) + 신문 기사로 구축한 한·중 신문 말뭉치

공간명사 대조 연구의 연구 방법을 살펴보면 선행문헌에서 제시한 한·중 공간명사의 내용을 바탕으로 대조를 진행한 연구가 있다. 거의 모든 연구의 이론적 논의에서 선행문헌 정리 방법을 사용하였는데, 다른 자료를 참조하지 않고 문헌 자료을 바탕으로 진행한 연구도 있었다. 이금엽(2014)에서는 선행문헌에서 다루고 있는 한·중 공간명사의 개념과 정의를 근거로 하여 공간명사를 상하, 전후, 좌우, 내외 네 가지 방면으로 분류하였다. 공간명사 대조 연구에서 사전 의미 분석은 가장 많이 사용되는 방법이다. 이 연구에서는 현대 국어 사전 이외에 고대 한어의 의미를 제시한 사전인 『说文解字』도 사용하였다. 정비(2021)의 경우 한·중 한자 공간어의 의미구조를 대조하기 위해 한자 '内, 外'의 공간 의미의 근원과 문법화 과정을 분석할 때 『说文解字』를 참조하였다. 말뭉치 분석으로 대조 연구를 진행한 3편의 연구에서 사용된 한국어 말뭉치는 모두 세종 말뭉치였다. 사전 의미 분석 및 말뭉치 분석을 같이 사용한 연구는 2편이 있었다. 이정연(2008)은 한·중 '안, 밖'공간어를 중심으로 대조를 진행하기 위해 우선 사전에서 제시한 의미와 용법을 파악한 후 한국과 중국의 신문에서 나온 예문을 통해 구체적인 사용 양상을 살펴보았다. 이 연구에서는 『외국인을 위한 한국어 학습 사전』을 사용하여 다른 연구들과는 연구 자료 사용에 있어서 차이가 있다. 다음으로 신체 명사 대조 연구의 연구 방법을 살펴보도록 하겠다.

〈표 6〉 신체명사 대조 연구의 연구 방법

연구 방법	연구 수	연구 자료
사전 의미 분석	7	『표준국어대사전』(국립국어원), 『우리말 큰사전』(한글학회), 『연세한국어사전』(연세대학교 언어정보개발연구원), 『现代汉语词典』(商务印书馆), 『新华字典』(商务印书馆), 『汉语惯用语词典』(外语教学与研究出版社)

사전 + 말뭉치	4	『现代汉语规范词典』(外语教学与研究出版社), 『新华字典』(商务印书馆) + 21세기 세종계획 현대국어 말뭉치, 북경대학교 CCL말뭉치 네이버 사전, 『표준국어대사전』(국립국어원), 『新华字典』(商务印书馆) + 국립국어원 언어정보나눔터, 북경대학교 CCL말뭉치 『표준국어대사전』(국립국어원), 『现代汉语词典』(商务印书馆) + 21세기 세종계획 현대국어 말뭉치, 북경대학교 CCL말뭉치 『표준국어대사전』(국립국어원), 『现代汉语词典』(商务印书馆) + 21세기 세종계획 현대국어 말뭉치, 북경대학교 CCL말뭉치

신체명사 대조 연구에서는 사전 의미 분석과 말뭉치 분석 방법이 사용되었다. 신체명사 대조 연구 중에 『汉语惯用语词典』을 사용한 연구가 있는데 이는 중국어의 관용어에서 신체명사가 많이 나타나므로 관용어를 통해 신체명사의 확장 의미를 파악할 수 있기 때문이다. 말뭉치 분석 자료는 모두 세종 말뭉치와 북경대학교 CCL말뭉치에서 산출한 예문이 연구에 사용되었다. 다음으로는 복수표지 대조 연구의 연구 방법에 대해 살펴보도록 한다.

〈표 7〉 복수표지 대조 연구의 연구 방법

연구 방법	연구 수	연구 자료
사전 의미 분석	4	『표준국어대사전』(국립국어원), 『우리말 큰사전』(한글학회) 『연세한국어사전』(연세대학교 언어정보개발연구원) 『고려대 한국어대사전』(고려대학교 민족문화연구원) 『现代汉语词典』(商务印书馆), 『新现代汉语八百词』(吕淑湘) 『应用汉语辞典』(商务印书馆), 『现代汉语规范字典』(外语教学与研究出版社) 『古代汉语辞典』(商务印书馆), 『엣센스中国语辞典』(이용묵)
말뭉치 분석	1	한·중 문학작품으로 구축한 말뭉치
사전 + 말뭉치	1	『표준국어대사전』(국립국어원), 『연세한국어사전』(연세대학교 언어정보개발연구원), 『고려대 한국어대사전』(고려대학교 민족문화연구원), 『应用汉语辞典』(商务印书馆), 『现代汉语词典』(商务印书馆), 『现代汉语规范字典』(外语教学与研究出版社) + 한·중 문학작품으로 구축한 번역 말뭉치

위 〈표 7〉에서 볼 수 있듯이, 복수표지 대조 연구에서는 다양한 한국어와

중국어 사전을 사용하였다. 중국어 『应用汉语辞典』을 사용한 연구는 복수표지에 관한 연구에서만 사용되었다. 이 사전은 중국어의 사자성어, 속어, 관용어, 방언 등이 수록되어 다양한 어휘 정보를 제공하고 있어 복수표지 대조 연구에서 사용되었다. 또한 한국과 중국의 문학 작품 원본과 번역본으로 구축한 말뭉치를 활용한 연구가 2편이 있었다. Bu Ga(2018)에서는 사전을 참고해서 한국어 복수표지 '들'과 중국어 복수표지 '们'의 문법 범주를 정리한 다음에 신경숙의 『엄마를 부탁해』에 나타난 '들'과 중국어 번역본 『寻找母亲』에 나타난 '们'의 사용 양상, 그리고 余华(위화)의 『兄弟』에 나타난 '们'과 한국어 번역본 『형제』에 나타난 '들'의 사용 양상을 분석하여 명사 및 대명사에 따른 유표형 복수와 무표형 복수 빈도를 대조하고 한·중 복수표지의 공통점과 차이점을 밝혔다. Wang Jing(2019)에서는 『늑대의 유혹』과 중국어 번역본 『狼的诱惑』을 통해 한·중 복수표지의 대응 양상을 살펴보았다. 연구자 개인이 소설과 번역본으로 구축한 대역 말뭉치는 그 규모가 작고 대응 양상을 살피는 데에서 말뭉치 언어학의 방법론을 적용하기 어렵다는 한계가 있지만 실제와 비슷한 언어 사용 양상을 확인할 수 있다는 점에서 의미가 있다.

위에서 살펴본 연구 방법과 연구 자료를 정리하자면 첫째, 사전 의미 분석은 가장 보편적으로 사용된 방법이다. 사전 자료의 선정에서 한국과 중국에서 권위 있고 대표적인 사전을 많이 사용하였고, 연구 주제에 따라 세부적인 어휘 사전을 사용하는 경우도 있다. 둘째, 말뭉치 분석도 많이 사용된 방법으로 특히 세종 말뭉치와 북경대학교 CCL말뭉치는 가장 많이 활용된 자료다. 연구자가 한국과 중국의 신문 기사나 문학 작품으로 구축한 말뭉치를 사용한 연구도 있었는데 주로 예문을 제시하기 위해 사용되었다.

3. 연구 주제별 쟁점 분석

본 절에서는 한·중 명사 대조 연구 중에서 많이 논의되었던 분류사와 공간명사에 관한 연구의 내용 및 쟁점들을 살펴보기로 한다.

1) 한·중 분류사 대조 연구

한국어 명사는 자립 명사와 의존 명사로 구분할 수 있고, 의존 명사 중에서 선행하는 명사 지시물의 단위를 표시하는 단위성 의존 명사가 발달되어 있다. 단위성 의존 명사와 명사지시물의 단위를 나타내는 자립 명사를 함께 분류사라고 부른다(고영근·구본관, 2008: 67-68). 한국어 분류사의 용법에는 제약이 많아 외국인 학습자에게 학습하기 어려운 부분이다. 특히 중국어권 학습자들은 중국어 양사의 영향을 받아 한국어 분류사 사용에 있어 오류를 자주 범한다. 따라서 한국어교육에서 한·중 분류사가 서로 밀접하게 관련되어 있다는 점을 감안하여 대조 연구를 진행하였다.

기존의 연구에서 분석한 분류사 연구 대상은 다양한 기준으로 설정되었다. 각 연구에서 분석한 연구 대상을 구체적으로 정리해보면 다음 〈표 8〉과 같다.

〈표 8〉 어원에 따른 분류사 연구 대상

<table>
<tr><th>어원에 따른 분류</th><th colspan="2">관련 연구</th></tr>
<tr><td>한자어 분류사</td><td>강방(2010), 오상언(2010),
왕단(2010), 장위(2020),
장신희(2020), 장홍수(2010)</td><td rowspan="2">Liu, Fang(2016), 묘우(2018),
왕소요(2013), 이예화(2013),
장림(2017), 장효화(2012),
조효뢰(2014)</td></tr>
<tr><td>고유어 분류사</td><td>등림(2015)</td></tr>
</table>

한국어의 어원에 따라 한자어 분류사와 고유어 분류사를 분석한 연구는 14편으로 한자어 분류사만 분석한 연구 6편, 고유어 분류사만 분석한 연구 1편, 한자어와 고유어 분류사를 함께 분석한 연구는 7편이 있었다. 그 이외

에 의미 범주 분류 기준에 따라 분석 대상을 설정한 연구는 다음 〈표 9〉와 같다.

〈표 9〉 의미 범주에 따른 분류사 연구 대상

분류사 연구 대상	부류	도량	동작	사물	사태	인간성	동물성	식물성	1,2,3차원 형상성
진성(2014)	○								
리란(2007)	○	○	○						
왕홍범(2019)	○	○	○						
추청(2013)	○	○	○						
장하화(2021)	○	○	○						
WANG XINXIN (2020)				○					
곽옥(2015)		○		○	○				
장하연(2019)						○			
장성남(2020)							○	○	
양쌍(2016)						○	○	○	
최재영(2007)									○
자아여(2021)									○
유정정(2015)						○	○	○	○
이영남(2011)						○	○	○	○
조설(2015)						○	○		○
장미란(2014)									○

어원에 따른 연구 이외에 의미범주 분류 기준으로 분류사를 분석한 연구가 16편이 있었다. 〈표 9〉에서 확인할 수 있듯이 기존의 연구에서 분류사의 분류 기준에는 일관성이 결여되어 있다. 기존 연구에서의 분류사에 대한 체계 설정을 살펴보면, 보통 부류분류사, 도량분류사, 동작분류사, 사물분류사, 사태분류사, 인간성 분류사, 동물성 분류사, 식물성 불류사, 1,2,3차원 형상성 분류사로 분류되어 왔다.

위에서 제시한 바와 같이 한·중 분류사 대조 연구의 분석 대상은 매우 다양하다. 이들의 연구를 구체적으로 살펴보면 주로 분류사의 의미적인 측면과 통사적 측면에서 대조 연구를 진행하였다. 그중에서도 분류사의 의미 대조연구가 가장 많은 비중을 차지하였으며, 그 외에 분류사의 체계, 분류사의 결합 구성, 분류사의 중첩 구성, 분류사와 명사와의 결합 관계, 분류사와 수사와의 결합 관계에 대한 분석한 연구도 있었다.

(1) 분류사 체계 설정의 쟁점

분류사의 의미기능에 따라 하위 분류 체계를 중점적으로 살펴보는 연구들이 있다. 한·중 분류사는 각자의 특징을 가지고 있으므로 두 언어의 분류사를 동일하게 분류하기 어렵다. 한·중 분류사의 의미 체계를 비교한 연구로는 진성(2014), 장성남(2020)이 있고, 의미 범주를 설정한 연구는 곽옥(2015), 리란(2007), 오상언(2010), 왕단(2010), 유정정(2015), 장림(2017)이 있다.

진성(2014)에서는 한국어 분류사와 중국어 양사의 분류 기준을 대조하여 한국어 분류사와 중국어 양사를 부류분류사-부류양사, 도량분류사-도량양사, 동작분류사-동작양사, 중국어 양사에만 존재하는 复合量词와 准量词로 나누었다. 한국어 분류사의 기준은 주로 채완(1990)의 분류를 참조하였고 중국어 양사의 분류 기준은 주로 刘月华의 이분법을 따라 분류하였다. 한국어 분류사와 중국어 양사와 비교해보면, 중국어의 양사 체계에는 复合量词와 准量词라는 특이한 개념이 존재한다. 复合量词는 두 개 이상의 양사로 구성된 양사를 하나의 복합성 단위로 나타내는 것이다. 이는 대부분 과학기술의 술어로서, 새로운 조합법에 의해 만들어진다. 准量词는 일부 수사와 결합할 수 있는 명사로 양사와 명사의 특징을 공통적으로 가지고 있다. 장성남(2020)에서는 한국어 분류사와 중국어 양사의 분류 기준을 대조하여 한국어 분류사는 중국어 양사보다 더 상세하게 분류되어 있다고 하였다. 중국어 양사는 한 개의 양사에 여러 의미가 있어서 하나의 양사로 여러 대상을 수량화할 수 있게 때문에 한국어 분류사보다 자세하게 분류되지 않은 이유를 설명하였다. 또한 중국어 양사 중에 '点', '些'와 같은 '不定量词(부정양사)'가 존재하는데 이러한 개념은 한국어 분류사에 없다고 하였다.

리란(2007), 오상언(2010), 왕단(2010), 곽옥(2015), 유정정(2015), 장림(2017) 등에서는 한·중 분류사의 의미 범주를 설정하여 분석하였다. 이들 연구에서 분류한 분류사 체계는 다음 〈표 10〉과 같다.

〈표 10〉 한·중 분류사의 의미범주 설정

<table>
<tr><th>관련
연구</th><th colspan="4">의미범주 설정</th></tr>
<tr><td rowspan="10">리란
(2007)</td><td rowspan="4">한국어분류사</td><td rowspan="2">부류분류사</td><td>개체분류사</td><td>1. 사람 2. 동물 3. 비인간적 존재
4. 식물 5. 문자·문화 6. 건물
7. 기계·도구·운송수단 8. 의복·피륙
9. 모양 10. 기타</td></tr>
<tr><td>집단분류사</td><td>사람·동물 2. 기타</td></tr>
<tr><td>차용분류사</td><td colspan="2">1. 용기·도구 2. 신체부분 3. 사물 관련된 동작</td></tr>
<tr><td>동작분류사</td><td colspan="2">단일성 동작분류사 2. 지속성 동작분류사</td></tr>
<tr><td rowspan="6">중국어분류사</td><td rowspan="2">부류양사</td><td>개체양사</td><td>1. 사람 2.동물 3.비인간적
4. 식물 5. 문자·문화 6. 건물
7. 기계·도구·운송수단 8. 의복·피륙
9. 모양 10. 기타</td></tr>
<tr><td>집단분류사</td><td>1. 사람·동물 2. 기타</td></tr>
<tr><td>차용양사</td><td colspan="2">1. 용기·도구 2. 신체부분 3. 사물 관련된 동작</td></tr>
<tr><td>동작양사</td><td colspan="2">1. 단일성 동작양사 2. 지속성 동작양사</td></tr>
<tr><td colspan="3">复合양사</td></tr>
<tr><td colspan="3">准양사</td></tr>
<tr><td rowspan="10">장림
(2017)</td><td rowspan="10">한국어분류사</td><td rowspan="8">개체분류사</td><td>유정성</td><td>1. 사람 2. 동물</td></tr>
<tr><td colspan="2">무정성</td></tr>
<tr><td colspan="2">비인간적 존재</td></tr>
<tr><td colspan="2">식물</td></tr>
<tr><td rowspan="2">속성</td><td>1. 문자·문화 2. 건물 3. 기계·도구·운송수단
4. 의복·피륙</td></tr>
<tr><td>1. 수량 2. 시간 3. 액수 4. 부피 5. 넓이 6. 길이</td></tr>
<tr><td colspan="2">모양</td></tr>
<tr><td colspan="2">기타</td></tr>
<tr><td>집체분류사</td><td colspan="2">1. 유정성 2. 무정성</td></tr>
<tr><td>도량분류사</td><td colspan="2">1. 용기 2. 신체 3. 무게 4. 길이</td></tr>
</table>

		동작분류사	1. 단일성 2. 집체성		
	중국어분류사	명양사(名量词)	1. 개체양사 2. 집합양사 3. 부분양사 4. 도량형양사 5. 용기양사 6.임시양사 7. 准양사 8. 불정양사		
		동양사(动量词)	1. 자주 사용하는 것 2. 빌려쓰는 것		
		합성양사(合成量词)			
		형양사(形量词)	1. 도량형양사 2. 차용형양사		
오상언(2010)	한중분류사	부류분류사	개체분류사	유정성	1. 사람 2. 동물 3. 초자연적 존재
				무정성	1. 식물 2. 시체·해골
				기능	1. 문자·문화 2. 건물·장소 3. 기계·도구·운송수단 4. 의복·피륙 5. 약 6. 등급·순서·점수 7. 사건 8. 나이
				모양	
				보편분류사	
				기타	
			집체분류사		
			부분분류사		
		도량분류사	전용		
			차용	1. 용기 2. 신체	
		동작분류사	전용	1. 순간성 2. 연속성	
			차용	1. 신체 2. 도구	
왕단(2010)	한중분류사	부류분류사	개체분류사	1. 사람 2. 동물 3. 비인간적 존재 4. 식물	
				5. 기능·속성	(1) 문자·문화 (2) 건물·처소 (3) 기계·도구·운송수단 (4) 의복·피륙
				6. 모양	
				7. 기타	
			집체분류사		
		도량분류사			
		동작분류사			
유정정(2015)	한중분류사	부류분류사	개체분류사	1. 인간성 2. 동물성 3. 식물성	
				4. 형상성	1, 2, 3차원
				5. 기능성	(1) 의 (2) 식 (3) 주 (4) 교통 (5) 여가 생활 (6) 문자·문화 (7) 기계·도구

<table>
<tr><td rowspan="4"></td><td rowspan="4"></td><td rowspan="2"></td><td></td><td colspan="3">8. 보편</td></tr>
<tr><td colspan="4">집체분류사</td></tr>
<tr><td colspan="5">동작분류사</td></tr>
<tr><td>도량분류사</td><td colspan="4">1. 신체 2. 용기 3. 시간·순서 4. 화폐 5. 등급 6. 계량</td></tr>
<tr><td rowspan="8">곽옥
(2015)</td><td rowspan="8">한
중
분
류
사</td><td rowspan="6">사물분류사</td><td rowspan="3">개체분류사</td><td rowspan="2">[+생물]</td><td>[+유정성]</td><td>[+인간성] [-인간성]</td></tr>
<tr><td colspan="2">[-유정성]</td></tr>
<tr><td>[-생물]</td><td colspan="2">[+형상성] [-형상성]</td></tr>
<tr><td rowspan="2">집합체
분류사</td><td>[+정수]</td><td colspan="2">[+짝] [-짝]</td></tr>
<tr><td>[-정수]</td><td colspan="2">[+용기] [-용기]</td></tr>
<tr><td colspan="4">부분분류사</td></tr>
<tr><td>도량분류사</td><td colspan="4">[배열], [비율], [화폐], [시간], [길이], [넓이], [용량], [부피], [무게], [기타]</td></tr>
<tr><td>사태분류사</td><td colspan="4">[사건], [동작]</td></tr>
</table>

위 〈표 10〉에서 확인할 수 있듯이 이들의 연구에서 설정한 의미범주는 통일성이 없다는 문제가 있다. 분류사의 의미범주 설정에 나타난 문제점은 다음과 같다.

첫째, 대부분의 연구는 한국어 분류사와 중국어 양사를 같은 체계에서 분류하였는데 두 언어의 분류사를 각각 다른 하위분류로 설정하여 분석한 연구도 있다. 예를 들면, 리란(2007)과 장림(2017)에서는 한국어 분류사와 중국어 양사의 하위분류를 따로 설정하여 두 언어의 분류사를 분석하였다. 이들의 연구에서는 한국어 분류사를 부류분류사, 도량분류사, 동작분류사로 나누고 부류분류사를 다시 개체분류사와 집단분류사로 구분하였다. 한국어 분류사와 중국어 양사의 공통된 부분은 부류분류사와 부류양사, 동작분류사와 동작양사가 있다는 것이다. 한국어 분류사와 중국어 양사의 종류는 크게 차이가 나지 않지만 중국어 양사체계에만 존재하는 复合양사와 准양사가 있어서 리란(2007)의 연구에서는 이를 따로 분류하였다. 장림(2017)은 중국어 양사 중에 '형양사'라는 하위분류를 따로 설정하여 리란(2007)의 분류와 차이가 있다. 형양사는 명사형 양사 중의 일부 양사가 형용사를 수식하는 것이다. 한편 오상언(2010), 왕단(2010), 유정정(2015), 곽옥(2015)에서는 한·중 분류사를 같은 체계로 분류하여 분석하였다. 그들의 연구에서는 우선 한국어 분류사에 관한 선행문헌을 논의한 결과를 바탕으로 한국어 분류사의 체계를 설정하였다. 그다음 한국어 분류사 체계에 따라 한국어 분류사와 대응되는 중국어 양사를 선정하여 대조하였다.

둘째, 분류사의 하위분류를 설정하는 데 기준이 통일되지 않았다는 문제가 있다. 오상언(2010)과 장람(2017)에서는 한국어 분류사의 개체분류사를 '유정성'과 '무정성'으로 구분하였다. 오상언(2010)의 연구에서는 '유정성'의 분류사는 사람, 동물, 초자연적 존재를 수식한다고 분류하였는데 장림(2017)에서는 '유정성'의 분류사는 사람과 동물만 수식한다고 하였고 초자연적인 존재는 독립적인 하위분류로 설정하였다. 또한 리란(2007), 장림(2017), 왕단(2010), 유정정(2015)의 연구에서는 부류분류사를 개체분류사, 집체분류사 두 가지로 구분하였는데 오상언(2010)과 곽옥(2015)에서는 개체분류사, 집체분류사, 부분분류사로 분류하였다. 또한 곽옥(2015)에서는 분류사를 사물분류사, 도량분류사, 사태분류사로 분류하여 동작분류사는 사태분류사에 포함시켰다. 그의 연구에서는 [생물], [정수], [유정성], [인간성] 등의 척도를 설정하여 분류사를 하위분류했다는 점에서 다른 연구와 차이가 있다.

셋째, 분류사의 하위분류 설정하는 데 적절하지 않은 경우가 있다. 장림(2017)에서는 '무정성 분류사'를 개체분류사의 하위분류로 설정하였는데 '비인간적 존재'와 '식물'도 개체분류사의 하위범주에 포함시켰다. 또한 '무정성 분류사' 중의 '필, 표, 번'은 '속성'에 따른 분류사 중 문화와 문자의 수량을 나타내는 분류사에 해당하다. 왕단(2010)과 곽옥(2015)의 연구의 경우 도량분류사의 하위분류에서 사람의 신체부위를 나타내는 분류사를 분류체계에 포함시키지 못했다는 한계가 있다. 지금까지 살펴본 바와 같이 이들의 연구에서는 분류사 체계 설정의 적절성 문제가 남았다.

(2) 분류사의 의미와 형태 대조의 쟁점

기존 연구에서는 대부분 분류사의 의미 범주를 설정하여 대조를 진행하였다. 한국어 분류사 중 한자어 분류사는 많은 비중을 차지하는데 한자어 분류사와 중국어 양사의 의미적인 공통점과 차이점을 대조한 연구가 있다. 고유어 분류사는 중국어 양사와의 대응 관계의 측면에서 분석되었고, 의미 범주별로 분류한 분류사는 중국어 양사의 의미, 형태와 대조되었다.

먼저 강방(2010), 오상언(2010), 왕단(2010), 장홍수(2010), 장효화(2012), 왕소요(2013), 이예화(2013), 조효뢰(2014), 묘우(2018), 장신희(2020), 장위(2020) 등에서는 한자어 분류사와 중국어 양사를 완전동형동의, 부분동형동의, 그리고 동형이의로 나누어 그 의미를 대조하였다. 이들 연구에서 구체적으로 분석한 분류사는 다음 〈표 11〉과 같다.

〈표 11〉 연구별 한자어 분류사 대조 결과

관련 연구	한자어 분류사 목록		
강방 (2010)	완전동형동의		동(栋), 미(尾), 병(瓶), 조(组), 폭(幅), 환(丸), 곡(曲), 세(岁), 정(挺), 호(户)
	부분동형동의		건(件), 권(券), 급(级), 단(段), 대(台), 부(部), 장(张), 통(通), 편(篇), 필(匹)
	더 넓은 의미로 사용된 경우	한⊃중	대(代), 명(名), 수(首), 주(株), 촌(寸), 쌍(双), 통(桶), 발(发), 간(间), 타(打)
		중⊃한	개(个), 구(具), 국(局), 두(头), 문(门), 절(节), 조(条), 척(只), 좌(座), 막(幕), 장(场), 봉(封), 편(片), 판(版)
	동형이의		매(枚), 번(番), 본(本), 위(位), 잔(盏), 점(点), 정(锭), 제(剂), 질(秩), 첩(帖), 면(面), 문(文), 갑(匣), 석(席), 필(笔)
묘우 (2018)	완전동형동의		동(栋), 년(年), 월(月), 시간(小时), 세(岁), 근(斤), 병(瓶), 상자(箱子), 편(篇)
	부분동형동의		일(日), 시(时), 대(代), 번(番), 층(层), 좌(座), 명(名), 두(头), 부(部), 장(张), 폭(幅), 대(台), 척(只), 매(枚), 개(个), 권(卷), 건(件)
	동형이의		량(辆)
오상언 (2010)	완전동형동의		간(间), 건1(件), 건2(件), 곡(曲), 과(课), 국(局), 권1(卷), 기(期), 동(栋), 등(等), 량(辆), 막(幕), 미(尾), 배(杯), 병(瓶), 상자(箱子), 세(岁), 수2(首), 열(列), 엽(叶), 위2(位), 인(人), 장(场), 장(章), 조(组), 종(种), 주세(周岁), 질(帙), 집(辑), 차(次), 책(册), 초(秒), 타(打), 통(桶), 편(篇), 표(票), 필2(匹), 항(项), 행(行), 호1(号), 호3(号)

	부분동형동의		개(个), 갑(匣), 교(绞), 구(具), 권2(卷), 급1(级), 단1(段), 단2(段), 대(队), 대(对), 대(台), 두(头), 매1(枚), 매2(枚), 면(面), 명(名), 문(门), 번(番), 보(步), 봉(封), 부1(部), 석(席), 세(世), 쌍(双), 연(联), 잔(盏), 장2(张), 점4(点), 제(剂), 조(条), 좌(座), 주1(株), 지(指), 차(车), 척(只), 첩(贴), 층(层), 통(通), 판(版), 편(片), 포(包), 폭1(幅), 폭2(幅), 품(品), 필1(匹), 호(户), 호2(号), 환(丸), 회(回)
	동형이의		격(格), 급2(级), 단3(段), 대(代), 반(班), 발(发), 본1(本), 본2(本), 부2(部), 상(床), 속(束), 수1(首), 수(手), 순(巡), 승(乘), 연(连), 위1(位), 장1(张), 점1(点), 점2(点), 점3(点), 점5(点), 정(锭), 주2(株), 추(锤), 축(轴), 판(板)
왕단 (2010)	완정동형동의		간(间), 곡(曲), 동(栋), 병(瓶), 조(组), 타(打), 통(通), 호(户),
	더 넓은 의미로 사용된 경우	한⊃중	권(卷), 대(代), 문(文), 미(尾), 발(发), 수(首), 쌍(双), 정(挺), 주(株), 촌(寸), 차(次)
		중⊃한	개(个), 구(具), 국(局), 두(头), 막(幕), 문(门), 봉(封), 석(席), 세(岁), 잔(盏), 장(场), 조(条), 좌(座), 척(只), 통(桶), 판(版), 편(片), 폭(幅), 환(丸)
	부분동형동의		건(件), 급(级), 단(段), 대(台), 명(名), 부(部), 위(位), 장(张), 편(篇), 필(匹)
	동형이의		갑(匣), 매(枚), 면(面), 번(番), 본(本), 점(点), 정(锭), 제(剂), 질(帙), 첩(贴), 축(轴), 필(笔)
장홍수 (2010)	완정동형동의		동(栋), 미(尾), 병(瓶), 조(组), 폭(幅), 환(丸), 곡(曲), 세(岁), 정(挺), 호(户)
	부분동형동의		건(件), 급(级), 단(段), 대(台), 부(部), 장(张), 통(通), 편(篇), 필(匹), 권(卷)
	동형이의		매(枚), 번(番), 본(本), 위(位), 잔(盏), 점(点), 정(锭), 제(剂), 질(帙), 첩(贴), 면(面), 문(文), 갑(匣), 석(席), 필(笔)
왕소요 (2013)	완전동형동의		갑(匣), 곡(曲), 동(栋), 병(瓶), 세(岁)
	부분동형동의		개(个), 건(件), 근(斤), 급(级), 권(卷), 대(台), 냥(两), 면(面), 명(名), 반(班), 번(番), 부(部), 장(张), 쌍(双), 층(层), 편(篇), 회(回), 통(通)
	동형이의		박(泊), 잔(盏), 위(位)

〈표 11〉에서는 일부 연구의 대조 결과를 제시하였다. 이 표에서 제시한 바와 같이 각 연구의 분류사 목록은 연구마다 다르다. 연구자마다 분석 대상 분류사의 선정 방법이 다름으로 모든 한자어 분류사를 연구 대상에 포함시키지 못한다. 그들의 연구 결과에서 나온 쟁점을 다음과 같이 정리

할 수 있다.

첫째, 한·중 한자어 분류사의 분류 기준이 다르다. 한·중 한자어 분류사는 대부분 연구에서 완정동형동의, 부분동형동의, 동형이의로 나누어 그들의 의미를 대조하였다. 강방(2010), 왕단(2010), 조효뢰(2014)에서는 부분동형동의 한자어 분류사를 한국어에서 더 넓은 의미로 사용되는 분류사와 중국어에서 더 넓은 의미로 사용되는 분류사로 나누어 의미를 대조하였다. 이들의 연구에서는 한국어와 중국어 분류사의 의미영역에 대해 어느 한 쪽의 의미가 다른 쪽의 의미를 포함할 수 있는 경우를 고려하였다. 한국어에서 더 넓은 의미로 사용되는 분류사는 한국 사회의 발전에 따라 변화하였거나 한국에서 독자적으로 의미를 부여해 발전시킨 경우, 중국어에서의 의미 축소로 인해 중국보다 한국에서 더 광범위한 의미로 사용되고 있는 경우와 관련된 분류사들이다. 중국어에서 더 넓은 의미로 사용되는 분류사는 동일한 본의로부터 한·중 양국에서 분류사 의미가 인식되는 과정에서 중국에서는 더 다양한 의미가 발전되었으나 한국에서는 예전 그대로 사용되거나 더 축소됨으로써 중국에서 더 광범위한 의미로 사용되고 있는 분류사들이다. 이러한 분류 기준으로 분석한 결과는 단순히 부분동형동의로 분석한 결과보다 두 언어의 분류사 발전과정과 특징을 더 자세히 파악할 수 있는 장점이 있다.

둘째, 동일한 분류사에 대해 연구마다 분석한 결과에 차이가 있다. 예를 들면 한자어 분류사 '폭(幅)'에 대하여 강방(2010)과 장홍수(2010)에서는 이를 '완전동형동의'로 분류하였는데 오상언(2010)과 묘우(2018)에서는 이를 '부분동형동의'로, 왕단(2010)에서는 이를 중국어에서 더 넓은 의미로 사용되는 분류사로 분류하였다. 왕단(2010)에서는 '폭(幅)'은 한·중에서 모두 천 따위의 조각 또는 그림, 족자 따위를 세는 단위로 쓰이는데, 중국어에서는 장면, 경치를 세는 데도 사용한다고 하였다. 이러한 차이가 나타나는 이유는 연구 대상을 설정할 때 여러 의미를 가진 분류사에 대해 하나의 특정 의미를 대조할지 모든 의미를 대조할지 명확하게 설정하지 않았기 때문이다. 따라서 대조분석을 할 때 사전에서 동음이의어의 배열 기준을 참조해서 숫자를 매기고 의미 구별을 하여 대조하면 더 좋을 것이다. 또한 한자어 분류사 '미(尾)'는 강방(2010), 장홍수(2010), 오상언(2010)의 연구에서 '완전 동형동의'로 분류되었는데, 왕단(2010)에서는 이를 한국어에서 더 넓은 의미로 사용되는 분류사로 분류하였다. 왕단(2010)에서는 '미(尾)'가 중국어에서 물고기를 셀 때 사용되고 있고 한국어에서 물고기뿐만 아니라 벌레를 셀 때도 사용되고 있다고 하였다. 이들의 연구는 모두 『표준국어대사전』(1999)의 사전적 의미를 참조하였지만 분석 결과가 연구자 개인의 판단에 따라 다르게 나타났다.

한편 장효화(2012), 왕소요(2013), 조효뢰(2014), 장림(2017), 묘우(2018)에서는 한국어 고유어 분류사와 중국어 양사의 대응 양상을 분석하였는데 대조 결과를 크게 한국어 고유어 분류사와 중국어 양사와 대응되는 경우, 그리고 대응되지 않은 경우로 구분하였다. 이들의 연구에서 분석한 고유어 분류사 목록 및 대조 결과는 다음 〈표 12〉와 같다.

〈표 12〉 연구별 고유어 분류사 대조 결과

관련 연구	고유어 분류사 목록	
장효화 (2012)	대응되는 경우	가지, 개비, 곳, 그릇, 끼, 다발, 단, 대, 되, 마리, 마디, 벌, 보따리, 분, 송이, 자루, 조각, 통, 포기, 켤레
	대응 불가	접, 축, 쾌, 모, 짐, 끗, 님, 새, 두름, 뭇, 거리, 겹, 마름, 자밤, 죽, 톳, 배
왕소요 (2013)	일대일 대응	뿌리, 그릇, 방울, 분, 조각
	일대다 대응	마리, 가지, 포기, 그루, 통, 단, 벌, 살, 송이, 알, 자루, 켤레, 채
	대응 불가	놈, 마당, 마장, 접, 축, 쾌
조효뢰 (2014)	대응되는 경우	가지, 그릇, 끼, 마디, 마리, 송이, 자루, 켤레, 포기
	대응 불가	마장, 자밤, 접, 축, 쾌
장림 (2017)	의미와 용법 같은 경우	칸, 방울, 뼘
	의미와 용법 부분적으로 같은 경우	군데, 곳, 그루, 포기, 통, 송이, 떨기, 짝, 쪽, 채, 집, 마리, 줄, 자루, 판, 알, 톨, 올, 가닥, 개비, 모, 덩이, 덩어리, 도막, 토막, 조각, 꼬치, 꿰미, 차례, 번, 움큼, 줌, 모숨, 자밤
묘우	일대일 대응	분, 칸, 원, 뿌리, 송이, 그릇, 켤레

(2018)	일대다의 대응	포기, 그릇, 알, 마리, 통, 채, 벌, 차례
	다대일의 대응	줄기, 개, 마리, 가지, 잔, 컵,

위 〈표 12〉를 보면 고유어 분류사의 대조 결과는 한자어 분류사와 같이 분류 기준과 의미 분석 기준이 동일하지 않다는 문제가 있다. 우선 분류 기준을 보면 한국어 고유어 분류사와 중국어 양사의 대응을 일대일, 일대다, 그리고 대응되지 않은 경우로 구분한 연구가 있고, 대응되지 않은 분류사를 배제하여 의미와 용법이 같은 경우와 부분적으로 같은 경우, 일대다의 대응과 다대일의 대응 관계를 구분해서 분석한 연구가 있다. 이들의 연구에서 분류한 결과를 종합해보면 대응되는 경우, 다시 일대일 대응, 일대다 대응, 다대일의 대응으로 구분하고, 대응 불가의 경우를 따로 설정하는 게 적절할 것 같다. 하지만 일대다의 대응과 다대일의 대응을 분석할 때, 한국어 고유어 분류사를 중심으로 설정하여 중국어 양상의 대응 양상을 분석해야 한다. 묘우(2018)에서는 '일대다의 경우'와 '다대일의 경우'로 나누어 분석하였는데, 일방향의 대조 원칙을 지키지 못하여 하나의 중국어 양사가 여러 개의 한국어 고유어 분류사와 대응되는 결과가 나타났고, 하나의 한국어 고유어 분류사가 여러 개의 중국어 양사와 대응되는 결과가 나타났는데, 모두 '일대다'의 분석 결과에서 제시되었다는 점에서 문제가 있다.

또한 고유어 분류사의 대응 결과가 적절하지 않다는 문제가 있다. 예를 들면 고유어 분류사 '자밤'은 장효화(2010)와 조효뢰(2014)에서 중국어 양사 중에 이와 대응되는 분류사가 없다고 하였다. 하지만 장림(2017)에서는 '자밤'과 중국어 양사 '撮'은 공통적으로 손으로 잡을 수 있는 물건의 수량 단위로 사용한다고 하여 의미와 용법에서 부분적으로 같은 경우로 분류하였다. '자밤'은 나물, 양념, 한약 등 손가락 끝으로 집을 만한 분량을 기준으로 나타내는 단위로 정의하였는데 '소금 한 자밤'은 중국어의 '一撮盐'과 대응할 수 있다. 이러한 차이가 나타나는 이유는 분류 기준에 차이가 있기 때문이다.

위에서 살펴본 한자어 분류사와 고유어 분류사의 의미와 형태를 대조한 연구의 공통적인 문제점은 이들의 연구에서 분류사의 의미적 대응 가능성에 초점을 두었을 뿐 분류사의 의미범주를 고려하지 못했다는 점이다. 서로 대응되는 한·중 분류사는 그의 의미범주와 기능에 차이가 있을 수 있기 때문이다. 하지만 앞 절에서 논의한 바와 같이 분류사를 동일한 의미범주나 동일한 체계로 설정하기 어렵기 때문에 의미와 체계를 모두 고려하기가 어렵다. 게다가 연구자마다 연구 대상 분류사의 선정 방법이 다름으로 비교되는 분류사 목록이 다를 수밖에 없다.

(3) 수량표현 구성 대조의 쟁점

한·중 수량표현 구성의 관한 연구에서는 주로 통사적 기능, 분류사와 명사의 결합 방식, 분류사와 동사의 결합 방식, 그리고 분류사의 중첩 방식으로 나누어 대조하였다.

먼저 추청(2013)과 곽옥(2015)은 한·중 수량표현 구성의 통사적 기능을 살펴보았다. 그들의 연구에서 한·중 수량표현 구성은 모두 주어적 기능, 목적어적 기능, 서술어적 기능, 수식어적 기능(관형어적 기능과 부사어적 기능), 보어적 기능을 지닌다고 하였다.

구체적인 연구 결과를 살펴보면, 우선 수량표현 구성이 주어적 기능으로 쓰이는 제약은 수량표현 구성 유형에 관한 제약이다. 한국어의 경우 일반적으로 수량표현 구성에 제약이 없이 주어로 쓰일 수 있다. 반면에 중국어의 경우, 수량표현 구성은 주어로 쓰일 때 제약이 있는데 한정된 문맥에서만 주어로 쓰일 수 있다. 목적어적 기능에서는 한·중 수량표현 중의 '수사+분류사'가 명사에서 분리될 수 있으며 이동 위치도 비슷하므로 공통점을 가지고 있다. 중국어의 경우 수량사를 가진 목적어 중출 구문에서 일반적으로 수량사가 생략될 수 없는 반면에 한국어는 이러한 제약이 없다는 차이점이 있다. 서술어적 기능에서는 중국어 수량표현 구성 자체가 서술어로 쓰일 수 있고, 한국어는 수량표현 구성이 '-이다'와 함께 결합하여 서술어로 쓰인다. 부사어적 기능에서 한·중 수량표현 구성은 모두 부사어로 쓰일 수 있다. 보어적 기능에서 한·중 수량표현 구성은 모두 보어로 쓰일 수 있는데 성격에 차이가 있는 것으로 밝혀졌다.

하지만 추청(2013)에서는 한·중 수량표현 구성이 독립어의 기능에서도 쓰일 수 있다고 하였다. 이는 곽옥(2015)의 연구 결과와 차이가 있다. 추청(2013)에서는 사전을 통해 예문 '다섯 날, 벌써 이렇게 크구나.'와 '三天了, 他还是没来.(삼 일, 그는 결국 오지 않았다.)'를 제시하여 '다섯 날'과 '三天'이 한국어와 중국어에서 독립어로 쓰일 수 있다고 증명하였다.

분류사와 명사의 결합 방식을 대조한 연구는 리란(2007), 강방(2010), 장효화(2012), 조효뢰(2014) 등이 있다. 이들의 연구 결과는 다음 〈표 13〉과 같다.

〈표 13〉 각 연구의 명사 수량사구 구성

<table>
<tr><th colspan="2">리란(2007)</th><th colspan="2">강방(2010)</th><th colspan="2">장효화(2012)</th><th colspan="2">조효뢰(2014)</th></tr>
<tr><th>한국어</th><th>중국어</th><th>한국어</th><th>중국어</th><th>한국어</th><th>중국어</th><th>한국어</th><th>중국어</th></tr>
<tr><td>명사
-수사</td><td>×</td><td>명사-
수관형사
-분류사</td><td rowspan="2">수사
-분류사
-명사</td><td rowspan="2">명사
-수사
- 분류사</td><td>수사
-양사
-명사</td><td>명사
-수관형사</td><td>수사
-분류사
-명사</td></tr>
<tr><td colspan="2">명사-수사
-분류사</td><td>수관형사
-분류사
-의-명사</td><td>명사
-수사
-양사</td><td>명사
-수관형사
-분류사</td><td>명사
-수사
-분류사</td></tr>
<tr><td>수사
-명사</td><td>×</td><td colspan="2" rowspan="4">-</td><td>수사
-분류사
-의-명사</td><td>양사
-명사</td><td>수관형사
-명사</td><td>수사
-명사</td></tr>
<tr><td colspan="2">수사
-분류사-의-명사</td><td colspan="2" rowspan="3">-</td><td>수관형사
-분류사
-명사</td><td>분류사
-명사</td></tr>
<tr><td>×</td><td>수사
-양사
-명사</td><td>×</td><td>대명사
-분류사
-명사</td></tr>
<tr><td>×</td><td>대명사
-양사
-명사</td><td colspan="2">-</td></tr>
</table>

위의 〈표 13〉에서 확인한 바와 같이 한국어에서 수관형사에 의한 수량표

현은 크게 분류사가 있는 구성과 없는 구성의 두 가지로 구분할 수 있다. 한국어에서는 '명사–수관형사–분류사'의 유형이 제약 없이 사용할 수 있으며 가장 보편적인 수량표현으로 쓰인다. 이에 비해 중국어에서는 '명사–수사–분류사'의 유형이 쓰이지만 의미적 측면에서 제약을 많이 받는다. 중국어에서는 '수사–분류사–명사'의 유형이 가장 보편적인 수량표현이라고 할 수 있으므로 제약이 없이 가장 많이 사용되었다. 이는 한국어에서 가장 보편적으로 사용하는 '명사–수관형사–분류사'의 유형과 어순만 다르고 의미적인 차이가 없어서 서로 대응할 수 있다. 분류사가 없는 수량표현에서 한국어의 경우는, '명사–수관형사', '수관형사–명사' 등이 분류사가 없는 구성이다. 이 두 가지 구조에서 중국어에 없는 '명사–수관형사'의 유형은 명사 자질의 제약을 많이 받아 특정한 환경에서만 사용할 수 있다.

유정정(2015)에서는 한국과 중국의 분류사 결합 구성 유형을 논의한 후 한국어에서 분류사 결합 구성은 수사, 명사, 분류사로 구성되지만 중국어 양사 결합 구성은 수사, 서수사, 대명사, 부사, 형용사 등이 모두 명사, 양사와 함께 결합하여 구성을 이룰 수 있다고 하였다. 그의 연구에서는 한·중 분류사 결합 구성 유형을 분류사가 없는 구성과 분류사가 있는 구성으로 분류하고, 분류사가 있는 구성은 다시 수사, 서수사, 대명사, 부사, 형용사와의 결합 유형을 나누어 더 구체적으로 대조하였다.

분류사와 동사의 결합 유형을 대조한 연구는 강방(2010)과 장효화(2012)가 있다. 분류사와 동사의 결합 유형은 차이가 없으므로 다음 〈표 14〉와 같이 정리할 수 있다.

〈표 14〉 강방(2010), 장효화(2012)의 동사 수량사구 구성

한국어		중국어	
결합 유형	예	결합 유형	예
수사–분류사–동사	한 번 가다	동사–수사–양사	吃一个

위 〈표 14〉에서 제시한 바와 같이 동사 수량사구는 명사 수량사구보다

덜 다양하고 단순한 유형을 가지고 있다. 그리고 수사, 동사, 분류사 이 세 가지 요소의 결합 순서는 한국과 중국의 동사 수량사구에 있어 공통점이 없고 결합 순서가 완전히 다르다. 동작 분류사의 체계가 명사 분류사보다 단순하기 때문에 한·중 분류사 대조 분석한 연구는 대부분 명사 분류사를 중심으로 대조하여 동작 분류사는 누락되는 경우가 많다.

한편, 분류사의 중첩 방식을 대조한 연구로는 리란(2007), 강방(2010), 장효화(2012), 조효뢰(2014), 곽옥(2015), 유정정(2015)가 있는데, 대조 결과는 다음 〈표 15〉와 같다.

〈표 15〉 각 연구의 한·중 분류사 중첩 구성 대조 결과

<table>
<tr><th>관련 연구</th><th>중첩 구성 대조</th></tr>
<tr><td>리란(2007)</td><td>① ABAB형 (한 쌍 한 쌍, 一对一对)
② ABB형 (한 쌍 한 쌍, 一对对)
③ AB+比+AB형 (한 번은 한 번보다 빠르다, 一次比一次快)</td></tr>
<tr><td>강방(2010),
장효화(2012),
조효뢰(2014)</td><td>① AA (마디마디, 句句)
② 一A一A (한 마디 한 마디, 一句一句)
③ 一AA (*한 마디마디, 一句句)</td></tr>
<tr><td>곽옥(2015)</td><td>형태:
① AA (마디마디, 句句)
② 一A一A (한 마디 한 마디, 一句一句)
③ 一AA (*한 마디마디, 一句句)

통사 기능:
<table>
<tr><th></th><th>주어</th><th>목적어</th><th>관형어</th><th>부사어</th><th>서술어</th><th>보어</th></tr>
<tr><td>한</td><td>○</td><td>○</td><td>○</td><td>○</td><td>×</td><td>×</td></tr>
<tr><td>중</td><td>○</td><td>○</td><td>○</td><td>○</td><td>○</td><td>○</td></tr>
</table></td></tr>
<tr><td>유정정(2015)</td><td>
<table>
<tr><th>유형</th><th></th><th>주어</th><th>목적어</th><th>서술어</th><th>부사어</th><th>관형어</th></tr>
<tr><td rowspan="2">AA</td><td>한</td><td>○</td><td>○</td><td>○</td><td>○</td><td>○</td></tr>
<tr><td>중</td><td>○</td><td>○</td><td>×</td><td>○</td><td>○</td></tr>
<tr><td rowspan="2">一A一A</td><td>한</td><td>○</td><td>○</td><td>×</td><td>○</td><td>○</td></tr>
<tr><td>중</td><td>○</td><td>○</td><td>×</td><td>○</td><td>○</td></tr>
<tr><td>AA이</td><td>한</td><td>×</td><td>×</td><td>×</td><td>○</td><td>×</td></tr>
<tr><td>一AA</td><td>중</td><td>○</td><td>○</td><td>×</td><td>○</td><td>○</td></tr>
</table></td></tr>
</table>

위 〈표 15〉를 통해 각 연구에서 분석한 한·중 분류사 중첩 구성 유형을 확인할 수 있다. 리란(2007)에서는 문학 작품으로 구축한 말뭉치를 통해 예문을 추출하여 중국어의 예문을 바탕으로 양국의 수량사구조를 살펴보았다. 하지만 이렇게 분석한 결과는 한국어에서 적절한 대응 양상을 보기 힘들다.

강방(2010), 장효화(2012), 조효뢰(2014)에서의 한·중 중첩 구성을 세 가지로 분류하였다. 한국어 분류사와 중국어 분류사는 모두 중첩될 수 있다. 첫 번째 중첩 유형은 'AA'형이다. 한국어 분류사의 중첩은 문장에서 명사의 기능을 수행할 수 있지만, 대부분 부사의 기능을 수행한다. 예를 들면 이음절 고유어 분류사가 '분류사+분류사'(AA형)로 중첩될 수 있으며 '마디마디, 가닥가닥, 송이송이, 군데군데' 등처럼 쓰인다. 중국어 분류사에서도 AA형과 동일한 형태로 쓰이고 같은 의미를 가지고 있다. 두 번째 중첩 유형은 '一A一A'형이다. 한국어에서 대부분의 분류사는 어원적 체계나 음절수의 제약을 받지 않고 자유롭게 '一A一A'형으로 중첩이 가능하다. 이러한 중첩 구조는 보통 '모두, 전부'의 뜻을 갖게 된다. 중국어도 이런 중첩형식이 있고 의미와 용법은 한국어와 마찬가지이다. 세 번째 중첩 유형은 '一AA'형이다. 한국어에서 없는 형식은 중국어에서 '一A一A'형의 중첩방식의 생략형인 '一AA'형이다. 이 형식은 분류사 앞의 수사의 제한을 받아 '一'외에 다른 숫자는 쓰이지 못한다. '一AA'형 중첩은 차례나 순서를 나타낼 수도 있고 '每(매, -마다)'라는 뜻을 표현할 수도 있다. 중국어 분류사의 중첩은 한국어보다 더 풍부한 의미를 가지고 있다.

곽옥(2015)과 유정정(2015)에서는 한·중 분류사 중첩구성의 의미적, 통사적 기능을 모두 대조하였다. 형태적 분류에서 곽옥(2015)은 AA형, 一A一A형, 一AA형으로 분류하였는데 유정정(2015)에서는 한·중 서로 대응되는 AA형과 一A一A형 외에 대응할 수 없는 'AA이'형과 '一AA'형도 설정하였다. 그리고 이들 연구에서는 말뭉치를 통해 분류사 중첩형 예문을 추출하여 한·중 분류사 중첩형의 통사적 기능을 대조해 보았다. 하지만 곽옥(2015)의 연구에서는 분류사 중첩형의 통사적 기능을 대조할 때 그들의 구성 유형을 같이 고려하지 못했다는 한계가 있다. 이와 달리, 유정정(2015)에서 분석한 결과는 대응 유형과 문법 기능을 동시에 살펴봄으로 대조 결과가 더 신뢰성이 있다고 말할 수 있다.

지금까지 기존의 연구를 검토함으로써 한·중 분류사의 의미범주 설정, 의미와 형태 대조 결과, 그리고 수량표현 구성의 쟁점을 살펴보았다. 분류사 체계 설정에 있어서 기준이 통일되지 못했다는 점과 적절하지 않은 경우가 있다는 것을 확인할 수 있었다. 분류사 분류 기준에 차이가 있기 때문에 의미와 형태 대조에서 기존의 연구들은 분류사의 의미적 대응 가능성에 초점을 두었고 분류사의 의미범주를 고려하지 못했다는 아쉬움이 있다.

2) 한·중 공간명사 대조 연구

한국어에서 공간의 개념을 나타내는 공간명사가 있다. 공간명사는 크게 위치 영역과 방향 영역으로 분류할 수 있다. 박경현(1986)에서는 공간명사를 '상하 관계', '전후 관계', '좌우 관계', '내외 관계', '측위 관계' 다섯 가지 유형으로 나누었다. 그 외에 지리적 공간 위치를 나타내는 어휘들은 '동, 서, 남, 북'이 있다. 중국어에서 한국어의 공간명사와 같은 기능으로 공간 위치를 나타내는 말은 '방위사'라고 하고 있다. 한국어와 중국어에서의 공간명사를 다음 〈표 16〉과 같이 정리할 수 있다.

〈표 16〉 한·중 공간명사의 분류

<table>
<tr><th rowspan="3"></th><th colspan="3">위치 영역</th><th colspan="2">방향 영역</th></tr>
<tr><th colspan="2">한국어</th><th rowspan="2">중국어</th><th rowspan="2">한국어</th><th rowspan="2">중국어</th></tr>
<tr><th>고유어</th><th>한자어</th></tr>
<tr><td>상하 관계</td><td>위/아래</td><td>상/하</td><td>上/下</td><td rowspan="5">동, 서,
남, 북</td><td rowspan="5">东, 南, 西, 北</td></tr>
<tr><td>전후 관계</td><td>앞/뒤</td><td>전/후</td><td>前/后</td></tr>
<tr><td>좌우 관계</td><td>왼-/오른-</td><td>좌/우</td><td>左/右</td></tr>
<tr><td>내외 관계</td><td>안/밖, 속/겉</td><td>내/외</td><td>里/外/内</td></tr>
<tr><td>측위 관계</td><td>옆, 곁</td><td>-</td><td>旁/边</td></tr>
</table>

한국어 공간명사 중에 한자어 공간명사가 존재한다. 한국과 중국은 같은 한자 문화권에 속했지만 두 나라의 문화 및 사회배경이 다르기 때문에 언어 사용에서 차이가 있다. 중국인 한국어 학습자들은 중국어 공간명사의 영향을 받아 한국어 공간명사를 사용할 때 한·중 공간명사의 차이점을 제대로 파악하지 않으면 오류가 쉽게 발생한다. 기존의 한·중 공간명사에 대한 대조연구는 한국어와 중국어 공간명사의 의미적 특성 및 차이를 밝히는 데 목적을 둔 연구가 대부분이었으며 이러한 의미적 차이를 바탕으로 교육방안을 제시하는 연구도 있다. 본 절에서는 한·중 공간명사 대조연구의 쟁점을 논의할 것이다.

(1) 공간명사 연구 대상의 쟁점

기존의 연구에서 연구의 목적에 따라 연구 대상에 차이가 있었다. 각 연구에서의 연구 대상을 아래 〈표 17〉과 같이 정리할 수 있다.

〈표 17〉 한·중 공간명사 대조 연구의 연구 대상

관련 연구	연구 대상
관사(2019)	한: 앞/전, 뒤/후, 앞뒤, 전후 중: 前, 后, 前后
궈휘(2016)	한: 위/아래, 앞/뒤, 안/밖, 가운데 중: 上/下, 前/后, 内/外, 中
동시요(2021)	한: 위/아래, 앞/뒤, 안/밖, 옆 중: 上/下, 前/后, 内/外, 旁
맹몽(2015)	한: 속/안 중: 里/内
왕설명(2011)	한: 위/아래, 상/하 중: 上/下
최서해(2016)	한: 속/안 중: 里/内
풍정정(2015a)	한: 위/아래 중: 上/下
풍정정(2015b)	한: 앞/뒤 중: 前/后

유충(2019)	한: 왼/좌, 오른/우, 옆, 곁 중: 左, 右, 旁, 边
이정연(2008)	한: 안/내/속, 밖/외/겉 중: 里/内/中, 外/表
이금엽(2014)	한: 위/아래, 앞/뒤, 왼/오른, 안/밖 중: 上/下, 前/后, 左/右, 内/外
정비(2021)	한: 내/외 중: 内/外
정현애(2017)	한: 안/속 중: 里/中
정현애(2018)	한: 상 중: 上

〈표 17〉에서 확인할 수 있듯이 전반적으로 봤을 때 한·중 공간명사 대조 연구는 상하 관계의 공간명사, 전후 관계의 공간명사, 좌우 관계의 공간명사, 내외 관계의 공간명사, 측위 관계의 공간명사를 대상으로 고찰하였고, 방향 영역의 공간명사를 대상으로 하는 대조연구는 보이지 않았다. 그리고 고유어 공간명사와 한자어 공간명사를 동시에 고찰하는 연구가 대부분이다. 기존의 연구에서 나온 연구 대상의 특징은 다음과 같다.

첫째, 한·중 공간명사 대조연구는 일부 어휘만 연구 대상으로 삼아 주로 상하 관계의 공간명사, 전후 관계의 공간명사, 내외 관계의 공간명사에 집중하여 진행되었다. '위/아래, 상/하, 앞/뒤, 안/속, 내/외'와 같은 공간명사를 거의 모든 연구의 연구 대상에 포함되어 있다. 반면에 좌우 관계의 공간명사 '왼/좌, 오른/우'는 유충(2019)에서만 논의하였고 '왼/오른'은 이금엽(2014)에서만 고찰하였다. 또한 내외 관계의 공간명사 중의 '겉'을 연구 대상으로 진행한 연구는 이정연(2008)이고, 측위 관계 공간명사 중의 '옆, 곁'을 대상으로 진행한 연구는 유충(2019)과 동시요(2020)가 있다.

둘째, 한국어 공간명사와 대응되는 중국어 공간명사에 차이가 있다. 이정연(2008), 맹몽(2015), 최서해(2016), 정현애(2017)에서는 모두 내외 관계 공간명사 '안/속'을 분석하였는데 맹몽(2015)과 최서해(2016)의 연구에서는 '안/속'과 대응되는 중국어 공간명사 '里/内'를 대조하였고 이정연(2008)과

정현애(2017)에서는 중국어 공간명사 '里/中'을 대조하였다. 내외 관계를 나타내는 중국어 공간명사 '内'와 '中'의 선택에 있어서 쟁점이 있다. 또한 궈휘(2016)에서는 '가운데'와 대응되는 중국어 공간명사 '中'을 선정하였고 의미가 비슷한 어휘 '里'를 연구 대상에서 제외하였다. 우선 중국어 공간명사 '内'와 '中'에 대한 설명은 연구자마다 다르게 설명하였다. 이정연(2008)에서는 중국어의 '内'는 선 공간이나 영역화된 선 공간에서 쓰이고 경계 의미를 강조한다고 하였고 정현애(2017)에서는 중국어의 '内'는 내부공간의 의미보다 외부와의 경계의미를 더 강조한다고 하였다. 반면에 '中'은 보통 입체 공간이나 평면 공간에서 쓰이나 공간을 벗어나지 않고 내부를 향하는 형태를 나타내는 경우에 쓰인다고 하였고 '内'는 보다 공간의미를 표시하는 성격이 더 강하기 때문에 '中'을 연구 대상으로 선정하였다고 밝혔다. 하지만 맹몽(2015)과 최서해(2016)의 연구에서는 '中'을 연구 대상에서 제외시킨 것에 대해 이유를 설명하지 않았다.

또한 한국어 공간명사 '안/내/속'과 중국어 '里/内/中'의 대응 관계는 연구마다 다른 결론을 내렸다. 이정연(2008)에서는 한국어와 중국어의 내부 관계 공간명사 '안/내/속, 里/内/中'을 대조하였고 그의 연구 결과에 따르면 '里'와 '속'의 사용 범위는 유사하며 '内'는 '내'와 '안'으로 사용되는 경우가 있고, '中'의 사용 범위는 '안/내/속'과 대응할 수 없다고 도식으로 보여주었다. 이와 다르게 정현애(2017)에서는 '里'와 '안'은 경계에 의해 구분된 내부 공간의 위치를 표시한다고 언급한 점에서는 유사성을 보였으나 '中'과 '속'은 입체 공간을 채운 구성물들과 더 긴밀한 관계가 있어서 대응할 수 있다고 하였다.

(2) 공간명사 의미 대조의 쟁점

한·중 공간명사 대조연구에서는 두 언어 공간명사의 의미를 대조한 연구가 대부분이다. 어휘의 의미 대조 범위는 공간적 의미를 나타내는 원형 의미와 시간 및 추상적 의미를 나타내는 확장의미로 나눌 수 있다. 중국인 학습자들이 한국어 학습 과정에서 주로 공간명사의 기본의미를 배우기 때문에 일상생활에서 자주 쓰이는 확장의미에 대한 이해가 부족하여 의사소통에서 어려움을 겪는다. 한·중 공간명사 의미대조를 진행한 연구는 대부분 인지언어학적인 연구를 바탕으로 하여 먼저 공간명사의 사전적 뜻풀이를 정리한 다음에, 은유의 영상도식 이론을 도입하거나 개념화 과정을 살핀 후 생성된 시간적 의미와 추상적 의미를 고찰하는 것이다.

앞 절에서 확인했듯이 상하 관계의 공간명사에 대한 연구가 제일 많았다. 다음으로 상하 관계의 공간명사 ‘위/아래’와 ‘上/下’의 의미 대조 결과와 쟁점을 논의한다.

왕설명(2011), 이금엽(2014), 풍정정(2015a), 귀휘(2016), 동시요(2021)의 연구는 모두 한국어 상하 관계 공간명사 ‘위/아래’와 중국어 ‘上/下’의 의미를 대조하였다. 그들의 연구에서 ‘위/아래’와 ‘上/下’의 기본 의미 및 확장의미를 대조한 결과를 정리해보면 다음 〈표 18〉과 같다.

〈표 18〉 한·중 공간명사 ‘위/아래’와 ‘上/下’의 의미 대조 결과

관련 연구	대조 결과		
왕설명(2011)	위-上	공통점	① 신분이나 지위가 높은 것 ② 물체의 표면 ③ 어떤 사물의 범위
		차이점	① ‘위’는 ‘시간적 순서가 앞에 오는 것’의 의미를 나타낸다. ② ‘上’은 ‘시간이나 완료’의 의미를 나타낸다.
	아래-下	공통점	① 신분이나 등급이나 지위가 낮은 것 ② 위치가 아래에 있는 것 ③ 일정한 범위
		차이점	‘아래’는 ‘글 따위에서 뒤에 오는 내용’의 의미를 나타낸다.
이금엽(2014)	위/아래 上/下	공통점	① 절대적인 공간을 지정하는 방위 ② 시간적 선후 관계
		차이점	‘위-上’은 긍정적인 의미를 지니고 ‘아래-下’는 부정적인 의미를 지닌다.
풍정정(2015a)	위/아래 上/下	공통점	① 참조물보다 높거나 낮은 위치 ② ‘일정한 기준보다 미래 혹은 과거’의 시간적 의미 ③ 신분, 지위, 등급 따위의 높고 낮은 추상적 의미
		차이점	① ‘위’는 방향을 유지하면서 참조물보다 높다는 공간 의미를 가진다.

			② '上'은 방향성을 탈락시키고 참조물 영역의 의미를 나타낸다. ③ '위/아래'는 동서남북 방향을 나타낼 수 있는데 '上/下'는 그렇지 않다.
궈휘(2016)	위/아래 上/下	공통점	① 참조물보다 높거나 낮은 위치 ② 신분, 지위, 등급 따위의 높고 낮은 추상적 의미
		차이점	'上/下'는 과거 시간과 미래 시간을 가리킬 수 있는 반면 '위/아래'는 이러한 의미를 가지지 않는다.
동시요(2021)	위/아래 上/下	공통점	① 참조물보다 높거나 낮은 위치 ② 신분, 지위, 등급 따위의 높고 낮은 추상적 의미 ③ 글 따위에서 앞이나 뒤에 오는 내용 ④ 시간적 선후 관계
		차이점	'上'은 특정 집단, 정보매체나 통신수단의 범위에서 쓰일 수 있다.

기존의 연구에서 '위/아래'와 '上/下'의 의미를 대조한 결과를 위 〈표 18〉에서 확인할 수 있다. '위/아래'와 '上/下'의 기본 의미에는 '높거나 낮은 위치'와 '신분, 지위, 등급 따위의 높고 낮은 추상적 의미'라는 개념이 공통적으로 존재한다. 하지만 시간적 의미에 대한 해석은 연구 간의 차이가 있다. 왕설명(2011), 이금엽(2014), 풍정정(2015a)과 동시요(2021)에서는 '위/아래'와 '上/下'는 시간적 순서나 선후 관계의 의미를 나타낼 수 있다고 하였다. 구체적으로 보면 왕설명(2011), 이금엽(2014), 동시요(2021)에서는 '위/아래'와 '上/下'는 모두 상하 관계로 시간적 순서를 표현한다고 하였다. 또한 풍정정(2015a)에서는 '위/아래'와 '上/下'는 공간 의미를 넘어 '일정한 기준보다 앞서는 과거'와 '일정한 기준보다 미래'의 시간 의미를 나타낼 수 있다는 공통점을 가지고 있다고 하였다. 반면에 궈휘(2016)에서는 '上/下'는 과거 시간과 미래 시간을 가리킬 수 있지만 '위/아래'는 이러한 의미를 가지지 않는다고 밝혔다. '위/아래'와 '上/下'의 시간적 의미는 다음 예문을 통해 알 수 있다.

(a) ㄱ. 역사는 5천년 위로 거슬러 올라갈 수가 있다.
历史可以往上追溯5千年。

ㄴ. 내 아래에 동생이 두 명 있다.
我下面有两个弟弟。 동시요(2021:43)

(b) ㄱ. 上周/下周
지난주/ 다음 주
ㄴ. 上旬 / 下旬
상순/하순 풍정정(2015a:27)

예문 (aㄱ)의 '위'는 일정한 기준보다 시간적으로 앞서는 과거를 가리키고 있으며, (aㄴ)은 태어난 순서를 가리키고 있다. 예문(a)에서의 '위-上'은 시간적으로 앞서는 과거를 가리키고 있으며 '아래-/下'는 늦게 오는 순서를 지칭한다. 중국어의 '上'은 과거의 시간을 표현하고 '下'는 미래의 시간을 표현할 수 있는데 '위/아래'는 이와 같은 순서 표현이 불가능하여 예문(b)와 같이 '지난/다음', '상/하'로 표현해야 한다. 보다시피 '위/아래'와 '上/下'는 시간을 표현하는 양상은 조금씩 다르다.

이상으로 한·중 공간명사 대조연구의 연구 대상과 의미 대조의 결과를 살펴보았다. 한국어와 중국어의 공간명사는 기본적인 공간의 의미에서 출발하여 은유의 개념을 통해 시간적 및 추상적 의미도 나타낼 수 있다. 연구 대상의 선정에서 기존의 연구는 모두 일부 공간명사를 대상으로 고찰하였고 한국어 고유어 공간명사와 한자어 공간명사의 선정에서도 차이가 있었다. 그 외에 연구에 따라 의미 분석의 범위와 기준이 일치하지 않았기 때문에 분석 결과에 대한 해석이 조금씩 다를 수 있다.

4. 나가는 말

지금까지 한·중 명사 대조연구의 연구 동향을 살펴보았고 한·중 명사 대조연구 중 분류사와 공간명사에 대한 연구의 대상 및 대조 결과의 쟁점에 대해 논의하였다. 한·중 명사 대조연구는 주로 분류사, 공간명사, 신체

명사, 복수표지로 나눌 수 있는데 그중에 분류사와 공간명사에 대한 연구가 상대적으로 많이 이루어졌다.

한·중 분류사를 대상으로 한 대조 연구는 의미범주 설정, 의미와 형태 대조 결과 그리고 수량표현 구성 이 세 가지 측면에서 살펴보았다. 우선 분류사의 체계 설정에 있어서 분류 기준이 통일되지 않은 점과 타당하지 않은 경우가 있다는 문제점을 확인할 수 있다. 둘째, 각 연구에서 분류사의 분류 기준에 차이가 있기 때문에 의미와 형태 대조에서 기존의 연구들은 분류사의 의미적 대응 가능성에 초점을 두어 분류사의 의미범주를 고려하지 못했다는 문제가 있다. 셋째, 한·중 분류사의 수량표현 구성에 대한 연구는 대응 유형만 살펴보았을 뿐 그들의 문법 기능을 동시에 고려하지 못했다는 문제점이 있다.

한·중 공간명사 대조연구는 연구 대상 선정에서의 쟁점과 의미 대조 결과에서의 쟁점을 살펴보았다. 우선 기존의 대조연구는 일부 어휘만 연구 대상으로 삼아 주로 상하 관계의 공간명사, 전후 관계의 공간명사, 내외 관계의 공간명사에 집중하여 진행되었다. 둘째, 의미 대조 결과에 있어 의미 분석의 기준이 일치하지 않기 때문에 분석 결과가 다르게 나타났다는 문제가 있었다.

이 장에서는 기존의 한·중 명사 대조 연구 중에서 분류사와 공간명사의 연구 결과만 분석하여 다른 영역을 함께 분석하지 못하였다는 데 한계가 있다. 그럼에도 불구하고 그간 이루어진 한·중 명사 대조 연구의 현황을 파악하는 데 보탬이 되고, 향후 연구의 발전에 도움이 되기를 희망한다.

참고문헌

고영근·구본관(2008), 『우리말 문법론』, 집문당.
구본관 외(2018), 『한국어 문법 총론Ⅰ』, 집문당.
허용·김선정(2018), 『대조언어학』, 소통.

분석 대상 목록

강방(2010), 「한·중 분류사의 기능과 의미 대조 연구」, 전북대학교 석사학위논문.

강운(2013), 「한국어 복수 표지 '들'과 중국어 복수 표지 '们'의 대조 연구」, 동국대학교 석사학위논문.

고륙양·조나(2018), 「한국어 '마음'과 중국어 '심(心)'의 개념 은유적 대조연구」, 『중한언어문화연구』 15, 천진사범대학교 한국문화연구중심, 251-275쪽.

곽옥(2015), 「한·중 분류사 대조 연구」, 전남대학교 박사학위논문.

관사(2019), 「방위성 관계 대립어의 한·중 대조 연구: 앞, 뒤, 전(前), 후(後), 앞뒤, 전후를 중심으로」, 국민대학교 석사학위논문.

궈휘(2016), 「현대 한국어 방위명사 연구」, 서울대학교 박사학위논문.

김보미(2007), 「한·중(韩中) 인체어휘의 의미 확장 비교 연구」, 제주대학교 석사학위논문.

남명애(2013), 「한국어 동작성 서술 명사 교육 연구」, 경희대학교 석사학위논문.

동시요(2021), 「한·중 위치어 의미 대조를 통한 교육 방안 연구: 중·고급 학습자를 중심으로」, 한국외국어대학교 석사학위논문.

동월(2013), 「중국인 학습자를 위한 한국어 '마음'과 중국어 '心'의 개념 은유적 대조 연구」, 경희대학교 석사학위논문.

등림(2015), 「한국어 단위 명사와 중국어 양사 대비 연구 및 지도 방안」, 건국대학교 석사학위논문.

리란(2007), 「현대 한국어 분류사와 중국어 양사의 대조연구」, 경북대학교 석사학위논문.

리칭린(2021), 「한·중 복수표지의 유형론적 대조연구」, 서울시립대학교 석사학위논문.

맹몽(2015), 「한·중 공간명사 '속/안' 과 '里/内' 의 의미 대조 연구: 말뭉치 결합 관계를 중심으로」, 경희대학교 석사학위논문.

묘우(2018), 「한국어 단위성 의존명사와 중국어 양사 대조 연구」, 상명대학교 석사학위논문.

박화염(2021), 「한·중 '다리' 지칭어의 의미 확장 대조」, 『한중인문학연구』 71, 한중인문학회, 1-23쪽.

박화염·한용수(2021), 「한·중 '목' 지칭어의 확장 의미 비교」, 철학사상문화』 35, 동국대학교 동서사상연구소, 310-329쪽.

사천선(2019), 「중국인 한국어 학습자의 한국어 의존명사 사용에 관한 연구」, 영남대학교 석사학위논문.

순우함(2021), 「한국어 복수 표지 '들'과 중국어 복수 표지 '们(men)'의 대조 연구」, 충남대학교 석사학위논문.
악일비(2019), 「유형론 시각에서의 명사 분류사 및 복수 표지 의미 기능 대조연구 – 상하이 방언, 표준 중국어와 한국어를 대상으로」, 『중국어교육과연구』 29, 한국중국어교육학회, 95-123쪽.
양쌍(2016), 「한·중 분류사의 의미와 대응양상 대조 연구: 생물체 분류사를 중심으로」, 전북대학교 석사학위논문.
오상언(2010), 「한·중 분류사 비교 연구: 동형 한자어 분류사를 중심으로」, 경희대학교 박사학위논문.
왕단(2010), 「한국어 분류사와 중국어 양사의 대조 연구」, 성균관대학교 석사학위논문.
왕록명(2020), 「한·중 명사 수식 단어의 대조 연구: 한국어 관형명사와 중국어 구별사를 중심으로」, 성균관대학교 박사학위논문.
왕설명(2011), 「한국어와 중국어의 위치표현 대조 연구: '상·하·위·아래'를 중심으로」, 세종대학교 석사학위논문.
왕소요(2013), 「한·중 분류사의 대조와 교육 방안 연구」, 전남대학교 석사학위논문.
왕아이원(2018), 「한국어와 중국어 날씨 어휘의 대조 연구」, 한남대학교 박사학위논문.
왕애운(2017), 「한·중 어휘 '바람' 의미양상 대조 연구」, 『한남어문학』 40, 한남대학교 한남어문학회, 221-244쪽.
왕흠범(2019), 「중국어권 학습자를 위한 한국어교육용 분류사 선정 연구」, 연세대학교 석사학위논문.
유정정(2015), 「말뭉치기반 한·중 분류사 대조 연구」, 연세대학교 박사학위논문.
유충(2019), 「한·중 공간 개념어 대조 연구: 좌우, 측위 개념을 중심으로」, 연세대학교 석사학위논문.
육주(2011), 「韩·中 身体语의 意味 扩大 研究: 눈, 코, 입, 귀를 中心으로」, 중앙대학교 석사학위논문.
이금엽(2014), 「한국어와 중국어의 공간개념어 비교 연구」, 대구대학교 석사학위논문.
이영남(2011), 「한국어 분류사와 중국어 양사의 대조 연구」, 부산외국어대학교 석사학위논문.
이예화(2013), 「한·중 분류사 의미 대조 연구」, 경희대학교 석사학위논문.
이정연(2008), 「韩中 안·밖 空间语 对照研究」, 한국외국어대학교 석사학위논문.
자아여(2021), 「한·중 형상성 분류사의 사용 양상 비교 연구」, 전북대학교 석사학위논문.
장림(2017), 「한국어 분류사와 중국어 양사 대조 연구」, 가천대학교 석사학위논문.
장미란(2014), 「한·중 형상성 분류사의 범주 확장에 대한 대조 연구」, 서울시립대학교 박사학위논문.

장성남(2020), 「한국어 단위명사와 중국어 양사의 대조 연구: 동·식물 단위명사를 중심으로」, 국민대학교 석사학위논문.
장신희(2020), 「중국인 학습자를 위한 한국어 분류사 교육 방안 연구: 한자어 분류사를 중심으로」, 안동대학교 석사학위논문.
장위(2020), 「韩国语 单位性 依存名词와 中国语 量词의 对照研究」, 성균관대학교 석사학위논문.
장하연(2019), 「한·중 인간성 분류사의 대조 연구」, 이화여자대학교 석사학위논문.
장하화(2021), 「말뭉치 기반 한국어 분류사와 중국어 양사의 대조 연구: 신문기사를 중심으로」, 제주대학교 석사학위논문.
장홍수(2010), 「中国人 韩国语 学习者를 위한 韩国语 汉字语系 分类词 教育 方案에 관한 研究 : 中国语 量词와 对照研究를 바탕으로」, 중앙대학교 석사학위논문.
장효화(2012), 「한국어 분류사와 중국어 양사의 대비 연구」, 울산대학교 석사학위논문.
정비(2021), 「한·중 한자 공간어 의미구조 대조 연구: '내(内)/외(外)+X' 구조를 중심으로」, 『인문과학연구논총』 42(3), 명지대학교 인문과학연구소, 203-230쪽.
정현애(2017), 「한국어 '안'과 '속', 중국어 '리(里)'와 '중(中)'의 대조연구」, 『중국문학연구』 68, 한국중문학회, 169-188쪽.
정현애(2018), 「현대중국어 방위사 上과 한국어의 대응양상 대조」, 『중국어문논총』 90, 중국어문연구회, 77-98쪽.
조설(2015), 「한·중 분류사 대조 연구」, 국민대학교 석사학위논문.
조효뢰(2014), 「한·중 분류사 대조 연구」, 한양대학교 석사학위논문.
진미령(2014), 「한·중 복수 표지 '들'과 '们'에 대한 대조 연구」, 경희대학교 석사학위논문.
진성(2014), 「한국어 분류사와 중국어 양사의 대조 연구」, 영남대학교 석사학위논문.
최서해(2016), 「중국인 학습자를 위한 한국어 공간명사 '안/속'의 교육방안 연구」, 부산대학교 석사학위논문.
최재영·박주명(2007), 「한·중 1, 2, 3차원 형상성 분류사 소고(小考)」, 『언어와 언어학』 40, 한국외국어대학교 언어연구소, 125-152쪽.
추청(2013), 「중국인 한국어 학습자를 위한 한국어 분류사 연구」, 동국대학교 석사학위논문.
풍정정(2015a), 「한국어 공간어 '위/아래'와 중국어 '上/下'의 의미 대조 연구」, 『Journal of Korean Culture』 29, 한국어문학국제학술포럼, 5-36쪽.
풍정정(2015b), 「한국어 공간어 '앞/뒤'와 중국어 '전(前)/후(後)'의 시간 개념화 양상 대조 연구」, 『한국언어문화』 57, 한국언어문화학회, 339-364쪽.
효단 후·구본관(2016), 「한·중 상대량(相对量) 표현에서의 공간 은유 표현 대조」, 『국어교육연구』 38, 서울대학교 국어교육연구소, 253-289쪽.
Bu Ga(2018), 「한국어 복수 표지와 중국어 복수 표지의 대조 연구」, 영남대학교 석사학위논문.
Liu Fang(2016), 「한국어 분류사의 인지언어학적 연구」, 경북대학교 박사학위논문.
Wang Jing(2019), 「한국어와 중국어의 복수표지에 대한 대조 연구」, 경희대학교 석사학위논문.
WANG XINXIN(2020), 「한국어 개체 단위명사와 중국어 개체 양사 대조 연구」, 부경대학교 석사학위논문.

Ⅲ.
한·중 동사 대조 연구 동향 및 쟁점
: 이동 동사를 중심으로

왕욱요(WANG YUYAO)

1. 들어가는 말

한국어에서는 동사가 한 문장의 핵심이다. 즉, 동사는 문장을 구사할 때 중심이 되는 부분이라고 할 수 있다. 한·중 양국의 동사는 모두 다양한 의미를 가지고 있다는 특징이 있다. 뿐만 아니라 동사는 사용하는 맥락에 따라 나타나는 의미도 다르다. 게다가 동사는 속어, 관용 표현 등에서 나타날 때 해당 동사의 원래 의미와 달리 다른 의미로 표현되는 경우도 있다. 따라서 한국어 학습자들이 동사를 배울 때 의미나 용법을 제대로 이해하고 학습하기가 어려운 상황이 자주 발생한다는 것을 알 수 있다. 현재까지 진행된 다양한 한국어 동사 관련 연구들은 한·중 양국 동사의 의미적인 대응 관계, 용법, 분류 등을 대조 분석하였다. 본 연구는 해당 선행연구들을 바탕으로 동사에 관한 연구에서 출발하여 동사 대조 연구의 동향을 파악하고 동사 대조 연구의 쟁점을 정리하는 데에 목적이 있다.

2. 한·중 동사 대조 연구의 동향 분석

한·중 동사 대조에 관한 연구는 크게 전체 동사의 대조, 개별 동사의 대조, 동사 분류 체계의 대조 3가지로 나눌 수 있다. 이러한 분류에 따라 한·중 동사 대조 연구의 동향을 살펴보면 다음 〈표 1〉과 같다.

〈표 1〉 대조 유형별 한·중 동사 대조 연구 동향

대조 유형	연구 수	비율(%)
전체 동사 대조	1	1.10
개별 동사의 대조	88	96.70
동사 분류	2	2.20
합계	91	100

유형별 한·중 동사 대조 연구 동향을 살펴보면, 개별 동사 대조 연구가 88편으로 가장 많았고 그 뒤를 이어 동사 분류 체계 대조 연구가 2편, 전체 동사 대조 연구가 1편이 있었다.

다음으로 각 대조 연구의 특징을 살펴보겠다. 먼저 전체 동사 대조 연구는 어느 한 특정 동사나 여러 동사를 선정하여 대조하는 것이 아니고 한 분야의 전체 동사의 특징이나 용법을 살펴보고 양 언어 간의 공통점과 차이점을 비교 대조하는 연구이다. 그 예로 허성도(1992)에서는 한·중 동작 동사의 사용 범위와 용법을 제시하였다.

개별 동사 대조 연구는 주로 특정 동사를 중심으로 양국 동사의 공통점과 차이점을 밝히는 연구인데, 대부분 먼저 한·중 특정 동사를 선정하고 두 단어의 의미적 대응 관계를 분석하였다. 즉, 양국 동사의 대응 양상, 의미적 대응 관계, 용법 등을 비교하는 것이 일반적이라고 할 수 있다.

이어서 동사 분류 체계 대조 연구는 양국 동사 분류를 대조하는 연구로 총 2편이 있었다. 이 2편의 연구는 모두 한국어와 중국어의 동사를 상적 특성에 따라 분류하였다.

다음으로 논문의 발간 유형별로 한·중 동사 대조 연구를 살펴보면, 크게 학술지 논문과 학위논문으로 나누어 볼 수 있다. 이러한 논문 발간 유형별 연구 수를 살펴보면 다음 〈표 2〉와 같다.

〈표 2〉 발간 유형별 한·중 동사 대조 연구

발간 유형		연구 수	비율(%)
학술지(14)		14	15.38
학위논문(77)	석사	70	76.92
	박사	7	7.69

한·중 동사 대조 연구 총 91편 중 학술지 논문은 14편, 학위논문이 77편이었다. 그리고 학위논문 중에서도 석사학위논문이 70편으로 박사학위논문에 비해 그 수가 더 많았다. 이를 통해 한·중 동사 대조 연구는 대체로 석사학위논문에서 연구가 많이 이루어진 것을 알 수 있다. 다음으로 연도별 한·중 동사 대조 연구의 동향을 제시하면 다음 〈표 3〉과 같다.

〈표 3〉 연도별 한·중 동사 대조 연구 동향

연도	1992	2003	2007	2008	2009	2010	2011	2012	2013
연구 수	1	1	1	2	3	2	4	4	7
연도	2014	2015	2016	2017	2018	2019	2020	2021	합계
연구 수	10	8	9	8	14	4	4	9	91

한·중 동사 대조 연구는 허성도(1992)의 연구로 시작되었다. 이후 2007년부터 2014년까지는 동사에 관한 연구들이 점점 증가하는 추세를 보이다가 2014년에서 2017년 사이에는 그 수가 조금 감소하였다. 그러나 2018년에 다시 연구의 수가 급격히 증가하여 30년 동안 진행된 연구 역사에서 가장 많은 연구 수를 기록하였다. 이후 다시 점점 그 수가 줄어가는 경향을 보였지만 최근 몇 년 동안은 다시 동사 대조 연구에 대한 관심이 증가하여 연구의 수가 늘어나고 있다.

다음으로 현재까지 이루어진 한·중 동사 대조 연구에서 다룬 동사의 하위 분류들을 〈표 4〉를 통해 살펴보도록 한다.

〈표 4〉 주제별 한·중 동사 대조 연구 경향

동사 분류	연구 수	동사 분류	연구 수
이동 동사	25	자세 동사	1
동작 동사	14	인지 동사	1
착용 동사	8	신체 접촉행위 동사	1
요리 동사	7	시청각 동사	1
착탈 동사	4	수여 동사	1
소유 동사	3	사유 인지 동사	1
감정 동사	3	분리 동사	1
심리 동사	2	부정 동사	1
상태 동사	2	발화 동사	1
시각 동사	2	동사	1
동사 분류	2	나눔 동사	1
탈착 동사	1	개폐 동사	1
청소 동사	1	가압 동사	1
청각 동사	1	기타	3

위 〈표 4〉에서 제시된 바와 같이 한·중 동사 대조 연구에서 이동 동사, 동작 동사 관련 연구가 각각 25편, 14편으로 가장 활발하게 연구가 진행되었고, 뒤이어 착용 동사, 요리 동사, 탈착 동사에 관한 연구 역시 4편 이상으로 비교적 많이 이루어진 것을 알 수 있었다. 그 이외에 소유 동사, 감정 동사를 포함하여 약 23종류의 동사 관련 연구는 각각 3편 이하였다. 이는 한·중 동사 대조 연구에서 다룬 동사의 유형이 매우 다양하다는 것을 보여준다.[1]

1 감정 동사에 관한 연구는 한·중 감정 동사 대조를 중심으로 하여 감정 용언 중에서도 감정 동사 부분만을 다루었다. 이들을 감정 동사로 분류하고 양국의 감정 동사의 차이를 정리하였다.

1) 연구 목적별 연구 동향

한·중 동사 대조 연구의 목적을 중심으로 연구를 정리하면 다음 〈표 5〉와 같다.

〈표 5〉 목적별 한·중 동사 대조 연구 동향

연구 목적	연구 수	비율(%)
단순 대조	70	76.92
단순 대조 + 교육 방안	17	18.68
단순 대조 + 습득 연구	3	3.30
단순 대조 + 오류 연구	1	1.10
합계	91	100

〈표 5〉에서 제시된 바와 같이 한·중 동사 대조 연구의 목적은 대부분 단순하게 양국 동사를 대조하는 연구로 이루어지고 있다. 즉, 단순히 양국 동사의 공통점과 차이점을 밝히는 연구가 가장 큰 비중을 차지한다는 것이다. 그다음으로는 '단순 대조와 교육 방안'에 초점을 둔 연구가 많았으며 '단순 대조와 습득 연구', '단순 대조와 오류 연구'가 그 뒤를 이었다. 그 예로, 추이쉬에난(2013)에서는 먼저 한국어 '내리다'와 중국어 '下'의 공통점과 차이점을 살펴보고 더 나아가 이 결과를 바탕으로 하여 한국어 학습자를 위한 교육 방안도 같이 제시하였다.

2) 연구 방법별 연구 동향

본고는 한·중 동사 대조 연구의 동향을 파악하는 데 목적이 있으므로 현재까지 이루어진 한·중 동사 대조에 관한 연구를 정리할 것이다. 우선 한·중 대조 분석 연구 중에 동사에 관한 연구를 대조 방법으로 분류하고 각 대조 방법을 활용한 연구 결과를 정리할 것이다. 그리고 정리한 결과를 통해 동사별 공통점과 차이점을 살펴본 다음 한·중 동사 대조 연구의 동향을 파악하고 더 나아가 해당 분야 연구의 쟁점을 정리할 것이다. 먼저 한·중 동사 대조 연구 방법을 정리하면 아래 〈표 6〉과 같다.

〈표 6〉 한·중 동사 대조 연구 방법

연구 방법		연구 수	비율(%)
단일(77)	사전적 대조	57	62.64
	이론적 대조	14	15.38
	말뭉치 대조	4	4.40
	설문 조사	2	2.20
혼합(14)	사전적 대조+말뭉치 대조	14	15.38
합계		91	100

〈표 6〉에서 볼 수 있듯이 한·중 동사 대조 연구는 단일한 방법을 사용하여 대조한 연구가 다수인 것으로 나타났는데, 그중에서도 특히 사전적 대조를 활용한 연구의 수가 가장 많았다. 그다음으로는 이론적 대조, 말뭉치 대조 방법을 사용한 연구의 순으로 많았고, 설문 조사의 방법을 사용한 연구 수는 가장 적었다. 또한 2가지로 혼합된 대조 방법을 사용한 연구도 있었는데, 이들은 주로 사전적 대조와 말뭉치 대조를 동시에 활용한 것이었다.

(1) 사전적 대조

앞에 언급한 바와 같이 한·중 동사 대조 연구에서 가장 흔히 사용되는 대조 방법은 사전적 대조이다. 한·중 동사 대조 연구 총 91편 중에서 사전적 대조를 사용한 연구는 71편에 달하였다. 이 연구 방법을 사용한 연구는 대부분 사전에서 나온 동사의 의미, 용법과 용례를 추출하여 두 언어의 공통점과 차이점을 비교 분석하였다. 예를 들어, 마연청(2014)에서는 『표준국어대사전』, 『연세한국어사전』, 『고려대 한국어대사전』, 『现代汉语词典』, 『汉语大词典』, 『新现代汉语800词』를 사용하여 한국어 '먹다'와 '吃'의 의미적인 공통점과 차이점을 제시하였다.

한·중 동사 대조 연구에서 활용된 사전 목록을 정리하면 다음 〈표 7〉과 같다.

〈표 7〉 한·중 동사 대조에 사용된 사전 목록

언어	사전
한국어(33)	『표준국어대사전』, 『우리말 큰 사전』, 『국어대사전』, 『비슷한 말 반대말 사전』, 『외국인을 위한 한국어 학습사전』, 『새우리말큰사전』, 『연세한국어사전』, 『조선말대사전』, 『한국어 동사 구문 사전』, 『李朝语辞典』, 『금성국어대사전』, 『유의어, 반의어 사전』, 『연세현대 한국어사전』, 『엣센스국어사전』, 『고려대한국어대사전』, 『우리말 유의어 대사전』, 『중국인을 위한 한국어 학습 사전』, 『의미로 분류한 현대 한국어 학습사전』, 『(현대)한국어 동사 구문사전』, 『한국어기초사전』, 『한국어교육을 위한 한국어 연어사전』, 『(의미로 분류한) 현대 한국어 학습사전』, 『우리말 분류사전』, 『고급 한국어 학습 사전』, 『유의어, 반의어 사전』, 『뉘앙스 풀이를 겸한 우리말 사전』, 『우리말 분류 사전2: 풀이말 편』, 『새로 다듬은 우리말 갈래사전』, 『(전통) 한국 음식』, 『한국 음식』, 『동아 새국어사전』, 『한국어 기본어휘 의미 빈도 사전』, 『한국어 사전』
중국어(28)	『현대한어사전』, 『现代汉语规范用法大词典』, 『现代汉语八百词』, 『辞源』, 『古今汉语词典』, 『同义反义词词典』, 『学生反义词典』, 『现代汉语反义词词典』, 『新编汉语大字典』, 『新华字典』, 『汉语动词380例』, 『中文大辞典』, 『古代汉语词典』, 『汉语8000词词典』, 『学汉语用例词典』, 『汉语大字典』, 『汉语动词用法词典』, 『(民众)엣센스中国语词典 : 中韩韩中合本』, 『现代汉语实词搭配词典』, 『现代汉语分类大词典』, 『同义词词林』, 『现代汉语分类词典』, 『现代汉语辞海』, 『辞海』, 『现代汉语全功能词典』, 『汉语动词』, 『现代汉语大词典』, 『응용한어사전(应用汉语词典)』
한중/중한(19)	『진명중한사전』, 『중한사전』, 『실용한중사전』, 『한중사전』, 『汉韩大辞典』, 『中朝大辞典』, 『现代中韩辞典』, 『한중대사전』, 『中韩大辞典』, 『엣센스中韩辞典』, 『应用汉语词典』, 『조중사전』, 『东亚汉韩大辞典』, 『韩亚中韩词典』, 『实用中韩词典』, 『汉朝词典/한조사전』, 『韩汉大词典』, 『고려대 한중사전』, 『국립국어원 한국어-중국어 학습 사전』
온라인 사전(3)	네이버 사전, daum 사전, 『汉语在线词典』

위에서 제시된 바와 같이 한·중 동사 대조를 할 때 자주 사용된 사전을 살펴보면 한국어 사전은 약 33개, 중국어 사전은 28개, 한·중이나 중·한 사전은 19개, 온라인 사전은 3개 정도이다. 특히 가장 많이 사용되어 온

한국어 사전은『표준 국어 대사전』,『우리말 큰 사전』이며 중국어 사전으로는『현대한어사전』,『新华字典』이 가장 빈번하게 사용되었다.

(2) 말뭉치 대조

한·중 동사를 대조할 때 사용하는 방법 중 사전적 대조 외에 가장 많이 사용되어 온 대조 방법은 말뭉치 대조 방법이다. 앞서 살펴보았듯이 한·중 동사 대조 연구 중 말뭉치를 사용하여 대조한 연구는 총 18편이었다. 이 절에서는 한·중 동사 대조 연구에서 사용한 말뭉치의 목록을 정리하여 제시하겠다.

〈표 8〉 한·중 동사 대조에 사용된 말뭉치 자료

언어	말뭉치
한국어(5)	한중 대역 말뭉치 국립국어원 말뭉치 21세기 세종말뭉치 물결 21 코퍼스 한국어 학습자 말뭉치
중국어(3)	북경대학교 CCL말뭉치 北京语言大学BCC汉语语料库 현대 한어 말뭉치

〈표 8〉에서 제시한 것처럼 연구자들이 대조 연구를 할 때 사용하는 한국어 말뭉치는 한중 대역 말뭉치, 국립국어원 말뭉치, 21세기 세종말뭉치, 물결 21 코퍼스, 한국어 학습자 말뭉치이었으며, 중국어 말뭉치는 북경대학교 CCL말뭉치, 北京语言大学BCC汉语语料库, 현대 한어 말뭉치이었다. 이 중에서도 연구자들이 가장 많이 사용하는 말뭉치는 국립국어원의 말뭉치, 21세기 세종말뭉치이었고 중국어 말뭉치로는 북경대학교 CCL 말뭉치가 가장 많이 사용되었다.

말뭉치는 크게 번역 말뭉치, 비교 말뭉치, 병렬 말뭉치 3개의 유형으로 나눌 수 있다. 아래 〈표 9〉는 말뭉치를 사용한 18편의 한·중 동사 대조 연구에서 주로 사용한 말뭉치의 유형을 보여주고 있다.

〈표 9〉 한·중 동사 대조 연구에서 사용한 말뭉치

말뭉치	연구 수	비율(%)
비교 말뭉치	16	88.89
번역 말뭉치	1	5.56
병렬 말뭉치	1	5.56
합계	18	100

위 〈표 9〉에서 확인할 수 있듯이 말뭉치를 활용하여 진행한 한·중 동사 대조 연구 중에서 가장 많이 사용되어 온 말뭉치는 비교 말뭉치이고 번역 말뭉치와 병렬 말뭉치를 활용한 연구는 각각 1편이 있었다.

3. 한·중 이동 동사 대조 연구

이동 동사에 관한 연구를 살펴보기 전에 먼저 이동 동사가 무엇인지를 정리하겠다. 이기동(1977), 임지룡(1998), 남승호(2000), 한송화(2000), 육미란(2008), Lian, Zhe(2015) 등에서는 이동 동사에 대해 정의를 내렸는데, 통사적 관점과 의미적 관점으로 나누어 정의하였다. 먼저 이기동(1977), 한송화(2000) 등 연구자는 이동 동사의 의미를 통사적 관점으로 설명하였다. 이기동(1977:139)에서는 '가다', '오다'와 같은 이동 동사를 '어떤 물체나 사람이 한 장소에서 다른 장소로 움직임을 나타내며 출발 및 목적지를 나타내는 말과 같이 쓰일 수 있는 것'으로 정의하였다. 반면, 임지룡(1998), 남승호(2000), 육미란(2008), Lian, Zhe(2015)에서는 이동 동사를 의미적 관점에서 살펴보았다. 임지룡(1998:181)에서는 '이동'이란 '시간이 경과됨에 따라 어떤 실체가 위치에 있어서 지각적 변화를 겪는 것'이라고 하였으며, Lian, Zhe(2015:24)에서는 이동 동사를 '어떤 개체가 한 곳에서 다른 곳으로의 위치 변화를 나타내는 동사'로 정의하였다. 육미란(2008:19)에서는 이동 동사를 '이동의 의미를 지닌 동사로 이동 대상의 위치가 바뀌었음을 지각할 수 있게 하는 동사'로 정의하였다.

한편, 연구자들은 이동 동사를 분류하는 데에 있어서도 각자 다른 관점을 가지고 있었다. 임지룡(1998)은 우선 이동을 3가지 유형으로 구분하고 이에 따라 이동 동사를 분류하였다. 첫 번째는 외부 세계의 지각 대상의 이동이고 두 번째는 외부 세계를 지각하는 개념화자 자신의 이동이며, 마지막 유형은 외부 세계를 지각하는 개념화자 시선의 이동이다. Lian, Zhe(2015)에서도 이동 동사를 분류하였는데, 이동 동사를 '방향 이동 동사'와 '상태 이동 동사'로 나누고 그 기준에 따라 이동 동사를 '가다', '오다', '오르다', '내리다', '들다', '나다'로 분류하였다.

한·중 동사 대조의 대부분 연구는 두 언어의 동사의 의미적 대응 관계를 살펴보는 연구였다. 이 외에도 선정된 동사의 용법이나 결합 관계를 살펴보는 연구, 그리고 통사적인 측면에서 두 언어의 공통점과 차이점을 밝힌 연구도 많이 이루어졌다.

이 장에서는 한·중 이동 동사의 대응 양상, 기능 및 용법 등의 측면에서 한·중 이동 동사의 쟁점을 정리할 것이다. 앞에서 언급했듯이 한·중 동사 대조 연구에서 대부분의 연구는 한·중 전체 동사를 대조하는 연구가 아니라 개별 동사를 선정하여 대조하는 연구였다. 이는 한·중 이동 동사에 관한 연구에서도 마찬가지이다. 따라서 한·중 이동 동사 대조 연구의 쟁점을 정리하기에 앞서 먼저 지금까지 이루어진 이동 동사 대조 연구에서 선정된 동사의 목록을 살펴보도록 한다.

〈표 10〉 한·중 이동 동사 대조 연구에 선정된 동사 목록

	가다	오다	오르다	내리다	들다	나다	다니다	전체
조문우(2003)	○	○						
손정(2007)	○							
鲁锦松(2009)	○							

장복(2009)	○							
이연옥(2011)	○	○						
이남(2012)	○	○						
송국명(2012)					○			
최설남, 이관식(2013)			○	○				
Shi Yang (2013)				○				
추이쉬에난(2013)			○	○				
장문서(2014)		○						
주군(2014)			○	○				
송지현, 이현희(2014)	○							
김용(2015)	○	○	○	○				
왕해신(2015)	○							
Lian, Zhe(2015)	○	○	○	○	○	○		
황명월(2016)					○	○		
문아동(2017)					○	○		
임뭉남(2017)	○	○						
유승림(2018)	○	○						
최해만, 한용수(2018)			○					
백방(2019)								○
Xu, Qingyuan(2020)	○							
임영진(2021)	○	○						
부스동(2021)							○	
합계	14	9	6	6	4	3	1	1

위 〈표 10〉에서 제시한 바와 같이 한·중 이동 동사 연구에서 선정된 동사는 '가다', '오다', '오르다', '내리다', '들다', '나다', '다니다'이다. 이 중 '가다'를 대조하는 연구가 14편으로 가장 많았다. 이어서 '오다'는 9편, '오르다'와 '내리다'는 각각 6편, '들다'는 4편, '나다'는 3편이 있었다. 동사 '다니다'를 대조한 연구는 1편이었고 한·중 이동 동사의 특징을 대조한 연구는 부스동(2021) 1편으로 확인되었다.

1) 쟁점 : 한국어 '가다'와 중국어 '去'

〈표 10〉에서 제시한 것처럼 한·중 이동 동사에 관한 연구 중 '가다'를 중심으로 한 연구가 가장 많이 이루어지고 있음을 알 수 있다. 따라서 이 절에는 먼저 한국어 '가다'와 중국어 '去'를 대조한 연구를 살펴볼 것이다. 지금까지 이루어진 한·중 '가다'를 대조한 연구로 조문우(2003), 손정(2007), 鲁锦松(2009), 장복(2009), 이연옥(2011), 이남(2012), 송지현, 이현희(2014), 김용(2015), 왕해신(2015), Lian, Zhe(2015), 임뭉남(2017), 유승림(2018), Xu, Qingyuan(2020), 임영진(2021)을 들 수 있다.

해당 연구 중 한국어 '가다'와 대응되는 중국어의 양상을 살펴본 연구는 조문우(2003), 손정(2007), 鲁锦松(2009), 송지현, 이현희(2014), 왕해신(2015), Lian, Zhe(2015), 임뭉남(2017), Xu, Qingyuan(2020), 임영진(2021)이 있다. 이 연구들에서 제시한 '가다'와 대응되는 중국어의 목록을 정리해 보면 다음 〈표 11〉과 같다.

〈표 11〉 이동 동사 '가다'와 대응되는 중국어

가다	대응되는 중국어	조문우 (2003)	손정 (2007)	송지현, 이현희 (2014)	왕해신 (2015)	Lian, Zhe (2015)	임뭉남 (2017)	서청원 (2020)	임영진 (2021)
공간 이동	去	○	○	○	○	○	○	○	○
	上	○	○	○					
	到	○	○		○	○		○	
	调去	○		○	○				
	(视线) 向...投去	○	○	○		○	○	○	○
	传去	○	○		○				
	捎去	○	○		○				
	向(往) ...斜	○							
	到 + (场所)	○	○		○		○	○	
	费 (工夫)	○	○		○	○	○	○	

费 (事儿)	○	○		○	○	○	○	
走	○	○	○	○	○	○	○	○
到+N+去+V		○		○				
参加		○		○				
飞(往)		○	○					
过		○	○					
调到, 跳槽, 调整		○		○			○	
派到		○		○				
落到		○					○	
分到, 轮到		○				○		
倾斜, 歪, 偏		○		○		○	○	○
出去		○						
过去		○	○		○		○	
回去		○	○					
回 (家, 故乡)		○						
往		○						
前往		○						
开往		○						
跑		○						
来		○	○		○			
赶		○						
出门		○						
下(乡)		○						
出发		○						
离开		○						
找		○						
带		○						
前赴		○						
前来		○	○		○			
赴		○						
通		○						
(A)下去		○			○			
出现					○			

	瞟到					○			
	偏, 靠					○			
	传达						○		
	通向, 通往						○		
	伸向								○
상태 이동	产生(关心)	○	○		○		○	○	○
	遭受	○					○		
	走向	○			○	○	○	○	
	发展, 进行	○	○			○	○		
	运行, 启动, 发动	○	○			○	○	○	
	起(皱纹), 出, 长	○	○		○		○	○	○
	感到 (吃力) (瘦) 下去	○					○	○	
	去世	○	○	○			○	○	○
	停电, 灭	○	○		○	○	○	○	
	去了	○							
	感觉, 理解, 推测	○				○	○		○
	值, 到	○	○		○		○	○	○
	变味, 走了(味道), 跑了	○	○	○	○	○	○	○	○
	去/除(垢)	○	○		○		○	○	
	输掉, 输了 + 钱的数额	○			○		○		○
	死去		○		○		○	○	○
	出嫁		○	○	○	○			○
	娶		○		○	○			○
	受(害)		○		○		○	○	
	受(不了)		○						
	属于		○						
	相当		○						
	昏迷, 晕倒		○		○			○	
	下(赌注)		○					○	
	维持			○		○	○		

	明白			○					
	作出				○				
	排…之后					○			
	伤					○			
	有					○	○		
	想通					○			
	不行, 支撑不住						○		
	赔钱, 赔本							○	
	变坏, 不好 (健康, 身体机能)								○
시간 이동	到 + (时间)	○	○		○		○		○
	坚持, 持续	○	○		○	○		○	○
	时间过去, 流逝		○	○	○		○		

위 〈표 11〉을 통해 총 8명의 연구자가 제시한 한국어 '가다'와 대응되는 중국어 표현들을 살펴보았다. 이 절에서는 위 연구자들의 대부분이 공통적으로 주장한 '가다'와 대응되는 중국어의 표현이 무엇인지를 정리하고자 한다.

먼저 이들 연구에서 제시한 '가다'와 대응되는 중국어 표현을 살펴보면 크게 두 가지의 경우로 나눌 수 있다. 첫 번째는 '가다'가 공간 이동의 의미를 나타낼 때 중국어의 '去'와 '走'에 대응되는 경우이고, 두 번째는 '가다'가 '물', '맛' 따위 말과 함께 쓰여 원래의 상태를 잃고 상하거나 변질된다는 의미를 표현할 때 중국어의 '变味, 走了(味道), 跑了'와 대응되는 경우이다.

다음으로 4명 이상의 연구자가 공통적으로 제시한 3가지의 '가다'의 중국어 대응 표현을 살펴보겠다. 첫 번째는 '가다'가 공간 이동의 의미를 표현할 때 대응되는 중국어 표현으로 '到, (视线)向…投去, 到+(场所), 费(工夫), 费(事儿), 倾斜, 歪, 偏, 过去'가 있었고, 두 번째는 상태 이동의 의미를 나타낼 때 '가다'와 대응되는 중국어로 '产生(关心), 走向, 发展, 进行,

运行, 启动, 发动, 起(皱纹), 出, 长, 去世, 停电, 灭, 感觉, 理解, 推测, 值, 到, 去/除(垢), 输掉, 输了+钱的数额, 死去, 出嫁, 娶, 受(害)' 등이 있었다. 세 번째는 시간 이동의 의미를 나타낼 때 '가다'와 대응되는 중국어 표현으로 '到+(时间), 坚持, 持续, 时间过去, 流逝'가 있었다.

이러한 결과를 볼 때, '가다'가 상태 이동의 의미를 나타낼 때 대응되는 중국어가 가장 많다는 것을 알 수 있다. 한편, '가다'의 의미에 따라 대응되는 중국어가 다르다며 연구자마다 의견이 갈린 경우도 많았다. 이처럼 연구의 결과가 다르게 나타난 이유를 밝히기 위해, 연구자들이 사용한 한·중 어휘 대조 방법을 살펴보았는데 그 결과 손정(2007)을 제외하고는 모두 사전적 대조의 방법만 사용하여 대조 분석을 진행하였다는 것을 발견하였다. 손정(2007)의 경우, 사전적 대조 이외에도 한·중 대역 말뭉치를 같이 사용하여 대조 분석을 진행하였는데 이는 다른 연구자들이 사용한 연구 자료와 대조 방법과 차이가 있어서 분석의 결과 역시 다르게 나왔다고 추측할 수 있다.

그러나 손정(2007)을 제외하고 사전적 대조의 방법만 사용한 연구자들 사이에서도 일치하지 않는 결과들이 나오는 것을 볼 수 있었는데 그 이유를 다음과 같이 추측해 볼 수 있다.

첫 번째로는 연구자가 하나의 사전만 사용한 경우 사전마다 제시한 '가다'의 의미가 기능이 다르기 때문에 연구자들이 사용한 사전의 종류에 따라 결과가 달라질 수 있다. 따라서 '가다'와 대응되는 중국의 표현도 다르게 나타나다는 것은 필연적이라고 생각한다.

두 번째는 연구자가 하나 이상의 사전을 사용한 경우 사전마다 '가다'에 대해 제시한 바가 달라 연구자가 설정한 기준과 방식에 따라 결과가 다를 수 있다고 본다. 예를 들어, 조문우(2003)에서는 『표준 국어 대사전』, 『우리말 큰 사전』, 『국어 대사전(금성출판사)』, 『국어대사전(민중서관)』 4개의 사전을 참조하여 '가다'의 의미를 정리하였다. 이 4개의 사전에서 제시한 '가다'의 의미가 서로 동일한 부분도 있지만 서로 일치하지 않는 부분도 상당히 많기 때문에 연구자가 설정한 기준은 매우 중요한 역할을 한다. 그러나 해당 연구에서는 연구자가 어떤 기준으로 '가다'의 의미를 정리하였는지 명확히 설명하지 않았다.

세 번째로는 '가다'와 대응되는 중국어의 표현이 무엇인지에 대해서 판정하는 기준이 명확하지 않아 결과가 다를 수 있다. 대부분 연구가 한국어 '가다'의 의미만 제시하고 사전을 찾아본 후에 그에 대응하는 중국어 표현을 정리하였는데 이렇게 정리된 중국어의 대응 양상이 정확한지를 점검할 수 있는 도구가 현재 존재하지 않는다. 그나마 손정(2007)에서는 사전만을 기준으로 대조분석을 진행하지 않고 한·중 사전과 더불어 〈한·중 대역 말뭉치〉를 토대로 연구를 진행하여 객관성을 확보할 수 있었다고 생각한다.

앞에서 지금까지 이루어진 이동 동사 대조 연구 중에 '가다'와 '去' 간의 대응 양상을 살펴보았고 다음으로는 '가다'와 '去'의 의미적인 공통점과 차이점을 살펴볼 것이다. 장복(2009)과 왕해신(2015)에서는 '가다'와 '去'의 의미적인 공통점과 차이점을 제시하였는데 이를 정리하면 다음 〈표 12〉와 같다.

〈표 12〉 '가다'와 '去'의 의미적인 공통점과 차이점

'가다'와 '去'의 공통점과 차이점		장복(2009)		왕해신(2015)	
		가다	去	가다	去
공통점	기본 의미	행위자, 시간, 출발점, 목적지라는 요소를 가지고 있다.		행위자, 시간, 출발점과 도착점이라는 요소를 가지고 있다. 위에 제시한 요소들이 한 문장에서 전부 부각될 수도 있고 일부분이 부각될 수도 있다. 그리고 어떤 기관을 나타내는 명사가 도착점이 되면, 이 명사는 기관의 건물을 가리킬 수도 있고 이 건물의 기능을 가리킬 수도 있다.	
	의미 확장	의미 확장의 주요한 요인을 구성하는 행위자와 도착점의 확장이 비슷하다는 것으로 나타났다. 어휘적 의미를 가지고 있으며 문법적인 의미 또한 같은 성질을 가지고 있다.		-	

차이점	기본 의미	사전적 의미가 더 많다.	사전적 의미가 '가다'보다 적다.	구문이 길이나 이동방법을 표현할 수 있다. 도착점을 나타내는 명사나 장소를 생략한 경우에 제한이 없다.	구문의 길이나 이동방법을 독립적으로 표현할 수 없고 다른 동사와 결합하여 표현할 수 있다. 도착점을 나타내는 명사나 장소를 생략한 경우에 제한이 있다.
		길이나 방법은 부각될 수 있다.	길이나 방법은 부각될 수 없다.		
		기관을 나타내는 명사가 도착점이 되는 경우에 한국어의 '가다'는 해당 기관의 건물과 건물의 기능을 가리킬 수 있다.	기관을 나타내는 명사가 도착점이 되는 경우에 한국어의 '가다'는 해당 기관의 건물과 건물의 기능을 가리킬 수 없다.		
	확장 의미	행위자, 지점, 이동으로 경로는 표현할 수 있다.	행위자, 지점, 이동으로 경로는 표현할 수 없다.		
		행위자가 무생물인 경우가 많다.	행위자가 사람이나 생물인 경우가 많다.		

장복(2009)에서는 사전을 사용하여 한국어 '가다'와 중국어 '去'의 사전적 의미를 살펴보았다. 먼저 한국어 '가다'와 중국어 '去' 의미적인 공통점을 살펴보면 한국어 '가다'와 중국어 '去'의 기본 의미에 모두 행위자, 시간, 출발점, 목적지라는 요소가 있고 이런 요소들이 모두 문장에서 부각될 수도 있고 일부분만이 부각될 수도 있다는 공통점이 있다. 이외에 한국어 '가다'와 중국어 '去'의 의미 확장에 있는 공통점도 밝혔다. 해당 연구에 따르면 '가다'와 '去'의 의미 확장의 주요한 요인은 '가다'와 '去'를 구성하는 행위자와 도착점의 확장에 의한 것이라고 한다. 이 두 단어는 구체적인 어휘적 의미를 가지고 있다는 점, 같은 성질의 문법적인 의미를 가지고 있다는 점에서 공통성을 갖는다.

장복(2009)에서 밝혀진 한국어 '가다'와 중국어 '去'의 의미적인 차이점은 한국어 '가다'의 사전적 기본 의미가 중국어의 것보다 많다는 것이었다. 뿐만 아니라 이 연구에서는 한국어 '가다'와 중국어 '去'의 기본 의미도 대조 분석하였으며, 한국어 '가다'와 중국어 '去'의 의미 확장에서의 차이점도 살펴보았다. 연구 결과에 따르면, '가다'에는 행위자, 지점, 이동 등에 경로가 포함되지만 '去'에는 포함되지 않는다고 하였다. 또한, '가다'는 행위자가 무생물인 경우가 더 많은 반면, '去'는 행위자가 사람이나 생물인 경우가 대부분이라고 하였다.

왕해신(2015)에서는 '가다'와 '去'의 원형의미의 공통점과 차이점을 살펴보았다. 두 동사의 원형의미의 공통점은 행위자, 시간, 출발점과 도착점이라는 요소들이 한 문장에서 전부 부각될 수 있을 뿐만 아니라 일부분이 부각될 수도 있다는 것이다. 두 동사의 의미적 차이를 살펴보면 '가다'는 구문이 길이나 이동방법을 표현할 수 있지만 '去'는 독립적으로 표현할 수 없고 다른 동사와 결합하여 표현해야 한다는 점에서 차이가 있다. 그리고 '去'를 사용할 때 도착점을 나타내는 명사나 장소가 생략된 경우에는 화자와 청자가 모두 이 종점의 존재와 구체적인 장소를 알고 있어야 한다는 제한이 있는 반면 한국어의 '가다'는 이러한 제한이 없다.

그리고 두 연구자는 '가다'와 '去'를 사용할 때 어떤 기관을 나타내는 명사가 도착점인 경우, '가다'와 '去'가 해당 기관의 건물의 기능을 가리킬 수 있는지에 대해서도 다른 의견을 가지고 있었다. 장복(2009)의 경우 '가다'는 어떤 기관을 나타내는 명사가 도착점일 경우 해당 기관의 건물의 기능을 가리킬 수 있는 반면 '去'는 해당 기관의 건물만 가리킬 수 있다고 하였다.

(a) 아이는 내년에 유치원에 간다 ↔ 他明年去幼儿园。

(장복, 2009:29)

장복(2009)에서는 이 예문의 '가다'가 '유치원'이라는 장소를 나타낼 수 있고 '유치원을 다니다'의 뜻을 표현할 수도 있다고 주장하였다. 하지만 '去'는 첫 번째 의미만 나타낼 수 있다.

반면 왕해신(2015)에서는 '가다'와 '去'를 사용할 때 기관을 나타내는 명사가 도착점인 경우, 이 두 동사는 모두 해당 기관을 가리킬 수 있고 이

기관의 기능도 가리킬 수 있다고 하였으며 이 점을 두 동사의 공통점으로 제시하였다.

(b) ㄱ. 철수는 오전에 고등학교에 갔다.
ㄴ. 我今天去学校。(나는 오늘 학교에 간다.)
(왕해신, 2015:22)

위에서 제시한 듯이 왕해신(2015)에서는 '가다'와 '去'가 '고등학교'라는 장소를 나타낼 수 있을 뿐만 아니라 '고등학교를 다니다'의 의미도 표현할 수 있다고 하였다. 이 부분에 대해서는 두 연구자가 서로 다른 의견을 가지고 있다.

2) 쟁점 : 한국어 '오다'와 중국어 '来'

한·중 동사 '오다'를 대조한 연구로는 조문우(2003), 이연옥(2011), 이남(2012), 장문서(2014), 김용(2015), Lian, Zhe(2015), 이몽남(2017), 유승림(2018), 임영진(2021)을 들 수 있다.

해당 연구 중 한국어 '오다'와 대응되는 중국어가 무엇인지를 살펴본 연구는 조문우(2003), 장문서(2014), Lian, Zhe(2015), 임몽남(2017), 임영진(2021)이다. 한·중 '오다'를 대조한 연구를 크게 다양한 맥락에서의 한국어 '오다'와 중국어 '来'의 대응 여부를 살펴본 연구와 한국어 '오다'가 다양한 의미를 표현할 때 대응되는 중국어가 무엇인지를 살펴본 연구로 나눌 수 있다.

먼저 다양한 맥락에서의 한국어 '오다'와 중국어 '来'의 대응 여부를 살펴본 연구로는 조문우(2003), 장문서(2014)를 들 수 있다. 조문우(2003)와 장문서(2014)에서는 한국어 '오다'와 중국어 '来'가 대응되는 용법과 대응되지 않는 용법을 나눠서 살펴보았다. 이 두 연구에서는 '오다'가 어떠한 의미를 나타낼 때 중국어 '来'와 대응되는지를 검토하였다. 하지만 '来'와 대응되지 않는 경우 '오다'와 대응되는 중국어가 무엇인지에 대해서는 구체적으로 논의하지 않았다. 조문우(2003)의 경우, 한국어 '오다'와 중국어 '来'가 기본 의미에 있어서 서로 직접 대응되며, 기본 의미에서 파생된 추상적 의미나 비유적 의미에서는 각각 의미에서 적절한 다른 단어와 대응된다고 하였다.

장문서(2014)에서는 한국어 '오다'와 중국어 '来'가 대응되는 용법과 대응되지 않는 용법을 제시하였다. 해당 연구에 따르면, 두 동사는 '계절이나 때 따위가 오다', '어떠한 위치에 오다', '사람이 직업이나 학업 따위를 위해 오다', '모임에 참석하기 위해 위치를 옮기다', '어디 출신이다', '다른 곳에서 이곳으로 오다', '소식, 연락 혹은 구체적인 통신물이 오다', '전기 따위가 오다', '출발점에서 오다', '소속에서 오다', '어떤 경로를 통해 위치를 옮기다', '사람이 (어떤 목적을 위하여)어디에 오다'의 용법에서 대응 관계를 보인다. 이외에 '비, 눈, 서리 따위가 내리다', '질병이나 졸음 따위의 생리적 현상이 일어나거나 생기다', '(운수나 보람 등이)나타나다', '어떠한 지경에 이르다', '무엇이 어디에 위치하게 되거나 닿다', '말하는 때나 시기에 이르다(주로 '와서', '와서야'의 꼴로 쓰여)', '느낌, 감, 감동 따위가 오다', '병적인 증상이 나타나다', '(변화 등이)나타나다', '차례, 순서, 기회 따위가 오다', '물건이나 권리 따위가 오다', '관심, 눈길, 시선 따위가 오다', '길이나 깊이를 가진 대상이 어느 정도에 이르거나 닿다', '물체가 기울어지다', '시간상 먼저 도착하다', '(어떤 직책을 가지고)부임하다', '무엇이 도착하다', '어떤 현상이 어떤 원인에서 비롯하여 생겨나다', '어떤 현상이 다른 곳에서 전하여지다', '결혼하다' 등 용법에서는 서로 대응되지 않는다고 하였다.

조문우(2003)와 장문서(2014)에서는 모두 한국어 '오다'가 기본 의미인 '이동'을 표현할 때에는 중국어 '来'와 대응이 되지만 '결혼하다'와 같은 추상적이거나 비유적인 의미를 표현할 때에는 '오다'가 '来'와 대응되지 않는다고 하였다. 이들 연구에서는 '오다'와 '来'가 서로 대응되는 용법과 대응되지 않는 용법을 제시하였지만 이 두 동사가 서로 대응되지 않은 경우에

‘오다’와 대응되는 중국어가 무엇인지에 대한 논의는 하지 않았다. 이러한 부분은 Lian, Zhe(2015), 이몽남(2017), 임영진(2021)의 연구에서 자세히 제시하였는데 이들 연구에서는 한국어 ‘오다’가 다양한 의미를 나타낼 때 대응되는 중국어가 무엇인지를 제시하였다. 이 3명의 연구자의 연구 결과를 정리하면 다음 〈표 13〉과 같다.

〈표 13〉 이동 동사 ‘오다’와 대응되는 중국어

	중국어	Lian, Zhe (2015)	임뭉남 (2017)	임영진 (2021)
시간의 변화	轮到		○	○
	迎来		○	
	直到, 到了		○	○
	这, 本, 下			○
방향의 변화	瞟到	○		
	投向	○	○	
	偏, 靠, 斜	○	○	○
	下, 降	○	○	○
	来^{2}	○	○	○
신분의 변화	出嫁	○	○	○
	娶	○		
심리의 변화	理解	○		
	想通	○		
	感觉, (表现)出来			○
	由于, 因为		○	
존재의 변화	到	○	○	○
	排…之后	○		
	伤	○		
	有	○		
	出现	○		○
	来^{3}	○	○	○
	来^{4}	○	○	○
	传来		○	
	传达		○	
	参加		○	

	感到吃力，觉得累		○	○
	到…的程度		○	
	困，生病		○	○
	从…来		○	
	从…过来		○	
	来电，通电		○	○

이들 연구에서 제시한 '오다'의 의미 분류를 종합해 보면 '오다'의 의미는 시간의 변화, 방향의 변화, 신분의 변화, 심리의 변화와 존재의 변화의 5개로 나누어질 수 있다. 먼저 이들 연구에서 제시한 '오다'와 대응되는 중국어 표현이 서로 일치하는 경우가 있었는데 정리해보면 다음과 같다. 아래 3가지 경우 이외의 의미를 나타내는 '오다'와 대응되는 중국어 표현에 대해서는 연구자마다 의견이 달랐다.

첫째, '오다'가 방향의 변화의 의미를 나타낼 때 중국어의 '偏，靠，斜'，'下，降'，'来'와 대응이 된다.

둘째, '오다'가 신분의 변화의 의미를 나타낼 때 중국어의 '出嫁'와 대응이 된다.

셋째, '오다'가 존재의 변화의 의미를 나타낼 때 중국어의 '到'，'来'와 대응된다.

지금까지 이루어진 한·중 '오다'의 대조 결과를 정리해보면, '오다'가 기본 의미를 나타낼 때는 중국어 '来'와 대응된다는 것은 연구자들이 모두 동일하게 제시한 부분이다. 하지만 '오다'가 확장 의미, 비유적 의미나 추상적 의미를 나타낼 때 이와 대응되는 중국어가 무엇인지에 대해서는 연구자마다 다른 주장을 하였다. 연구자들의 대조 결과가 일치하지 않는 원인을 연구 방법의 측면으로 정리해보면 첫째, 연구자들이 설정한 '오다'의 의미 분류 기준이 각각 다르기 때문이다. 대부분 연구에서는 '오다'의 의미

2 수레, 배, 자동차, 비행기 따위가 말하는 이가 있는 쪽을 향하여 운행하다.
3 어떤 사람이 말하는 사람 혹은 기준이 되는 사람이 있는 쪽으로 움직여 위치를 옮기다.
4 어떤 사람이 직업이나 학업 따위를 위하여 말하는 사람이 있는 쪽으로 옮기다.

를 공간 이동, 시간 이동 등으로 분류하였는데 일부 연구에서는 이와 다른 기준을 적용하여 대조 분석을 진행하였다. 예를 들어, 김용(2015)은 한국어 '오다'의 의미를 '상태 생성', '상태 도달' 등으로 분류하였고 이남(2012)은 상태의 의미, 미래의 의미, 과거의 의미 등으로 나눠서 '오다'와 '来'의 의미를 대조하였다. 그동안 '오다'와 '来'의 의미를 명확하게 분류하는 기준이 없었기 때문에 연구자들이 주관적으로 두 동사의 의미를 분류하여 분석을 진행하였다. 이로 인해 연구 결과가 다를 수밖에 없었을 것이다.

둘째, 한국어 '오다'와 중국어 '来'를 대조한 연구에서 사용된 연구 자료가 모두 달랐기 때문이다. 지금까지 이루어진 한국어 '오다'와 중국어 '来'의 대조 연구는 대부분 사전을 사용하여 연구를 진행하였고 사전과 말뭉치를 함께 사용하여 대조를 진행한 연구도 있었다. 그러나 이 연구자들은 각각 다른 사전을 사용하였다. 조문우(2013), 김용(2015), Lian, Zhe(2015), 임영진(2021)에서는 사전적 대조의 방법만을 사용하여 한국어 '오다'와 중국어 '来'의 대응 양상을 살펴보았고 장문서(2014), 유승림(2018)에서는 사전과 말뭉치 자료를 연구 자료로 삼아 대조 분석을 진행하였다. 이 연구자들이 각각 다른 사전이나 다른 말뭉치 자료를 사용하였기 때문에 대조의 결과가 다르게 나타난 것으로 보인다.

셋째, 연구자들이 사용한 연구 방법이 달랐기 때문이다. 장문서(2014), Lian, Zhe(2015), 임뭉남(2017), 임영진(2021)에서는 한·중 사전을 사용하여 대조 연구를 진행하였다. 이들은 먼저 한국어 사전에서 '오다'의 의미를 확인한 후에 그에 대응되는 중국어 표현을 중국어 사전에서 찾는 방식으로 연구를 진행하였다. 그러나 조문우(2003)에서는 한국어와 중국어 사전에서 기본이 되는 사전을 정하고 사전에서 제시된 '오다'의 용례를 배열한 후에 이를 번역하여 두 단어의 사용상을 대조하였다. 또한, 유승림(2018)의 경우 드라마 대본과 사전에서 나온 '오다'의 예문을 통해 '오다'와 '来'의 대응 양상 및 표현을 확인하였다.

3) 쟁점 : 한국어 '오르다'와 중국어 '升'

한·중 '오르다'를 대조한 연구로는 최설남·이관식(2013), 추이쉬에난(2013), 주군(2014), 김용(2015), Lian, Zhe(2015), 최해만·한용수(2018)가 있다. 이 중 한국어 '오르다'와 중국어 대응 표현을 살펴본 연구로는 최설남·이관식(2013), 주군(2014), Lian, Zhe(2015)가 있다. 이들 연구에서 밝혀진 '오르다'와 대응되는 중국어 표현을 정리하면 다음과 〈표 14〉와 같다.

〈표 14〉 이동 동사 '오르다'와 대응되는 중국어

		중국어	최설남, 이관식(2013)	주군 (2014)	Lian, Zhe (2015)
이동	수직, 상향	上(由低处到高处), 升	○	○	○
	수평	向前进	○		
증가		添补, 增加	○	○	
		涨			○
		升			○
		上来			○
		升起			○
첨가		添补, 增加	○		
		把一件东西安装在另一件东西上；把一件东西的两部分安装在一起	○		
		涂, 抹	○		
		拧紧	○		
		把饭菜等端上桌子	○		
		费心, 热衷	○		
등재		登载	○		
도달		达到；够(一定数量或程度)	○		○
승진		升职		○	
완성		冒			○
부착		附体			○

이 절에서는 해당 연구자들이 공통적으로 주장한 '오르다'와 대응되는

중국어 표현이 무엇인지를 정리하고자 한다.

위 연구들에서 '오르다'와 대응되는 중국어 표현으로 제시한 바가 서로 일치한 부분이 있었는데 바로 '오르다'가 기본 의미인 수직, 상향 이동의 의미를 나타낼 때 중국어의 '上(由低处到高处)'와 '升'과 대응된다는 점이었다. 그러나 '오르다'가 수평 이동, 증가, 첨가, 등재, 도달, 승진, 완성, 부착의 의미를 나타낼 때에 어떠한 중국어 표현과 대응되는지에 대해서는 명확하게 논의된 바가 없다.

한국어 '오르다'와 대응되는 중국어의 표현을 살펴본 연구 중에는 한국어 '오르다'와 중국어의 '上'의 공통점과 차이점을 제시한 연구도 있었다. 한국어 '오르다'와 중국어 '上'의 공통점과 차이점을 살펴본 연구로는 추이쉬에난(2013), Lian, Zhe(2015), 최해만·한용수(2018)이 있다. 이들의 연구 결과에 의하면 한국어 '오르다'와 중국어 '上'은 모두 위치의 변화를 나타낼 수 있다는 공통점을 가지고 있다. 반면 차이점을 살펴보면, 추이쉬에난(2013)에서는 중국어 '上'이 한국어 '오르다'보다 더 다양한 쓰임을 보인다고 하였고, Lian, Zhe(2015)에서는 문맥 의미에서 '오르다'가 '시작', '전염', '완성'의 의미를 나타내지만 중국어에서 '上'은 '출근'의 의미가 더 강하다는 차이점을 가지고 있다고 하였다. 최해만·한용수(2018)에서는 '오르다'가 상태 변화를 표현할 때 도착점을 가리킬 수 있지만 중국어 '上'은 이동하는 경로를 표현할 때만 사용할 수 있다는 차이점이 있다고 하였다.

한국어 '오르다'와 중국어 '上'을 대조한 여러 연구의 결과가 다른 이유를 제시하자면 연구자마다 '오르다'의 의미를 분류하는 기준이 달랐기 때문이라고 볼 수 있다. 최해만·한용수(2018)의 경우 환유, 은유, 도식 등 방법을 통해 한국어 '오르다'와 중국어 '上'의 의미를 분석하였고 김용(2015)의 경우 시간 변화, 상태 변화, 위치 변화, 기본 의미, 은유적 의미 등 측면에서 두 동사의 공통점과 차이점을 분석하였다. 연구자마다 설정한 의미 분류 기준이 다르므로 연구 결과 역시 다를 수밖에 없었을 것이다.

4) 쟁점 : 한국어 '내리다'와 중국어 '降'

한·중 '내리다'를 대조하는 연구로는 최설남, 이관식(2013), 추이쉬에난(2013), Shi Yang(2013), 주군(2014), 김용(2015), Lian, Zhe(2015)가 있다. 이 중에서 최설남, 이관식(2013), Shi Yang(2013), 주군(2014), Lian, Zhe(2015)는 '내리다'와 대응되는 중국어 표현을 정리하였는데 그 결과는 다음 〈표 15〉와 같다.

〈표 15〉 이동 동사 '내리다'와 대응되는 중국어

	중국어	최설남, 이관식(2013)	Shi Yang (2013)	주군 (2014)	Lian, Zhe (2015)
이동 (수직, 하향)	降(由高处到低处), 下	○	○	○	○
	(雨, 雪等)降落	○	○	○	
	(动物)生产	○			○
전이	由高处到低处				○
	低于；少于	○			
	卸除；取下	○			
	放入	○			
전달	发布；投递	○	○	○	
	做出(言论, 判断等)	○	○		
	颁, 发				○
사용	使用；开始使用	○			
	进行(棋类游戏或比赛)	○			
시작/종료	到规定时间结束日常工作或学习等	○			
	退场	○			
	拉上				○
감소	跌				○
	降				○
강직	降职			○	
가공	筛				○
뚫림	消, 消除				○
부착	附体				○

이 절에서는 이들의 대부분이 공통적으로 주장한 '내리다'와 대응되는 중국어 표현을 정리하고자 한다. 이들 연구에서 '내리다'와 대응되는 중국어 표현으로 똑같이 제시된 부분이 있었는데 바로 '내리다'가 수직, 하향 이동의 의미를 나타낼 때 중국어의 '降(由低处到高处)'와 대응된다는 점이다. 그러나 이들 연구에서는 '내리다'가 전이, 전달, 사용, 시작/종료, 감소, 강직, 가공, 뚫림, 부착의 의미를 나타낼 때 어떠한 중국어 표현과 대응이 되는지에 대해서는 명확하게 제시하지 않았다.

의미적 측면에서 '내리다'와 '下'의 공통점과 차이점을 분석한 연구도 있었다. 추이쉬에난(2013)에서는 한국어 '내리다'와 중국어 '下'의 의미를 대조 분석하였는데, 먼저 두 동사의 공통점으로 두 동사 모두 '이동(수직)'의 의미를 가지고 있다는 점과, 두 동사 모두 확장 의미 범위에서 '전이', '전달', '사용', '종료'와 같은 의미를 공통적으로 가지고 있다는 점을 제시하였다. 반면 이 두 동사의 의미적인 차이로는, '내리다'의 의미자질인 '감소'가 '下'의 '이동(수평)', '공략', '양보'의 의미보다 기본 의미인 '이동(수직)'과 더 가깝다는 점을 제시하였다. 이는 중국어의 '下'가 한국어의 '내리다'에 비해 더 다양하게 사용되고 있음을 보여준다. Shi Yang(2013)도 추이쉬에난(2013)과 비슷한 결과를 제시하였는데 Shi Yang(2013)의 경우 한국어 '내리다'에 비해 중국어 '下'가 사용된 관용 표현이 더 많다고 하였다.

한국어 '내리다'와 '下'를 대조한 연구에서 사용된 연구 자료를 정리해보면 매우 다양했다. 연구자들은 대부분 사전과 말뭉치를 사용하여 대조 연구를 진행하였지만 각각 사용한 사전과 말뭉치가 달랐다. 또한, 연구자들이 '내리다'와 '下'의 의미를 정의할 때 『표준국어대사전』을 중심으로 하여 의미를 추출한 경우도 있었고 사전에 제시된 동사를 빈도가 높은 순서대로 의미를 추출한 경우도 있었다. 이와 같이 연구자마다 사용한 연구 자료도 다르고, 의미 추출 방식도 달랐다. 하지만 다른 연구들과 달리 Shi Yang(2013)과 추이쉬에난(2013)의 경우 서로 다른 연구 자료를 사용하였지만 비슷한 결과를 얻었다는 점이 특이하다.

5) 쟁점 : 한국어 '들다'와 중국어 '进'

한국어 '들다'를 중심으로 한 대조 연구로는 송국명(2012), Lian, Zhe (2015), 황명월(2016), 문아동(2017)이 있다. 이 중에서 특히 송국명(2012), Lian, Zhe(2015), 문아동(2017)의 경우 '들다'와 대응되는 중국어 표현을 살펴보았는데 결과를 정리하면 다음 〈표 16〉과 같다.

〈표 16〉 이동 동사 '들다'와 대응되는 중국어

'들다'와 대응되는 중국어 표현	송국명 (2012)	Lian, Zhe (2015)	문아동 (2017)
进	○	○	○
入	○	○	○
渗透			○
进入/…以来	○	○	○
被用/被花费/被投入		○	○
患/得	○	○	○
养成	○		○
养生			○
发生			○
饱满	○		○
上	○		○
怀			○
合乎			○
有	○	○	○
入驻/住进	○	○	○
处在			○
伺候/偏袒	○	○	○
租	○		○
吃, 喝			○
接纳；收入			○
进+里	○	○	
搬进	○		
住	○		
定居	○		

上床睡觉	○		
需要	○		
费	○		
花费	○		
用	○	○	
花	○		
味儿进到…里	○		
染上	○		
属于	○		
列	○		
列入	○		
列为	○		
装	○		
容	○		
包含	○	○	
陷入	○		
中	○		
中意	○		
适意	○		
看中	○	○	
闹	○		
染上	○		
遇	○		
遇到	○		
逢	○		
到	○	○	
加入	○		
睡	○		
睡着	○		
入睡	○		
入寐	○		
入眠	○		
成熟	○	○	
结	○		
有…味了	○		

清醒	○		
懂事	○		
怀孕	○	○	
站…一边	○		
娶	○	○	
老		○	
开始		○	
分家/分灶		○	
生/出生		○	
招嫌		○	
做媒		○	

이 절에서는 위 연구에서 공통적으로 주장한 '들다'와 대응되는 중국어의 표현들을 살펴보고자 한다. 이들 연구에서 '들다'와 대응되는 중국어 표현이 서로 일치한 부분이 있었는데 바로 '들다'가 중국어의 '进', '入', '进入/…以来', '患/得', '有', '入驻/住进'와 '伺候/偏袒'과 대응된다는 점이었다. 이 외에 다양한 문맥에서의 '들다'가 어떠한 중국어 표현과 대응되는지에 대해서는 연구자마다 다른 주장을 하고 있었다.

한국어 '들다'와 중국어 '进'간의 공통점과 차이점을 살펴본 연구도 있었다. 이들 연구의 결과를 정리하면 다음과 같다.

Lian, Zhe(2015)에서는 문맥 의미의 측면에서 '들다'와 '进'를 분석하였는데, '들다'는 '입주/분가', '임신/출생', '만족/불만', '결혼', '봉사', '포함', '완성', '형성', '출현', '시작', '경과', '발생', '증가', '도출'의 의미를 나타낼 수 있는 반면, '进'은 '전진', '접수', '출간', '초과' 등의 의미를 나타낼 수 있다고 하였다. 한국어 '들다'는 사물의 이동에 대하여 2개의 확장 의미로 사용될 수 있으나, 중국어의 '进'은 하나의 확장된 의미만 가지고 있다는 차이점이 있다. 황명월(2016)에서는 한국어 '들다'와 중국어 '进'의 공통점과 차이점을 제시하였는데, 연구 결과에 따르면 두 동사 모두 진입한다는 기본 의미와 동사와 보조 용언의 문법적인 기능을 가지고 있지만 어휘적인 의미와 문법적인 의미를 보았을 때 한국어 '들다'는 중국어 '进'보다 더 추상적이라고 하였다. 또한 의미의 다양성이나 기능의 복합성, 문법성을 볼 때 한국어 '들다'는 중국어 '进'보다 문법화 정도가 더 높다고 한다. 문아동(2017)에서는 '들다'와 '进/入'의 원형의미는 모두 [+자동성], [+이동성], [+공간성], [-시간성]의 의미 특성에 해당된다는 공통점이 있으며, 둘 모두 동작 주체가 밖에서 안으로 이동하는 것을 가리킬 때 사용될 수 있다는 공통점도 있다고 하였다. 이외도 '들다'와 '进/入'은 모두 [-변화성]의 경우에서 사용될 수 있으며, 이들은 공통적으로 '포함'이나 '가입'의 의미를 나타낼 때 사용될 수 있다고 하였다. 문아동(2017)은 한국어 '들다'와 중국어 '进'의 의미 확장 과정도 살펴보았는데 '들다'는 '공간→시간→추상' 의미 확장 과정을 보이지만 '进'에는 이러한 과정이 보이지 않는다는 차이점을 지적하였다. 또한, 확장 의미를 비교했을 때 '들다'는 시간 이동을 나타낼 수 있지만 '进'은 그렇지 못한다는 차이도 있다.

지금까지 이루어진 한·중 '들다'의 대조 연구의 결과가 다르게 나타난 이유를 분석해 보면 먼저 이들 연구에서 사용한 연구 자료와 연구 방법의 차이를 생각해 볼 수 있다. 한·중 '들다'를 대조한 연구도 앞에서 살펴본 연구들과 마찬가지로 주로 사전이 사용되었다. 가장 많이 사용되어 온 사전은 『표준국어대사전』이고 이외에 사용된 사전은 연구자마다 달랐다. 또한, 말뭉치를 함께 사용하여 대조를 진행하는 연구도 있었는데, 이들 연구는 주로 사전에서 제시한 의미를 먼저 살펴보고 말뭉치 안에서 용례를 추출하여 두 언어 간의 공통점과 차이점을 밝혔다. 이러한 이유로 인해 연구자마다 다른 결과를 얻을 수밖에 없었다고 본다.

6) 쟁점 : 한국어 '나다'와 중국어 '出'

한국어 '나다'를 중심으로 한 대조 연구로는 Lian, Zhe(2015), 황명월(2016), 문아동(2017)이 있다. 특히 Lian, Zhe(2015), 문아동(2017)의 경우 '나다'와 대응되는 중국어 표현을 살펴보았는데 그 결과를 정리하면 다음 〈표 17〉과 같다.

〈표 17〉 이동 동사 '나다'와 대응되는 중국어

	Lian, Zhe (2015)	문아동 (2017)
出		○
散发出	○	○
冒出/长出		○
引文, 典故见于某处		○
有	○	○
打通		○
来		○
帅/气派		○
想起来/记起来		○
生/患/得	○	○
有/厌烦/害怕		○
满		○
登/上		○
出生/生	○	○
量变多		○
出众		○
渡过/过	○	○
分家		○
超出		○
往外拿		○
出版		○
支出		○
传出	○	
得出	○	
出来	○	
开	○	
从…来	○	
分家/分灶	○	
住进/入住	○	
怀上	○	
合心意/看中	○	
招嫌	○	

이 절에서는 위 연구들에서 공통적으로 주장한 '나다'와 대응되는 중국어의 표현들을 정리하고자 한다. 이들 연구에서 '나다'와 대응되는 중국어 표현이 서로 일치한 부분이 있었는데 바로 '나다'가 중국어의 '散发出', '有', '生/患/得', '出生/生'와 '渡过/过'와 대응된다는 점이었다. 나머지 맥락에서 나타난 '나다'의 의미와 대응되는 중국어에 대해서는 연구자마다 각각 다른 주장을 하고 있었다.

한국어 '나다'와 중국어 '出'의 의미적인 공통점과 차이점을 대조한 연구도 있었는데 그 결과를 정리하면 다음과 같다.

Lian, Zhe(2015)에서는 문맥 의미의 차이점을 분석하면서 '나다'는 '입주/분가', '임신/출생', '만족/불만', '결혼', '봉사', '포함', '완성', '형성', '출현', '시작', '경과', '발생', '증가', '도출'의 의미를 나타낼 수 있고, '出'은 '전진', '접수', '출간', '초과'의 의미를 나타낼 수 있다고 하였다. 한국어의 '나다'는 사물의 이동의 의미를 나타낼 때 2개의 확장 의미로 사용될 수 있으나, 중국어의 '出'은 하나의 확장된 의미만 가지고 있다고 하였다. 시간의 이동의 경우, 한국어의 '나다'는 3개의 확장 의미를 나타낼 수 있는 반면, 중국어의 '出'은 하나의 확장 의미만을 나타낼 수 있다고 하였다.

황명월(2016)의 경우 한국어 '나다'와 중국어 '出'은 기본 의미를 나타낼 때 모두 안에서 밖으로의 [+방향]의 의미 자질을 가지고 있지만 '나다'는 특히 시간적인 개념을 나타낼 때 어휘적인 의미가 '出'보다 더 추상적이라는 점을 제시하였다.

문아동(2017)에서는 한국어 '나다'와 중국어 '出'의 공통점과 차이점을 제시하였다. 먼저 공통점을 살펴보면 '나다'와 '出'의 의미 확장 과정에서 두 동사 모두 '구체성→추상성', '자동성→타동성'의 확장 양상을 가지고 있다는 공통점이 있다고 하였다. 또한 의미 확장 과정을 보았을 때 두 동사 모두 '표출되다', '나타나다', '발생하다', '산출되다'의 의미로 사용될 수 있다는 점도 밝혔다.

문아동(2017)의 연구 결과에 따르면, 한국어 '나다'와 중국어 '出'의 차이점은 '出'의 원형 의미가 '나다'보다 많다는 것이다. 또한, 두 동사가 의미 확장 과정에서의 공통점은 있지만 한국어는 '공간→시간→추상'의 확장 과정이 없고 중국어 '出'에는 해당 과정이 존재한다는 점을 또 다른 차이점으로 밝혔다. 의미 확장 과정에 따른 차이점을 살펴보면 중국어 '出'은 시간 이동과 추상 이동을 표현할 수 있지만 한국어 '나다'는 못한다는 차이가 있다. 또한, 비이동의 경우는 '나다'에만 [-변화성]의 용법이 있다고 한다.

이 연구들의 연구 결과를 종합해 보면 한국어 '나다'와 중국어 '出'의 공통점과 차이점에 대해 연구자마다 각각 다른 관점을 가지고 있었다.

한국어 '나다'와 중국어 '出'을 대조한 연구를 살펴봄으로써 다양한 문맥에서의 '나다'와 대응되는 중국어 표현이 무엇인지 그리고 '나다'와 '出' 간의 공통점과 차이점에 대해서 여러 연구자들이 서로 다른 견해를 가지고 있다는 점을 파악할 수 있었다. 이는 앞에서도 여러 번 언급한 바와 같이 연구자마다 사용한 연구 자료와 연구 방법이 다르고 '나다'의 의미 기능을 분류하기 위한 기준도 다르게 설정되었기 때문에 연구 결과가 다를 수밖에 없다.

4. 나가는 말

본 연구는 선행 연구를 바탕으로 동사에 관한 연구를 살펴봄으로써 동사 대조 연구의 동향을 파악하고 그중에서도 이동 동사 대조 연구의 쟁점을 정리하는 데에 목적을 두었다. 한·중 이동 동사를 대조한 연구에서 주로 연구 대상으로 삼은 동사들은 '가다', '오다', '오르다', '내리다', '들다', '나다' 등이었는데, 대부분의 연구들이 이들 동사의 대응 양상을 살펴보거나 동사 간 의미적인 공통점과 차이점을 밝히고자 하는 연구들이었다. 지금까지 이루어진 한·중 이동 동사대조와 관련된 연구 결과들을 정리하면서 발견한 쟁점을 정리하면 다음과 같다.

첫째, 연구자들이 대조 분석을 진행하기 위해 사용했던 연구 자료와 자료 선정 기준에서 차이를 보였다. 현재까지 이루어진 연구는 대부분 한

·중 사전을 사용하여 대조 연구를 진행하였는데 여기서 연구자마다 선정한 사전의 종류가 달랐고 한 가지 사전만 사용한다거나 여러 사전을 혼용하는 등 사전 활용의 범위 역시 달랐다. 따라서 동사의 의미 대조에 있어 연구마다 다른 결과가 나타난 것은 필연적이라 할 수 있다.

둘째, 연구자마다 동사의 의미를 분류하는 기준이 달랐다. 연구자가 하나 이상의 사전을 사용한 경우, 동사의 의미와 기능이 사전마다 다르게 제시되었을 때 의미를 정리하는 기준과 방식에서 차이가 나타났다. 예를 들어, 여러 사전을 선정했음에도 하나의 사전에서만 대표적인 의미를 채택한 연구자가 있었던 반면 선정한 사전에서 나타난 의미들을 모두 고려하여 의미를 분류한 연구자도 있었다. 어떤 연구자는 선행 연구에서 제시한 기준을 참고하여 의미를 분류하였고, 또 다른 연구자는 오로지 주관적 판단에 의해서만 의미를 분류하기도 했다. 이럴 경우 같은 뜻임에도 불구하고 연구자마다 동사의 의미를 다른 범주로 분류했을 가능성이 커 이와 대응되는 중국어 역시 다를 수밖에 없다.

셋째, 연구자들의 대조 분석 방법이 달랐다. 사전만 사용한 연구도 있었고 사전과 말뭉치를 결합하여 대조 분석을 진행한 연구도 있었다. 이때 연구자마다 사용한 말뭉치 종류에서도 역시 차이를 발견할 수 있었는데, 대본 말뭉치, 교재 말뭉치 등 다양한 말뭉치 자료를 사용하고 있다는 것을 확인하였다.

결론적으로, 한·중 이동 동사에 관한 연구는 주로 한·중 이동 동사의 대응 양상을 중심으로 하여 대조 분석이 진행되었다. 특히 이들은 '가다', '오다', '오르다', '내리다', '들다', '나다'의 6개의 동사를 중심으로 대조 분석을 하였는데 각 연구마다 대조 결과가 다르게 나타났다. 또한 연구 방법을 보면, 한·중 사전을 사용하여 대조 분석을 진행한 연구가 대부분인 것을 알 수 있었다. 앞으로 이 6개의 이동 동사 외에 다른 이동 동사를 대조하는 연구, 그리고 이동 동사의 대응 양상뿐만 아니라 이동 동사의 다양한 측면에 접근하여 대조를 하는 연구, 사전 대조 방법 이외에도 말뭉치 대조 등 다양한 대조 방법을 사용한 연구가 더 필요한 실정이다.

참고문헌

원미진(2019), 『한국어 어휘 교육 연구의 방법과 실제』, 한국문화사.
한송화(2000), 『현대 국어 자동사 연구』, 한국문화사.
허용·김선정(2013), 『대조언어학』, 소통.

분석 대상 논문

김용(2015), 「개념적 은유 기반의 한국어 동사 의미 교육 연구」, 서울대학교 박사학위논문.
로금송(2009), 「한국어 '가다'와 중국어 '去'의 인지 의미 대조 연구」, 국제한국언어문화학회 제8회 국제학술대회, 319-344, 국제한국언어문화학회.
문아동(2017), 「한중 이동동사 의미 대조 연구: '들다'와 '入' 및 '나다'와 '出'을 중심으로」, 전북대학교 석사학위논문.
백방(2019), 「한중 주체 이동 동사의 의미 대조 연구 : 단의 분포 양상을 중심으로」, 고려대학교 박사학위논문.
부스동(2021), 「한국어 '다니다'와 중국어 대응 표현 대조 연구」, 국민대학교 석사학위논문.
손정(2007), 「한국어 '가다'의 중국어 대응 형식에 대한 연구」, 연세대학교 석사학위논문.
송국명(2012), 「한국어 '들다'와 중국어 대응 표현 대비 연구」, 건국대학교 석사학위논문.
송지현, 이현희(2014), 「한국어와 중국어 '가다'류 어휘 대조와 중국어 낱말의 교수·학습 방안」, 『한국언어학회 학술대회지』, 사단법인 한국언어학회, 85-98쪽.
왕해신(2015), 「한국어 '가다'와 중국어 '去'의 대조 연구」, 한국외국어대학교 석사학위논문.
유승림(2018), 「한국어 '가다/오다'와 중국어 '去/来'의 대조연구」, 전주대학교 석사학위논문.
이남(2012), 「한중 방향성 이동동사 구성의 대조 연구」, 부산대학교 박사학위논문.
이연옥(2011), 「이동동사 '가다/오다'의 기준점 설정에 대한 가설과 사용양상 연구 : 중국어권 한국어 학습자를 대상으로」, 배재대학교 석사학위논문.
임뭉남(2017), 「중국인 학습자를 위한 한국어 이동동사 교육 방안 : '가다, 오다'를 중심으로」, 부산대학교 석사학위논문.
임영진(2021), 「중국인 학습자를 위한 '가다/오다' 동사의 교육 방안 연구」, 부산대학교 석사학위논문.

장문서(2009), 「한국어 동사 '오다'와 중국어 동사 '来'의 용법 대조 연구」, 경희대학교 석사학위논문.
장복(2009), 「한국어 '가다'와 중국어 '去'의 대비 연구」, 건국대학교 석사학위논문.
조문우(2003), 「韩国语『가다 / 오다』와 中国语『去 / 来』의 対照研究」, 전주대학교 석사학위논문.
주군(2014), 「한국어 '오르다', '내리다'와 중국어 '升', '降'의 의미와 용법 대조 연구」, 한성대학교 석사학위논문.
최설남·이관식(2013), 「한국어 동사 "오르다, 내리다"와 중국어 동사 "上, 下"의 의미 대조 분석」, 『시학과 언어학』 25, 시학과언어학회, 155-190쪽.
최해만·한용수(2018), 「이동 동사 한국어 '오르다'와 중국어 '上'의 대조 연구」, 『석당논총』 71, 동아대학교 석당학술원, 1-25쪽.
추이쉬에난(2013), 「한·중 이동동사의 의미 대조 분석 및 교육 방안 : '오르다/내리다'와 '上/下'를 중심으로」, 호남대학교 석사학위논문.
황명월(2016), 「문법화로 본 한국어 '들다, 나다'와 중국어 '进, 出' 대조 연구」, 서울시립대학교 석사학위논문.
Lian, Zhe(2015), 「한국어와 중국어 이동동사 대조 연구」, 경북대학교 박사학위논문.
Shi Yang(2013), 「한중 동사 '내리다'와 '下'의 대조 연구」, 경희대학교 석사학위논문.
Xu, Qingyuan(2020), 「한국어 '가다'와 중국어 '去' 대응 양상 연구」, 연세대학교 석사학위논문.

Ⅳ.
한·중 한자어 품사별 대조 연구 동향 및 쟁점

이우천(LI YUQIAN)

1. 들어가는 말

한·중 한자어 대조 관련 연구 84편 중 한자어의 형태에 초점이 맞추어진 동형어와 이형어 관련 연구를 제외하고 나면 한자어 품사별 대조 연구가 14편 있다. 본 연구에서는 한·중 한자어 대조의 전체 경향을 참고하여 '한자어 품사별 대조 연구'와 '한자어 분류', '한자어 품사'를 중심으로 대조한 11편의 연구를 추가하여 같이 분석하도록 하겠다. 본고에서는 총 25편의 한·중 한자어 품사별 대조 연구를 연도별, 목표 어휘별, 목표 어휘 선정 방법별, 연구 목적에 따른 내용 구성별, 대조 방법별, 연구 목적에 따른 연구 결과로 나눠서 연구의 동향을 정리하고 쟁점을 분석하겠다.

2. 한·중 한자어 품사별 대조 연구의 동향

1) 한·중 한자어 품사별 대조 연구의 연도별 동향

이 절에서는 25편의 한자어 품사별 대조 연구의 연도별 경향을 분석하도록 하겠다. 연도별로 발행된 연구 수는 아래 〈표 1〉과 같이 정리할 수 있다.

〈표 1〉 연도별 한자어 품사별 대조 연구 동향

연도	2007	2009	2010	2011	2012	2014
연구 수	2	2	1	1	3	1
연도	2015	2016	2017	2020	2021	합계
연구 수	5	4	3	1	2	25

〈표 1〉에서 제시된 바와 같이 한·중 한자어 품사별 어휘 대조 연구는 총 25편으로 전체 한자어 대조 연구의 29.7%를 차지하고 있다. 한자어 품사별 대조 연구의 연도별 동향을 정리하자면 2007년부터 지금까지 꾸준히 발행되었으며 2012년부터 2017년까지 가장 활발하게 연구가 이루어졌다고 할 수 있다.

2) 한·중 한자어 품사별 대조 연구의 목표 어휘별 동향

본고에서는 한자어 품사별 대조 연구의 분석 대상을 '명사(7편)', '부사(1편)', '다중 품사(2편)', '형용사(3편)', '품사 전성(9편)', '품사적인 차이(3편)'의 6가지 범주로 분류하고 분석하였다. 구체적인 내용은 아래 〈표 2〉와 같이 정리하였다.

〈표 2〉 한자어 품사별 대조 연구의 목표 어휘

품사 (25편)	명사 (7편)	28%	LUO TING(2014): 술어명사 구학(2017): 2음절 동형 명사 안옥희(2015): 2음절 동형 및 이형 명사 소열녕 외(2021): 명사-이상, 이하, 이내, 以上, 以下, 以内 심혜령(2007): 명사-사람 명사, 사물명사, 사건명사, 상태명사 유림(2009): 명사성 긍정·부정적 어휘 오상언(2010): 명사 분류사
	부사 (1편)	4%	全素莹(2016): 한자부사
	다중 품사 (2편)	8%	기비림(2017): 명사, 동사, 형용사 왕배(2015): 명사, 대명사, 수사, 형용사, 동사, 부사, 관형사, 감탄사

	형용사 (3편)	12%	엄성호(2015): 형용사-어근·하다 유염염(2015): 형용사-한자어 + 하다 직설영(2016): '한자어 + 하다'류 용언
	품사 전성 (9편)	36%	MA JINSHAN(2012): 파생어 진관우(2021): 접두사-준접사(준접두사 및 준접미사) JIN XIANSHUN(2012): 파생어-파생접사 ZHENG WENTING(2016): 합성어 SHEN NA(2020): 접미사 김천지(2017): 접두사 두위(2012): 합성어-형태, 품사, 용법에 따른 대조 두위(2011): 합성어-형태, 품사, 용법에 따른 대조 방향옥 외(2009): 파생 명사, 파생 형용사, 파생 동사, 수사 파생어
	품사적인 차이 (3편)	12%	황종(2007): 부정접두 반의어-한·중 부정접두사의 품사적인 차이 차이춘징(2016): 합성어-한·중 합성어의 품사적인 차이 구가흔(2015): 파생어-한·중 동사 파생어와 형용사 파생어의 품사적인 차이

〈표 2〉를 통해 알 수 있듯이 한자어 품사별 대조 연구에서는 '품사 전성'과 관련된 연구가 가장 많았으며 전체 연구의 36%를 차지하고 있었다. 그 다음으로는 '명사'와 관련된 연구도 28%로 큰 비중을 차지하고 있었다. '형용사', '품사적인 차이', '부사', '다중품사', '품사적인 차이' 관련 연구는 비교적 적은 편이라고 볼 수 있다. 다음으로 각 분류에 대한 구체적인 내용을 살펴보도록 하겠다.

'2음절 명사'를 대상으로 연구한 구학(2017)과 안옥희(2015)에서는 '동형 2음절 명사' 및 '이형 2음절 명사'로 나누어서 한·중 2음절 명사의 의미를 중심으로 대조하였다.

구체적인 명사 범위를 설정한 연구 중 하나인 소열녕 외(2021)에서는 '이상, 이하, 이내, 以上, 以下, 以内'를 대조하였고 심혜령(2007)에서는 '사람명사, 사물명사, 사건명사, 상태명사'를 대상으로 대조하였다. 하지만 이들 연구의 대조 방법은 완전히 달랐다. 소열녕 외(2021)의 경우 먼저 설문조사를 하고 조사 결과를 토대로 대조 분석을 하였다. 반면에 심혜령(2007)은 주로 한·중 명사 말뭉치 용례를 고찰하였다.

나머지 세 편의 연구는 '술어 명사', '명사성 긍정·부정적 어휘', '명사 분류사'에 대한 대조 연구이다. 이 연구들에서는 한자어의 품사 성질보다도 '술어명사 논항', '긍정·부정적 어휘', '분류사'와 같은 명사의 특징에 초점을 맞추었다.

부사에 관련된 연구는 全素莹(2016)이 있다. 全素莹(2016)에서는 한국어의 한자부사와 대응되는 중국어의 '형용사, 부사, 동사, 명사, 수사, 대명사, 접속사, 성어'를 고려해서 대조 분석을 하였다.

'다중 품사'를 중심으로 이루어진 연구에서는 하나의 품사가 아닌 여러 가지의 품사를 고려하여 대조 분석을 하였다. 예를 들어, 기비림(2017)에서는 한국어능력시험의 한자어를 중심으로 한·중 명사 한자어, 동사 한자어, 형용사 한자어를 분석하였다. 왕배(2015)에서는 한·중 한자어의 동형어와 역순어를 대조할 때 명사, 동사, 형용사, 부사, 관형사 등 여러 가지 품사도 함께 고려하였다.

형용사를 대상으로 이루어진 연구들은 모두 '한자어+하다' 형용사를 대조하였다. 엄성호(2015)에서는 한·중 '한자어 어근하다'의 분류 체계, 품사 양상, 의미를 대조하였고, 유염염(2015)에서는 한·중 '한자어+하다'의 형태, 의미, 품사를 통사적으로 대조하였다. 직설영(2016)에서는 한·중 '한자어+하다'의 품사 분류와 의미관계를 대조하였다.

'품사 전성'은 주로 한·중 접두사, 접미사, 합성어, 그리고 파생어를 대조한 연구에서 볼 수 있었다. ZHENG WENTING(2016)에서는 한국어 한자어 합성어의 품사가 대부분 합성 명사지만 '九十'과 같은 합성 관형사, '家家户户'와 같은 합성 부사, '万岁'와 같은 합성 감탄사 등 다른 품사도 존재한다고 밝혔다. 최형용(2016)에서도 마찬가지로 한자어 합성어를 품사별로 합성 명사, 합성 대명사, 합성 수사, 합성 관형사, 합성 부사, 합성 감탄사로 나눌 수 있다고 하였다.

또한 MA JINSHAN(2012)에서는 중국어의 '学习', '自由' 등 실질 형태소의 경우 형태의 변화 없이 문장에서 어순의 변화만으로 동사, 형용사로의 전성이 가능하지만 한국어의 경우 접미사가 첨가되어야 명사에서 동사와 형용사로의 전성이 이루어질 수 있다고 하였다. ZHENG WENTING(2016)은 중국어의 경우 명사와 동사가 결합하여 합성 명사가 형성될 수 있고, 합성 동사도 형성될 수 있다고 언급하였다(예: 花展, 核试验, 年终总结).

또 다른 연구인 진관우(2021)에서는 한자어에서 범주를 바꿀 수 있는 대표적인 예로 서술성을 지닌 접두 한자어를 들 수 있다고 밝혔다. 이들 서술성 접두 한자어들은 품사 범주가 아니더라도 어기의 범주 자질을 바꿀 수 있다는 점에서 접두사적 특성을 보인다. 준접사는 '类化性(품사표시기능)'의 특성이 있는데 준접사가 어기와 결합되면 어기의 품사 범주를 바꾸고 그 결합형은 명사가 될 수 있고 동사나 형용사도 될 수 있다. 예를 들어 동사 어기 '爱国(애국하다)'에 준접미사 '-者'를 붙이면 명사 '爱国者(애국하는 사람)'가 되고, 명사 어기 '民主(민주)'에 준접미사 '-化'를 붙이면 동사 '民主化(민주화하다)'가 된다. 周亚军(2001)에서는 이러한 기능을 마찬가지로 '类化作用(품사표시기능)'이라 했는데, 이는 접사나 준접사가 어기의 품사 범주를 변화시킨다는 것을 의미한다고 하였다.

그리고 SHEN NA(2020)에서는 중국어에서의 '非'를 형태론적으로 사용하는 범주가 아주 넓다고 하였으며, '非'는 접두사의 기능을 갖고 있지만 명사, 동사, 부사로 쓰이는 경우가 대부분이라고 밝혔다. 예를 들어 명사의 예로 是非(시비), 痛改前非(이전의 잘못을 철저히 개정하다) 등이 있고 동사의 예로는 答非所问(동문서답하다), 非法(비법), 非人(비인)을 들 수 있다. 부사의 예로는 非同小可(보통 일이 아니다, 작은 일이 아니다), 非同寻常(보통과 다르다, 일반적이지 않다) 등이 있다.

두위(2011, 2012)에서는 한국어 합성어와 중국어 이합사를 형태, 품사, 용법에 따라 대조하였다. 해당 연구에서는 한국어 한자어 합성어와 중국어 이합사 성분의 품사를 배열하고 품사 구성의 측면에 초점을 두고 한국어 한자어와 중국어 이합사의 표현을 대조하였다. 예를 들어, 'V+N' 형식의 경우 한국어 한자어 합성어에서 '명사([가공 加工])와 동사구([개량 改良]N/+V)' 등으로 나타날 수 있고, 중국어 이합사에서 '동사([말다툼하다 拌嘴])'로 나타날 수 있다.

한자어 의미에서 '품사적인 차이'를 나타낸 한자어 대조 연구도 있다. 황종(2007)에서는 중국어 '没'은 한국어 '없다'의 의미의 동사성도 가지고 있고, 한국어 과거 부정 어미 '-지 않았다'와 비슷한 의미의 과거 부정 부사성도 가지고 있다고 밝혔다. 예를 들어 '我们没时间了(우리가 시간이 없다)', '昨天我没去那儿(나는 어제 거기에 가지 않았다)' 등 있다.

차이춘징(2016)도 마찬가지이다. 예를 들어 '약속(约束)'은 한국어에서 '다른 사람들과 미리 어떤 일을 정함'이라는 뜻으로 보편적으로 사용되고 있으며, 이와 대응되는 중국어는 '约定(약정)'이다. 중국어에서 '约束'은 한국어와 의미가 완전히 다르게 '제약하다, 구속하다'라는 뜻으로 사용되고 있다.

3. 한·중 한자어 품사별 대조 연구의 목록 선정

1) 목표 어휘 목록 선정 방법

대부분 연구에서는 본격적으로 한자어를 품사별로 대조하기 전에 보통 '목표 어휘 목록 선정' 과정을 거쳤다. 25편의 한·중 한자어 품사별 대조 연구 중 어휘 선정 부분이 없는 연구는 소열녕 외(2021), 두위(2011) 두 편뿐이었다. 소열녕 외(2021)에서는 한자어를 대조 분석하기 전에 한국어의 '이상', '이하', '이내'와 중국어의 '以上', '以下', '以内'의 사전적 의미를 제시하고 분석하는 작업만 하였다. 두위(2011)에서는 대조 분석을 하기 전에 한국어 한자어 합성어의 성분 구조, 유형, 그리고 중국어 이합사의 성분 구조를 제시하기만 하였다. 나머지 23편의 한자어 품사별 대조 연구에서 설정한 어휘 목록 선정 방법과 목록 선정 시 사용된 자료는 아래 〈표 3〉과 같다.

〈표 3〉 한자어 품사별 대조 연구의 어휘 목록 선정 방법과 자료

어휘 목록 선정 방법		어휘 목록 선정 자료
사전 선정 (1편, 4%)		오상언(2010): 한국어-『표준국어대사전』 중국어-선정되지 않음
교재 선정 (5편, 22%)		MA JINSHAN(2012): 한국어-중국 내 통합형 13종 교재 50권을 기초 말뭉치로 채택함 중국어-선정되지 않음 LUO TING(2014): 한국어-경희대, 서울대, 연세대, 고려대의 초·중·고급 교재 중국어-『现代汉语词典』 안옥희(2015): 한국어-『이화 한국어』(1-3) 중국어-선정되지 않음 차이춘징(2016): 한국어-『세종한국어』(1~8) 중국어-선정되지 않음 직설영(2016): 한국어-『한국어1-4』(서울대학교), 『재미있는 한국어 1-4』(고려대학교), 『서강한국어1A-4B』(서강대학교), 『연세한국어1-4』(연세대학교), 『표준 한국어1-3』(북경대학교) 중국어-선정되지 않음
말뭉치 선정 (4편, 17%)		구가흔(2015): 한국어-『한국어 학습용 어휘 선정 결과 보고서』에서 나온 한자어 동사와 형용사 중국어-선정되지 않음 구학(2017): 한국어-『한국어 학습용 어휘 선정 결과 보고서』 중국어-선정되지 않음 왕배(2015): 한국어-『주요 어휘 용례집』 중국어-선정되지 않음 유염염(2015): 한국어-『한국어 학습용 어휘 선정 결과 보고서』, 『주요 어휘 용례집』 등 중국어-선정되지 않음
혼합 선정 (9편, 40%)	사전 + 말뭉치 (3편)	심혜령(2007): 한국어-『외국인을 위한 한국어 학습 사전』, 『연세 말뭉치』, 『한국어교육용 표준 말뭉치』 중국어-선정되지 않음 엄성호(2015): 한국어-『표준국어대사전』, 『한마루』와 『세종계획21』의 원시말뭉치 중국어-선정되지 않음 全素莹(2016): 한국어-『표준국어대사전』, 『21세기 세종계획 말뭉치』 중국어-선정되지 않음
	사전 + 선행연구	유림(2009): 한국어-정의화(2008), 『표준국어대사전』, 『현대한어사전』

	(6편)	중국어-선정되지 않음 두위(2012): 한국어-김혜순(2005), 조일규(2008), 유영기(2003) 등 중국어-『现代汉语词典』 방향옥 외(2009): 한국어-안소진(2004) 등+『우리말 파생어 사전』 중국어-马庆株(1998) 등+『现代汉语词典』 ZHENG WENTING(2016): 한국어-노명희(1990), 김광해(1993) 등 + 『표준국어대사전』 중국어-『现代汉语词典』, 『在线汉语词典』 김천지(2017): 한국어-『우리말큰사전』, 『우리말파생어사전』, 『표준국어대사전』 중국어-『现代汉语词典』, 주교령(2011) 등 SHEN NA(2020): 한국어-『우리말 큰 사전』, 『연세한국어사전』, 『표준국어대사전』, 『우리말 파생어 사전』 중국어-吕叔湘(1979), 赵元任(1979), 任学良(1981), 刘月华(1983), 王绍新(1992), 陈光磊(1994), 马庆株(1995), 王珏(2001), 汤志祥(2001), 曹炜(2003) 등 10명 학자들이 제시한 类后缀의 목록을 참고함
선행연구 선정 (3편, 13%)		황종(2007): 한국어-박후천(1987), 노명희(1997) 등 중국어-선정되지 않음 JIN XIANSHUN(2012): 한국어-이익섭(1968), 김인균(2002), 안소진(2004) 등 중국어-王力(1954), 吕叔湘(1979), 刘月华(2001) 등 진관우(2021): 한국어-김창섭(1999), 노명희(2005) 등 중국어-马庆株(1995), 汤志祥(2001), 张斌(2006) 등
TOPIK문제지 선정 (1편, 4%)		기비림(2017): 한국어-한국어능력시험 문제지(제35, 36, 37, 41회) 중국어-선정되지 않음

〈표 3〉에 제시된 바와 같이 한자어 품사별 대조 연구에서는 '혼합 선정' 방법이 제일 많이 사용되었고 '말뭉치 선정'과 '교재 선정' 방법도 비교적 자주 사용되었다. 이외에 '사전 선정' 방법을 사용한 연구는 1편, '선행연구 선정' 방법을 사용한 연구는 3편, TOPIK문제지를 참고하여 어휘를 선정한 연구는 한 편이 있었다.

연구 대상인 목표 어휘를 사전만으로 선정하는 연구는 한 편뿐이었는데, '사전 선정' 방법과 다른 방법을 함께 사용하는 경우도 많기 때문에 '사전'

을 통해서 어휘를 선정하는 방법은 한자어 품사별 대조 연구에서 보편적인 방법이라고 할 수 있다. '사전 선정' 방법만 사용한 오상언(2010)에서는 『표준국어대사전』에 제시된 모든 한자어 분류사를 목표 어휘 목록에 포함시켰다.

교재를 통해서 목표 어휘를 선정한 연구는 5편이었다. MA JINSHAN(2012)는 기초 말뭉치를 구축하기 위해 한국에서 이미 통계된 선행 계량 참조 자료와 중국에서 출간된 한국어 통합형 교재, 그리고 중국인 학습자들의 오류 분석 자료 등을 활용하였다. LUO TING(2014)는 경희대학교, 서울대학교, 연세대학교, 고려대학교 등 4개 교재에서 기능동사 '하다'와 결합할 수 있는 한자어 술어명사를 모두 선정하였다. 안옥희(2015)는 『이화한국어』(1-3권)의 어휘색인에 나오는 2음절 명사 어휘를 참고하여 어휘 목록을 선정하였고, 차이춘징(2016)에서는 한자 합성어를 어떻게 이해해야 하는지를 연구하기 위하여 국내 대학교 부설 어학당에서 쓰고 있는 교재 중 국립국어원에서 만든 교재 『세종한국어』(1~8권)를 선택하여 그 안에 실린 한자 합성어로 연구 범위를 한정하였다. 직설영(2016)에서는 『한국어1-4』(서울대학교), 『재미있는 한국어1-4』(고려대학교), 『서강한국어1A-4B』(서강대학교), 『연세한국어1-4』(연세대학교), 『표준한국어1-3』(북경대학교) 등 교재에서 '한자어+하다'류의 용언을 추출하여 총 644개 어휘를 선정하였다.

그리고 말뭉치를 참고하여 어휘를 선정한 연구도 4편이 있었다. 구가흔(2015)에서는 『한국어 학습용 어휘 선정 결과 보고서』에서 제시한 622개의 한자어 용언을 연구 목적에 맞게 최종적으로 520개를 비교 분석 대상으로 선정하였다. 구학(2017)은 국립국어원에서 2000년에 진행한 『현대 국어 사용 빈도 조사』와 이를 바탕으로 만든 『한국어 학습용 어휘 선정 결과 보고서』를 참고하여 연구 대상을 선정하였다. 왕배(2015)는 국립국어원의 『주요 어휘 용례집』 '형용사 편', '동사 편', '명사 편', '부사·관형사·대명사·수사·감탄사·의존명사 편'에 수록된 한국 한자어를 선정하여 현대 중국어 어휘와 비교하였고, 유염염(2015)에서는 국립국어원에서 발행한 『한국어 학습용 어휘 선정 결과 보고서』(2002)를 참조하여 '한자어+하다' 형용사를 선정하여 연구하였다.

선행연구만 참고해서 목표 어휘를 선정한 연구의 경우 3편이 있었다. 하지만 선행연구와 사전을 함께 참고하여 진행된 연구도 6편이 있는 것으로 보아 '선행 연구 선정' 방법은 폭넓게 사용되고 있는 연구 방법이라고 할 수 있다. 선행 연구에만 주목한 연구 중 하나인 JIN XIANSHUN(2012)에서는 한자어 접미사 판별 기준 관련 대표적인 연구 정민영(1994), 최윤곤(1999), 노명희(2005)를 살펴본 후 한국 한자어 접미사 판별 기준과 관련된 논의를 정리하고 정리된 기준을 참고하여 보편성을 지닌 한국 한자어 접미사를 선정하였다.

이어서 여러 연구에서 많이 사용된 '혼합 선정' 방법에 대해 논의하겠다. 여기에는 '사전+말뭉치(3편)'와 '사전+선행연구(6편)' 두 가지의 경우가 있다.

첫째, '사전+말뭉치' 혼합 선정의 예인 全素莹(2016)에서는 먼저 현재 한국에서 사용되고 있는 모든 한자 부사 중 빈도가 높은 한자 부사를 연구 대상으로 삼았다. 그다음에 사전 등재 여부, 구어와 문어에서의 사용 여부, 말뭉치에 나타나는 한국어 한자 부사 사용 빈도에 따라 연구 대상을 다시 선정하였다. 한국어 한자 부사는 『표준국어대사전』, 『21세기 세종계획 말뭉치』를 참고하여 선정하였고 이들 한자 부사와 대응되는 중국어 부사는 『현대한어사전』과 『현대한어말뭉치』를 참고하여 선정하였다. 엄성호(2015)의 경우 '한자어 어근·하다'를 중심으로 대조하였는데 당시에는 '한자어 어근·하다' 형용사에 대한 선행 연구가 없었다. 그래서 연구자는 『표준국어대사전』, 『한마루』, 『세종계획21』의 원시말뭉치를 참고하여 연구 범위를 정하는 4가지 조건을 만들었고 이에 따라 어휘 목록을 선정하였다.

둘째, '사전+선행연구' 혼합 선정의 예시로 유림(2009)을 들 수 있다. 해당 연구에서는 긍정·부정적 명사 한자어를 대조하기 전에 선행 연구인 정의화(2008)의 논문에서 나온 어휘 목록을 참고하고 『표준국어대사전』, 『현대한어사전(现代汉语词典)』에서 나온 긍정·부정적 어휘를 바탕으로 해서 어휘 목록을 마련하였다. 그리고 ZHENG WENTING(2016)에서의 한국어 한자어 합성어 어휘들은 노명희(1990), 김광해(1993), 김광해(1994), 김일병(2000), 최형용(2016) 등에서 수집한 것과 국립국어원에서 발행된 『표준국어대사전』에서 제시한 것을 위주로 참고하여 선정되었으며 중국어 합성어 어휘들은 『现代汉语词典』에 등재된 것과 온라인 사전 『在线汉语词典』에서 추출되었다.

마지막으로 'TOPIK문제지 선정' 방법을 사용하여 어휘 목록을 선정한 경우도 있다. 기비림(2017)에서 선정된 한국어 한자어는 제35, 36, 37, 41회 한국어능력시험 중·고급에서 출현한 명사들이다.

지금까지 언급한 내용들을 정리해보면, 한·중 한자어 품사별 대조 연구에서는 대부분 연구 대상, 즉 목표 어휘 목록을 선정하는 과정이 있다. 목록을 선정할 때 '사전 선정'과 선행 연구에서 나오는 목록을 참고하여 목표 어휘를 선정하는 방법을 사용하는 경우가 많다. 이 밖에 '말뭉치 선정'과 '교재 선정' 방법도 사용되었고 여러 가지 방법을 혼합하여 어휘 목록을 선정한 경우가 가장 큰 비중을 차지하고 있다. TOPIK문제지를 참고하여 어휘 목록을 선정한 연구도 한 편 있었다.

2) 한·중 한자어 목록 제시 여부에 대한 쟁점

앞 〈표 3〉에서 제시된 바와 같이 한·중 한자어 품사별 대조 연구에서는 한국어 한자어 목록만 선정한 경우도 있고 한국어와 중국어 어휘 목록을 따로 선정한 경우도 있다. 이 부분에 대한 쟁점을 구체적으로 제시하면 아래와 같다.

첫째, 한국어 한자어 목록을 중심으로 정리하여 중국어 목록은 따로 없거나, 한국어 목록과 대응되는 중국어를 번역으로 정리한 경우

한국어 한자어 목록만 제시한 연구가 전체 23편 중에서 15편이 있었다. 심혜령(2007)의 경우, '한국어교육용 기본 어휘' 말뭉치를 참고하여 한국어 한자어 명사 목록을 선정하였지만 중국어 어휘 목록은 선정하지 않았다.

대신 연구자는 선정된 한국어 한자어 명사 어휘들이 중국어에서도 동형 대역 의미를 가지는지를 알아보았다. 全素莹(2016)의 경우 국립국어원(2008)에서 개정한 『표준국어대사전』에 수록된 한자 부사 어휘 2,160개와 '21세기 세종계획 말뭉치'에서 다섯 번 이상 중복된 어휘 893개를 선별하여 연구 대상으로 선정하였다. 해당 연구에서는 중국어 어휘 목록을 따로 선정하지 않고 『한대한어사전』을 참고하여 한국어 어휘 목록에 대응되는 중국어를 분석하였다. 유림(2009)에서는 구체적인 한국어 어휘 목록을 선정하고 한국 한자어의 사전적 의미와 이에 해당되는 중국어 뜻풀이를 함께 제시하였다. 중국어 어휘 목록은 따로 없고 『현대한어사전(现代汉语词典)』과 『중한대사전(中韩大辞典)』을 참고하여 한자어와 대응되는 중국어 뜻풀이를 제시하였다.

둘째, 한국어 한자어 목록과 중국어 목록을 따로 정리한 경우

한국어 한자어 목록과 중국어 목록을 따로 정리한 연구는 전체 23편 중에서 8편이 있었다. 그중 하나인 LUO TING(2014)에서는 먼저 4권의 한국어 교재 중에서 기능동사 '하다'와 결합할 수 있는 한자어 술어명사를 선정하고 목록을 구축한 다음에 중국어 술어명사의 판별 기준에 따라 그와 같은 자형을 가진 중국어 술어명사의 목록을 구축하였다. 방향옥 외(2009)에서는 연구의 수행을 위해 먼저 한자어와 중국어의 접두사의 설정 기준을 세우고 범위를 확정하였는데 중국어의 연구 범위를 선정할 때에는 马庆株(1998), 吕叔湘(1979), 『现代汉语词典(2005)』 등의 파생접두사 목록을, 한자어는 안소진(2004), 최윤곤(1999), 『우리말 파생어사전(2006)』을 참고자료로 삼았다. 이 연구 이외에도 특별하게 한국어와 중국어를 하나의 목록으로 제시한 연구가 한 편 있다. 진관우(2021)에서는 중국 학계의 논의인 马庆株(1995), 汤志祥(2001), 张斌(2006) 등과 한국 학계의 논의인 김창섭(1999), 노명희(2005)에서 제시한 준접사 목록 중 공통적으로 나타나는 형식들을 추출하여 이들을 주된 연구 대상으로 선정하였다.

그렇다면 한국어 한자어 목록과 중국어 목록을 따로 정리한 8편 연구는 어떤 공통점을 가지고 있을까? 앞에 언급했던 연구 목표인 어휘 범위를

생각해보면 그 답을 알 수 있다. 8편의 연구 중에서 1편은 '명사'의 범위 안에 포함되어 있고 나머지 7편은 '품사 전성' 범위 안에 포함되어 있다. 특히 파생어, 접두사, 접미사 등 범위와 관련된 어휘 대조 연구에서는 한·중 목록을 따로 정리한 경우가 많다. ZHENG WENTING(2016)에 따르면 한자어는 한국어에서 오래 사용되어 왔지만 한국어에 완전 동화되지 못했고 중국어의 성격을 그대로 유지하고 있는 경우가 많다고 한다. 따라서 한자어 합성어와 고유어 합성어의 차이가 크다고 할 수 있다. 그리고 SHEN NA(2020)에 의하면 한국어 한자어 접미사를 의미적인 측면에서 중국어 后缀과 대응하여 비교해보면 거의 유사점이 없다고 한다. 김천지(2017)에서는 한국어와 중국어의 접두사는 공통점도 많고 차이점도 많다고 밝혔다. 따라서 이 연구에서는 양국에서 가장 대표적이고 권위적인 사전에서 인정하는 전형적인 접두사만을 연구 대상으로 하고 목록을 선정하였다.

본 연구에서 한·중 어휘 목록을 따로 정리한 이유는 첫째, 목표 어휘의 차이가 커서 목록을 따로 선정하고 대조할 필요가 있다고 보았기 때문이다. 둘째, 목표 어휘들의 공통점과 차이점이 특히 많은 경우 전형적인 목록이 필요하기 때문이다. 셋째, 목표 어휘가 부사인 경우 한국어 목록만 제시하고 이를 대응되는 중국어로 번역해도 대조가 가능하지만 '품사 전성'이 포함된 연구에서는 그렇지 않기 때문이다. 한국어 한자어 부사어와 대응되는 중국어의 경우 여러 가지 품사가 될 수도 있지만 한·중 합성어, 접두사, 접미사의 경우 각각의 특징을 가지고 있다.

4. 한·중 한자어 품사별 대조 연구의 연구 목적

1) 품사별 대조 연구 목적에 따른 내용 구성

한·중 한자어 품사별 대조 연구에서는 단순 대조, 오류 분석, 교수 방안 제시 등 연구의 목적에 따라 그 내용 구성이 달라질 수 있다. 각 연구에서 다루고 있는 내용을 아래 〈표 4〉와 같이 정리하였다.

〈표 4〉 한·중 한자어 품사별 대조 연구의 목적 및 내용 구성

연구 목적 및 내용 구성	연구	연구 수	비율
대조	LUO TING(2014), 全素莹(2016), 구가흔(2015), 구학(2017), 방향옥 외(2009), 심혜령(2007), 엄성호(2015), 왕배(2015), 유림(2009), 진관우(2021), 두위(2011), 두위(2012), JIN XIANSHUN(2012), ZHENG WENTING(2016), SHEN NA(2020), 오상언(2010), 김천지(2017), 소열녕 외(2021)	18편	72%
대조 + 교수방안	기비림(2017), 안옥희(2015), 차이춘징(2016), 직설영(2016), 황종(2007)	5편	20%
대조 + 오류분석 + 교수방안	MA JINSHAN(2012), 유염염(2015)	2편	8%

위 표를 보면 '대조' 부분으로만 구성된 연구가 18편으로 제일 많았다. 이 연구들에서는 어휘 목록을 선정한 후에 바로 대조 분석을 진행하였다. 예를 들어, SHEN NA(2020)에서는 먼저 한자어 접미사와 类后缀의 설정 기준과 목록을 선정한 후에 한자어 접미사와 类后缀를 대조하였다. 유림(2009)에서는 긍정·부정적 어휘 의미의 생성 요인을 밝히고 어휘 목록을 선정한 후에 긍정·부정적 단의어와 다의어의 의미를 대조하였다.

목표 한자어의 개념, 특징, 조어 방식 등 기본 내용을 대조한 후에 연구 주제를 중심으로 대조한 경우도 있다. 예를 들어 왕배(2015)에서는 한·중 한자어의 조어법을 대조한 후에 동형어와 역순어를 나누어 명사, 대명사, 수사, 형용사, 동사, 부사, 관형사, 감탄사별로 한자어를 대조하였다. 진관우(2021)에서는 한·중 한자어 준접사의 개념과 특성, 조어 방식, 한·중 한자어 준접미사의 조어 방식을 대조하였고, 엄성호(2015)에서는 한·중 형용사 분류와 '한자어 어근·하다' 형용사의 분류를 대조한 후에 '한자어 어근·하다' 형용사와 대응되는 중국어의 품사, '한자어 어근·하다' 형용사와 동형 중국어의 의미를 대조하여 고찰하였다.

'대조와 교수방안'의 내용이 포함되어 있는 연구로는 기비림(2017), 안옥희(2015), 차이춘징(2016), 직설영(2016), 황종(2007)의 다섯 편이 있다. 예를 들어 기비림(2017)에서는 한·중 한자어의 품사 분류를 살펴본 후에 한국어 능력시험에 있는 한자어를 대상으로 한·중 명사, 동사, 형용사 한자어의 문법적 분석을 진행한 후에 교육 방안을 제시하였다.

'대조, 오류분석 그리고 교수방안'의 내용이 모두 포함되어 있는 연구로는 MA JINSHAN(2012)과 유염염(2015) 두 편이 있다. 유염염(2015)의 경우 먼저 '이론적 배경'에서 '한자어+하다' 형용사의 특징과 '한자어+하다' 형용사와 대응하는 중국어를 대조하였다. 그다음 '한자어+하다' 형용사에 대한 교재 분석과 중국인 학습자의 오류 분석으로 본격적인 논의를 이어갔고 마지막 부분에는 교재 개선 방안을 제시하였다.

2) 대조 분석과 교육 방안에 대한 쟁점

25편의 한·중 한자어 품사별 대조 연구에서는 '단순 대조'를 목적으로 한 연구가 18편이었고 '교육 방안'을 제시하는 것을 목적으로 한 연구는 7편이 있었다. 본 절에서는 '교육 방안'을 목적으로 하는 7편의 연구를 살펴보면서 해당 연구들에서 대조 분석이 포함된 이유를 밝히도록 하겠다. 7편의 연구는 연구 내에서 대조 분석의 역할에 따라 크게 '교육 방안에 직접적인 영향을 미치지 않는 경우', '교육 방안에 직접적인 영향을 미치는 경우', '교육 방안에 대조 부분이 있는 경우' 등의 3가지 유형으로 나눌 수 있다.

첫째, 교육 방안에 직접적인 영향을 미치지 않는 경우(2편)

어휘 목록을 선정할 때 대조를 진행한 연구가 있었다. MA JINSHAN(2012)에서는 중국인 한국어 학습자를 위한 한자어 교육 방안을 제시하기 전에 먼저 한자어 교육에 대한 논의를 살펴보고 교육용 한자어 목록을 선정한 후 학습자들의 오류를 분석하였다. 이 연구에서는 한자어 목록 선정 부분에서 한·중 한자어를 형태적, 의미적, 화용적인 측면에서 대조 분석을 하였다.

그리고 이론적 배경을 살펴볼 때 대조를 진행한 연구도 있었다. 유염염(2015)에서는 중국인 학습자를 대상으로 '한자어+하다' 형용사 교육 방안을 제시하기 위하여 연구의 '이론적 배경' 부분에서만 '한자어+하다' 형용사의 특징과 '한자어+하다' 형용사와 대응하는 중국어를 대조하였다. 본격적인 내용 부분은 '한자어+하다' 형용사에 대한 교재 분석과 중국인 학습자의 오류 분석으로 구성되었다. 그리고 교재 분석 결과를 바탕으로 교육 어휘 선정의 보완 방안을 제시하고, 오류 분석 결과를 바탕으로 교재 개선 방안을 제시하였다.

둘째, 교육 방안에 직접적인 영향을 미치는 경우(4편)

기비림(2017)에서는 한국어능력시험 기출 한자어를 중심으로 한·중 한자어를 비교하였다. 해당 연구에서는 한·중 한자어의 품사 분류를 살펴본 후에 한국어능력시험에서 출현한 한자어를 대상으로 한·중 명사, 동사, 형용사 한자어의 대조 분석을 진행하였다. 그리고 이를 바탕으로 학습자들을 위한 교육 방안을 제시하였다. 또한 한국어능력시험의 교육용 한자어 선정에 대해 논의한 후, 한자어의 음운·형태·의미적인 측면과 한·중 한자어 대조 연구에 대해서도 논의하였다. 그리고 교수·학습 방법에 대한 논의로 논문을 마무리하였다.

안옥희(2015)에서는 『이화 한국어(1-3권)』에 나오는 2음절 명사 어휘를 대상으로 중국인 학습자를 위한 어휘 분석과 활용 방안을 제시하였다. 해당 연구에서는 먼저 한자어의 특징과 형태를 살펴본 후에 앞에서 본 2음절 명사어휘들을 대상으로 한·중 동형어, 이형동의어를 대조하였다. 대조 결과를 바탕으로 '어휘 목록'과 '어휘 확장'의 경우를 고려하여 중국인 학습자를 위한 어휘 활용 방안을 제시하였다.

차이춘징(2016)에서는 먼저 이론적 배경을 살펴본 다음 한·중 한자 합성어의 형태와 의미를 대조하였다. 그리고 한·중 한자어 어휘의 형태와 의미의 공통점과 차이점을 분석한 결과를 바탕으로 동형동의어, 동형이의어, 유의어의 교수·학습 방안을 제시하였다.

직설영(2016)에서는 '한자어+하다'류 용언의 교육 방안을 제시하기 위해 먼저 한자어와 '한자어+하다'류 용언의 특징, 구조, 유형을 살펴보았다. 그다음 '한자어+하다'류 용언과 중국어 대응 어휘의 품사, '한자어+하다'류 용언과 대응되는 중국어 어휘의 의미관계를 대조하고 분석하였다. 그리고 마지막 부분에서는 앞의 분석 결과를 바탕으로 교육 방안을 제시하였다.

셋째, 교육 방안에 '대조 부분'이 있는 경우(1편)

황종(2007)에서는 중국인 학습자를 위한 한국어 반의어 교육 방법을 제시하기 위해 먼저 부정접두 한자반의어 교육의 필요성을 강조하였다. 연구자는 한·중 부정접두 한자어를 비교·분석하고 설문조사 방법으로 중국인 학습자의 한국어 반의어 교육 실태를 분석하였다. 그다음 중국인 대상 한국어 부정접두 한자반의어의 교육 방법을 제시하였다. 목록 선정을 하거나 한·중 한자어를 대조한 후에 교육 방안을 제시하는 연구들과 달리 '교육 방법' 안에 대조가 포함되어 있었다. 예를 들어 반의어 교육 방법을 보면, '형태별로 비교 대조해서 가르치기', '의미별로 비교 대조해서 가르치기', '쓰임별로 비교 대조해서 가르치기' 등의 대조 내용을 포함하고 있었다.

5. 한·중 한자어 품사별 대조 연구의 대조 방법

1) 한·중 한자어 품사별 대조 방법 및 자료

한·중 한자어 품사별 대조 연구에서 사용한 구체적인 대조 방법과 대조 자료에 대해 살펴보도록 하겠다. 본고에서는 '대조 방법'을 '사전적 대조', '이론적 대조', '말뭉치 대조', '혼합 대조'의 네 가지 범위로 분류한다. 각 연구의 대조 방법과 분석 자료는 아래 〈표 5〉와 같다.

〈표 5〉 한자어 품사별 대조 방법 및 자료

<table>
<tr><th colspan="2">대조 방법</th><th>대조 자료</th></tr>
<tr><td colspan="2">사전적 대조(15편)</td><td>『표준국어대사전』, 『연세표준국어대사전』, 『우리말 큰 사전』, 『고려대 한국어사전』 등
『现代新华辞典』, 『현대한어표준어사전』, 『중화현대 한어대사전』, 『현대한어사전』 등</td></tr>
<tr><td colspan="2">이론적 대조(5편)</td><td>MA JINSHAN(2012), 진관우(2021), 두위(2012), 두위(2011), SHEN NA(2020)</td></tr>
<tr><td colspan="2">말뭉치 대조-비교 말뭉치(3편)</td><td>『주요 어휘 용례집』, 『세종말뭉치』 등
『CCL 말뭉치』, 『현대한어말뭉치』 등</td></tr>
<tr><td rowspan="2">혼합 대조
(2편)</td><td>사전적 대조+
말뭉치 대조(번역)</td><td>기비림(2017)
한국어-『표준국어대사전』
중국어-『现代汉语辞典』, 『现代新华辞典』
말뭉치-TOPIK문제지</td></tr>
<tr><td>사전적 대조+
설문조사</td><td>소열녕 외(2021)
한국어-『고려대 한국어사전』, 『표준국어대사전』
중국어-『现代汉语词典』
모어화자에게 실시한 설문조사</td></tr>
</table>

한·중 한자어 품사별 대조 연구 방법을 보면 사전을 활용하여 대조하는 '사전적 대조' 방법이 가장 많이 사용된 것을 알 수 있다. 다음으로 선행연구들의 논의를 바탕으로 대조하는 '이론적 대조' 방법을 사용한 연구는 5편이 있었다. 본고에서는 한 편의 연구에서 '이론적 대조' 방법과 다른 대조 방법과 함께 사용이 되는 경우에는 '이론적 대조'가 아닌 다른 방법을 대표적인 방법으로 표시하기로 하였다. 그러므로 여기에서는 단순히 '이론적 대조' 방법만을 사용한 경우에만 '이론적 대조'로 표시하였다.

한편, 비교 말뭉치를 사용하여 대조한 연구는 3편이 있었다. 나머지 2편의 연구는 두 개 이상의 대조 방법을 사용한 '혼합 대조' 방법의 연구들이다. 해당 논문 중 하나인 기비림(2017)에서는 『표준국어대사전』, 『现代汉语辞典』, 『现代新华辞典』으로 사전적 대조를 하면서 한자어의 특징과 구조에 대한 논의를 바탕으로 한·중 양국 한자어 품사의 대응 관계를 살펴보았다. 또한 각 한자어의 의미, 형태적인 공통점과 차이점을 대조 분석하였다. 뿐만 아니라 새로 개정된 한국어능력시험 중 35회, 36회, 37회, 41회에서 등장했던 한자어들을 대상으로 중국 한자어와의 형태적 및 의미적 관련성도 분석하였다. 소열녕 외(2021)에서는 한국어의 '이상', '이하', '이내'와 중국어 '以上', '以下', '以内' 앞에 수량이 있을 때, 그 수량이 범위 내에 포함되는지에 따라 의미가 다를 수 있기 때문에 이를 정확하게 파악하기 위해 한국어와 중국어 모어 화자를 상대로 설문조사를 실시하였다. 그리고 조사 결과를 바탕으로 한국어 '이상', '이하', '이내'와 중국어 '以上', '以下', '以内'의 차이점을 밝혔다.

2) 한·중 한자어 품사별 대조 내용

앞에서 언급했던 것과 같이 한·중 한자어 대조 연구들에서는, 목표 어휘를 '명사(7편)', '부사(1편)', '다중 품사(2편)', '형용사(3편)', '품사 전성(9편)', '품사적인 차이(3편)'의 6가지로 분류할 수 있다. 이 절에서는 먼저 한자어 품사를 대조하는 이유를 정리하고 각 목표 어휘별 대조 방법의 쟁점을 분석하겠다.

(1) 한자어 품사별 대조 연구가 진행되는 이유

첫째, 문제의식에 의해서다. 예를 들어 소열녕 외(2021)에서는 "3인 이상 사적 모임 금지"라는 표현이 한국어 화자의 관점에서는 문제가 되지 않지만, 중국어 화자에게는 오해를 불러일으킬 소지가 있다고 하였다. 이런 문제의식에서 출발하여 한국어와 중국어 '以上', '以下'의 공통점과 차이점을 대조 분석의 방법으로 규명하고 그 결과를 외국어 교육에서 활용할 수 있도록 제언하고자 하였다.

둘째, 언어 관련성으로 인한 혼란을 줄이기 위해서다. 예를 들어 구학(2017)과 안옥회(2015)에서는 한국과 중국은 같은 한자권(汉字圈)에 속해서 한국어를 접하는 중국인 한국어 학습자들의 경우 이점(利点)도 크겠지만 부정적인 면도 많다고 밝혔다. 이들 연구에서는 일정한 범위에서 사용 빈도가 높은 한·중 2음절 한자어를 대상으로 의미를 대조, 분석하고 어떤 차이점과 유사점이 있는지를 알아보았다. 오상언(2010)에서는 문화 교류 때문에 한국어와 중국어 분류사의 종류 및 용법이 매우 다양하며 두 언어의 수량사구를 구별하여 사용하기가 어렵기 때문에 분류사를 대조하고 분석하였다.

셋째, 언어 간 차이점으로 인한 혼란을 줄이기 위해서다. 全素莹(2016)에서는 한국에서 현재 사용되고 있는 한자 부사의 경우 처음 한국에 유입될 때와는 달리 다른 어휘와 상호작용이 이루어지면서 지금의 중국어와는 상당히 많은 차이점을 가지게 되었다고 밝혔다. 예를 들어 '보통', '약간', '심지어', '제일'은 모두 한자부사이지만 이들과 대응되는 중국어는 부사가 아닌 다른 품사인 경우가 있다. 이로 인해 혼란을 겪을 수 있기 때문에 한국어 한자부사와 이들과 대응되는 중국어 어휘의 공통점과 차이점을 고찰하기로 하였다.

넷째, 목표 어휘와 관련된 논문이 없거나 많지 않기 때문이다. 방향옥 외(2009)의 경우 당시에 한·중 양국 언어의 내부구조의 차이점을 밝히거나 핵 계층 형태론으로 한자어와 중국어의 파생어를 비교한 논문이 없었기 때문에 중국어의 접두파생어의 내부구조를 고찰하고 형태론적 측면에서 핵 계층 이론을 도입하여 두 언어의 차이점을 기술하고 그 원인을 규명하기로 하였다.

(2) 한·중 한자어 품사 대조에서의 쟁점 : 한·중 2음절 명사 한자어 대조

구학(2017)과 안옥희(2015) 두 편 모두 2음절 명사 한자어를 대상으로 대조하였다. 이들 연구는 '동형동의어', '동형이의어', '완전이형동의어', '부분이형동의어'를 나눠서 대조하였다는 공통점을 가지고 있다. 구학(2017)에서는 동형이의어를 '한·중 동형부분이의어'와 '한·중 동형완전이의어'로 나누어 대조를 하였다. '한·중 동형부분이의어'를 분석할 때에는 '공통의 의미 외에 한국어에 의미가 더 있는 경우', '공통의 의미 외에 중국어에 의미가 더 있는 경우', '공통의 의미 외에 두 언어에서 각각 의미가 더 있는 경우’ 이렇게 3가지의 경우로 나누어 A등급과 B등급 어휘를 대조하였다. 안옥희(2015)에서도 마찬가지로 ‘동형완전이의어’와 ‘동형부분이의어’를 나눈 다음 부분이의어를 분석할 때 ‘의미축소와 확대’, ‘의미대립’의 두 가지 경우를 고려하여 대조하였다. 한편, 이 두 편의 연구에서는 아래와 같이 3가지의 차이점이 있다.

첫째, 구학(2017)은 먼저 『한국어 학습용 어휘 선정 결과 보고서』의 A등급(초급 어휘)과 B등급(중급 어휘)의 동형동의어를 ‘한·중 어휘 의미 항목 수가 같은 경우’, ‘한·중 어휘 의미가 다대일(多对一)이거나 일대다(一对多)인 경우’, ‘한·중 어휘 의미가 다대다(多对多)인 경우’의 3가지 유형으로 나누어 한·중 2음절 동형 명사를 대조하였다. 반면 안옥희(2015)는 동형동의어를 대조할 때 완전동의어와 부분동의어를 모두 동형동의어로 간주하고 따로 나누어 대조하지 않았다.

둘째, 구학(2017)에서는 동형어만 대조한 반면 안옥희(2015)에서는 2음절 이형동의어를 ‘완전이형어’와 ‘부분이형어’로 나눠서 대조하였다. 그리고 부분이형어를 다시 ‘동일음절형 AB:AC, AB:CA, AB:BC, AB:CB, AB:BA’, ‘축소음절형’, ‘첨가음절형’으로 세부적으로 나누어 대조 분석하였다.

셋째, 구학(2017)에서는 ‘한·중 동형완전이의어’를 대조할 때 A등급 어휘를 ‘한·중 두 언어에서 의미의 수가 같은 경우’, ‘한국어에서의 의미의 수가 중국어보다 많은 경우’, ‘중국어에서의 의미의 수가 한국어보다 많은 경우’의 3가지 경우를 고려해서 대조를 하였고, B등급 어휘는 ‘한·중 두 언어에서 의미의 수가 같은 경우’와 ‘한국어에서의 의미의 수가 중국어보다 많은 경우’로 나누어 대조하였다. 반면에 안옥희(2015)에서는 분석 대상인 한자어들을 구체적으로 분류하지 않고 몇 가지 예시를 통해서 대조하였다.

(3) 한·중 한자어 품사 대조에서의 쟁점 : 설문조사 실시 여부

한·중 한자어 품사별 대조 연구에서 설문조사를 실시한 연구로는 소열녕 외(2021)가 유일하다. 해당 연구에서는 한국어 ‘이상’, ‘이하’, ‘이내’와 중국어 ‘以上’, ‘以下’, ‘以内’의 사전적 정의를 대조한 후 양국에서의 사용상의 차이점을 정확하게 파악하기 위해 한국어와 중국어 모어 화자를 대상으로 설문 조사를 실시하였다. 이 연구에서 설문조사를 실시한 이유는 목표 어휘에 대한 한·중 인식이 다르기 때문이다. 한국어에서 'X 이상/이하'는 보통 X가 포함된다는 의미로 인식되고 있는 반면에, 중국어에서는 X가 포함되지 않는다는 의미로 인식될 때가 있기 때문에 학습자의 인식을 조사할 필요가 있는 것이다. 소열녕 외(2021) 이외의 '명사' 범주를 살펴본 나머지 6편의 연구에서는 설문조사를 실시하지 않았고 목표 어휘를 형태, 의미, 용법 등 여러 가지 측면에서 대조하였다.

(4) 한·중 한자어 품사 대조에서의 쟁점 : 대응과 대조

한·중 한자어 품사별 대조 연구들 중에서는 한자어를 중심으로 분석하고 중국어의 대응 형식을 대조한 경우도 있고, 각각의 특징을 나열하고 대조한 경우도 있다. 전자의 경우, 그 예로 全素莹(2016)을 들 수 있다. 全素莹(2016)에서는 한국어의 한자 부사와 중국어의 대응형식을 '음절수', '품사', '구조', '형태 의미 관계' 이렇게 4가지 유형으로 나누어 대조하였다. 각 유형을 분석할 때에는 한자 부사의 기본 정보를 먼저 나열하고 이들과 대응되는 중국어 표현을 뒤에 제시하였다. 특히 '품사에 따른 대조' 절에서는 중국어의 형용사, 부사, 동사, 명사, 수사, 대명사, 접속사 등 다양한 품사별로 대응 표현을 대조하였다. 앞에서 언급했던 것처럼 한국어의 한자 부사는 중국어와 큰 차이가 있다. 한자 부사가 중국어에서는 여러 가지 의미로 해석될 수도 있다. 또한 全素莹(2016)에서는 한국어 한자 부사와 이와 대응되는 중국어 어휘를 살펴보면서 두 언어의 품사 차이가 크고 아주 복잡하다고 밝혔다.

반면, '품사 전성'도 함께 다룬 연구는 한국어와 중국어의 어휘를 명확히 나열하고 대조하였다. 앞서 어휘 선정에 대해 정리한 부분에서 언급한 바와 같이 '품사 전성'을 다룬 대부분의 연구에서는 한국어 한자어와 중국어 한자어의 목록을 따로 정리하였으며 대조할 때에도 한국어만 중심으로 분석한 것이 아니고 중국어도 같이 분석하였다. 진관우(2021)의 경우, 먼저 한·중 한자어 준접사의 특징을 각각 제시하고 대조한 다음에 준접두사의 조어 방식을 '한·중 한자어 준접두사의 단어 결합 양상'과 '한·중 한자어 준접두사의 구 결합 양상'으로 나누고 이들을 또 다시 '한국한자어'와 '중국한자어'로 나누어서 대조하였다. 뿐만 아니라 준접미사의 조어 방식과 구 결합 양상도 '한국한자어'와 '중국한자어'의 경우로 나누어 따로 분석하였다. 예를 들어, 준접두사의 단어 결합 양상을 대조할 때 먼저 '명사 파생($[Pf^{V}+N]_{N}$, $[Pf^{A}+N]_{N}$, $[Pf^{D}+N]_{N}$)'과 '형용사 파생($[Pf^{A}+A]_{A}$)'으로 나누어 한국어의 한자어를 제시하였다. 그다음, 중국어의 한자어를 '명사 파생($[Pf^{V}+N]_{N}$, $[Pf^{A}+N]_{N}$, $[Pf^{A}+[V+\varnothing]_{N}]_{N}$)', '동사 파생($[Pf^{V}+N]_{V}$ $[Pf^{V}+V]_{V}$, $[Pf^{A}+V]_{V}$)', '형용사 파생($[Pf^{A}+N]_{A}$, $[Pf^{A}+A]_{A}$, $[Pf^{A}+V]_{A}$, $[Pf^{V}+N]_{A}$, $[Pf^{Ad}+[N+\varnothing]_{A}]_{A}$)', '부사 파생($[Pf^{Ad}+N]_{Ad}$)'으로 나누어 제시하였고, 마지막에는 앞서 제시한 두 언어의 자료를 바탕으로 한·중 단어 결합 양상을 대조하였다.

'품사 전성'을 연구 범위에 포함시킨 또 다른 연구, 방향옥 외(2009)에서는 한국어와 중국어 접두파생어의 유형과 내부구조를 대조할 때 '두 언어에서 동일하게 사용되는 접두파생어', '한국어의 한자어에만 있는 접두파생어', '중국어에만 있는 접두파생어' 등 경우별로 어휘들을 정리하였다. 이런 방식으로 두 언어의 어휘를 정리한 이유는, 한국어와 중국어의 접두파생어 간에 많은 공통점과 차이점이 존재하기 때문이다. 예를 들어, 파생명사의 경우 두 언어에서 같은 형태를 가지고 있고 똑같은 접두사가 사용되었어도 어근과의 결합했을 때 문법 기능이나 의미, 구조, 분포 상 큰 차이가 있다. 한국어의 한자어는 '접두사+한자어', '접두사+고유어', '접두사+외래어'의 구성으로 어근의 대부분이 2음절이며 접두한자어가 형용사, 동사, 명사, 부사성을 띤다. 반면에 중국어 접두사는 모두가 1음절 어근으로 목록의 일부만 명사, 수사, 대명사성을 띠며 나머지 접두사는 동사나 형용사성을 띤다.

앞서 논의한 내용을 정리해보자면, 한국어와 중국어 간 차이가 큰 경우 한국어 한자어를 중심으로 분석한 다음에 이와 대응되는 중국어를 나열하여 대조하는 경향이 보였고, 한국어와 중국어 간의 차이가 있지만 공통적인 부분도 많은 경우 한국어와 중국어를 각각 정리하여 이들을 형태론과 의미론적으로 대조하는 경향이 있었다.

(5) 한·중 한자어 품사 대조에서의 쟁점 : 전형적 분석과 문법적 분석

앞에서 언급한 것과 같이 '다중 품사'를 목표로 진행된 연구로는 기비림(2017)과 왕배(2015)가 있다. 이들 연구의 공통점은 세부 연구 목표 없이 한자어만 대조하였다는 것과 본문에서 두 언어의 한자어의 특징과 조어법을 대조하였다는 것이다.

다중 품사 한자어를 대조한 연구는 두 편뿐이지만, 이들의 차이점을 밝힐 필요가 있다고 본다. 왕배(2015)는 『주요 어휘 용례집』에서 어휘를 선정하였고 한·중 한자어를 크게 동형어, 역순어로 나누고 다양한 품사의 한자어를 나열한 후 대조하였다. 동형어 분석 부분에서는 동형동의어를 명사, 대명사, 수사, 형용사, 동사, 부사, 관형사, 감탄사 등 품사별로 대조하였다. 명사의 경우 1음절과 2음절 명사 한자어를, 동사와 형용사의 경우 '어근+접미사'로 구성된 한자어를 제시하였다. 그다음 동형이의어 분석 부분에서도 역시 명사, 동사 등 품사별로 대조하였다. 역순어 분석을 할 때에는 역순동의어를 명사, 형용사, 동사별로, 그리고 역순이의어를 분석할 때에는 명사, 형용사, 부사별로 대조하였으며, 한국어와 중국어의 한자어 예시를 제시하며 하나하나 대조하였다. 이렇듯 왕배(2015)는 한국어 한자어의 구조, 형태, 의미 등 다양한 측면을 분석한 다음에 대응되는 중국어와 대조하였는데, 이러한 연구 방법은 꽤 전형적인 분석 방법이라고 할 수 있다.

반면, 기비림(2017)은 왕배(2015)와 달리 다양한 등급의 한국어 능력을 가진 학습자들에게 맞는 어휘를 선택하고 한국어능력시험 중, 고급 기출문제에서 목표 어휘를 선정하였다. 기비림(2017)이 기타 연구들과 다른 점은, 한자어의 문법적인 분석을 하였다는 점이다. 해당 연구의 제4장에서는 중국인 학습자를 위한 한자어 교육 방안을 제시하였는데 이를 위해 대조 부분에서 '목표 한자어가 중국어와 사용 상 큰 차이가 있는가? 만약 그렇다면, 중국인 학습자들이 이들 한자어를 학습할 때에 큰 어려움을 겪지 않을까?' 등의 질문을 가지고 연구를 진행하였다. 그리고 한·중 한자어를 대조할 때 명사 한자어, 동사 한자어, 형용사 한자어는 물론, '~하다' 접미사에 의해 동사나 형용사로 품사가 변하는 경우 이와 대응되는 중국어 한자어와의 형태적, 의미적 관계를 분석하였다. 예를 들어, '연구'라는 한자어를 대조할 때 '연구' 자체의 형태 및 의미에 대한 대조만 하는 것이 아니고 '연구+하다'라는 명사에서 타동사로 변화하는 과정과 예문도 같이 검토하였고, 이와 대응되는 중국어의 명사와 동사의 의미와 예문도 같이 대조하였다. 이런 대조 과정을 통해서 해당 어휘에 대한 한·중 차이를 알 수 있었고 교육 방안 마련을 위한 기초 자료를 제공하였다. 물론 이 과정이 '품사 전성'을 다룬 연구들과 비슷하긴 하지만, 이 연구는 명사, 동사, 형용사의 3가지 품사의 전성 및 의미를 함께 대조하였기 때문에 '다중 품사'를 다루었다고 볼 수 있다.

'형용사 대조' 범주에 포함된 연구인 유염염(2015)도 마찬가지이다. 한·중 '한자어+하다' 형용사를 대조한 연구가 총 3편 있었는데, 엄성호(2015)과 직설영(2016)의 경우 모두 '한자어+하다'의 형태, 의미, 품사를 대조하였고 유염염(2015)의 경우에는 중국인 학습자를 위한 합리적인 '한자어+하다' 형용사 교육 방안을 제시하기 위하여 '한자어+하다' 형용사의 특징에 대해 논의한 뒤 대응되는 중국어의 형태, 의미, 품사 및 통사적인 측면에서 체계적으로 대조를 하였다. 유염염(2015)의 서론 부분에서는 의미상의 유사성으로 인해 중국인 학습자들이 '한자어+하다' 형용사를 큰 어려움 없이 습득한다고 착각을 하여 외국어로서의 한국어교육 현장에서 소홀히 하는 경우가 많다고 하였다. 그래서 해당 연구에서는 학습자들의 오류를 줄이기 위해 '형태, 의미, 품사'적 대조만 한 것이 아니라 '통사적' 측면도 같이 고려하여 대조하였다. 이렇듯 '교육 방안'을 제시하는 것을 목적으로 하는 한·중 한자어 대조 연구들의 경우, 보통 목표 어휘의 통사적인 특징도 함께 살펴보는 편인 것으로 보인다.

(6) 한·중 한자어 품사 대조에서의 쟁점 : 형태 중심 대조와 의미 중심 대조

대부분 한·중 한자어 품사별 대조 연구들은 목표 어휘의 형태와 의미를 대조하였다. 하지만 연구 목적에 따라 형태에 초점을 둔 연구도 있고 의미에 초점을 둔 연구도 있다. 예를 들어 방향옥 외(2009)는 '형태 중심 대조' 연구라고 할 수 있다. 이 연구는 한·중 한자어 파생어의 내부구조를 고찰하고 형태론적 측면에서 핵 계층 이론을 도입하여 두 언어의 차이점을 기술하고 그 원인을 규명하였다. 그리고 한국어 한자어와 중국어 접두파생어의 유형과 내부구조를 대조한 후에 한·중 접두파생어의 어휘핵도 대조하였다. 예를 들어, 한·중 파생 동사를 대조할 때 형태를 중심으로 하여 한자어를 '$[A^{pf}+V]_V$ 浓-: 浓익다'와 '$[Adv^{pf}+V]_V$ 都-: 都맡다'로 분석하였고, 중국어는 '$[V^{pf}+V]_V$ 超-: 超速(속도를 초과하다)', '$[V^{pf}+V]_V$ 超-: 超过(초과하다)', '$[A^{pf}+V]_V$ 高-: 高升(승진하다)' 등의 방식으로 분석하였다. 어휘핵을 대조할 때에는 좌핵파생어와 우핵파생어로 나눠서 분석하였다. 예를 들면 좌핵파생어의 경우 한자어는 '$[[N^{pf}][Nu]]_N$'의 구조로, 중국어는 '$[[N^{pf}][Nu]]_N$', '$[[V^{pf}][N]]_V$', '$[[Ad^{pf}][N]]_{Ad}$', '$[[A^{pf}][V]]_A$'의 구조로 제시하였다.

반면 '품사적인 차이' 범주에 포함된 차이춘징(2016)은 '의미 중심 대조' 연구라고 볼 수 있다. 차이춘징(2016)에서는 한·중 한자 합성어의 차이점을 정리하고 한국어를 배우고 있는 중국 학습자들이 좀 더 효과적이고 체계적으로 어휘를 학습할 수 있도록 효과적인 교수 방안을 제시하였다. 이를 위해 해당 연구에서는 한·중 한자 합성어를 대조할 때 형태(동형어, 이형어)와 의미(동형 완전이의어, 동형 부분이의어)를 따로 분석하였다. 그러나 해당 연구자가 동형어와 이형어의 형태적인 측면을 대조할 때 한·중 동형어와 이형어의 목록만 제시하고 형태가 어떻게 생산되거나 구별되는지에 대해서는 구체적으로 논의하지 않았고, 오히려 예문과 설명을 통해서 각 형태에 포함되어 있는 어휘의 의미적인 차이만 밝혔다. 차이춘징(2016)에서는 한·중 한자어 어휘의 형태와 의미의 공통점과 차이점을 살펴본 후 두 언어의 어휘의 형태와 의미의 공통점(중국인 유학생이 한국어를 학습할 때 우세라는 장점)과 차이점(모국어의 영향으로 도리어 잘못 사용하게 될 수 있다는 단점)을 밝혔다. 이렇게 논의된 의미상의 공통점과 차이점은 교육 방안 제시를 위한 기초 자료가 되었다.

교육 방안을 목적으로 진행된 대조 연구들은 목표 어휘의 형태보다 의미와 통사적인 특징을 더 집중적으로 살펴본다는 것을 알 수 있다.

6. 연구 목적에 따른 연구 결과 고찰

본 장에서는 연구 목적에 따른 연구 결과를 살펴볼 것이다. 앞에서 언급한 바와 같이 한·중 한자어 품사별 대조 연구의 연구 목적은 크게 '단순 대조'와 '교육 방안' 두 가지로 나눌 수 있는데 연구들이 보통 이 두 목적을 모두 가지고 있는 편이다. 논문들의 내용을 보면 모두 공통적인 목적을가지고 있긴 하지만, 연구에 따라서는 다른 세부 목적이 존재하기도 하였다. '단순 대조'가 연구 목적인 연구들의 경우, '형태론적 대조', '의미론적 대조', '혼합 대조(①형태+의미, ②구조+형태+의미, ③통사+형태+의미)' 의 3가지의 세부 목적들을 가지고 있었다. '교육 방안'이 주 연구 목적인 경우에는, '형태와 의미', '형태, 의미, 통사', '형태, 의미, 오류분석'의 3가지 세부 목적을 가지고 있었다. 본 절에서는 세부 연구 목적에 따라 어떤 연구 결과를 얻었는지를 살펴보도록 하겠다. 먼저 '단순 대조' 연구 목적의 연구를 아래 〈표 6〉과 같이 정리하였다.

〈표 6〉 '단순 대조'가 연구 목적인 연구들

연구 목적	단순 대조		
세부 목적 / 연구자(연도)	형태론적	의미론적	혼합 ①형태+의미 ②구조+형태+의미 ③통사+형태+의미
LUO TING(2014)			②
全素莹(2016)			②

구가흔(2015)		○	
구학(2017)		○	
방향옥 외(2009)	○		
소열녕 외(2021)		○	
심혜령(2007)		○	
엄성호(2015)		○	
왕배(2015)			①
유림(2009)		○	
진관우(2021)	○		
두위(2012)			①
두위(2011)			①
JIN XIANSHUN(2012)		○	
ZHENG WENTING(2016)			③
SHEN NA(2020)			①
오상언(2010)			①
김천지(2017)			①

한·중 한자어 품사별 대조 연구들은 보통 형태와 의미의 측면에서 어휘들을 대조하였다. 하지만 각 연구마다 다른 세부 목적들을 가지고 있었는데 이들을 정리해보면 '형태론적 대조', '의미론적 대조', '형태+의미 혼합 대조', '구조+형태+의미 혼합 대조', '형태+통사+의미 혼합 대조'의 5가지로 나눌 수 있다. 이어서 예시를 통해 각 세부 목적에 따른 연구 결과를 제시하겠다.

형태론적 대조에 중점을 둔 연구로는 방향옥 외(2009)를 예로 들 수 있는데, 해당 연구에서 얻은 결과를 정리해보면 다음과 같다. 첫째, 한자어 접두파생어의 구성 유형을 '접두사+한자어', '접두사+고유어', '접두사+외래어'의 3가지로 분류하여 살펴보았는데, 한국어의 경우 대부분의 어근이 2음절인 반면에 중국어는 1음절 어근과의 결합이 대부분이었다. 둘째, 중국어의 파생어는 한국어 한자어에 비해 다양한 어휘범주의 양상을 보인다. 셋째, 한자어와 중국어의 어휘핵의 특징을 살펴본 결과 한자어는 거의 우측핵을 따르지만 중국어는 좌측핵과 우측핵이 모두 가능하다. 넷째, 핵 계층 원리인 '$X^n \rightarrow ...X^{n-1}...$'로 적절하게 설명하기 위하여 핵 계층이론의 층위를 단어: X^0, 어간: X^{-1}, 어근: X^{-2}, 1층위접사: X^{-1}, 2층위접사: X^{-2}로 설정하였는데 그중 어휘핵의 층위는 X^{-1}이다.

의미론적 대조에 중점을 둔 연구의 예로 유림(2009)과 구가흔(2015)을 들 수 있다. 유림(2009)에서는 크게 '긍정·부정적 단의어 의미 대조'와 '긍정·부정적 다의어 의미 대조'로 나누어 단순히 어휘적 의미의 대조에서 벗어나, 문맥적 환경에서 다른 단어와의 결합 관계에서 나타나는 긍정·부정적 어휘 의미의 차이점을 구체적으로 살펴보았다. 예를 들어 한국어에서는 긍정적이고 중국어에서는 부정적인 의미를 가진 '자부(自負)'에 대해 대조할 때 예문을 통해서 한국어 한자어 '자부(自負)'는 중국어 '自豪(자랑하다)'와 같은 의미를 가지고 있는데 '자부(自負)'는 중국어에서 '지나치게 거만(倨慢)하거나 교만(骄慢)하거나 자부하다, 스스로를 대단하게 여기다'의 부정적 의미도 가지고 있다는 결론을 얻었다. 또한 구가흔(2015)에서는 한자어 용언과 중국어 어휘를 품사 및 의미를 중심으로 비교하였는데, 그는 한국어 한자어와 대응되는 중국어 어휘가 품사에서 차이가 있더라도 의미에는 영향을 주지 않는 경우가 있으며 이러한 한자어들은 중국인 학습자들에게 동형동의어와 비슷한 정도의 난이도일 거라고 추측하였다. 또한 해당 연구에서는 의미적인 유사성이 어휘 이해에 많은 도움이 되긴 하지만 품사적인 차이성은 문법 오류를 야기할 수 있기 때문에 소홀히 해서 안 된다고 강조하였다. 그리고 소열녕 외(2021)에서 대조분석과 설문조사를 통해 얻은 결과를 보면 '이상, 이하, 이내'와 '以上, 以下, 以内' 중에서 가장 뚜렷한 차이를 보이는 것은 '이하'와 '以下'라고 하였다. 설문조사 결과에 따르면 한국어의 '이하'에 수량이 포함된다고 답한 응답자가 91%에 달했는데 중국어의 '以下'는 오히려 그 반대로 86.1%의 응답자가 포함되지 않는다고 답을 하였다. 이러한 두 언어의 의미적인 차이를 한국어교육과 중국어교육에서 반드시 다루어야 한다고 강조하였다.

'형태+의미 혼합 대조'에 중점을 둔 연구의 예로 두위(2012)를 들 수 있다. 두위(2012)에서는 한·중 한자어 합성어를 대조하였다. 한국어 한자어 합성어는 형태적으로 '어간+어간', '어간+특수 어간/특수 어간+어간', '특수 어간+특수 어간' 이렇게 네 가지가 있는데, 중국어 합성어는 '어간+어간'의 구성이 유일하다는 결론을 얻었다. 품사적으로 두 언어의 구성 형식을 보면 'N+N, V+N, A+N, N+V, V+V, A+V, Ad+V, N+A, A+A, Ad+A, V+A, V+Ad, A+Ad, Ad+Ad'의 14가지의 품사 구성 형식이 있다고 한다. 중국어 합성어에서는 이 14가지 종류가 모두 존재하고 있고, 한국어 한자 합성어에서는 'V+A, V+Ad, A+Ad, Ad+Ad' 의 네 가지만 존재한다는 결론을 얻었다. 그리고 이들 한자어를 '동형동의', '동형이의', '이형동의'로 분류할 수 있으며 '한국어 한자어 합성어와 중국어 합성어', '한국어 한자어 합성어와 중국어 이합사'의 두 가지 양상으로 나누어 대조하였다. 의미적인 측면을 대조한 결과를 보면, 한·중 한자어 합성어는 두 언어에서 같은 뜻으로 쓰이는 경우도 있었고, 다른 뜻으로 쓰이는 경우도 있었다. 또한 전혀 다른 어휘를 사용하여 같은 의미를 나타내는 경우도 있었고, 같은 어휘지만 부분적으로 뜻이 다르게 사용되는 경우도 있었다.

'구조+형태+의미 혼합 대조'에 중점을 둔 全素莹(2016)에서는 구조에 대해 다음과 같은 결과를 얻었다. 첫째, 한국어 한자 부사와 대응되는 중국어 부사 중에 단일어인 경우는 많지 않다. 둘째, 한국어는 주로 파생어의 비중이 크고, 중국어는 합성어의 비중이 더 크다. 중국어의 복합어 형성구조는 병렬(并列)구조, 수식(修饰)구조, 술목(述宾)구조, 보충(补充)구조, 주술(主述)구조의 다섯 가지로 나눌 수 있다. 또한, 한국어 한자 부사와 대응되는 중국어를 형태, 의미, 품사에 따라 '동형동의어', '동형이의어', '이형동의어'로 나누어 살펴보았다. 예를 들어 한자어 부사 '나겁(懦怯)히'와 대응되는 중국어 '怯懦'를 대조할 때 먼저 두 어휘의 어형과 의미를 제시하고 그와 관련된 예문도 같이 나열하였다. 제시된 내용에 따르면 한국어 한자 부사 '나겁히'와 대응되는 중국어 어휘 '怯懦'의 어순은 한국어 한자부사와 반대이고 이 유형은 어순이 완전 반대로 나타나는 이형동의어라고 밝혔다.
한편, LUO TING(2014)에서는 다음과 같은 연구 결과를 얻었다. 첫째, 술어

명사는 자체의 의미와 성격에 따라 논항의 수도 다르다. 논문에서 정리된 42개의 술어명사 중에는 논항이 1개인 구조, 2개인 구조와 3개인 구조까지 모두 있다고 밝혔다. 둘째, 한국어 기능동사는 타동사와 자동사로 분류할 수 있는 반면에 중국어 기능동사는 자동사가 없고 타동사만 존재한다. 셋째, 한·중 술어명사와 결합하는 기능동사 중에서 의미적으로 보았을 때 서로 대응되는 기능동사도 있다. 예를 들어, 기능동사 '하다'와 '作', '진행하다'와 '进行', '받다, 당하다'와 '受到', '주다'와 '给予, 给以', '벌이다'와 '展开'의 경우, 두 단어의 의미가 비슷하고 서로 대응될 수 있다고 한다. 넷째, 한·중 술어명사와 기능동사의 결합 양상 중에 부분적으로 대응되는 경우도 있고 완전히 대응되지 않는 경우도 있다는 결론을 얻었다.

'형태+통사+의미 혼합 대조'에 중점을 둔 연구로는 ZHENG WENTING(2016)가 있다. ZHENG WENTING(2016)에서 형태적인 특성에 따른 분류를 보면, 한국어 한자어 합성어와 중국어 합성어 간 차이가 크다고 할 수 있다. 가장 큰 차이점은 한국어 한자어의 구성성분은 그 품사를 판별하기가 어려운 반면에 중국어 합성어의 경우 구성성분의 품사가 확실하다. 그리고 통사적인 특성에 따른 분류를 보면 한국어 한자어 합성어는 주술구성, 술목구성, 술보구성, 병렬구성, 수식구성의 5가지로 분류할 수 있고, 중국어 합성어는 주술구성, 술목구성, 술보구성, 병렬구성, 수식구성 외에도 '개사(介词)+목적어'의 통사구성, 겸어(兼语)구성, 연동(连动)구성이 존재한다. 마지막으로 의미관계에 따른 분류를 보면 한국어에서는 한자어와 고유어가 결합하여 형성된 동의중복관계의 합성어가 존재한다는 특징이 있고, 중국에서는 하나의 구성성분의 의미가 약화되는 편의관계의 합성어가 존재한다는 특징이 있다.

다음으로 '교육방안'이 연구 목적인 연구들을 정리해보면 아래 〈표 7〉과 같다. 각 연구의 세부 목적에 따라 어떤 결과를 얻었는지도 같이 살펴보겠다.

〈표 7〉 '교육방안'이 연구 목적인 연구들

연구 목적	교육방안		
세부 목적 / 연구자(연도)	형태와 의미	형태, 의미, 통사	형태, 의미, 오류분석
MA JINSHAN(2012)			○
기비림(2017)		○	
안옥희(2015)	○		
차이춘징(2016)	○		
황종(2007)	○		
유염염(2015)			○
직설영(2016)	○		

〈표 7〉에 제시된 바와 같이 교육 방안이 연구 목적인 한·중 한자어 품사별 대조 연구에서는 교육 방안을 제시하기 위해 목표 어휘의 형태, 의미, 통사, 오류를 분석하였다.

먼저 '형태와 의미' 대조를 한 안옥희(2015)의 경우, 2음절 한자 어휘를 형태와 의미적인 측면으로 나누어서 비교·분석하였다. 동형어를 대조할 때에는 동형동의어와 동형이의어로, 이형동의어를 대조할 때에는 완전이형어, 부분이형어(AB:CA, AB:BC, AB:CB, AB:BA, 축소음절형, 첨가음절형)로 나누어 분석하였다. 예를 들어 동형동의어 '감격(感激)'의 한·중 대조를 할 때 한자어 '겸격'과 중국어 '感激'에 대한 형태, 품사, 뜻풀이, 예문을 제시하였는데, 이들은 한국어와 중국어에서 명사와 동사로 쓰일 때 그 의미가 같고, 한국어에서는 '적, 하다'를 붙여 관형사로도 확장하여 사용할 수 있다고 하였다. 그리고 해당 연구에서는 대조 분석한 내용을 바탕으로 중국인 학습자를 위한 어휘 활용 방안을 제시하였다.

또 다른 연구인 황종(2007)에서는 한·중 부정접두 한자어 '不(부/불), 否(부), ※(몰), 无(무), 未(미), 非(비), 반(反)'의 대조를 통해 중국인 대상 한국어 부정접두 한자반의어의 교육 방법을 제시하였다. 해당 연구에서는 '반(反)'을 대조할 때 한국어와 중국어의 의미와 형태적인 차이를 분석하였다. 의미적인 측면에서 보면, 한국어 부정접두사 '反'은 '반대되는', '그것에 반

대하는'이라는 두 가지의 뜻이 있는 반면에 현대 중국어 한자 '反'은 아주 많은 의미를 가지고 있다. 형태적인 측면에서 보면, 한국어 '반'은 접두사이고 고유명사를 포함하는 대다수 명사 앞에 붙여 쓰일 수 있지만 중국어 '反'은 형용사, 동사, 명사, 부사로 쓰일 수 있다. 이런 대조 결과를 바탕으로 연구자는 '형태별로 비교 대조해서 가르치기', '의미별로 비교 대조해서 가르치기', '쓰임별로 비교 대조해서 가르치기' 등 여러 가지의 교육 방법을 제시하였다.

'형태, 의미, 통사' 대조를 한 연구로는 기비림(2017)을 들 수 있는데, 해당 연구에서는 한·중 한자어 품사의 대응 관계를 살펴보고 해당 한자어의 의미와 형태적인 공통점과 차이점을 대조 분석하였으며, 명사, 동사, 형용사 한자어의 문법적인 분석도 진행하였다. 그 결과, 한국 한자어와 중국 한자어 간에는 다의어적 차이, 의미적 차이, 어법적 차이가 있다고 하였으며, 이러한 부분들에 대한 효율적인 학습 방안을 마련하였다.

'형태, 의미, 오류분석'을 한 연구인 MA JINSHAN(2012)에서는 중국인 학습자를 위한 한자어 교육 방안으로 '한·중 대조 분석 내용 학습', '한자어 유의어 변별 학습', '고유어와 한자어의 대응 관계 학습'과 '한자어 오류 분석 활용 학습'을 제안하였다. 오류 분석의 결과를 살펴보면 첫째 중국인 학습자들은 모국어 체계의 영향을 아주 많이 받고 있음을 알 수 있다. 둘째, 목표어의 특성에 의한 학습자들의 오류 순위를 살펴보면, 한자어 유의어 변별을 제대로 하지 못해서 범한 오류가 1위, 한국어 조어법 미숙지로 인한 오류가 2위, 한국어 어휘의 공기 관계 미숙지로 인한 오류가 3위를 차지하였다. 셋째, 오류 유형에 있어서는 중급과 고급 학습자들 간 큰 차이가 있었지만, 한자어를 통한 경어법 실현이나 두 언어의 뉘앙스 차이로 인한 오류율은 중급과 고급의 차이가 크지 않았다. 이 연구에서는 이러한 내용에 대한 교육이 아직 제대로 이루어지지 못하고 있는 실정이라고 하며 목표 어휘의 형태와 의미는 물론 오류 분석 결과를 잘 반영한 교육 방안을 제시하고 그 효과를 검증하였다.

또 다른 연구인 유염염(2015)에서는 '한자어+하다' 형용사의 형태, 의미,

품사, 통사 측면을 대조한 후에 중국인 학습자를 대상으로 설문지를 제작하여 오류 분석을 진행하였다. 오류 분석 결과에 따르면, 오류를 크게 중국어 간섭으로 인한 오류와 한국어의 특성으로 인한 오류, 사회·문화적 차이로 인한 오류의 3가지 유형으로 나눌 수 있다. 그중 인칭 제약으로 인한 오류는 84%, 격틀로 인한 오류는 69%를 차지하였다. 그리고 직역으로 인한 오류와 동형이의어로 인한 오류도 50% 이상의 비율을 차지하였다. 특히 고급 학습자들의 경우, 품사로 인한 오류가 45%를 차지하였다. 해당 연구에서는 이러한 통계 결과를 바탕으로 '명시적인 품사 및 활용 제시', '중국어 어휘 의미 및 사용 양상 고찰', '격틀 문항의 명시적인 제시', '인칭제약 제시' 등과 같은 교재 개선 방안을 제안하였다.

7. 나가는 말

본 연구에서는 25편의 한·중 한자어 품사별 대조 연구의 동향 및 쟁점을 분석하였다. 2장에서는 한·중 한자어 품사별 대조 연구의 시기별 동향을 '명사', '부사', '다중 품사', '형용사', '품사 전성', '품사적인 차이'의 목표 어휘 종류별로 분석하였다. 3장부터 5장까지는 한·중 한자어 품사별 대조 연구의 쟁점을 분석하였다. 좀 더 구체적으로 보면, 3장에서는 품사별 대조 연구 목록 선정에서의 선정 방법과 한·중 한자어 목록 제시 여부에 대한 쟁점에 대해 논의하였다. 4장에서는 '단순 대조'와 '교육 방안' 두 가지 연구 목적을 가진 연구들을 '대조', '대조+교수방안', '대조+오류분석+교수방안'의 3가지 연구 구성 유형으로 나누어 검토하였으며, 한·중 한자어 품사별 대조 연구에서 단순 대조가 아닌 교육 방안이 목적인 연구가 나오는 원인을 분석하였다. 5장에서는 한·중 한자어 품사별 대조 연구의 대조 방법을 '사전적 대조', '이론적 대조', '말뭉치 대조', '혼합 대조'로 분류하고 각 대조 방법을 사용한 연구들을 살펴보았다. 또한 여러 연구들이 구체적인 대조 내용을 분석할 때 먼저 한자어 품사를 대상으로 대조한 이유를 검토하고 한·중 한자어 품사 대조의 5가지 쟁점을 제시하였다. 해당 부분에서 논의하였던 쟁점을 정리해보면, '한·중 2음절 명사 한자어 대조', '설문조사 실시 여부', '대응과 대조', '전형적 분석과 문법적 분석', '형태 중심 대조와 의미 중심 대조' 등이 있었다. 마지막 6장에서는 연구 목적에 따른 연구 결과를 고찰하였는데, 여기서 '단순 대조'라는 큰 목적은 '형태론적 대조', '의미론적 대조', '혼합 대조(형태+의미, 구조+형태+의미, 통사+형태+의미)'의 세부 목적으로, 그리고 '교육 방안'이라는 큰 목적은 '형태와 의미', '형태, 의미, 통사', '형태, 의미, 오류분석'의 3가지 세부 목적으로 분류되었다. 그리고 이어서 세부 연구 목적에 따라 어떤 연구 결과를 얻었는지를 살펴보았다.

본 연구는 다양한 품사별 대조 연구의 흐름과 쟁점을 살펴보았다. 앞으로 보다 다양한 대조 연구들이 계속 진행되기를 기대한다.

참고문헌

김일병(2000), 「국어 합성어 연구」, 역락출판사.
김창섭(1999), 「국어 어휘 자료 처리를 위한 한자어의 형태·통사론적 연구」, 국립국어연구원.
노명희(1990), 「한자어의 어휘형태론적 특성에 관한 연구」, 서울대학교 석사학위논문.
노명희(2003), 「구에 결합하는 접미한자어의 의미와 기능」, 『한국어 의미학』 13, 한국어의미학회, 69-95쪽.
노명희(2005), 「현대국어 한자어 연구」, 태학사.
안소진(2004), 「한자어 접두사에 대한 연구」, 서울대학교 석사학위논문.
정문영(1994), 「국어 한자어의 단어형성연구」, 충북대학교 박사학위논문.
정의화(2008), 「한중 박쥐말의 긍정적, 부정적 어감 대조연구」, 『중국연구』 42, 한국외국어대학교 중국연구소, 101-114쪽.
최윤곤(1999), 「현대 국어 한자어 파생법 연구」, 동국대학교 석사학위논문.
최형용(2016), 「한국어 형태론」, 역락출판사.

吕叔湘(1979). 「汉语语法分析问题」, 商务印书馆.
张斌(2006), 「新编现代汉语」, 夏旦大学出版社.
汤志祥(2001), 「当代汉语词语的共时状况及其嬗变」, 夏旦大学出版社.
马庆株(1995), 「现代汉语词缀的性质,范围和分类」, 『中国语言文字』 146, 中国语文学报, 101~137쪽.

분석 대상 논문

구가흔(2015), 「한국 한자어 용언과 현대 중국어 어휘 비교 연구」, 연세대학교 석사학위논문.
구학(2017), 「현대 한국 한자어와 중국어 어휘에 대한 대조 연구」, 가천대학교 박사학위논문.
기비림(2017), 「중·한 한자어 비교 연구」, 동아대학교 석사학위논문.
김천지(2017), 「한·중 한자어 접두사 대조: 한·중 사전에 나타난 공통 접두사 '非」, 老-, 准-, 小-'를 중심으로」, 연세대학교 석사학위논문.
두위(2011), 「한국어 한자어 합성어와 중국어 이합사의 대조연구」, 『문창어문논집』 48, 문창어문학회, 113-135쪽.
두위(2012), 「한국어 한자어 합성어와 중국어의 대조 연구」, 부산대학교 박사학위논문.
방향옥·강희숙(2009), 「국어학 : 한국 한자어와 중국어의 접두파생어 대조 연구」, 『새국어교육』 83, 한국국어교육학회, 485-513쪽.
소열녕·구언아(2021), 「한국어 '이상', '이하', '이내'와 중국어 '以上', '以下', '以内'의 대조 연구」, 『중국언어연구』 97, 한국중국언어학회, 153-176쪽.
심혜령(2007), 「한국어와 중국어의 대조를 위한 한자어 명사의 계량언어학적 연구」, 『한국어학』 36, 한국어학회, 123-164쪽.
안옥희(2015), 「중국인 학습자를 위한 어휘 분석과 활용 방안」, 동신대학교 석사학위논문.
엄성호(2015), 「한자어 '어근·하다' 형용사 의미 연구」, 경희대학교 박사학위논문.
오상언(2010), 「한·중 분류사 비교 연구」, 경희대학교 석사학위논문.
왕배(2015), 「한국 한자어와 중국어 어휘의 대조 연구」, 대전대학교 석사학위논문.
유림(2009), 「한국 한자어와 중국어의 긍정·부정적 어휘 의미 대조 연구」, 경희대학교 석사학위논문.
유염염(2015), 「중국인 학습자를 위한 '한자어+하다' 형용사 교육 연구」, 인천대학교 석사학위논문.

직설영(2016), 「한국어 '한자어+하다'류 용언과 중국어 어휘의 대조연구」, 전남대학교 석사학위논문.

진관우(2021), 「한·중 한자어 준접사의 대조 연구」, 성균관대학교 석사학위논문.

차이춘징(2016), 「한 중 한자 합성어 교수 학습 방안」, 한국교원대학교 석사학위논문.

황종(2006), 「중국인 학습자를 위한 한국어 반의어 교육 연구: 부정접두 한자반의어를 중심으로」, 『문창어문논집』 43, 문창어문학회, 181-211쪽.

JIN XIANSHUN(2012), 「한·중 동형 한자 파생접사 대조 연구」, 성균관대학교 석사학위논문.

LUO TING(2014), 「한·중 한자어 술어명사의 대조 연구」, 경희대학교 석사학위논문.

MA JINSHAN(2012), 「중국인 한국어 학습자를 위한 한자어 교육 연구」, 서울대학교 박사학위논문.

SHEN NA(2020), 「한국어 한자어 접미사와 중국어 类后缀의 대조 연구」, 『语文论集』 82, 중앙어문학회, 75-115쪽.

ZHENG WENTING(2016), 「한국어 한자어 합성어와 중국어 합성어의 대조 연구」, 이화여자대학교 석사학위논문.

仝素莹(2016), 「한국 한자부사와 중국어 대응형식의 대조 연구」, 忠南大学校 석사학위논문.

Ⅴ. 한·중 동형어 대조 연구 동향 및 쟁점

국흠(JU XIN)

1. 들어가는 말

어휘 학습은 언어 학습을 완성하기 위한 필수적 요소라는 점에서 관심을 받아 왔다. 현대 한국어의 어휘 체계는 고유어, 한자어, 외래어로 구성되어 있고[1] 한자어가 한국어 어휘에서 절반 이상의 비중을 차지하고 있기 때문에[2] 어휘 학습에서의 한자어의 역할이 매우 크다고 할 수 있다. 그리고 김광해(1989)에 의하면 고유어는 주로 일상생활에서 비공식적인 구어로서 자유롭게 사용되지만, 한자어는 문어로서 상대방에게 격식을 갖출 때 더 많이 사용된다. 이에 학습자의 한국어 숙달도가 올라갈수록 더 많은 한자어를 접하게 될 수밖에 없고, 특히 전문 용어를 많이 접하고 격식적인 문어체의 사용이 많은 학문 목적 학습자를 위해 한자어 교육은 필수적인 어휘 교육 내용 중 하나이다.

중국 같은 한자권 나라들은 한국과 지리적으로 가깝기 때문에 한자를 비롯하여 여러 문화적 공통점을 가지고 있다. 한자어가 오랜 세월을 거쳐

---

1 심재기 외, 『국어 어휘론 개설』, 박이정 출판사

2

출처	문교부(1956) 〈우리말 말수사용의 기조사〉	국립국어원 『표준국어대사전』	김광해(1989)
한자어 비율	57.9%	53%	70%

각자 언어 환경에서 발전하고 의미의 확대, 축소, 변천의 과정을 거쳤지만 현대 한국어 한자어의 음운, 형태, 의미 등 면에서 한국어와 중국어는 아직 유사한 부분이 많다. 그러므로 비한자권 학습자보다 한자어에 익숙한 한자권 학습자가 한자어를 더 빠르게 학습할 수 있고 모르는 한국어 한자어 어휘도 발음의 반복을 통해 쉽게 의미를 유추할 수 있다.[3] 하지만 두 언어에서 유사성이나 관련성을 가진 한자어의 경우, L2 한자어 학습에 유리할 수도 있지만 혼동을 일으킬 수도 있다. 따라서 언어 간의 긍정적 전이-유용(facilitation)과 언어 간 부정적 전이-간섭(interference)이 한자어 학습에 도움이 되도록 대조언어학의 관점에서 출발하여 두 언어 간의 한자어의 공통점과 차이점을 명확히 밝힐 필요가 있다.

2000년에 들어서면서 한·중 한자어 대조분석 연구는 양적으로나 질적으로나 모두 괄목할 만한 성과를 거두었다. 한국에서의 한·중 한자어 대조분석 연구만 대상으로 하여 내용적인 측면에서 들여다보면, 동형어에 관한 연구가 57.8%(48편)[4]으로 가장 높은 비중을 차지하는 것으로 나타났다. 본 연구는 밀레니엄 이후 한국 국내의 대조언어학 분야에서 이루어진 한·중 동형어에 대한 연구를 되돌아봄으로써 그동안의 연구 성과를 확인하고, 앞으로의 연구들이 나아가야 할 방향을 모색하는 데에 목적이 있다. 이를 위해 대조언어학 관점에서 출발하여 한자어 연구에서의 한·중 동형어 대조 연구를 연도별, 주제별, 연구 목적별, 연구방법론의 경향성 등으로 나누어 상세히 살펴봄으로써 현재까지 한자어 중에서 주목을 많이 받은 동형어 연구의 성과를 분석해 보고자 한다. 한·중 동형어 대조 연구의 양적 추이를 알아보고, 아직 연구가 이루어지지 않은 영역과 모호한 개념들을 점검

---

3 이영희(2008), 『외국인을 위한 한자어 교육 연구』, 숙명여자대학교 박사학위논문, 20-22쪽.

4 본고는 2000년 이후 한·중 한자어 대조 분석에 관한 논문 83편을 수집하였다. 영역별로 살펴보면 동형어와 이형어에 관한 연구가 63.8%(53편)로 제일 많이 나타났고, 품사에 관련된 한자어 대조 연구가 18%(15편), 기타 한자어 연구는 19.2%(16편)로 나왔다. 동형어와 이형어에 관한 연구들에서 이형어를 따로 주목한 연구가 2편 나왔고, 주된 관심사인 한·중 동형어 대조 연구를 포함한 한자어 대조 연구가 57.8%(48편)로 제일 높게 나타났다.

해 보는 과정을 통해 한·중 동형어 대조 연구의 쟁점과 앞으로의 연구 방향을 제시해 보고자 한다.

2. 연구 대상 몇 방법

1) 연구 대상 수집 및 선정

한·중 동형어 대조 연구를 수집하기 위해 학술연구정보서비스 시스템(www.riss.kr)에서 '한중 대조'를 키워드로 검색하였다. 수집한 리스트에서 한자어에 관한 연구를 정리하여 다시 한·중 동형어를 중심으로 하여 논의된 대조 연구를 선별하였다. 최종적으로 학술지 논문 3편과 학위논문 45편(석사:42, 박사:3) 총 48편의 연구를[5] 분석 대상으로 선정하였다.[6]

2) 분석 방법

〈표 1〉 한·중 동형어 대조 연구의 분석 틀

분류	세부 분류
연도	-
발간 유형	학위논문(석사, 박사), 학술지
연구 목적	단순 대조, 오류연구, 교육방안
연구 분류 체계	-
목록 선정	말뭉치 자료, 문헌 자료
대조 방법	자료 및 이론적 연구, 사전적 연구, 말뭉치 연구

위의 〈표 1〉은 본 연구 분석에 사용한 분석 틀을 정리한 것이다. 표 내용

5 분석 대상을 선정하는 데에 있어 학술지에 게재된 논문들과 학위논문으로 범위를 한정함으로써 단행본과 연구 보고서 등 기타 자료들에 대한 고찰은 이루어지지 못하였음을 밝혔다.
6 본 연구에서 분석 대상으로 삼은 전체 연구 목록은 마지막 장에 제시하였다.

을 중심으로 먼저 한·중 동형어 대조의 연구 동향을 살펴본 후, 한·중 동형어 대조 연구에서 동형어 분류 체계, 동형어 목록 구축, 대조 방법을 검토하고 이를 비판적으로 고찰하고자 한다.

3. 한·중 동형어 대조 연구의 동향 분석

1) 연구 동향의 양적 분석

세부 주제별 연구 내용을 살펴보기에 앞서, 연도별, 주제별, 학습자 숙달도별로 양적 분석을 실시하였고, 그 결과는 다음과 같다.

대조언어학 관점에서 다루어진 한·중 동형어 연구는 학술지 논문 3편과 학위논문 45편(석사:42편, 박사:3편)이 있었다. 학술지와 학위논문으로 구분해 보면, 한·중 동형어 대조 연구에서는 학위논문의 숫자가 압도적으로 많음을 알 수 있다. 이는 어휘 대조 연구의 경우 목록의 선정이나 제시 등의 광범위한 자료를 필요로 하기 때문에 학위논문이 학술지 논문보다 더 많이 발표된 것으로 보인다.

〈표 2〉 발간 유형별 한·중 동형어 대조 연구 동향

유형	학술지	학위논문		합계
		박사	석사	
연구 수	3	3	42	48
비율	6.25%	6.25%	87.5%	100%

다음으로 연도별 한·중 동형어 대조 연구를 살펴보도록 한다. 2001년부터 시작된 한·중 동형어 대조 연구는 2006년부터 조금씩 증가세를 보이다가 2013년에는 10편의 논문이 나왔다. 이후로도 한·중 동형어 대조 연구는 꾸준히 지속되어 오고 있으나, 2013년 이후로는 매년 연구 수가 그리 많지는 않은 것을 확인할 수 있다.

〈표 3〉 연도별 한·중 동형어 대조 연구 동향

연도별	2001	2002	2003	2004	2005	2006	2007	2008	2009	2010	2011
연구 수	1	1	0	1	0	2	0	3	1	3	4
연도별	2012	2013	2014	2015	2016	2017	2018	2019	2020	2021	
연구 수	4	10	4	2	2	2	4	2	2	1	

이어서 연구의 목적을 살펴보도록 한다. 한·중 동형어 연구의 연구 목적도 단순 대조, 오류 분석, 교육 방안, 습득 연구 4가지로 나눌 수 있다. 우선 전체 연구 중 한·중 동형어를 단순 대조만 한 연구가 52%로(25편) 압도적임을 알 수 있다. 그리고 교육 분야의 논문에서는 교육 방안을 제시하는 연구가 42%(20편), 오류 분석 연구가 4%(2편), 습득 연구가 2%(1편)로 그 뒤를 이었다.

〈표 4〉 연구 목적별 한·중 동형어 대조 연구 동향

연구 목적	단순 대조	교육 방안	오류 분석	습득 연구
연구 수	25	20	2	1
비율	52%	42%	4%	2%

논문의 연도를 살펴보면 2010년 이전의 8편의 연구는 대부분 단순 한·중 동형어 대조를 진행하였고 교육방안의 내용이 나온 연구는 한 편뿐이었다. 해당 논문은 서울대학교 석사학위논문 전미연(2008)의 연구로, 중국어권 학습자를 위한 한자어 교수·학습 방안을 마련한 연구이다. 2010년 이후의 40편의 한·중 동형어 대조 연구 중에서 오류 분석, 습득 연구[7], 교육 방안 등의 내용을 다룬 연구는 전체 연구의 절반 이상인 48%(23편)을 차지하였다. 2010년 이후의 단순 대조 연구의 경우 대조를 진행하면서 한·중 동형어의 차이의 형성 원인(김동호, 2018; 사윤, 2012; 임배리, 2013)이나

7 본고에서 선정한 논문이 오류 분석과 습득 연구를 진행하면서 교육방안도 제시하였는데 따로 분류 개념으로 교육방안의 계수에서 들어가지 않았다.

학습전략(맹흔, 2014), 학습자료의 장단점(한지현, 2019)도 같이 다루었다. 이를 통해, 2010년 이후 한·중 동형어 대조 연구들은 대조언어학 관점에서 출발하여 교육 분야로 편중되어가고 있다는 것을 알 수 있다.

어휘 등급별로 보면, 등급에 제한을 두지 않고 전체 초·중·고급 단계를 아우르는 일반 연구가 73%로(35편) 가장 많은 비중을 차지하였다. 특정 등급을 대상으로 한정했을 때는 중급 어휘를 대상으로 한 연구가 전체 연구의 17%로(8편) 가장 많이 주목을 받았으며 초급만 살펴본 연구는 6%(3편), 그리고 초·중급을 같이 다룬 한·중 동형어 대조 연구는 4%(2편)를 차지하였다. 결과를 살펴보면, 한·중 동형어 대조 연구에서는 보통 초·중급 단계의 동형어가 가장 큰 주목을 받고 있다는 것을 알 수 있다. 그 이유는 한자어가 초급 어휘에서 생각보다 높은 비중을 차지하고 있어 한·중 동형어 간의 혼동을 최소화하기 위해서 한·중 동형어 대조 연구가 반드시 필요하기 때문이다. 또한 중급은 문형을 구사할 수 있는 능력을 배양하는 중요한 시기이기 때문에 초급보다 더 많은 한자어가 나올 수밖에 없다. 이러한 이유들로 인해 특정 등급만 다루는 한·중 동형어 대조 연구들이 초·중급에 더 주목을 하는 것이다. 그리고 보통 초·중급에 한정한 연구의 경우 초, 중급용 교재나 초, 중급용 어휘 목록 선정하고 연구를 진행한 반면, 전 교육과정(초, 중, 고급)을 다룬 연구의 경우에는 주로 사전을 참고하여 목록을 선정하였다.

〈표 5〉 한·중 동형어 대조 연구에서 선정된 어휘의 난이도

등급	초급	초중급	중급	전 단계
연구 수	3	2	8	35
비율	6%	4%	17%	73%

2) 한·중 동형어 대조 연구의 분류 체계

한·중 동형어 대조를 다루는 연구의 경우, 한·중 동형어를 연구 대상으

로 한 논문뿐만 아니라 한자어를 연구 대상으로 삼은 연구도 많다. 본고에서 선정한 48편의 논문을 보면 한·중 한자어 전체를 다룬 연구가 18편이었고 이들 연구에서 동형어 대조 연구가 한자어 대조 분석 부분의 일부분으로 포함되어 있었다.

좀 더 구체적으로 살펴보면, 동형어 대조가 포함된 한·중 한자어 대조 연구는 37%(18편), 한·중 동형어 대조에 관한 연구는 62%(30편), 그리고 그중에서 동형어를 연구 대상으로 삼은 논문은 23%(11편), 동형어의 하위 범주인 동형이의어를 다룬 연구는 전체 연구의 40%(19편)을 차지하였다. 이는 아래 〈표 6〉과 같다.

〈표 6〉 한자어 주제 분류표

분류	동형어		한자어
	동형어	동형동의어	
연구 수	11	19	18
비율	23%	40%	37%

한국어 한자어가 중국어 어휘와 동일한 한자 형태를 가진 경우, 이를 한·중 동형어라고 한다. 동형어 연구를 진행하기 위해서는 먼저 동형어 분류 작업이 선행되어야 한다. 동형어 분류 작업을 한 후 한·중 동형어를 대조하는 것은 한·중 동형어 대조 연구에서 기본적인 연구 틀이라고 할 수 있다. 한·중 동형어 대조 연구를 한 논문 48편의 분류 유형은 아래 〈표 7〉에 정리하였다. 여기서 주의해야 할 것은, 정리된 분류 유형은 각 논문에서의 분류 체계를 따른 것이고, 각 연구에서 언급한 용어들은 각 연구의 특성에 따라 그 개념과 정의가 약간 다를 수 있다는 점이다. 본고는 한·중 동형어 대조 연구의 동향을 정리하는 데 목적이 있어 동형어 대조 연구의 분류 체계만 살펴보았고 용어의 정의와 개념은 따로 정리하지 않았다.

〈표 7〉 한·중 동형어 대조 연구의 분류 체계

분류 기준	분류틀	연구
의미-형태	1) 동형동의어 2) 동형이의어 ①완전이의어 ②부분이의어	김미정(2004), Lu Yao(2009), 리우위(2010), 왕배배(2011), 손운운(2011), 장문문(2013), Jin Zhi(2014), 한지현(2015), 상가영(2017), 노순릉(2006), 윙근(2010), 최지아(2013), 곽박림(2013), 유아기(2014), 주첸첸(2014), Lu Junyan(2018), 이해자(2001), 전미연(2008), 장위에(2013), 정동윤(2018), 맹흔(2014), 송징양(2016), 적설화(2020), 이진선(2013), 허방방(2015), 판원차오(2012), 김동호(2018), 강한식(2008), 조효뢰(2013), 창시아오민(2021), 왕호(2019), 임배리(2013)
	1) 동형동의어 2) 동형이의어 ①중국어 일의(一意) : 한국어 다의(多意) ②중국어 다의(多意) : 한국어 일의(一意) ③중국어 다의(多意) : 한국어 다의(多意) ④사자성어	유단단(2012)
	1) 동형동의어 ①동형완전동의어 ②동형부분동의어 2) 동형이의어 ①완전이의어 ②부분이의어	최연화(2006), 문혜경(2008), 유서천(2011), 박선영(2016), 범금구(2017), 한지현(2019), 매소한(2020), Ma Na(2013), Hu Yiping(2012)
	1) 동형동의어 ①어순일치 동형동의어 ②어순도치 동형동의어 2) 동형이의어 ①완전이의어 ②부분이의어	전용(2013)
	1) 동형동소대등어 2) 동형동소이의어 ①동형동소완전이의어 ②동형동소불완전이의어 3) 역순동형어 ①역순동형동의어	양유(2013)

	②역순동형이의어	
	1) 의미가치의 향상과 하락 2) 의미범위의 축소와 확장 3) 의미 전이	사윤(2012)
사용 습관	1) 곡용 기능 2) 서술기능 3) 수식 기능	이경보(2018)
주제별	의식주 영역 어휘	이정택(2010)
품사성격	품사성격	장혜진(2011)

위의 정리한 내용을 살펴보면 한·중 동형어 대조 연구는 주로 형태-의미, 품사, 사용 습관, 주제별 차이를 중심으로 한·중 동형어를 분류하여 한국어와 중국어의 공통점과 차이점을 밝혔다. 아래 〈표 8〉에서 확인할 수 있듯이 형태-의미적으로 분류한 대조 연구는 한·중 동형어 대조 연구의 94%(45편)로 압도적인 비중을 차지하고 있다. 사용 습관, 주제별, 품사성격을 기준으로 분류한 한·중 동형어 대조 연구의 경우는 각 한 편씩만 나왔다. 이어서 형태-의미의 큰 범주 아래 형태-의미, 품사, 사용 습관, 주제별 차이를 분류한 연구를 자세히 살펴보도록 하겠다.

〈표 8〉 한·중 동형어 대조 연구의 분류 유형

유형	형태-의미	사용 습관	주제별	품사 성격
연구 수	45편	1편	1편	1편
비율	94%	2%	2%	2%

(1) 형태-의미적 분류

한·중 동형어 대조 연구들은 주로 형태-의미적 분류를 하고 한·중 동형어를 대조하였다. 48편의 연구 중에서 형태-의미적 분류를 한 연구는 94%(45편)로 압도적인 비중을 차지하였다. 형태-의미적 차이에 집중한 동형어 대조 연구 43편은 먼저 동형어를 동형동의어와 동형이의어로 나눈 다음에 한·중 대조 연구를 진행하였다는 공통점이 있다. 이는 동형어를 동형동의어와 동형이의어의 2가지로 나누는 방식이 동형어 연구에서 많은 지지를 받고 있다는 것을 보여준다. 아래에서는 동형동의어와 동형이의어에 대한 각 연구에서의 논의를 살펴보겠다.

먼저 동형동의어의 경우 하위 범주의 유무 문제에 대한 논의가 많았다. 대부분의 연구가 동형동의어의 하위 분류를 하지 않았는데 이러한 논문의 수가 형태-의미를 분류한 동형어 대조 연구 논문의 74.4%(32편)를 차지하였다. 한편, 10편의 논문[8]이 동형동의어의 하위 범주를 나누어 분석하였다. 특히 최연화(2006), 문혜경(2008), 유서천(2011), 전용(2013), Ma Na(2013), 박선영(2016), 범금구(2017), 한지현(2019), 매소한(2020)에서는 동형동의어를 동형완전동의어와 동형부분동의어로 나누었고, 그중에서도 유서천(2011)은 표준어, 문어, 구어, 널리 쓰이지 않는 경우, 결합관계, 현대 어휘로 쓰이지 않는 경우 등 여러 면을 고려하여 한·중 동형부분동의어를 비교하였다. 연구마다 분류 틀을 설정할 때 고려한 요인들이 다를 뿐만 아니라 동형동의어의 하위 범주에서 사용된 용어들도 연구자마다 해석이 달랐다. 예를 들어, 전용(2013)의 경우 2음절 동형동의어를 어순일치 동형동의어와 어순도치 동형동의어로 분류하였고,[9] 문혜경(2008)의 경우 동형동의어를 의미, 품사, 결합 관계의 3가지 요인을 고려하여 완전히 일치하는 것은 동형절대동의어로, 의미는 일치하지만 품사와 결합 관계의 차이가 보이는 것은 동형부분동의어로 재분류했다. 이렇듯 연구자마다 각자의 연구 주제와 고려된 요인에 따라 용어의 사용이 달랐다. 이로 인해 여러 연구에서 동일한 용어가 사용 되어도 이들을 같은 개념으로 간주하기가 어려운 상황

8 최연화(2006), 문혜경(2008), 유서천(2011), 전용(2013), Ma Na(2013), 박선영(2016), 범금구(2017), 한지현(2019), 매소한(2020).

9 어순일치 동형동의어: 한국 한자어와 중국어에서 한자어를 이루고 있는 각각의 한자가 그대로 순서변화 없이 이루어진 한자어 어휘를 말한다.
어순도치 동형동의어: 한국 한자어와 현대 중국어에서 이음절로 이루어진 각각의 한자가 앞뒤 순서를 바꾸어 이루어진 어휘를 말한다.

을 맞이하게 되었다. 본고는 한·중 동형어 대조 연구의 동향을 밝히는 것이 목적이기 때문에 동형동의어 연구들에서 사용된 용어들의 개념적 차이에 대해서는 논의하지 않았다.

한편, 동형이의어는 한·중 동형어 대조 연구에서 큰 주목을 받고 있는 연구 분야 중 하나이다. 형태-의미적 분류를 중심으로 한 연구에서 동형동의어는 보통 한자어나 동형어의 일부로 연구되어 왔으나 이를 주제로 잡은 연구는 한 편도 없었다. 그러나 동형이의어의 경우, 이를 하나의 주제로 잡은 연구가 전체 연구의 40%(19편)인 것을 확인하였다. 동형이의어의 분류는 동형동의어보다 명확하고 43편의 연구 중에서 42편이 동형이의어를 완전이의어와 부분이의어로 나누었다. 이러한 분류 방식을 따르지 않은 연구는 유단단(2012)뿐이었다. 해당 연구에서는 동형이의어는 '중국어 일의(一意) 대 한국어 다의(多意)', '중국어 다의(多意) 대 한국어 일의(一意)', '중국어 다의(多意) 대 한국어 다의(多意)', '사자성어' 이렇게 4가지로 나누었다. 동형이의어에 대한 정의는 연구마다 비슷하지만 구체적인 내용 분석은 연구 목적에 따라 달랐다. 예를 들어, 임배리(2013)의 경우 의미가치와 의미 범위, 어감의 차이의 3가지 측면에서 한·중 동형이의어를 대조하였고, 김동호(2018)에서는 의미 범위에만 집중하여 '한·중 한자어의 의미가 일치하지 않은 경우', '한국어 의미 확대 또는 전이된 경우', '중국어 의미 확대 또는 전이된 경우'로 나누어 어휘들을 비교 분석하였다. 그리고 형태와 의미상의 차이 여부에 따라 분류한 결과, 동형어를 동형동의어와 동형이의어로 나누어 살펴본 연구를 제외하면 두 편의 연구가 있다. 양유(2013)에서는 동형어의 개념을 따로 언급하지 않았지만 형태소가 같은 한자어는 동형동소대등어, 동형동소이의어와 동형역순이의어로 분류하여 연구하였다.[10] 그리고 동형동소이의어를 다시 동형동소완전이의어와 동형동소불완

10 양유(2013)에서는 동형이란 어휘와 어휘의 대조에 있어 대조되는 어휘의 형태가 같음을 말한다. 동소란 대조되는 어휘를 구성하는 형태소와 형태소의 배열 순서가 동일함을 말한다. 대등어는 두 종류의 언어의 번역 작업에 있어 한 언어의 어휘와 다른 한 언어의 어휘의 의미와 품성이 동일하거나 유사하고 용법이 같은 것이다.

전이의어로 나누었고 역순동형어는 역순동형동의어와 역순동형이의어로 분류하였다. 사윤(2012)은 의미가치의 향상과 하락, 의미범위의 축소와 확장, 의미 전의 3가지 경우로 나누어 한·중 동형어의 형태, 의미상의 차이를 비교하고 분석하였다.

(2) 기타 분류 유형: 품사 성격, 사용 습관, 주제별 차이

한·중 동형어 대조 연구에서 품사 성격, 사용 습관, 주제별 차이로 분류하여 대조 분석을 진행한 연구는 각 유형별로 1편뿐이었다. 장혜진(2011)은 품사 성격을 살펴본 연구로 주로 명사, 동사, 형용사, 부사를 중심으로 한·중 동형어를 살펴보았고, 이경보(2018)는 한자어의 유형별로 이와 대응되는 중국어의 쓰임 양상(곡용 기능, 서술 기능, 수식 기능)을 대조 분석하였는데 특히 한국어와 중국어에서 쓰임이 일치하지 않은 경우도 같이 살펴보았다. 이정택(2010)의 경우, 한·중 의식주 영역의 어휘를 대조 분석하였다.

3) 한·중 동형어 대조 연구 방법

한·중 동형어 대조 연구들은 보통 동형어 목록을 위한 자료 선정 절차와 예문 출처 선정 절차를 거친다. 이들 연구에서 주로 사용되고 있는 연구 방법론은 아래와 같이 정리할 수 있다.

(1) 동형어 목록을 위한 자료 선정

한·중 동형어 대조 연구는 연구의 목적에 따라 논문의 내용 구성이 다르지만 한·중 대조 연구를 진행하기에 앞서 어휘 목록 구축을 위한 자료 선정은 반드시 선행되어야 하는 절차 중 하나이다. 따라서 어휘 목록 구축을 위한 기초 자료를 살펴보는 것은 동형어 대조 연구에서 필수적이라고 할 수 있다. 보통 동형어의 경우 구조적으로는 변화가 없지만 의미적으로는 차이가 있어 동형어의 의미적 차이가 어떻게 다른지에 주목하여 연구를 진행한다. 한·중 대조 연구들은 어휘 목록 구축을 위한 자료 선정을 할 때에 연구의 목적에 따라 동형어 음절수, 학습자 숙달도, 품사, 사용 빈도 등의 변인도 함께 고려한다. 아래 내용에서는 한·중 동형어 대조 연구에서 목록 구축을 할 때에 사용된 1차 언어 자료를 정리하고, 각 연구에서 최종 목록을 완성하기 위해 고려하였던 변인들도 정리하였다.

먼저 한·중 동형어 대조 연구들에서 동형어 목록을 구축하기 위해 사용되었던 기초 자료를 정리하겠다. 각 연구에서 사용된 자료들을 보면, 보통 하나 이상의 자료가 사용되었고, 기초 자료뿐만 아니라 보조 자료도 사용되었다. 이들 자료를 정리해보면 아래 〈표 9〉에 제시된 바와 같이 크게 말뭉치 자료와 문헌 자료로 나눌 수 있다.

말뭉치 자료의 경우, 한·중 기사에 출현한 한자어를 정리하여 구축한 기사 말뭉치, 개편전의 토픽 문제지에 출현한 한자어를 정리하여 구축한 토픽 문제지 말뭉치 등이 있었다. 단, 2014년 이후 개편된 토픽 문제지를 사용하여 구축된 말뭉치는 없어 앞으로 중국인 학습자를 위해 개편 후 토픽 문제지 말뭉치도 구축할 필요가 있다고 본다. 말뭉치 자료 중에서 가장 폭넓게 사용된 것은 교재 말뭉치였다. 말뭉치 구축에 사용된 교재는 주로 한국 대학의 어학당 교재나 중국 대학에서 자주 사용되는 한국어 교재들이었다. 주로 사용된 한국 어학당 교재는 서울대 교재, 연세대 교재, 고려대 교재, 서강대 교재, 이화여대 교재, 건국대 교재, 부산대 교재, 성균관대 교재였다. 그리고 중국 대학에서 자주 사용되는 한국어 교재로는 중국 북경대 교재, 『연세한국어』, 연세대 『韩国语教程』, 민족 출판사(民族出版社)의 『한국어』, 외국어교수와 연구 출판사(外语教学与研究出版社)의 『신표준 한국어』 등이 있다. 그리고 문혜경(2008)에서는 중국 국내 외국어 계열 고등학교에서 사용하는 한국어 교과서 『轻轻松松』을 기초 자료로 사용하기도 하였다.

주로 사용된 문헌자료의 경우, 사전과 어휘 목록으로 나눌 수 있다. 어휘 목록으로는 주로 국립국어원의 『한국어 학습용 어휘 선정 결과 보고서』를 많이 참고하였는데, 이 보고서는 한국어 학습용 기초 어휘를 수록한 것으로 국립국어연구원에서 처음 실시한 어휘 조사 자료이기도 하다. 해당 보고서에는 한자어가 따로 표시되어 있으며, 수록된 어휘 수가 기존 다른 보고서들 보다 훨씬 많아서 한자어 연구에서 사용하기 좋은 언어자료이다. 이외에 사용된 어휘 목록으로는 교육부의 『생활한국어의 어휘 목록』 선행 연구에서 정리된 한자어 리스트 등이 있었다. 한편, 사전 역시 한·중 동형어 대조 연구에서 연구자들이 자주 사용하는 기초 자료이다. 한국어 사전으로는 『표준국어대사전』, 『고려대 한국어대사전』, 『동아 새국어사전』, 『뜻도 모르고 자주 쓰는 우리말 한자어 1000가』 등이 있고, 이중에서도 특히 『표준국어대사전』과 『고려대 한국어대사전』이 가장 많이 선호되었다. 중국어 사전으로는, 『현대중국어사전(现代汉语词典)』, 『현대중국어(现代汉语)』, 『중국어 포의어편의어사전(汉语褒贬义词语用法词典)』 등이 있다. 한·중, 중·한 사전을 사용한 연구들도 있었는데, 이중어 사전을 사용하면 단일어 사전을 사용할 때에 발생할 수 있는 번역의 문제나 주관성의 문제 등을 피할 수 있다. 그러나 한·중, 중·한 사전은 대부분 외국인 학습자를 위해 편찬된 학습 보조 자료이기 때문에 종합적인 언어 자료라고 보기가 어렵다는 단점이 있다.

〈표 9〉 동형어 목록 구축을 위한 기초 자료

자료 유형			내용
말뭉치 자료	기사 말뭉치		중앙일보, 조선일보, 동아일보(东亚日报), 신화통신(新华社), 인민망(人民网), 환구시보(环球时报)
	토픽 문제지		개편전의 토픽 문제지
	교재 말뭉치	한국 대학의 한국어 교재	서울대 교재, 연세대 교재, 고려대 교재, 서강대 교재, 이화여대 교재, 건국대 교재, 부산대 교재, 성균관대 교재
		중국 대학에서 사용하는 한국어 교재	북경대 교재, 『연세한국어』, 연세대 『韩国语教程』, 민족출판사(民族出版社)의 『한국어』 외국어교수와 연구 출판사(外语教学与研究出版社)의 『신표준 한국어』
		기타 교재	중국 외국어 계열 고등학교 교과서 『轻轻松松』
문헌 자료	어휘 목록		『생활 한국어 어휘 목록』[11] 『한국어 학습용 어휘 선정 결과 보고서』[12] 선행연구에서 나온 한자어 리스트

	사전	한국어 사전	『표준국어대사전』(국립국어원, 2019), 『고려대 한국어대사전』(고려대학교 민족문화연구원, 2019), 『동아 새국어사전』(두산동아출판사, 2000), 『뜻도 모르고 자주 쓰는 우리말 한자어 1000가지』(박숙희)
		중국어 사전	『현대중국어사전现代汉语词典』(中国社会科学院, 2005), 『现代汉语』(黄伯荣, 廖序东, 1995), 『汉语褒贬义词语用法词典』(华语教学出版社, 2000)
		한·중, 중·한 사전	『중한사전』(고려대학교 민족문화연구원), 『现代中韩辞典』(教学社, 2006), 『현대한·중/중·한 사전(现代韩中中韩词典)』(李武英, 2004), 『韩中异义语사전』, (서림문화사.1999), 『中韩大사전』(辽宁民族出版社, 2007), 『韩·中 한자어 비교사전』(동양문고, 2004), 『한국어·중국어 학습사전』 (한국문화사, 2000)
		인터넷 포털 사이트	'www.duam.com'의 국어사전 'www.duam.com'의 중국어사전 'www.naver.com'의 국어사전 'www.naver.com'의 중국어사전 'www.baidu.com'의 사전 http://www.korean.go.kr/국립국어원의 중국어사전

각 연구에서는 최종 동형어 목록을 구축하기 위해 연구 목적에 따라 다양한 변인을 고려하였는데, 해당 변인들은 정리해보면 다음 〈표 10〉과 같다.

〈표 10〉 동형어 목록 구축을 위해 고려된 변인들

연구	음절	등급	품사	빈도
창시아오민(2021)				
매소한(2020)	○	○		
적설화(2020)	○			○
한지현(2019)				
왕호(2019)	○			
김동호(2018)	○			
정동윤(2018)		○		

11 교육부(구 교육과학기술부)의 한국어교육과정 초등학교 언어자료이다.

12 국립국어연구원에서 편찬하였다.(2003)

이경보(2018)		○		
Lu Junyan(2018)		○		
범금구(2017)	○	○		
상가영(2017)	○			
박선영(2016)	○	○		
송징양(2016)				○
허방방(2015)				
한지현(2015)				
Jin Zhi(2014)				○
맹흔(2014)	○	○	○	
유아기(2014)		○		
주첸첸(2014)		○		
Ma Na(2013)	○			
최지아(2013)	○			
장문문(2013)	○			
전용(2013)				
임배리(2013)				
이진선(2013)			○	
곽박림(2013)			○	
양유(2013)				
장위에(2013)		○		
조효뢰(2013)		○		
Hu Yiping(2012)	○			
사윤(2012)				
판원차오(2012)		○		
유단단(2012)				
왕배배(2011)				
장혜진(2011)	○			
손운운(2011)				
유서천(2011)	○			
리우위(2010)	○			
이정택(2010)			○	
왕근(2010)				
Lu Yao(2009)			○	
강한식(2008)	○			

문혜경(2008)	○			
전미연(2008)				
최연화(2006)	○			
노순릉(2006)				○
김미정(2004)		○		
이해자(2001)				

48편의 논문 중 이러한 변인들을 설정하지 않은 연구(13편)도 있기는 했으나 전체 연구 중 73%(35)의 연구가 이러한 음절수, 학습자 숙달도, 품사, 사용 빈도의 4가지 변인에 대해 논의하였다.

동형어 음절을 변인으로 고려한 연구는 전체의 37%(18편)로 가장 많았고, 학습자 숙달도에 대해 논의한 연구는 27%(13편), 품사는 10%(5편), 빈도는 8%(4편)을 차지하였다.

우선 한자어는 음절수에 따라 1음절, 2음절, 3음절, 4음절 이상의 한자어로 분류할 수 있다. 음절 변인에 대해 논의한 연구들의 경우 모두 2음절 동형어를 분석 대상으로 삼았고, 1음절이나 3음절, 4음절 이상의 한자어를 살펴본 연구는 한 편도 없었다. 그 이유는, 현대 사회가 발전하면서 2음절 한자어가 증가하고 있는 추세이며[13] 앞으로도 2음절화 추세가 이어질 것이기 때문이다.[14]

그리고 관련 연구들에서 한·중 동형어 목록을 선정할 때 주로 초, 중급 어휘에만 집중하는 경향이 있었다. 앞의 양적 분석 부분에서 논의된 바와 같이 학습자들은 초, 중급 단계에서 한자어를 많이 접하게 되는데 해당 수준에서는 한·중 동형어의 차이와 공통점을 변별하기가 어렵다. 그렇다고 하여도, 한·중 동형어 대조 연구 중에서 고급 수준의 동형어를 대상으

13 박영섭(1995:290)에서는 한자어휘 구성 비율은 총 7,039 한자어휘 중 2음절 한자어가 4,996개로 전체 71%를 차지하고, 3음절어가 1,148개(16%), 4음절어 825개(12%), 5음절어 53개(0.8%), 6음절어 17개(0.02%)의 순으로 나타나고 있으며 이중 2음절어가 절대 다수를 차지하고 있다고 요약한 바가 있다.

14 최연화(2006), 장혜진(2011), 임배리(2013), 범금구(2017).

로 진행한 연구가 많이 이루어지지 않은 것이 아쉬운 부분이다. 앞으로 중·고급이나 고급 동형어에 대한 폭넓은 논의가 더 필요하다고 본다.

품사를 고려하여 한·중 동형어 목록을 선정한 연구의 경우 다소 미진한 편이다. Lu Yao(2009)에서는 한·중 분류사인 동형 한자어에 대한 논의를 전개하였고, 맹흔(2014)에서는 주로 한·중 한자어 대조 연구에서 많이 다룬 음운, 의미, 형태, 문법 등에 국한하지 않고 품사와 의미를 중심으로 대조 분석하였다. 그리고 이정택(2010)의 경우 의식주 영역의 어휘들을 대응시켜 그 관계를 분석하였다.

어휘 목록을 선정할 때에 어휘의 사용 빈도가 중요한 변인이라는 점은 그동안의 한국어 연구에서 매우 많이 언급되었지만, 동형어 목록을 선정할 때에 실제 사용 빈도를 고려하여 어휘를 선정한 연구는 그렇게 많지 않다. 대부분의 한·중 동형어 연구들은 동형어 목록을 구축할 때 어휘 빈도를 고려하여 진행된 기존 연구들을 참고하거나 언어교재에서 직접 어휘 빈도를 계산하는 방법을 사용하였다. 관련 연구들에서 주로 사용한 언어 자료로는, 2002년에 국립국어원에서 나온 〈현대 국어 사용 빈도 조사〉, 2005년의 〈현대 국어 사용 빈도 조사 2〉 등이 있다. 이외에도 징양(2016)에서는 그 당시 최근 1년(2015년 3월-2016년 3월)의 기사 200편을 정리하여 세 번 이상 출현한 한자어를 검토하여 최종 목록을 만들었다.

(3) 대조 방법

본고에서는 강현화(2013)[15]에서 정리된 '어휘교육 연구에서 주로 사용되고 있는 연구 방법론'의 내용을 참고하여 분석 대상들을 아래 〈표 11〉과

15 강현화(2013), 어휘교육 연구 방법론

연구 방법		
말뭉치 연구	교재 말뭉치, 일반 말뭉치(문어, 구어, 준구어), 학습자 말뭉치, 교육 과정 말뭉치	오류 분석
문헌 연구	자료 몇 이론 연구, 사전 개발 등	
실험 연구	설문, 면담, 생각말하기, 관찰, 회상 프로토콜	

같이 정리하였다. 여기서 '대조 방법'이란, 동형어 대조 연구에서 사용된 구체적인 연구방법이 아니라 한·중 동형어 대조를 하는 과정에서 사용된 대조 방법을 말한다.

〈표 11〉 대조 방법 및 자료

대조 방법	자료
말뭉치 연구	교재 말뭉치, 기사 말뭉치, 토픽 문제지
사전 연구	사전적 자료
자료 및 이론적 연구	선행연구, 어휘 보고서

위의 〈표 11〉을 통해 연구들의 대조 방법을 살펴보면, 크게 말뭉치 연구와 문헌 연구로 나눌 수 있다. 한·중 동형어 대조 연구들의 경우 단일 연구 방법을 사용한 연구가 대부분이었지만 혼합 방법을 사용하는 연구도 있었다. 이는 아래 〈표 12〉에서 확인할 수 있다.

〈표 12〉 한·중 동형어 대조 연구 방법

유형	사전연구	사전 연구 + 말뭉치 연구	말뭉치 연구	자료 및 이론적 연구
연구 수	40	4	3	1
비율	84%	8%	6%	2%

우선 전체 연구 중 사전 연구의 비중이 84%로(40편) 압도적임을 알 수 있다. 혼합적 연구의 경우 "사전 연구+말뭉치 연구"의 비중은 8%(4편)로, 앞에서 언급한 바와 같이 한·중 어휘 대조에서 많은 연구자들이 선호하는 연구 방법이다. 그 다음으로는 말뭉치 연구 6%(3편), 자료 및 이론적 연구 2%(1편)가 그 뒤를 이었다. 다음 〈표 13〉은 한·중 동형어 대조에 관한 논문들의 연구 방법들을 정리한 것이다.

〈표 13〉 한·중 동형어 대조 연구 방법

연구	사전 대조	말뭉치 대조	이론적 대조
창시아오민(2021)	○		
매소한(2020)	○		
적설화(2020)	○	○	
한지현(2019)	○		
왕호(2019)	○		
김동호(2018)	○		
정동윤(2018)	○		
이경보(2018)	○		
Lu Junyan(2018)	○		
범금구(2017)	○		
상가영(2017)	○	○	
박선영(2016)	○		
송징양(2016)		○	
허방방(2015)	○		
한지현(2015)	○		
Jin Zhi(2014)	○		
맹흔(2014)	○		
유아기(2014)	○		
주첸첸(2014)	○		
Ma Na(2013)	○		
최지아(2013)	○		
장문문(2013)	○		
전용(2013)	○		
임배리(2013)	○		
이진선(2013)	○		
곽박림(2013)	○		
양유(2013)	○		
장위에(2013)	○		
조효뢰(2013)	○		
Hu Yiping(2012)	○		
사윤(2012)	○		
판원차오(2012)	○		
유단단(2012)		○	
왕배배(2011)	○		

장혜진(2011)	○		
손운운(2011)	○	○	
유서천(2011)	○		
리우위(2010)	○		
이정택(2010)	○		
왕근(2010)			○
Lu Yao(2009)	○		
강한식(2008)	○		
문혜경(2008)		○	
전미연(2008)	○		
최연화(2006)	○		
노순룽(2006)	○		
김미정(2004)	○		
이해자(2001)	○		

사전 연구는 한·중 동형어 대조 연구들이 가장 많이 사용하는 연구 방법이다. 동형어 대조 연구는 한·중 동형어의 의미적 차이를 밝히기 위한 연구이기 때문에 최종적으로 확정된 동형어 목록에 있는 동형어를 한국어나 중국어 사전에서 그 사전적 의미를 찾아서 대조하는 작업을 해야 한다. 해당 작업 과정에는 다른 언어의 자료를 한국어로 번역하는 단계도 포함되기 때문에 연구자의 언어 수준과 개인 이해도에 따라 주관적 판단이나 잘못된 번역 등의 문제가 일어날 수 있다. 이러한 문제를 해결하기 위해 절반 이상의 사전 연구를 한 논문들이 보조 자료로 중·한 사전, 한·중 사전을 참고하여 연구를 진행하였다.

말뭉치 연구의 경우, 한·중 동형어 대조 연구에서 단일 대조 방법으로 사용된 연구가 6%(3편)에 불과하였고, 혼합 연구인 "사전 연구+말뭉치 연구"의 일부로 사용된 연구는 8%(4편)를 차지하였다. 말뭉치 연구는 어휘교육 연구에서 가장 활발하게 사용되는 연구 방법이지만[16], 이를 한·중 동형어를 대조할 때에 사용한 연구는 문혜경(2008), 유단단(2012), 송징양(2016)

16 강현화(2013), 한국어 어휘교육 연구의 이론과 실제.

3편뿐이었다. 이는 말뭉치가 객관적인 언어 자료이긴 하지만 대화 맥락에서의 동형어의 실제 사용에 대해 연구자가 직관적으로 주관적인 논의를 해야 하는 어려움 때문이라고 본다. 그러나 사회의 발전에 따라 어휘의 사용도 지속적으로 변화하고 있어 사전만 참고하여 분석한 한·중 동형어 대조 연구는 실용 가치가 어느 정도 떨어질 수밖에 없다. 이러한 이유 때문에 손운운(2011), 맹흔(2014), 상가영(2017), 적설화(2020)에서는 말뭉치와 사전을 모두 활용하여 한·중 동형어를 대조 분석하였다. 이들 연구는 "사전 연구+말뭉치 연구" 방법을 사용하였는데, 여기서 말뭉치는 사전적인 의미에 대해 보조 설명을 해주는 역할이라고 할 수 있다. 앞으로 말뭉치 연구가 한·중 동형어 대조 연구에서 더 폭넓게 활용되기를 기대한다.

한편 한·중 동형어 대조 연구인 왕근(2010)은 중국인 학습자를 위한 한자어 교육 방법을 모색한 논문으로, 선행연구에서 정리된 자료를 바탕으로 한·중 한자어를 대조 분석하였다.

4. 동형(同形)에 대한 논쟁

한·중 동형어(同形语)는 중국어 어휘와 같은 형태를 가진 한국어 한자어를 가리킨다. 여기서 중국어 어휘와 형태가 같다는 것에 대해서는 연구자마다 해석이 다르지만, 대부분 한·중 동형어 연구에서는 중국어 어휘가 한국 한자어와 완전 동일한 한자 형태를 가져야 한다는 원칙을 지지한다.[17] 그러나 한위성(2006)에서는 형태상 중국어와 완전 같거나 형태부(한자) 순서의 차이만 보이는 한자어도 동형어라고 하였다. 이는 순서가 형태적 차이에 해당되는지에 대한 인식과 관련이 있으며, 다음절 한자어의 경우 같

17 이해자(2001), 程崇义(1987)에서는 한자어는 의미와 형태에 따라 동형동의어, 동형이의어, 이형동의어로 분류한다. 동형어는 형태가 같은 한자어로 한다. 형태소의 동일성을 기준으로 서로 같은 두 형태소가 AB와 BA처럼 서로 결합 순서만 반대인 한·중 한자어는 다른 분류인 동소반서어(同素反序语)나 동소이서어(同素异序语)라고 본다.

은 형태부(한자)로 구성이 되어도 한국어와 중국어의 형태부 결합 순서가 동일해야 하는지에 대한 견해에 따라 동형어의 정의가 달라질 수 있다는 것이다. 예를 들어, 한국어 "논쟁(论争)"과 중국어 "争论", "평화(平和)"와 "和平(화평)"을 보면, 이들 어휘는 같은 형태부(한자)로 구성되었지만 이들의 순서가 반대인 상태이다. 보다 정확히 연구자들의 견해를 알아보기 위해서는 선행연구들을 통해 형태부는 같지만 결합 순서가 다른 한자어들의 분류를 살펴볼 필요가 있다. 아래 〈표 14〉에 제시된 연구들은 관련 연구들이 자주 참고한 선행연구들이다.[18]

〈표 14〉 형태부는 같지만 결합 순서가 다른 한자어에 대한 정의

개념	상세 내용
1. 동형어로 봄	이득춘(1994): 동형부분동의어 곽상(2006): 상대동형동의어 전용(2013): 어순도치 동형동의어
2. 이형어로 봄	고뢰(2004): 동소이형어 齐晓峰(2008): 역순동소어 정서영(2008): 부분이형어 고정(2009): 어순도치어 박경화(2009): 동일 형태소-도치형 왕비(2012): 형태소가 전도된 경우 유열(2014): 역순이형동의어
3. 따로 처리함	崔金丹(1997): 역순동소대등어 崔贵淑(2004), 정성임(2007): 역서동의어 董磊(2012): 동소역순어 靳葆强(2014): 근형동의어
4. 논의되지 않음	

형태부(한자)가 같지만 순서가 다른 한자어까지 합리적으로 한자어의 분류에 넣기 위해 연구자마다 한자어의 구성 체계에 대한 견해가 다름을 알

18 앞 내용에서 나온 바와 같이 한자어 대조 연구에서 2음절 한자어의 비중이 다른 음절 한자어보다 상당히 많아서 많은 연구에서 2음절 한자어를 대상으로 분류하였다. 위 〈표 14〉에서 나온 연구들도 2음절 한자어를 대상으로 연구하기에 형태부가 같지만 결합순서가 반대로 되는 경우에만 "전도", "역순", "도치" 등 반대의 의미가 나오는 경우가 있다. 그래서 〈표 14〉에서 정리된 내용은 형태부가 같고 결합 순서가 다른 2음절 한자어의 용어 정리를 볼 수 있으나 전체 한자어를 대상으로 정리된 연구는 이 표에서 보기 힘들다.

수 있다. 이들을 크게 '동형어로 본 연구', '이형어로 본 연구', '한자어 체계에서 이들을 따로 처리한 연구', '이에 대해 논의하지 않은 연구' 이렇게 4가지로 나눌 수 있다. 이러한 한자어들을 동형어로 본 연구에서는 동형부분동의어[19], 상대동형동의어[20], 어순도치 동형동의어[21]로 이들 동형어를 개념화하였다. 이형어로 본 연구에서는 형태부의 순서가 다른 것을 "이형"으로 간주하였기 때문에 "도치(颠倒)", "전도(转倒)", "역순(逆顺)", "역서(逆序)" 등 용어를 사용하였다. 이들 동형어를 따로 다룬 연구에서는 먼저 한자어의 유형에 대해 동형어, 이형어 이외에도 "동소", "동의"나 "근형"의 개념을 추가하여 결합순서가 다른 한자어를 역순동소대등어[22], 동소역순어[23], 근형동의어[24], 역서동의어[25] 등으로 분류하였다. 그리고 많은 한자어 대조 연구에서는 처음부터 형태부(한자)가 같지만 결합 순서가 다른 한자어를 피하여 연구를 진행하였다.

5. 나가는 말

지금까지 한·중 동형어 대조 연구의 현황을 개괄적으로 살펴보고 연구 진행 과정의 각 부분을 검토함으로써 연구의 의의와 문제점을 짚어 보았다. 아래에서는 이를 바탕으로 하여 향후 연구 방향과 과제를 제언하는 것으로 결론을 대신할 것이다.

먼저 한·중 동형어 대조 연구 전반에 걸쳐 제언할 수 있는 점을 살펴보겠다. 첫째, 한·중 동형어 대조 연구에서 동형어를 판별하고 추출하는 데

19 이득춘(1994)
20 곽상(2006)
21 전용(2013)
22 崔金丹(1997)
23 董磊(2012)
24 靳葆强(2014)
25 崔贵淑(2004), 정성임(2007)

있어 동형어를 객관적으로 판별할 수 있는 방법과 동형어 범위를 한정 짓기 위한 언어학적 접근을 병행하는 노력이 필요하다. 그리고 응용적 관점을 중시하면서도 객관적인 이론적 기반을 토대로 한 동형어 선정 작업이 반드시 필요하다. 둘째, 연구 방법에 있어서는 "사전 연구" 유형 이외의 다른 실용성이 높은 연구 방법으로의 확장이 필요하다. 사전 자료의 경우, 동형어 목록을 선정하기 위한 기초 자료나 2차 자료로 사용되기도 하고, 대조 자료나 예문의 출처 등으로 거의 모든 연구에서 사용이 되었다고 하여도 과언이 아니다. 이는 사전이 언어기관에서 인증된 출간물이어서 신뢰성이 높기 때문이다. 단, 앞으로는 고빈도 어휘를 정리한 어휘 목록이나 동형어에 대한 인식조사, 다양한 말뭉치 등의 자료에도 주목할 필요가 있다고 본다. 셋째, 한·중 동형어 대조 연구의 경우 2음절 초·중급 한자어의 대조 이외에도 다음절 한자어나 고급 한자어의 대조를 통해서 보편적인 동형어와 언어별 특정 동형어를 구별할 수 있도록 해야 할 것이다. 넷째, 동형어 사용 양상에 대한 연구는 많이 이루어지지 않았다. 따라서 앞으로 학습자들의 동형어 사용 오류나 한자어 습득 양상 등에 대해서도 연구할 필요가 있어 보인다.

참고문헌

강현화(2011), 「한국어 어휘 교육 연구방법론 동향 분석」, 『이중언어학』 47, 이중언어학회, 453-479쪽.

강현화(2013), 「한국어 어휘교육 연구의 이론과 실제」, 『언어와 문화』 9(3), 한국언어문화교육학회, 1-38쪽.

곽상(2006), 「중국인 학습자를 위한 한·중 동형한자어의 의미 기술과 지도 방안 연구」, 서울대학교 석사학위논문.

程崇义(1987), 「韩中汉字语의 变迁에 关한 比较研究」, 서울대학교 석사학위논문.

崔贵淑(2004), 「우리말 汉字语汇에 对应하는 现代 中国语语汇 比较 研究:제 7차 교육과정에 따른 중심으로」, 공주대학교 석사학위논문.

崔金丹(1997), 「现代 中国语와 现用 韩国汉字词 动词 对比研究:韩国 初等学校教育

用汉字词의 动词를 对象으로」, 성균관대학교 석사학위논문.
董磊(2012), 「中韩汉字词比较研究 : 以形义分析为中心」, 한서대학교 석사학위논문.
靳葆强(2014), 「중국인 학습자 한국어 한자어 습득 연구」, 『어문연구』 40(2), 한국어문교육연구회, 445-470쪽.
원미진(2011), 「한국어 어휘교육 연구의 방향 모색」, 『한국어교육』 22, 국제한국어교육학회, 255-279쪽.
이가봉·김충실(2019), 「중국에서 한·중 언어 대조연구 현황과 향후 과제」, 『중국어 교육과 연구』 30, 한국중국어교육학회, 257-276쪽.
이득춘(1994), 「한국 한자어와 중국어의 대조에서 나타나는 구조적 및 의미적 차이」, 『외국어로서의 한국어교육』 19, 연세대학교 한국어학당, 27-39쪽.
이삼형·김정선(2020), 「기초 어휘 선정 및 등급화를 위한 동형어 처리 방안 연구」, 『한어문교육』 41, 한국언어문학교육학회, 103-135쪽.
이영희(2008), 「외국인을 위한 한자어 교육 연구」, 숙명여자대학교 박사학위논문.
한위성(2006), 「중·한 동형어의 의미적 비교 일고찰」, 『한국(조선)어 교육 연구』 4, 중국한국조선어교육연구학회, 329-342쪽.

분석 대상 논문

강한식(2008), 「현용하는 한중 동형이의어 대조 연구」, 경희대학교 석사학위논문
곽박림(2013), 「중국인 학습자를 위한 한·중 한자어의 의미 대조 연구」, 울산대학교 석사학위논문.
김동호(2018), 「韩·中 两语 汉字语 语汇 对照 研究: 同形异义语를 中心으로」, 한서대학교 박사학위논문.
김미정(2004), 「중국인을 위한 한국 한자어 학습 사전 개발의 기초 연구」, 경기대학교 석사학위논문.
노순릉(2006), 「现代 中国语와 韩国 汉字语 对照 研究」, 한국외국어대학교 석사학위논문.
리우위(2010), 「한·중 동형이의어의비교연구 이자형 한자어를 중심으로」, 선문대학교 석사학위논문.
마나(2013), 「한중 동형어 교육 방안 연구」, 청주대학교 석사학위논문.
맹흔(2014), 「한·중 동형이의 한자어 대조 분석을 통한 학습전략」, 상명대학교 석사학위논문.
문혜경(2008), 「韩·中 同形语 의미대조를 통한 어휘지도 방안: 외국어계열 고등학교 중국어 교과서를 중심으로」, 숙명여자대학교 석사학위논문.

박선영(2016), 「한·중 동형이의 한자어 대비 및 지도 방안 연구: 중급 중국인 학습자를 대상으로」, 건국대학교 석사학위논문.

범금구(2017), 「중국 내 한국어 중급 학습자를 위한 한자어 교육 방안 연구: 동형이의어를 중심으로」, 부산외국어대학교 석사학위논문.

사윤(2012), 「중국인 학습자를 위한 한중 동형 한자어의 의미대조 연구」, 세종대학교 석사학위논문.

상가영(2017), 「韩·中 同形异义语를 통한 韩国语教育方案 研究」, 중앙대학교 석사학위논문

손운운(2011), 「중국인 학습자를 위한 한국 한자어 교육 방안 연구」, 영남대학교 석사학위논문.

송징양(2016), 「韩国 汉字语와 现代 中国语 语汇의 对照 研究: 新闻 记事에 나타나는 汉字语를 中心으로」, 한국외국어대학교 석사학위논문.

양유(2013), 「韩·中의 汉字语에 관한 연구」, 가천대학교 석사학위논문.

왕배배(2011), 「한·중 동형이의 한자어 대조 연구: 한국 각 한국어교육기관 교재를 중심으로」, 한양대학교 석사학위논문.

왕근(2010), 「중국인 한국어 학습자를 위한 한자어 및 한자 교육 연구」, 충남대학교 석사학위논문.

유단단(2012), 「중국인 한국어 학습자들이 혼동하기 쉬운 한국 한자어의 유형에 대한 고찰」, 전남대학교 석사학위논문.

유서천(2011), 「중국인 학습자를 위한 한국 한자어 어휘 학습 전략의 연구: 한·중 한자어 의미 대조를 중심으로」, 서울시립대학교 석사학위논문.

유아기(2014), 「한·중 한자어의 대조 연구: 한국어능력시험의 초급어휘를 중심으로」, 호서대학교 석사학위논문.

이경보(2018), 「한·중 동형어의 쓰임 이동(异同) 연구」, 『이중언어학』 73, 이중언어학회, 205-238쪽.

이정택(2010), 「의식주 범주 어휘의 한·중 대조 분석:한·중의 공통요소인 한자어를 중심으로」, 『겨레어문학』 45, 겨레어문학회, 207-233쪽.

이진선(2013), 「중급 중국인 학습자를 위한 한국어와 중국어 한자어 비교 분석 및 교육 방안 연구」, 인하대학교 석사학위논문.

이해자(2001), 「韩国 汉字语와 中国语의 对照 研究 : 韩国汉字语中国语的对照研究, 경기대학교 석사학위논문.

임배리(2013), 「한·중 동형 한자어의 어감 대조 연구」, 경희대학교 석사학위논문.

장문문(2013), 「한·중 한자어의 대조 연구:同形异意语를 중심으로」, 가천대학교 석사학위논문.

장위에(2013), 「한·중 한자어의 대조 연구: 「新标准韩国语」를 중심으로」, 전남대학교 석사학위논문.

장혜진(2011), 「한·중 2음절 동형 한자어 품사 대조 연구:한국어 학습용 어휘 목록을 중심으로」, 경희대학교 석사학위논문.

전미연(2008), 「중국어권 학습자를 위한 한자어 교수·학습방안: 〈한국어 학습용 어휘 선정 결과 보고서〉의 명사어휘를 중심으로」, 서울여자대학교 석사학위논문.

전용(2013), 「중국인 학습자를 위한 한·중 동형한자어 교육 방안」, 부산외국어대학교 석사학위논문.

정동윤(2018), 「한중 동형 한자어의 의미 대조 연구: 〈한국어 학습용 어휘 목록〉의 A등급 한자어를 중심으로」, 명지대학교 석사학위논문.

조효뢰(2013), 「중국인 학습자를 위한 한자어 교육 방안: 동형이의어를 중심으로」, 부산대학교 석사학위논문.

주첸첸(2014), 「한중 한자 어휘 대조를 통한 다문화가정 중국어권 초등학생을 위한 어휘 교육 방안 연구」, 서울교육대학교 석사학위논문.

창시아오민(2021), 「한·중 동형이의(同形异义) 한자어 부정·긍정적 의미 대조 연구」, 청주대학교 석사학위논문.

최연화(2006), 「韩中 同形异义语의 对照研究: 의미를 중심으로」, 성균관대학교 석사학위논문

최지아(2013), 「중국인 중급 한국어 학습자를 위한 한자어 교육 방안 연구」, 전남대학교 석사학위논문.

판원차오(2012), 「한중 한자어 대비 연구:헌국어 초급 교재 한자어를 중심으로」, 청주대학교 석사학위논문.

한지현(2015), 「중국어권 학습자의 한국한자어 학습 오류에 대한 연구」, 『배달말』 57, 배달말학회, 427-461쪽.

허방방(2015), 「중급 학습자를 위한 한·중 동형이의 한자어의 교육방안」, 숙명여자대학교 석사학위논문.

Hu Yiping(2012), 「한·중 한자어의 동형이의어 의미 대조를 통한 뜻풀이의 사전 기술 방안 연구」, 경북대학교 석사학위논문.

Jin Zhi(2014), 「中国人 学习者들을 위한 韩国语能力试验 汉字语 教育 方案 研究: 韩国语와 中国语의 同形异义语를 中心으로」, 강원대학교 석사학위논문.

Lu Junyan(2018), 「중국인 초급 한국어 학습자의 한자어 오류 연구」, 경희대학교 석사학위논문.

Lu Yao(2009), 「한·중 분류사 대조 고찰: 동형 한자어를 중심으로」, 전남대학교 석사학위논문.

Ⅵ.
한·중 다의어 대조 연구 분석
: 연구 쟁점을 중심으로

심묘(SHEN MIAO)

1. 들어가는 말

하나의 단어가 두 개 이상의 관련된 의미를 가지는 것을 다의어라고 한다. 다의어를 파악하는 것은 제2언어 학습자에게 어려우나 아주 중요하다. 노금송(2003)은 외국어로서 한국어를 배울 때는 다의어의 역할이 크다고 하였고 문금현(2005)은 다의어가 사용된 문장의 경우는 그 단어가 가지고 있는 여러 의미 중에서 어떤 의미로 쓰였는지를 알아야 문맥의 의미를 정확하게 이해할 수가 있으므로 다의어 학습이 한국어 어휘 교육에서 반드시 필요하다고 하였다.

지금까지 한국어교육에서 다룬 다의어 연구는 대조언어학 이론을 기반으로 한 대조 연구가 많이 이루어졌다.[1] 이들 연구는 다른 언어와 대조 분석함으로써 의미상의 여러 가지 공통점과 차이점을 밝혀 한국어 학습자가 다의어를 이해하고 학습하는 데 도움을 주려는 목적을 갖고 있다. 이와 관련하여 본고에서는 주로 다의어 대조 연구 중 한·중 대조 연구를 집중적

1 정혜란(2021)에서 한국어교육에서 다의어 연구 동향을 살펴보고 다의어 연구는 대조 분석과 교육 방안 제시 두 영역에만 집중되었다는 것을 지적했다.

으로 살펴보고 그간의 연구 성과 및 경향을 분석하여 연구의 문제점이나 쟁점을 정리함으로써 향후 연구 방향을 모색하는 데에 목적이 있다. 구체적으로 다음과 같이 분석하겠다.

첫째, 지금까지 이루어진 한·중 다의어 대조 연구가 어떤 방향으로 어떻게 진행되고 있는지를 파악하기 위해 한·중 다의어 대조 연구의 동향을 전반적으로 살펴본다. 둘째, 한·중 다의어 대조 연구의 내용과 결과에서 어떠한 차이가 나타나는지, 어떠한 쟁점이 존재하는지를 살펴보기 위해 개별 연구를 검토하여 쟁점을 논의한다.

2. 한·중 다의어 대조 연구 동향

RISS에서 검색한 결과, 한·중 다의어 대조 연구는 128편이 있었다. 본고에서는 연구 연도별, 연구 목적별, 연구 방법별, 연구 내용별의 4가지 측면에서 한·중 다의어 대조 연구의 동향을 전반적으로 파악하고자 한다.

1) 연구 연도별 동향

2000년 이전에는 한·중 다의어 대조가 큰 관심을 받게 되지 못하였고 이에 대한 연구가 잘 발견되지 않았다. 그러나 그 이후에 다의어 대조가 점점 주목을 받게 되었고 특히 2010년부터 다의어 대조 연구가 활발하게 이루어지기 시작했다. 최근 들어 다의어 대조 연구는 인지언어학적 관점에서 다양한 주제로 진행되어 온 경향을 보였다. 한·중 다의어 대조 연구의 연도별 동향을 구체적으로 살펴본 결과는 다음 〈표 1〉과 같다.

〈표 1〉 연도별 한·중 다의어 대조 연구 동향

연도	석사	박사	학술지	합계
1999	0	0	1	1

2003	1	0	0	1
2005	0	1	1	2
2006	0	0	0	0
2007	2	0	0	2
2008	1	0	0	1
2009	3	1	3	7
2010	3	0	1	4
2011	4	0	0	4
2012	3	0	0	3
2013	9	0	1	10
2014	6	0	1	7
2015	8	2	4	14
2016	9	1	2	12
2017	6	1	5	12
2018	10	1	2	13
2019	10	1	1	12
2020	5	1	0	6
2021	12	0	5	17
합계	92	9	27	128

〈표 1〉을 보면 한·중 다의어 대조 연구는 1999년부터 시작하였고 2009년까지는 많이 이루어지지 못하였으나 2010년부터 현재까지 10여 년 동안 활발하게 이루어진 양상을 보였다. 특히 2015년, 2016년, 2017년, 2018년, 2019년과 2021년의 연도별 연구 수는 10편을 초과하였으며 2021년에는 17편에 달했다. 발간 유형에 따른 연도별 경향을 보면 석사논문 수가 가장 많았고 2010년쯤부터 활발하게 이루어진 것을 알 수 있다. 특히 2018년, 2019년, 2021년의 석사논문 수는 10편 이상이었다. 그러나 학술지 논문과 박사논문은 각 27편과 9편으로 적게 나타났고 특히 박사논문은 2010년 이후에도 많이 증가하지 못한 경향을 보였다. 종합적으로 보면 한·중 다의어 대조 연구가 활발하게 진행되어 왔으며, 특히 석사논문으로 발표된 연구가 많이 이루어졌다는 것을 알 수 있다.

2) 연구 목적별 동향

한·중 다의어 대조 연구는 다양한 연구 목적을 가지고 진행되어왔다. 한·중 다의어 대조 연구는 모두 대조의 목적을 가지고 있으나 대조 분석을 바탕으로 교육 방안을 제시한다는 목적을 가진 연구도 있고, 대조를 기반으로 학습자의 오류 양상을 분석하여 교육 방안을 제시한다는 목적을 밝힌 연구도 있었다. 따라서 본고는 대조, 대조+교육 방안, 대조+오류 분석+교육 방안의 3가지로 나누어 연구 목적별 동향을 살펴볼 것이다. 자세한 동향 분석은 다음 〈표 2〉와 같다.

〈표 2〉 연구 목적별 한·중 다의어 대조 연구 동향

	연구 목적	연구 수	비율(%)
다의어 대조 연구 (128편)	대조	99	76.7
	대조 + 교육 방안	22	17.8
	대조 + 오류 분석 + 교육 방안	7	5.5

〈표 2〉를 보면 한·중 다의어 대조 연구에서 대조의 목적을 가진 연구가 99편으로 가장 많이 이루어졌고, 대조+교육 방안의 목적을 가진 연구가 22편으로 그 뒤를 이었다. 대조+오류 분석+교육 방안의 목적을 가진 연구는 7편만이 있었다.[2] 즉 한·중 다의어 대조 연구는 공통점과 차이점을 고찰하는 것에 초점을 두었다는 것을 알 수 있다.

다음에는 실제 논문을 검토하면서 연구 목적이 어떻게 실현되었는지를 살펴보고자 한다.

먼저 대조의 목적을 가진 연구를 보겠다. 최근 들어 인지언어학적 관점에서 두 언어에 대해 학습자의 인지 차이점과 공통점을 고찰하는 경향을 보였다. 박화염(2021)은 먼저 신체어 '다리'와 '腿'의 사전 의미를 검토한

2 대조 연구가 가장 많이 나타나는 이유는 논문을 검색할 때 '대조'를 중심으로 검색하기 때문인 것으로도 볼 수 있다.

다음 인지의미론과 대조언어학 이론을 기반으로 신체어의 의미 확장을 '구조·모양면'과 '기능면'의 두 가지 측면에서 대조 분석하였다. 그리고 인지과정에서 보이는 공통점과 차이점을 도출했다. 그 결과, '구조·모양면'에서 한·중 '다리'는 모두 '사람→사물'로 전이하는 인지과정이 발견된다는 점에 공통점을 보였으나 한국어는 '동물→사물'로, 중국어는 '동물→식물'로 전이한다는 점에서 차이가 있었다. 또한 '기능면'에서는 중국어의 의미 확장이 한국어보다 훨씬 다양하다는 것을 확인하였다.

다음으로 대조를 바탕으로 교육 방안을 제시한 연구를 보겠다. 한국어 학습자가 어휘 능력을 키우고 원활한 의사소통을 하기 위해서는 다의어 교육이 무엇보다 중요하며 필수적이다. 이에 따라 두 언어의 다의어를 대조 분석할 뿐만 아니라 이를 바탕으로 다의어 교육 방안까지를 마련한 연구들도 진행되어왔다. 박설교(2011)에서는 원형이론 관점에서 한·중 착용동사의 의미 양상을 착용 부위와 착용 대상으로 나누어 대조 분석하였고 현재 교재에서의 착용동사 교육 현황을 분석하여 중국인 학습자를 위한 '도입-제시·설명-연습-활용-마무리'의 교수 모형을 제시하였다.

마지막으로 대조를 바탕으로 오류를 분석하여 교육 방안을 모색하였다는 목적을 가진 연구를 살펴볼 것이다. 다의어 교육 방안을 모색하기 위해 학습자의 다의어의 오류 양상을 분석하는 연구들도 몇 편 발견되었다. 그 중 우군(2015)의 예를 들자면 이 연구는 다의 동사 '잡다', '놓다'와 '抓', '放'를 연구 대상으로 삼았다. 먼저 『표준국어대사전』과 『현대한어사전』에서 등재된 의미를 대조 분석하고 난 후, 임지룡(1996)의 다의어 6가지의 의미 확장 원리[3]를 기반으로 의미 확장 양상을 살펴보았다. 그다음에 55명의 중급 학습자를 대상으로 설문을 통해 학습자의 오류 양상을 분석하였는데, 오류의 원인은 어휘의 확장 의미를 파악하지 못하고 동의어와의 혼동을 하기 때문이라고 밝혔다. 마지막으로 중급 학습자가 효율적으로 '잡다'

3 임지룡(1996)에서 제시한 다의어 6가지 의미 확장 과정: ①사람→짐승→생물→무생물, ②구체성→추상성, ③공간→시간→추상, ④물리적→사회적→심리적, ⑤일반성→비유성→관용성, ⑥내용어→기능어. (우군, 2015)

와 '놓다'를 습득할 수 있도록 중국어를 이용한 의미제시 방법, 동의관계를 이용한 의미제시 방법, 반대관계를 이용한 의미제시 방법과 문맥을 이용한 의미제시 방법 등 다양한 의미제시 방법을 제안하였다.

3) 연구 방법별 동향

다음으로 한·중 다의어 대조 연구에서 주로 사용된 연구 방법에 대해 알아보도록 한다. 한·중 다의어 대조 연구는 말뭉치와 사전을 주 자료로 사용하고 있다. 구체적인 사용 빈도는 다음 〈표 3〉과 같다.

〈표 3〉 연구 방법별 한·중 다의어 대조 연구 동향

연구 방법	연구 수	비율(%)
언어 자료 분석(말뭉치 분석)	32	25.0
사전 의미 분석	125	96.0

정리된 결과에 따르면 한·중 다의어 대조 연구에서 주로 말뭉치 분석과 사전 의미 분석의 2가지의 연구 방법을 사용하였음을 확인하였다. 이중 사전 의미 분석이 가장 많이 사용된 방법이며, 거의 모든 연구에서 이 방법을 사용하였다. 이에 비해 말뭉치 분석은 비교적 적게 사용한 것으로 나타났다. 다음으로 이 두 가지 방법에 대해 자세히 살펴보고 연구 자료 목록을 정리하고자 한다.

먼저 사전 의미 분석에 대해 자세히 살펴보도록 한다. 어휘의 다양한 의미를 연구하기 위해 흔히 사용되는 자료가 사전이다. 사전의 뜻풀이를 정리하여 어휘의 의미를 기본 의미와 확장 의미로 나눌 수 있고, 어휘의 다의성을 쉽게 파악할 수 있기 때문이다. 다음으로 한·중 다의어 대조 연구에서 주로 무슨 사전을 많이 사용하였는지를 알아보기 위해 한·중 사전 목록을 〈표 4〉와 같이 정리하였다.

〈표 4〉 한·중 사전 목록

언어	사전
한국어	『표준국어대사전』
	『우리말 큰사전』
	『국어대사전』
	『동아새국어사전』
	『연세한국어사전』
	『외국인을 위한 한국어사전』
	『새우리말 큰사전』
	『조선말대사전』
	『외국인을 위한 한국어 학습 사전』
	『고급 한국어 학습 사전』
	『새로나온 국어대사전』
	『고려대 한국어대사전』
	『한국어기초사전』
	『한국어사전』
	『금성국어대사전』
	네이버 사전
	『우리말샘』
중국어	『현대한어사전』
	『한어대사전』
	『현대한어팔백사』
	『신화사전』
	『사해』
	『고대한어사전』
	『응용한어사전』
	『현대한어규범사전』
	『현대한어다의어사전』
	『당대한어사전』
	『실용한어사전』
한중/중한	『중한사전』
	『한중소사전』
	『뉴밀레니엄 한중사전』

	『동아 프라임 중한사전』
	『중한대사전』
	『엣센스 중한사전』
	『정선 한중/중한 사전』
	『전명 중한/한중 사전』
	『실용한중사전』
	『현대 한중/중한 사전』

정리된 한·중 사전 목록을 보면 『표준국어대사전』을 비롯해 모두 17종의 한국어 사전이 있었고 『현대한어사전』을 비롯해 모두 11종의 중국어 사전이 있었으며 한·중/중·한 사전은 모두 10종이 있었다. 그중 『표준국어대사전』과 『현대한어사전』은 대표적인 사전으로 한·중 다의어 대조 연구에서 많이 사용되었음을 확인할 수 있었다. 예를 들어 풍정정(2015)은 『표준국어대사전』과 『현대한어사전』에서의 한국어 공간어 '위/아래'와 중국어 '上/下'의 공간적인 원형의미와 시간적, 추상적인 확장 의미를 살펴보고 인지의 공통점과 차이점을 고찰하였다.

다음으로 말뭉치 분석에 대해 알아보도록 한다. 말뭉치 분석을 사용한 연구를 보면 주로 사용된 말뭉치 자료는 병렬말뭉치, 비교말뭉치, 번역말뭉치의 3가지 유형이 있다. 그중 비교말뭉치를 사용한 연구가 30편으로 제일 많았고, 병렬말뭉치나 번역말뭉치를 사용한 연구는 각 1편만 있었다. 병렬말뭉치를 사용한 김령(2017)은 연세 한·중 병렬말뭉치에서 추출된 한·중 용례를 사용하여 한국어 동사 '보다', '먹다'와 이에 대응되는 중국어 '看', '吃'를 대상으로 각각 의미 체계를 분석하고 기본의미와 확장의미를 대조 분석하여 두 언어의 인지구조의 공통점과 차이점을 밝혔다. 번역말뭉치를 사용한 Dai Yirong(2015)은 중국 작가 王安忆의 장편소설 『长恨歌』의 원본과 한국어 번역본『장한가』에 나타나는 한국어와 중국어 감각형용사를 대상으로 어휘의미론적 관점에서 이들의 기본의미, 파생의미, 전이의미의 공통점과 차이점을 기술하였다. 다음으로 비교 말뭉치를 사용한 연구를 살펴보고 비교 말뭉치 목록을 정리하였다.

〈표 5〉 한·중 비교 말뭉치 목록

언어	비교 말뭉치
한국어	21세기 세종계획 말뭉치
	연세 20세기 한국어 말뭉치
	국립국어원 언어정보나눔터 말뭉치
	〈물결21〉 코퍼스
중국어	북경대학교 CCL말뭉치
	현대한어말뭉치
	북경언어대학교 BBC말뭉치
	북경언어대학교 BCC말뭉치
	CNCORPUS

한·중 비교 말뭉치 목록을 정리한 결과, 한국어의 경우에는 '21세기 세종계획 말뭉치', '연세 20세기 한국어 말뭉치', '국립국어원 언어정보나눔터 말뭉치'와 '〈물결21〉코퍼스'의 4종의 말뭉치, 중국어의 경우에는 'CCL 말뭉치', '현대한어말뭉치', 'BBC말뭉치', 'BCC말뭉치'와 'CNCORPUS의 5종의 말뭉치'를 많이 사용하였다. 그리고 그중에서도 한국어 '21세기 세종계획 말뭉치'와 중국어 'CCL말뭉치'를 사용한 연구들이 많이 발견되었다. 예를 들어 김진수 외(2014)는 한국어 '21세기 세종말뭉치'와 중국어 'CCL말뭉치'에서 용례를 추출하여 한국어 '길다'와 중국어 '长'의 확장 의미와 사용상의 의미를 인지언어학적 관점에서 대조하였다. 김순자(2015)에서는 한·중 '맵다'류 형용사를 대상으로 '21세기 세종계획 말뭉치'와 'CCL말뭉치'에서 추출된 용례를 분석함으로써 의미 확장 양상을 살펴보고 공통점과 차이점을 고찰하였다.

4) 연구 내용별 동향

앞에서 본 바와 같이 한·중 다의어 대조 연구는 서로 다른 목적을 가지고 다양한 사전이나 말뭉치 자료를 사용하여 이루어졌음을 확인하였다. 마지막으로 지금까지 한·중 다의어 대조 연구에서 주로 어떤 다의어를 선정하여 연구하였는지, 즉 한·중 다의어 대조 연구의 내용을 구체적으로 살펴보고자 한다.

정혜란(2021)은 한국어교육에서의 다의어 연구 동향을 분석하였고 다의어 연구는 품사별로 명사, 동사, 형용사로 나누어 살펴봤다. 본고는 이를 참고하여 동사, 명사, 형용사로 나누어 연구 내용을 정리하여 살펴보겠다.

〈표 6〉 연구 내용별 한·중 다의어 대조 연구 동향

	연구 주제	세부 내용	연구 수	비율(%)
다의어 (123편)[4]	동사 다의어 (52편)	이동동사	15	12.2
		착탈동사	7	5.7
		요리동사	3	2.4
		소유동사	1	0.8
		청소동사	1	0.8
		가압동사	1	0.8
		이동동사+소유동사	1	0.8
		기타[5]	23	18.7
	명사 다의어 (22편)	신체명사	15	12.2
		공간명사	7	5.7
	형용사 다의어 (49편)	미각형용사	16	13.0
		공간형용사	12	9.8
		촉각형용사	7	5.7
		온도형용사	5	4.1
		감각형용사	3	2.4
		통각형용사	2	1.6
		시각형용사	2	1.6
		후각형용사	1	0.8
		기타[6]	1	0.8

4 128편의 다의어 대조 연구에서 123편의 연구는 동사 다의어, 명사 다의어와 형용사 다의어의 3가지 연구 주제로 분류될 수 있고 나머지 5편의 연구는 다의 용언의 의미를 대조한 조소군(2013), '맛' 관련 언어표현의 다의 구조를 대조한 갈미(2016), 다의적 사자성어를 대상으로 연구한 공정건(2016), 반의어의 다의성을 대조 연구한 주설(2020), 시각과 청각 관련 언어표현의 다의성을 대조 연구한 사혜분(2010)이 있었다.

5 기타(23)는 먹다(5), 잡다(2), 타다(2), 풀다/묶다(1), 잡다/놓다(1), 치다(1), 보다(1), 먹다

〈표 6〉에 따르면 연구 주제별로 동사 다의어 연구가 52편으로 제일 많았고 형용사 다의어 연구는 49편으로 비교적 많았으며 명사 다의어 연구는 22편으로 적게 나타났음을 확인하였다. 주제별에 따른 세부 내용을 구체적으로 보면 먼저 동사 다의어 연구에서 '가다/오다', '내리다/오르다'와 같은 이동동사를 대상으로 한 다의 연구는 15편으로 제일 많이 있었고 '입다', '신다', '쓰다' 등 착탈동사 다의 연구는 7편으로 비교적 많이 있었음을 살펴봤다. 그리고 '볶다', '자르다', '굽다' 등 요리동사 다의 연구는 3편으로, 소유동사, 청소동사와 가압동사 다의 연구는 각 1편으로 적게 나타났음을 보였다. 그 외에 기타에는 주로 '먹다', '보다', '타다', '잡다', '살다' 등 개별 동사를 대상으로 다룬 연구들이었음을 알아봤다. 다음으로 명사 다의어 연구는 동사 다의어 연구보다 덜 다양하게 나타난 것을 보였다. 명사 다의어는 신체 명사와 공간 명사로 나눌 수 있는데 신체 명사를 대상으로 한 연구는 15편으로 가장 많이 나타났고 공간 명사를 대상으로 한 연구는 7편으로 나타났다. 마지막으로 형용사 다의어 연구의 세부 내용을 보면 '달다', '쓰다', '시다' 등 미각형용사의 다의 연구는 16편으로 가장 많이 나타났고 '높다/낮다', '길다/짧다' 등 공간형용사의 다의 연구는 12편으로 비교적 많이 나타났음을 보였다. 이에 비해 온도형용사, 촉각형용사, 감각형용사, 통각형용사 등 다의어 연구는 많이 나타나지 않은 것으로 확인하였다.

이상으로 한·중 다의어 대조 연구의 내용별 동향을 살펴봤다. 다시 정리하자면 지금까지 한·중 다의어 대조 연구는 매우 다양하게 이루어졌고 특히 미각형용사, 신체명사, 이동동사를 대상으로 집중적으로 연구하였다는 경향을 파악하였다.

/보다(1), 살다(1), 앉다/서다(1), 열다/닫다(1), 자동사(1), 고빈도 동사 전체(1), '넣다/놓다/잡다'(1), 들어가다(1), 따리다/치다(1), 떨어지다(1) 등과 관련된 연구들이었다.

6 기타(1)는 '좋다'를 대상으로 한 다의 대조 연구였다.

3. 한·중 다의어 대조 연구 쟁점

이 장에서 한·중 다의어 대조 연구에 대한 쟁점을 논의하고자 한다. 연구를 전반적으로 검토한 결과, 다의어의 의미 관계를 설정하는 데에 있어 무슨 용어를 사용해야 하는지에 대한 문제와 다의어의 의미 확장이 이루어지기에 무슨 기제를 적용해야 하는지에 대한 문제에서 연구자가 다른 견해를 제시하였다. 다음에는 구체적으로 논의하겠다.

첫째, 다의어의 의미 관계 용어 설정 관한 문제이다.

다의어의 의미 관계를 설정하는 데에 있어 연구자마다 다른 용어를 사용하고 있는데 중심의미와 확장의미, 기본의미와 확장의미, 원형의미와 주변의미, 원형의미와 확장의미 등 다양하게 사용하였다. 다음에는 선행연구를 바탕으로 구체적으로 정리하고자 한다.

〈표 7〉 선행연구에 따른 다의어의 의미 관계

관련 연구	다의어의 의미 관계
윤정민(2021)	중심의미: 어휘가 문맥 없이 주어질 때 일반적으로 이해되는 가장 기본적인 의미로 무표적 의미. 확장의미: 기본적인 의미 영역이 중심의미로부터 조금씩 벗어나 있거나 떨어져 있는 경우.
왕원리(2018)	기본의미: 어휘의 원래의미. 확장의미: 기본에서 파생한 의미.
쏭메이란(2018)	기본의미: 기본적이고 전형적인 의미. 확장의미: 기본의미에서 확장되고 전이된 의미.
차기함(2021)	원형의미: 의미 파생의 시작점이고 생활에서 가장 빈번하게 사용되며 특별한 문맥 상황이 없어도 인지할 수 있는 기본적이고 중심적인 의미. 주변의미: 중심적인 원형의미로부터 파생된 주변적 의미.
김령(2017)	기본의미: 문맥에 의해 간섭받지 않는 머리에 처음으로 떠오르는 의미로서 다의어의 가장 기본적인 의미를 반영한 의미. 확장의미: 다의어의 다의성을 인정하되 기본의미와 관련성을 가지며 인지적 특성을 반영할 수 있는 의미.
풍정정(2016)	원형의미: 다의적 범주를 대표할 수 있는 기본적이고 전형적인 의미. 확장의미: 낱말의 기본적 의미가 다양한 문맥이나 상황에 사용되면서 문맥적 변이를 포괄할 수 없을 때 파생되고 전이된 의미.

<표 7>에서 볼 수 있듯이 연구자마다 용어 사용과 용어 정의에 있어 차이를 보인다는 것을 확인할 수 있었다. 예를 들어 '기본적인 의미'의 뜻과 관련하여 윤정민(2021)는 '중심의미'라는 용어를 사용하였고 쏭메이란(2018)과 김령(2017)은 '기본의미'라는 용어를 사용하였으며 차기함(2021)과 풍정정(2016)는 '원형의미'라는 용어를 사용하였다. 또 같은 용어를 사용하는 경우에도 연구자마다 차이가 있다. '원형의미'의 뜻을 보면 차기함(2021)에서는 '기본적이고 중심적인 의미'로 정의하였으나 풍정정(2016)에서는 '기본적이고 전형적인 의미'로 정의하였다. 그리고 '파생된 의미'의 뜻으로 대부분 연구에서는 '확장의미'라는 용어를 사용하였으나 차기함(2021)에서는 '주변의미'라는 용어를 사용하였다.

이상으로 다의어의 의미 관계 용어 사용과 용어 정의에 있어 연구자마다 상이하다는 것을 확인하였다. 같은 뜻을 표현하였는데 연구마다 용어를 달리 사용하였고, 또 같은 용어를 사용하였음에도 불구하고 연구마다 다른 정의를 내리고 있다는 사실을 알 수 있었다. 김령(2017)은 각 용어가 강조하는 의미 초점에 따라 차이를 보인다고 지적한 바 있다. 이에 따라 '기본의미'는 다의적 범주에 있는 상위의 추상화된 의미를 뜻하였으나 '원형의미'는 원형성을 기반으로 낱말의 가장 원형적인 문장에서 파악되는 기본적이고 전형적인 의미를 뜻한다. 또 '확장의미'는 한 단어의 중심의미로부터 사람의 인지과정을 통해 새로이 생성된 의미이지만 '주변의미'는 사용 빈도에 의해 판단하여 제한된 문맥에서만 실현되는 것과 형식의미 관계가 느슨한 것으로 인지하는 것이다. 이를 보면 용어에 따라 의미 차이가 분명히 존재하여 용어를 사용할 때 구분할 필요가 있음을 시사한다. 용어 설정과 관련된 문제에 있어 앞으로 연구자가 용어 차이를 구분하여 각 용어의 특성에 맞게 적절한 정의를 내릴 필요가 있다. 또 연구의 목적에 어울리는 타당한 용어 설정을 하기 위한 기준을 마련할 필요가 있다.

둘째, 다의어의 의미 확장에 적용된 기제에 관한 문제이다.

의미 확장 기제는 의미 확장 방법이나 전략이라는 것을 말한다. 즉 다의어의 의미 확장은 어떠한 방법이나 전략을 통해 일어나는지에 대한 것이다. 선행 연구들에서는 의미 확장에 적용된 기제가 다르게 제시되어 있었다. 이에 대한 자세한 내용은 〈표 8〉을 통해 알 수 있다.

〈표 8〉 선행연구에서 제시한 의미 확장 기제

관련 연구	의미 확장 기제	
반정정 (2018)	은유	어떤 사물의 상태나 움직임을 그와 유사성을 갖고 있는 대상과 관련시켜 암시적으로 나타내는 방식.
	환유	한 지시물의 이름으로 그와 인접성을 갖고 있는 다른 지시물을 대신 표현하는 방식.
김보미 (2007)	인접성	하나의 개념영역에서 한 개체의 이름을 사용하여 인접한 다른 개체를 지시하는 표현 방식.
	유사성	두 개의 개념영역을 위치, 형태, 구성, 기능 측면에서 비교와 동일시를 통해 연상 작용을 일으키는 것.
김령 (2017)	영상도식	인간이 외부 세계와의 상호작용을 통해 추상적으로 얻어낸 경험을 바탕으로 형성되며 활용한 개념구조.
	개념적 은유	경험을 중요시하며 어떤 개념을 다른 개념을 통해 이해하고 경험하는 방식.
	개념적 환유	상대적으로 현저하게 잘 알려진 하나의 실재물 a의 명칭으로 인접하여 더 큰 전체를 이루고 있는 다른 실재물 A를 지칭하는 것.
최해만 외 (2018)	영상도식	경험을 통해 다양한 의미 영역을 구조화하는 것이고 본질적으로 추상적이고 위상적인 것.
	개념적 은유	'유사성' 관계에 있는 두 경험 영역 가운데, '근원영역'을 이용해서 '목표영역'을 구조화하는 것.
	개념적 환유	'인접성' 관계에 있는 한 개념 영역에서 부분이 전체를 지칭하거나 전체가 부분을 지칭하는 것.
이선희 외 (2019)	개념적 은유	서로 다른 개념을 유사성에 의해 개념화하는 인지 활동으로서 우리에게 익숙한 '근원영역'을 통해 낯설고 추상적인 '목표영역'을 이해하는 인지과정.
	개념적 환유	인접성에 의해 동일한 영역 안에서 일어나는 개념화 현상으로서 이상적 인지모형 안에서 '매체'라는 한 개념적 실체가 '목표'라는 다른 개념적 실체에 정신적 접근을 제공하는 인지과정.
	개념적 통합	①개념적 통합의 개념: 개념적 혼성의 작용을 통해 두 입력공간, 두 입력공간에 공통적인 총칭공간, 투사의 결과로 생긴 혼성공간이

		라는 네 공간이 하나의 망을 형성하는 것. ②개념적 통합의 발현구조: 입력공간 구축→입력공간의 연결→혼성공간 형성→발현구조 창조
Xu Qingyuan (2020)	영상도식	우리가 세계와 일상적으로 상호작용함으로써 파생되는 간단하고 기본적인 인지구조.
	개념적 은유	'유사성 인지능력'에 바탕을 두어 대상과 대상 간의 유사성을 파악하는 능력.
	개념적 환유	'인접성 인지능력'에 바탕을 두어 시간과 공간적으로 인접해 있는 대상을 관련시키는 능력.
	문법화	내용어의 기능어화, 혹은 기능어의 더 추상적인 기능어화 현상.

〈표 8〉을 보면 선행연구에서 다의어의 의미 확장 기제가 다르게 제시되어 있다. 대부분 선행연구에서는 임지룡의 연구를 참고하여 '개념적 은유'와 '개념적 환유'의 2가지 기제를 제시하고 있다. 그러나 이선희 외(2019)에서는 신현숙(2005)의 내용을 인용하며 '개념적 은유'와 '개념적 환유'로는 모든 언어 의미 확장 현상을 설명하기 어렵다고 지적한 바 있으며, 김도환(2012)의 '개념적 통합'이라는 기제를 추가 제시하였다. 또한 김령(2017)와 최해만 외(2018)에서는 '영상도식'이라는 기제를 추가 제시하였다. 그리고 Xu Qingyuan(2020)에서는 임지룡(1997)을 참고하여 '영상도식', '개념적 은유', '개념적 환유'와 '문법화'의 4가지 의미 확장 기제를 제시하였다.

이처럼 다의어의 의미 확장에 적용된 기제 관련 문제에 대해 연구자마다 다른 견해를 갖고 있다는 것을 확인할 수 있다. 그러나 어떤 기제가 더 타당한지를 말하기가 어렵고 기존 연구에서도 이를 언급하지 않았다. 그럼에도 불구하고 지금까지 대부분 다의어 대조 연구에서는 다의어의 의미 확장은 '개념적 은유'와 '개념적 환유'의 2가지 기제에 의해 일어난다고 제시하고 있다.

앞에서 연구를 전반적으로 살펴보면서 두 가지 쟁점을 정리하였다. 다음으로는 개별 연구의 쟁점을 정리하여 논의하고자 한다. 본고에서는 신체 명사와 미각 형용사를 대상으로 다룬 다의어 연구를 중심으로 살펴보고자 한다.

1) 한·중 신체 명사 다의어 대조 연구 쟁점

먼저 신체어를 대상으로 다룬 연구를 집중적으로 살펴봄으로써 한·중 명사 다의어 대조 연구의 쟁점을 정리하고자 한다.

박화염 외(2021)에서 우리는 신체를 통하여 얻은 경험이 환유와 은유 등 기제에 의해 다른 인지 세상으로 나아가 그 개념 시스템을 구성한다고 하였다. 즉 인지언어학 이론에 따르면 인간의 신체적 경험은 인간 세상을 인지하는 기초이자 출발점으로서 인지의 수단이기도 하다는 것이다.

이에 따라 지금까지 이루어진 신체어 다의어 대조 연구는 대부분 인지언어학적 관점에서 은유와 환유의 이론을 바탕으로 의미 확장 양상을 밝혀 인지의 공통점과 차이점을 살펴보았다.

기존 연구에서는 양국에서 대응되는 신체어의 의미를 분석하여 공통점과 차이점을 밝히는 것을 목적으로 한 연구들도 있었고, 공통점과 차이점을 밝힘으로써 신체어 교육 방안을 제시하는 것을 목적으로 한 연구들도 있었다. 이들 연구를 전반적으로 검토하여 다음과 같이 몇 가지의 쟁점을 정리해 볼 수 있었다.

(1) 연구 대상

언어를 대조하려면 목표어 형태와 이에 대응되는 모국어 형태가 있어야 한다. 즉 한국어 신체어와 중국어 신체어의 의미를 대조하려면 한국어 신체어와 이에 대응되는 중국어 신체어가 있어야 한다. 이와 관련하여 한국어 신체어에 대응되는 중국어 신체어가 무엇인지에 대해 연구별로 이견이 있음을 알 수 있었다. 지금까지 이루어진 한·중 신체 명사 다의어 연구를 검토하면서 한·중 신체어 형태를 일대일 대응으로 본 연구들도 있고 일대다 대응으로 본 연구들도 있다는 것을 살펴보았다. 이를 통해 한·중 신체어 형태의 대응 관계는 연구마다 차이가 있고 통일성이 없다는 점을 지적

할 수 있다. 각 연구에서 설정한 한국어 신체어에 대응되는 중국어 신체어를 구체적으로 정리하면 다음 〈표 9〉와 같다.

〈표 9〉 한국어 신체어에 대응되는 중국어 신체어

한국어 신체어		관련 연구	대응되는 중국어 신체어
1	눈	이선희(2017)	目/眼/眼睛
		한성림(2018)	眼
		육주(2011)	目/眼
		정수은(2015)	眼
		김보미(2007)	目/眼
2	입	육주(2011)	口/嘴
		Bao Yuqian(2021)	口/嘴
		LiXiaoting(2015)	嘴
		정수은(2015)	口/嘴
		김보미(2007)	口/嘴
3	코	육주(2011)	鼻
		LiXiaoting(2015)	鼻
		정수은(2015)	鼻
		김보미(2007)	鼻
4	귀	이선희(2018)	耳
		육주(2011)	耳
		LiXiaoting(2015)	耳
		김보미(2007)	耳
5	발	WangSuxing(2012)	脚
		채잉(2011)	脚
		김보미(2007)	足/脚
6	손	WangSuxing(2012)	手
		이상도(1999)	手/手儿/手头
		김보미(2007)	手
7	목	채잉(2011)	颈
		박화염·한용수(2021)	颈/项/脖
8	배	채잉(2011)	腹
		김보미(2007)	腹/肚

9	다리	박화염(2021)	腿
		채잉(2011)	腿
10	얼굴	서양(2009)	脸(면:面, 낯:颜)
		김보미(2007)	面/脸
11	머리	전금희(2005)	头
		김보미(2007)	头/脑/首
12	팔	채잉(2011)	臂
13	가슴	채잉(2011)	胸

〈표 9〉를 보면 한국어 신체어 '눈, 입, 발, 손, 목, 배, 얼굴'과 '머리'에 대응하는 중국어 신체어 형태가 연구마다 다른 것을 알 수 있다. '눈'에 대응되는 중국어 형태를 보면 이선희(2017)에서는 '目/眼/眼睛'를 제시하였고 육주(2011)와 김보미(2007)에서는 '目/眼'를 제시하였으며 한성림(2018)과 정수은(2015)에서는 '眼'를 제시하였다. 그중에 김보미(2007)는 한국어 '눈'과 대응되는 중국어 형태 '目/眼/'가 있다고 제시하였으나 실제 분석한 결과 '눈'과 '眼'이 의미적으로 가장 유사하다고 분석하였다. '입'의 경우를 보면 많은 연구에서 중국어 '口/嘴'와 대응한다고 하였다. Bao Yuqian(2021)에서는 한국어 '입'과 중국어 '口'의 원형의미가 비슷하다고 하면서 중국어 '口'의 '출입구, 탑승구, 매표구' 등 확장의미가 한국어 '입'에는 없지만 한국어 '구'에는 있다고 지적하였다. 이에 따라 중국어 '口'가 한국어 '입'과 대응되는 것이 타당한지에 대한 문제를 제기할 수 있다. 마지막으로 한국어 '목'에 대응되는 중국어 형태를 보면, 백화염 외(2021)는 중국어 형태 '颈/项/脖'를 한국어 '목'에 대응되는 형태로 제시하였다. 이 연구에서는 중고시기부터 송나라, 금나라까지 '颈, 项'이 '목'의 의미를 나타낼 수 있었으며, 원나라 이후에는 '脖'이 '목'의 의미를 나타낼 수 있었다고 언급하였다. 이처럼 여기에서는 통시적인 관점에서 한국어 '목'에 대응되는 중국어 형태를 선정하였다.

이상으로 한국어 신체어에 대응되는 중국어 신체어 형태가 연구마다 달리 제시된 것을 확인하였다. 이러한 이유로 동일한 한국어 신체어를 대상으로 하였음에도 연구마다 결과가 다르게 나타난 것이라 생각된다. 이처럼 상이한 연구 결과는 신체어 의미를 공부하는 학습자에게 도움이 되기보다는 오히려 혼란을 줄 수 있을 것이다. 그러나 다른 입장에서 보면 이상도(1999)에서는 신체어의 다의성을 충분히 분석하여 대조 결과를 더 타당하게 도출하기 위해서는 한국어 '손'에 대응되는 중국어 '手'를 분석하는 것 외에도, '手'와 직간접적으로 관련되어 있는 '手儿/手头'의 의미 항목을 추가해야 한다고 하였다. 따라서 한·중 신체어를 대조하는 연구에서는 한·중 신체어 형태의 대응을 설정할 때 일대일 대응, 일대다 대응 중 어떠한 대응 형태가 더 타당한지 고민할 필요가 있다.

(2) 연구 방법

다음으로 한·중 신체어 대조 연구에서 연구 방법에 대한 쟁점을 살펴보도록 한다.

첫째는 연구 범위에 관한 문제이다.

선행연구를 살펴보면 연구 범위 설정이 연구마다 다른 것을 알 수 있다. 신체어가 단독으로 쓰인 단일 형식을 연구 범위로 삼는 경우도 있으며, 구성형태소로 구성된 복합 형식, 관용표현, 속담 등을 연구 범위로 삼는 경우도 있다. 이에 대해 구체적으로 정리하면 다음 〈표 10〉과 같다.

〈표 10〉 한·중 신체어 대조 연구의 범위 설정

관련 연구	연구 범위
Bao Yuqian(2021)	단일어
채잉(2011)	단일어
한성림(2018)	단일어
박화염(2021)	단일어, 복합어
박화염·한용수(2021)	단일어, 복합어
Li Xiaoting(2015)	단일어, 복합어
Wang Suxing(2012)	단일어, 합성어(복합어, 파생어), 관용어, 속담
이선희(2017)	단일 형식, 복합 형식(합성어, 명사구)

이선희(2018)	단일 형식, 복합 형식, 관용 표현
전금희(2005)	일반 표현(단일어, 합성어), 관용 표현(관용어, 속담)

〈표 10〉을 보면 Bao Yuqian(2021), 채잉(2011)과 한성림(2018)에서는 신체어가 단독으로 쓰인 단일 형식을 연구 범위로 설정하였고 Li Xiaoting(2015), Wang Suxing(2012), 박화염(2021) 등 대부분의 연구에서는 단일 형식뿐만 아니라 합성어, 복합어, 관용어, 속담 등 다양한 복합 형식까지도 연구 범위에 포함하였다. 이들 연구를 살펴보면 단일 형식을 연구 범위로 삼는 연구는 사전을 중심으로 의미 분석하는 것에 초점을 두었고, 연구 범위에 복합 형식까지 포함하는 연구는 말뭉치를 중심으로 의미를 분석하는 것에 초점을 두고 있었다. 즉 기존 연구는 연구 범위에 따라 분석 자료가 다른 것으로 나타났다.

이상으로 신체어 다의어 대조 연구 범위를 선정하는 데에 연구마다 약간 차이가 있음을 확인하였다. 대부분 연구는 사전에서 제시된 단일 형식 의미 분석 외에 말뭉치에 나타난 다양한 복합 형식의 의미 분석까지도 하였음을 살펴보았다.

둘째는 의미 분석 기준 설정 관한 문제이다.

이선희(2018)는 신체어의 의미 확장은 신체 부위와 관련하여 위치적, 형태적, 기능적, 구성적 유사성 및 인접성을 갖고 있는 다른 대상에 같은 이름을 명명한 것이라고 하였다. 이와 관련하여 신체어의 의미 확장은 어떤 방법으로 일어나는지, 즉 의미 확장을 분석하기 위한 기준은 무엇으로 설정하는지와 관련하여 연구마다 제시하는 기준이 달랐다. 한·중 신체어 대조 연구에서 연구마다 설정한 의미 분석 기준을 정리하면 다음 〈표 11〉과 같다.

〈표 11〉 한·중 신체어 대조 연구의 의미 분석 기준

관련 연구	분석 기준
Bao Yuqian(2021)	개념적 환유와 은유, 범주적 은유, 문법화
Wang Suxing(2012)	완전 일치, 부분 일치, 불일치

Li Xiaoting(2015)	대상, 형태, 구성, 기능, 위치, 기타
서양(2009)	대상, 대상의 형태, 대상의 구성, 대상의 기능, 대상의 위치, 기타
채잉(2011)	대상, 대상의 형태, 대상의 구성, 대상의 기능, 대상의 위치, 기타
한성림(2018)	형태면, 구조면, 기능면
정수은(2015)	형태면, 구성면, 기능면
김보미(2007)	형태면, 구성면, 기능면
전금희(2005)	형태면, 구성면, 기능면
박화염(2021)	구조·모양면(형태, 구성, 위치), 기능면
박화염·한용수(2021)	구조·모양면(형태, 구성, 위치), 기능면
이선희(2017)	①사전 기술 양상: 대상, 대상의 형태, 대상의 구성, 대상의 기능, 대상의 위치, 기타 ②의미 확장 양상: 사람 영역, 동물 영역, 식물 영역, 사물 영역, 행위 영역, 공간 영역, 시간 영역, 수량 영역, 추상 영역
이선희(2018)	①사전 기술 양상: 위치적 특징, 형태적 특징, 구성적 특징, 기능적 특징 ②의미 확장 양상: 사람 영역, 동물 영역, 식물 영역, 사물 영역, 행위 영역, 공간 영역, 수량 영역, 추상 영역
육주(2011)	①중심 의미 양상: 형태면, 구성면, 기능면 ②의미 확장 양상: 동물 영역, 식물 영역, 공간 영역, 시간 영역, 수량 영역, 추상 영역

〈표 11〉을 보면 연구마다 의미 분석 기준의 설정을 다르게 한 것을 확인할 수 있다. Li Xiaoting(2015), 서양(2009), 채잉(2011)에서는 '대상, 형태, 구성, 기능, 위치, 기타'의 6가지 영역으로 나누었고 한성림(2018), 정수은(2015), 김보미(2007), 전금희(2005)에서는 '형태면, 구성면/구조면, 기능면'의 3가지 의미 영역으로 나누었다. 그리고 박화염(2021)과 박화염·한용수(2021)에서는 '구조·모양면, 기능면'으로 나누었다. 이들 연구는 모두 국면이 바뀜에 따라 의미 확장이 일어난다는 것을 주장한 배도용(2001, 2002)에서 제시된 내용에 따라 의미를 분류하였다. 반면에 Bao Yuqian(2021)에서는 '형태면, 구성면, 기능면' 3가지 의미 영역으로 분석하는 것은 대체로 유형 분류에 치중하여 기술적인 분석에 그치는 경우가 많다고 지적하였다. 이에 따라 이 연구에서는 보편적인 의미 확장 기제를 신체어 의미 확장에

적용하여 임지룡(2016)의 분류 기준에 따라 '개념적 은유와 환유', '범주적 은유', '문법화'의 3가지로 나누어 의미를 분석하였다. 또한 이선희(2017), 이선희(2018), 육주(2011)에서는 신체어의 의미 확장을 분석할 때 한 가지 분류 기준만 설정하는 것은 부족하다고 지적하며, 두 가지의 분석 기준을 종합하여 의미를 분석하였다. 이 연구들은 주로 '형태면, 구성면, 기능면' 그리고 '사람 영역, 동물 영역, 식물 영역, 사물 영역, 행위 영역, 공간 영역, 수량 영역, 추상 영역'에 따라 의미 확장 양상을 살펴보았다. 그 외에 Wang Suxing(2012)에서는 다른 선행연구와 달리 의미 일치의 유형에 따라 '완전 일치, 부분 일치, 불일치'로 나누어 의미 분석하였다.

이상으로 선행연구별 의미 분석 기준이 상이하다는 것을 확인하였다. 신체어의 의미 확장이 어떠한 방법으로 일어나는지에 대한 연구자의 견해에 따라 의미 분류도 달라지는 것으로 나타났다. 또한 연구에 따라 신체어 의미 확장 분석의 분류 기준을 한 가지로 설정하는 경우도 있고, 두 가지로 설정하는 경우도 있어 분류 기준에 있어서도 차이가 있음을 알 수 있었다.

(3) 연구 결과

앞에서 확인한 바와 같이 한·중 신체어 대조 연구에서는 '눈'과 '입'을 연구 대상으로 삼은 연구가 제일 많았다. 그리고 대부분 연구는 '형태면, 구성면, 기능면'의 분류 기준에 따라 의미를 분석하였다. 그런데 이들 연구를 살펴보니 비슷한 내용을 연구하였음에도 결과가 다르게 나타난 것을 확인할 수 있었다. 따라서 본고는 신체어 '눈'과 '입'을 대상으로 다룬 연구를 집중적으로 검토하면서 결과를 정리하여 비교하고자 한다. 여기에서는 한국어 '눈', '입'과 대응되는 중국어 형태로 '眼', '嘴'를 선정하기로 한다.

먼저 한국어 '눈'과 중국어 '眼'의 의미 대조 연구로는 한성림(2018), 이선희(2017), 정수은(2015), 육주(2011), 김보미(2007)가 있다. 먼저 한성림(2018), 이선희(2017), 정수은(2015)의 연구 결과를 정리하여 비교하고자 한다. 이들 연구는 '형태면, 구성면, 기능면'의 기준에 따라 한국어와 중국어 '눈'의 사전 의미 항목을 대조한다는 점에 공통점을 보였으나 대조 결과에서 차이

점을 보였다. '눈'과 '眼'의 사전적 의미 대조 결과를 정리한 표는 다음 〈표 12〉와 같다.[7]

〈표 12〉 '눈'과 '眼'의 사전 의미 대조 결과

'눈/眼' 의미 영역			한성림 (2018)	이선희 (2017)	정수은 (2015)
대상(중심의미)		시각기관 '눈'	○	○	○
주변 의미	대상의 형태면	1. 작은 구멍	○	×(중)	×(중) 〈한:동음이의어로 처리〉
		2. 바둑의 점	×(한)	-	-
		3. 구멍 세는 단위	×(중)	×(중)	×(중)
		4. 식물의 싹	×(한)	-	-
		5. 자동차의 앞에 전조등	×(한)	-	-
		6. 눈금	×(한)	-	-
		7. 주사위의 면에 값을 표시한 점	×(한)	-	-
	대상의 구성면	1. 태풍의 중심	×(한)	×(한)	○
		2. 사물의 관건, 중요한 부분	×(중)	×(중)	
		3. 바둑의 집	×(중)	×(중)	×(중) 〈한:동음이의어로 처리〉
		4. 희곡의 박자	×(중)	×(중) 〈기타〉	×(중)
	대상의 기능면	1. 시력	×(한)	○	×(한)
		2. 시선, 눈길	×(한)	×(한)	×(한)
		3. 표정, 태도	-	×(한)	×(한)
		4. 판단력	○	×(한)	○
		5. 판단 기준	×(한)	-	-

정리된 결과를 보면 한국어 '눈'과 중국어 '眼'의 의미 대조 연구 결과가 연구마다 다른 것을 확인할 수 있다. '눈'의 의미에 대해 한성림(2018)은

7 '○'는 대응하는 경우를 의미하고 '×(한)'과 '×(중)'은 한국어에만 있는 의미 혹은 중국어에만 있는 의미, 즉 대응하지 않는 경우를 의미한다.

이선희(2017)와 정수은(2015)보다 더 많은 의미 항목을 대조 분석하였다. 연구 결과를 구체적으로 비교하자면 먼저 중심의미인 '시각기관'은 한국어와 중국어에서 공통적으로 나타난 의미 항목이므로 대응하는 양상을 보였다. 그 다음으로 주변의미는 '형태면, 구성면, 기능면'으로 분류되고 있었다. 우선 '형태면'을 보면 '눈'과 형태적으로 유사성과 인접성을 가진 7가지의 의미 중 '작은 구멍'에 대한 대조 결과에서 연구 간 차이가 있었다. 한성림(2018)에서는 이들이 서로 대응되는 것으로 분석하였으나 이선희(2017)와 정수은(2015)은 서로 대응되지 않는 것으로 분석하였다. 정수은(2015)은 한국어 '눈'이 '구멍'의 뜻을 가지기는 하지만, 이를 다의관계로 보지 않고 동음의이어로 처리해야 한다고 언급하였다. 다음으로, '눈'의 구성과 유사하거나 인접한 의미를 대조한 결과에 대해서도 연구마다 차이를 보였다. '태풍의 중심'과 '사물의 관건'이라는 의미에 대해 한성림(2018)과 이선희(2017)에서는 이 두 의미가 서로 대응되지 않는다고 하면서 '태풍의 중심'은 한국어에만 있는 표현이고 '사물의 관건'은 중국어에만 있는 표현이라고 분석하였다. 반면에 정수은(2015)에서는 이 두 의미가 서로 대응된다고 보았는데, '태풍의 중심'과 '사물의 관건'은 모두 중심을 이루는 핵 요소라는 뜻을 가지고 있기 때문에 의미상 일치한다고 주장하였다. 또 '바둑의 집'과 '희곡의 박자'의 의미를 분석한 결과에서도 연구자 간에 차이가 있었다. 정수은(2015)은 '희곡의 박자' 중 '박자'는 '眼'이 신체부위에서 '중요성'을 강조하듯이 희곡에서 중요한 요소이기 때문에 '눈'의 구성면에 해당한다고 분석한 반면, 이선희(2017)는 '희곡의 박자'가 기타에 해당된다고 분석하였다.

마지막으로 '기능면'을 보면 '시력'과 '판단력'의 의미가 두 언어에 모두 존재하는지에 대해 연구마다 다른 결과를 제시하였다.

다음으로 사전 의미 항목 분석 결과와 비교하기 위해 말뭉치 자료를 사용하여 '눈'의 의미 확장 양상을 분석한 결과를 살펴보고자 한다. 이선희(2017)에서는 '사람 영역, 동물 영역, 식물 영역, 사물 영역, 행위 영역, 공간 영역, 수량 영역, 추상 영역'의 의미 영역에 따라 말뭉치에서 추출된 예문을 분석하여 한국어 '눈'과 중국어 '眼/目'의 의미 확장 양상을 살펴보았다. 이를 정리하면 다음 〈표 13〉과 같다.

〈표 13〉 이선희(2017), '눈'과 '眼/目'의 확장 의미 대조 결과

'눈'과 '眼/目'의 의미 영역		이선희(2017)
사람	1. 사람	○
	2. 눈알, 눈동자, 눈까풀	○
동물	동물의 눈	○
식물	1. 식물의 싹이 나는 부분	×(중:眼)
	2. 잎이나 꽃이 나는 부분	×(한)
사물	1. 사물의 구멍	○
	2. 주사위, 비둑판, 저울의 점	○
	3. 자동차의 전조등	○
	4. 카메라 렌즈	○
행위	보는 것	○
공간	1. 중심	○
	2. 공간상의 구멍	×(중:眼)
	3. 근접 거리	○
시간	1. 짧은 시간, 순간	○
	2. 지금, 현재	○
	3. 가까운 미래	×(한)
수량	1. 구멍을 세는 단위	×(중:眼)
	2. 바둑판의 교차점을 세는 단위	×(중:眼)
	3. 보는 동작 횟수를 세는 단위	×(중:眼)
추상	1. 시력	○
	2. 시야	○
	3. 시선	○
	4. 판단력, 견해	○
	5. 주의, 관심	○
	6. 감정, 태도	○

정리된 결과를 보면 사전보다 말뭉치에서 제시된 '눈'의 의미 항목이 더 많은 것을 확인할 수 있다. 그리고 말뭉치 자료의 의미 분석 결과와 사전

의미 분석 결과를 비교해보면 차이가 많다는 것을 알 수 있다. 특히 '눈'의 경우 추상 영역으로 의미가 확장된 양상을 살펴보면 말뭉치 자료에서는 '시력', '시야', '시선', '판단력', '견해' 등의 의미를 나타낼 때 한·중 대응 관계를 보였지만, 이와 반대로 사전 의미 분석 결과에서는 한·중 대응 관계가 이루어지지 못하였음을 확인할 수 있다.

다음으로 한국어 '입'과 중국어 '嘴'의 다의어 대조 연구를 살펴보면서 연구 결과를 비교해보고자 한다. 대표적으로 LiXiaoting(2015), 정수은(2015), 김보미(2007)의 결과를 보도록 하겠다.

〈표 14〉 '입'과 '嘴'의 사전 의미 대조 결과

'입/嘴' 의미 영역			LiXiaoting (2015)	정수은 (2015)	김보미 (2007)
대상(중심의미)		먹는 기관, 발성 기관 '입'	○	○	○
주변 의미	대상의 형태면	1. 형태나 역할을 입과 비슷함	×(중)	×(중)	×(중)
		2. 부리처럼 돌출한 지형	×(중)	×(중)	×(중)
	대상의 구성면	입술	×(한)	×(한)	○
	대상의 기능면	1. 말 또는 말하는 사람	○	○	○
		2. 음식을 먹는 사람의 수효	×(한)	×(한)	×(한)
		3. 음식물의 분량을 세는 단위	×(한)	×(한)	×(한)
		4. 먹을 것	–	×(중)	–
		5. 호구지책, 생계	×(중)	–	–
		6. 먹다	–	–	○
		7. 새의 부리	–	–	×(중)

〈표 14〉를 보면 한국어 '입'과 중국어 '嘴'의 의미 대응 양상을 확인할 수 있다. 이에 대한 선행연구들의 분석 결과는 서로 비슷한 양상을 보였다. 구체적으로 보면 한국어 '입'의 의미 중에는 형태면에 해당되는 의미가 없으나, 중국어 '嘴'는 '형태나 역할이 입과 비슷함'과 '부리처럼 돌출한 지형'의 의미가 형태면에 해당한다. 중국어에는 '茶壶嘴(주전자부리)', '山嘴(산부리)'와 같은 표현이 있는데 이는 '입'의 둥그런 모양과 유사하다고 인식한

결과로써 은유적 의미 확장이라고 할 수 있다. 구성면에 해당되는 '입술'은 한국어에 존재하는 의미 항목이지만 중국어에는 없는 표현이다. 그러나 김보미(2007)에서는 중국어 '嘴'에도 '입술'의 의미가 있다고 분석하였다. '입'의 의미 항목 중 기능면에 해당되는 의미가 가장 많은 것으로 나타났다. '말 또는 말하는 사람'이라는 의미는 한국어와 중국어에서 모두 사용되고 있지만, '음식을 먹는 사람', '음식 분량'의 의미는 한국어 '입'으로는 나타낼 수 있는 반면 중국어 '嘴'를 이러한 의미로 사용한 경우는 찾아볼 수 없었다. 반대로 '먹을 것', '호구지책', '생계', '새의 부리' 등의 의미들은 중국어에서만 살펴볼 수 있었고 한국어에서는 찾아볼 수 없었다.

지금까지 신체어 '눈'과 '입'을 대상으로 한 연구를 중심으로 살펴보고 각 연구의 결과를 정리하여 비교하였다. 이를 통해 연구마다 결과에 차이가 있음을 알 수 있었고, 특히 말뭉치 의미 분석 결과가 사전 의미 분석 결과와 큰 차이를 보인 것을 확인하였다.

2) 한·중 미각형용사 다의어 대조 연구 쟁점

다음으로 한·중 형용사 다의어 대조 연구의 쟁점을 도출하고자 한다. 그리고 그중에서도 한·중 미각형용사와 관련된 연구들을 중심으로 검토해 볼 것이다.

미각형용사는 다의성을 가지고 신체 경험을 통해 다른 감각으로 의미 전이가 활발하게 이루어지는 기본 감각어이다. 한국과 중국에는 공통적으로 단맛, 짠맛, 쓴맛, 신맛, 매운맛이 존재하고 이에 대한 신체 경험의 공통점을 지니고 있다. 한편 문화 차이나 인지 차이 등으로 인해 양 언어의 미각어 의미 양상에는 차이점이 있을 수 있다. 한·중 미각어의 의미 양상의 공통점과 차이점을 살펴보기 위해 지금까지 한·중 미각형용사를 대상으로 이루어진 연구가 많은 것으로 확인되었다.

지금까지 한·중 미각 형용사 다의어 대조 연구는 주로 형태론과 의미론의 관점에서 이루어졌다. 형태론적 관점에서 출발한 연구들은 한·중 미각형용사의 구성 방식에 초점을 두고 단일 미각형용사, 복합 미각형용사(파생어, 합성어)로 나누어 양 언어의 미각형용사의 형태적 특징을 살펴보고 대조하였다. 의미론적 관점에서 출발한 연구들의 경우, 한·중 미각형용사가 지니는 기본의미, 확장의미와 함께 공감각적 전이 의미[8]의 공통점과 차이점을 대조 분석하였다. 이에 따라 본고에서는 한·중 미각형용사의 형태 대조와 의미 대조에 중점을 두어 연구 결과를 정리하고 쟁점을 논의하겠다.

(1) 연구 대상

연구 결과를 분석하기에 앞서 먼저 미각형용사 분류에 대해 살펴보고자 한다. 미각형용사 분류에 대한 연구자들의 의견은 다소 차이가 있었다. 유양(2013)에서는 '달다, 짜다, 시다, 쓰다'를 기본 미각형용사로 보았지만, '맵다, 떫다, 싱겁다'도 기본 미각형용사 범위에 포함시켜야 하는지가 주요 쟁점이라고 지적하였다. 따라서 기존 연구에서 미각형용사가 어떻게 분류되고 있는지를 살펴볼 필요가 있으며, 아래 〈표 15〉는 이를 정리한 것이다.

〈표 15〉 한국어 미각형용사에 대한 연구자별 분류 양상

관련 연구	분류 양상
GU CHEN(2016)	기본 미각형용사: 달다, 시다, 쓰다, 짜다 '맛' 관련 표현: 맵다, 떫다, 싱겁다, 고소하다
왕천(2013)	기본 미각형용사: 달다, 시다, 쓰다, 짜다 파생 미각형용사: 맵다, 떫다, 싱겁다
만림(2010)	달다, 시다, 짜다, 쓰다, 맵다, 떫다, 고소하다, 싱겁다
고결(2009)	달다, 시다, 짜다, 쓰다, 맵다
고양(2017)	달다, 시다, 짜다, 쓰다, 맵다
양기(2014)	달다, 시다, 짜다, 쓰다, 맵다
원방려(2016)	달다, 시다, 짜다, 쓰다, 맵다

8 풍금란(2013)에서는 미각형용사의 공감각적인 의미 전이는 신체 오관 '눈, 코, 귀, 입, 몸' 등을 이용해서 미각에서 느낀 감각을 다른 신체 감각으로 전이하는 것이다. 즉 미각에서 청각, 시각, 촉각, 후각으로 전이하는 과정이라고 설명하였다.

유양(2013)	달다, 시다, 짜다, 쓰다, 맵다
풍금란(2013)	달다, 시다, 짜다, 쓰다, 맵다
장앵설(2021)	달다, 시다, 짜다, 쓰다, 맵다

정리된 것을 보면 각 연구에서의 미각형용사 분류 양상이 다른 것을 알 수 있다. 일반적으로 '달다, 쓰다, 짜다, 시다'를 기본적인 미각형용사로 보는 관점은 모든 학자들이 동의하는 바지만, 문제가 되는 것은 '맵다, 떫다, 싱겁다, 고소하다' 등을 미각으로 인정하는지에 대한 것이다. 기존 연구를 살펴보면 '맵다, 떫다, 싱겁다' 등을 기본 미각형용사로 보는 연구도 있는 반면에 기본 미각형용사로 보지 않은 연구도 있다.

먼저 '맵다, 떫다, 싱겁다' 등을 기본 미각형용사로 보지 않는 관점에 대해 정리하겠다. GU CHEN(2016)과 왕천(2013)에서는 '달다, 쓰다, 짜다, 시다'를 기본 미각형용사로 분류하고 '맵다, 떫다, 싱겁다' 등은 기본 미각형용사가 아닌 파생 미각형용사 혹은 '맛' 관련 표현으로 분류하였다. 왕천(2013)에서는 생물학적 근거에 의하여 '달다, 쓰다, 짜다, 시다'는 기본 미각어의 범주에 놓을 수 있으나 '맵다, 싱겁다, 떫다' 등은 생물학적 관점에서 미각으로 인지하지 않는 '맛'이라고 언급한 바 있다. 이에 대해 김순자(2015)에서도 단맛, 신맛, 짠맛, 쓴맛은 미뢰로 느낄 수 있는 기본적인 맛이고, 이와 달리 매운맛은 자극에 의해 느끼는 통각에 해당하는 맛으로 미각의 전달 양식이 다르다고 지적하였다.

이어서 '맵다, 떫다, 싱겁다' 등을 기본 미각형용사로 보는 관점에 대해 살펴보겠다. 고결(2009), 만림(2010), 고양(2017), 양기(2014), 유양(2013), 풍금란(2013) 등 대부분의 연구에서는 이 관점을 주장하였다. 만림(2010)의 경우 '맵다, 떫다, 고소하다, 싱겁다'는 실제 일상생활에서 사람들이 '맛'처럼 많이 사용하고 있고 한국어교육에서도 필요한 언어표현이기 때문에 기본 미각어로 분류하였다. 풍금란(2013)은 한국에는 '달다, 시다, 쓰다, 짜다, 맵다, 떫다'와 같은 기본적인 미각형용사가 있으며, '싱겁다, 고소하다, 상하다' 등 기타 미각 형용사도 있다고 하였다. 그 외에 유양(2013)에서는

'맵다'는 기본 미각형용사로 볼 수 있으나 '싱겁다, 떫다'는 기본 미각형용사로 볼 수 없다고 주장하였다. 이 연구에서는 '맵다'는 출현 빈도가 높고 이를 포함하는 오미설(五味说)도 지배적이기 때문에 기본 미각형용사의 범주에 놓아야 한다고 하였다. 하지만 '싱겁다'는 어떤 특정한 맛을 표현하는 것이 아니기 때문에 기본 미각형용사로 볼 수 없고 '떫다'는 물리적 감각으로서 '촉각'의 범위에 포함시켜야 한다고 지적한 바 있다.

지금까지 미각 형용사 분류 양상에 대해 연구자별 견해를 살펴보았다. 특히 '맵다, 떫다, 싱겁다'를 기본 미각형용사 범위에 포함시켜야 하는지가 주요 쟁점이 된다. 그리고 '떫다'를 '미각'의 범위에 포함시키는 것이 과연 타당한지가 또 다른 쟁점이라고 볼 수 있다.

(2) 연구 결과

다음으로 한·중 미각형용사의 형태 대조와 의미 대조를 중심으로 연구 결과를 정리하여 비교해 보고자 한다. 본고에서는 한·중 미각형용사의 형태 대조를 단일 미각형용사 대조, 파생 미각형용사 대조, 합성 미각형용사 대조로 나누어 연구 결과를 정리하여 살펴볼 것이다.

한국어와 중국어에는 모두 단일 미각형용사가 존재한다. 선행연구에서 살펴본 한·중 단일 미각형용사의 형태적 특징을 정리하면 다음 〈표 16〉과 같다.

〈표 16〉 한·중 단일 미각형용사의 형태 대조

관련 연구	단일 미각형용사의 형태	특징
장앵설 (2021)	한: 시다, 달다, 짜다, 맵다, 쓰다	2음절의 형식
	중: 酸(시다), 甜(달다), 咸(짜다), 辣(맵다), 苦(쓰다)	1) 1음절의 형식 2) 涩(떫다)와 함께 중국어 단일 미각형용사는 모두 6개가 있다.
왕천 (2013)	한: 달다, 시다, 쓰다, 짜다, 맵다, 떫다, 싱겁다	1) 2음절의 형식 2) 모두 'A다'의 형태로 나타남.
	중: 甜/甘(달다), 酸(시다), 咸(짜	1) 1음절의 형식

	다), 辣(맵다), 苦(쓰다), 澀(떫다), 淡(싱겁다)	2) 한국어 '달다'에 해당하는 중국어는 '甜' 혹은 '甘'가 있고 '맵다'도 '辣' 혹은 '辛'을 쓴다.
양기 (2014)	한: 달다, 시다, 짜다, 쓰다, 맵다	2음절의 형식
	중: 甜(달다), 酸(시다), 咸(짜다), 苦(쓰다), 辣(맵다)	1음절의 형식
만림 (2010)	한: 달다, 시다, 쓰다, 짜다, 맵다, 떫다, 싱겁다	1) 모두 'A다'의 형태로 나타나고 '싱겁다'만 'AB다'의 형태로 나타남. 2) '싱겁다' 외의 모두 2음절 형식임.
	중: 甜/甘(달다), 酸(시다), 咸(짜다), 辣(맵다), 苦(쓰다), 澀(떫다), 淡(싱겁다), 香(고소하다)	1) 1음절의 형식 2) '달다'와 유사한 의미로 '甜' 혹은 '甘'가 있는데, '甘'는 문어로 많이 사용하고 구어로 많이 쓰이지 않음.
GU CHEN (2016)	한: 달다, 시다, 쓰다, 짜다, 맵다, 떫다, 싱겁다, 고소하다	1) '싱겁다'와 '고소하다' 외의 모두 2음절 형식임. 2) '고소하다'만 'A다'의 형태로 나타나지 않음.
	중: 甜(달다), 酸(시다), 咸(짜다), 辣(맵다), 苦(쓰다), 澀(떫다), 淡(싱겁다), 香(고소하다)	1음절의 형식

정리된 결과를 보면 한·중 단일 미각형용사 형태 대조 결과는 연구마다 약간의 차이를 보였다. '달다, 시다, 쓰다, 짜다, 맵다'를 단일 미각형용사로 보는 관점은 대부분 연구에서 비슷하게 나타났지만 '떫다, 싱겁다, 고소하다'를 단일 미각형용사로 보는지에 대해서는 연구마다 다른 관점을 가지고 있었다. 단일 미각형용사의 형태적 특징을 보자면 한국어 단일 미각형용사는 2음절의 형식을 가지고 있으나 중국어 단일 미각형용사는 1음절의 형식을 가지고 있다는 것이 특징적이다.

한국어 파생 미각형용사는 음운 교체를 통해 어근이 내부적으로 변하는 '내적 파생 미각형용사'와 접두사와 접미사에 의한 '외적 파생 미각형용사' 이렇게 두 가지가 있다. 이에 반해 중국어 파생 미각형용사는 접미사에 의한 파생 미각형용사만 존재한다. 여기에서는 한·중 접미사 파생 미각형용사를 중심으로 선행연구의 연구 결과를 정리하고 비교해 보도록 하겠다.

먼저 한국어 접미사 파생 미각형용사를 살펴보고자 한다. 이와 관련된 연구로는 GU CHEN(2016), 고결(2009), 만림(2010), 양기(2014), 왕천(2013), 장앵설(2021)이 있다. 이들 연구에서 제시하고 있는 한국어 미각형용사와 결합할 수 있는 접미사를 정리해보았는데, 이는 다음 〈표 17〉과 같다.

〈표 17〉 한국어 미각형용사의 접미사

한국어 접미사		GU CHEN(2016)	만림(2010)	양기(2014)	왕천(2013)
1	-금하다	○	○	○	○
2	-곰하다	○	○	○	○
3	-큼하다	○	○	○	○
4	-콤하다	○	○	○	○
5	-착지근하다	○	○	○	○
6	-차근하다	○	○	○	○
7	-짝지근하다	○	○	○	○
8	-보드레하다	○	○	○	○
9	-쩍지근하다	○	○	○	○
10	-척지근하다	○	○	○	○
11	-치근하다		○	○	○
12	-그무레하다	○	○	○ 〈-(으)레-〉	○
13	-크무레하다	○	○		○
14	-지근하다	○	○	○	○
15	-ㅂ쌀하다	○	○	○	○
16	-ㅂ쓰레하다	○	○	○	○
17	-ㅂ쓸하다	○	○	○	○
18	-굼하다	○	○	○	○
19	-쿰하다	○	○	○	○
20	-ㅂ짤하다	○	○	○	○
21	-ㅂ짜래하다	○	○	○	○
22	-ㅂ찌레하다	○	○	○	○
23	-ㅂ찔하다	○	○	○	○
24	-옴하다	○	○	○	○
25	-움하다	○	○	○	○
26	-싸다		○	○	○

27	-릿하다		○		○
28	-근하다		○		○
29	-큰하다	○	○		○
30	-찌근하다		○		○
31	-떠름하다	○	○		○
32	-꾸수하다		○		
33	-구뜰하다		○		
34	-ㅅ구수하다		○		
35	-부드레하다	○		○	○
36	-ㅂ싸래하다	○		○	○
37	-ㅂ짜름하다	○			○
38	-ㅂ찌름하다	○			○
39	-ㅂ조름하다	○		○ 〈-름-〉	○
40	-ㅂ싸름하다				
41	-ㅂ쓰름하다	○	○		○
42	-ㅂ쩔하다	○		○	○
43	-음하다	○			○
접미사 수		34	35	29	39

정리된 결과를 보면 한국어 파생 미각형용사의 접미사가 풍부하여 연구마다 의견이 다른 것을 확인할 수 있다. 왕천(2013)에서는 가장 많은 양인 39개의 접미사를 제시하였고 양기(2014)에서는 가장 적은 29개의 접미사를 제시하였다. 그리고 GU CHEN(2016)과 만림(2010)은 각각 34개와 35개를 제시하였다. 특히 양기(2014)는 다른 연구들보다 적은 수의 접미사를 제시하였는데, 그 이유는 보통 '-그무레하다'와 '-크무레하다'를 '-으레-'로 분류하고 '-ㅂ짜름하다', '-ㅂ찌름하다', '-ㅂ조름하다', '-ㅂ싸름하다'와 '-ㅂ쓰름하다'를 '-름-'으로 분류했기 때문인 것으로 보인다. 구체적으로 보면 '-금하다', '-콤하다' 등 대부분의 접미사는 선행연구에서 공통적으로 제시하였으나 연구자마다 다르게 제시하는 접미사도 있었다. 예를 들어 GU CHEN(2016)은 다른 연구와 달리 '-치근하다'와 '-싸다'를 제시하지 않았고, 만림(2010)에서는 '-부드레하다', '-ㅂ싸래하다', '-ㅂ짜름하다' 등을

제시하지 않았다. 또 양기(2014)에서는 '-큰하다'를 제시하지 않았고 왕천(2013)에서는 '-꾸수하다'를 제시하지 않았다.

지금까지 선행연구에서 제시된 한국어 미각형용사의 접미사 종류를 정리해보았다. 이어서 접미사가 단맛, 신맛, 쓴맛, 짠맛, 매운맛, 떫은맛 등의 미각형용사와 결합하는 양상을 살펴보겠다. 이는 다음 〈표 18〉과 같이 정리할 수 있다.[9]

〈표 18〉 한국어 미각형용사와 접미사의 결합 양상

한국어 접미사		어근					
	-다	달다	시다	쓰다	짜다	맵다	떫다
1	-금하다	○	○				
2	-곰하다	○	○				
3	-큼하다	○	○			○	
4	-콤하다	○	○			○	
5	-착지근하다	○					
6	-차근하다	○					
7	-짝지근하다	○				만, 왕	
8	-보드레하다	○					
9	-쩍지근하다	○				만, 왕	
10	-척지근하다	○	○				
11	-치근하다	양, 만, 왕	양, 만, 왕				
12	-그무레하다		○				
13	-지근하다		○				
14	-크무레하다	양	○				
15	-ㅂ쌀하다			○			
16	-ㅂ쓰레하다			○			
17	-ㅂ쓰름하다			○			
18	-ㅂ쌀하다			○			
19	-굼하다		○			만	

9 4편의 연구에서 모두 제시하면 '○'로 표시하고 다르게 제시하면 연구자 이름의 첫 글자로 표시한다. 즉 양기(2014)는 '양'으로, 만림(2010)는 '만'으로, 왕천(2013)는 '왕'으로, GU CHEN(2016)는 'GU'로 표시한다.

20	-쿰하다		○				
21	-ㅂ짤하다				○		
22	-ㅂ짜래하다				○		
23	-ㅂ찌레하다				○		
24	-ㅂ찔하다				○		
25	-옴하다					○	
26	-움하다					○	
27	-싸다					양, 만, 왕	
28	-릿하다					만, 왕	
29	-근하다					만, 왕	
30	-큰하다	왕, GU				만	
31	-찌근하다					만, 왕	
32	-떠름하다						만, 왕, GU
33	-꾸수하다						
34	-구뜰하다						
35	-ㅅ구수하다						
36	-부드레하다	○					
37	-ㅂ싸래하다			양, 왕, GU			
38	-ㅂ짜름하다				양, 왕, GU		
39	-ㅂ찌름하다				양, 왕, GU		
40	-ㅂ조름하다				양, 왕, GU		
41	-ㅂ쩔하다				양, 왕, GU		
42	-음하다						왕, GU
43	-ㅂ싸름하다			양			

위의 〈표 18〉을 보면 한국어 미각형용사와 접미사의 결합 양상에 대하여 연구마다 달리 제시하고 있는 것을 알 수 있다. 구체적으로 보자면 먼저 '달다'와 결합할 수 있는 접미사는 연구마다 비슷하게 제시되었으나 약간의 차이를 보였다. 대체로 '-금하다', '-착지근하다', '-쩍지근하다', '-부드레하다' 등 11개의 접미사는 '달다'와 결합할 수 있다고 보았다. 그러나 '-치근하다', '-크무레하다', '-큰하다' 등의 접미사가 '달다'와 결합할 수 있는지에 대해서는 연구마다 견해가 달랐다. 한편 신맛, 쓴맛과 결합하는 접미사의 경우에는 각 연구들 간에 큰 차이가 없었다. 그러나 짠맛, 매운맛

과 결합하는 접미사에 대해서는 연구마다 차이가 있었다. 만림(2010)은 다른 연구와 달리 짠맛과 결합하는 4개의 접미사를 제시하였는데 '짜다'가 '-ㅂ짜름하다', '-ㅂ찌름하다', '-ㅂ조름하다', '-ㅂ찔하다'와 결합 양상은 제시하지 못하였다. 다음으로 매운맛의 경우에는 '맵다'가 '-큼하다', '-콤하다', '-옴하다', '-움하다'와 결합한다는 것은 대부분의 연구에서 제시되었으나, '-짝지근하다', '-쩍지근하다', '-굼하다', '-싸다', '-릿하다' 등과 같은 접미사와의 결합은 연구마다 달리 제시되었다. 접미사 분포 양상을 전반적으로 보면 접미사 '-콤'과 '-큼'은 미각형용사 '달다', '시다', '맵다' 계열에 모두 분포되어 있으며 사용 빈도가 비교적 높은 것으로 나타났다. 또한 단맛과 신맛의 파생어는 다른 맛보다 더 많았다.

다음으로 앞의 〈표 18〉을 다시 정리하여 연구별로 제시한 한국어 미각형용사와 결합하는 접미사의 수를 살펴보고자 한다. 아래 〈표 19〉를 보면, 특히 짠맛과 매운맛과 결합하는 접미사 수는 연구 간에 큰 차이가 있었다.

〈표 19〉 선행연구에서 제시한 한국어 미각형용사와 결합할 수 있는 접미사 수

연구	한국어 미각형용사와 결합할 수 있는 접미사 수					
	단맛	신맛	쓴맛	짠맛	매운맛	떫은맛
만림(2010)	12	11	4	4	12	1
GU CHEN(2016)	12	10	5	8	4	2
양기(2014)	13	11	6	8	5	-
왕천(2013)	13	11	5	8	10	2

이상으로 한국어 접미사 파생 미각형용사를 정리하여 살펴보았는데, 연구마다 결과에 차이가 있는 것을 확인할 수 있었다. 이어서 중국어 접미사 파생 미각형용사를 정리하여 비교하고자 한다.

한국어에 비해 중국어의 미각형용사 파생은 훨씬 간단한 편이다. 먼저 선행연구에서 제시된 중국어 파생 미각형용사의 접미사 종류를 정리해보겠다.

〈표 20〉 중국어 미각형용사의 접미사

중국어 접미사		GU CHEN(2016)	만림(2010)	양기(2014)	왕천(2013)
1	-迷迷	○			
2	-津津	○	○	○	○
3	-溜溜	○	○	○	○
4	-啾啾	○			
5	-丝丝	○	○	○	○
6	-滋滋	○	○	○	○
7	-阴阴	○			○
8	-乎乎	○	○	○	○
9	-酥酥	○	○	○	○
10	-刺刺	○	○		○
11	-拉拉		○		○
12	-喷喷		○		
13	-蜜蜜			○	
14	-恹恹			○	
15	-涔涔			○	
16	-蓬蓬			○	
17	-叽叽(唧唧)			○	
18	-不丝(儿)	○		○	
19	-不唧儿	○	○	○	○
20	-不溜秋	○	○	○	○
21	-不叽儿		○		
22	-不溜丢		○	○	
23	-不拉唧儿			○	○
접미사 수		13	13	16	12

정리된 결과를 보면, 중국어 파생 미각형용사의 접미사 분포 양상이 연구마다 달리 제시되어 있음을 확인할 수 있다. 중국어 접미사에는 '-迷迷', '-津津', '-溜溜' 등과 같은 중첩형 접미사와 '-不丝(儿)', '-不唧儿', '-不溜秋' 등과 같은 불규칙 접미사가 있는데 이는 대부분 연구에서 공통적으로 제시되어 있다. 양기(2014)에서 제시한 접미사의 수가 16개로 가장 많았고 GU CHEN(2016), 만림(2010), 왕천(2013)은 비교적 적은 수인 12개, 13개,

13개의 접미사를 제시하였다. 조금 더 구체적으로 보자면, '-津津', '-溜溜', '-丝丝', '-滋滋' 등의 중첩형 접미사와 '-不唧儿', '-不溜秋' 등의 불규칙 접미사는 대부분 연구에서 공통적으로 제시하였음을 알 수 있다. 이에 반해 '-迷迷', '-喷喷', '-蜜蜜', '-不叽儿' 등의 접미사들은 각 연구에서 다르게 제시되었다. 특히 양기(2014)는 다른 연구와 달리 '-蜜蜜', '-恹恹', '-涔涔', '-蓬蓬' 등의 접미사들도 제시하였다.

다음으로 선행연구에서 제시한 미각형용사별 결합할 수 있는 접미사에 대하여 살펴보도록 한다. 이는 아래 〈표 21〉를 통해 확인할 수 있다.

〈표 21〉 중국어 미각형용사와 접미사의 결합 양상

중국어 접미사		어근					
-		甜 (달다)	酸 (시다)	苦 (쓰다)	咸 (짜다)	辣 (맵다)	涩 (떫다)
1	-迷迷	GU					
2	-津津	○		양	○		
3	-溜溜		○	양	양		
4	-啾啾		GU				
5	-丝丝	○		GU, 양, 왕	GU, 양, 왕	○	
6	-滋滋	○					
7	-阴阴			GU, 왕			
8	-乎乎					○	
9	-酥酥					○	
10	-刺刺						GU, 만, 왕
11	-拉拉						만, 왕
12	-喷喷						
13	-蜜蜜	양					
14	-恹恹			양			
15	-涔涔			양			
16	-蓬蓬					양	
17	-叽叽(唧唧)		양				
18	-不丝(儿)	GU, 양			양		
19	-不唧儿	○	GU, 왕	GU, 양, 왕		GU, 양, 왕	

20	-不溜秋		○				
21	-不叽儿	만					
22	-不溜丢		만,양				
23	-不拉唧儿	양	양		양,왕		

위 〈표 21〉에서 정리된 바와 같이 미각형용사에 따른 접미사 분포 양상은 연구마다 매우 달랐다. 구체적으로 보면 '-津津', '-丝丝', '-滋滋', '-不唧儿'은 단맛과 결합하고 '-溜溜'와 '-不溜秋'는 신맛과, '-津津'은 짠맛과, '-丝丝', '-乎乎'와 '-酥酥'는 매운맛과 결합한다는 것은 대부분 연구에서 동일하게 제시되어 있다. 그러나 그 외 접미사의 경우에는 연 구간에 큰 차이를 보였다. 그중 특히 주목받은 것은 쓴맛의 파생어의 존재 여부이다. 만림(2010)에서는 쓴맛의 파생어가 존재하지 않는다고 제시한 반면, 양기(2014)에서는 쓴맛의 파생어를 6개 제시하였다. 접미사 분포 양상을 전반적으로 보면, '-津津', '-溜溜', '-丝丝', '-不唧儿' 같은 접미사들은 많은 미각어와 결합할 수 있어 파생성이 높은 것으로 보인다. 또한 단맛, 신맛, 매운맛의 파생어의 경우 그 수가 비교적 많은 편이다.

다음으로 앞에서 정리된 결과를 바탕으로 각 연구에서 제시된 중국어 미각형용사와 결합하는 접미사 수를 다음 〈표 22〉와 같이 정리하고자 한다.

〈표 22〉 선행연구에서 제시한 중국어 미각형용사와 결합할 수 있는 접미사 수

관련 연구	중국어 미각형용사와 결합할 수 있는 접미사 수					
	甜	酸	苦	咸	辣	涩
만림(2010)	5	3	0	1	3	2
GU CHEN(2016)	6	4	3	2	4	1
양기(2014)	7	5	6	5	5	-
왕천(2013)	4	3	3	3	4	2

위의 〈표 22〉에 의하면 중국어 미각형용사와 결합할 수 있는 접미사의 수가 한국어의 경우보다 연구 간의 차이가 뚜렷하다는 것을 알 수 있다. 특히 중국어의 쓴맛과 짠맛과 결합하는 접미사에 대해서는 연구 간 큰 차

이가 있었다.

지금까지 한·중 파생 미각형용사 형태를 자세히 살펴보고 정리하였다. 정리된 결과를 통해 연구마다 다른 양상을 확인할 수 있었다. 다음으로는 한·중 합성 미각형용사의 형태 대조 결과를 살펴보고자 한다.

한·중 합성 미각형용사는 같은 어근에 의해 합성된 중첩형 미각형용사와 다른 어근에 의해 합성된 결합형 미각형용사[10]로 나눌 수 있다. 여기서는 GU CHEN(2016), 만림(2010)와 왕천(2013)을 중심으로 정리하여 연구 결과를 비교하고자 한다. 정리된 내용을 보면 한국어와 중국어의 합성 미각형용사를 대조한 연구의 결과가 연구마다 큰 차이가 있음을 확인할 수 있을 것이다. 따라서 여기에서는 한·중 합성 미각형용사를 중첩형과 결합형으로 나누어서 연구 결과의 차이를 살펴볼 것이다. 먼저 〈표 23〉을 통해 중첩형 미각형용사의 형태 대조 결과에 대해 살펴보도록 한다.

〈표 23〉 한·중 중첩형 미각형용사의 형태 대조 결과

	GU CHEN(2016)		만림(2010)		왕천(2013)	
한국어	①어근 + 어근	달달하다	①AA형	간간하다, 건건하다, 달달하다, 알알하다, 삼삼하다, 심심하다, 밍밍하다	①AA형	달달하다, 간간하다, 건건하다, 삼삼하다, 밍밍하다, 심심하다
	②(어근 + 접사) + (어근 + 접사)	a. 시금시금하다, 시굼시굼하다, 시큼시큼하다, 시쿰시쿰하다. b. 새금새금하다, 새곰새곰하다, 새콤새콤하다, 새큼새큼하다.	②ABAB형	새곰새곰하다, 새금새금하다, 시금시금하다, 시굼시굼하다, 새콤새콤하다, 새큼새큼하다, 시큼시큼하다, 시쿰시쿰하다, 아릿아릿하다.	②AA형 (파생 미각형용사 중첩형)	새곰새곰하다, 새금새금하다, 시금시금하다, 시굼시굼하다, 새콤새콤하다, 새큼새큼하다, 시큼시큼하다, 시쿰시쿰하다, 아릿아릿하다.
					③AABB형 (두 어근의 중첩형)	간간짭짤하다, 건건찝찔하다

10 결합형은 한 종류의 '맛'과 다른 한 종류의 '맛'을 결합하여 구성된 조합이다.

	③어근+디+어근	다디달다, 시디시다, 쓰디쓰다, 짜디짜다, 맵디맵다, 떫디떫다	③A디A형	다디달다, 달디달다, 시디시다, 쓰디쓰다, 짜디짜다, 맵디맵다, 떫디떫다	④A디A형	다디달다, 시디시다, 쓰디쓰다, 짜디짜다, 맵디맵다, 떫디떫다
중국어	①어근+어근	甜甜的, 酸酸的, 苦苦的, 咸咸的, 辣辣的, 涩涩的, 淡淡的, 香香的	없음		①AA형	甜甜的, 酸酸的, 苦苦的, 咸咸的, 辣辣的
					②AABB형	甜甜蜜蜜
					③AB형	甘甜, 辛辣
					④ABB형	甜蜜蜜

먼저 중첩형을 살펴보겠다. 중첩형 유형을 보면 GU CHEN(2016)에서는 한국어 중첩형을 '어근+어근', '(어근+접사)+(어근+접사)'와 '어근+디+어근'으로 나누었고 만림(2010)에서는 GU CHEN(2016)의 용어와는 좀 다르지만 마찬가지로 한국어 중첩형을 'AA형', 'ABAB형', 'A디A형'으로 나누었다. 이들과 달리 왕천(2013)에서는 한국어 중첩형을 'AA형', 'AA형(파생미각형용사 중첩형)', 'AABB형(두 어근의 중첩형)'과 'A디A형'으로 나누었다. 구체적인 형태를 보면, '새곰새곰하다', '새금새금하다' 같은 중첩형의 경우, GU CHEN(2016)에서는 '(어근+접사)+(어근+접사)'로, 만림(2010)에서는 'ABAB형'으로 분류되었으나 왕천(2013)에서는 'AA형'으로 분류되었다는 차이점이 있다. 또한 '간간짭짤하다, 건건찝찔하다'와 같은 합성어의 경우, 왕천(2013)에서는 이들을 두 어근의 중첩형인 'AABB형'으로 분류한 반면에 만림(2010)에서는 결합형인 'AABC형'으로 분류하였다[11]. 그리고 중국어 중첩형에 대해 살펴보면, 중국어 중첩형의 존재 여부에 대해서는 연구자별로 다른 의견을 제시하고 있었다. GU CHEN(2016)의 경우 중국어에는 '甜甜的, 酸酸的, 苦苦的, 咸咸的, 辣辣的, 涩涩的, 淡淡的, 香香的'과 같은 중첩형이 있다고 제시하였으나, 중국어는 고립어이기 때문에 이와 같은 어근의 중첩이 표면적이므로 엄밀하게 따져보면 중국어에는 중첩형 미각

11 아래 〈표 24〉를 참고한다.

형용사가 존재하지 않는다고 언급하였다. 이와 비슷한 관점으로 만림(2010)에서도 중국어의 합성 미각어에서 '첩어형'은 사전에서 제시하지 않고 있다고 언급하였다. 반면, 왕천(2013)에서는 중국어 중첩형을 4가지 유형으로 나누어 자세히 살펴보았다. 다음으로는 한·중 결합형 미각형용사의 형태 대조 결과를 연구별로 비교하여 살펴보고자 한다.

〈표 24〉 한·중 결합형 미각형용사의 형태 대조 결과

	GU CHEN(2016)		만림(2010)		왕천(2013)	
한국어	①어근1 + 어근2	1)매운맛+짠맛:맵짜다 2)매운맛+신맛:맵싸하다,산산하다 3)매운맛+쓴맛:신랄하다	①AABC형	1)짠맛+짠맛:간간짭잘하다, 건건찝찔하다	①AB형	1)매운맛+짠맛:맵짜다
	②(어근1 + 접사) + 어근2	1)단맛+싱거운 맛:달곰삼삼하다 2)신맛+떫은맛:시금털털하다,시금떨떨하다	②ABCC형	1)단맛+쓴맛:달곰삼삼하다 2)신맛+떫은맛:시금털털하다, 시금떨떨하다	②ABB형	1)단맛+싱거운맛:달곰삼삼하다 2)신맛+떫은맛:시큼털털하다,시금떨떨하다
	③(어근1 + 접사) + (어근2 + 접사)	1)단맛+신맛:달곰새금하다, 달콤새큼하다 2)신맛+단맛:새콤달콤하다,새큼달큼하다	③ABCB형	1)단맛+신맛:달콤새콤하다, 새콤달콤하다 2)매운맛+매운맛:얼근덜근하다, 알근달근하다	③AB형	1)단맛+신맛:달곰새금하다, 달콤새콤하다, 달콤새큼하다 2)신맛+단맛:새큼달큼하다, 새콤달콤하다 3)단맛+쓴맛:달곰쌉쌀하다, 달곰씁쓸하다 4)신맛+쓴맛:시금씁쓸하다, 시큼씁쓸하다 5)매운맛+단맛:얼근덜근하다, 알근달근하다 6)매운맛+신맛:신산하다
	④(어근1 + 접사) + (어근2 + 어근2)	1)단맛+쓴맛:달곰쌉쌀하다, 달곰씁쌀하다 2)신맛+쓴맛: 시큼씁쓸하다	④ABCD형	1)단맛+신맛: 달곰새금하다 달콤새큼하다 2)단맛+쓴맛: 달곰쌉쌀하다 달곰씁쓸하다 3)신맛+쓴맛: 시금씁쓸하다		
중국어	-	1)단맛+신맛:甜酸 2)단맛+쓴맛:甘苦 3)신맛+단맛:酸甜, 酸酸甜甜, 酸甜酸甜 4)신맛+매운맛:酸辣, 酸辣酸辣	①AB형	1)단맛+기타맛: 甘美 2)신맛+단맛:酸甜 3)쓴맛+떫은맛: 苦涩 4)기타맛+단맛:	①ABAB형	1)신맛+단맛:酸甜酸甜 2)신맛+매운맛:酸辣酸辣
					②AABB형	1)신맛+단맛:酸酸甜甜
					③AB형	1)단맛+신맛:甜酸 2)단맛+쓴맛:甘苦

		5)신맛+쓴맛:酸苦 6)쓴맛+떫은맛:苦涩 7)짠맛+떫은맛:咸涩 8)싱거운 맛+단맛:淡甜 9)싱거운 맛+매운맛: 淡辣 10)고소한 맛+단맛:香甜 11)고소한 맛+매운맛: 香辣 12)4가지 맛:酸甜苦辣		香甜		3)신맛+단맛:酸甜 4)신맛+쓴맛:酸苦 5)신맛+매운맛:酸辣 6)짠맛+떫은맛:咸涩 7)쓴맛+떫은맛:苦涩

연구별 결합형 유형을 보면 GU CHEN(2016)에서는 한국어 결합형을 '어근1+어근2', '(어근1+접사)+어근2', '(어근1+접사)+(어근2+접사)', '(어근1+접사)+(어근2+어근2)'의 4가지로 나누었고, 만림(2010)에서는 한국어 결합형을 'AABC형', 'ABCC형', 'ABCB형', 'ABCD형'으로 나누었으며 왕천(2013)에서는 'AB형', 'ABB형'으로 나누었다. 각 연구에 따른 중국어 결합형을 보면, GU CHEN(2016)에서는 중국어 결합형 조합을 12가지로 나누었는데 만림(2010)에서는 중국어 결합형을 4가지의 조합으로 나누어 살펴보았다. 이들과는 달리, 왕천(2013)에서는 더 다양한 중국어 결합형을 제시하였다. 이를 통해 결합형 유형 분류에 있어 연구 간 큰 차이가 난다는 것을 알 수 있다. 구체적인 형태를 보면, '달콤새콤하다', '달곰새금하다', '시금씁쓸하다' 등의 결합형은, 왕천(2013)에서 모두 'AB형'으로 분류되었고 만림(2010)에서는 다른 유형으로 분류되었다. 또 '달곰삼삼하다', '시금털털하다', '시금떨떨하다' 등의 결합형은, 왕천(2013)에서 'ABCC형'으로 분류되었지만 만림(2010)에서는 'ABB형'으로 분류되었다. 결합형은 하나의 '맛'이 다른 '맛'과 결합하여 구성된 조합이라고 하였는데 '맛' 조합 종류를 제시하는 데에 있어서도 연구마다 다른 양상을 보였다. 한국어 결합형 조합 종류를 보자면, GU CHEN(2016)에서는 '단맛+신맛', '단맛+쓴맛', '단맛+싱거운 맛', '신맛+단맛', '신맛+쓴맛', '신맛+떫은맛', '매운맛+신맛', '매운맛+짠맛', '매운맛+쓴맛'의 9개의 조합이 제시되었고, 만림(2010)에서는 '단맛+신맛', '매운맛+매운맛', '신맛+떫은맛', '단맛+쓴

맛', '짠맛+짠맛', '신맛+단맛', '신맛+쓴맛'의 7개의 조합이 제시되었으며, 왕천(2013)에서는 '단맛+신맛', '단맛+쓴맛', '신맛+쓴맛', '단맛+신맛', '매운맛+단맛', '신맛+떫은맛', '매운맛+짠맛', '단맛+싱거운 맛', '매운맛+신맛'의 9개의 조합이 제시되었다.

지금까지 선행연구에서 제시된 한·중 미각형용사 형태 대조 연구 결과를 자세하게 살펴보고 정리하였다. 정리된 내용을 바탕으로 크게 3가지의 쟁점을 생각해볼 수 있다. 첫째, 한·중 단일 미각형용사의 범위 설정에 있어 '떫다, 싱겁다, 고소하다'를 단일 미각형용사로 볼 것인지에 대한 문제이다. 둘째, 한·중 파생 미각형용사 분석 결과가 서로 일치하지 않는다는 문제가 있다. 셋째, 한·중 합성 미각형용사 분석 결과가 서로 일치하지 않는다는 문제가 있다. 다시 말해, 한·중 파생 미각형용사 접미사 종류 설정, 미각형용사에 따른 접미사 분포 양상(중국어 쓴맛 파생어의 존재 여부), 한·중 합성 미각형용사 하위 유형 분류, 중국어 중첩 합성어의 존재 여부, 한·중 미각형용사 결합형의 조합 양상 등에 대해 연구자마다 다른 의견을 제시하고 있어 이들을 쟁점으로 정리할 수 있다.

한국과 중국 사람들은 '맛'을 인식하는 데에 있어 공통점이 있기는 하지만 두 언어의 문화 차이나 사람의 인지 차이 등으로 인해 '맛'의 다양한 의미 양상에서 차이가 있다. 기존 연구를 보면 한·중 미각형용사의 공감각적 의미 전이 양상을 대조 분석한 결과가 연구마다 다른 양상을 보였다. 따라서 본고에서는 '달다, 시다, 짜다, 쓰다, 맵다'의 공감각적 의미 대조 연구 결과를 체계적으로 정리하고 연구에 따라 어떠한 양상을 보이는지를 논의하고자 한다.

공감각적 의미 전이는 미각에서 다른 신체 감각으로 전이되는 것이다. 즉, 미각에서 청각, 시각, 촉각, 후각으로 전이되는 현상을 말한다. 다음으로 왕천(2013), 장아남(2016), 고결(2009), GU CHEN(2016)의 연구를 통해 한·중 미각형용사의 공감각적 의미 전이 양상을 살펴보고자 한다. 이를 정리한 결과는 다음 〈표 25〉와 같다.

〈표 25〉 한·중 미각형용사의 공감각적 의미 전이 대조 결과

공감각적 의미 전이				왕천 (2013)	GU CHEN (2016)	장아남 (2016)	고결 (2009)
1	미각 → 청각	①'달다'류	달콤한 말/소리	○	○	○	○
		②'쓰다'류	쓴 소리	○	×(한)	-	-
		③'시다'류	신소리	○	-	○	-
2	미각 → 후각	①'달다'류	달콤한 향기, 냄새	○	○	○	○
		②'쓰다'류	쓴 냄새	○	○	-	○
		③'시다'류	새큼한 냄새	○	○	○	○
		④'맵다'류	매콤한 냄새	○	○	-	○
		⑤'짜다'류	짠 냄새	-	○	-	×(중)
3	미각 → 촉각	①'달다'류	달콤한 입맞춤	○	-	○	○
		②'맵다'류	매운바람/날씨	×(한)	-	-	×(한)
			물리적인 자극	○	○	-	-
		③'시다'류	발목이 시다	○	○	○	○
		④'짜다'류	찝찔한 냉기	×(한)	-	-	×(한)
4	미각 → 시각	①'쓰다'류	쓴웃음	○	-	-	-
		②'짜다'류	찝찔한 표정	×(한)	-	-	-
		③'달다'류	달콤한 웃음	-	-	○	-

위에서 살펴본 바와 같이 미각형용사의 공감각적 의미 전이는 미각에서 청각으로, 미각에서 후각으로, 미각에서 촉각으로, 미각에서 시각으로의 4가지 유형으로 나눌 수 있다. 구체적으로 분류된 유형은 연구마다 다른 양상을 보였다. 먼저 미각에서 청각으로의 전이 양상을 보면, 대부분 연구에서 단맛이 청각적 속성을 지닌 '소리'나 '말'과 결합하여 청각으로 전이되는 양상을 공통적으로 보여주었다. 그러나 쓴맛이 '소리'와 결합하여 미각에서 청각으로 전이되는 양상은 한국어에만 존재하는지 아니면 한국어와 중국어에서 모두 존재하는지에 대해서는 연구자마다 다른 의견을 제시하였다. 왕천(2013)에서는 '쓴 소리'라는 표현이 양국 언어에서 모두 존재한다고 주장한 반면에 GU CHEN(2016)에서는 한국어에만 있는 표현이라고 주장하였다. 그리고 왕천(2013)에서는 단맛, 쓴맛, 신맛 등 미각에서 청각으로 전이되는 양상을 제시하였으나 GU CHEN(2016), 장아남(2016), 고결

(2009)에서는 단맛 전이 양상만 제시하였다. 다음으로 미각에서 후각으로의 전이 양상을 보자면 단맛, 쓴맛, 신맛, 짠맛, 매운맛에서 모두 발견된 것으로 나타난다. GU CHEN(2016)와 고결(2009)에서는 단맛, 쓴맛, 신맛, 짠맛, 매운맛의 후각 전이 양상을 모두 제시하였다. 그러나 이 두 연구는 짠맛이 '냄새'와 결합하여 후각적 양상으로 전이되는지에 대해서는 각각 다른 주장을 하였다. 왕천(2013)에서는 단맛, 쓴맛, 신맛, 매운맛이 '냄새' 등 후각을 나타내는 명사와 결합하여 후각으로 전이되는 양상을 예로 제시한 반면, 장아남(2016)에서는 단맛과 신맛의 전이 양상만 제시하였다. 이어서 미각에서 촉각으로의 전이 양상의 경우 단맛, 신맛, 매운맛, 짠맛에서 발견되었다. 왕천(2013)과 고결(2009)에서는 '달콤한 입맞춤'과 '발목이 시다' 등 신체적으로 직접 느낄 수 있는 촉각적 표현이 한국어와 중국어에서 모두 존재하지만 '매운바람/날씨'와 '찝찔한 냉기' 등의 표현은 한국어에만 존재한다고 주장하였다. 왕천(2013)과 GU CHEN(2016)에서는 매운맛이 입안을 자극하는 것처럼 외부 자극이 신체에 물리적인 충격을 가할 때도 표현될 수 있으며 이러한 촉각으로 의미를 전이하는 양상은 한국어와 중국어에 모두 존재한다고 주장하였다. 마지막으로 미각에서 시각으로의 전이 양상은 쓴맛, 짠맛과 단맛에서 발견되었다. 왕천(2013)에서는 '웃음'과 결합하여 쓴맛에서 시각으로 전이되는 현상은 두 언어에 모두 있으나 '찝찔한 표정'과 같이 '표정'과 결합하여 일어나는 짠맛의 전이 양상은 한국어에만 있는 표현이라고 분석하였다. 그리고 장아남(2016)에서는 '달콤한 웃음'과 같은 표현은 두 언어에서 공통적으로 존재한다고 분석하였다.

앞에서 살펴본 결과를 다시 정리하자면, 한·중 미각형용사의 공감각적 의미 전이 양상 대조 결과는 연구마다 달랐다. 전이가 대부분 미각에서 일어나는지, 한국어와 중국어에서 모두 존재하는지 등에 대해서도 연구자마다 다른 의견을 제시하고 있으므로 이를 하나의 쟁점이라고 볼 수 있겠다.

4. 나가는 말

본고에서는 지금까지 이루어진 한·중 다의어 대조 연구의 성과 및 경향을 분석하여 연구의 쟁점을 논의하였다. 논의한 내용들을 정리하자면 다음과 같다.

첫째, 연도별로 살펴보았을 때, 한·중 다의어 대조 연구는 2010년부터 활발하게 이루어졌고 석사논문으로 발표된 연구가 많으나 박사논문과 학술지 연구로 발표된 연구의 수는 적은 편이다. 둘째, 목적별로 살펴보면, 대부분의 한·중 다의어 대조 연구는 공통점과 차이점을 밝히는 목적을 가지고 학습자의 다의어 사용 양상을 분석하였는데, 이와 달리 교수 방안을 마련하는 것을 목적으로 한 연구들도 다소 발견되었다. 셋째, 대조 방법별로 연구들을 보면 한·중 다의어 대조 연구들은 주로 사전 의미 분석 방법을 사용하고 있었다. 넷째, 내용별로 보았을 때 한·중 다의어 대조 연구는 크게 동사 다의어 대조, 명사 다의어 대조와 형용사 다의어 대조로 분류할 수 있고 세부 내용에서는 미각형용사, 신체 명사, 이동 동사와 관련된 연구가 가장 많이 이루어졌다.

본고에서는 연구 동향 분석을 한 후에 한·중 다의어 대조 연구의 쟁점을 논의하였다. 주로 신체 명사와 미각형용사 대조 연구들을 검토하였다.

우선 전반적인 연구를 검토한 결과, 두 가지의 쟁점이 있었다. 첫째, 다의어의 의미 관계 의 용어 설정과 이들 용어 정의의 타당성에 대한 문제이다. 둘째, 다의어의 의미 확장이 이루어지기 위해 어떤 기제가 작용되어야 하는지에 대한 문제이다.

이어서 한·중 신체 명사 다의어 대조 연구를 검토하면서 연구 대상, 연구 방법, 연구 결과로 나누어 쟁점을 논의하였다. 그 내용은 다음과 같다.

첫째, 연구 대상과 관련하여 한·중 신체어 형태는 일대일 대응이 타당한지, 아니면 일대다 대응이 타당한지에 대한 문제이다. 둘째, 신체어 연구 범위와 관련하여 신체어가 단독으로 쓰인 단일 형식을 연구 범위에 포함시켜야 하는지와 복합 형식, 관용표현, 속담 등을 연구 범위에 포함시킬지에 대한 문제가 있다. 셋째, 신체어의 의미 분석 기준과 관련하여 신체어의 의미 확장이 어떤 방법으로 일어나는지에 대해 연구자마다 견해가 달라 신체어의 의미 분석 기준 설정에 있어서 문제가 있다. 넷째, 연구 결과에 있어 한·중 신체어 다의어 대조 연구 결과가 불일치한다는 문제가 있다. 특히 말뭉치 의미 분석 결과가 사전 의미 분석 결과와 큰 차이가 있는 것을 확인한 바 있다.

마지막으로 한·중 미각형용사 다의어 대조 연구의 쟁점을 연구 대상과 연구 결과를 통해 논의하였는데 그 내용은 다음과 같이 정리할 수 있다.

첫째, 연구 대상과 관련하여 일반적으로 '달다, 짜다, 시다, 쓰다'를 기본 미각형용사로 보았지만 '맵다, 떫다, 싱겁다'도 기본 미각형용사 범위에 포함시켜야 하는지에 대한 문제가 있다. 둘째, 한·중 미각형용사의 형태 대조와 의미 대조의 결과가 연구마다 달랐다. 미각형용사 형태 대조의 연구 결과를 보면 파생 미각형용사의 접미사 종류나 미각형용사와 결합하는 접미사에 대해 연구자마다 다르게 제시하고 있으므로 타당성의 문제가 있다. 특히 중국어에 쓴맛 파생어가 존재하는지가 중요한 쟁점이 된다. 또한 한·중 합성 미각형용사 형태 대조 결과를 통해 합성 미각형용사의 유형 분류, 결합 양상, 중국어 중첩 합성어의 존재 여부 등의 쟁점을 논의하였다. 다음으로 공감각적 의미 전이 대조 결과를 보면 전이가 대부분 미각에서 일어나는지 그리고 이러한 전이 현상이 한국어와 중국어에서 모두 존재하는지와 관련된 문제가 있다.

이상 한·중 다의어 대조 연구의 동향을 살펴보고 쟁점을 정리함으로써 기존 연구의 문제점을 파악하였다. 이러한 문제점을 해결하기 위해 앞으로 더 명확한 분석 기준을 가지고 더 다양한 연구 방법으로 진행되는 한·중 다의어 대조 연구가 나오기를 기대한다.

참고문헌

노금송(2003), 「한국어 다의어와 유의어 교육 연구」, 『한국(조선)어교육연구』 1, 중국한국(조선)어교육연구학회, 381-391쪽.
문금현(2005), 「한국어 다의어 교육의 현황과 전망」, 『새국어교육』 71, 한국국어교육학회, 67-90쪽.
정혜란(2021), 「한국어교육에서 다의어 연구 동향 분석」, 『한국어문교육』 36, 고려대학교 한국어문교육연구소, 217-246쪽.

분석 대상 논문

갈미(2016), 「한국어와 중국어 '맛' 관련 어휘의 어휘장과 다의구조 대조 연구」, 영남대학교 석사학위논문.
견옥선(2020), 「중국인 학습자를 위한 한국어 온도 형용사 교육 방안 연구」, 동국대학교 석사학위논문.
고결(2009), 「한국어와 중국어 미각형용사의 의미론적 대조 연구」, 군산대학교 석사학위논문.
고양(2017), 「한국어·중국어 미각 형용사 대조 연구」, 창원대학교 석사학위논문.
공정건(2016), 「다의적 사자성어의 한·중 대조 연구」, 한양대학교 석사학위논문.
관사(2019), 「방위성 관계 대립어의 한·중 대조 연구: 앞, 뒤, 전(前), 후(後), 앞뒤, 전후를 중심으로」, 국민대학교 석사학위논문.
궈후이(2016), 「현대 한국어 방위명사 연구」, 서울대학교 박사학위논문.
김령(2017), 「한·중 다의동사의 의미 확장 대조 연구: '보다'와 '먹다'를 중심으로」, 연세대학교 석사학위논문.
김보미(2007), 「한·중(韩中) 인체어휘의 의미 확장 비교 연구」, 제주대학교 석사학위논문.
김순자(2015), 「한·중 매운맛 형용사의 의미 확장 대조 연구」, 『언어와 정보 사회』 26, 서강대학교 언어정보연구소, 101-133쪽.
김영란(2008), 「한국어 '타다'와 중국어 '乘'의 대비 연구」, 동국대학교 석사학위논문.
김용(2015), 「개념적 은유 기반의 한국어 동사 의미 교육 연구」, 서울대학교 박사학위논문.
김진수·오금희(2014), 「한·중 공간형용사 '길다'와 '长(장)'의 의미 대조 연구」, 『인문학연구』 48(2), 충남대학교 인문과학연구소, 25-48쪽.

김찬화(2005), 「韩·中 감각형용사 의미 연구」, 인천대학교 박사학위논문.
남해방(2013), 「중국인 학습자를 위한 착탈동사 교육 방안 연구」, 부산대학교 석사학위논문.
노금송(2009), 「한국어 '가다'와 중국어 '去'의 인지 의미 대조 연구」, 국제한국언어문화학회 학술대회 10, 국제한국언어문화학회, 319-344쪽.
노효월(2016), 「중국인 학습자를 위한 한국어 온도 감각형용사에 대한 연구」, 경희대학교 석사학위논문.
동시요(2021), 「한·중 위치어 의미 대조를 통한 교육 방안 연구: 중·고급 학습자를 중심으로」, 한국외국어대학교 석사학위논문.
동예선(2019), 「한·중 요리 동사의 의미 대조: 요리 단계를 중심으로」, 연세대학교 석사학위논문.
두정(2015), 「한국어 '잡다'와 중국어 '抓'의 대조를 통한 다의어교육」, 숙명여자대학교 석사학위논문.
류쑹위(2019), 「감각형용사의 청각적 전이 양상에 대한 한중 대조 연구」, 건국대학교 석사학위논문.
류창(2018), 「한국어와 중국어의 착용동사 비교연구」, 강원대학교 석사학위논문.
리우찐(2021), 「한·중 온각형용사에 대한 의미론적 대조 연구」, 서울시립대학교 석사학위논문.
린리민(2018), 「한국어 '먹다'와 중국어 '吃' 의미에 관한 대조 고찰」, 건국대학교 석사학위논문.
마교교(2017), 「한·중 척도형용사의 대조 연구: '크다', '높다', '길다', '깊다'를 중심으로」, 부산대학교 석사학위논문.
마연청(2014), 「중국인 한국어 학습자를 위한 '먹다'의 교육 방안 연구」, 전남대학교 석사학위논문.
만림(2010), 「의미 대조를 통한 한국 미각어 교육연구: 중국어권 학습자를 대상으로」, 고려대학교 석사학위논문.
문아동(2017), 「한중 이동동사 의미 대조 연구: '들다'와 '进(jin)/入(ru)' 및 '나다'와 '出(chu)'을 중심으로」, 전북대학교 석사학위논문.
민영란(2009), 「'크다/작다'와 '대(大)/소(小)'의 다의 구조 대조: 한국어와 중국어의 대응관계를 중심으로」, 『어문론총』 51, 한국문학언어학회, 35-81쪽.
민영란(2009), 「한·중 공간감각어의 다의 구조 연구: 한국어에 대한 중국어의 대응표현을 중심으로」, 경북대학교 박사학위논문.
민영란(2010), 「'높다/낮다'와 '高/低'의 다의 구조 비교·대조 연구: 한국어와 중국어의 대응관계를 중심으로」, 『한중인문학연구』 31, 한중인문학회, 371-402쪽.

민영란·정둥메이(2017), 「'두껍다/얇다'와 '厚/薄'의 다의 구조 대조 연구: 한국어와 중국어의 대응관계를 중심으로」, 『아시아문화연구』 45, 가천대학교 아시아문화연구소, 291-316쪽.

박설교(2011), 「중국인 학습자를 위한 한국어 착용동사 교육 방안 연구」, 세종대학교 석사학위논문.

박중우(2021), 「한국어 형용사 '가볍다'와 중국어 형용사 '轻'의 의미·결합 양상 대조 연구」, 『인문사회 21』 12(1), 인문사회 21, 1735-1750쪽.

박철(2014), 「한·중 다의어 의미 확장 대조 연구: 유정물에서 무정물로의 확장 양상을 중심으로」, 숭실대학교 석사학위논문.

박화염(2021), 「한·중 '다리' 지칭어의 의미 확장 대조」, 『한중인문학연구』 71, 한중인문학회, 1-23쪽.

박화염·한용수(2021), 「한·중 '목' 지칭어의 확장 의미 비교」, 『철학·사상·문화』 35, 동국대학교 동서사상연구소, 310-329쪽.

반정정(2018), 「한국어 다의어의 중국어 대응 양상 연구: 한국어 '떨어지다'를 중심으로」, 성균관대학교 석사학위논문.

부스동(2021), 「한국어 '다니다'와 중국어 대응 표현 대조 연구」, 국민대학교 석사학위논문.

사혜분(2010), 「한국어와 중국어의 시각과 청각 관련 다의어 대조 연구」, 영남대학교 석사학위논문.

서양(2009), 「한국어와 중국어의 '안면부(颜面部)' 관련 다의어 대조 연구」, 영남대학교 석사학위논문.

신근(2014), 「중국인 학습자를 위한 한국어 다의어의 교육 방법 연구: '가다', '오다'를 중심으로」, 한양대학교 석사학위논문.

쑹메이란(2018), 「중국인 학습자를 위한 한국어 탈착동사 확장의미 교육의 등급화 연구」, 호서대학교 석사학위논문.

양기(2014), 「한·중 미각 형용사 대조 연구: 시다, 달다, 쓰다, 맵다, 짜다를 중심으로」, 전남대학교 석사학위논문.

여준요(2018), 「한중 다의 동사의 의미 체계 대조 연구: 대립어 '앉다'와 '서다'를 중심으로」, 연세대학교 석사학위논문.

왕원리(2018), 「한국어와 중국어 착용동사에 대한 비교 연구」, 전남대학교 석사학위논문.

왕천(2013), 「한·중 미각 형용사의 대조 연구: 의미 전이 양상을 중심으로」, 경희대학교 석사학위논문.

왕해신(2015), 「한국어 '가다'와 중국어 '去'의 대조 연구」, 한국외국어대학교 석사학위논문.

우군(2015), 「중급 중국인 학습자를 위한 한국어: 동사 '잡다'와 '놓다'를 중심으로」, 부산대학교 석사학위논문.
원방려(2016), 「한중 미각형용사 확장의미의 대조 연구」, 세종대학교 석사학위논문.
월시시(2022), 「한국어 촉각형용사 '가볍다'와 중국어 '轻'의 의미 대조 연구」, 동국대학교 석사학위논문.
유양(2013), 「한국어와 중국어 미각형용사의 확장의미 대조 연구」, 서강대학교 석사학위논문.
유충(2019), 「한·중 공간 개념어 대조 연구: 좌우, 측위 개념을 중심으로」, 연세대학교 석사학위논문.
육정문(2020), 「한·중 통각형용사의 의미 대조 연구」, 동국대학교 석사학위논문.
육주(2011), 「韩·中 身体语의 意味 扩大 研究: 눈, 코, 입, 귀를 中心으로」, 중앙대학교 석사학위논문.
윤정민(2021), 「한국어 '살다'와 중국어 '住', '活'의 의미 대조 분석」, 부산외국어대학교 석사학위논문.
이기(2012), 「한·중 촉각 형용사에 대한 대조적 연구」, 서강대학교 석사학위논문.
이명혜(2020), 「한국어 '깊다'의 중국어 대응 양상 연구」, 동국대학교 석사학위논문.
이민(2011), 「음식 {맛}과 관련된 한국어와 중국어 어휘 대조 연구: {달다}와 {쓰다}를 중심으로」, 상명대학교 석사학위논문.
이상도(1999), 「신체어 다의구조에 대한 한중 대비 연구」, 『중국언어연구』 8, 한국중국언어학회, 241-264쪽.
이선희(2017), 「중국어와 한국어 신체어 '눈'의 의미 확장 대조 연구」, 『中国语文论丛』, 79, 중국어문연구회, 87-114쪽.
이선희(2018), 「한중 신체어 '귀'의 의미 확장 대조 연구」, 『중국학』 64, 대한중국학회, 103-121쪽.
이선희·김미금(2019), 「한중 미각어 '달다', '甜' 계열 어휘의 의미 확장 및 의미구성 양상 대조 연구」, 『중국학논총』 64, 한국중국문화학회, 75-98쪽.
이성요(2019), 「한·중 촉감각형용사 대조 연구」, 강남대학교 석사학위논문.
이천택(2017), 「한국어 '굵다'와 중국어 '粗'의 의미 확장 양상에 대한 대조 연구」, 『Journal of korean Culture』 38, 한국어문학국제학술포럼, 5-33쪽.
이천택(2017), 「한중 명암 형용사의 의미 확장 양상에 대한 대조 연구: '밝다'와 '亮'을 중심으로」, 『Journal of korean Culture』 36, 한국어문학국제학술포럼, 7-47쪽.
이천택(2018), 「한·중 시각 형용사의 의미 확장 양상에 대한 대조 연구」, 고려대학교 박사학위논문.
이천택·백방(2017), 「한국어 '가볍다'와 중국어 '경(轻)'의 의미 확장 양상에 대한 대조 연구」, 『어문논집』 80, 민족어문학회, 165-190쪽.

이현희·송지현(2016), 「어휘 확장을 활용한 등급별 어휘 학습 내용 연구」, 『어문론집』 68, 중앙어문학회, 359-389쪽.

이효박(2016), 「한국어 '때리다/치다'와 중국어 '打'의 대조 연구」, 성균관대학교 석사학위논문.

임뭉남(2017), 「중국인 학습자를 위한 한국어 이동동사 교육 방안: '가다, 오다'를 중심으로」, 부산대학교 석사학위논문.

임영진(2021), 「중국인 학습자를 위한 '가다/오다'동사의 교육 방안 연구」, 부산대학교 석사학위논문.

임진언(2020), 「한·중 다의 동사의 의미 대조 연구: '풀다'와 '解jie', '묶다'와 '绑bang'을 중심으로」, 연세대학교 석사학위논문.

장복(2009), 「한국어 '가다'와 중국어 '去'의 대비연구」, 건국대학교 석사학위논문.

장사양(2021), 「중국인 학습자를 위한 다의 합성 동사 '들어가다' 의 의미 교육 방안」, 『한국어문교육』 36, 고려대학교 한국어문교육연구소, 183-215쪽.

장아남(2016), 「한·중 미각어(味觉语) 대조 연구: '달다, 시다' 중심으로」, 부산대학교 석사학위논문.

장앵설(2021), 「중국인 고급 학습자를 위한 한국어 공감각 표현 교육 내용 선정에 관한 연구: 미각을 중심으로」, 중앙대학교 석사학위논문.

장양(2021), 「한·중 발효 요리 동사의 의미 대조 연구」, 동국대학교 석사학위논문.

장영평(2014), 「한국어 '크다/작다'와 중국어 '大/小'의 통사적·의미적 대조 연구」, 서울시립대학교 석사학위논문.

장웨이쉔(2012), 「한국어 다의어 '먹다'와 중국어 '吃'의 의미 대조 연구」, 경희대학교 석사학위논문.

장유영(2015), 「중국인 학습자를 위한 한국어 '열다', '닫다'의 다의 교육 방안 연구」, 건국대학교 석사학위논문.

장채홍(2018), 「한·중 온도 형용사 의미 대조 연구」, 고려대학교 석사학위논문.

전금희(2005), 「한국어 '머리'와 중국어 '头'의 의미 확장 대조」, 『国际文化研究』 23, 청주대학교 국제협력연구원, 137-154쪽.

정비(2021), 「한·중 한자 공간어 의미구조 대조 연구: '내(內)/외(外)+X' 구조를 중심으로」, 『인문과학연구논총』 42(3), 명지대학교(서울캠퍼스) 인문과학연구소, 203-230쪽.

정수은(2015), 「한중 신체어의 다의 구조 대조 연구: '눈, 코, 입'의 의미를 중심으로」, 한국외국어대학교 석사학위논문.

조문우(2003), 「韩国语『가다 / 오다』와 中国语『去 / 来』의 对照研究」, 전주대학교 석

사학위논문.
조소군(2013), 「한·중 대조를 통한 다의 용언 의미 연구: 중국인 한국어 학습자들의 이해와 산출 양상을 중심으로」, 연세대학교 석사학위논문.
조윤경(2009), 「한중 미각형용사 '짜다, 싱겁다' 대비연구」, 『중국조선어문』 163, 길림성민족사무위원회, 20-24쪽.
조이(2017), 「중국인 학습자를 위한 한국어 온도어 교육 방안 연구」, 부산대학교 석사학위논문.
주문형(2015), 「한중 미각 형용사 '시다' 계열 어휘의 대조 연구」, 한양대학교 석사학위논문.
주설(2020), 「한·중 반의어의 다의 구조 대조 연구」, 한양대학교 박사학위논문.
차기함(2021), 「한국어 '보다'와 중국어 '看'의 대조 연구」, 동국대학교 석사학위논문.
차오리핑(2016), 「한·중 방향적 대립어의 다의구조 연구: '가다/오다'와 '去/来'를 중심으로」, 영남대학교 석사학위논문.
채잉(2011), 「한·중 신체어의 다의 대조 연구: '몸통 신체어와 사지(四肢) 신체어'를 중심으로」, 국민대학교 석사학위논문.
천쓰원(2019), 「고빈도 다의어 동사의 한·중 의미 대조 연구」, 건국대학교 석사학위논문.
첨사혜(2017), 「중국인 학습자를 위한 다의어 교육 방안 연구: 동사 '넣다', '놓다', '잡다'를 중심으로」, 중앙대학교 석사학위논문.
최란희(2010), 「중국어 '抓'와 한국어 '잡다'의 의미대조 연구」, 한양대학교 석사학위논문.
최설남·이관식(2013), 「한국어 동사 '오르다/내리다'와 중국어 동사 '上/下'의 의미 대조 분석」, 『시학과 언어학』 25, 시학과 언어학회, 155-190쪽.
최해만·한용수(2018), 「이동 동사 한국어 '오르다'와 중국어 '상(上)'의 대조 연구」, 『석당논총』 71, 동아대학교 석당학술원, 1-25쪽.
추이쉬에난(2013), 「한·중 이동동사의 의미 대조 분석 및 교육 방안: '오르다/내리다'와 '上/下'를 중심으로」, 호남대학교 석사학위논문.
췌이페이(2013), 「한국어 '치다'와 중국어 '打'의 의미 확장 대조 연구」, 경희대학교 석사학위논문.
치즈(2018), 「한·중 가열 요리 동사 의미 대조 연구」, 건국대학교 석사학위논문.
팽양양(2019), 「한국어와 중국어 착용동사에 대한 대조 연구」, 서울시립대학교 석사학위논문.
풍금란(2013), 「한·중 미각 형용사 인지 의미 대조 연구」, 경희대학교 석사학위논문.
풍정정(2015), 「한국어 공간어 '앞/뒤'와 중국어 '전(前)/후(後)'의 시간 개념화 양상 대조 연구」, 『한국언어문화』 57, 한국언어문화학회, 339-364쪽.

풍정정(2015), 「한국어 공간어 '위/아래'와 중국어 '上/下'의 의미 대조 연구」, 『Journal of Korean Culture』 29, 한국어문학국제학술포럼, 5-36쪽.
풍정정(2016), 「한국어 공간감각어 '길다/짧다'와 중국어 '长/短'의 의미 대조 연구」, 『Journal of Korean Culture』 34, 한국어문학국제학술포럼, 7-35쪽.
하천(2007), 「한국어 '먹다'와 중국어 '吃'의 의미 대조 연구」, 성균관대학교 석사학위논문.
한성림(2018), 「중국인 학습자를 위한 다의어 '눈'의 교육 방안 연구」, 부산외국어대학교 석사학위논문.
허페이링(2016), 「한·중 후각형용사 대조 연구」, 부경대학교 석사학위논문.

Bao,Yuqian(2021), 「중국인 한국어 학습자를 위한 다의어 교육 방안 연구: '입(口, 嘴)'을 중심으로」, 경희대학교 석사학위논문.
Dai,Yirong(2015), 「한·중 감각형용사 대조 연구: 장편소설 『长恨歌』에 나오는 감각형용사를 중심으로」, 강원대학교 석사학위논문.
Deng, Lili(2019), 「한국어와 중국어의 착용동사 대조 연구」, 연세대학교 석사학위논문.
Gu Chen(2016), 「한중 미각형용사의 대조 연구」, 경희대학교 석사학위논문.
Huang, Jing(2013), 「한국어 촉각 형용사 교육 방안 연구: 중·고급 중국인 학습자를 중심으로」, 서울대학교 석사학위논문.
Li,Xiaoting(2015), 「한·중 신체어의 의미 대조 연구: 한국어 '코', '입', '귀'와 그에 대응하는 중국어 표현을 중심으로」, 경희대학교 석사학위논문.
Lian, Zhe(2015), 「한국어와 중국어 이동동사 대조 연구」, 경북대학교 박사학위논문.
Liu, Xiaolin(2014), 「한국어 동사 '타다'와 중국어 동사 '乘'의 대조연구」, 경희대학교 석사학위논문.
Meng Lin(2013), 「한국어 형용사 '크다/작다'와 중국어 형용사 '大/小'의 대조 연구」, 경희대학교 석사학위논문.
Sun Rui(2021), 「한·중 소유동사 대조 연구: 한국어 '가지다/얻다/놓다/안다/빼앗다'와 중국어 '持/得/放/抱/夺'를 중심으로」, 경희대학교 석사학위논문.
Tan, Xiaoru(2019), 「한·중 통각형용사 대조 분석 연구: 아픔, 저림, 가려움에 관한 어휘를 중심으로」, 경희대학교 석사학위논문.
Wang Ying(2018), 「한국어 '크다'와 중국어 '大'의 의미 대조 연구」, 충북대학교 석사학위논문.
Wang,Suxing(2012), 「한중 신체 관련 다의어의 의미 대응 양상 연구:'손', '발'과 '手', '脚'을 중심으로」, 경희대학교 석사학위논문.
Xian Xiang(2019), 「중국인 학습자를 위한 한국어 촉각 형용사 연구」, 경희대학교 박사학위논문.
Xu, Qingyuan(2020), 「한국어 '가다'와 중국어 '去' 대응 양상 연구」, 연세대학교 석사학위논문.
Yi, Yujiao(2021), 「한·중 방향성 가압동사의 의미 대조: '당기다/밀다/끌다/누르다/받치다'류와 '拉(랍)/推(추)/拖(타)/按(안)/顶(정)'류를 중심으로」, 경희대학교 석사학위논문.
Zhang Jing(2015), 「중국어 '好(hǎo)'와 한국어 '좋다'의 의미 대조 연구」, 『한중언어문화연구』 37, 한국중국언어문화연구회, 53-77쪽.
Zhao, Lihan(2021), 「한국어 교육을 위한 한·중 청소 관련 기초 동사 대조 연구」, 경희대학교 석사학위논문.

Ⅶ.
한·중 관용어 대조 연구 정리 및 쟁점

여란결(LYU LANJIE)

1. 들어가는 말

어휘 대조 연구 중에서 품사를 제외하고 가장 주목을 받는 대조 연구 분야는 관용어 대조 연구라고 할 수 있다. 『표준국어대사전』에서는 관용어를 습관적으로 쓰는 말이라고 정의하였다. 한국어에서 관용어는 관용표현, 관용어, 관용어구, 관용구, 숙어, 익은말, 익힘말 등 다양한 용어들로 사용되나 본고에서는 관용어라는 용어를 사용하도록 한다. 그 이유는 다음 〈표 1〉과 같다.[1]

〈표 1〉 한·중 관용어 대조 연구의 관용어류 용어 사용 통계

연도	2006	2007	2009	2010	2011	2012	2013	2014
관용어			2	1	1	2	3	1
관용표현	2	1	2	1	2	2	4	1
관용구								
연도	2015	2016	2017	2018	2019	2020	2021	
관용어		2	4	1	4	1	4	
관용표현	1	4	3	1		1		
관용구				1				

1 본고는 2022년 3월에 학술연구정보서비스(RISS)에서 검색을 통하여 한·중 관용어 대조 연구 56편을 찾아냈다. 혼란을 방지하기 위해 2022년의 논문들은 표에 들어가지 않았다.

위의 〈표 1〉을 보면 2006년부터 2016년까지는 한·중 관용어 대조 연구에서 관용표현이라는 용어가 많이 사용되었으나, 2017년부터는 관용표현보다 관용어라는 용어가 더 많이 사용되고 있음을 알 수 있다. 즉, 최근 한·중 관용어 대조 연구에서는 관용어라는 표현을 더 선호한다는 것이다. 이에 본고에서도 관용어라는 용어를 사용하기로 하였다.

한·중 관용어 대조 연구의 동향을 파악하기 위해서 먼저 연도별 동향을 살펴보도록 하겠다. 이는 다음 〈표 2〉를 통해 확인할 수 있다.

〈표 2〉 연도별 한·중 관용어 대조 연구 동향

연도	2006	2007	2009	2010	2011	2012	2013	2014	합계
연구 수	2	1	4	2	3	4	7	2	54
연도	2015	2016	2017	2018	2019	2020	2021		
연구 수	1	6	7	3	4	2	4		

〈표 2〉를 통해 알 수 있듯이 한·중 관용어 대조 연구는 2006년부터 시작되었으며 특히 2013년, 2016년, 2017년에 연구가 활발히 진행되었다. 반면 2006년, 2007년, 2018년에 발표된 한·중 관용어 대조 논문은 상대적으로 그 수가 적었다. 2018년 이후로는 매년 2-4편 정도의 연구가 꾸준히 발표되고 있는 것을 확인할 수 있다.

다음으로 이러한 한·중 관용어 대조 연구가 학술지 논문, 학위논문에서 얼마나 이루어졌는지 〈표 3〉을 통해 살펴보도록 한다.

〈표 3〉 발간 유형별 한·중 관용어 대조 연구

발간 유형		연구 수	합계
학술지		5	5
학위논문	석사	44	50
	박사	6	
합계			55

한·중 관용어 대조 연구는 학술지 논문보다 학위논문에서 더 많이 연구

된 것으로 나타났다. 그리고 학위논문 중에서도 석사논문이 44편으로, 학술지 논문에 비해 약 9배 정도 더 많이 나타났다. 이를 통해 석사과정 연구자들이 한·중 관용어 대조 분야에 더 많은 관심을 갖고 있다는 것을 알 수 있다. 한편 5편의 학술지 논문들은 모두 다른 학회지에 게재되었는데, 게재된 학술지는 크게 국어, 문학 두 개의 영역으로 나눌 수 있다. 국어 분야의 〈한국어교육연구〉는 한국어교육과 관련된 학술지이며, 〈담화와 인지〉는 국어학의 하위 영역인 화용론에 속하는 담화 위주의 학술지, 〈인문사회 21〉은 사회와 관련된 학술지이다. 문학 분야의 경우 〈한중인문학연구〉, 〈中国文学〉 등 문학 관련 학술지들이 있었다. 이처럼 다양한 학술지에 한·중 대조 연구가 실렸다는 것은 학계에서 한·중 관용어 대조에 관심이 있다는 것을 의미하기도 한다.

이어서 한·중 관용어 대조 논문을 작성한 연구자의 국적을 살펴보도록 하겠다.

〈표 4〉 한·중 어휘 대조 연구자 정보

외국인			한국인	한국인과 외국인	미상[2]
학술지	박사	석사	박사	학술지	박사
4	4	44	1	1	1

〈표 4〉를 보면 한·중 어휘 대조 연구자의 대부분이 외국인인 것을 확인할 수 있다. 외국인 연구자들이 발표한 연구는 학술지 논문 4편, 박사논문 4편, 석사논문 44편이 있었지만 한국인 연구자가 발표한 연구는 박사논문 1편만 있었다. 그 외에 한국인과 외국인이 공동으로 연구한 경우도 1편이 있었다.

2 박사학위논문 중 연구자의 국적을 파악할 수 없는 연구가 있어 미상이라고 표시하였다.

2. 한·중 관용어 대조 연구 목적 분석

한·중 관용어 대조 연구 목적은 크게 대조연구, 습득연구, 오류연구 및 교육 방안 연구 네 가지 유형으로 나눌 수 있다. 앞서 언급한 것처럼 대조연구는 언어학 이론을 기반으로 진행한 연구이며 한·중 관용어 대조 연구 57편 중 36편이 여기에 속한다. 습득연구는 학습자의 습득 양상을 보여주는 연구이며 한·중 관용어 대조 연구에서 1편이 있었다. 오류 연구는 오류 분석을 통해 학습자 언어 향상에 목적을 둔 연구로, 한·중 관용어 대조 연구에서 1편이 있었다. 교육 방안 제시가 목적인 연구는 보통 단순 대조, 습득연구, 오류연구 등 의 과정을 거친 후에 교육 방안을 제시하였다. 교육 방안을 제시하는 논문은 16편으로 전체 관용어 대조 논문 수의 28%를 차지하였다. 대조연구, 오류연구, 교육 방안 제시의 연구 목적이 동시에 나타난 연구는 3편이 있었다. 구체적인 한·중 관용어 대조 연구의 목적 분류 양상은 다음 〈표 5〉와 같다.

〈표 5〉 한·중 관용어 대조 연구 목적

대조 목적	연구자	연구 수	비율
단순대조	김혜원(2006), 마서(2007), 왕로정(2009), 왕지화(2009), 유진(2009), 웅계지(2010), 王宝霞(2011), 장정(2012), Zhuan, Ying-shan(2012), 유춘정(2013), 왕리샹(2013), 왕리샹(2013), 임자여(2013), MA, JUN(2013), 손국령(2013), 천포웨이(2014), 평잉(2014), 우몽뢰(2015), 쮜하오(2016), 유환환(2016), WANG XIAOLONG(2016), 루린지예(2016), 이재신(2017), Wang, Yu Ling(2017), 왕단나(2017), 최빈(2018), 황진리(2019), 왕부어(2019), CHEN, SHIHAN(2019), 주반(2020), 왕자기(2020), He,Qing(2021), 요령운(2021), Cao, Zhenna(2021), 채소월(2022), 고이조(2022)	36	65%
대조연구 + 교육 방안 연구	왕방(2010), 왕월(2011), 공영(2011), 유언동(2012), 장영(2012), 공번뢰(2013), 왕춘위(2013), 까오페이(2016), LI, SHASHA(2016), 屈佳慧(2017), 취자후이(2017), 가오밍(2017), 이엽(2018), 고산(2019)	14	25%

대조연구 + 오류연구	황해영(2018)	1	2%
대조연구 + 습득연구	Li, Yan(2022)	1	2%
대조연구 + 오류연구 + 교육 방안 연구	황미연(2006), 심혜영, 심형철(2009), 이미숙(2017)	3	6%
합계		55	100%

한·중 관용어 대조 연구에서는 '단순 대조', '대조연구+교육방안연구', '대조연구+오류연구', '대조연구+습득연구', '대조연구+오류연구+교육방안연구' 등을 목적으로 한 연구들이 있었고 이 중에서 '단순 대조'가 65%로 가장 많았다. 다음으로 '대조연구+교육방안연구'는 25%였으며, 습득연구와 오류 연구는 각각 한 편씩 있어 전체 한·중 관용어 대조 연구의 2%를 차지하였다. 또한 '대조연구+오류연구+교육방안연구'는 3편으로 전체의 6%를 차지하였다.

'대조연구+습득 연구'는 Li, Yan(2022) 한 편으로 비교문화적 관점과 대조분석 가설을 바탕으로 하여 중국인 한국어 학습자의 숙달도가 한국 거주 경험 유무, 그리고 한국어와의 언어 접촉 정도에 따라 어떻게 달라지는지에 대하여 고찰하였다.

'대조연구+오류 연구'도 황해영(2018) 한 편이 있었는데, 한·중 색채어인 흑백 관련 관용어를 대조하였으며, 오류가 발생되는 원인을 밝혔다.

교육 방안을 마련하기 위하여 대조를 선행한 논문은 14편으로, 왕방(2010), 왕월(2011), 공영(2011), 유언동(2012), 장영(2012), 공번뢰(2013), 왕춘위(2013), 까오페이(2016), LI SHASHA(2016), 屈佳慧(2017), 취자후이(2017), 가오밍(2017), 이엽(2018), 고산(2019) 등이 있다. 대조 후에 오류 분석과 교육 방안까지 제시한 논문도 3편이 있었는데 황미연(2006)에서는 중급 이상의 한국어 학습자를 대상으로 학습해야 하는 관용어, 속담, 연어를 포함한 관용표현과 중국어를 대조하여 설문지를 작성하였으며 어휘력 향상에 효과적인 교수 방안까지 제시하였다. 심혜영·심형철(2009)에서는 대조언어학적인 측면에서 모국어와 목표어를 대조하고 분석하여 두 언어 간 공통점과 차이점을 발견하고 학습자의 오류를 예측, 진단, 처방함으로써 효과적인 교육 방안을 마련하였다. 이미숙(2017)은 중국인 중급 학습자를 대상으로 관용어 대조와 교육 방안을 제시했을 뿐만 아니라 실제 교수를 통해 교수 방안을 검증까지 한 논문이었다.

다음으로는 한·중 관용어 대조에서 어떤 연구 방법을 사용하는지 자세히 살펴보도록 하겠다.

3. 한·중 관용어 대조 연구 방법 분석

1) 자료에 따른 연구 방법 분석

한·중 관용어 대조 연구의 방법은 다양하지만 사용하는 자료에 따라 사전 대조, 이론 대조, 교재 대조, 말뭉치 대조, 번역 대조 다섯 가지로 나눌 수 있다. 구체적인 대조 방법 양상은 다음 〈표 6〉과 같다.

〈표 6〉 대조 방법별 한·중 관용어 대조 연구

	이론적 대조	사전적 대조	교재 대조	말뭉치	번역	합계
연구 수	9	38	3	4	1	55
비율	16%	69%	6%	7%	2%	100%

한·중 관용어 대조 연구에서는 사전을 대조하는 방법을 가장 많이 사용하고 있는 것으로 나타났다. 한·중 관용어 대조에 사용된 한·중 사전 자료들을 정리하면 다음 〈표 7〉과 같다.

〈표 7〉 한·중 관용어 대조 연구에 사용된 사전 및 사용 빈도

번호	한국어 사전	빈도	중국어 사전	빈도
1	『표준국어대사전』[3]	32	『现代汉语词典』[4]	13
2	『관용어 사전』[5]	11	『汉语惯用语词典』[6]	10
3	『우리말 관용어 사전』[7]	5	『新华惯用语词典』[8]	7
4	『고려대 한국어대사전』[9]	4	『分类惯用语词典』[10]	6
5	『국어국문학사전』[11]	3	『通用惯用语词典』[12]	6
6	『우리말 큰 사전』[13]	2	『辞海』[14]	5
7	『관용어 사전』[15]	2	『现代汉语惯用语规范词典』[16]	5
8	『외국인을 위한 한국어 학습 사전』[17]	1	『常用惯用语词典』[18]	4
9	『표준 한국어 사전』[19]	1	『现代汉语谚语歇后语惯用语规范词典』[20]	4
10	『금성판 국어 대사전』[21]	1	『汉语大词典』[22]	4

위의 〈표 7〉을 보면 한·중 관용어 대조 연구에서 많이 사용된 사전 자료

3 국어국립원(1999), 『표준국어대사전』, 두산동아 출판사.
4 中国科学院(2005), 『现代汉语词典』, 北京: 商务印书馆.
5 박영준·최경봉(1996), 『관용어 사전』, 태학사.
6 李茂(2004), 『汉语惯用语词典』, 上海: 汉语大词典出版社.
7 최경봉(2014), 『(의미 따라 갈래지은) 우리말 관용어 사전』, 일조각.
8 温政瑞(2008), 『新华惯用语词典』, 北京: 商务印书馆,
9 고려대학교민족문화연구원(2009), 『고려대 한국어대사전』, 고려대학교민족문화연구원.
10 温政瑞(2006), 『分类惯用语词典』, 上海出版社.
11 서울대학교동아문화연구소(1974), 『국어국문학사전』, 新丘出版社.
12 温政瑞·沈慧云(2002), 『通用惯用语词典』, 语文出版社.
13 한글학회(1992), 『우리말 큰 사전』, 어문각.
14 夏征农(1989), 『辞海』, 上海辞书出版社.
15 박영준, 최경봉(2007), 『관용어 사전』, 태학사.
16 李行健(2002), 『现代汉语惯用语规范词典』, 吉林: 长春出版社.
17 서상규(2006) 『외국인을 위한 한국어 학습 사전』, 신원프라임.
18 王德春(2008), 『常用惯用语词典』, 上海辞书出版社.
19 국립국어원(2001), 『표준 한국어 사전』, 두산동아 출판사.
20 李行健(2011), 『现代汉语谚语 歇后语惯用语规范词典』, 华语教学出版社.
21 운평어문연구소(1991), 『금성판 국어 대사전』, 금성.
22 中国汉语大词典编辑委员会(2003), 『汉语大词典』, 汉语大词典出版社.

의 양상을 잘 알 수 있다. 한국어 사전의 경우 『표준국어대사전』이 32번으로 가장 많이 사용되었고 『관용어 사전』이 11번으로 그 뒤를 이었다. 또한 두 번 이상 사용된 사전으로는 『우리말 관용어 사전』, 『고려대 한국어대사전』, 『국어국문학사전』, 『우리말 큰 사전』, 『관용어 사전』 등이 있다. 중국어 사전의 경우 『现代汉语词典』이 13번으로 가장 많이 사용되었으며 『汉语惯用语词典』은 10번 사용되었다. 네 번 이상 사용된 사전으로는 『新华惯用语词典』, 『分类惯用语词典』, 『通用惯用语词典』, 『辞海』, 『现代汉语惯用语规范词典』, 『常用惯用语词典』, 『现代汉语谚语 歇后语惯用语规范词典』, 『汉语大词典』 등이 있다. 결과적으로 한·중 관용어를 대조 연구할 때 한국 사전은 주로 『표준국어대사전』이 많이 사용되고 『관용어 사전』, 『우리말 관용어 사전』 같은 관용어 전문 사전도 비교적 많이 사용되는 편이다. 다른 사전들은 한두 번만 사용되어 대표적인 사전이라고 말할 수 없다. 이와 달리 중국어 사전들은 상대적으로 다양한 사전을 골고루 사용해 왔다. 중국어 사전들은 『现代汉语词典』, 『辞海』, 『汉语大词典』 세 가지 사전을 제외하고 모두 '惯用语'(관용어)를 포괄한 관용어 관련 전문 사전이었다.

이론적 대조는 주로 TOPIK이나 문헌을 참고하여 대조 연구를 진행하였다. 예컨대, 유춘정(2013)에서는 Berlin & Kay(1969)를 참고해서 대조 연구를 진행하였으며 屈佳慧(2017)에서는 TOPIK의 관용어를 대상으로 대조 연구를 진행하였다.

교재 대조를 이용한 논문은 3편이 있었으며 한국어 교재들을 중심으로 대조의 목록을 작성하였다. 이미숙(2017)에서는 한국어 중급 이상의 18권 교재(경희대 『한국어 3-6』, 이화여대 『말이 트이는 한국어 3-5』, 연세대 『한국어 3-6』, 이선한 외 『한국어 3-5』, 최희수 외 『한국어 3-6』)를 대조 대상으로 삼았다. 왕방(2010)에서는 한·중 5개 대학의 교재와 한국어 능력 시험의 전체 관용 표현 중 신체 관련 관용 표현을 정리하였다. 또한 LI, SHASHA(2016)에서는 중국과 한국의 국어(혹은 어문) 교재[23]와 한국어 교재를 분석한 후에 도출된 문제점을 토대로 교육 방안을 고찰하였다.

말뭉치를 이용한 연구는 5편이 있었다. 유언동(2012)에서는 번역 말뭉치로 한국 문학 작품인 『동국세시기』, 『열양세시기』와 중국 문학 작품인 『시경(诗经)』, 『생사자(生查子)』, 『원석(元夕)』, 『수조가두(水调歌头)』, 『언씨가훈(彦氏家训)』 등에서 식사 예절 표현들을 추출하여 대조 분석을 진행하였다. 또 가오밍(2017)에서는 번역 코퍼스를 사용하여 신문 대조를 진행하였다. 주반(2020)에서는 한국의 세종 말뭉치와 중국의 北京语言大学大学BBC现代汉语语料库를 사용하여 한·중 색채 관용표현 목록을 선정하였다. He, Qing(2021)에서는 한국어의 경우 서울대학교, 연세대학교, 고려대학교, 경희대학교, 이화여자대학교 등 한국어교육 기관의 한국어 교재 텍스트를 입력하여 구축한 〈21세기 세종계획〉 말뭉치를 사용하고 중국어의 경우 한국어교재 『한국어』와 『표준한국어』, 한·중 교재 내용이 들어간 '한국어 교재 말뭉치'에서 대조 내용을 추출하는 방식으로 대조 연구를 진행하였다. 요령운(2021)에서는 비교 말뭉치를 사용해서 눈의 두려움 관련 관용어를 추출하였다.

번역 대조 방법을 사용한 왕월(2011)은 한국어에 있는 '사랑' 과 '미움'을 나타내는 관용어를 중국어와의 번역 상관성을 기준으로 분류하여 한국어를 전공하는 학습자를 위한 구체적인 수업 지도 방안까지 제시하였다.

2) 인지언어학 관점에서 출발한 연구 방법

최근에는 앞서 제시한 방법뿐 아니라 인지언어학을 바탕으로 한 연구들

---

23 윤여탁 외(2013), 『국어 3』, 미래엔 윤여탁 외(2013), 『국어 4』, 미래엔; 박영목 외(2013), 『국어 3』, 천재교육, 박영목 외(2013), 『국어 4』, 천재교육 4; 课程教材研究所, 中国语文课程教材研发中心(2013), 『语文』, 人民教育出版社, 八年级上册; 课程教材研究所, 中国语文课程教材研发中心(2013), 『语文』, 人民教育出版社, 八年级下册; 课程教材研究所, 中国语文课程教材研发中心(2013), 『语文』, 人民教育出版社, 九年级上册; 课程教材研究所, 中国语文课程教材研发中心(2013), 『语文』, 人民教育出版社, 九年级下册; 〈이화 한국어〉 〈고려대학교의 재미있는 한국어〉, 韩国语(한국어) 标准韩国语(표준한국어)

도 활발해지고 있다. 인지언어학의 관점에서 은유에 대한 최초의 연구는 Lakoff & Johnson(1980) 『Metaphor We Live By』[24]라고 할 수 있다. 이 책은 '개념적 은유'를 처음 제기하였으며, 이는 '한 종류의 사물을 다른 종류의 사물의 관점에서 이해하고 경험하는 과정'이라는 것까지 규명하였다. 즉, 경험의 한 영역(근원 영역)[25]에서부터 다른 영역(목표 영역)으로의 체계적인 '인지적 사상(cognitivemapping)'이라는 것이다. 그리고 Lakoff & Johnson(1980)에 의하면 개념적 은유는 존재론적 은유, 지향적 은유, 구조적 은유로 분류할 수 있다고 하였다. 구체적인 관계는 아래 〈그림 1〉을 통해 알 수 있다.

〈그림 1〉 인지언어학 관점에서의 은유

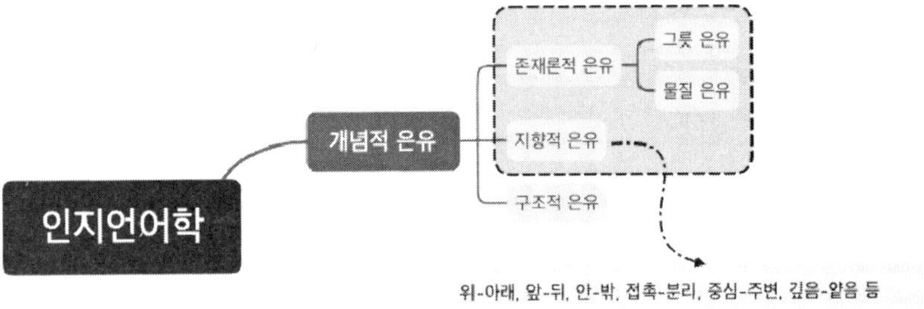

위에서 제시한 것처럼 존재론적 은유는 추상적인 사건, 활동, 감정, 생각 등과 같은 손에 잡히지 않는 것들을 현실 세계에 존재하고 손에 잡히는

24 George Lakoff and Mark Johnson(1980): Metaphors We Live By, chicago and London, The University of Chicago Press.(노양진, 나익주 역(2006), 『삶으로서의 은유』, 박이정) 전통적으로 은유는 사물의 상태나 움직임을 암시적으로 나타내는 수사법을 가리키는 말이다. Lakoff&Johnoson(1980)에서는 개념적 은유가 단지 언어의 수사적 표현일뿐만 아니라 인간의 인지방식, 사고방식, 행위 방식으로서 인간의 일상적 삶에 널리 펴져 있다고 말한다.

25 근원영역(source domain)은 사람들이 익숙하고 구체적인 경험 세계를 가리키는 말이다. 목표영역(target domain)은 사람들은 표현하려는 새롭고 추상적인 경험 세계를 가리키는 말이다. 예를 들면 '시간은 돈이다'라는 구에서 근원영역은 구체적인 '돈'이고 목표영역은 추상적인 '시간'이다.

물건이나 물질로 은유적으로 개념화하는 방식이다. 존재론적 은유는 크게 '그릇 은유(container metaphor)[26]'와 '물질 은유(substance metaphor)[27]'로 구분할 수 있다. 지향적 은유(Orientational Metaphor, 방향적 은유)는 상호 관계에 있는 공간적 방향이 하나의 개념구조를 이루는 것이다. 대부분 위-아래, 앞-뒤, 안-밖, 접촉-분리, 중심-주변, 깊음-얕음 등 공간의 위치 지향성과 관련되어 있기 때문에 지향적 은유라고 한다. 지향적 은유는 감정 표현 관용어에서 많이 사용되어 왔다. 왜냐하면 일반적으로 긍정적 개념인 기쁨, 즐거움, 사랑, 귀중함, 좋아함, 행복 등에 긍정적 가치를 갖는 '위, 안, 앞'의 공간 지향성을 부여하고 부정적 개념인 슬픔, 경멸, 증오, 고통 등에는 부정적 가치의 '아래, 밖, 뒤'의 공간 지향성을 부여하기 때문이다. 구조적 은유(Structural Metaphor)란 풍부한 지식 구조를 가지고 있는 근원영역에 의하여 추상적인 목표영역을 근원영역의 수준으로 은유적 구조화되는 것을 말한다. 화자가 목표영역을 근원영역의 구조에 의해 이해할 수 있게 해주는 은유이다. 근원영역과 목표영역의 사이에 구조적 유사성을 가지고 있는 것이 큰 특징이다.[28]

일반적인 수사법에서 은유법과 더불어 환유법을 사용하는데, 환유법이란 하나의 사실이나 사물을 표현하기 위하여 이것의 속성과 밀접한 연계가 있는 다른 낱말을 빌려 표현하는 수법이다. 환유법은 한 부분이 다른 부분으로 대치되는 경우도 있고 일부분이 전체로 대치되는 경우, 결과가 원인을 대신하는 경우도 있다. 환유법은 추상적인 사물을 구체화시키는 기능을 가진다.

그렇다면 인지언어학의 관점으로 비유법을 다룬 한·중 관용어 대조 연구들이 어떤 양상을 보이는지 살펴보도록 하겠다. 정리하면 다음 〈표 8〉

26 그릇 은유는 행동, 생태, 지역, 시야, 경주 등을 하나의 용기로 간주하는 방식이다. 즉, 그릇처럼 경계가 있고 범주화가 되는 것이다.

27 물질 은유는 비물리적인 것들을 개체나 물질로 간주하는 방식이다. 예를 들어 음식물, 온도, 색 채, 소리, 문 등 사람들에게 보이고 들리는 다양한 물질로 개념화하는 것이다.

28 루린지예(2016)를 참고하였다.

과 같다.

〈표 8〉 인지언어학을 기반으로 한 한·중 관용어 대조 연구

번호	연구	비유-은유/직유
1	김혜원(2006)	비유
2	왕지화(2009)	은유/환유
3	王宝霞왕보하(2011)	비유
4	공영(2011)	은유
5	왕리샹(2013)	환유
6	공, 번뢰(2013)	은유
7	WANG XIAOLONG(2016)	비유-은유/환유
8	루린지예(2016)	은유법, 환유법, 과장법
9	가오밍(2017)	비유
10	이재신(2017)	은유
11	Wang, Yu Ling(2017)	환유
12	최빈(2018)	은유/환유
13	왕부어(2019)	은유
14	황진리(2019)	비유-은유/환유
15	CHEN, SHIHAN(2019)	환유
16	주반(2020)	은유/환유
17	왕자기(2020)	은유/환유
18	서평(2021)	은유/환유
19	요령운Yao, Lingyun(2021)	환유
20	Cao, Zhenna(2021)	은유
21	채소월(2022)	(비유, 은유 많이 사용)

위 〈표 9〉에서 볼 수 있듯이 한·중 관용어 대조 연구 중 인지언어학의 관점에서 연구를 진행한 논문은 21편이 있었다. 2006년부터 인지언어학을 기반으로 한 한·중 관용어 대조 연구가 시작되었고 2009년부터 현재까지 활발하게 연구가 진행되고 있다. 인지언어학 관점에서 비유법 전체(은유와 환유를 포함)를 연구한 논문도 있는 반면 은유 혹은 환유만을 연구한 논문도 적지 않았다. 은유법과 환유법을 다루는 연구 수는 비슷하였다.

3) 의미와 형태에 따른 분류 방법

한·중 관용어 대조 연구 중에서 관용어를 분류할 때 의미와 형태를 기준으로 분류하는 연구가 상당히 많다. 분류하는 유형은 비슷하나 작은 차이가 존재하는데 이는 〈표 9〉을 통해 확인할 수 있다.[29]

〈표 9〉 의미와 형태에 따른 관용어 분류 실태

연구	동형 동의	동형 이의	이형 동의	한국에만 있는 것	중국에만 있는 것	기타	연구 수
왕지화 (2009)	○	○	○	○		부분 동형유의	5
왕로정 (2009)	○	○	○	○	○		5
왕방 (2010)	○	○	○	○			4
웅계지 (2010)	○	○	○	○	○		5
Zhuang Ying-shan (2012)	○	○	○			근형동의	4
손국령 (2013)	○		○			한 언어에만 존재하는 것	3
왕춘위 (2013)	○		○	○		근형동의	4

29 일부분 연구는 동형동의, 동형이의, 이형동의, 한국에 있는 것, 중국에만 있는 것을 쓰지 않아도 동일한 표현을 사용하면 이 유형에 넣었다. 예를 들어, 손국령(2013)에서는 의미와 표현이 완전히 일치한 것(동형동의), 미움의 하위 의미가 같은데 표현이 다른 것(이형동의), 한 언어에만 존재하는 것으로 나누어 봤는데 이들이 동형동의, 이형동의, 한 언어에만 존재하는 것으로 표에서 정리하였다. 또한 왕춘위(2013)에서는 양국어의 뜻과 표현이 모두 같은 관용어(동형동의), 의미가 같으면서 표현이 유사한 관용어(근형동의), 의미가 같으면서 표현이 다른 관용어(이형동의), 한국어에만 있는 관용어 등 네 가지로 분류하였고 여기에서는 동형동의, 근형동의, 이형동의, 한국에만 있는 것으로 다시 정리하였다. 아울러 황미연(2006)은 형태 영역과 의미 영역을 나누며 각각 형태 영역은 동형표현, 부분동형표현, 부재표현, 상이표현과 동의표현, 유사표현, 부재표현, 이의표현으로 분류하였는데 세분화되었기 때문에 표에서 제시하지 않았다.

루린지예 (2016)	○			○	○	부분 일치하는 경우	4
쮜하오 (2016)	○	○	○	○	○		5
왕부어 (2019)	○	○	○	○	○		5
He, Qing (2021)	○	○	○	○	○		5
Li, Yan (2022)	○	○	○				3
채소월 (2022)	○	○	○	○	○		5

〈표 9〉에서 볼 수 있듯이 관용어의 의미와 형태에 따라 분류한 한·중 관용어 대조 연구는 13편이 있다. 대다수는 관용어를 '동형동의', '동형이의', '이형동의', '한국에만 있는 것', '중국에만 있는 것'으로 분류하였다. 이 중 '동형동의'는 한·중 관용어의 의미, 형태가 모두 같다는 것이다. '동형이의'는 한·중 관용어의 형태가 같지만 의미가 다른 것이다. '이형동의'는 형태가 다르지만 의미가 같은 한·중 관용표현이다. 또한 '한국에만 있는 것'은 한국어에는 있으나 중국어에는 대응하는 관용어가 없다는 말이고 '중국에만 있는 것'은 중국어에는 있으나 한국어에는 대응할 수 있는 관용어가 없다는 뜻이다. 이 같은 다섯 가지 분류법은 2016년부터 활발하게 사용되고 있는 것을 알 수 있다. 이러한 전형적인 의미와 형태 분류 외에도 '부분동형유의', '근형동의', '한 언어에만 존재하는 것', '부분적으로 일치하는 경우' 등 개별적인 분류도 있다. 이 중에서 '한 언어에만 존재하는 것'은 전형적인 의미와 형태 분류 중 '한국에만 있는 것'과 '중국에만 있는 것'의 합이라고 할 수 있으며 부분적으로 일치하는 경우는 '동형이의'와 '이형동의'의 합이라고 할 수 있다. '부분 근형동의'는 형태가 비슷하지만 의미가 같은 것으로 정의할 수 있고 '부분 동형유의[30]' 같은 구성형식과 의미를 가지지만 사용하는 단어가 다른 표현이라고 말할 수 있다. '근형동의'

30 왕지화(2009)를 참고하였다.

는 의미가 비슷하면서 형태가 유사한 관용어를 말한다. 전체적으로 보면 대부분의 한·중 관용어 대조 연구는 전형적인 다섯 개의 분류 방식을 사용한다는 것을 확인할 수 있다.

4) 번역에 따른 분류 방법

번역에 따라 관용어를 분류하는 방법은 황미연(2006)과 왕월(2011)에서 찾을 수 있다. 황미연(2006)에서는 표현 동일(동형동의), 부분 동일(동형이의, 이형동의), 존재하지 않는 것(한국에만 있는 것, 중국에만 있는 것) 세 가지로 분류한 후에 표현이 동일 혹은 부분 동일이면 직역과 의역의 방법을 이용해서 관용어를 대조하였다. 왕월(2011)에서는 한국어에 있는 '사랑'과 '미움'을 나타내는 관용표현을 중국어와의 번역 상관성을 기준으로 분류하였고 직역이 가능한 관용표현, 의역만 가능한 관용표현, 중국어의 유사한 관용표현으로 번역 가능한 관용표현, 중국어의 다른 관용표현으로 번역 가능한 관용표현, 한국어에만 관용적 의미가 있는 관용표현으로 분류하였다.

의미와 형태에 따른 분류 방법은 의미와 구조에 주목한다는 것을 알 수 있고 번역에 따른 분류 방법은 의미에 주목한다는 것을 알 수 있다.

5) 기본의미와 확장의미

관용어 대조의 일부 연구 중에서는 기본의미(축자적 의미, 직설 의미), 확장의미(파생적 의미, 관용적 의미)로 분류하기도 한다. 기본의미와 확장 의미(파생적 의미)로 분류한 연구는 왕보하(2011), 펑잉(2014)과 천포웨이(2014), 서평(2021)을 들 수 있고, 축자적 의미와 관용적 의미로 나눠서 본 연구들은 마서(2007)와 유진(2009), 장정(2012)을 들 수 있다. 같은 뜻인데 통사적으로 살펴보면 전에는 연구자들이 축자적 의미와 관용적 의미라는 전문용어 사용을 선호했다면 최근에는 기본 의미와 확장의미로 사용하는 경향이 있다.

다음으로는 한·중 관용어 대조의 내용은 어떤 것들이 있는지 살펴보도록 하겠다.

4. 한·중 관용어 대조 내용 분석

1) 개괄

한·중 관용어 대조에서 대조 목적과 방법도 중요하지만 대조 내용도 간과해서는 안 되는 부분이라고 할 수 있다. 아래 〈표 10〉에서 제시한 것처럼 관용어의 내용은 신체어를 다루는 논문이 가장 많았고 감정표현, 자연, 음식, 전체 관용어, 기타 내용을 다루는 논문도 있었다.

〈표 10〉 한·중 관용어 대조 연구의 대조 내용

	신체어	감정 표현	신체+ 감정	색채어	자연	음식	전체	기타
황미연(2006)							○	○ 고급
김혜원(2006)	○				○			○ 문명
마서(2007)	○							
왕지화(2009)	○							
유진(2009)	○							
심혜영, 심형철 (2009)							○	
왕로정(2009)	○							
왕방(2010)	○							
웅계지(2010)	○							
왕월(2011)		○						
공영(2011)	○							
王宝霞(2011)								○ 구조
장영(2012)	○							

장정(2012)	○							
Zhuang Ying-shan (2012)		○						
유언동(2012)						○		
공, 번뢰(2013)		○						
MA, JUN(2013)								○ 교재
유춘정(2013)				○				
왕리샹(2013)	○	○	○					
왕춘위(2013)							○	
손국령(2013)	○	○	○					
임, 자여(2013)						○		
펑잉(2014)	○							
천포웨이(2014)	○							
우몽뢰,YU MENGLEI(2015)							○	
유환환(2016)								○ 거짓짝
LI, SHASHA(2016)							○	
까오페이(2016)							○	
꿔하오(2016)	○							
루린지예(2016)	○							
WANG XIAOLONG (2016)		○						
屈佳慧(2017)							○	
가오밍(2017)						○		
취자후이(2017)								○ 토픽
왕단나(2017)		○						
이미숙(2017)							○	
이재신(2017)	○							
Wang, Yu Ling (2017)	○	○	○					
최빈(2018)	○	○	○					
이엽(2018)								○ 동물

황해영(2018)				○				
고산(2019)							○	
왕부어(2019)	○							
황진리(2019)	○	○	○					
CHEN, SHIHAN (2019)		○						
주반(2020)				○				
왕자기(2020)	○	○	○					
요령운(2021)	○	○	○					
He, Qing(2021)	○							
Cao, Zhenna(2021)					○			
서평(2021)					○			
Li, Yan(2022)								○ 비교문화
고이조(2022)	○							
채소월(2022)					○			
합계	25	13	7	3	4	3	10	8

한·중 관용어 대조 연구는 모두 55편이 있는데 그중 신체어에 대한 연구가 반 정도를 차지하였다. 감정표현을 주제로 삼은 연구는 13편이 있었고 신체어와 감정표현을 같이 다루는 논문은 7편이며 자연 관련 대조 연구는 4편이 있었다. 색채어와 음식 관련 관용어를 살펴본 연구는 각각 3편이었고 전체의 관용어를 다루는 연구는 10편, 기타 내용과 관련 관용어를 연구한 논문은 8편이 있었다.

2012년 이전의 한·중 관용어 대조 연구는 주로 신체어 관련 관용어를 연구하였고 2012년부터는 감정 표현 관용어, 감정 표현과 신체어 결합형 관용어, 다른 기타 내용의 관용어에 대한 연구가 활발하게 진행되었다. 또 주목할 점은 2021년 이전에는 별로 주목받지 않았던 자연 관련 한·중 관용어 대조가 최근에 주목을 많이 받아 연구가 계속되는 추세이다.

다음으로는 한·중 관용어 대조 연구에서 다루고 있는 구체적인 관용어의 양상을 살펴보고자 한다.

2) 신체어 관련 관용어

앞서 한·중 관용어 대조에서 신체어 관련 연구가 가장 많다는 것을 확인하였다. 신체어 관련 연구에서 어떤 신체어를 중점적으로 살펴봤는지 아래 〈표 11〉에서 확인할 수 있다.[31]

〈표 11〉 한·중 관용어 대조 연구의 신체어 대조

연구	머리							동체부[32]								사지				
	머리	얼굴	눈	눈썹	코	입	귀	목	어깨	내장	가슴	간	배	배꼽	등	허리	팔	손	다리	발
김혜원 (2006)	○	○	○			○				○							○			
마서 (2007)	○	○	○		○	○		○	○		○		○		○	○		○	○	○
왕지화 (2009)	○	○	○		○	○	○													
유진 (2009)	○					○														
왕로정 (2009)	○		○		○	○	○													
웅계지 (2010)	○		○			○												○		
왕방 (2010)			○																	
공영 (2011)			○		○	○	○													
장정 (2012)																		○		○
장영 (2012)			○		○	○	○											○		○

31 〈표 11〉은 대부분의 신체어 관련 한·중 관용어 대조 연구의 신체 대상이다. 이외에 황진리(2019)에는 무릎, 허벅지, 폐, 마음, 눈시울 등 신체 부위도 있다. 최빈(2018)에는 엉덩이, 몸도 있다. 왕리샹(2013)에는 이마, 볼, 관자놀이, 입술, 이, 혀, 턱, 몸체, 사지, 주먹, 머릿속, 골, 부아/허파, 비위, 오장육부 등도 있다. 왕자기(2020)에는 등골, 창자, 이, 뼈, 오장육부, 부아, 핏대도 있다. Wang, Yu Ling(2017)에는 피와 흉터도 포함한다. 왕로정(2009)에는 코의 하위 영역 신체어인 코눈과 입의 하위 영역 신체어 입술, 입가도 포함한다.

32 이경자(1999:15), 『우리말 신체어 형성』, 충남대학교 출판부. 〈이경자의 신체어 부류〉 표

손국령 (2013)			○	○	○	○	○													
왕리샹 (2013)	○	○	○	○	○	○	○	○	○	○	○	○	○			○	○	○	○	○
천포웨이 (2014)	○	○	○		○	○	○													
펑잉 (2014)	○	○	○		○	○	○	○			○	○	○		○			○	○	○
쭤하오 (2016)	○	○	○		○	○	○													
루린지예 (2016)			○		○	○	○													
Wang, Yu Ling (2017)	○		○	○	○			○	○	○	○		○							
이재신 (2017)																		○		
최빈 (2018)		○	○		○	○	○	○	○		○			○	○	○		○		○
황진리 (2019)	○	○				○			○		○			○	○	○		○	○	
왕부어 (2019)																	○	○	○	○
왕자기 (2020)		○	○			○		○	○		○	○						○		○
He, Qing (2021)			○																	
요령운 (2021)			○																	
고이조 (2022)										○		○								
합계	12	10	19	3	13	17	11	6	6	4	7	4	4	2	4	4	3	11	5	8

〈표 11〉에서 제시한 바와 같이 가장 많은 신체 부위는 눈(19), 입(17), 코(13), 머리(12), 손(11), 귀(11), 얼굴(10) 등이며, 이 중에서 손(11)을 제외하고는 모두 머리와 관련된 부위들이다. 이는 인체의 머리에 있는 이런 부위들이 모두 의사소통에서 중요한 역할을 하는 부위들이기 때문인 것으로 보인

에 따르면 신체는 몸, 머리, 동체부, 수족부 네 가지로 분류할 수 있다고 하였다.

다. 그리고 손은 의사소통 과정에서 손짓을 할 때 사용이 되는 부위이기 때문에 주목을 받는 것으로 보인다. 이들 부위 다음으로는 발(8), 가슴/심장(7), 목(6), 어깨(6), 다리(5), 내장(4), 배(4), 등(4), 허리(4), 간(4)이 그 뒤를 이었다. '손', '발', '팔', '다리'를 '사지'로 삼은 연구도 존재한다.

2009년 이전 한·중 신체어 관련 관용어 대조 연구는 전체 부위에 대해 연구하였는데 2009년부터 2016년까지는 주로 머리와 관련된 관용어 연구가 진행되었다. 2017년부터 2020년까지는 신체 부위 중 일부를 선정해서 연구하는 것을 선호한 것 같다. 2021부터는 한두 개의 신체 부위의 관용어를 대상으로 한·중 관용어 표현을 살펴보는 경향이 있다.

3) 감정표현 관련 관용어

한·중 관용어 대조 연구 내용 중 2위를 차지하는 것은 감정표현이며 그중의 1/2은 신체어와 같이 살펴본 연구들이다. 그 이유는 앞서 제시한 것처럼 환유의 가장 중요하고 큰 기능은 추상적인 개념을 다른 사물을 통하여 구체화시키는 것이고, 특히 감정은 추상적인 것이기 때문에 표현할 때 신체를 통해서 표현하는 것이 제일 효과적이고 자연스러운 것으로 볼 수 있다. 예컨대, 손국령(2013)에서는 신체어의 오관과 감정의 미움을 연결해서 관용어를 분석하였고 왕리샹(2013)에서는 신체어와 감정표현 '화'를 연결해서 관용어 관련 연구를 진행하였다. 최빈(2018)과 황진리(2019)는 신체어와 감정표현 '기쁨'을 결합하여 고찰하였고 Wang, Yu Ling(2017)은 신체어와 감정표현 '슬픔'을 결합한 관용어 대조를 분석하였다.

4) 기타 관용어

한·중 관용어 대조 연구 중에는 신체어와 감정표현에 대한 한·중 대조 연구뿐만 아니라 자연, 색채어, 음식 관련 대조 연구도 있다. 예로 자연 관련 관용어 연구의 경우 추가서평(2021)과 채소월(2022)에서는 '물'과 관련된 관용어를 분석 연구하였고 Cao, Zhenna(2021)에서는 한·중 '불'과 '물' 관련 관용어를 연구하였다. 색채어 관련 관용어 연구의 경우 유춘정(2013)에서는 기본 오색인 '푸르다, 붉다, 누르다, 검다, 희다'가 포함된 관용어를 연구 대상으로 삼았으며 황해영(2018)에서는 '검다', '희다' 관련 관용어를 살펴보았다. 주반(2020)에서는 "红(붉다) 계열, 黄(누르다) 계열, 青(푸르다) 계열"의 색채어 관용어를 분석하고 연구하였다. 음식 관련 관용어의 경우 유언동(2012)은 식사 예절에 중점을 두어 의례적인 경우와 일상적인 경우를 나눠서 음식 관용어를 살펴봤다. 임, 자여(2013)에서는 한·중 음식과 관용어의 범위를 한정하고 비유의 방법에 따라 속성의 유사성에 빗대어 표현된 것, 상황의 유사성에 빗대어 표현된 것 그리고 부분-전체 인접성에 빗대어 표현된 것으로 갈래지어 유형별로 분석하였다. 가오밍(2017)에서는 음식 재료와 관련된 관용표현을 중심으로 하되, 음식과 관련된 식기, 양념, 음식의 맛, 요리법 등 음식 문화 전반에 걸친 관용표현을 살펴봤다. 다른 주제의 관용어 연구로는 동물, 거짓짝, 문명 등과 관련된 관용어를 고찰한 연구들도 있다.

5. 한·중 관용어 대조 결과 분석

1) 관용어 목록 선정에 대한 양상 및 쟁점

관용어 목록을 선정할 때 대부분의 연구자들은 종이로 된 사전에서 관용어를 뽑아 연구를 진행하였다. 관용어를 보완하기 위해 웹사이트에 있는 『표준국어대사전』, 『네이버 사전』, 『新华在线字典』 등의 사전을 이용하여 관용어를 다시 정리한 연구자도 적지 않았다. 그런데 관용어를 뽑을 때 같은 주제의 관용어라도 사전에 따라 다르게 뽑힐 수도 있으며, 연구자의 주관에 따라 선정할 수도 있고 선정하지 않을 수도 있다. 예를 들어 어떤 연구자가 신체어 중 일상적인 신체 관용어를 선정할 때, 일상적인 신체어의 선정은 그 연구자의 주관적 생각을 따르기 마련이다. 이렇듯 사용 빈도 제시나 구체적인 다른 기준의 제시 없이 관용어를 선정하는 것은 일상적인 관용어가 목록에서 빠지거나, 일상적이지 않은 관용어가 목록에 들어가는 결과를 불러올 수도 있다. 따라서 일상적인 관용어 목록을 선택하려면 말뭉치를 활용하는 것이 좋다.

또 하나의 예로 눈 관련 관용어를 선정할 때 눈썹을 포함하는 연구자도 있으며 눈썹을 포함하지 않은 연구자도 있다. 입 관련 관용어를 선정할 때도 입술 같은 주변 연결 부분을 포함하는 연구도 있으나 포함하지 않은 연구가 있다. 연구 대상 및 연구 방법에서도 구체적인 검색어를 제시하지 않은 연구가 있기 때문에 같은 주제라도 한·중 관용어 목록이 다르게 나타날 수가 있다.

2) 관용어 대응 선정 양상 및 쟁점

(1) 분류 불일치

한·중 관용어 대조에서 같은 뜻을 가진 한국 관용어와 중국 관용어가 의미적 분류에서 다르게 나타나는 경우가 있다.

〈표 12〉 '눈 밖에 나다'의 한·중 관용어 대조 양상

연구	한국 관용어	중국 관용어	뜻	분류
웅계지(2010)	눈 밖에 나다	-	신임을 잃고 미움을 받게 되다	한국어에만 있는 것
루린지예(2016)	눈 밖에 나다	不入眼(눈에 들어가지 않다)	신임을 잃고 미움을 받게 되다	동형동의
He, Qing(2021)	눈 밖에 나다	-	(신임을 잃고) 미움을 받다	한국어에만 있는 것

위 〈표 12〉에서 제시한 것처럼 웅계지(2010)와 He, Qing(2021)에서 '눈 밖에 나다'라는 관용어가 한국에만 있는 관용어라고 판단하였는데 루린지

예(2016)에서는 동형동의 관계로 삼았다. 중국에서 不入眼는 '눈에 들어가지 않다'는 뜻이며 의미는 '좋아하지 않다'는 뜻을 담고 있다. 한국의 '눈 밖에 나다'의 뜻은 '신임을 잃고 미움을 받게 된다'라는 것이고 '싫다'라는 느낌이 더 많이 들어 있다. 이는 '좋아하지 않다'에 비해 감정의 정도가 더 강하다. 한편 不入眼는 '신임을 잃고 미움을 받게 된다'는 뜻 외에도 어떤 물건을 좋아하지 않은 상황에도 사용할 수 있다. 그래서 不入眼는 '눈 밖에 나다'와 비슷한 뜻인데 감정 정도나 사용 범위 차이로 인해 대응할 수 있는지 여부를 판단하기 어렵다. 대응 관계가 이루어지면 동형동의 관계라고 볼 수 있으나 대응 관계가 이루어지지 못하면 한국에만 있는 관용어라고 볼 수 있을 것이다.

〈표 13〉 '눈을 뒤집다'의 한·중 관용어 대조 양상

연구	한국 관용어	중국 관용어	뜻	분류
왕로정(2009)	눈(을) 뒤집다	翻白眼	–	동형이의
웅계지(2010)	눈(을) 뒤집다	翻眼	–	동형이의
He, Qing(2021)	눈(을) 뒤집다	–	열중하여 정신이 없다	한국어에만 있는 것

위 〈표 13〉에서 제시한 것처럼 왕로정(2009)과 웅계지(2010)는 '눈을 뒤집다'라는 한국 관용어에 대응하는 중국 관용어는 똑같이 중국어 '翻白眼, 翻眼'라고 하였는데 He, Qing(2021)에서는 한국에만 있는 관용어라고 주장하였다. 한국어의 '눈을 뒤집다'라는 관용어와 중국어 '翻白眼'는 서로 형태적으로 대응될 수 있어 이러한 주장에 대해서는 보다 자세한 설명이 필요할 것으로 보인다. 따라서 대조할 때 대응 결과를 보완하기 위하여 더 많은 기존 연구를 참고하는 것이 좋겠다. 왜냐하면 대응되는 일상적인 관용어가 갑자기 생각나지 않을 수도 있기 때문이다.

〈표 14〉 '눈가림을 하다'의 한·중 관용어 대조 양상

연구	한국 관용어	중국 관용어	뜻	분류
He, Qing(2021)	눈가림(을) 하다	打马虎眼	얄팍한 방법으로 속이다	이형동의
웅계지 (2010)	눈가림을 하다	障眼法	-	동형동의
천포웨이 (2014)	눈가림을 하다 (遮眼→掩人耳目)	戴眼罩 /障眼法	얄팍한 방법으로 속이다	속임수

위에 제시한 것처럼 웅계지(2010)와 천포웨이(2014)에서 '눈가림을 하다' 라는 한국 관용어에 대응하는 중국 관용어는 戴眼罩 혹은 障眼法이다. He, Qing(2021)에서는 중국 관용어로 打马虎眼를 제시하였다. 障眼法와 눈가림을 하다는 동형동의이지만 '打马虎眼'의 형태는 '눈가림(을) 하다'와 상이하다. 이렇게 동형동의이면서 형태가 다른 대응 관용어가 존재하기 때문에 대응 관용어의 선정에 주의가 더 필요하다. 동형동의 관계를 갖고 있는 한·중 관용어가 있다면 동형동의 관용어를 먼저 선택하는 것이 좋고 다음으로 동형이의, 이형동의, 한국에만 있는 것, 중국에만 있는 것의 순서로 대응 관용어를 찾아보는 것이 좋으며 나눠서 살펴보는 것도 도움이 된다.

〈표 15〉 '눈에 흙이 들어가다'의 한·중 관용어 대조 양상

연구	한국 관용어	중국 관용어	뜻	분류
웅계지(2010)	눈에 흙이 들어가다	闭眼	-	이형동의
장영(2012)	눈에 흙이 들어가다	-	죽다	한국어에만 있는 것
He, Qing(2021)	눈에 흙이 들어가다	-	죽다	한국어에만 있는 것
천포웨이 (2014)	눈에 흙이 들어가다 (入土→过世)	-	죽어 땅에 묻히다	죽음

위의 〈표 15〉에서 장영(2012), He, Qing(2021)은 '눈에 흙이 들어가다'라는 관용어가 한국에만 있는 관용어라고 하였는데, 웅계지(2010)는 중국 관용어 '闭眼'와 대응할 수 있다고 하였다. '闭眼'는 '눈을 감다'라는 뜻이며 확장

의미로 '죽다'의 뜻도 있다. 그러나 한국에서 '눈에 흙이 들어가다'를 사용할 때 항상 '눈에 흙이 들어가기 전에...'와 같은 형식으로 사용한다. 즉, '죽기 전에 무엇을 해야 한다'라는 뜻인데 '闭眼'는 이런 표현이 없다. 이러한 대조를 연구에 포함할 지를 고민해야 한다. 또한 이것으로 한국 관용어를 가르칠 때는 관용어의 의미와 형태만 설명하지 말고 관용어와 함께 사용되는 문법 및 어휘를 동시에 가르치는 것이 더 효과가 있다고 본다.

〈표 16〉 '입이 짧다' 및 '눈이 열리다'의 한·중 관용어 대조 양상

연구	한국 관용어	중국 관용어	뜻	분류
웅계지(2010)	입이 짧다	嘴刁	-	이형동의
웅계지(2010)	입이 짧다	嘴短	-	동형이의
웅계지(2010)	눈이 열리다	开了眼	-	동형이의
웅계지(2010)	눈이 열리다	-	이해하다	한국어에만 있는 것

위 〈표 16〉과 같이 웅계지(2010)에서는 '입이 짧다'를 '嘴刁'와 '嘴短'로 따로 대조하였는데 '嘴刁'는 '입이 짧다'의 의미와 같으며 '嘴短'는 '입이 짧다'의 형태와 같다. 따라서 '嘴刁'와 대조할 때는 이형동의 유형으로 분류하고 '嘴短'는 동형이의 유형으로 분류하였다. 이를 통해 의미가 같은지, 형태가 같은지에 따라 같은 관용어라도 다르게 분류될 수 있다는 것을 알 수 있다.

'눈이 열리다'의 경우 형태가 같은 '开了眼'를 선택하면 동형이의 유형으로 분류할 수 있다. '눈이 열리다'와 의미가 같은 중국 관용어를 찾지 못했기 때문에 한국에만 있는 관용어 유형으로 분류하였지만 동일한 의미를 갖는 관용어가 없어도 형태가 같은 관용어가 있기 때문에 동형이의 유형에 넣는 것도 나쁘지 않다고 생각한다.

(2) 번역 불일치

한·중 관용어 대조에서 같은 뜻을 가진 한국 관용어와 중국 관용어가

번역에서 다르게 나타나는 경우도 있다.

〈표 17〉 '눈에 넣어도 아프지 않다'의 한·중 관용어 대조 양상

연구	한국 관용어	중국 관용어	뜻	분류
왕로정(2009)	눈에 넣어도 아프지 않다	眼珠子	–	이형동의
웅계지(2010)	눈에 넣어도 아프지 않다	眼珠子	–	이형동의
장영(2012)	눈에 넣어도 아프지 않다	眼珠子, 掌上明珠	–	이형동의
루린지예(2016)	눈에 넣어도 아프지 않다	含在嘴里怕化了	–	이형동의
He, Qing(2021)	눈에 넣어도 아프지 않다	含在嘴里怕化了, 捧在手里 怕摔了	매우 귀엽고 사랑스럽다	이형동의
천포웨이(2014)	눈에 넣어도 아프지 않다	含在嘴里怕化了, 放在手上怕吓著	매우 귀엽다	사랑

위 〈표 17〉을 보면 '눈에 넣어도 아프지 않다'라는 한국 관용어와 대응되는 중국 관용어에 대해서는 연구마다 차이가 있는 것을 확인할 수 있다. 과거와 현재의 대조 양상을 보면 왕로정(2009)과 웅계지(2010)에서는 '眼珠子(눈동자)'를 대응하였으나 장영(2021)에서 '眼珠子'뿐만 아니라 '掌上明珠(손 위의 유명한 진주 같다.)'라는 관용어도 같이 제시하였다. 천포웨이(2014), 루린지예(2016), He, Qing(2021)은 '含在嘴里怕化了, 捧在手心怕摔了(입에 놓아도 녹을까 봐, 손바닥에 놓아도 떨어질까 봐 매우 귀엽다)'라는 관용어를 제시하였다. 이를 통해 세월이 흐름에 따라 사람들의 자주 쓰는 관용어에도 변화가 있다는 것을 알 수 있다. 즉, 과거에는 '眼珠子'라는 중국 관용어 표현을 자주 사용했지만 최근에는 '含在嘴里怕化了, 捧在手心怕摔了'를 많이 사용한다는 것을 알 수 있다.

또한 '含在嘴里怕化了, 捧在手心怕摔了'는 천포웨이(2014), 루린지예(2016), He, Qing(2021)에서 서로 조금 다른 표현을 사용하였다. 천포웨이(2014)에서는 '含在嘴里怕化了, 放在手上怕吓著.'의 뒷부분을 '放在手上

怕吓着(손 위에 놓아도 무서워할까봐 귀엽다)'라고 표현했는데 이는 중국 관용어에서 잘 쓰이지 않는 표현이다. 반면 He, Qing(2021)에서 선정한 '含在嘴里怕化了, 捧在手里怕摔了'는 중국 사람들이 자주 쓰는 관용어라고 볼 수 있다. 게다가 루린지에(2016)에서 이 완전한 관용어의 앞부분인 '在嘴里怕化了'를 선정하는 것도 좋지만 완전한 관용어를 쓰는 것이 더 좋다고 생각한다.

〈표 18〉 '눈도 깜짝 안 하다'의 한·중 관용어 대조 양상

연구	한국 관용어	중국 관용어	뜻	분류
왕로정(2009)	눈도 깜짝 안 하다	眼也不眨一眨	-	동형동의
천포웨이(2014)	눈도 깜짝 안 하다 (眼睛眨都不眨一下→处之泰然)	-	조금도 놀라지 않고 태연하다	태연함
웅계지(2010)	눈도 깜짝 안하다	眼也不眨一眨		동형동의
He, Qing(2021)	눈도 깜짝[까딱] 안 하다	眼都不眨一下	감정의 동요 없이 태연하다	동형동의

위의 〈표 18〉에서 제시한 것처럼 '눈도 깜짝 안 하다'에 대응되는 중국 관용어는 '眼也不眨一眨', '眼睛眨都不眨一下', '眼都不眨一下' 등이 있는데 '眼也不眨一眨'는 현재에 중국 사회에서 사용 빈도가 낮고 잘 쓰이지 않는 표현이며, '眼睛眨都不眨一下'와 '眼都不眨一下'는 뜻이 같고 자주 사용하는 표현이다. 이러한 결과가 나타나는 원인은 연구자 자신의 번역 문제나 참고 자료의 선정 문제로 볼 수 있다.

〈표 19〉 '귀에 못이 박히다'의 한·중 관용어 대조 양상

연구	한국 관용어	중국 관용어	뜻	분류
장영(2012)	귀에 못이 박히다	耳朵里起茧子	같은 말을 여러 번 듣다	이형동의
공영(2011)	귀에 못이 박히다	耳朵塞鸡毛 (헐후어-装聋)	손발에 두터운 피부조직이 생긴 듯이 어떤 말을 반복적으로 계속 들으면 '귀'에도 굳은 살이 생긴다는 뜻으로 불편해서 싫증이 났음을 의미한다.	존재적 은유

〈표 19〉를 보면 '귀에 못이 박히다'는 '耳朵起茧子'와 '耳朵塞鸡毛' 두 가지로 대응되는 것을 볼 수 있다. 이 중에서 '耳朵起茧子(귀에 굳은 살이 생긴다)'는 너무 많이 들어서 싫증이 난다는 뜻이 있기 때문에 당연히 의미적으로 대응할 수 있으나 '耳朵塞鸡毛(귀에 닭털을 넣다)'는 중국의 헐후어[33]인데 뒷부분은 '装聋(귀가 안 들리는 체하다)'이다. 즉 이 헐후어의 뜻은 '어떤 사람이 귀가 안 들리는 체하는 모양'이다. 그러나 '귀에 못이 박히다'는 이와 뜻도 다른데 형태도 다르기 때문에 대조할 수 없는 관용어로 보인다. 이와 같은 결과는 연구자의 중국어에 대한 이해력에 따라 달라질 수 있다고 본다.

6. 나가는 말

최근 한·중 관용어 대조 연구가 활발히 진행되고 있다. 이에 따라 본고는 학술연구정보서비스(RISS)에서 한·중 관용어 대조 연구들을 수집하여 집중적으로 연구의 역사적 흐름과 연구 목적 양상, 연구 방법 양상, 연구 내용 양상, 연구의 쟁점까지 살펴보았다. 본고가 앞으로 한·중 관용어 대조 연구와 한국어교육에 유용한 자료가 되기를 바란다.

33 헐후어(歇后语) 1. 숙어의 일종으로 대부분이 해학적이고 형상적인 어구로 되어 있음 2. 원칙상 앞뒤 두 부분으로 나뉘어져 있는데, 앞부분은 수수께끼 문제처럼 비유하고 뒷부분은 수수께끼 답안처럼 그 비유를 설명함 3. 보통 뒷부분은 드러내지 않고 앞부분만으로 뜻을 나타내는데 앞뒤 부분 모두를 병렬할 수도 있음. 『고려대 중한사전』

참고문헌

George Lakoff and Mark Johnson(1980), Metaphors We Live By, chicago and London, The University of Chicago Press.

中国汉语大词典编辑委员会(2003),『汉语大词典』, 汉语大词典出版社.

中国科学院(2005),『现代汉语词典』, 北京: 商务印书馆.

夏征农(1989),『辞海』, 上海辞书出版社.

李茂(2004),『汉语惯用语词典』, 上海: 汉语大词典出版社.

李行健(2002),『现代汉语惯用语规范词典』, 吉林: 长春出版社.

李行健(2011),『现代汉语谚语 歇后语惯用语规范词典』, 华语教学出版社.

温政瑞(2006),『分类惯用语词典』, 上海出版社.

温政瑞(2008),『新华惯用语词典』, 北京: 商务印书馆.

温政瑞·沈慧云(2002),『通用惯用语词典』, 语文出版社.

王德春(2008),『常用惯用语词典』, 上海辞书出版社.

课程教材研究所, 中国语文课程教材研发中心(2013),『语文』, 人民教育出版社, 九年级上册.

课程教材研究所, 中国语文课程教材研发中心(2013),『语文』, 人民教育出版社, 九年级下册.

课程教材研究所, 中国语文课程教材研发中心(2013),『语文』, 人民教育出版社, 八年级上册.

课程教材研究所, 中国语文课程教材研发中心(2013),『语文』, 人民教育出版社, 八年级下册.

고려대학교민족문화연구원(2009),『고려대 한국어대사전』, 고려대학교민족문화연구원.

국립국어원(2001),『표준 한국어 사전』, 두산동아 출판사.

국어국립원(1999),『표준국어대사전』, 두산동아 출판사.

노양진, 나익주 역(2006),『삶으로서의 은유』, 박이정.

박영목 외(2013),『국어 3』, 천재교육.

박영목 외(2013),『국어 4』, 천재교육.

박영준·최경봉(2007),『관용어 사전』, 태학사.

박영준·최경봉(1996),『관용어 사전』, 태학사.

서상규(2006),『외국인을 위한 한국어 학습 사전』, 신원프라임.

서울대학교동아문화연구소(1974),『국어국문학사전』, 新丘出版社.

운평어문연구소(1991),『금성판 국어 대사전』, 금성출판사.

윤여탁 외(2013),『국어 3』, 미래엔.

윤여탁 외(2013),『국어 4』, 미래엔.

최경봉(2014), 『(의미 따라 갈래지은) 우리말 관용어 사전』, 일조각.

분석 대상 논문

가오밍(2017), 「한·중 음식 관련 관용표현 대비와 교육 방안 연구」, 건국대학교 박사학위논문.
고산(2019), 「중국인 학습자를 위한 한국어 관용어 목록 선정 및 교수·학습 모형 연구」, 인하대학교 박사학위논문.
공번뢰(2013), 「한·중 부정적 감정표현의 대조 연구」, 부산대학교 석사학위논문.
부공영(2011), 「韩国语 惯用表现을 통한 概念 隐喻 教育 方案에 관한 研究」, 중앙대학교 석사학위논문.
김영자(2002), 「중국인 한국어 학습자를 위한 속담 교육 연구」, 경희대학교 석사학위논문.
김혜원(2016), 「중·한 관용표현 대조연구」, 한국외국어대학교 석사학위논문.
까오페이(2016), 「한국어 관용 표현 교육 방안 연구」, 청주대학교 박사학위논문.
동양(2011), 「한국어와 중국어의 중의성 대비와 교육 방안 연구」, 영남대학교 석사학위논문.
란첨(2013), 「한·중 연어의 구성·의미 대조 연구」, 경희대학교 석사학위논문.
루린지예(2016), 「한·중 감정 표현 오관(五官) 관용어 의미 대조 연구」, 경희대학교 석사학위논문.
마서(2007), 「한·중 신체어 소재 관용표현 대조 연구」, 전남대학교 석사학위논문.
반향동(2014), 「중국인 학습자를 위한 한국어 속담 교육 방안 연구」, 전남대학교 석사학위논문.
서평(2021), 「'물'과 관련된 한·중 관용어의 의미 형성 연구 – 개념적 은유 및 환유 의미를 중심으로」, 공주대학교 석사학위논문.
손국령(2013), 「오관(五官)으로 표현되는 한국어와 중국어의 미움 표시 관용어 대비 연구」, 건국대학교 석사학위논문.
심혜령·심형철(2009), 「중국인 학습자를 위한 한국어 관용어 교육 방안 연구 – 중국어와의 대조 분석적 접근을 통하여」, 『중국문학』 61, 267-294쪽.
왕단나(2009), 「한·중 감정표현 관용어의 대조 연구」, 한양대학교 석사학위논문.
왕로정(2009), 「한국어와 중국어의 신체 관련 관용어 비교 연구」, 동국대학교 석사학위논문.
왕리샹(2013), 「한국어와 중국어의 '화' 관련 감정표현의 환유적 양상 대조 연구」, 영남대학교 석사학위논문.
왕방, 「신체 관련 관용 표현의 교육 방안 연구」, 계명대학교 석사학위논문.
왕부어(2019), 「한·중 사지 관련 신체 관용어 대조 연구」, 선문대학교 석사학위논문.

왕월(2011), 「중국인 학습자를 위한 한국어 감정관련 관용표현 교육방법 연구」, 한양대학교 석사학위논문.

왕자기(2020), 「한·중 감정표현 신체 관용어의 대조 연구」, 한양대학교 석사학위논문.

왕지화(2009), 「한·중 신체어 관련 관용표현 대조연구」, 강남대학교 석사학위논문.

왕춘위(2013), 「관용어를 활용한 한국어교육 방안 연구」, 청주대학교 석사학위논문.

요령운(2021), 「한국어와 중국어의 '두려움'에 대한 개념화 양상 대조 연구 – '눈'을 중심으로」, 『담화와 인지』 28(1), 담화·인지언어학회, 159–186쪽.

우몽뢰(2015), 「한·중 관용표현 대조 연구」, 한국외국어대학교 석사학위논문.

유언동(2012), 「中国人 学习者를 위한 韩国语의 饮食 惯用语 教育 方案 研究」, 중앙대학교 석사학위논문.

屈佳慧(2017), 「중국어권 학습자를 위한 관용표현 교육 방안」, 『한국어교육연구』 6, 한국어교육연구학회, 129–140쪽.

王宝霞(2011), 「한·중 이형동의(异形同义) 관용어의 의미 생성 양상 – 완전 이형동의 관용어를 대상으로」, 『한중인문학연구』 33, 한중인문학회, 281–304쪽.

웅계지(2010), 「한국어와 중국어의 신체 관련 관용어 대조연구」, 서울시립대학교 석사학위논문.

유언동(2012), 「中国人 学习者를 위한 韩国语의 饮食 惯用语 教育 方案 研究」, 중앙대학교 석사학위논문.

유진(2009), 「한국어와 중국어의 '구부(口部)' 및 '두부(头部)' 관련 관용 표현 대조연구」, 영남대학교 석사학위논문.

유춘정(2013), 「한·중 색채어 관용 표현의 대조 연구」, 동국대학교 석사학위논문.

유환환(2016), 「한·중 관용표현의 거짓친구(false Friends) 대조연구」, 대진대학교 석사학위논문.

이미숙(2017), 「중국어 특성을 고려한 한국어 관용어 지도 방안 연구」, 충북대학교 박사학위논문.

이엽(2018), 「한·중 12띠 동물의 상징의미 대조를 통한 한국어교육용 관용어 연구」, 中央大学校, 석사학위논문.

이재신(2017), 「한·중 '손(手)' 관련 관용어에 대한 개념적 은유 대조 연구」, 서울시립대학교 석사학위논문.

임자여(2013), 「한·중 음식 관련 관용어 대비 연구」, 부산대학교 석사학위논문.

장영(2012), 「중국 학습자를 위한 한국어 신체 관용 표현의 교수 방안」, 공주대학교 석사학위논문.

장정(2012), 「한국어와 중국어의 '손(手)' 및 '발(脚)' 관련 관용 표현 대조연구」, 영남대학교 석사학위논문.

전교연(2013), 「신체어와 색채어 결합 구성의 비유 의미에 대한 대조 연구」, 서강대학교 석사학위논문.
주반(2020), 「한·중 색채 관용표현의 대조 연구」, 건국대학교 석사학위논문.
쥐하오(2016), 「한국어와 중국어의 신체 관련 관용 표현에 대한 대조 연구」, 부산대학교 석사학위논문.
채소월(2022), 「한국어와 중국어의 '물' 관련 관용어 대조 연구」, 국민대학교 석사학위논문.
천포웨이(2014), 「한·중 신체 어휘 관용어 비교 연구」, 전남대학교 석사학위논문.
최빈(2018), 「한·중 신체 관련 '기쁨' 관용표현 대조 연구」, 동국대학교 석사학위논문.
취자후이(2017), 「중국어권 학습자를 위한 관용표현 교육 방안 연구」, 동신대학교 석사학위논문.
펑잉(2014), 「한국어 신체어휘 관용표현에 대한 중국어 대응표현 대조 연구」, 호남대학교 석사학위논문.
황미연(2006), 「한국어와 중국어의 관용표현 대조 연구」, 경희대학교 석사학위논문.
황진리(2019), 「한·중 기쁨 표현 신체관용어 대조 연구」, 중앙대학교 석사학위논문.
Cao, Zhenna(2021), 「한중 '물'과 '불' 관련 관용어의 은유 의미 대조 연구」, 연세대학교 석사학위논문.
CHEN, SHIHAN(2019), 「한·중 감정표현 관용어의 환유 양상 대비 연구」, 이화여자대학교 석사학위논문.
GAO YIZHUO(2022), 「한중 체내 기관 관련 관용어 의미 대조 연구」, 홍익대학교 석사학위논문.
He, Qing(2021), 「한국어교육을 위한 한중 신체어 관련 관용어 대조 연구」, 연세대학교 석사학위논문.
LI, SHASHA(2016), 「중국인 한국어 학습자를 위한 관용 표현 교육 방안 연구」, 이화여자대학교 석사학위논문.
Li, Yan(2022), 「비교문화적 관점에서 본 중국인 한국어 학습자의 관용어 이해 연구」, 이화여자대학교 박사학위논문.
MA, JUN(2013), 「한국어교육을 위한 한·중 관용표현 대조 연구」, 이화여자대학교 석사학위논문.
WANG XIAOLONG(2016), 「한·중 노여움 怒 관용어의 대조 연구」, 경희대학교 석사학위논문.
Wang, Yu Ling(2017), 「한·중 슬픔 관용어 대조 연구」, 연세대학교 석사학위논문.
Zhuang Ying-shan(2012), 「韩·中国语 感情表现 惯用语 比较研究」, 강원대학교 석사학위논문.

VIII.
한·중 어휘영역의 사회문화적 대조 연구 동향 및 쟁점

서준동(XU JUNTONG)

1. 들어가는 말

어휘영역에서의 호칭어, 색채어 등과 같은 어휘들은 글자 그대로의 의미를 표현할 뿐만 아니라 한 나라의 민족성, 시대성, 변이성 등 다양한 사회문화적 특성도 내포하고 있다. 한국과 중국은 지리적으로 인접하여 동양문화권에 속하고 예로부터 유교 문화의 영향을 받았다. 따라서 양국은 철학, 문화, 역사뿐만 아니라 일상생활에서도 다양한 문화적 유사성을 가지게 되었다. 현대에 이르러서는 양국의 정치, 경제 등의 발전에 따라 양국의 문화에도 많은 차이가 나타난다. 특히 양국 언어 중 호칭어, 색채어 등의 어휘들은 사람들의 일상생활과 밀접한 관계를 맺고 있어서 양국의 사회문화적 특징을 가장 잘 반영할 뿐만 아니라 한국어 학습자들에게도 언어 학습에 없어서는 안 될 중요한 부분이 되었다.

앞의 전체 어휘영역에서의 대조 동향 연구를 통해 어휘영역에서의 사회문화적 연구는 호칭어와 색채어에 중점을 두고 연구해 왔다는 것을 확인할 수 있었다. 따라서 본 연구는 사회문화적 연구에 입각하여 어휘영역에서 사회문화적 대조 연구의 주제로서 가장 활발하게 연구되어 온 호칭어 그리고 색채어에 관한 연구를 중심으로 기존 연구들의 연구 동향을 밝히고자 한다. 또한 기존 연구의 결과를 정리하여 한국어와 중국어 어휘의 사회문화적 특징을 살펴보고 연구 간의 쟁점도 밝히고자 한다.

2. 양적 분석 결과

본 연구에서는 우선 한국교육학술정보원에서 운영하는 학술연구정보서비스(RISS)에서 '한국어 중국어 대조', '한중 대조', '한중 호칭어', '한중 색채어'의 4가지 키워드로 검색한 후 결과로 나온 논문 중 중복된 논문, 원문이 비공개된 논문 그리고 연구 주제와 무관한 논문을 삭제하였다. 그 결과, 호칭어와 색채어에 관한 80편의 논문을 분석 대상으로 선정하였다.

1) 연도별 동향

사회문화적 어휘 대조 연구의 연도별 동향을 살펴보면 다음 〈표 1〉과 같다.

〈표 1〉 연도별 한·중 사회문화적 어휘 대조 연구 동향

연도	2004	2005	2006	2007	2008	2009	2010	2011	2012
사회문화적 연구	1	2	1	2	3	1	2	5	6
호칭어	1	2	0	1	1	1	2	2	2
색채어	0	0	1	1	2	0	0	3	4
연도	2013	2014	2015	2016	2017	2018	2019	2020	2021
사회문화적 연구	10	5	2	11	6	9	2	8	4
호칭어	3	3	0	6	4	6	0	6	3
색채어	7	2	2	5	2	3	2	2	1

한·중 어휘영역에서의 사회문화적 대조 연구는 2004년 이후 매년 관련 논문이 꾸준히 발표되고 있다. 논문의 수는 증가와 감소를 반복하지만 전

체적으로 2013년까지 증가하는 추세를 보였으며 2014년, 2015년은 연구 수가 줄어들었는데 2016년에는 다시 11편으로 증가하여 가장 많게 나타났다. 그 후 점차 감소하는 추세를 보였다. 그리고 최근 몇 년간의 추세를 살펴보면 호칭어에 대한 연구가 색채어보다 더 활발하게 진행되었다는 것을 알 수 있다.

이러한 연구 동향은 학술지와 학위논문에서 모두 나타났는데 구체적으로 살펴보면 다음 〈표 2〉와 같다.

〈표 2〉 발간 유형별 한·중 사회문화적 어휘 대조 연구

	학위논문			학술지	합계
	석사논문	박사논문	합계		
사회문화적 연구	67	5	72	8	80
호칭어	38	3	41	2	43
색채어	29	2	31	6	37

연구 대상으로 한 80편의 논문 중 호칭어에 관한 연구는 43편이고 색채어에 관한 연구는 37편이 있다. 그리고 이 중에 학술지 논문은 8편만 있었으나, 학위논문은 72편에 달했다. 따라서 어휘에 관한 사회문화적 대조 연구는 주로 학위논문 연구로 이루어진다는 것을 알 수 있다. 그리고 학위논문에는 박사논문이 5편만 있는 반면에 석사논문은 67편으로 나타났다. 박사논문에는 호칭어가 3편, 색채어가 2편이 있는데 석사논문에는 호칭어가 38편, 색채어가 29편으로 나타났다.

2) 주제별 동향

사회문화적 연구 중 호칭어와 색채어에 관한 연구들의 주제별 동향을 정리하면 다음 〈표 3〉과 같다.

〈표 3〉 주제별 한·중 사회문화적 어휘 대조 연구

	연구 주제	연구	연구 수
호칭어 (43)	사회 호칭어	설아문(2016), 김미라(2010), 원운하(2008), 상흔흔(2021), LI,YAN(2020), 허봉화(2013), 진환(2020), Wang,Pu(2021), 진금결(2017), 사준(2018), 곽단남(2017), Chi,Chenchen(2016), 천진제(2017)	13
	전체 호칭어	리우린(2014), 유예화(2004), 왕운(2013), 김란화(2013), 박소월(2018), 한청(2010), 호유선(2012), Qi Feng(2011), 고륙양(2005), HAO YAN(2014), 지즈한(2020)	11
	친족 호칭어	량쌍(2012), 장쉐(2018), 김회령(2016), 옌멍(2018), 태향화(2021), CHEN YING(2020), 저여나(2016), 장평(2016), 주홍(2005), 왕혜방(2009), 양초(2014)	11
	비친족 호칭어	양흔(2007), 수혜교(2011)	2
	의사 친족 호칭어	산영춘(2020)	1
	여성 의사 친족 호칭어	왕문림(2017)	1
	이름 호칭어	이명아(2016)	1
	20대 화자의 친족 호칭어	진가동(2018)	1
	직장 호칭어	왕신(2018)	1
	서비스 호칭어	황월홍(2020)	1
색채어 (37)	오색 계열	Chen,Siwei(2013), 김주연(2008), 金炫儿·孙东玉(2006), 동소함(2013), MA guij-uan(2011), 마친(2017), 손붕(2019), 왕루엔쥔(2013), 유초군(2012), 이한비(2012), 장걸(2016), 전민녀(2007), 정림(2011), 학지(2018), 허정정(2012)	15
	'푸르다' 계열	李善熙(2020), 오설(2020), 요함(2016), 판웨이(2015), 장소뢰(2016)	5
	'누르다' 계열	강진리(2014), 양홍예(2016), 왕단(2012)	3
	'붉다' 계열	우련의(2015), 장손(2017), 주정정(2019)	3
	'희다' 계열	이칭(2013), 손홍(2014), 정영롱(2011)	3
	신체 묘사 색채어	서우숙(2008), 김순자·송원찬(2013)	2
	'검다' 계열	원선영(2013)	1
	'희다'와 '붉다' 계열	김순진·한용수(2018)	1
	'검다/희다'와 '黑白'	왕효(2016)	1

	'하얗다, 까맣다'와 '黑白'	한소(2018)	1
	감정 관련 색채어	장이원(2013)	1
	색채 형용사	박중우(2021)	1

위와 같이 호칭어에 관한 연구에서 사회 호칭어를 연구하는 논문이 13편으로 가장 많았고 다음으로 전체 호칭어와 친족 호칭어가 11편으로 뒤를 이었다. 그 다음은 비친족 호칭어가 2편으로 나타났고 의사 친족 호칭어, 여성 의사 친족 호칭어, 이름 호칭어, 20대 화자의 친족 호칭어, 직장 호칭어, 서비스 호칭어가 각각 1편으로 나타났다.

색채어에 관한 연구에서는 전체 오색 계열에 대한 연구가 15편으로 제일 많았고 다음으로는 '푸르다' 계열에 관한 연구가 5편으로 뒤를 이었다. '누르다' 계열, '붉다' 계열, '희다' 계열에 관한 연구가 각각 3편이 있었고 신체 묘사 색채어에 관한 연구가 2편이 있었다. 마지막으로 '검다' 계열, '희다'와 '붉다' 계열, '검다/희다'와 '黑白', '하얗다, 까맣다'와 '黑白', 감정 관련 색채어, 색채 형용사에 관한 연구가 각각 1편이 있었다.

3) 연구 목적별 연구 동향

사회문화적 대조 연구들의 목적을 살펴본 결과는 다음 〈표 4〉와 같다.

〈표 4〉 연구 목적 분석

호칭어(43)	단순 대조	29
	교육 방안	11
	사회문화적 의미 연구	2
	여성의 사회 지위 밝힘	1
색채어(37)	단순 대조	23
	교육 방안	6
	문화적 상징의미 대조	4
	은유 양상 대조	3
	번역의미 구축	1

호칭어에 관한 연구에서 연구의 목적은 크게 단순 대조, 교육 방안, 사회문화적 의미 연구, 그리고 여상의 사회 지위 밝힘 세 가지로 나눌 수 있다. 이 중에 단순 대조가 29편으로 제일 많았고 다음으로 교육 방안이 11편이 있었다. 사회문화적 의미 연구를 목적으로 한 연구가 2편이 있고, 여성의 사회 지위 밝힘을 목적으로 한 연구는 단지 왕문림(2017) 1편만 있었다.

색채어에 관한 연구들의 연구 목적을 살펴보면 총 5가지로 분류할 수 있는데, 단순 대조, 교육 방안, 문화적 상징의미 대조, 은유 양상 대조, 번역의미 구축이 그것이다. 색채어에 관한 연구 역시 호칭어에 관한 연구와 마찬가지로 단순 대조가 23편으로 가장 많았고, 교육 방안을 목적으로 한 연구가 6편으로 뒤를 이었다. 그리고 문화적 상징의미 대조를 목적의 연구가 4편, 은유 양상 대조 목적의 연구가 3편, 번역의미 구축 목적의 연구가 1편으로 나타났다.

4) 연구 방법 분석

사회문화적 연구에서 사용한 연구 방법을 분석한 결과는 다음 〈표 5〉와 같다.

〈표 5〉 연구 방법 분석

	연구 방법	연구 수
호칭어	이론적 대조	16
	사전적 대조	11
	말뭉치 대조	8
	설문 조사	4
	사전적 대조 + 말뭉치 대조	2
	말뭉치 대조 + 설문 조사	1
	사전적 대조 + 설문 조사	1
색채어	사전적 대조 + 말뭉치 대조	14
	사전적 대조	12
	이론적 대조	8
	말뭉치 대조	2

사회문화적 연구에서는 주로 이론적 대조, 사전적 대조, 말뭉치 사용 그리고 설문 조사의 4가지 방법을 사용하고 있었다. 한 방법만을 사용하는 연구도 있으며 두 가지 방법을 같이 사용하는 연구도 적지 않았다.

호칭어에 관한 연구에서 빈도가 제일 높은 연구 방법은 '이론적 대조[1]'로 16편이 있다. '사전적 대조', '말뭉치 대조'도 비교적으로 많이 사용하는 방법이다. 이외에도 '설문 조사', '사전적 대조+말뭉치 대조', '말뭉치 대조+설문 조사', 그리고 '사전적 대조+설문 조사' 등 다양한 방법이 사용되었다.

색채어에 관한 연구에서는 '사전적 대조+말뭉치 대조'를 사용하는 연구가 14편으로 제일 많았고 '사전적 대조'가 12편으로 뒤를 이었다. 다음으로 '이론적 대조'가 8편, '말뭉치 대조'가 3편으로 나타났다.

이를 종합해 보면 사회문화적 어휘 대조 연구에서 '사전적 대조'와 '말뭉치 대조' 방법을 이용한 연구가 대부분을 차지하고 있음을 알 수 있다.

다음으로는 사회문화 연구에서 사용하는 사전과 말뭉치에 대해 구체적으로 살펴볼 것이다. 사회문화적 연구에서 사용하는 사전에 대한 살펴본 결과는 다음 〈표 6〉과 같다.

〈표 6〉 사회문화적 연구에서 사용된 사전

		사전 명	빈도
호칭어	사전	『국어대사전』(1991), 교육서관	1
		『국어대사전』(1961), 이희승, 민중서림	2
		『국어대사전』(2015), 이희승, 민중서림	1
		『금성판 국어대사전』(1991), 김민수·고영근·이승재·임홍빈, 금성출판사	2
		『동아새국어사전』(1997), 두산동아	2
		『동아새국어사전』(2000), 두산동아	1

1 본 연구에 말한 이론적 대조는 사전, 말뭉치 등 자료를 사용하지 않고 단지 문헌 사료를 사용하여 선행 연구나 문헌 분석의 결과를 바탕으로 양국 언어에 대한 대조 분석을 한 연구를 말하는 것이다. 그리고 본 연구에서 언급한 이론적 대조 외에 방법은 단순히 사전이나 말뭉치만 사용하는 것이 아니고 모두 이론적 연구의 결과의 기초 위에서 다른 자료를 사용하여 연구를 진행하는 방법이다.

	『동아새국어사전』(2004), 두산동아	1
	『동아새국어사전』(2011), 동아출판	1
	『사회언어학사전』(2012), 한국사회언어학회, 소통	1
	『새 국어대사전』(1991), 민중서관	1
	『새 국어대사전』(1997), 이승녕, 한국도서출판사중아회	1
	『새우리말큰사전』(1981), 신기철·신용철삼성출판사	1
	『연세 한국어 사전』(2008), 연대언어정보개발연구소, 두산동	1
	『외국인을 위한 한국어 문법』(2005), 국립국어원, 커뮤니케이션북스	1
	『우리말 분류 사전』(1992), 남영신, 한강문화사	1
	『우리말 큰사전』(1992), 한글학회, 동사	1
	『우리말 큰사전』(1992), 한글학회, 어문각	1
	『우리말 큰사전』(2012), 한글학회	1
	『우리말 큰사전 2』(1995), 한글학회	1
	『표준국어대사전』(1999), 국립국어원, 두산동아	9
	『표준국어대사전』(2008), 국립국어연구원, 두산동아	1
	『현대 중한사전』(1990), 고려대학교 민족문화연구소	2
	『현대중한사전』(2006), 박영종, 교학사	1
	『(东亚),中韩辞典』(2007), 손예철, 두산동아	1
	『北京称谓辞典』(1994), 蔡希芹, 北京语言学院出版社	1
	『称谓大辞典』(1991), 韩省之, 新世界出版社	5
	『辞海』(2009), 舒新城, 中华书局	1
	『辞海』(2009), 夏征农, 陈至立, 上海辞书出版社	1
	『辞源』(1981), 北京商务印书馆,	1
	『汉语称谓大辞典』(1988), 王火, 王雪元, 辽宁大学出版社	2
	『汉语称谓大词典』(1991), 吉常宏, 河北教育出版社	1
	『汉语大词典』(2008), 汉语大词典编纂处, 上海辞书出版社	1
	『汉语大词典』(1997), 上海汉语大词典出版社	1
	『汉语大辞典』(2012), 汉语大辞典编委会, 上海辞书出版社	1
	『民众 엣센스 国语사전제판』(1995), 민중서림	1
	『민중 엣센스 국어사전』(1991), 민중서림	1
	『同义词大辞典』(2010), 程荣, 上海辞书出版社	1
	『现代汉语大词典』(2006), 上海辞书出版社	2
	『现代汉语辞典』(2007), 黑龙江朝鲜民族出版社	1
	『现代汉语词典』(2012), 中国社会科学院语言研究所, 商务印书馆出版社	2
	『现代汉语词典』(1996), 中国社会科学院言语研究所, 商务印书馆.	1

		『现代汉语词典』(2002), 中国社会科学研究院, 商务印书馆	2
		『现代汉语词典』(2005), 中国社会科学院语言研究所词典编辑室, 商务印书馆	2
		『现代汉语词典』(2006), 中国社会科学院语言研究所词典编辑室, 商务印书馆	1
		『现代汉语词典』(2016), 中国社会科学院语言研究所词典编辑室, 商务印书馆	1
		『现代中国语字典 (1990), 中国社会科学院语言研究所辞典编辑室.	1
		『新华字典』(2011), 中国社会科学院语言研究所词典编辑室, 商务印书馆	1
		『中国古今称谓全书』(1991), 吴海林, 黑龙江教育出版社	1
		『最新韩中词典』(1988), 黑龙江出版社	3
	전자사전	네이버 국어사전 http://krdic.naver.com	1
		네이버 중국어사전 http://zhdict.naver.com	1
		네이버 지식백과, 국립특수교육원(2009), 『특수교육학 용어사전』	1
		네이버 지식백과 http://terms.naver.com/	1
		국립국어원 표준국어대사전 http://stdweb2.korean.go.kr/main.jsp	9
		한국민족문화대백과사전 https://encykorea.aks.ac.kr/	1
		한국어 위키백과 https://ko.wikipedia.org	1
		한국민족대백과사전 http://encykorea.aks.ac.kr/	1
		한국어기초사전 https://krdict.korean.go.kr/mainAction	1
		연세 현대 한국어사전 https://ilis.yonsei.ac.kr/dic/	1
		고려대 한국어사전 https://dic.daum.net/index.do?dic=kor	1
		在线新华字典 http://xh.5156.edu.com	1
		『中国称谓辞典』(1994),蔡希芹, 电子词典	1
		汉语大词典网路版2.0(2004), 上海世纪出版集团汉语大词典出版社	1
		在线汉语字 http://xh.5156edu.com/index.php 『中国血统关系称谓大全』	1
		百度百科 http://baike.baidu.com/	2
		汉字大典 在线汉语大字典 https://zd.eywedu.com,	1
색채어	사전	『(의미로 분류한), 현대 한국어 학습사전』(2000), 신형숙 외, 한국문화사	1
		『고려대 한중사전』(2009), 고려대학교 민족문화연구원	2
		『고려대한국어대사전』(2009), 고려대학교민족문화 연구원	1
		『관용어사전』(1996), 박영준·최경봉, 태학사	1
		『관용어사전』(1995), 박영준·최경봉, 태학사	1
		『교학사 중한사전』(2006), 박영종, 교학사	1
		『국어대사전』(1987), 이응백 외, 学园出版公社	1
		『국어대사전』(1982), 이희승, 민중서림	1
		『국어대사전』(1994), 이희승, 민중서림	1
		『국어어원사전』(2000), 한국어원학회, 도서출판보고사	2

	『금성판 국어대사전』(1991), 김민수·고영근·이승재·임홍빈, 금성출판사	1
	『동아새국어사전』(2010), 두산동아	1
	『동아새국어사전』(2018), 동아출판	2
	『동아중한한중사전』(2008), 손예철, 두산동아	1
	『새 국어대사전』(2010), 이승녕, 유한출판사	1
	『새우리말큰사전』(1986), 삼성출판사	1
	『색채용어사전』(2007), 박연선, 예린출판사	1
	『세계미술용어사전』(1999), 월간미술, 엮음	1
	『에듀월드 표준한한중사전』(2018), 차이나랩	1
	『역학사전』(2006), 노영준, 백산출판사	1
	『연세 한국어 사전』(2008), 연대언어정보개발연구소, 두산동아	1
	『연세 한국어 사전』(1999), 연세대학교언어정보개발연구원, 두산동아	2
	『연세 현대 한국어 사전』(2005), 연세대학교 언어정보연구원	1
	『우리말관용어사전』(2014), 일조각	1
	『중한대사전』(1995), 고대민족문화연구소	1
	『표준국어대사전』(1999), 국립국어원, 두산동아	1
	『표준국어대사전』(1999), 국립국어연구원, 두산동아	19
	『표준국어대사전』(2000), 국립국어연구원, 두산동아	1
	『한국민속의세계』(2001), 고려대학교민족문화연구원	1
	『한국고전용어사전』(2001), 한국고전용어사전 편찬위원, 세종대왕기념사업회	1
	『한국문화 상징사전』(1992), 한국문화상징사전편찬위원회, 두산동아	4
	『한국문화상징사전2』(1996), 한국문화상징사전편찬위원회, 두산동아	3
	『한국어 어원사전』(2004), 조영언, 다솜출판사	1
	『한국학사전』(2002), 황충기, 새미	1
	『한중사전』(2004), 고려대학교민족문화연구원	1
	『한중사전』(2012), 신경숙, 흑룡강조선민족출판사	1
	『우리말분류사전』(1992), 남영신, 한강문화사	1
	『고려대 중한중사전』, 다올소프트	1
	『중한사전』(2004), 고려대학교민족문화연구소, 진명출판사	1
	『중한사전』(2007), 고려대학교민족문화연구원	1
	『중한사전』(2012), 신경숙, 흑룡강조선민족출판사	1
	『현대중한사전』(2002), 고려대학교 민족문화연구소	1
	『현대중한사전』(2009), 박영종, 교학사	1
	『흑룡강 중한사전』(2012), 흑룡강, 조선민족출판사	1
	『现代汉语词典 第6版』(2012), 中国社会科学院语言研究所, 商务印书馆出版社	3

		『现代汉语词典』(2005), 商务印书馆	2
		『现代汉语词典』(1993), 中国社会科学研究院, 商务印书馆	1
		『现代汉语词典』(1996), 中国社会科学院语言研究所词典编辑室, 商务印书馆	4
		『汉语大辞典』(2005), 中国社会科学院语言研究所字典编辑室, 商务印书馆	2
		『汉语大辞典』(2003), 汉语大辞典编委会, 汉语大词典出版社	2
		『色彩描写词典』(1988), 章银泉, 宁夏人民出版社	1
		『新华字典』(1953), 中国社会科学院, 商务印书馆	1
		『新华字典』(2011), 中国社会科学院语言研究所词典编辑室, 商务印书馆	4
		『新华字典』(2001), 中国社会科学院语言研究所词典编辑室, 商务印书馆	1
		『新华字典』(2004), 中国社会科学院语言研究所词典编辑室, 商务印书馆	3
		『新华汉语词典』(2014),商务印书馆国际有限公司	1
		『成语词典』(2013), 武汉大学出版社.	1
		『实用中国语惯用语辞典』(1998), 박성주·우인호 외, 한국방송대학교출판부	1
		『汉语惯用语新解』(1995), 周培兴, 青岛海洋大学出版社	1
		『现代汉语词海』(2002), 刘振铎, 延边教育出版社	3
		『现代汉语词典』(1960), 斗山东亚	1
		『惯用语10000条』(2011), 上海辞书出版社	1
		『中国成语辞海』(2003), 新华出版社	1
		『现代汉语词典』(1993), 吕湘淑, 中国社会科学院语言研究所词典编辑室	1
		『古汉语大辞典』(2014), 翰林辞书编写组, 江西教育出版社	1
		『汉语成语大辞典』(2010), 王君校, 华语教学出版社	1
		『现代汉语多义词词典』(2002), 袁晖, 书海出版社	1
		『汉语成语大辞典』(2007), 张晓敏, 上海辞书出版社	1
		『语言学百科辞典』(1993), 戚雨村, 上海辞书出版社	1
		『엣센스中国语辞典【특정판】(2001), 民众书林, 민중서림	1
		『엣센스 实用 中韩辞典』(2007), 民众书林	1
		『汉语知识词典』(1996), 董绍克·阎俊杰, 北京警官教育出版社	1
		『汉语大字典』(1990),汉语大字典编辑委员会, 四川辞书出版社	1
		『汉语大词典』(2003), 汉语大词典编委会, 汉语大词典出版社	1
		『汉语大词典』(2011), 汉语大词典编辑委员会, 汉语大词典编纂处, 汉语大辞典出版社	1
		『进明 中韩辞典』(1997), 강식진·남덕현·이상도·장호득, 진명출판사	3
		『中韩辞典』(2003), 高大民族文化研究所, 中国语大辞典编纂室, 高丽大学, 民族文化研究所	1
		『现代汉语辞典』(1985), 符淮青, 北京大学出版社	1
		『中韩字典』(2002), 강식진, 진명출판사	1

	『中国成语辞海』(2003), 刘家丰, 新华出版社	1
	『中国成语大辞典』(1995), 王涛, 袁智富, 常晓帆等, 上海辞书出版社	1
	『语言与语言学词典』(2000), 外语教学与研究出版社	1
	『语言学词典』(2003), 商务印书馆	1
	『汉语惯用语大辞典』(1995), 高歌东, 张志清, 天津教育出版社	1
	『简明汉语俗词典』(1993), 许少峰, 海潮出版社	1
	『成语熟语名句』(2000), 张成民, 济南出版社	1
	『 汉语惯用语词典』(1990), 周宏溟, 商务印书馆	1
	『(东亚),中韩辞典』(2007), 손예철, 두산동아	1
전자사전	네이버 국어사전 http://krdic.naver.com	4
	네이버 중국어사전 http://zhdict.naver.com	2
	네이버 어휘사전 http://dic.naver.com/	1
	네이버 지식백과 http://terms.naver.com/	1
	국립국어원 표준국어대사전 http://stdweb2. korean.go.kr/main.jsp	3
	다음 사전 http://dic.daum.net/	1
	통합사전검색기 Syndictionary	1
	中华在线辞典 http://www.ourdict.cn/	1
	汉典在线 http://www.zdic.net/c/b/111/298836.htm	1
	在线新华字典 http://xh.5156.edu.com	1
	百度字典 https://ml.mbd.baidu.com	1
	百度汉语辞典 http://dict.baidu.com	1

호칭어에 관한 연구에서 사용 빈도가 가장 높은 한국어 사전은 국립국어원(1999)의 『표준국어대사전』이다. 이외에 『우리말 큰사전』, 『동아새국어사전』 그리고 『국어대사전』도 비교적 많이 사용하고 있다. 중국어 사전은 『现代汉语词典』을 가장 많이 사용한다. 그리고 韩省之(1991)의 『称谓大辞典』과 王火, 王雪元(1988)의 『汉语称谓大辞典』 등과 같이 호칭어 전문 사전을 사용하는 연구도 적지 않다.

색채어에 관한 연구에서 제일 많이 나타난 한국어 사전도 국립국어원(1999)의 『표준국어대사전』이다. 비교적 많이 사용하는 사전은 『국어대사전』, 『동아새국어사전』, 『연세 한국어 사전』 등이 있다. 색채어에 관한 연구는 어원 연구, 문화적 상징의미 연구가 주된 내용이며, 따라서 한국어원학회(2000)의 『국어어원사전』이 빈도 높게 나타났고 색채어의 어원 연구에 많이 사용되었다. 그리고 한국문화상징사전편찬위원회(1992)의 『한국문화상징사전』과 한국문화상징사전편찬위원회(1996)의 『한국문화 상징사전 2』은 색채어의 문화적 상징의미 연구에서 많이 활용하고 있다.

다음으로 사회문화적 어휘 대조 연구에서 말뭉치의 사용현황을 살펴볼 것이다.

〈표 7〉 사회문화적 어휘 대조 연구에서 사용된 말뭉치

	유형	말뭉치 명칭
호칭어	말뭉치 자료	〈꼬꼬마세종말뭉치활용시스템〉 http://kkma.snu.ac.kr/
		세종21 말뭉치 프로그램
		CCL语料库检索系统网络版 (Center for Chinese Linguistics PKU)
		국립국어원, 언어정보나눔터 https://ithub.korean.go.kr/user/main.do
		语料库在线http://corpus.zhonghuayuwen.org/
		汉字全息资源应用系统https://qxk.bnu.edu.cn
	동영상/드라마 자료	HAO YAN(2014) SBS〈신사의 품격〉 北京紫禁城影业有限责任公司〈李春天的春天〉
		사준(2018) 〈김과장〉 〈두 번째 스무 살〉 〈人民的名义〉 〈致我们单纯的小美好〉
		Wang, Pu(2021) 〈미생〉 〈상하이 여자 도감〉
		장평(2016) KBS〈왕가네 식구들〉 MBC 〈전설의 마녀〉 爱奇艺 〈二胎时代〉 芒果TV 〈因为爱情有幸福〉
		저여나(2016) 〈무자식상팔자〉

색채어	말뭉치 자료	국립국어원, 〈21세기 세종계획 말뭉치〉
		국립국어원 언어정보 나눔터, www.ithub.korean.go.kr
		꼬꼬마 세종 말뭉치 활용 시스템, http://kkma.snu.ac.kr
		北京大学中国语言学研究中心, CCL말뭉치

색채어에 관한 연구에서는 주로 국립국어원의 〈21세기 세종계획 말뭉치〉, 국립국어원 언어정보 나눔터의 말뭉치 자료를 활용하여 한국어 색채어를 연구하고 있었다. 꼬꼬마 세종 말뭉치 활용 시스템을 사용하는 연구는 학지(2018)만 있었다. 그리고 중국어 색채어를 분석할 때는 주로 北京大学中国语言学研究中心의 CCL말뭉치를 활용하고 있는 것으로 나타났다.

색채어와 달리 호칭어에 관한 연구에서는 다양한 말뭉치 시스템을 사용할 뿐만 아니라 동영상이나 드라마 자료도 많이 활용하는 것으로 나타났다. 이는 동영상이나 드라마 자료들은 일상생활 중의 대화와 비슷하여 더 쉽게 양국의 호칭어가 가진 특징이나 문화를 찾아낼 수 있기 때문일 것이다.

3. 호칭어에 관한 연구

1) 호칭어에 대한 사회문화적 대조 연구 결과

한·중 호칭어에 관한 연구는 태향화(2021), 김미라(2010) 등과 같이 양국 언어의 어휘적 특성의 측면에서 차이점과 공통점을 밝히는 데에 초점을 둔 연구가 많이 나타났다. 유예화(2004), 고륙양(2005), 이명아(2016) 등과 같이 양국 언어의 어휘적 차이점과 공통점을 파악할 뿐만 아니라 사회문화적 관점에서 호칭어의 특징을 규명하는 연구도 있었다. 이러한 연구들의 결과를 종합하여 본 한국어와 중국어의 호칭어의 사회문화적 특징은 다음과 같다.

첫째, 두 언어 모두 남녀의 성별 구별이 뚜렷하다. 한국어와 중국어의 친족호칭어에서 모두 성별에 따라 다른 호칭어를 사용한다. 예를 들면 형제자매 사이에 호칭어를 사용할 때 상대방의 성별에 따라 사용할 호칭어도 다르다는 것이다. 그런데 형제자매 사이의 호칭어를 사용할 때, 중국어는 화자의 성별과 상관없이 청자의 성별만을 고려하는 반면에 한국어는 화자와 청자의 성별을 모두 고려해야 한다. 예를 들면, 한국어에서 남성들이 자기보다 나이가 큰 남성 대상을 '형'이라고 부르는데 여성들은 '오빠'라고 부른다. 따라서 한국어와 중국어에 모두 친족호칭어의 남녀차별 현상이 존재하지만 중국어보다 한국어에서 더 심하다고 말할 수 있다(옌멍, 2018).

둘째, 두 언어 모두 항렬과 나이를 강조하고 장유유서 관념을 중요시한다. 예를 들면, 아버지의 남자 형제를 호칭할 때 아버지보다 나이가 많으면 '큰아버지/大爷'를 사용하고 나이가 어리면 '작은아버지/叔叔'를 사용하는 것이다.

셋째, 두 언어 모두 남존여비(男尊女卑) 사상이 존재한다. 예를 들면, 한·중 친족호칭어에서 모계호칭어와 부계호칭어가 다 존재한데 양국의 모계호칭어를 사용할 때 모두 친족호칭어의 앞에 '외/外'를 붙여 부계호칭어와 구분하여 사용한다(호유선, 2012; 박소월, 2018; 진가동, 2018 등). 이러한 점에서 한·중 양국 모두 부계를 중시하는 남존여비(男尊女卑) 사상을 보일 수 있다. 이는 뿌리 같은 전통 유교 사상의 깊은 영향을 받기 때문이다. 또한 한·중 양국의 역사적인 경제체계의 유사성도 원인이 된다(고륙양, 2005). 그리고 한국어에서 부모님의 형제자매를 부를 때 만약 아버지의 형제는 여러 명일 경우에는 '첫째 큰아버지, 둘째 큰아버지, 첫째 작은아버지, 둘째 작은아버지' 등으로 아버지와의 나이 순서대로 부르는 반면에 아버지의 여자 형제는 여러 명일 경우 아버지와의 순위, 순아래, 관계를 따지지 않고 모두 '고모'라고 부르기도 한다는 것, 또는 한국에서 남편이 처가 친척을 호칭할 때 자기 친척보다 더 높임형을 쓰지만 아내가 남편의 친척에게 쓰는 높임형보다 못하다는 것들은 모두 남존여비(男尊女卑)의 사상을 드러냈다.

넷째, 양국의 모계호칭어와 부계호칭어로 사용하는 호칭어가 다르다는 점에서도 내외유별(内外有别)이라는 문화적 특징을 볼 수 있다(왕혜방, 2009).

이는 과거의 봉건 권위주의 관념이 양국의 문화에서 많이 쇠퇴하였지만 아직 남아있는 것도 있다는 것을 알 수 있다. 그리고 중국어에서는 남편과 아내가 모두 직계호칭어를 그대로 사용하는 반면에 한국어에서는 서로 다른 호칭어를 사용한다는 점에서 보면 남존여비(男尊女卑)와 내외유별(內外有別) 사상은 양국에 모두 있는데 한국어에 더 심하게 나타난다는 것을 알 수 있다.

다섯째, 중국어의 호칭어에서는 종족(宗族)관념이 더 뚜렷하게 나타난다. 종족관념의 가장 대표적인 것은 성씨(姓氏)이다(유예화, 2004). 고대 봉건 사회의 종법(宗法)제도는 종족 내부의 질서를 명확하게 규정하여 사람들이 그 질서를 지키면서 자기의 위치에 따라 관리와 의무를 행하게 했다(고선, 2013). 이러한 관념은 양국에 모두 깊은 영향을 끼쳤다. 시대의 변천에 따라 종족관념은 약화되었지만 양국의 호칭어에서, 특히 중국어에서 남은 부분이 많다. 예를 들면 '叔叔', '姑姑' 등은 분명하게 아버지의 형제자매를 호칭하거나 지칭할 때 사용하는 것이고 '舅舅', '姨妈' 등은 분명하게 어머니의 형제자매를 호칭하거나 지칭할 때 사용하는 것이다. 그리고 '叔叔', '姑姑'의 자녀에게 쓰이는 호칭어 모두 앞에 '堂'을 붙여 '堂哥', '堂姐'를 사용하고 '舅舅', '姨妈'의 자녀에게 모두 '表'를 붙여 '表哥', '表姐'와 같이 사용한다.

여섯째, 한국어에서는 결혼 여부를 더 중시한다. 예를 들면, 한국어에서는 아버지의 손아래 남자형제에 대해 결혼하지 않았으면 '삼촌'이라고 하고, 결혼했으면 '작은아버지'라고 한다. 결혼한 후에 자기 배우자의 아버지와 어머니에게 '아버님', '어머님'을 사용하여 호칭하거나 지칭한다. 그리고 결혼한 후 'OO아빠', 'OO엄마'와 같은 호칭은 한국에서 더 많이 볼 수 있다.

일곱째, 한국어의 경어법이 더 발달하여 중국어 경어법은 비교적 단순해 보인다. 이러한 상황이 나타난 원인에 대해 왕혜방(2009)에서는 한국의 친척호칭어는 중국보다 더 장유유서를 강조하기 때문이라고 설명하였다. 예를 들면, 큰형은 거의 아빠 나이와 비슷한 경우에는 형을 어려워서 가끔

'형님'으로 경어법을 사용하여 부르기도 한다. 그리고 한국어에서 배우자의 친척을 부를 때 경어법을 많이 사용한다. 중국어는 그렇지 않는다. 또한 한국에서는 상황에 따라 등급이 다른 높임형을 쓴다. 친족호칭어에 경어법이 쓰일 뿐만 아니라 사회호칭어에서도 빈번하게 사용된다. 예를 들면, 옷가게에서 점원이 고객에게 '어머님'이라고 부르기도 한다. 그런데 왕운(2013)에서는 중국어에 한국어 사회호칭어의 높임형에 속한 '님', '씨' 등과 같은 성분이 없다는 것을 제시하였고 진금결(2017)에서는 중국인은 일상생활에서 주로 '小、大、老' 등과 같은 연령적 차이를 나타내는 요소를 친족호칭어 앞에 붙어 한국어의 '님'과 같은 성분을 대신 사용한다고 주장하였다. 예를 들면, '大哥', '大叔' 등과 같은 것이다.[2]

여덟째, 중국어에서 2인칭 대명사 호칭어는 한국어보다 발달되지 않았다. 이는 한국어에서 2인칭 대명사는 지칭어로 많이 사용하는 반면 호칭어로는 사용하지 않기 때문이다(리우린, 2014).

아홉째, Qi Feng(2011)에서는 중국어의 직함 호칭어가 한국어보다 더 세분된다는 것을 밝혔는데, 중국어에서는 직함 호칭어가 직무, 직칭, 직업으로 나뉘는데 반해 한국어에서는 이 세 가지 분류를 모두 직함으로 통칭하고 있다고 해석하였다. 호유선(2012)에서는 한국어는 접미사 '-님'을 붙여 직함 호칭어로 사용하지만 중국어는 '-님'과 같은 성분이 없기 때문에 직함만으로 직함 호칭어를 사용할 수밖에 없다고 설명하고 있었다.

마지막으로 두 언어 모두 매개 호칭어를 사용하는데 중국어의 매개 호칭어는 더 복잡하다. 한국어와 중국어에서 매개 호칭어가 형성된 원인은 두 가지가 있는데 하나는 호칭 대상과의 감정적 요인이고 다른 하나는 봉건 종족 관념의 영향 때문이다.

---

2 중국어에서 친척이 아닌 사람에게 사용하는 의사 친족호칭어는 방계 친척 호칭들을 많이 사용하고, 한국어에서는 직계 친족호칭어들을 많이 사용한다는 특징이 있다(왕혜방, 2009).

2) 호칭어에 관한 연구의 쟁점 : 한·중 호칭어의 하위분류

기존 연구에서 호칭어에 대한 분류는 크게 친족호칭어와 사회호칭어로 나뉘는데, 어떤 연구에서는 친족호칭어를 친족계열호칭어로 부르고 사회호칭어는 비친족호칭어, 비친족계열호칭어라고 하기도 한다(양혼, 2007; 호유선, 2012). 그리고 통신 기술의 발전에 따라 인터넷 언어의 중요성도 높아지기 때문에 김란화(2013), Qi Feng(2011), 황월홍(2020), 산영춘(2020) 등은 인터넷에서 사용하는 '인터넷 호칭어'도 따로 분류해야 한다고 주장하여 '인터넷 호칭어'도 호칭어의 하위범주 중의 하나로 보았다. 각 범위에 따라 호칭어의 하위분류에 대한 대표적인 학자들의 견해를 정리하면 다음 〈표 8〉과 같다.

〈표 8〉 한·중 호칭어의 하위분류

		고륙양 (2005)		김란화 (2013)		Qi Feng (2011)		왕운 (2013)		박소월 (2018)	
		한	중	한	중	한	중	한	중	한	중
친족 호칭어	부계 친족호칭어	○	○								
	모계 친족호칭어	○	○								
	부부계 친족호칭어	○	○	○	○	○	○	○	○	○	○
	부모와 자녀 사이의 호칭어			○	○	○	○	○	○	○	○
	형제자매에 대한 호칭어			○	○	○	○	○	○	○	○
	형제자매의 배우자에 대한 호칭어			○	○	○	○	○			
	숙질 사이의 호칭어			○	○	○	○	○	○	○	○
	시부모와 며느리 사이의 호칭어			○	○	○	○			○	○
	처부모와 사위 사이의 호칭어			○	○	○	○			○	○
	남편의 형제자매와 그 배우자에 대한 호칭어			○	○	○	○			○	

	아내의 형제자매와 그 배우자에 대한 호칭어			○	○	○	○			○	
	사돈 사이의 호칭어			○	○	○	○			○	○
	매개친족호칭어					○					
	기타 호칭어							○	○		
사회 호칭어	이름형 호칭어	○	○	○	○	○	○	○	○	○	○
	직함/직업형 호칭어	○	○	○	○	○	○	○	○	○	○
	2인칭 대명사 호칭어	○		○		○		○		○	○
	대명사 호칭어				○		○		○		
	통칭형 호칭어	○	○	○		○	○			○	○
	대체형 호칭어	○	○	○	○	○				○	○
	'씨'와 '님'사용			○							
	'양'과 '군'사용			○							
	별명			○							
	외래어 호칭어				○	○					○
	영(0)형 호칭어					○					
	기타 호칭어	○				○					
인터넷 호칭어	높임 호칭어 '-님' '-분' '-씨'			○		○					
	음운 쓰임			○	○						
	'-홍'을 가지는 호칭어						○				
	성명청호						○				
	직칭, 직무 칭호						○				
	인칭대사칭호						○				
	해음을 통한 호칭어				○						
	어휘변이 혹은 변형된 형태의 호칭어				○						

기존 연구에서 친족호칭어는 연구자들 간에도 차이가 존재하지만 크게 두 가지 방법으로 나눌 수 있다. 첫 번째는, 고륙양(2005)과 같이 친족호칭어를 부계호칭어(父系呼称语), 모계호칭어(母系呼称语), 부부계호칭어(夫妇系呼称语)로 분류하는 것이고 두 번째는, 김란화(2013)와 같이 부부계 친족

호칭어, 부모와 자녀 사이의 호칭어, 형제자매에 대한 호칭어, 형제자매의 배우자에 대한 호칭어, 숙질 사이의 호칭어, 시부모와 며느리 사이의 호칭어, 처부모와 사위 사이의 호칭어, 남편의 형제자매와 그 배우자에 대한 호칭어, 아내의 형제자매와 그 배우자에 대한 호칭어, 사돈 사이의 호칭어 등으로 나누는 것이다.

한편, 친족호칭어는 비교적 체계적으로 분류되는 데 반해 사회호칭어는 그렇지 못하다(Chi, Chenchen, 2016). 위의 〈표 8〉에 제시된 것과 같이, 대부분 연구자들이 사회호칭어에 이름형 호칭어, 직함/직업형 호칭어, 2인칭 대명사 호칭어, 통칭적 호칭어, 대체형 호칭어를 포함하는 것에 동의한다. 이외에 김란화(2013)는 접미사 '씨'와 '님'을 사용하는 호칭어, '양'과 '군'을 사용하는 호칭어, 별명도 사회호칭어에 포함된다고 하였고 Qi Feng(2011)은 외래어 호칭어와 영(0)형 호칭어도 있다고 주장하고 있다.

인터넷 호칭어는 네트워크 기술의 발전과 함께 2000년 이후에 등장한 비교적 새로운 개념이다. 기존 연구에서 인터넷 호칭어의 하위분류에 관한 의견은 아직 체계적으로 이루지 않았다. 김란화(2013)는 한국어 인터넷 호칭어로는 접미사 '-님', '-분', '-씨'를 사용하여 만든 높임 호칭어와 '음운 쓰임' 호칭어가 있으며, 중국어 인터넷 호칭어로는 '해음을 통한 호칭어'와 '어휘 변이 혹은 변형된 형태의 호칭어'가 있다고 주장하였다. 이에 반해 Qi Feng(2011)에서는 한국어 인터넷 호칭어에는 '-님'을 가지는 인터넷 호칭어와 '-횽'을 가지는 호칭어가 포함되고, 중국어 인터넷 호칭어에는 '성명칭호', '직칭, 직무 칭호' 그리고 '인칭대사칭호'가 있다고 주장하였다.

위의 연구들로 볼 때 호칭어의 하위분류에 대해서 학계에서 합의된 의견이 없다는 것을 알 수 있다. 그리고 이외에도 몇 가지 문제가 존재한다.

첫째, 같은 유형의 호칭어를 가리키는 용어가 일치하지 않고 다양하게 나타나고 있다. 예를 들어, 부부계 친족호칭어의 경우 김란화(2013)에서는 부부 호칭어, Qi Feng(2011)에서는 부처 사이의 호칭어, 왕운(2013)에서는 부자 관계 호칭어라는 용어를 사용한다.

둘째, 기존 연구에서 친족호칭어와 사회호칭어를 분류할 때 많은 하위분류를 누락한 경우도 많았다.

셋째, 중국어에서 2인칭 대명사를 호칭어라고 하는 것과 관련된 용어의 사용 문제이다. Qi Feng(2011), 김란화(2013)와 같은 연구에서는 한국어의 2인칭 대명사를 호칭어로 사용하는 것을 '2인칭 대명사호칭어'로 부르는데 중국어의 경우는 '2인칭'을 빼고 '대명사호칭어'로 부른다. 중국어에서 주로 2인칭 대명사를 호칭어로 사용한다는 점에서 박소월(2018)의 의견, 즉 중국어에서도 '2인칭 대명사호칭어'로 사용한다는 의견에 동의한다.

3) 호칭어에 관한 연구의 쟁점 : 친족호칭어의 확대 사용을 가리키는 용어, 확대된 친족호칭어의 성격

한국에서는 친족이 아닌 대상에게 친족호칭어를 사용하기도 한다. '할머니', '이모' 등과 같은 친족호칭어들을 확장해서 비친족 대상에게도 사용할 수 있다. 그런데 중국어에는 비슷한 상황도 있지만 한국 친족호칭어의 확대 범위보다 한정적이다. 중국어에서는 모르는 사람, 이웃이나 친구 사이에서 비공식적인 상황에 상대방에게 겸허와 공경 또는 친근감을 표현하기 위해 친족호칭어를 사용하기도 한다. 한국어와 중국어의 친족호칭어의 확대 사용은 모두 가부장적 권위의 쇠퇴와 함께 일상생활에서 일반적으로 쓰이게 된 것으로, 대화 상대방에게 심리적, 감정적 거리를 좁혀 밀접한 관계를 갖게 하는 것이다.

그런데 이러한 친족호칭어의 확대 사용에 대해 연구자에 따라 사용하는 용어가 다르다. 고륙양(2005)은 친족호칭어의 확대 사용을 '친족 호칭어 범화'라고 정의하였고 원운하(2008)는 '친족 호칭어 범화형 호칭어'라고 불렀으며 박영순(2001)은 '친척 호칭어의 은유적 용법'이라고 하였다. 그리고 진환(2019)과 Wang, Pu(2021)는 '통칭형 호칭어'로 분류하여 '일반화된 친족호칭어'라는 용어를 사용하였다. 진금결(2017)은 '의친족 호칭어'라고 하였고, 김회령(2016)은 이승재(1999)를 따라 '친족어 대용형'이라는 용어를 사용하였다.

그리고 범화된 친족호칭어의 성격에 대한 의견도 연구자들 간에 차이가 나타났다. 김회령(2016), 왕운(2013) 등의 연구에서는 이러한 호칭어를 친족호칭어의 확대 사용으로 보고 친족호칭어에 포함시켰는데 진환(2020)과 Wang, Pu(2021)는 사회호칭어를 대상으로 한 연구에서 범화된 친족호칭어는 친족이 아니라 불특정한 비친족 대상에게 두루 쓰이는 호칭어이기 때문에 이들을 사회호칭어의 통칭형 호칭어로 분류하였다. 따라서 범화된 친족호칭어가 친족호칭어에 속하는가? 사회호칭어에 속하는가? 라는 문제에 대해 아직 쟁점이 있다는 것을 알 수 있다.

4) 호칭어에 관한 연구의 쟁점 : 통칭형 호칭어와 대체형 호칭어

사준(2018), Chi, Chenchen(2016) 등의 연구에서 통칭형 호칭어는 청자에게 특별히 적용되는 형태가 아니라 불특정한 대상에게 두루 사용되는 호칭어라고 정의하였다. 또한 낯선 사람에게 도움을 요청하거나 말을 걸 때, 상대방의 신분, 나이 등을 모르고 적절한 호칭어를 찾기 어려울 때 상대방의 주의를 끌기 위해 쓰이는 호칭어를 대체형 호칭어로 정의하였다. 진환(2020)에서는 통칭형 호칭어를 일반화된 직함 호칭어, 일반화된 친족호칭어 그리고 외관 지시적 호칭어로 나눴는데 '저기요', '여기요', '있잖아요', '죄송합니다', '실례합니다' 등과 같은 호칭어를 대체형 호칭어로 분류하였다. 그런데 김미라(2010)는 통칭형 호칭어와 대체형 호칭어는 모두 일반화되어 있는 호칭어 또는 이름이나 직함을 알 수 있는 정도의 호칭어라고 정의하였고 통칭형 호칭어와 대체형 호칭어를 합쳐서 '통칭/대체형 호칭어'라고 하였다. 그리고 한국어의 '통칭/대체형 호칭어'를 다시 일반화되어 있는 호칭어 그리고 외관상 보이는 나이에 근거한 호칭어로 나누었다. 그리고 중국어 '통칭/대체형 호칭어'로는 '同志', '师傅', '先生', '小姐' 등이 있을 뿐만 아니라 화자와 청자 간의 관계가 모호할 때 사용하는 '喂', '对不起', '请问' 등도 있다고 하였다.

그리고 통칭형 호칭어의 하위분류는 앞에 언급한 것과 같이 진환(2020)에서 통칭형 호칭어를 일반화된 직함 호칭어, 일반화된 친족호칭어 그리고 외관 지시적 호칭어로 나누었는데 진금결(2017)은 통칭형 호칭어를 의사친족 호칭어로 간주하고 일반화된 친족호칭어만으로 여겼다. 이에 따라 통칭어의 하위분류에 대해서도 연구자들 간의 의견이 차이가 있다는 것을 알 수 있다.

한·중 대체형 호칭어에 관한 연구를 보면, 리우린(2014)에서는 중국어에 한국어 '저기요', '여기요', '이봐요' 등과 같은 감탄사호칭어가 없다고 주장한 반면에, 호유선(2012)에서는 한국어의 '여보세요', '이봐요', '여봐요', '여기요' 등과 대응되는 중국어로 '请问'이 있다고 하였다. 또한 '있잖아', '있잖아요', '저기요' 등과 대응되는 중국어 호칭어는 없다고 주장하는 연구도 있다.

4. 색채어에 관한 연구

1) 색채어에 대한 사회문화적 대조 연구의 결과

색채란 빛이 물체의 표면에 닿은 후 물체 표면에서 반사된 빛이 사람의 눈에 포착되고 뇌에서 빛의 파장에 따라 처리하여 생성된 시신경 감각이다. 이러한 시신경 감각을 언어로 기호화된 것이 바로 색체어이다(장손, 2017; Chen,Siwei, 2013; 손붕, 2019). 중국어에는 색채어에 대응되는 용어로 '色彩词', '颜色词'가 있는데, 대부분 연구에서는 '色彩词(색채어)'로 용어를 통일하여 사용하고 있다(장손, 2017; Chen,Siwei, 2013). 사람들이 색채를 지각하는 것은 실제로 자연현상을 보는 것과 관련이 있으며 심리적 감각, 생활 경험 그리고 각 민족이나 나라의 문화, 역사, 가치관 등도 밀접한 관련이 있다. 이에 따라 색채어의 의미는 색깔을 지칭하는 것뿐만 아니라 색채에 대한 심리적 작용과 색채 자체가 가진 문화적 상징의 의미도 갖게 된다. 이러한 색채어는 한 나라의 문화, 역사, 가치관 그리고 시대 변천 등 한 나라의 문화적 특징을 반영하는 가장 감성적인 문화요소가 된다. 따라서 한국어교육에서 학습자에게 색채어를 교수하는 것은 학습자들이 한국 문화를 이해하는 데에 도움이 될 뿐만 아니라 발화자의 의도와 심층적인 의미까지 이해하고 원활한 의사소통을 이루는 데도 도움이 될 수 있다(강진리, 2014; Chen, Siwei, 2013 등). 이러한 점에서 출발하여 많은 연구자들이 한·중 색채어 대조 연구를 진행하였다.

사회문화적인 관점에서 기존 한·중 색채어 대조 연구의 결과를 살펴보면 각 색채가 한국어와 중국어에서 가지고 있는 사회문화적 특성은 다음과 같이 정리된다.

검은색은 지금의 양국의 패션, 생활 문화에서 모두 '세련되고 고급스러움'의 이미지를 가지고 있는데 양국의 전통적인 인식에서는 어둠과 관련된 부정적인 의미가 더 많다. 우선 양국에서 '손, 돈, 사람, 마음' 등의 명사와 함께 사용할 때는 '黑心/흑심'과 같이 '음흉함, 악독함'을 상징한다. 그리고 '黑云/검은 그늘'과 같이 '불길'이라는 의미를 상징하기도 한다. 또한 '잘못, 틀린 것, 불법, 부정, 범죄 조직' 등과 같은 부정적인 의미도 상징할 수 있다. 예를 들면, '흑백이 분명하다/黑白分明', '블랙마켓/黑市', '흑막/黑幕' 등이다. 이와 같은 부정적 의미는 양국 전통문화 중의 태양 숭배에 의해 나타난 것이다. 해가 있는 낮은 '선의, 무죄' 등을 상징하고 해가 지는 밤에는 죄악이 가득하다고 생각하였기 때문이다(김주연, 2008). 검은색의 긍정적인 의미는 양국에서 '黑压压的群众/새까맣게 모인 군중'과 같은 '많음'을 상징하는 것이다. 그리고 중국의 희극에서 '포증(包拯)' 등과 같은 공정한 역할의 얼굴을 검은색으로 분장하여 '공정함'을 상징하기도 한다.

흰색은 한국어에서는 상서롭고 고귀하여 신성한 색깔로 사용하고 한민족을 상징하는 색이다. 태양을 숭배했기 때문에 태양을 '흰색'으로 보았다. 따라서 흰색이 '낮'을 상징한다. 논, 구름과 같은 색깔이기 때문에 '깨끗함, 순결' 등으로 상징되고 한국 문화에서 '흰옷, 흰달, 백일, 백지' 등을 많이 사용하며 한민족 겨레의 충절을 표현하기도 한다(김순진·한용수, 2018). 그리고 양국의 전통문화에서 모두 흰색 동물을 상서로운 동물로 여긴다. '흰색 사슴'처럼 '흰색'이 양국에 모두 '상서로움'이라는 의미를 가진다(김주연, 2008). '흰색'이 무채색이라서 양국에서 모두 '아무것도 없다, 비다' 등의 의미를 가지게 되어 '헛되다, 터무니없다' 등과 같은 확장 의미도 생겼다. 흰색은 '음양오행설' 가운데 서쪽의 색이며, 서쪽은 '음'에 속한다. 따라서 한·중 양국에서 흰색은 모두 '장례, 죽음' 등으로 상징되기도 한다(조환의, 2005). 앞서 말한 것과 같이 '검은색'이 한·중 양국에서 모두 '잘못, 틀린 것'으로 상징되는 것과 대조적으로 '흰색'은 '정확하고 분명한 것, 사리에 맞고 바름, 옳음' 등으로 상징된다. 그리고 양국의 '흰색'은 모두 흰 눈으로 보는 동작에 의해 '경시'의 의미로도 확장하였다. 양국의 사회문화와 역사적인 차이에 의해 중국어에서 흰색은 '무료, 공짜, 간사, 사악, 음흉, 중국 국민당, 반동적임' 등을 상징할 수 있고, 한국어의 흰색은 '선의, 최고, 아름다움, 고춧가루를 쓰지 않거나 적게 쓰는 경우' 등을 상징한다.

붉은색은 중국 민족 문화를 상징하는 색이다. 이는 고대 중국에서는 태양과 불을 숭배하였기 때문에 태양과 불이 가지는 '광명', '따스함' 등의 특징에서 확장되어 생산된 의미이다. 흥미로운 것은 중국 한족은 한국 한민족과 같이 모두 태양을 숭배했는데 한국 한민족은 태양을 '흰색'으로 본 것과 달리 중국 한족은 태양을 '붉은색'으로 보았다는 것이다(김순진·한용수, 2018). 따라서 붉은색은 중국어에서 '성공, 인기, 순리, 열렬함, 번창, 활기 넘침, 행운, 경사' 등의 긍정적 의미를 상징하며, 고대 중국의 희극에서 정의롭고 충실한 인물의 얼굴은 대부분 붉은색으로 분장하였는데 이는 붉은색이 중국어에서 '충성, 정성'을 상징하기 때문이다(조환의, 2005). 또한 고대 중국에서 붉은색을 표현하는 말은 '赤'과 '朱'가 있는데(전민녀, 2007), 이러한 색깔들은 고대 중국에서 귀족들이 사용했던 색이었기 때문에 붉은색은 '고귀', '높은 지위'와 같은 상징의미도 갖게 되었다. 중국어의 '红'에 반해 한국어에서 붉은색은 부모의 혼사 때 사용했던 청홍실 등처럼 '기쁨, 경사' 등의 긍정적인 뜻도 있기는 하지만 부정적인 의미들로 더 많이 사용한다. 예를 들면 '완전함, 터무니없음' 등의 의미다. 그리고 주정정(2019)에서는 한·중 양국에서 붉은색이 모두 가지는 '경고, 위험'과 같은 의미는 인간의 보편적인 시각적 경험으로 인해 형상된 의미라고 보았다. 또한 사화-문화적인 경험의 차이로 인해 붉은색이 중국어에서는 '공산당, 혁명, 이득' 등 의미가 생성되며, 한국어에서는 '공휴, 전과' 등 의미가 생성된다고 하였다. 그리고 '눈이 빨갛다/眼红'와 같은 신체적인 반응의 경우 양국의 인지적 선호의 차이로 인해 중국어에서는 '시기, 질투'로 상징되며, 한국어에서는 '흥분, 열정'으로 상징된다. 그리고 나라 간의 문화 교류도 양국의 붉은색에 영향을 미친다. 예를 들면 고대 중국어의 '红一点'라는 여자를 상징하는 의미가 한국에 전래된 후에 한국에서 '홍일점'으로 사용되게 되었다.

노란색은 중국의 전통문화 가운데 최고 권위를 의미하고 가장 존귀한 색이다. 노란색은 오행설에 따르면 토와 대응하고 '오방' 중의 '중앙'에 속하기 때문에 노란색은 중국 전통문화에서 중원 지역의 토지라는 것이 상징된다. 따라서 중국의 기원지인 중원 지역에 위치하여 사방을 통치하는 제왕을 황제라고 일컫는다. 노란색은 고대 중국에서 황제만 사용할 수 있는 색이고 왕의 권력과 위엄을 상징하는 색으로 지금 현재 중국어에도 '권위, 존귀' 등의 상징의미가 남아 있다. 그러나 현대 중국어에서는 노란색의 부정적인 의미를 더 많이 사용하는 경향을 보인다. 이는 서양 문화에서 들어온 '색정, 하류' 등의 의미 그리고 '퇴폐적임, 실패' 등의 부정적인 의미로 많이 사용되기 때문이다. 한국어에서 노란색도 '수확, 귀중함, 높은 지위' 등의 긍정적인 의미가 있는데 이는 황금의 색에서 확장되어 생성된 의미라고 볼 수 있다(마친, 2017). 그리고 중국어와 같이 초목 등이 시들 때 노랗게 변해가는 것과 건강이 좋지 않을 때 얼굴이 노랗게 변한다는 실제적인 경험에 의해 한국어에도 '건강이 좋지 않음, 퇴폐적인 것'과 같은 상징의미가 있다. 중국어에서는 '실패'의 의미로 확장되었는데 한국어에서는 '희망 없음'의 의미로 확장되었다. 또한 양국이 공통적으로 동양문화관에 속하며 오랫동안 문화적 교류를 하였기에 '저승, 죽음' 등의 의미를 모두 가지고 있다. 그리고 모두 서양 문화의 영향을 받아 '주의, 경고'의 의미도 받아들였다.

파란색은 양국에서 공통적으로 '미성숙, 생명, 젊음'을 상징한다. 한국어에는 '새파란 학생', '푸른 나이' 등 표현이 있으며 중국어에는 '青葱岁月', '青黄不接' 등의 표현이 있다. 그리고 모두 '푸른 꿈', '蓝图' 등과 같이 '희망이나 꿈'을 상징한다. 농업, 산업 영역에서도 '녹색식품/绿色食品', '녹색산업/绿色产业' 등과 같은 표현이 생겼고, '환경보호, 무공해'의 의미를 갖는다. 그리고 '얼굴이 파래졌다/脸都青了'라는 표현과 같이 파란색은 양국에서 모두 '놀람, 공포'의 의미를 가진 것을 확인할 수 있다. 또 파란색은 양국에서 모두 '가난하고 천함, 낮은 신분'이라는 의미를 상징할 수 있다. 예를 들면, 한국어의 '청성(青裳)'은 푸른 치마를 입은 여자의 뜻으로 기생을 가리키는 말이고 중국어에도 '青楼女子'와 같은 기생을 부르는 표현이 있으며 '青衫'과 같이 '하위관직'을 가리키는 말도 있다. 또한 한국어의 파란색에만 나타나는 의미는 '위풍이나 권세가 당당함, 날카로움, 맑고 깨끗한 공기' 등이 있고, 중국어에만 나타나는 의미는 '좋다, 호의적인, 청렴함, 건달, 영주관' 등이 있다.

한·중 양국은 모두 동양 문화권에 속하고 지리적 위치도 서로 인접하기 때문에 예전부터 문화 교류가 빈번하게 진행되어 왔다. 이는 양국 문화 모두에게 큰 영향을 미쳤다. 이러한 영향은 한·중 양국의 색채어가 많은 공통점을 가지고 있다는 점에서 알 수 있다. 그러나 근대에 들어서면서 양국의 정치제도의 차이로 인해 양국의 색채어에도 서로 다른 용법이 많이 등장하게 되었다. 예를 들면, '붉은색'은 중국에서 '공산당'을 상징하여 '진보성, 혁명성'을 뜻하는 긍정적인 의미를 더 많이 사용하는 반면에 한국에서 부정적인 의미로 더 많이 사용한다는 것이다. 그리고 양국의 사회문화적인 차이도 색채어에 반영할 수 있다. 예를 들면, 중국에서 '붉은색'은 '복되고 길함'을 상징해서 결혼식에 갈 때 한국과 달리 축의금을 붉은 봉투에 넣는다. 중국 문화에서 흰색은 '죽음'을 상징하기 때문에 흰색 봉투를 쓰지 않는다. 그런데 한국 문화에서 축의금을 넣는 흰색 봉투는 '상서로움'

을 상징하는 것이다.

2) 한·중 색채어에 관한 연구의 쟁점

기존 한·중 색채어에 관한 연구에서의 주요 연구 주제는 기본 색채어, 형태와 구조, 기본 의미와 문화적 상징의미 등이 있다. 다음으로는 이러한 연구에 나타난 쟁점에 대해 살펴보고자 한다.

(1) 쟁점 : 한·중 색채어의 기본 색채어 선정 방법에 대한 쟁점

기존 연구에서 한국어와 중국어의 기본 색채어는 '검다, 희다, 붉다, 누르다, 푸르다' 오색으로 규정하는 연구가 대부분이다. 기본 색채어의 선정은 크게 두 가지 이론에 따라 수행된다.

첫 번째, 오행설[3]에 따라 규정하는 것이다. 한·중 양국의 색채 문화는 모두 소박한 농경 문명 사상을 담은 고대 철학 사유인 오행설에서 출발하여 발전해 왔다는 점을 많은 연구자들이 받아들였다. 오행설은 고대 중국을 중심으로 동양 문화권에서 보편적으로 사용했던 세계와 우주를 인식하는 고대 철학의 핵심이며, 고대 사람들의 천성에 대한 자화에서 비롯되었다. 허정정(2012), 마친(2017) 등은 오행설에서 '색채', '계절', '방위', '덕목', '맛', '신체'의 대응 관계를 다음 〈표 9〉와 같이 제시하였다.[4]

〈표 9〉 오행 사상에서 '색채', '계절', '방위', '덕목', '맛', '신체'의 대응 관계

五行 오행	四季 사계	五方 오방	五色 오색	五伦 오륜	五体 오체	五味 오미
木 목	春 춘	东 동	青 청	仁 인	肝 간	酸 산
火 화	夏 하	南 남	赤 적	礼 예	心 심	苦 고
土 토	土旺 토왕	中 중	黃 황	信 신	胃 위	辛 신

3 음양오행설을 지칭하는 용어로 음양오행 사상, 오행설, 오행 사상, 음양오행 이론 등을 사용하고 있다.

4 허정정(2012) 인용.

金 금	秋 추	西 서	白 백	义 의	肺 폐	咸 함
水 수	冬 동	北 북	黑 흑	智 지	肾 신	甘 감

이 〈표 9〉와 같이 오행설에서는 일상생활의 다섯 가지 물질, 즉 '金(금), 木(목), 水(수), 火(화), 土(토)'를 우주만물과 각종 자연현상의 변화를 이루는 토대라고 본다. '四季(사계)', '五方(오방)' 등 원소들은 모두 오행 중의 하나와 대응하여 특정한 특징을 갖게 되었다. 이 중에 '金(금), 木(목), 水(수), 火(화), 土(토)' 이 다섯 가지 물질 자체의 색채는 각 물질의 특징을 가지고 있어, 색채와 오행을 연계시켜 오행에 오색을 부여 하였다(서우숙, 2008).

음양오행설이 한국에 유입된 후에 한국어에도 '오방색(五方色)'이 표준 색상을 가리키게 되었다. 오방색(五方色)은 음양오행설에 따라 '동, 서, 남, 북, 중앙' 5가지 방위를 대표하는 5가지 색채 즉 '青(청), 白(백), 赤(적), 黑(흑), 黄(황)'을 가리키는 말이 되었고(박중우, 2021) 이에 따라 한국어와 중국어 공통으로 오색은 기본 색채어가 되었다.

두 번째, 선행연구의 결과에 따라 규정한다는 것이다. 색채어 연구자들이 주로 참고하는 연구로는 Berlin. B. & P. Kay(1969)가 있다. Berlin. B. & P. Kay(1969)는 전 세계 98개 언어의 색채어를 분석하여 언어 중의 색채어가 보편성(color university)이 있다는 것을 밝혀냈다. 즉 모든 언어는 11가지, 즉 black, white, red, green, yellow, blue, brown, purple, pink, orange, grey 등 색채어에서 기본 색채어(Basic Color Terms)를 뽑아 쓴다는 것이다. 이 11가지 색채어의 발생 순서는 보편성을 가지고 있다.[5] 한 언어

5 Berlin. B. & P. Kay(1969)에서는 기본색채어가 모든 언어에서 다음과 같이 7단계의 보편적 진화 순서에 따르며 11가지 기본색채어가 선후 순서를 가지며 나타난다고 하였다. 이를 정리하면 다음과 같다.

white		yellow	→ green			purple
	→ red			→ blue	→ brown →	pink
black		green	→ yellow			orange
						grey
1단계	2단계	3단계	4단계	5단계	6단계	7단계

에 색채어가 두 가지만 있다면 black과 white가 기본 색채어가 되고, 세 가지가 있다면 black, white, red이다. 색채어가 네 가지가 있으면, 네 번째 것은 green, yellow, blue 가운데 하나가 될 것이다. 다섯 가지가 있으면 다섯 번째 색채어는 brown이 될 것이다. 반면 purple, pink, orange, gray는 기본 색채어가 되는 순서에 제한을 받지 않고 언어마다 차이가 존재한다(Chen,Siwei, 2013; 마친, 2017). 이 연구의 결과는 색채어의 연구에서 많이 사용되었으며, 이 순서에 따라 한국어의 기본색은 '희다', '검다', '누르다', '붉다', '푸르다'의 5가지로 규정할 수 있다. 중국어의 색채어는 한국어 색채어와 동일하게 음양오행사상에 기원하지만 지금 실제 사용하고 있는 중국어의 기본색은 5가지에 그치지 않는다. Berlin. B. & P. Kay(1969)에서 중국어는 보편적으로 '白(백), 黑(흑), 红(홍), 绿(녹), 黄(황), 蓝(남), 灰(회), 紫(자)'를 기본 색채어로 보고 있다고 하였다.

(2) 쟁점 : 중국어의 기본 색채어의 선정 문제

기존 한·중 대조 연구에서 중국어의 기본 색채어는 한국어와 대응하기 위해 오색을 채택하는 연구가 대부분이다. 그런데 중국어의 기본 색채어에 대한 의견에 대해서는 연구자들 간에 쟁점이 존재한다.

앞서 말했듯이 Berlin. B. & P. Kay(1969)는 중국어의 기본 색채어를 '白(백), 黑(흑), 红(홍), 绿(녹), 黄(황), 蓝(남), 灰(회), 紫(자)' 등 8가지 범주로 설정하였다. 장이원(2013)은 '赤(적), 红(홍), 青(청), 蓝(남), 苍(청), 白(백), 黄(황), 黑(흑)' 등 8가지로 제시하였으며, 마친(2017)은 중국어의 기본 색채어는 '白(백), 黑(흑), 红(홍), 黄(황), 绿(녹), 蓝(남), 灰(회), 紫(자), 褐(갈)' 등 9가지라고 주장하였다.

하지만 기존 연구에서는 중국어의 기본 색채어를 한국어와 맞춰 오색으로 설정한 연구가 대부분이다. 이렇게 중국어 기본 색채어를 선정하는 것은 두 가지 문제가 있다고 생각한다. 첫째, 한국어와 맞추기 위해 중국어의 '绿(녹)'을 '蓝(남)' 계열에 속한다고 보는 것이다. 한국어에서 하늘과 나무를 묘사할 때 모두 '푸르다'를 사용하는데 중국어에서는 그렇지 않다. 중국어에서 하늘과 같은 색깔은 '蓝(남)'이고 나무와 같은 색깔은 '绿(녹)'이다. '绿(녹)'과 '蓝(남)'을 고대 중국어에서 '青(청)'으로 통일하여 사용하기도 하지만 현대 중국어에서 명백하게 구분할 수 있는 색깔이어서 굳이 중국어의 '绿(녹)'을 한국어와 같이 '蓝(남)' 계열 중의 하나로 보는 것은 문제가 있다고 생각한다. 둘째, 지금 오색에 들어가지 않는 중국어 색채어들은 현재 연구의 범주에서 제외된다는 점에서 문제가 있다고 생각한다. 예를 들면 '褐(갈)'에 대한 연구는 굉장히 드물다. 한·중 색채어 대조 연구가 언어 학습 및 교수 자료 구성, 학습자의 의사소통능력 향상, 목표 언어의 문화 이해에 도움이 되기 위해서는 연구 내용의 범위를 조금 더 넓혀야 할 필요가 있어 보인다.

(3) 쟁점 : 한·중 기본 색채어의 용어 선정 문제

한국어의 기본 색채어가 오색이라는 관점은 학계에서 일치하지만 연구자마다 사용하는 용어가 서로 다르다. 한국어 색채어에서는 고유어가 가장 중요한 어원이기 때문에 고유어를 기본 색채어로 사용하는 연구가 대부분이며 다양한 기본 색채어가 쓰이고 있다. 장걸(2016)은 고유어 '희다', '검다', '누르다', '붉다', '푸르다'를 사용하였데 마친(2017)은 이를 '푸르다, 노랗다, 검다, 희다, 까맣다'로 규정하였다. 손봉(2019)은 '백, 적, 흑, 청, 황' 등의 한자어를 사용하였고, 이한비(2012)에서는 '푸른색, 붉은색, 흰색, 검은색, 노란색' 등의 합성어를 사용하였으며, 허정정(2012)에서는 '하양, 검정, 빨강, 파랑, 노랑'의 명사형을 사용하였다. 그리고 한소(2018)와 같이 '하얗다, 까맣다, 빨갛다, 파랗다, 노랗다'를 사용한 연구도 있다.

중국어의 기본 색채어의 경우, '白', '黑', '黄'은 대부분의 연구에서 동일하게 사용하고 있었는데 붉은색을 표시하는 기본 용어에는 차이가 있었다. 주정정(2019)에서는 '红'을 사용하였는데 손봉(2019)에서는 '赤'을 사용하였다. 그리고 이한비(2012)와 같이 '赤(红)'으로 표시하여 2가지 용어를 모두 사용하는 경우도 있다. 또한 푸른색을 표현하는 기본 용어에 대해 '蓝(남)'과 '青(청)'을 혼용하는 모습도 보였다. '青(청)'은 '파란색'과 '초록색'으로 나타날 수 있기 때문에 기본 색채어로 쓸 수 있으나 한국어의 '푸르다'와 완전히 대응될 수 있는 의미가 아니다. 이는 '青(청)'이 색채의 모호성을 가지기 때문에 '파란색', '초록색'뿐만 아니라 '검정색'으로도 나타나기 때문이다.

따라서 한국어와 중국어의 기본 색채어의 용어에 대하여 학계에서 합의된 의견은 없고 학자마다 다르게 사용하고 있다는 것을 알 수 있다.

(4) 쟁점 : 한·중 색채어의 문화적 상징의미 대조 결과 및 쟁점

한·중 '검다'와 '黑'에 관한 연구는 이아정(2018), 김주연(2008), 박중우(2021), 이한비(2012), 한소(2018), 장걸(2016), 손봉(2019), 이한비(2012), Chen Siwei(2013) 등이 있다. 이러한 연구에서 한국어 '검다' 계열과 중국어 '黑'의 상징의미와 관련된 쟁점은 다음과 같다.

첫째, [수치, 불명예] 의미에 대해 이아정(2018), 김주연(2008) 등에서는 '抹黑(먹칠하다)'와 같이 중국어의 '黑'에만 나타나는 뜻이라고 주장하였는데 박중우(2021)는 한국어에도 '흑역사'라는 말이 있으니 한국어의 '검다' 계열에도 [수치, 불명예]의 의미가 있고, 이 의미는 한·중 '검다' 및 '黑' 계열의 공통적인 의미라고 주장하였다.

둘째, '까맣게 모른다'라는 말에 대해 이아정(2018), 김주연(2008), 장걸(2016), 손봉(2019) 등에서는 '까맣게'의 의미를 [완전함]으로 분석하여 이 말은 '완전히 모른다'라는 의미를 나타낸다고 보았다. 또한 서옥동(2014)과 같이 '까맣게'의 의미를 [기억]으로 분석한 연구도 있는데 '까맣게 모른다'라는 말은 '기억하지 못한다'를 의미한다(한소, 2018).

셋째, '唱黑脸'의 의미에 대한 박중우(2021)은 [공정함]이라고 하였는데 이한비(2012)는 [엄숙함, 정의로움]이라고 하였다. 이아정(2018)은 '唱黑脸'과 비슷한 단어인 '黑面包拯'의 '黑'은 [정직]으로 분석하였다.

넷째, '속이 까맣게 타 들어가다'에 나온 '까맣게'의 의미에 대해 김주연(2008)은 [걱정]으로 해석하였는데 손봉(2019)은 [답답함]으로 해석하였다.

다섯째, '검은 그늘이 지다.'에 나온 '검다'에 대해 이아정(2018), 김주연

(2008) 등은 [불기]로 해석하였는데 손봉(2019)은 [침울함, 암담함]으로 해석하였다.

마지막으로 [범죄 조직]을 나타낸 '黑社会'라는 표현은 장걸(2016)에서는 중국어에만 있는 의미라고 주장하였지만 손봉(2019)은 한국어에도 '흑사회'라는 말이 있으므로 [범죄 조직]은 한국어와 중국어의 공통 의미로 제시하였다.

이러한 연구를 통해 총괄적으로 살펴본 한국어 '검다' 계열과 중국어 '黑' 계열의 공통 의미를 다음 〈표 10〉과 같이 정리하였다.

〈표 10〉 '검다' 계열과 '黑'에 공통적으로 나타나는 의미

	의미	'검다' 계열 예문	'黑' 계열 예문
1	많음	사람이 까맣게 몰려왔다.	黑压压
2	불길, 희망이 없음	눈앞이 캄캄하다.	前途一片漆黑
3	음흉함, 악독함	검은 손	黑心
4	잉여이익	무역흑자	贸易黑字
5	잘못, 틀린 것	흑백을 가리다.	分清黑白
6	불법, 부정	검은 돈	黑钱
7	범죄 조직	흑사회	黑社会
8	허위[6]	흑색선전	黑色宣传
9	수치, 불명예	흑역사	黑历史

한국어 '검다' 계열과 중국어 '黑'의 공통 의미는 [많음], [불길, 희망이 없음], [음흉함, 악독함], [잉여이익], [잘못, 틀린 것], [불법, 부정], [범죄 조직], [허위] 그리고 [수치, 불명예] 등 9가지가 있다는 사실을 알 수 있다.

한국어 '검다' 계열에만 나타낸 의미와 중국어 '黑' 계열에만 나타낸 의미는 다음 〈표 11〉과 같다.

6 한·중 '검다'의 공통 의미인 [허위]에 대해 박중우(2021)는 아래와 같은 예문을 제시하였다.
가. 이기주의와 흑색선전 등으로 얼룩진 기성 정치판/充斥着利己主义与黑色宣传的政坛.
예문을 보면 '흑색/黑色'과 '선전/宣传'이 결합하여 [허위사실]의 뜻을 나타낸다.

〈표 11〉 '검다' 계열과 '黑' 계열에 다르게 나타나는 의미

	의미	'검다' 계열	예문	'黑' 계열	예문
1	아득함, 막막함	○	까마득한 옛날	×	
2	무지, 무식	○	까막눈	×	
3	깡그리, 완전히	○	까맣게 모르다	×	
4	중상모략	○	흑색선전	×	
5	걱정, 초조	○	새까맣게 되다	×	
6	더러움	○	운동화가 새까매졌다.	×	
7	예측하지 못함	×		○	黑马
8	반동, 반혁명	×		○	黑文
9	아편, 마약	×		○	黑货
10	기생	×		○	黑街
11	비밀스러움	×		○	黑话
12	터무니없음	×		○	黑色幽默
13	불운	×		○	手黑
14	밤	×		○	起早贪黑
15	화남	×		○	黑脸
16	공정함	×		○	唱黑脸[7]

한국어 '검다' 계열에만 있는 의미는 [아득함, 막막함], [무지, 무식], [깡그리, 완전히], [중상모략], [걱정, 초조], [더러움] 등 6가지가 있다. 그리고 중국어 '黑' 계열에만 있는 의미는 [예측하지 못함], [반동, 반혁명], [아편, 마약], [기생], [비밀스러움], [터무니없음], [불운], [밤], [화남] 그리고 [공정함] 등 10가지가 있다.

다음으로, 한·중 '희다' 계열과 '白'의 상징의미에 관한 연구에서 연구자들 간의 쟁점은 다음과 같다.

첫째, 박중우(2021)에서는 [아무것도 없음]의 의미에서 한·중 '희다'와 '白'이 완전히 대응하는 의미가 아니라 유사한 의미라고 본다는 것은 대부

7 중국어의 '唱黑脸'은 중국의 연극에서 생긴 말인데 공정하고 냉철한 인물을 공연할 때 배우의 얼굴을 검은색으로 분장하여 인물의 '공정하고 냉철함'의 성격을 상징한다. 시간이 지나면서 점점 중국어의 '黑(검다)'도 [공정함]의 의미를 포함하게 되었다.

분 학자들의 의견과 다르다. 그 이유는 한국어와 중국어에 모두 '머릿속이 하얘지다/大脑一片空白'이라는 말이 있지만 한국어 '백수생활[8]'이라는 표현은 중국어의 '白' 계열에 대응할 수 있는 표현이 없기 때문이다.

둘째, [정확하고 분명함]의 의미는 이아정(2018), 김주연(2008), 손붕(2019), 박중우(2021), 이청(2013) 등의 연구에서 모두 '희다' 계열과 '白' 계열의 일치하는 의미로 여겼는데, 한소(2018)에서는 말뭉치를 사용하여 조사한 결과 한국어에서는 이 의미가 발견되지 않았다고 하였다.

셋째, 이아정(2018), 손붕(2019)과 이청(2013)은 [터무니없음] 의미는 한국어의 '희다' 계열만 있는 의미로 분석하였는데 김주연(2008), 박중우(2021)는 중국어의 '白' 계열에도 '空话, 瞎白话(흰소리)' 등의 표현이 있어서 [터무니없음] 의미를 한국어와 중국어의 공통 의미로 분류하였다.

기존 연구를 살펴보고 한국어 '희다' 계열과 중국어 '白'에 일치하는 의미를 다음 〈표 12〉와 같이 정리하였다.

〈표 12〉 '희다' 계열과 '白'에 공통적으로 나타나는 의미

	의미	한국어 예문	중국어 예문
1	정확하고 분명함	명백하다	明明白白
2	깨끗함, 순결	백의민족	白玉无瑕
3	무지	백치	白痴
4	쇠락, 연로	호호백발	白发苍苍
5	마약	백색공포	白粉
6	텅 빔, 아무것도 없음	백수건달	白手起家
7	경시	백안시하다	白眼
8	사리에 맞고 바름, 옳음	흑백을 가리다.	分清黑白
9	상서로움	백호	白虎
10	장례, 죽음	흰옷	白孝衣
11	비천, 신분이 낮음	백정	白丁
12	반동, 자본주의	백색테러	白色政权
13	항복	백기를 들다	举白旗

8 한국어의 '백수생활'이라는 말은 중국어의 '游手好闲'과 대응할 수 있다.

14	터무니없음	흰소리	空话, 瞎白话
15	미성숙	백면랑	白面书生
16	허약함	창백한 얼굴	脸色苍白
17	당황스러움, 겁남	얼굴이 하얗게 질리다	脸白了
18	낮	백일몽	白日梦
19	의료사	백의 천사	白衣天使
20	솔직함	담백, 자백	坦白

〈표 12〉를 통해 한국어 '희다' 계열과 중국어 '白' 계열에 일치하는 의미는 다양하게 나타났고 [정확하고 분명함], [깨끗함, 순결], [무지], [쇠락, 연로], [마약], [텅 빔, 아무것도 없음], [경시], [사리에 맞고 바름, 옳음], [상서로움], [장례, 죽음], [비천, 신분이 낮음], [항복], [터무니없음], [미성숙], [허약함], [당황스러움, 겁남], [낮], [의료사], [솔직함] 총 20가지 의미가 있다는 것을 알 수 있다.

다음은 '희다' 계열과 '白' 계열에서 다르게 나타나는 의미이다.

〈표 13〉 '희다' 계열과 '白' 계열에 다르게 나타나는 의미

	의미	'희다' 계열	예문	'白' 계열	예문
1	사뭇 뜬눈으로 지냄	○	하얗게 밤을 새우다.	×	
2	많음	○	사람들이 하얗다	×	
3	선의	○	하얀 거짓말	×	
4	최고	○	백열	×	
5	아름다움	○	백곰천광	×	
6	고춧가루를 쓰지 않거나 적게 쓰는 경우	○	백김치, 하얀 김치	×	
7	무료, 공짜	×		○	白吃白拿
8	보람없음, 실패, 헛됨	×		○	白忙, 白搭
9	간사, 사악, 응흉	×		○	唱白脸
10	플라스틱이나 비닐 등 폐기물	×		○	白色污染
11	기생	×		○	白面子
12	구어	×		○	瞎白话
13	틀림	×		○	念白字(儿)

14	엘리트	×		○	白领
15	중국 국민당, 반동적임	×		○	白军
16	맛이 싱거움	×		○	菜做白了
17	합법적	×		○	白道
18	쉬움	×		○	歌词白得不能再白

한국어 '희다' 계열에만 있는 의미는 [사뭇 뜬눈으로 지냄], [많음], [선의], [최고], [아름다움], [고춧가루를 쓰지 않거나 적게 쓰는 경우] 등 6가지가 있다. 중국어 '白' 계열에만 나타나는 의미는 [무료, 공짜], [보람 없음, 실패, 헛됨], [간사, 사악, 음흉], [플라스틱이나 비닐 등 폐기물], [기생], [구어], [틀림], [엘리트], [중국 국민당], [맛이 싱거움], [합법적], [쉬움] 총 12가지로 나타났다.

다음으로, 한·중 '붉다'와 '红' 계열의 상징의미에 관한 연구에서 학자들 간의 쟁점은 다음과 같다.

첫째, '红尘(홍진)'의 '红'의 의미에 대해 장손(2017)에서는 [인간 세상]으로 분석하였고 손붕(2019)과 같이 중국에서만 쓰이는 의미라고 주장하였다. 그런데 김주연(2008), 마친(2017) 등에서는 '红尘(홍진)'의 '红'이 [속세] 의미를 나타낸다고 주장하였고 이를 한국어와 중국어의 공통 의미로 분석하였다.

둘째, 그리고 김주연(2008), 마친(2017), 박중우(2021) 등은 '红颜(홍안)', '红袖(붉은 소매)' 등 단어가 [여자]를 가리키는 말이라고 주장하였는데 이한비(2012)는 이 단어들은 [아름다움, 예쁨]의 의미를 나타낸다고 보았다. 손붕(2019)은 '红颜祸水[9]'의 '红'는 [젊음]을 나타낸다고 주장하였다. 장손(2017)은 红颜知己(홍안지기)을 [우정]으로 분석하였다. 사실 '红颜(홍안)', '红袖(붉은 소매)'는 [여자], [아름다움, 예쁨] 그리고 [젊음] 3가지 의미를 다 포함하고 있다. '红颜知己(홍안지기)'는 '남자가 마음을 터놓고 이야기를 나눌 수 있는 여성 친구'라는 뜻이어서 [우정]의 의미도 포함하고 있다.

9 미녀는 화(祸)의 근원이다는 말이다.

셋째, '새빨간 거짓말'에 나온 '새빨간'의 의미에 대해 모든 학자들이 한국어에만 있는 의미라는 의견은 일치하지만 의미 해석에는 차이가 있다. 장걸(2016)에서는 [심한 정도] 의미로 설명하였으며 마친(2017)에서는 [완전] 의미로 해석하였고 박중우(2021)와 주정정(2019)에서는 [터무니없음] 의미라고 해석하였다.

넷째, [질투함] 의미에 대해서 김주연(2008), 박중우(2021), 이한비(2012), 주정정(2019) 등은 중국어의 '红' 계열에만 있는 의미라고 분석하였고 대표적인 어휘로 '红眼病'을 제시하였다. 그런데 장손(2017)은 한국어에서 '눈이 빨갛다'로 [질투함]의 의미를 나타낼 수 있으므로 [질투함]은 한국어와 중국어의 공통 의미라고 제시하였다.

한국어 '붉다' 계열과 중국어 '红' 계열에 일치하는 의미를 다음 〈표 14〉과 같이 정리하였다.

〈표 14〉 '붉다' 계열과 '红' 계열에 공통적으로 나타나는 의미

	의미	'붉다' 계열 예문	'红' 계열 예문
1	부끄럽다, 분노, 피	얼굴이 빨개진다.	脸红
2	공산주의, 공산당	빨갱이	红军
3	위험, 주의, 경고	빨간불	红灯
4	여자	홍일점	红颜知己
5	손해, 결손	적자	赤字
6	심하다, 완전, 온통	적빈하다	赤贫
7	진심의	적심	赤心
8	기쁨, 경사	청홍실	走红运
9	숨김없는, 아무것도 없음, 빈, 맨	적나라	赤手空拳
10	속세	홍진	红尘
11	화남	얼굴이 붉어진다.	他涨红了脸
12	선정성	홍등가	红灯区
13	슬프다	눈시울이 붉어졌다.	眼圈红了
14	질투함	눈이 빨갛다	红眼

〈표 14〉를 통해 [부끄럽다, 분노, 피], [공산주의, 공산당], [위험, 주의,

경고], [여자], [손해, 결손], [심하다, 완전, 온통], [진심의], [기쁨, 경사], [숨김없는, 아무것도 없음, 빈, 맨], [속세], [화남], [선정성], [슬프다], [질투함] 14가지 의미는 한국어 '붉다' 계열과 중국어 '红' 계열의 공통 의미라는 것을 알 수 있다.

다음 〈표 15〉는 '붉다' 계열과 '红' 계열에서 차이가 있는 의미이다.

〈표 15〉 '붉다' 계열과 '红' 계열에 다르게 나타나는 의미

	의미	'붉다' 계열	예문	'红' 계열	예문
1	터무니없음	○	새빨간 거짓말	×	
2	한국인의 화합	○	붉은 악마	×	
3	열정, 흥분	○	붉은 함성	×	
4	전과	○	빨간줄	×	
5	휴일	○	빨간 날	×	
6	성공, 인기, 순리 열렬함	×		○	红人
7	번창, 활기 넘침	×		○	红火
8	이득	×		○	红利
9	행운	×		○	红运
10	고귀	×		○	朱门酒肉臭
11	혁명, 진보	×		○	红歌
12	혼인	×		○	红娘, 红事
13	건강함	×		○	面色红润
14	높은 지위	×		○	红顶子
15	서양인	×		○	红毛
16	상사함	×		○	红豆
17	충성	×		○	赤胆忠心
18	정성	×		○	赤诚相待

한국어 '붉다' 계열에만 나타나는 의미는 [터무니없음], [한국인의 화합], [열정, 흥분], [전과], [휴일] 5가지이다. 중국어의 '红' 계열에만 나타나는 의미로는 [성공, 인기, 순리 열렬함], [번창, 활기 넘침], [이득], [행운], [고귀], [혁명, 진보], [혼인], [건강함], [높은 지위], [서양인], [상사함], [충성], [정성] 등 13가지가 있다.

다음으로, 한·중 '누르다'와 '黄' 계열의 상징의미에 관한 연구에서 연구자들 간의 쟁점은 다음과 같다.

첫째, 장걸(2016), 이한비(2012) 등에서는 '얼굴이 노랗게 되다/脸色发黄'의 '노랗다' 및 '黄'은 [건강이 좋지 않음]으로 분석하였지만 마친(2017)에서는 [위축]이라는 의미로 제시하였다.

둘째, 마친(2017)은 중국어의 '黄(황)'은 고대에는 '황제'를 가리키는 의미가 있다고 하였다. 예를 들어 '염황(炎黄)'의 '황'은 황제라는 뜻을 가지고 있다. 그리고 중국어에 '黄发垂髫'이라는 말도 있는데 '黄发'는 노인을 뜻하고 '垂髫'은 어린이를 뜻한다. 중국어의 '黄(황)'에는 [장수]의 뜻도 있다.

셋째, 장걸(2016)에는 '黄了'와 같은 [실패] 의미는 단지 중국어 '黄'에 있는 의미로 제시하였지만 마친(2017), 이한비(2012) 등은 한국어에서도 '추진하던 일이 잘 안 됐음'을 표현할 수 있어 [실패] 의미도 있다고 하였다.

따라서 본고에서는 한국어 '누르다' 계열과 중국어 '黄' 계열에 일치하는 의미를 다음 〈표 16〉과 같이 정리하였다.

〈표 16〉 '누르다' 계열과 '黄' 계열에 공통적으로 나타나는 의미

	의미	'누르다' 계열 예문	'黄' 계열 예문
1	가망이 없음, 절망, 쇠약	싹수가 노랗다	黄昏
2	중요한 부분, 귀중한, 가치 있는 것	노른자위	黄金
3	주의, 경고	옐로우카드	黄牌
4	저승, 죽음	황천	黄泉之下
5	건강이 좋지 않음, 퇴폐적인 것	얼굴이 노랗게 되다	脸色发黄
6	실패	황됐다	黄了
7	수확	황숙기	油菜花花开金灿灿

한국어 '누르다' 계열과 중국어 '黄' 계열에 모두 있는 의미는 [가망이 없음, 절망, 쇠약], [중요한 부분, 귀중한, 가치 있는 것], [주의, 경고], [저승, 죽음], [건강이 좋지 않음, 퇴폐적인 것], [실패], [수확] 등이다.

'누르다' 계열과 '黄' 계열에 다르게 나타나는 의미는 다음 〈표 17〉과 같다.

〈표 17〉 '누르다' 계열과 '黄' 계열에 다르게 나타나는 의미

	의미	'누르다' 계열	예문	'黄' 계열	예문
1	인색함	○	노랑이	×	
2	숙제	○		×	
3	철부지, 어린아이	×		○	黄毛小子
4	길조	×		○	黄道吉日
5	황하	×		○	黄河
6	관위	×		○	黄袍加身
7	색정	×		○	黄色书刊
8	사나움, 용맹스러움	×		○	黄脸的典伟盗御马

〈표 17〉을 살펴보면, 한국어 '누르다' 계열에만 나타나는 의미는 [인색함]과 [숙제] 2가지가 있고 중국어 '黄' 계열에만 나타나는 의미는 [철부지, 어린아이], [길조], [황하], [권위], [색정], [사나움, 용맹스러움] 등이 있다.

다음으로, 기존 연구의 결과를 종합해 보면 한·중 '푸르다'와 '青' 계열의 상징의미에 관한 연구에서 연구자들 간의 쟁점은 다음과 같다.

첫째, '얼굴이 파래지다'의 '파랗다'에 대해 장걸(2016), 요함(2016) 등에서는 사람들의 [놀람]을 표현한다는 의미로 여겼는데 마친(2017)에서는 이는 사람들의 무서움을 의미한다고 해서 [공포]의 의미로 설명하고 있다. 또한 '그녀는 얼굴이 푸르뎅뎅하여, 콧방귀를 뀌면서 문을 밀고 나갔다.'라는 문장을 예로 들어 '푸르다'가 [분노]의 뜻도 있다고 주장하였다.

둘째, '푸른 목소리'의 '푸른'에 대한 해석도 학자들 간의 차이가 나타났다. 김주연(2008)에서는 [서늘한 느낌이 있다]로 설명하였는데 오설(2020)에서는 [엄격하고 흉악하다]로 해석하였다.

셋째, '푸른 희망', '蓝图'의 '푸르다'는 김주연(2008), 장걸(2016), 손붕(2019), 요함(2016) 등에서 [희망, 꿈, 길조]를 나타낸 의미라고 여겼고 마친

(2017)은 [상상]으로 해석하였다.

넷째, '청운의 꿈', '平步青云'의 '청'은 김주연(2008)에서 [높은 지위]의 뜻으로 해석하였고 마친(2017)은 [권력]으로 해석하였는데 오설(2020)은 [우수함, 원대함]으로 설명하였으며 [출세, 포부]의 의미라고 해석하였다.

다섯째, 중국에서 청렴결백하게 공무를 집행하는 관원을 '青天大老爷(결백하고 공정한 관리)'라고 부른다. 대표적인 인물은 중국 북송 시대의 포증(包拯)이다. 포증(包拯)은 카이펑(开封) 지부(知府)로 있을 때 법을 공정하고 엄명하게 집행하여 민간에서 '包青天(포청천)'이라는 이름으로 불렸다. 그런데 '青天大老爷'와 '包青天(포청천)'의 '青(청)'의 의미 해석은 연구자들 간의 쟁점이 있다. 요함(2016)에서는 '青(청)'은 '天(하늘)'을 수식할 때 [맑고 깨끗함, 신선함]이라는 의미를 나타내기 때문에 '青天大老爷'와 '包青天(포청천)'의 '青(청)'도 [맑고 깨끗함, 신선함]이라는 뜻으로 설명하였는데, 마친(2017)은 맑고 투명한 하늘은 사람들에게 높고 평탄한 느낌을 줄 수 있어서 '青天大老爷'와 '包青天(포청천)'의 '青(청)'의 의미는 [맑고 깨끗함, 신선함]을 바탕으로 [공정하며 정정당당]으로 확장해서 설명하였다. 박중우(2021)에서는 [청렴함] 의미로 확장하였고 이는 중국어 '青(청)'에만 있는 의미라고 주장하였다.

여섯째, 박종우(2021)는 [통과] 의미는 한국어와 중국어 모두 유사한 의미를 가진다고 하였다. 중국어에서 '푸른 신호등'은 [통과]의 의미를 나타내는데 한국어의 '청신호' 또한 신호등의 [전진]의 의미를 바탕으로 [길조]의 의미도 포함하기 때문이다. 그리고 [희망] 의미의 경우는 한국어의 '푸르다'가 '푸른 마음'과 같이 [희망]의 뜻을 표현할 수 있지만 중국어의 '青(청)'은 '희망'보다는 '높은 지위에 대한 포부'라는 것이 더 적절하기 때문에 '푸르다'와 유사한 의미로 보았다.

일곱째, '얼굴이 파래지다'의 '파래지다'의 의미에 대해 장걸(2016)과 요함(2016)은 [놀람]이라고 하였고 마친(2017)과 백중우(2021)에서는 [공포]라고 하였으며 오설(2020)에서는 [절망하고 상심함], [무섭다, 공포스럽다]라고 하였다. 학지(2018)에서는 [화가 나다]로 분석하였다.

여덟째, [날카로움] 의미에 대해 김주연(2008), 이한비(2012), 학지(2018) 등은 '새파란 칼날'과 같이 한국어 '푸르다' 계열에만 있다고 주장하였는데 손봉(2019)은 중국어에서 '手持三尺青锋[10]'이라는 표현에서 '青'도 [날카로움] 의미와 대응할 수 있어서 이 의미는 한국어와 중국어에 모두 존재한다고 주장하였다.

아홉째, 중국에서 바람을 피운 아내의 남편에게 '戴绿帽子(녹색 모자를 쓰다)'라는 표현을 쓴다. 이에 대해 요함(2016)은 '绿帽子(녹색 모자)'의 '绿(녹)'이 [부정적인 의미]라고 해석하였고 마친(2017)은 [배신]의 의미라고 설명하였다.

열째, 요함(2016)은 '青睐'에서 '青'의 의미는 [좋다, 호의적인]으로 해석하였는데 박중우(2021)은 [중시]로 해석하였다.

열한째, [환경보호, 무공해]에 대한 의견은 학자마다 다르다. 손봉(2019)은 한국어에만 있는 의미라고 하고 장걸(2016)은 중국어에만 있는 의미라고 하였다. 또한 요함(2016), 박중우(2021)와 오설(2020)은 한국어와 중국어에는 모두 '녹색 식품/绿色食品'이라는 단어가 존재하기 때문에 [환경보호, 무공해] 의미는 한국어와 중국어에 모두 존재하는 의미라고 하였다.

열두째, [남자]의 의미에 대한 학자들 간에도 쟁점이 있다. 김주연(2008), 마친(2017) 등은 한국어에서 '청일점'처럼 '청'은 [남자]의 의미로 나타낼 수 있고 [남자] 의미는 한국어에만 있는 의미라고 여겼다. 반대로 오설(2020)은 중국어에 '蓝颜知己'라는 표현에서 '蓝'은 [남자]의 의미를 표현할 수 있고 이 의미가 중국어에만 있는 의미라고 주장하였다. 사실 두 연구의 결과를 종합적으로 보면 [남자] 의미는 양 언어에 모두 있는 의미로 볼 수 있다.

열셋째, [분노]의 경우 박중우(2021)에서는 '脸色铁青[11]'과 같이 중국어에만 있는 의미라고 하였는데, 오설(2020)에서는 이 의미가 '얼굴이 붉으락푸르락하다'와 같이 한국어에만 있는 의미라고 하였다. 이 의미도 한·중

10 手持三尺青锋: 손에 첨척(三尺) 길이의 날카로운 보검을 들고 있다.

11 脸色铁青: 얼굴이 사색이 된다.

'푸르다' 계열에 모두 있는 의미로 볼 수 있다.

마지막으로 '青面獠牙[12]'의 '青'은 오설(2020)에서는 [사나운 얼굴]로 설명하였는데 학지(2018)에서는 [흉악하고 험상궂은 모습]으로 분석하였다.

위의 쟁점들을 분석하여 본고에서는 한국어 '푸르다' 계열과 중국어 '青' 계열의 공통 의미를 다음 〈표 18〉과 같이 정리하였다.

〈표 18〉 '푸르다' 계열과 '青' 계열에 공통적으로 나타나는 의미

	의미	'푸르다' 계열 예문	'青' 계열 예문
1	생명, 젊음, 미성숙	청춘	青年
2	자연, 농작물	녹색운동	青山绿水
3	안전, 순행, 통행	녹색 통로	绿色通道
4	높은 지위	청운의 꿈	平步青云
5	좋아함, 호의	청안	青眼
6	희망, 꿈, 길조	푸른 희망, 푸른 꿈	蓝图
7	맑고 깨끗함, 신선함	푸른 공기	青山绿水(김), 青天白日
8	기녀, 술집	청상, 청루주사	青衣女子, 青楼
9	놀람, 공포	얼굴이 파래지다.	脸吓青了
10	날카로움	새파란 칼날	手持三尺青锋
11	가난하고 천함, 낮은 신분	청의	青衫
12	환견보호, 무공해	녹색 식품	绿色食品
13	통과, 긍적적임	파란불, 푸른 신호	一路绿灯
14	소직	청삼	青袍, 绿袍
15	추움	얼굴이 푸르게 얼어 있었다	她冻得脸色发青
16	역사	청사	青史
17	도둑	녹림	绿林好汉
18	후배	청출어람	青出于蓝
19	육체노동자	블루칼라	蓝领
20	냉랭하거나 사나운 기색	눈을 시퍼렇게 뜨다	他铁青着脸

한국어 '푸르다' 계열과 중국어 '青' 계열이 공통적으로 가지고 있는 의미

12 青面獠牙: 시퍼런 얼굴로 이를 드러내다.

는 총 20가지로 [생명, 젊음, 미성숙], [자연, 농작물], [안전, 순행, 통행], [높은 지위], [좋아함, 호의], [희망, 꿈, 길조], [맑고 깨끗함, 신선함], [기녀, 술집], [놀람, 공포], [날카로움], [가난하고 천함, 낮은 신분], [환견보호, 무공해], [통과, 긍적적임], [소직], [추움], [역사], [도둑], [후백], [육체노동자], [냉랭하거나 사나운 기색] 등이다. 그리고 차이점은 다음 〈표 19〉와 같다.

〈표 19〉 푸르다' 계열과 '青' 계열에 다르게 나타나는 의미

	의미	'푸르다' 계열	예문	'青' 계열	예문
1	위풍이나 권세가 당당함	○	서슬이 푸르다	×	
2	심한 정도	○	새파랗게 젊다	×	
3	무딤	○	녹슨 생각	×	
4	말고 깨끗한 공기	○	푸른 공기	×	
5	서늘함	○	푸른 비수	×	
6	봄	×		○	青风
7	흑색	×		○	青丝
8	학식이 있음	×		○	青衿学子
9	부정적인 의미	×		○	开绿灯,绿帽子
10	좋다, 호의적인	×		○	青眼,青睐
11	청렴함	×		○	青天大老爷
12	건달	×		○	青皮流氓
13	사나운 얼굴	×		○	青面獠牙
14	성질의 상대적 사물의 연유	×		○	不分青红皂白
15	죽다, 정도가 높다	×		○	肠子都悔青了
16	영주관	×		○	绿卡
17	명문	×		○	蓝田生玉

위의 〈표 19〉에 제시한 바와 같이 한국어 '푸르다' 계열에만 나타나는 의미는 [위풍이나 권세가 당당함], [심한 정도], [무딤], [말고 깨끗한 공기], [서늘함]이 있고 중국어 '青' 계열에만 사용하는 의미는 [봄], [흑색],

[학식이 있음], [부정적인 의미], [좋다, 호의적인], [청렴함], [건달], [사나운 얼굴], [성질의 상대적 사물의 연유], [죽다, 정도가 높다], [영주관], [명문]이 있다.

5. 나가는 말

본 연구는 어휘영역의 사회문화적 연구 분야에서 많이 연구되어 온 호칭어와 색채어에 초점을 두고 기존 한·중 호칭어와 색채어에 관한 대조 연구의 연구 동향을 밝히는 데에 의의가 있다. 그리고 양국 어휘의 사회문화적 특징을 살펴보는 동시에 기존 연구 간의 쟁점도 밝혔다는 점에서도 의의가 있다. 본 연구는 우선 기존 한·중 호칭어 및 색채어 대조 연구에 대한 양적 분석을 진행하였다. 양적 분석을 통해 기존 연구의 연도별, 주제별, 목적별 동향을 밝힐 뿐만 아니라 기존 연구의 연구 방법까지도 분석하여 사회문화적 연구에서 사용하는 사전 및 말뭉치 현황도 구체적으로 제시하였다. 다음으로 사회문화적인 관점에서 기존 한·중 호칭어와 색채어 대조 연구의 결과를 정리함으로써 양국 호칭어와 색채어의 사회문화적 특징을 살펴보았다. 또한 한·중 호칭어 및 색채어 대조 연구에서의 쟁점도 밝히고 기술하였다.

연구를 통해 호칭어에 관한 연구는 '전체 호칭어'나 '사회 호칭어', '친족 호칭어'를 대상으로 한 연구가 대부분이고 특정 하위분류의 호칭어를 대상으로 한 연구는 많지 않다는 것을 알 수 있었다. 또한 단순히 양국 호칭어의 형태나 의미를 대조하여 형태적, 의미적인 공통점과 차이점을 살펴보는 연구 혹은 대조의 결과를 바탕으로 교육 방안의 설계나 개발을 목적으로 한 연구가 대부분을 차지하였다. 양국 호칭어의 사회문화적인 특징이나 높임법과 관련된 연구 등은 아직 많지 않다. 그리고 통신 기술의 발전에 따라 호칭어의 연구 범위도 확대되어 인터넷 호칭어도 포함되었다. 그러나 기존 연구에서는 인터넷 호칭어에 대해 언급한 연구는 몇 편밖에 없다.

한·중 양국의 인터넷 호칭어의 체계나 대응 양상에 대한 연구는 아직 충분하지 않다. 그리고 친족호칭어의 하위분류는 비교적 체계적으로 이루어졌지만 사회호칭어의 체계에 대해서는 더 깊은 연구가 더 필요하다. 이밖에 호칭어 연구에 나타난 쟁점은 주로 한·중 호칭어의 분류 문제, 확대된 친족호칭어의 성격 문제 그리고 통칭형 호칭어와 대체형 호칭어 간의 구분 및 이들의 분류 문제이다. 앞으로 이러한 문제에 대한 연구도 필요하다고 본다.

한·중 색채어에 대한 대조 연구는 색채어의 어원 대조, 형태와 구조 대조, 확장의미와 문화적 상징의미 대조 등 다양한 주제로 활발하게 연구가 진행되어 왔다. 지금까지 형태, 구조, 각 색채어의 기본의미 및 상징의미 등 다양한 측면에서 이미 양국의 색채어에 대한 연구가 체계적으로 이루어졌다. 특히 한·중 오색 계열에 속한 색채어들이 중점적으로 연구되어 기존 연구의 대상은 거의 다 오색 계열이나 이 중의 한 계열이 대상이었다. 하지만 오색 계열에 들어가지 않는 색채어에 대한 연구는 거의 없다. 그리고 양국 색채어의 의미에 대한 분석은 주로 양국 색채어의 기본의미와 상징적 의미의 공통점이나 차이점을 밝히는 데에 그쳤다. 이러한 공통점과 차이점을 형성하는 원인에 대해 더욱 심층적인 연구가 필요하다. 아직 한·중 색채어의 기본 색채어의 설정 및 용어 선정과 관련하여 쟁점이 남아 있으며, 각 색채어의 상징의미의 해석에서도 연구자들 간에 차이가 존재한다. 앞으로 이러한 문제에 대해 심도 깊은 연구를 기대한다.

참고문헌

고선(2013), 「한·중 매개호칭·지칭에 대한 대조 연구」, 국민대학교 석사학위논문.
이아정(2018), 「긍정과 부정의 관점에서 본 한국어 색채어 '검정'과 '하양'의 교육 방안연구」, 부산대학교 석사학위논문.
장환(2016), 「한·중 친족호칭어의 확대 사용 양상과 문화적 의미 대비 연구」, 연변대학 석사학위논문.
조환이(2005), 「중국 색채어의 문화적 상징의미 연구」, 충남대학교 석사학위논문.

지려나(2009), 「한중 현대사회 호칭어의 대비연구: 韩中现代社会称呼语的对比研究, 숭실대학교 석사학위논문.

Berlin, B. & P. Kay(1969), Basic color terms: their universality and evolution, Berkeley and Los Angeles: The University of California Press.

분석 대상 논문

강진리(2014), 「한국어와 중국어 [노랑] 계열 색채어의 대조 분석」, 충북대학교 석사학위논문.

고륙양(2005), 「현대 한국어와 중국어의 호칭어 대조연구」, 상명대학교 박사학위논문.

곽단남(2017), 「한·중 사회호칭어의 대조 연구 여성 고객을 부르는 호칭어를 중심으로」, 중앙대학교 석사학위논문.

김란화(2013), 「한·중 호칭어 대조 연구」, 중앙대학교 석사학위논문.

김미라(2010), 「韩中 呼称语 对照: 社会 呼称语 中心으로」, 부산외국어대학교 석사학위논문.

김순자·송원찬(2013), 「뷰티 영역에서의 한중 신체 묘사 색채어 대조 연구」, 『한국어 의미학』 40, 한국어의미학회, 385-413쪽.

김순진·한용수(2018), '白'과 '红'에 대한 한·중 색채어의 기호학적 연구」, 『철학·사상·문화』 26, 동국대학교 동서사상연구소, 333-355쪽.

김주연(2008), 「韩·中 色彩语 比较를 통한 韩国 文化教育 方案에 관한 研究」, 중앙대학교 석사학위논문.

김회령(2016), 「중국인 학습자를 위한 한국어 친족어휘 교육방안 연구: 학문 목적 학습자를 중심으로」, 충북대학교 석사학위논문.

金炫兑·孙东玉(2006), 「韩中 五色色彩语의 文化象徵意味 对照 分析」, 『중국학』 27, 대한중국학회, 143-166쪽.

李善熙(2020), 「한중 색채어 은유 양상 대조 연구—'푸르다' 계열 어휘를 중심으로」, 『중국어문학논집』 125, 중국어문학논집, 179-202쪽.

동소함(2013), 「한·중 기본 색채어의 문화 상징적인 의미 분석: '푸르다·붉다·누르다·희다·검다'와 '青(绿, 蓝)·红·黄·白·黑' 등을 중심으로」, 영남대학교 석사학위논문.

량샹(2012), 「한중 친족호칭어 대비 연구」, 경남대학교 석사학위논문.

리우린(2014), 「한국어 호칭어의 교육 방안에 관한 연구: 중국인 학습자를 대상으로」, 청주대학교 석사학위논문.

마친(2017), 「한·중 색채어 대조 연구」, 상명대학교 석사학위논문.

박소월(2018), 「한·중 호칭어의 대조 분석 연구」, 중부대학교 석사학위논문.
박중우(2021), 「한·중 색채 형용사 대조 연구」, 연세대학교 박사학위논문.
사준(2018), 「한·중 사회 호칭어 비교 연구」, 서울시립대학교 석사학위논문.
산영춘(2020), 「한·중 의사 친족 호칭어 대조 연구」, 조선대학교 석사학위논문.
상흔흔(2021), 「중국인 학습자를 위한 한국어 사회 호칭어 교육 연구」, 인하대학교 석사학위논문.
서우숙(2008), 「신체묘사 색채어의 한·중 대조연구: 오색의 색채어를 중심으로」, 부산외국어대학교 석사학위논문.
설아문(2016), 「사회적 상황에서의 한 중 사회 호칭어 대조 연구」, 연세대학교 석사학위논문.
손붕(2019), 「한·중 색채어 {백(白), 적(红), 흑(黑), 청(青), 황(黄)} 대조 분석」, 상명대학교 석사학위논문.
손홍(2014), 「한·중 '희다' 계열 색채어의 대조 연구」, 서울시립대학교 석사학위논문.
수혜교(2011), 「한국어와 중국어의 비친족 관계 호칭어 비교 연구」, 경희대학교 석사학위논문.
양초(2014), 「현대 한·중 친족호칭어의 대조 연구」, 가천대학교 석사학위논문.
양홍예(2016), 「중국인을 위한 '노랗다(황색)' 계열 색채어 교육 연구」, 경희대학교 석사학위논문.
양흔(2007), 韩国语와 中国语의 呼称语에 대한 对照 研究: 非亲族 呼称语를 中心으로」, 성균관대학교 석사학위논문.
옌멍(2018), 「중국인 학습자를 위한 한국어 친족호칭어 확대 사용 교육방안 연구」, 세종대학교 석사학위논문.
오설(2020), 「한중 '푸르다' 류 색채어 대조 연구」, 홍익대학교 석사학위논문.
왕단(2012), 「문화 간 의사소통의 시각에서 본 한·중 색채어의 의미 대조와 그 번역에 대한 연구—기본 색채어·'누르다'와 '黄'을 중심으로」, 『이중언어학』 48, 이중언어학회, 207-242쪽.
왕루엔쥔(2013), 「한·중 색채어의 상징 의미 비교 연구: 오행 기본색 어휘를 중심으로」, 선문대학교 석사학위논문.
왕문림(2017), 韩·中 女性 拟似 亲族 呼称语 对照 研究: 韩·中 女性의 社会的 地位를 中心으로」, 중앙대학교 석사학위논문.
왕신(2018), 「한국어와 중국어의 직장 호칭어 비교 고찰」, 충북대학교 석사학위논문.
왕운(2013), 「중국인 학습자를 위한 한국어 호칭어 교육 방안 연구」, 인하대학교 석사학위논문.
왕혜방(2009), 「한중의 호칭어의 대한 대조 연구:특히 친척 호칭어를 중심으로」, 경원대학교 석사학위논문.

왕효(2016), 「韩中基本颜色词'검다/희다' 和'黑/白'的语义对比 THE BASIC COLOR WORDS IN KOREAN AND CHINESE'검다/희다' AND '黑/白', 숭실대학교 석사학위논문.
요함(2016), 「한국어 '푸르다'와 중국어 '青'의 대조 연구」, 성균관대학교 석사학위논문.
우련의(2015), 「한·중 '붉다' 계열 색채어 은유 비교 연구」, 경상대학교 석사학위논문.
원선영(2013), 「한·중 "검다"계열 색채어의 대조: 형태, 의미, 관형표현을 중심으로」, 고려대학교 석사학위논문.
원운하(2008), 「现代 韩·中 社会 呼称语 对照 研究」, 전남대학교 석사학위논문.
유예화(2004), 「现代 韩国语와 中国语의 呼称语 对照研究」, 조선대학교 석사학위논문.
유초군(2012), 「한중 어휘 대조를 통한 한국문화교육 방안: 색채어를 중심으로」, 상명대학교 석사학위논문.
이명아(2016), 「한중 이름 호칭어의 사회문화적 의미」, 『철학·사상·문화』 21, 동국대학교 동서사상연구소, 192-214쪽.
이청(2013), 「한·중 '희다' 계열 색채어 대조 연구」, 울산대학교 석사학위논문.
이한비(2012), 「중국인을 위한 한국어 색채어 교육 방안 연구」, 경희대학교 석사학위논문.
장걸(2016), 「한·중 색채어 비교를 통한 한국어교육 방안연구」, 숙명여자대학교 석사학위논문.
장소리(2016), 「한·중 '청(青)' 계열 색채어 비교 연구」, 공주대학교 석사학위논문.
장손(2017), 「한·중 '붉다' 계열 색채어의 대조 연구」, 서울시립대학교 석사학위논문.
장쉐(2018), 「한중 현대 친족 호칭어 대비연구」, 건국대학교 석사학위논문.
장이원(2013), 「한·중 감정 관련 색채표현 대조 연구」, 경희대학교 석사학위논문.
장평(2016), 「한·중 친족호칭어의 확대 사용 대조 연구」, 상명대학교 석사학위논문.
저여나(2016), 「한·중 친족 호칭어 비교연구-한국 드라마 〈무자식상팔자〉를 중심으로」, 전주대학교 석사학위논문.
정림(2011), 「한·중 색채어 대비 연구: 오색어의 형태특징과 문화 상징의미를 중심으로」, 연변대학교 석사학위논문.
정민녀(2007), 「한국어와 중국어의 한국어와 중국어의 색채어 비교 연구 -오색의 문화적 오색의 문화적 상징의미를 중심으로」, 충남대학교 석사학위논문.
정영롱(2011), 「현대중국어 '白'류 색채형용사의 의미정보와 의미대응 연구: 사전석의와 용례번역을 중심으로」, 연세대학교 석사학위논문.
주정정(2019), 「한·중 개념적 은유의 보편성과 다양성: '빨간색/红' 계열 색채어가 근원영역인 언어 표현을 중심으로」, 『학습자중심교과교육연구』 19(12), 학습자중심교과교육학회, 747-767쪽.
주홍(2005), 「한국어와 중국어의 친족 호칭 대조 연구」, 한양대학교 석사학위논문.
지즈한(2020), 「중국인 학습자를 위한 한국어 호칭어 교육 연구 - 상호문화적 관점에서」, 세종대학교 박사학위논문.
진가동(2018), 「한·중 20대 화자의 친족 호칭어 비교 연구」, 전남대학교 석사학위논문.
진금결(2017), 「한·중 사회 호칭어 교육방안 연구」, 세종대학교 석사학위논문.
진환(2020), 「중국인 한국어 학습자를 위한 사회 호칭어의 교육 방안 연구」, 국민대학교 석사학위논문.
천진제(2017), 「한·중 사회 호칭어 교육방안 연구」, 세종대학교 석사학위논문.
태향화(2021), 「한·중 친족 어휘 대조 연구」, 충북대학교 박사학위논문.
판웨이(2015), 「한·중 '푸르다' 계열 색채어에 대한 대조 연구」, 고려대학교 석사학위논문.
학지(2018), 「한·중 기본 색채어 의미 확장 대조 연구」, 전남대학교 박사학위논문.
한소(2018), 「한·중 어휘 {하얗다/까맣다}와 {白/黑}의 대조 분석 연구」, 상명대학교 석사학위논문.
한청(2010), 「한중 호칭어 대비 연구」, 『국제문화연구』 3(1), 국제문화연구원, 87-100쪽.
허봉화(2013), 「한·중 사회 호칭어 비교 연구」, 경상대학교 석사학위논문.
허정정(2012), 「한·중 색채어의 의미 대응 양상 연구:'검다, 희다, 누르다, 푸르다, 붉다'를 중심으로」, 경희대학교 석사학위논문.
호유선(2012), 「한국어 호칭어의 교육 방안에 관한 연구」, 중앙대학교 석사학위논문.
황월홍(2020), 「한·중 서비스 호칭어 대조 연구: 음식점과 로드 숍에서 사용되는 호칭어를 중심으로」, 동국대학교 석사학위논문.
CHEN YING(2020), 「한·중 친족 호칭어 대조를 통한 한국어교육 연구」, 충북대학교 석사학위논문.
Chen,Siwei(2013), 「중국어권 학습자를 위한 한국어 색채어 교육 연구」, 서울대학교 석사학위논문.
Chi, Chenchen(2016), 「한중 사회호칭어에 대한 대조연구: 드라마 대본을 중심으로」, 고려대학교 석사학위논문.
HAO YAN(2014), 「한·중 호칭어 사용 양상 대조 연구: 한국 드라마 〈신사의 품격〉과 중국 드라마 〈李春天的春天〉을 중심으로」, 경희대학교 석사학위논문.
LI,YAN(2020), 「중국인 학습자를 위한 한국어 사회호칭어 사용 양상 연구」, 연세대학교 석사학위논문.
MA guij-uan(2011), 「韩中国语 色彩语 比较 研究; 형태·의미를 중심으로」, 강원대학교 석사학위논문.
Qi Feng(2011), 「한국어와 중국어의 호칭어 비교 연구: 한국어와 중국어의 호칭어 비교 연구」, 강원대학교 석사학위논문.
Wang,Pu(2021), 「한·중 드라마에서 나타난 사회 호칭어에 대한 대조연구: 드라마 〈미생〉과 〈상하이 여자 도감〉을 중심으로」, 중앙대학교 석사학위논문.

제5장

한·중 담화 및 표현 대조 연구

Ⅰ.
한·중 담화 및 표현 대조 연구 동향 분석

무양·옥지령

1. 들어가는 말

한국어교육의 발전에 따라 한국어에 대한 연구의 분석 단위를 어휘와 문장에 한정하지 않고 텍스트와 담화로 확장시키는 논의가 대폭 늘어나고 있다. 조태린(2014)에서 언급한 바와 같이 한국어교육의 근본적인 목적 또는 지향점이 한국어의 체계와 형식에 대한 지식과 이해 자체가 아닌, 그 이해를 바탕으로 한국어 의사소통 능력의 배양과 활용에 있다는 점에서 한국어의 기능과 사용에 대한 실용적 관심이 클 수밖에 없다.

대조언어학 분야에서도 마찬가지로 한·중 대조 연구는 음운 대조, 어휘 대조, 문법 대조 영역을 넘어서 더 큰 언어 단위인 담화 및 표현 영역에서도 활발히 이루어지고 있는 추세를 보이고 있다. 특히 한국어와 중국어는 서로 다른 언어 체계를 가지고 있으므로 화용적 기능에 따른 공통점과 차이점을 살펴보는 개별 화행 연구가 주를 이룬 가운데 최근 몇 년간 화행 대조뿐만 아니라 '뭐', '어디' 등과 같은 담화표지 대조에 대해서도 많은 연구자들의 관심을 모으고 있다. 백승주(2015)에 따르면 '담화표지'는 그 용어에서 확인할 수 있는 것처럼 기존의 문법으로는 설명되지 않는 담화 상에서 여러 가지 기능을 수행하는 장치이고, 이 때문에 많은 한국어교육 연구자들의 관심의 대상이 되었으며 그 관심만큼 괄목할 만한 성과를 보이고 있는 분야이기도 하다. 뒤에서 자세히 살펴보겠지만 한국어교육뿐만 아니라 대조언어학 연구에서도 한·중 담화표지 대조 연구가 활발히 이루어지고 있다. 그밖에, 기능-형태 분석을 통해 살펴본 인사 표현, 요청 표현, 사과 표현 등에 대한 연구도 다양하게 논의되고 있으며, 공손성을 다룬 공손 표현이나 완곡 표현, 한·중 양국 언어 사용자의 인지구조의 언어학적 특성을 규명한 은유 표현 대조, 의사소통 전략에 대한 대조와 같이 다양한 장르에서 연구가 이루어지고 있다. 따라서 본고는 그간 이루어진 한·중 담화 및 표현 대조 연구 동향, 연구 목적 및 연구 방법을 거시적으로 파악해보고자 한다.

담화 및 표현의 하위 영역으로 화행, 표현, 담화표지, 은유, 의사소통, 담화 기타를 세부 영역으로 분류해 보았고 본고에서 고찰하는 담화 및 표현 영역이 아닌 논문을 제외한 후, RISS에서 총 132편의 한·중 대조 논문이 추출되었다. 그중 박사학위논문은 17편, 석사학위논문은 82편, 학술지 논문은 33편으로 이루어져 특히 석사학위논문 주제로 담화 및 표현에 관한 많은 연구가 진행되고 있음을 알 수 있다. 한·중 담화 및 표현 대조 연구의 세부 영역 및 연구 수는 다음 〈표 1〉을 참고할 수 있다.

〈표 1〉 영역별 한·중 담화 및 표현 연구 동향

담화 및 표현 연구 영역	연구 수
화행	44
표현	30
담화표지	28
은유	19
의사소통	4
담화 기타	7
전체	132

위 〈표 1〉을 보면 알 수 있듯이 담화 및 표현이라는 큰 범주 안에서 화행 대조 연구가 총 44편으로 가장 많이 이루어졌고 그 다음은 표현에 대한

연구가 30편, 담화표지와 은유는 각각 28편과 19편으로 나타났다. 그리고 의사소통 4편, 담화 기타는 7편의 연구가 이루어지고 있다. 여기에서 담화 기타에는 설명적 구어 담화, 비판적 담화 분석, 대화 구조 등과 같은 영역으로 각각 한 편씩 나타나 본고에서는 기타에 분류시켰다. 이어서 화행부터 시작하여 각 세부 영역의 연구 동향, 연구 목적 및 연구 방법을 선행 연구와 함께 살펴보고자 한다.

2. 한·중 담화 및 표현 하위 영역별 대조 연구 동향

1) 한·중 화행 대조 연구 동향

한·중 화행 대조 연구 동향에 대해 구체적으로 시기별로 이루어진 전반적인 연구 동향부터 시작하여 화행 분류 유형에 따른 개별 화행의 연구 동향까지 자세히 살펴보고자 한다. 먼저, 한·중 화행 대조 연구의 출현 시기와 연도별 대조 연구 동향은 다음 〈표 2〉를 참고할 수 있다.

〈표 2〉 연도별 한·중 화행 대조 연구 동향

연도	연구 수	연도	연구 수
2002	1	2015	2
2007	1	2016	2
2009	2	2017	5
2010	5	2018	4
2012	1	2019	4
2013	3	2020	5
2014	1	2021 이후	8
합계 44편			

오선경(2009)[1]에서 한국어교육에서의 개별 화행 교육에 대한 학위논문은 2000년도에 들어서야 발표되기 시작하였다고 언급한 것과 비슷한 경향으

로 한·중 화행 대조 연구도 2000년대부터 출현하기 시작하여 전반적으로 증가하는 추세를 보였다. 특히 2010년에 이르러 한 해에 여러 편이 발행될 정도로 연구가 풍부하게 이루어졌으며, 2010년 후부터 2016년까지의 연구는 해마다 꾸준히 한두 편이 있었다. 2016년 후부터 다시 상승세를 보여 최근 2021년 이후에는 8편으로 한·중 화행 대조 논문이 가장 많이 발행된 추세를 보였다. 그렇다면 화행 영역에서 어떤 개별 화행들에 대한 대조 연구가 이루어지고 있는지 유형별로 살펴보고자 한다.

화행을 분류하기 위하여 본고에서는 가장 영향력이 있는 화행 분류 유형으로 꼽히는 Searle(1975)이 제시한 기준으로 한·중 화행 대조를 다룬 선행 연구들을 분류하고자 한다. Searle(1975)에서는 화행 유형을 다섯 가지로 제시했으며, 이는 단정행위(representatives) 또는 단언행위(assertives), 지시행위(directives), 언약행위(commissives), 표현행위(expressives), 선언행위(declaratives)이다. 다음은 각 유형에 포함되는 화행들이다.[2]

단정행위: 단언하기, 주장하기, 결론짓기, 보고하기, 진술하기 등
지시행위: 충고, 명령, 주문, 질문, 요구 등
언약행위: 제안, 서약, 약속, 거절, 위협 등
표현행위: 사과하기, 비난하기, 축하하기, 칭찬하기, 감사하기 등
선언행위: 전쟁 선포하기, 제명하기, 해고하기, 후보 지명하기 등

본고에서 고찰된 한·중 화행 대조 연구는 대부분 위의 분류에서 지시행위 및 표현행위에 속한다. 한편, 지시적 화행의 분류에 대하여 지시의 범위를 어디까지 볼 것이며 무엇을 지시적 화행으로 볼 것인지에 대해서는 Tsui(1994), 강현화(2007)에서 제시한 분류 틀을 참고할 수 있다. 먼저, Tsui(1994)의 지시적 화행 세부 유형 분류는 다음 〈표 3〉과 같다.

1 최호철(2009), 『학위 논문의 한국어교육 연구 경향』, 박문사, 502쪽 참고함.
2 Yan Huang(2009), 『화용론』, 한국외국어대학교 지식출판원, 132-135쪽을 참고함.

〈표 3〉 Tsui(1994), 지시적 화행 세부 분류(강현화, 2007 재인용)

지시적 화행	요청	부탁, 초대, 제공, 제의	① 화자는 특정 행동이 수행되기를 진정으로 원하며 그 행동은 수행될 필요가 있다고 믿는다. ② 청자는 행동을 수행하거나 행동이 수행되도록 할 수 있으며 그 행동에 이의를 갖지 않을 것이라고 예측된다. ③ 청자가 요구된 행동을 수행할지는 분명하지 않다.
	지시	명령	화자에게 지시할 권한 또는 의무가 있는 것으로 청자가 수락이나 거절을 선택할 가능성이 희박하다.
		권고 (제안)	청자가 화자의 지시를 따라야 하는 의무가 없으며, 부분적으로는 청자에게 이익이 된다고 생각하여 화자가 권고한 것으로 수락 여부는 전적으로 청자에게 달려있다.

Tsui(1994)에서는 지시적 화행을 요청과 지시로 나누었고 요청은 다시 부탁, 초대, 제공, 제의로 분류하였으며 명령과 권고 또는 제안은 지시에 포함시켰음을 확인할 수 있다. 한편, 강현화(2007)에서는 지시적 화행이란 화자가 청자에게 물리적 행위나 정신적 동의를 구하는 화행으로 보고 다음 〈표 4〉와 같이 분류하였다.

〈표 4〉 강현화(2007), 지시적 화행 분류 틀

+ 강제성	+ 상하관계	+ 화자도움		☞ 명령
		+ 청자도움		☞ 권고
	± 상하관계	+ 화자도움	+ 화자권리	☞ 요구
− 강제성	± 상하관계	+ 화자도움		☞ 부탁
		+ 화/청자 도움	함께 행동	☞ 제안
		+ 청자도움		☞ 제의

강현화(2007)에서는 +/− 강제성에 따라 지시적 화행은 요청(부탁), 초대, 제의, 요구, 명령, 권고 등을 들 수 있다고 하였다. 더 나아가 지시적 화행 전체를 묶어 세부 유형들의 변별을 위해 각 기능의 담화 상황에서의 변별성을 살펴본 후 지시적 화행을 분류한 것이다.

그밖에, 본고에서는 청자의 반응을 살펴보는 거절 화행이나 동의 화행과 같은 응답 화행은 따로 구분하여 살펴볼 필요가 있다고 보았다. 따라서 본고에서는 앞서 고찰한 화행 분류 유형을 바탕으로 한·중 화행 대조 연구의 전반적 연구 동향을 다음 〈표 5〉와 같이 대분류로 나눈 후, 개별 화행 각각의 연구 동향을 살펴보고자 한다.[3]

〈표 5〉 대분류별 한·중 화행 대조 연구 동향

대분류	연구 수
표현 화행	16
지시적 화행	12
반응/응답	14
기타	2

본고에서는 먼저 표현 화행, 지시적 화행, 반응/응답 및 기타로 분류하였다. 표현 화행은 감사, 불평, 사과, 인사, 질책, 칭찬으로 분류하였으며 이에 대한 연구는 총 16편으로 가장 많이 나타났다. 지시적 화행은 요청, 지시, 충고와 경고, 설득 화행으로 총 12편의 논문이 발견되었다. 그리고 화행 연구에서 종종 청자의 반응이나 응답을 다루는 연구들도 다수 나타났는데, 예를 들면 청자의 반응을 고찰하는 거절, 동의, 불평에 대한 응답, 요청 및 거절, 지시 및 거절, 칭찬에 대한 응답이 총 14편의 논문이 있음을 확인하였다. 마지막 기타에는 2편의 논문이 포함되었는데, 이는 모이(2015)와 Wang Jialei(2021)의 연구로 모이(2015)에서는 남녀의 성별 발화에 대한 사회언어학적 대조 연구를 진행하였고 구체적으로 칭찬, 요청/부탁, 거절의 세 가지 화행을 중심으로 화행별로 성별 발화 표지의 사용 양상을 고찰하였다. Wang Jialei(2021)는 화행을 중심으로 한·중 반어법에 관한 대조 분석을 진행하였고 화행에서 반어법의 실현 양상을 살펴본 연구이다. 따라서 이 두 연구도 화행을 중심으로 다루고 있었기 때문에 화행의 기타에 넣고 화행 연구에서 함께 살펴보고자 한다. 이상으로 한·중 화행 대조 연구의 대분류를 살펴보았고 다음은 각각의 대분류에 포함된 개별 화행에

3 본고에서는 논문의 제목을 기준으로 연구 경향을 분류했음을 밝힌다.

대해 하나씩 살펴보겠다. 먼저, 한·중 표현 화행 대조 연구 동향이다.

〈표 6〉 한·중 표현 화행 대조 연구 동향

표현 화행	연구 수
칭찬 화행	5
감사 화행	3
불평 화행	3
사과 화행	2
인사 화행	2
질책 화행	1

Searle(1975)에서는 표현행위(expressives)는 기쁨, 슬픔, 좋아함, 싫어함 등과 같이 화자의 심리적 태도나 상태를 표현하는 화행 종류임을 밝혔고[4], 본고에서 고찰한 칭찬 화행, 감사 화행, 불평 화행, 사과 화행, 질책 화행은 모두 화자의 심리적 태도나 상태를 표현하는 표현 화행에 속할 수 있다. 인사 화행을 다룬 이연(2013)에서는 연구 대상인 '인사하기'는 표현행위에 속한다고 밝힌 후 논의를 진행하였다. 구체적으로 살펴보면, 칭찬 화행이 5편으로 가장 많았고 감사 화행과 불평 화행은 각각 3편의 연구가 존재하였으며, 사과 화행과 인사 화행은 각각 2편, 질책 화행 1편 있었다. 다음은 한·중 지시적 화행 대조 연구 동향을 살펴보겠다.

〈표 7〉 한·중 지시적 화행 대조 연구 동향

지시적 화행	연구 수
요청 화행	8
지시 화행	2
충고와 경고 화행	1
설득 화행	1

Searle(1975)에 의하면 지시행위(directives)는 청자에게 무언가를 하도록

4 Yan Huang(2009), 『화용론』, 한국외국어대학교 지식출판원, 134쪽 참고함.

하는 화자의 시도를 표현하는 화행 종류로 이 행위는 청자가 무언가를 하도록 하는 화자의 희망이나 기원 등을 표현하는 화행이다.[5] 표에서 확인할 수 있듯이, 지시적 화행 중에서도 요청 화행 대조 연구가 가장 활발하게 논의되어 왔고 그 외의 지시 화행을 전반적으로 다룬 논의가 2편이 있는데, 예를 들어 CAO DONGWEI(2017)에서는 선행 연구를 통해 살펴본 분류 기준과 드라마 분석한 결과에 따라 지시 화행의 하위분류로 명령, 권고, 요구, 제의, 제안, 부탁과 같이 일곱 가지 화행을 논문에서 모두 다룬 연구이다. 그리고 주진(2010)에서는 충고와 경고에 대한 화행을 주제로 하였는데, 충고는 다른 사람에게 받은 좋은 제안이나 의견으로 볼 수 있다고 밝혔으며, 한국어에서는 경고를 어떤 일을 금지하는 명령으로 해석할 수도 있다고 하였다. 그 외에 설득 화행을 다룬 연구는 1편이 있었다. 마지막으로 응답이나 청자의 반응을 대조한 연구 동향을 살펴보겠다.

〈표 8〉 한·중 화행의 응답/반응 대조 연구 동향

응답/반응	연구 수
거절 화행	6
칭찬 응답 화행	3
지시, 거절 화행	2
요청, 거절 화행	1
불평 응답 화행	1
동의 화행	1

강현화(2007)에서 언급했듯이 지시적 화행에 대한 청자의 반응은 수락 혹은 거절(회피 포함)로 나타나게 된다고 하였다. 위 표에서도 볼 수 있듯이 한·중 응답 화행 대조 연구 중에는 지시적 화행의 반응으로 거절 화행을 살펴보는 연구가 6편으로 가장 많이 나타났고 그 다음은 칭찬 응답 화행은 3편이 있었으며, 지시 및 거절 화행은 2편, 요청 및 거절 화행, 불평 응답

5 Yan Huang(2009), 『화용론』, 한국외국어대학교 지식출판원, 133쪽 참고함.

화행, 그리고 동의 화행은 각각 1편의 연구가 있었다.

요컨대, 지금까지 한·중 화행 대조 연구가 다양한 화용적 기능을 중심으로 한 개별 화행 연구가 이루어지고 있음을 확인하였다. 다음은 각각의 개별 화행 연구를 다룬 선행 연구들을 〈표 9〉로 통합하여 정리해보고자 한다.

〈표 9〉 한·중 화행 대조 선행 연구

대분류	소분류	연구 수	연구
표현 화행	칭찬 화행	5	정다운(2002), 박애양(2009), 주설영(2021), 유진(2021), 김영상·무양(2021)
	감사 화행	3	원일정(2010), 류티엔(2017), 향신휘(2019)
	불평 화행	3	진양(2010), 이금양(2017), 송이연(2019)
	사과 화행	2	Nan Shanji(2020), ZHU SHICHUN(2022)
	인사 화행	2	이연(2013), Wang Yiru(2020)
	질책 화행	1	ZHAO YU(2018)
지시적 화행	요청 화행	8	이명희(2010), 양영(2016), 임나(2017), 장우양(2018), 사오난(2019), 임나(2019), 유가혜(2020), 손욱(2021)
	지시 화행	2	박성일(2007), CAO DONGWEI(2017)
	충고와 경고 화행	1	주진(2010)
	설득 화행	1	유암천(2014)
반응/응답	거절 화행	6	이명희(2009), 디팡(2012), 오진환(2013) Zhang Yao(2016), 류파(2020), 사소협(2021)
	칭찬 응답 화행	3	황란쥔(2017), 추상(2020), 장멍멍(2021)
	지시, 거절 화행	2	황정혜(2018), 주설(2010)
	요청, 거절 화행	1	채춘옥(2015)
	불평 응답 화행	1	GAO JING(2018)
	동의 화행	1	마후이(2013)
기타	반어법	1	Wang Jialei(2021)
	성별 발화	1	모이(2015)
전체	-	44	-

이상으로 지금까지 이루어진 한·중 화행 대조 연구의 시기별 연구 경향

을 비롯하여 화행 분류 유형에 따른 개별 화행 연구 경향을 살펴보았다. 다음은 이와 같은 연구가 진행된 연구 목적, 즉 선행 연구에서 밝히고 있는 연구 목적에 대해 간단히 살펴보겠다.

〈표 10〉 연구 목적별 한·중 화행 대조 연구 동향

연구 목적	연구 수	연구
대조 분석	35[6]	-
대조 분석 + 교수·학습 방안(제안)	8	박애양(2009), 진양(2010), 디팡(2012), 오진환(2013), 유암천(2014), 류파(2020), Wang Yiru(2020), Wang Jialei(2021)

한·중 화행 대조 연구의 연구 목적을 보자면, 물론 모든 연구가 한·중 양국어의 대조 분석을 통해 공통점과 차이점을 살펴보거나 화행 사용 양상을 고찰하는 것을 기반으로 하나, 대조 분석에서 한층 더 나아가 화행의 교수·학습 방안을 마련하거나 교육적인 제언을 밝힌 연구들도 다수 있었다. 예를 들어 유암천(2014)에서는 설득 화행을 대조 분석하여 한·중 양국 모어 화자의 설득 화행 사용 양상을 고찰한 후 이에 입각하여 교육 목표를 명료화하였다. 그리고 '도입–전개–연습–활동–마무리'의 단계로 수업 방안을 제시하였다. 그리고 류파(2020)에서는 중국인 한국어 학습자를 대상으로 거절 화행에 나타난 화용적 실패를 분석한 후, 그 결과를 바탕으로 거절 화행을 교육할 때 필요한 교수–학습 내용 체계를 단계별로 구성하여 5단계의 교육 방안을 제안하였다.

더 나아가서 한·중 화행 대조 연구들이 어떤 방법으로 연구되어 왔는지를 살펴볼 필요도 있다. 지금까지 한·중 화행 대조 연구의 방법을 살펴보면 주로 단일한 연구 방법, 즉 한 가지 방법으로 연구를 진행한 경우가 대부분이었고 두 가지 또는 그 이상의 방법을 복합시켜 연구를 진행한 경우도 일부 있었다. 구체적인 연구 방법 및 연구 수는 다음 〈표 11〉과 같이

6 원문을 확인할 수 없는 장멍멍(2021)의 연구는 제외하였다.

정리하였다.

〈표 11〉 연구 방법별 한·중 화행 대조 연구 동향

구분	방법 수	연구 방법	연구 수
단일 방법	1가지 방법	담화 완성형 테스트(DCT)	17
		말뭉치 분석 (드라마, 대본, 예능, 희곡집, 번역본 등)[7]	11
		문헌 대조	3
		예문 분석	2
복합 방법	2가지 방법	DCT + 말뭉치 분석	3
		DCT + 인터뷰	3
		말뭉치 분석 + 예문 분석	2
		DCT + 문헌 대조	1
	3가지 방법	DCT + 말뭉치 분석 + 역할극	1

위의 〈표 11〉에 나타난 바와 같이 한·중 화행 대조에 가장 많이 사용되고 있는 방법은 담화 완성형 테스트(Discourse Completion Test)[8]이며 연구자들은 이를 적극적으로 화행 연구에 활용하고 있다. DCT는 Blum-Kulka 외(1989)에서 도입한 후에 화행 연구에서 연구자들에게 각광을 받는 자료 수집 방법이라고 할 수 있다. DCT 외에 말뭉치를 활용한 분석 방법도 많은 연구자들이 선호하고 있음을 알 수 있으며, 그중에서도 특히 드라마 대본이나 드라마를 분석하는 논문은 8편으로 비교적 많은 연구에서 활용되었다. 복합 방법에서는 DCT와 인터뷰, 문헌 대조, 말뭉치 분석, 역할극을 결합시켜 다양한 방법으로 연구를 진행하는 모습을 보였다.

이상으로 한·중 담화 및 표현 대조 연구에서 가장 많은 대조가 이루어진 영역인 화행 대조의 연구 동향을 살펴보았고 다음은 한·중 표현 대조 연구 동향을 살펴보겠다.

---

7 본고에서는 문어 말뭉치, 구어 말뭉치, 그리고 준구어 말뭉치를 활용한 연구를 모두 말뭉치 분석으로 통합하였음을 밝힌다.

8 담화 완성형 테스트(Discourse Completion Test). 이하 일괄적으로 DCT라 칭하겠다.

2) 한·중 표현 대조 연구 동향

구체적인 논의에 앞서, 본고에서 살펴보고 있는 표현 대조 연구는 어휘·문법 층위를 넘어 의사소통을 목적으로 하거나 담화·화용적 기능의 표현도 포함하고 있음을 밝히고자 한다. 선행 연구를 통해 고찰한 바에 의하면 한·중 표현 대조 연구에는 대체로 공손성을 다루고 있는 공손 표현, 완곡 표현을 주제로 하거나 특정 화용적 기능의 인사 표현, 요청 표현, 사과 표현 등에 대한 대조 연구들도 다수 있었다. 구체적인 세부 영역, 연구 수 및 연구자 정보는 다음 〈표 12〉를 참고할 수 있다.[9]

〈표 12〉 세부 영역별 한·중 표현 대조 연구 동향

세부 영역	연구 수	연구
공손 표현	7	金廷恩(2010), 苏雨(2012), 왕경(2015) 곽옥(2016), Zhang Meilin(2017), 정수봉(2018), 정수봉(2020)
완곡 표현	6	Guo Dan Yang(2006), 채춘옥(2013), 채춘옥(2014), 진문(2020), 방이(2021), 한존새(2021)
인사 표현	3	량징단(2013), 로단(2019), Sun Fengwei(2020)
요청 표현	2	김정은(2006), 고동(2014)
피동 표현	2	이수나(2018), 서만(2019)
설득 표현	1	계정정(2010)
사과 표현	1	손세모돌(2012)
의지 표현	1	ZHANG LU(2022)
맞장구 표현	1	이홍염(2011)
아이러니 표현	1	동금령(2021)
의도 표현	1	왕문군(2012)
감탄 표현	1	왕뒤뒤(2017)
간접 표현	1	상향함(2014)
인용 표현	1	서아경(2012)
완형 표현	1	류샤오리(2010)
합계	30	

9 한·중 표현 대조 연구도 화행과 마찬가지로 논문 제목을 기준으로 세부 영역을 분류하였음을 밝힌다.

위의 〈표 12〉에서 볼 수 있듯이 한·중 표현 대조 연구는 총 30편이 있었다. 그리고 그중에서도 공손 표현을 다룬 연구가 7편으로 가장 많았고 다음으로는 완곡 표현이 6편으로 비교적 많았다. 인사 표현은 3편, 요청 표현과 피동 표현은 각각 2편이 있었다. 나머지 주제에 대한 연구는 각각 1편으로 나타났는데 맞장구 표현, 아이러니 표현, 감탄 표현, 인용 표현, 완형 표현 등과 같이 다양한 주제로 연구가 이루어졌음을 알 수 있었다. 다음은 논의가 비교적 많이 이루어지고 있는 공손 표현과 완곡 표현 연구에 대해 더 자세히 살펴보겠다.

공손 이론(Politeness Theory)에 대해 먼저 살펴보면, Brown & Levinson(1987)은 Goffman(1967)의 '체면(face)'의 개념과 관련시켜 체면을 적극적 체면(positive face)과 소극적 체면(negative face)으로 구분하였다. 적극적 공손성(positive politeness)은 다른 사람의 적극적 체면을 유지하는 데 맞춰져 있고 소극적 공손성(negative politeness)은 다른 사람의 소극적 체면을 유지하는데 맞춰져 있다.[10]

공손 표현을 다룬 연구들은 주로 화용론의 관점에서 한·중 화행별로 공손 표현의 사용 양상을 대조하는 논문들이다. 예를 들어, 苏雨(2012)에서는 완곡 공손 표현이 실현될 때를 어휘 차원과 화용 차원으로 나누어 논의하였고 명령 화행, 요청 화행, 질책 화행 그리고 거절 화행 등의 구체적인 상황에서 완곡 공손 표현이 양국어에 어떻게 실현되고 있는지 대조하였고 곽옥(2016)에서는 체면을 위협할 수 있는 상황에 사용하는 요청 화행, 거절 화행, 인사 화행에 대한 공손 표현을 다루었다. 그리고 왕경(2015)은 한·중 공손 표현 방식을 대조한 후에 DCT를 활용하여 나이, 사회적 지위 및 친소관계에 따라 한국어 공손 표현 사용 양상을 분석하였다. 그 외에도 이메일 공손 표현이나 상투 표현과 같이 더 세부적인 장르의 공손 표현을 중심으로 다루는 연구도 있었다. Zhang Meilin(2017)에서는 실제로 주고받는 이메일 공손 표현에 초점을 맞추어 한국어의 이메일 공손 표현을 크게

10 Yan Huang(2009), 『화용론』, 한국외국어대학교 지식출판원, 이해윤 옮김, 145쪽 참고함.

구성적, 문법적 및 화용적 측면으로 분석하였다. 화용적 측면의 공손 표현은 간접 화행, 완화 표현, 강화 표현, 겸손 표현 및 생략 표현으로 공손 장치의 차원과 기타 주의 표현을 분석하였다. 한편, 상투 표현을 다룬 정수봉(2018)의 연구에서는 한국어 모어 화자의 화행별 공손 상투 표현 사용 양상을 파악하여 중국어의 공손 표현과 대조하였으며 결과적으로 한국어는 중국어보다 더 격식성을 중시하는 특징을 보이고 중국어는 한국어보다 친밀성을 더 강조하는 특징을 보인다고 밝혔다.

다음은 완곡 표현에 대해 살펴보겠다. 완곡 표현은 16세기 80년대 초에 영국 작가 George Blunt가 그의 작품에서 'euphemism'이라는 단어를 최초로 만들었고 '(완곡 표현)은 나쁜 단어에 대한 좋은 또는 유리한 해석'이라고 정의를 내렸다. 완곡 표현은 세계 많은 언어권에서 보편적인 언어현상이라고 할 수 있다.[11]

채춘옥(2013)에 따르면 완곡 표현은 미시적·거시적 관점에서 다루어질 수 있는데, 미시적 관점에서의 완곡 표현은 낱말과 문장 층위에 속한 언어적 단위의 성능과 효과를 인식하고 체계화하는 것이다. 거시적 관점에서의 완곡 표현은 텍스트의 전체 의미와의 관련성 속에서 문체의 성능과 역할을 재구성해야 한다고 하였다. 또한 여러 개의 문장이 통사적으로 구성된 텍스트가 아니라 언제나 발화들로 의사소통적으로 구성된 텍스트 전체에서 출발해야 한다고 밝혔다.

한·중 완곡 표현에 대한 대조 연구 몇 편을 살펴보면 방이(2021)에서는 드라마 대본을 바탕으로 화행별로 한·중 완곡 표현을 문장 차원에서 분석하고 그 유사점과 차이점을 논하였다. 구체적으로 명령 화행, 요청 화행, 제안 화행, 주장 화행에서의 완곡 표현을 대조하였다. 그리고 연구자에 따라 완곡 표현의 분류 설정에 다소 차이가 있었다. 예를 들어 진문(2020)에서는 사회언어학적 측면에 의한 한·중 완곡 표현을 비교하였는데 구체적

11 방이(2021), 「중국어권 학습자를 위한 완곡 표현 대비 연구 : K-drama 자막 한중 번역본을 바탕으로」, 한국외국어대학교 석사학위논문, 4쪽을 참고함.

으로는 죽음, 배설, 질병, 장애, 여성, 직업에 관련된 표현들을 비교하였다. 한존새(2021)에서는 이를 담화 목적 요인에 따라 더 세분화하였다. 구체적으로는 '죽음, 경외의 대상'이 포함되는 '피휘(避讳) 목적', 그리고 여기에 '질병, 신체장애, 배설, 성'이 포함되는 '피휘와 예의 및 존중의 공동 목적', '직업, 개인 평가, 범죄나 불량 행위'가 포함되는 '예의 및 존중 목적', 마지막으로 '숨김 및 위장 목적'으로 완곡 표현을 총 네 가지로 분류하였다. 이를 통해 완곡 표현을 단순한 어휘나 문장 차원에서보다 실제적이고 실용적인 담화 차원에서 대조 분석하였다.

다음은 선행 연구에서 밝히고 있는 한·중 표현 대조 연구 목적에 대해 다음 〈표 13〉을 통해 살펴보겠다.

〈표 13〉 연구 목적별 한·중 표현 대조 연구 동향

연구 목적	연구 수	연구
대조 분석	23[12]	-
대조 분석 + 교수·학습 방안	5	Guo Dan Yang(2006), Zhang Meilin(2017) 이수나(2018), 방이(2021), ZHANG LU(2022)
대조 분석 + 오류 분석	1	왕경(2015)

한·중 표현 대조 연구도 화행 연구와 마찬가지로 양국어의 공통점과 차이점, 사용 양상의 차이를 밝히는 것이 모든 연구의 공통적인 목적이긴 하였으나 더 나아가서 대조 분석 결과를 바탕으로 교수·학습 방안을 제시하는 논문도 있었다. 이처럼 교수·학습 방안을 함께 제시한 연구는 총 5편이 확인되었다. 그리고 대조 분석과 오류 분석을 함께 진행한 연구도 1편 있었는데, 왕경(2015)에서는 한·중 공손 표현 방식을 대조 분석한 후에 중국인 학습자들의 한국어 공손 표현 사용 양상을 살펴보고 오류를 분석하였다.

마지막으로는 한·중 표현 대조 연구의 연구 방법을 〈표 14〉를 통해 살펴

12 원문을 확인할 수 없는 왕문군(2012)의 연구는 제외하였다.

보겠다.

〈표 14〉 연구 방법별 한·중 표현 대조 연구 동향

구분	방법 수	연구 방법	연구 수[13]
단일 방법	1가지 방법	말뭉치 분석(문어 말뭉치, 자연 발화 자료, 드라마, 예능, 영화, 광고 등)	12
		문헌 대조	4
		예문 분석	4
		담화 완성형 테스트(DCT)	2
		설문 조사	1
복합 방법	2가지 방법	DCT+설문 조사	2
		DCT+말뭉치 분석	1
		교재 분석+설문 조사	1
		문헌 대조+말뭉치 분석	1
	3가지 방법	DCT+교재 분석+인터뷰	1

선행 연구를 통하여 고찰한 한·중 표현 대조의 연구 방법은 위의 표와 같이 굉장히 다양한 방법으로 나타났다. 그리고 그중에서도 단일 방법으로 말뭉치를 사용하여 대조 분석을 진행한 연구가 12편으로 가장 많았다. 말뭉치의 연구 자료로는 문어 말뭉치뿐만 아니라 자연 발화 구어 말뭉치, 드라마, 예능, 영화, 광고 등 다양한 장르의 준구어 말뭉치를 활용하였음을 알 수 있었다. 자연 발화 자료를 사용한 연구는 류샤오리(2010)와 이홍염(2011)의 연구를 살펴볼 수 있다. 류샤오리(2010)에서 중국어 자연 발화 자료는 연구자가 직접 녹음하고 전사한 자료를 사용하였고 이홍염(2011)에서도 마찬가지로 한·중 라디오 대화 자료를 녹음 및 전사를 하여 연구 자료로 삼았다. 그 다음으로는 문헌 대조가 4편, 예문 분석 4편이 있었으며, DCT를 활용한 연구는 2편, 설문 조사를 진행한 연구는 1 편 있었다. 복합 방법에는 DCT와 준구어 말뭉치를 결합하거나 DCT와 설문 조사를 병행하는 방법이 있는데, 여기에서의 설문 조사는 DCT와는 다른 선택형 설문 조사

13 원문을 확인할 수 없는 왕문군(2012)의 연구는 제외하였다.

를 가리킨다. 그 외에 3가지의 방법을 사용한 연구로는 이수나(2018)가 있다. 이 연구에서는 피동 표현의 담화-화용적 지도 방안을 마련하기 위하여 먼저 교재 분석을 통해 교재에서 나타난 문제점을 파악하였다. 그 후에는 중국에 있는 한국어 교사를 대상으로 인터뷰를 실시함으로써 교사의 입장에서 학습자가 느끼는 어려움의 원인을 알아보았고, 마지막으로 학습자들에게 DCT와 인터뷰를 실시해 피동 표현에서 나타나는 오류의 원인을 파악하였다.

이상으로 한·중 표현 대조 연구의 동향, 연구 목적 및 연구 방법을 선행 연구와 함께 살펴보았다. 다음 절에서 한·중 담화표지 대조 연구 경향에 대해 논의해보고자 한다.

3) 한·중 담화표지 대조 연구 동향

한·중 담화표지 대조 연구의 출현 시기와 발행된 연구 수를 알아보기 위하여 시기별 연구 동향을 살펴보았다. 한·중 담화표지 대조 연구는 2011년에 1편의 학위논문에서 출발하여[14] 지금까지 총 28편의 논문이 발행되었다. 그중 학위논문이 23편, 학술지 논문이 5편이다. 담화표지의 한·중 대조가 근래에 와서야 시작된 만큼 아직 연구의 초기 단계라 할 수 있다.

〈표 15〉 연도별 한·중 담화표지 대조 연구 동향

연도	연구 수	연도	연구 수
2011	1	2017	3
2012	1	2018	4
2014	1	2019	1
2015	2	2020	2
2016	4	2021 이후	9
합계 28편			

14 그 전부터 관련 연구가 이미 수행되었을 가능성도 없지 않지만 RISS(리스)에서 찾아볼 수 있는 가장 이른 한·중 담화표지 대조 연구는 주요(2011)의 석사학위논문이었다.

구체적으로 보자면, 한·중 담화표지 대조 연구는 2014년부터 연구의 수가 점차 증가하는 추세를 보이다가 2016년에 이르러 가장 많은 4편의 연구가 발행되었다. 2017년에는 연구 수가 잠시 줄었다가 2018년에 다시 4편의 연구가 발행되었다. 2019년에는 갑자기 연구 수가 1편으로 줄어들면서 2014년 이후 가장 적은 연구가 이루어졌다. 그 후 연구 수가 점차 증가하여 최근 2021년에 접어들어 현재 시점까지 9편의 논문이 발행되어 한·중 담화표지 대조 연구 시작 이래 가장 많은 연구가 이루어졌다.

상세한 논의에 앞서, 지금까지 한·중 담화표지 대조 연구에서 어떤 담화표지들을 다루어 왔는지, 그리고 한 연구 당 다루고 있는 담화표지의 수와 규모에 대해 알아보도록 한다.

담화표지의 유형 및 분류에 대한 선행 연구들을 살펴보면 화용적 일관성을 토대로 하는 협의적인 분류 방식과 담화 전체를 거시적으로 바라보는 광의적인 분류 방식이 있다. 광의적인 분류 방식은 담화표지의 실현 형식을 크게 어휘와 구절로 나누어 보면서 어휘의 경우 그들의 품사(혹은 기원어 품사)에 따라 담화표지들을 분류하는 것이다. 본고에서 다루는 연구들은 담화표지의 개별적 대조가 주를 이루고 있기에 이들의 연구 경향을 살피는 데는 광의적인 분류 방식이 더욱 적합하다. 따라서 광의적인 분류 방식을 논의한 선행 연구 중 안주호(2009)[15], 전영옥(2002) 및 송인성(2015)[16]의 분류

15 안주호(2009: 149-151)의 담화표지 분류

품사	담화표지
감탄사	네/예, 아니요/아뇨/아니오/아닌데요/아니에요/아니/아니야, 아, 어, 응, 아야, 아이, 에이 참, 와, 어머, 아이구(고), 오냐, 아휴/어휴, 휴우, 야, 응, 자, 여보세요, 여보, 얘들아, 얘야, 허허, 하하/하하하
접속어	그리고(는), 그러면, 그래(요), 그럼(요), 그래서, 그러니까, 그러므로, 그런데(요/도), 그래도, 그러나, 그렇지만, 하지만, 그러다가, 그렇다고, 그러자, 그렇습니다만, 왜냐하면, 하긴
부사어	어서, 뭘요, 좀, 참, 뭐, 하여튼/아무튼, 어디, 글쎄(요), 또한, 물론(이에요), 더군다나, 따라서
용언	그러지요/그렇지요, 그랬군요, 그렇군요/그렇대요, 그러세요, 그럽시다, 괜찮아(요)/괜찮습니다, 됐습니다

방식과 목록을 참조하면서 기존까지 대조 연구에서 다뤄왔던 담화표지를 그 유형과 함께 아래 〈표 16〉과 같이 제시한다.

〈표 16〉 한·중 대조 연구에서 다룬 한국어 담화표지

실현 형식	품사 구분		담화표지
어휘	감탄사		뭐, 어디, 왜, 그래, 글쎄, 와, 참, 정말
	감탄사/부사		아니, 그러게
	부사	접속 부사(접속어)	그러니까, 아무튼, 어쨌든
		기타	그냥, 막, 좀
	용언		'됐어'류, 있잖아, 좋다
합계			19

〈표 16〉은 한국어를 중심에 놓고 중국어와 대조한 연구에서 비교적 자세히 논의된 담화표지를 품사별로 분류하여 제시한 것이다.[17] 보다시피 지금까지 연구에서 다룬 담화표지는 19개에 달하는데 그중에서도 부사 담화표지와 감탄사 담화표지를 다룬 연구가 가장 많았다. 해당 영역에서 이루어

16 송인성(2015)은 전영옥(2002)의 분류 틀을 받아들였고 담화표지 목록에 '그냥'과 '하여튼'을 추가하여 분류하였다.

송인성(2015: 32) 및 전영옥(2002: 121)의 담화표지 분류

실현 형식	품사	담화표지
어휘	부사	그래도, 그래서, 그러나, 그러니까(근까), 그런데(근데), 그럼, 그렇지만, 그리고, 그다음에, 이케, 저케, 좌우간, 하여간, 왜, 이제(인제, 인자, 인저), 좀, 막, 참, 어디, 가만, 아니, 그냥, 하여튼
	감탄사	뭐, 자, 저, 글쎄, 네, 예, 에, 에또, 아, 어, 음, 응, 아뿔사, 아이가, 아이고, 아이구, 어머, 오, 야, 얘, 그래
	대명사	거시기, 저기(요), 이거, 그거, 저거
	용언	뭐지(요), 뭐야, 뭐냐면, 뭐랄까, 있잖아(요), 있지(요), 말이야, 말씀이야, 말이에요, 말이지, 말입니다, 말하자면
	관형사	이, 그, 저, 이런, 그런, 어떤, 무슨
	조사	요, 만은

17 연구에서 교육용 목록이나 사용빈도 추출 및 통계를 위해 대조·분석의 내용 없이 단순히 제시만 한 담화표지는 포함시키지 않았다.

진 연구 수가 총 28편이라는 점을 감안하면 담화표지를 비교적 다양하게 다루었다고 할 수 있겠다. 그러나 아래 제시되는 표들과 결부하여 살펴본다면 한·중 담화표지 대조 연구의 패턴 또는 일부 경향을 좀 더 면밀히 파악할 수 있을 것이다.

〈표 17〉 연구 당 다룬 담화표지의 개수

담화표지 개수	연구 수
1개	13[18]
2개	6
3개	3
기타	6
합계	28

지금까지 담화표지 한 개를 분석 대상으로 삼은 연구가 13편으로 가장 많았다. 두 개의 담화표지를 다룬 연구는 6편, 세 개의 담화표지를 연구는 3편이 있었다. 이와 같이 한 편의 논문에서 적게는 하나의 담화표지를, 많게는 3개까지 취급하는 경우도 있었는데, 일반적으로는 한 연구에서 하나 혹은 두 개 담화표지를 다루고 있었다. 그럼 연구에서 비교적 많이 다루고 있는 담화표지에 어떤 것들이 있는지, 얼마나 연구가 되었는지 살펴보도록 한다.

〈표 18〉 한·중 대조 연구에서 주로 다룬 담화표지

연구	그냥	그래	글쎄	뭐	아니	어디	왜
주요(2011)[19]				○			
선신휘(2012)		○	○		○		
원해운(2014)					○		

18 전학(2021)에서는 기본형 '되다'의 과거형 '됐어'와 의미·화용적으로 담화표지의 기능을 수행하는 '됐어'를 '됐어'类 담화표지로 보았다. 따라서 본 연구에서는 '됐어'类 담화표지를 '되다'의 의미·화용적 기능의 분화로 보면서 하나의 담화표지로 취급하고 분류하였다.

고산(2015)[20]	○						
유나(2015)						○	
송승남(2016)				○			
TAN JINGXIN(2016)				○		○	
류파(2017)	○						
주홍만(2017)						○	
양광(2018)				○			○
OU LU(2018)[21]		○	○				
이시려(2019)							○
왕온함(2021)						○	
전모(2021)				○			○
주자미(2021)					○		
하종의(2021)				○			
합계	2	2	2	6	3	4	3

위 표에서 제시한 것처럼 담화표지 '뭐'를 다룬 연구가 6편으로 가장 많았고, 담화표지 '어디'가 그 뒤를 이어 관련 논문 4편이 발견되었다. 그 다음으로는 담화표지 '아니'와 '왜'를 다룬 연구가 각각 3편 있었으며, 담화표지 '그냥'과 '그래', '글쎄'를 다룬 연구는 2편씩 있었다.

한편, 한·중 담화표지 대조 연구에서 많이 다루어 왔던 담화표지 일곱 가지 및 관련 연구 16편 외에도 기타 담화표지를 다루거나 다양한 시각과 주제로 한·중 담화표지 대조를 진행한 연구들이 있었다. 표로 정리하여 제시하면 아래 〈표 19〉와 같다.

19 주요(2011)는 '뭐'와 '있잖아' 두 개 담화표지를 다루었다.

20 고산(2015)은 '그냥, 막, 참' 세 개 담화표지를 다루었다.

21 OU LU(2018)는 '그래, 글쎄'와 경악을 표현하는 '와'를 포함하여 세 개 담화표지를 다루었다.

〈표 19〉 개별 한·중 담화표지 대조 연구

내용	연구 수	연구
좋다	1	민잉란·정둥메이(2016)
그러게, 그러니까	1	종예(2018)
좀	1	이영영(2020)
정말	1	마문화(2021)
'됐어'类	1	전학(2021)
아무튼, 어쨌든	1	JIA NANNAN(2022)
담화표지의 개념과 특징	1	한춘매(2018)
감탄사 유래 담화표지	1	한춘매(2021)
담화표지 전반(교육 목적)	2	유나(2016), 서아여(2020)
중·한 대조	2	〈중·한〉 이윤경(2017), 〈중·한〉 박은석·심지영(2021)
합계	12	

비교적 많이 다루어왔던 일곱 가지 담화표지 외에도 담화표지 '좋다', '그러게, 그러니까', '좀', '정말', '됐어类', '아무튼, 어쨌든' 및 감탄사 유래 담화표지를 비교·분석한 연구가 1편씩 있었다. 한·중 담화표지의 개념과 특징을 대조한 연구도 1편이 있으며 더 나아가 교육을 목적으로 한·중 담화표지 전반을 놓고 논의한 연구도 2편이 있었다. 그리고 중·한 대조 연구 역시 2편이 있었는데 하나는 중국어 광전식 담화표지(框填式 话语标记语)와 이에 대응되는 한국어 담화표지 '요'와 '말이'를 대조·분석한 논문이고, 다른 하나는 중국어에서 담화표지 역할을 수행하는 '又'의 한국어 대응 양상 연구이다.

한·중 담화표지 대조 연구의 패턴이나 경향을 한마디로 종합해 보자면 전반적인 대조·분석보다는 개별적 대조가 주를 이루었고 몇 개의 특정 담화표지에 대한 대조·분석에 집중되어 있기 때문에 연구의 대상이 한정적이라 할 수 있다. 다음은 한·중 담화표지를 대조하는 연구에서 밝히고 있는 연구 목적에 대해 살펴보겠다.

〈표 20〉 연구 목적별 한·중 담화표지 대조 연구 동향

연구 목적	연구 수	연구
대조	17	주요(2011), 원해운(2014), 송승남(2016), 민잉란·정둥메이(2016), 주홍만(2017), 한춘매(2018), 양광(2018), 이시려(2019), 이영영(2020), 마문화(2021), 한춘매(2021), 전모(2021), 전학(2021), 주자미(2021), JIA NANNAN(2022), 〈중·한〉 이윤경(2017), 〈중·한〉 박은석·심지영(2021)
대조 + 교수 방안(제언)	7	선신휘(2012), 고산(2015), 유나(2015), 류파(2017), OU LU(2018), 서아여(2020), 왕온함(2021)
대조 + 오류 분석 + 교수 방안(제언)	3	유나(2016), TAN JINGXIN(2016), 종예(2018)
대조 + 오류 분석	1	하종의(2021)
합계	28	

한·중 담화표지 대조 연구의 목적을 보자면 전반적으로 이들 연구는 모두 한·중 양국어의 대조·분석을 통해 두 언어 사이의 공통점과 차이점을 규명하는 기본 연구 목적이 그 기저에 깔려 있다. 그리고 그중에서도 단순 대조를 목적으로 하는 연구가 17편으로 가장 많았다. 단순 대조를 단일 목적으로 하는 데서 한 발 더 나아가 대조·분석의 결과를 토대로 교수 방안을 마련하는 데 주된 목적을 두고 있는 연구들도 있다. 여기서 교수 방안이라 함은 한국어 학습자의 향후 학습 및 교수를 위한 제언이나 교수 모델과 교육 방안의 설계와 개발을 목적으로 하는 경우를 모두 포함한다. 이러한 교수 방안을 주요 연구 목적으로 하는 연구는 7편이 있었다.

또한 오류 분석을 목적으로 하는 연구들도 있었는데, 이 같은 경우 단순한 언어 사용의 빈도 통계가 아니라 중간 언어적 관점에서 접근하여 중국인 한국어 학습자의 실제 언어 사용 양상을 분석하고 학습자들이 오류를 범하게 되는 원인을 찾아내는 데에 목적을 둔 연구들이다. 그리고 오류 분석에서 멈추지 않고 양국어의 대조·분석과 학습자 오류 양상에 대한 분석 결과를 바탕으로 교수 방안 설계에 궁극적 목적을 두고 있는 연구가 3편이 있었다.

이어서 한·중 담화표지 대조 연구의 방법을 살펴보고자 한다. 지금까지 한·중 담화표지 대조 연구에서 가장 많이 다루고 있는 연구 방법은 한 가지 방법으로 연구 문제를 해결하고 전반 논문을 완성해 나가는 단일 연구 방법이라 할 수 있다. 두 가지 이상의 방법을 복합적으로 사용하는 연구도 많은 편은 아니지만 존재한다. 한·중 담화표지 대조 연구 방법은 아래 〈표 21〉을 통해 자세히 살펴볼 수 있다.

〈표 21〉 한·중 담화표지 대조 연구 방법

방법 수		연구 방법	연구 수
단일 방법	1가지 방법[22]	말뭉치 분석	고산(2015), 송승남(2016), 류파(2017), 이시려(2019), 마문화(2021), 왕온함(2021), 전모(2021), 전학(2021)
		예문 분석	주요(2011), 선신휘(2012), 유나(2015), 민잉란·정둥메이(2016), 주홍만(2017), 한춘매(2018), 양광(2018), OU LU(2018), 이영영(2020), 주자미(2021), 〈중·한〉 이윤경(2017), 〈중·한〉 박은석·심지영(2021)
복합 방법	2가지 방법	말뭉치 분석 + 인터뷰	JIA NANNAN(2022)
		말뭉치 분석 + 설문조사	원해운(2014), 종예(2018), 서아여(2020)
		말뭉치 분석 + 음성분석	한춘매(2021)
		문헌 조사 + 설문조사	TAN JINGXIN(2016), 하종의(2021)
	3가지 이상 방법	말뭉치 분석 + 설문조사 + 테스트 + 인터뷰	유나(2016)
합계			28

22 단일 방법의 분류에서는 말뭉치 분석과 예문 분석 두 가지로 나누었다. 여기서 말뭉치(corpus)란 원어를 살려 '코퍼스'라고도 하는데, 언어 연구를 위해 전산화된 형태로 수집된 대량의 언어 자료를 말하며, 말뭉치에 대한 분석을 통해 각종 언어 정보(예: 빈도, 문맥색인, 연어 관계(collocation), 엔그램, 핵심어 등)를 얻을 수 있다(민현식 외, 2020: 334-342). 따라서 본 연구에서는 대량의 언어 자료를 기반으로 하면서 이에 대한 분석을 통해 언어의 사용 빈도, 기능 혹은 특정 언어 요소의 사용 맥락, 의미 등을 파악한 경우를 말뭉치 분석으로 보았다. 그 외에 담화표지 기능 분석을 위한 예시로 출처를 밝히지 않은 예문이나 용례를 단순히 나열한 경우는 예문 분석으로 보았다.

위의 표를 통해 알 수 있듯이 한·중 담화표지 대조 연구에서 담화 분석을 위해 가장 많이 사용되고 있는 방법은 예문 분석이나 말뭉치 분석 한 가지만 사용하는 단일 연구 방법이며, 총 20편의 연구에서 이러한 방법을 사용하였다. 구어에서 많이 사용되는 담화표지의 특수성 때문에 연구자들이 구어성이 강한 담화 자료(특히 대화)나 텍스트를 선호하는 것으로 보이며, 그중에서도 구어 말뭉치는 비교적 얻기 쉽고 연구 자료로써 규모가 방대하기에 연구자들이 많이 선택하는 것이라 생각된다. 일반적인 담화표지 대조 연구에서는 구어 말뭉치 분석을 통해 담화표지의 담화 기능을 분석하거나 담화표지 및 그 기능의 출현 빈도를 통계하고 비교한다. 단일 연구 방법에서 예문 분석 방법도 연구자들이 무난히 사용하고 있는 방법으로 12편의 연구에서 이 방법을 선택하였다.

복합 방법의 경우 말뭉치 분석과 설문 조사와 같이 말뭉치 분석을 주요 분석 방법으로 하면서 다른 한 가지 방법을 보조적으로 사용한 연구가 총 5편이 나타났다. 그리고 선행 연구의 연구 결과를 원용하는 문헌 조사의 방법과 설문 조사를 진행한 연구가 2편이 있었다. 이 외에 두 가지 이상의 복합적인 방법을 사용한 연구가 1편이 있었다. 바로 중국인 학습자를 위한 담화표지 교육 모형의 설계를 궁극적 목표로 하는 유나(2016)의 연구이다. 이 연구에서는 구어 말뭉치 분석, 설문조사, 테스트(시험), 인터뷰 등 방법을 적절하게 매치하여 사용하였다. 구체적으로 보자면, 교육용 담화표지 목록의 추출에서는 한·중 양국의 교재를 대조·분석하고 한국어 교사를 대상으로 설문 조사를 진행하였다. 그리고 교수 모형의 설계를 위하여 학습자 집단 및 모어 화자 집단의 대화를 직접 녹음하여 구어 말뭉치를 구축 및 대조·분석하였고 인터뷰(심층 면담)와 함께 오류 분석을 마친 뒤 교수 모형을 설계, 검증(설문 조사, 테스트)하였다.

요컨대, 한·중 담화표지 대조 연구에서는 말뭉치 분석을 중심으로 하는 단일 연구 방법을 선호하는 경향을 보였다. 그러나 단일 연구 방법보다는 연구 목적에 적합한 여러 연구 방법들을 유기적으로 조합하여 종합적으로 사용하는 것이 연구 문제의 해결에 보다 효과적인 동시에 연구의 질과 신뢰도를 높이는 데 도움이 될 것이다.

지금까지 한·중 담화표지 대조 연구의 연구 동향에 대한 논의를 마쳤고 계속해서 은유 영역에 대해 살펴보도록 한다.

4) 한·중 은유 대조 연구 동향

'은유'는 보통 '은유법', '은유 표현'이라는 용어로 사용되기도 하는데 그 중 '은유법'은 수사법 속성을 강조하는 용어로 흔히 문법 범주 내에서 논의할 때 쓰이는 용어이다. 본 연구에서 다루는 은유는 언어 사용자의 인지적 경험을 기반으로 하고 있다는 점에서 문법 범주에 국한되어 있지 않기에 '은유법'보다는 넓은 의미에서 언어의 사용과 표현을 포괄할 수 있는 용어 '은유' 혹은 '은유 표현'을 사용하도록 한다. 또한 해당 영역의 연구에서 가끔 환유도 함께 다루는 경우가 있지만 그 수가 많지 않고 연구들이 모두 은유를 중심으로, 환유를 부차적으로 다루고 있기에 환유를 단독으로 논의하지 않도록 한다.

RISS(리스)를 통해 찾아볼 수 있는 가장 이른 시기에 발행된 한·중 은유 표현 대조 연구는 기쁨과 슬픔의 은유 및 환유 양상을 대조한 왕여방(2006)의 석사학위논문이다. 이와 같이 은유 표현에 대한 한·중 대조 연구는 최근 15년 사이에 간간이 이루어지고 있으며 지금까지 학위논문 11편(박사 4편, 석사 7편), 학술지 논문 8편으로 총 19편[23]의 논문이 발행되었다. 그중 4편은 2020년에 발행되었고 6편은 2021년에 나온 연구로, 최근 2년간 은유 표현에 대한 관심이 높아지고 있음을 알 수 있다. 아래는 한·중 대조 연구에서 어떤 은유들을 다루고 있는지 그 세부 내용 및 정보에 대해 살펴보도록 한다.

23 원문 제공이 안 되는 박사학위논문 최해만(2019), 학술지 논문 요령운·김성주(2021)를 포함시켰다.

〈표 22〉 한·중 은유 대조 연구

은유	연구 수	주제	연구
시간	4	공간어 시간표현	정현애(2013)
		시간 개념화 양상	진영하(2020a), 진영하(2020b)
		-	최해만(2019)[24]
감정(정서)	4	기쁨과 슬픔	왕여방(2006)
		사랑	윤석훈(2012)
		두려움	요령운(2021), 요령운·김성주(2021)
질병	3	정신질환	축일남(2020)
		코로나 19	축일남·김성주(2021), SUN MENGXUE(2021)
날씨	1	날씨 관련 어휘	유군(2018)
여행 관련	1	경제 기사	YANG YANG(2020)
기타	6	전반적 대조	김순자·송원찬(2013), 주려빈(2016)
		음식관련어	양나영(2011)
		화장품 광고	SHI XUANHE(2021)
		경제 기사	YANG YANG(2021)
		관용표현	YAO HUIWU(2022)
합계	19		

위의 〈표 22〉에서 볼 수 있듯이, 기존까지 이루어진 연구들은 대체로 하나 혹은 한 종류의 특정 은유 표현을 대조 연구의 대상으로 삼고 논의하였다. 그중 시간 은유와 감정 은유를 대조한 연구 수가 각각 4편으로 가장 많았고 그 뒤를 이어 질병 관련 은유를 다룬 연구가 3편이 있었다. 이 외에 날씨 관련 은유와 여행 관련 은유 대조가 각 1편씩, 기타 은유를 다룬 연구가 6편 있었다. 여기에서 기타로 분류된 연구는 어느 한 종류나 특정 은유의 대조가 아닌, 같은 장르나 주제 혹은 범주에 나타난 한·중 은유 표현을 대조하는 연구와 한·중 은유 표현에 대한 거시적 대조 연구들이다.

은유란 개념적 유사성을 갖는 두 영역 가운데 한 영역을 다른 영역으로

24 원문 제공이 안 되기 때문에 "한·중 시간 표현의 인지언어학적 대조 연구: 개념적 은유·환유 및 영상도식을 중심으로"이라는 제목을 통해 시간 표현 은유를 연구한다는 정도까지만 파악할 수 있었다.

구조화하는 것이다(정현애, 2013: 132). 이러한 구조화 과정에서 이루어지는 은유라는 현상은 인간의 인지적 경험에서 비롯된다. 즉 인간의 인지적 경험의 차이가 각 언어에 다르게 반영되기 때문에 양국어의 은유 표현 대조는 두 언어권의 인지적 특성과 사유체계를 이해하는 데 도움이 될 것이다. 따라서 인간의 인지적 경험에 바탕을 두고 있는 은유의 대조 연구는 주로 인지적 대조언어학으로부터 접근하여 인지적 관점에서 두 언어의 양상을 대조·분석한다.

시간 은유 표현을 대조한 연구는 한·중 공간어의 시간 표현을 다룬 연구와 시간의 개념화 양상을 대조한 연구가 있다. 정현애(2013)는 한·중 공간어 '앞, 뒤'와 '前, 後'의 공간 개념이 드러내는 시간 의미에 대한 대조·분석을 통해 두 언어 사용자의 공간 인식과 시간 인식의 이동(异同)을 규명하였다. 진영하(2020a), 진영하(2020b)는 한국어에서 일반 명사로 사용되는 '시간'과 의존 명사로 쓰이는 '시간' 두 경우로 나누어 중국어의 '时间'의 사용 양상과 비교하면서 한·중 시간의 개념화 양상을 대조·분석하였다.

감정을 표현하는 은유 대조는 주로 기쁨과 슬픔 표현 은유, 사랑 은유, 두려움 표현 은유 연구가 있다. 왕여방(2006)은 한·중 양국어에 나타나는 '기쁨'과 '슬픔' 표현을 귀납적 방법으로 접근하여 인지언어학적인 관점으로 '기쁨'과 '슬픔'의 은유 및 환유적 양상을 대조·분석하고 양국 언어 사용자의 인지구조의 언어학적 특성을 밝혔다. 윤석훈(2012)은 인지언어학의 기본 원리인 개념적 은유의 관점에서 한·중 양국의 '사랑' 관련 표현들에 대한 대조·분석을 통하여 두 언어의 공통점과 차이점을 밝혔다. 요령운(2021), 요령운·김성주(2021)는 '눈'과 '입, 입술'에 관련된 표현들을 연구대상으로 하여 '두려움'의 개념화 양상에 대해 대조·분석함으로써 양국의 표현 방식의 차이를 탐구하였다.

질병 은유의 한·중 대조 연구는 총 3편이 있었는데 그중 SUN MENGXUE(2021), 축일남·김성주(2021)는 코로나19 관련 개념적 은유 양상을 대조·분석하였고 축일남(2021)은 정신질환 관련 은유 표현의 한·중 대조 연구이다.

날씨 관련 은유를 대조한 연구로는 유군(2018)이 있고, YANG YANG(2020)은 한·중 경제 기사에 실린 여행 은유 표현 양상을 분석하였다. 기타 6편의 연구에서 2편은 한·중 은유 표현에 대한 거시적 대조 연구로 김순자·송원찬(2013)과 주려빈(2016)이 여기에 속한다. 나머지 4편은 한·중의 같은 장르나 범주에서 나타나는 은유 표현을 대조·분석한 양나영(2011), SHI XUANHE(2021), YANG YANG(2021), YAO HUIWU(2022)이다. 구체적으로 음식 관련어, 화장품 광고, 경제 기사, 관용표현을 다루었다.

이어서 아래 〈표 23〉을 통해 한·중 은유 표현 대조 연구의 목적에 대해 살펴보도록 한다. 인지언어학 이론은 20세기 후반에 출현한 만큼 언어를 인지적 측면으로부터 접근하는 방식 그 자체가 비교적 새로운 것이며, 대조언어학에 인지적 관점을 접목시킨 인지적 대조언어학이라는 방법론의 경우도 그렇다고 할 수 있다. 언어 사용자의 인지적 경험에 바탕을 두고 있는 은유 표현에 대한 대조 연구는 주로 단순 대조를 목적으로 하고 있으며 이와 같은 연구는 총 15편이 있다. 이들 연구는 공통적으로 인지적 대조언어학의 관점에서 출발하여 한·중 양국어 은유 표현 양상의 공통점과 차이점을 밝히는 것을 1차적 목적으로 한다. 그리고 궁극적으로는 인지적 측면에서 양국 언어 사용자의 언어 인식의 차이를 규명하는 데 목적을 두고 있다.

〈표 23〉 연구 목적별 한·중 은유 표현 대조 연구 동향

연구 목적	연구 수	연구
대조	15	왕여방(2006), 양나영(2011), 윤석훈(2012), 정현애(2013), 주려빈(2016), 유군(2018), YANG YANG(2020), 진영하(2020a), 진영하(2020b), 축일남(2020), SUN MENGXUE(2021), SHI XUANHE(2021), YANG YANG(2021), 축일남·김성주(2021), 요령운(2021)
대조 + 교육 제언	1	YAO HUIWU(2022)
대조 + 오류 분석	1	김순자·송원찬(2013)
합계	17[25]	

단순 대조를 주된 목적으로 하는 15편 연구 외에 YAO HUIWU(2022)는 대조·분석의 결과를 바탕으로 한국어 은유 표현 교육을 위하여 제언하는 것을 목적으로 하였다. 그리고 김순자·송원찬(2013)의 경우, 구체적 은유 표현의 대조보다는 중국인 학습자의 한국어 은유 표현 이해도 파악 및 오류 분석에 주된 목적을 두었다.

연구의 방법을 볼 때, 말뭉치 분석을 진행한 연구가 15편으로 가장 많았다. 예문 분석을 진행한 연구로 요령운(2021) 1편이 있었으며, 김순자·송원찬(2013)의 경우 설문 조사를 통하여 중국인 한국어 학습자의 은유 표현 이해도를 파악하고 오류 분석을 진행하였다.

〈표 24〉 한·중 은유 표현 대조 연구 방법

연구 방법			연구 수	연구
단일 방법	1가지 방법	말뭉치 분석	15	왕여방(2006), 양나영(2011), 윤석훈(2012), 정현애(2013), 주려빈(2016), 유군(2018), YANG YANG(2020), 진영하(2020a), 영하(2020b), 축일남(2020), SUN MENGXUE(2021), SHI XUANHE(2021), YANG YANG(2021), 축일남·김성주(2021), YAO HUIWU(2022)
		예문 분석	1	요령운(2021)
		설문 조사	1	김순자·송원찬(2013)
합계		3	17	

이들 연구 중 YAO HUIWU(2022)는 한국어 은유 표현의 교육 현황을 파악하기 위하여 중국에서 많이 사용되는 한국어 교재를 분석하여 은유 표현들을 추출했고, 이에 대응되는 중국어 표현들을 찾아내어 대조·분석했다는 데서 발전적이라 할 수 있다. 이와 같이 한·중 은유 표현 대조 연구에서는 주로 말뭉치 분석을 중심으로 하는 단일 방법을 사용하는 경향을 보였다.

25 원문 제공이 안 되는 2편 논문, 최해만(2019), 요령운·김성주(2021)을 제외시켰다.

이상으로 한·중 은유 대조 연구 동향에 대해 살펴보았고 다음으로는 의사소통 및 담화 기타의 연구 현황에 대해 간단히 알아보도록 한다.

5) 한·중 의사소통 및 담화 기타 대조 연구 경향

이 부분에서는 한·중 담화 및 표현 대조에서 의사소통 및 담화 기타의 내용에 대해 살펴보도록 한다. 의사소통 관련 내용을 다룬 한·중 대조 연구가 총 4편 추출되었지만 그중 원문 이용이 불가한 한 편의 연구를 제외시키면 최종적으로 실제 연구 수가 3편인 셈이다. 그리고 담화 영역의 대조에서는 담화표지 연구가 중심으로 이루어지고 있기에 그 외의 담화 관련 주제를 다룬 7편의 연구를 담화 기타에 분류시켰다. 아래에 제시된 〈표 25〉에서 볼 수 있듯이 의사소통과 담화 기타의 경우, 연구 동향을 분석하기에는 해당 영역의 연구 수가 부족하기에 이 연구들의 연구 목적과 방법에 대해 하나하나 자세히 살펴보도록 한다.

〈표 25〉 한·중 의사소통 및 담화 기타 대조 연구

영역	연구 수	발행 기관	연구
의사소통	4	학위논문	방가미(2018), 마원(2019)
		학술지 논문	방가미(2017), 윤은경·정염(2021)
담화 기타	7	학위논문	Dong JunRu(2016), 이보라미(2016), 부력엽(2021)
		학술지 논문	원효설·최윤곤(2017), 박성일(2019), 신문적·왕림·김진해(2020), 〈중·한〉 이은경(2019)
전체	11		

한·중 의사소통 대조 연구의 경우, 원문 제공이 안 되는 방가미(2017)를 제외시키면 방가미(2018), 마원(2019), 윤은경·정염(2021) 총 3편의 연구가 있다. 그중 윤은경·정염(2021)은 학술지 논문이고 나머지 2편은 학위논문이다. 구체적으로 살펴보면 방가미(2018)는 한·중 양국 학습자의 의사소통

스타일에 대한 설문조사를 실시하고 두 집단의 의사소통 유형에 대한 대조·분석을 통하여 궁극적으로는 양국 학습자들의 의사소통 능력의 개발 방안을 모색하는 것에 연구의 목적을 두었다. 마원(2019)은 모어 화자 집단과의 대조를 통한 오류 분석과 의사소통 중심의 청자 발화 교육 방안의 설계를 주요 연구 목적으로 하고 있으며 이를 위하여 설문 조사와 대화 분석 2가지 방법을 복합적으로 사용하였다. 이 연구의 경우 설문 조사와 대화 분석은 모두 예비 실험과 본 실험 두 단계를 거쳤다. 본 실험에서는 청자 발화 교육에 대한 인식 조사를 진행하였다. 교사를 대상으로 하는 설문 조사는 13문항으로 구성되었고 중국어를 모어로 하는 중국인 한국어 학습자를 위한 설문 조사는 12문항이 있으며 한국인 모어 화자를 위한 설문 조사는 8개 문항으로 구성되었다. 대화 분석의 경우, 대화 상황을 참여자 간의 사회적 거리가 가까운 '친함'으로 설정하였고 '고민 이야기'를 주제로 선정하였다. 그리고 중국어를 모어로 하는 중국인 한국어 학습자 36명과 한국인 모어 화자 21명의 전화 대화를 녹음 후 전사하여 분석하는 방식을 취하였다. 윤은경·정염(2021)은 의사소통 전략으로서의 언어적, 비언어적 한·중 청자 반응 유형을 대조하는 것에 목적을 두고 실험을 진행하였다. 실험은 한국어 청자 집단(GK), 중국어 청자 집단(GC), 한국어 화자와 중국어 청자 집단(KC) 각 15명씩 총 3집단, 45명으로 구성되었고 중국인 학습자의 경우, 한국어능력시험 고급(5, 6급) 자격을 갖추었다. 상황 변인은 사회적 지위와 인간관계에 따라 교수, 지인으로 설정하였고 청자 반응 빈도를 측정하였다.

다음은 담화 기타의 연구들을 살펴보도록 한다. 해당 영역의 한·중 대조는 학위논문 이보라미(2016), Dong JunRu(2016), 부력엽(2021)과 학술지 논문 원효설·최윤곤(2017), 박성일(2019), 이은경(2019), 신문적·왕림·김진해(2020) 총 7편 연구로 구성되었다.

이보라미(2016)는 중국어권 학습자 집단과 한국어 모어 화자 집단의 설명적 문어 담화의 관계적 응집성 양상을 대조·분석하기 위하여 실험 조사, 말뭉치 분석 그리고 NVivo 11 pro을 통한 통계적 분석 3가지 연구 방법을 복합적으로 사용하였다. 실험 참가자는 중국어권 학습자 총 55명(그중 남성 5명)으로 구성되었으며 한국어 수준은 2급, 4급, 6급 수준이고 각 등급별 한국어 학습 기간은 각각 약 7개월, 17개월, 19개월이었다. 자료 수집을 위한 설문지는 학습자의 기본 정보를 묻는 문항 7개(숙달도, 성별, 국적, 한국 거주 기간, 나이, 한국어 학습 기간, 한국어를 배우는 이유), 쓰기에 대한 부담감을 확인하는 문항 1개(5점 리커트 척도), 설명적 글쓰기 1개, 총 9문항으로 구성되었다. 그리고 한국어 모어 화자 설명 담화의 관계적 응집성을 분석하기 위하여 한국 고등학교 국어과 교과서의 설명 담화를 선정하여 말뭉치 분석을 진행하였다. 학습자 집단의 자료 코딩과 모어 집단과의 대조·분석은 NVivo 11 pro를 사용하여 통계분석을 진행하였다.

Dong JunRu(2016), 부력엽(2021)의 연구는 모두 담화의 차원에서 대화를 다루었는데 Dong JunRu(2016)의 경우 전화 대화의 시작부와 종결부를 중심으로 20대~30대 초반의 한국어 모어 화자 4명(Korean Native Speaker), 중국어 모어 화자 3명(Chinese Native Speaker) 그리고 중국인 한국어 고급 학습자 3명(Chinese Korean Learner)의 실제 전화 대화를 녹음하여 수집된 자료를 통해 세 집단의 대화 양상을 대조 분석하였다. 자료 수집을 위한 설문지는 참여자 개인 정보 수집과 전화 상황을 제시하는 내용으로 구성되었다. 전화 상황 및 변인은 신분, 사회적 지위, 친밀도 세 가지 변인을 적용한 공적인 상황과 사적인 상황으로 나누었다. 부력엽(2021)은 중국인 초, 중, 고급 학습자와 한국어 모어 화자 간 사이버 대화 200건을 수집하여 한국어 모어 집단과의 화용론적 대조·분석을 통해 유형별로 오류 분석을 진행하고 이를 바탕으로 화용적 능력 교육을 위해 제언하는 데에 연구의 목적을 두었다. 이 연구에서는 학습자들의 오류 발생 원인을 분석하기 위하여 설문 조사의 방법으로 중국인 학습자들의 한국어 사이버 대화에 대한 인식을 파악하였다. 설문 조사는 참여자의 기본 정보 수집 영역, 한국 사이버 대화에 대한 중국인 학습자의 기본적인 인식과 교육의 현황 및 필요성, 선호하는 교육 방식을 파악하는 영역, 사이버 대화의 사용 상황과 문제점을 파악하는 영역으로 이루어졌으며 총 26문항으로 구성되었다.

원효설·최윤곤(2017)은 '괜찮다'와 '没关系'를 대조·분석한 연구이다. 구체적으로는 각 사전의 뜻풀이와 한·중 드라마 속 관련 표현에 대한 예문 분석을 통해 담화 기능을 분석하였고 4종의 한국 소설과 중국어 번역본에서 '괜찮다'와 관련된 표현을 중심으로 대응 양상을 살펴보았다. 이를 토대로 '괜찮다'와 '没关系'의 담화 기능의 공통점과 차이점을 밝혔다.

박성일(2019)은 한·중 일기예보 담화의 공통점과 차이점을 체계기능 언어학적 관점에서 대조·분석한 연구이다. 구체적으로, 한국 KBS1 방송국 저녁 9시 뉴스 후 방영된 일기예보 담화와 중국 CCTV1 방송국 저녁 7시 뉴스 후 방영된 일기예보 담화 각각 9편씩 선정하여 말뭉치 분석을 진행하였다.

이은경(2019)은 중·한 대조 연구로, 긍정 편향의 비중립적 의문문이라 할 수 있는 현대중국어의 '是不是'의문문, 부정의문문('不/没VP吗'), '不是……吗'반어문과 한국어의 부정판정의문문을 중·한 말뭉치 분석[26]을 통해 대조하였다.

신문적·왕림·김진해(2020)는 한국 연합뉴스와 중국 신화사(新华社)의 코로나 19 관련 기사 텍스트 중 의료진과 확진자(환자) 관련 보도(한국 193건, 중국 109건)에 대한 비판적 담화 분석과 대조를 통해 양국의 신문기사 텍스트에 반영되는 이데올로기적 경향성을 규명하였다.

요컨대, 한·중 의사소통 및 담화 기타의 대조 연구는 연구 수가 많지 않고 연구의 주제 또한 다양하다. 그리고 연구의 목적과 방법을 볼 때 단일 목적, 단일 연구 방법으로 단순 대조 연구를 진행하는 경우가 대부분이었다.

이상으로 한·중 담화 및 표현 대조 연구의 영역별 연구 동향에 대해 모

26 중국어 말뭉치: 〈북경대학교 CCL 말뭉치〉(北京大学中国语言学研究中心 CCL语料库)
한국어 말뭉치: 〈21세기 세종계획〉 말뭉치(부정의문문 '안' 단형부정의문, '-지 않-', '-것 아니-' 부정의문문 각각 69개, 207개, 199개)
*원문에는 중국어 말뭉치에서 추출한 용례의 개수를 제시하지 않았다.

두 살펴보았다.

3. 나가는 말

본고는 대조언어학적인 관점에서 접근하여 한·중 대조 연구 중 담화 및 표현과 관련된 총 132편의 연구들을 화행, 표현, 담화표지, 은유, 의사소통, 담화 기타 총 6개의 하위 영역으로 나누어 연구 동향, 연구 목적, 연구 방법에 대해 살펴보았다. 각 하위 영역별로 자세히 살펴본 결과 아래와 같은 특징을 발견하였다.

첫째, 연구 동향을 볼 때 한·중 대조 연구에서 담화 및 표현을 다룬 연구는 2000년대에 들어서서부터 본격적으로 시작되었으며 근래에 와서 상승세를 보였다.

둘째, 연구 목적의 설정에서 대조라는 1차적 목적을 토대로 교수·학습을 위한 제언이나 방안의 마련을 궁극적 목표로 삼고 있는 것이 담화 및 표현 전반 영역을 걸친 연구들의 공통적인 특징이라 할 수 있다.

셋째, 연구의 방법은 단일 방법 위주로 사용하였다. 화행 대조 연구는 주로 DCT를 활용하였고 표현, 담화 표지와 은유 대조 연구의 경우 주로 말뭉치 기반 분석 방법을 사용하였다. 여러 방법을 종합적으로 적용한 연구가 많지 않았다.

한·중 담화 및 표현 대조에서 가장 많이 논의되고 있는 화행 대조 연구는 2000년대부터 출현하기 시작했으며 연구의 수는 44편이었다. 각 유형별 연구들의 내용들을 보면 표현 화행은 감사, 불평, 사과, 인사, 질책, 칭찬 화행으로 구성되었고 지시적 화행은 요청, 지시, 충고와 경고, 설득 화행으로 이루어졌으며 청자의 반응/응답 화행에는 청자의 반응을 고찰하는 거절, 동의, 불평에 대한 응답, 요청 및 거절, 지시 및 거절, 칭찬에 대한 응답 대조 연구가 있었다. 기타에는 반어법과 성별 발화의 연구가 있었다. 연구 방법으로는 자료 수집이 보다 용이하고 효율적인 담화 완성형 테스트(DCT)가 가장 대표적이다.

다음으로 언어의 어휘·문법 층위를 넘어 의사소통을 목적으로 하거나 담화·화용적 기능의 표현을 다룬 30편의 표현 대조 연구에서는 15가지의 표현을 다루고 있었으며, 연구별 다루는 표현들이 분산적인 특징을 보였다. 그중 공손 표현, 완곡 표현 대조가 주를 이루었으며 나머지는 특정 화용적 기능의 인사 표현, 요청 표현, 사과 표현 등이었다. 해당 영역에서는 기본 대조 외에도 오류 분석을 주된 목적으로 하는 연구가 있었으며 연구 방법으로는 말뭉치 분석 외에 문헌 대조나 예문 분석 방법도 나타났다.

한·중 담화표지 대조의 경우 총 28편의 연구 중 거시적 관점에서 담화표지 전반을 다룬 전반적 대조 연구보다는 개별 담화표지에 초점을 맞춰 대조하는 미시적 연구가 24편으로 주를 이루었다. 또한 연구에서 다룬 담화표지는 20개 남짓하였다. 개별 담화표지를 대조한 미시적 연구의 절반 이상이 '뭐', '어디', '아니', '왜' 등 몇 개의 담화표지에 집중되어 있으며, 한·중 양국어에 공존하는 특정 담화표지의 대조가 다수이기에 연구 대상이 한정적이라 할 수 있다. 가장 많이 사용된 연구 방법은 담화표지 기능 대조를 위한 예문 분석과 말뭉치 분석이었다.

은유 대조 연구는 한·중 양국 언어 사용자의 인지구조의 언어학적 특성을 규명하는 데 이바지하고 있다. 은유 대조 연구는 주로 은유를 중심으로 환유를 부차적으로 다루고 있었다. 시간 은유, 감정(정서) 은유, 질병 은유, 날씨 은유, 여행 관련 은유 등을 대해 다루었는데 그중 시간과 감정(정서) 은유를 대조한 연구가 가장 많았다. 인지적 대조언어학이라는 방법론 자체가 새로운 만큼 해당 영역의 연구 역시 시작 단계이기에 총 17편 연구 중 단일 연구 방법을 사용하며 단순 대조를 목적으로 하는 연구가 15편에 달한다.

마지막으로는 연구의 수가 부족한 관계로 의사소통 대조 연구 3편과 담화 기타 대조 연구 7편을 한데 모아서 자세히 살펴보았다. 의사소통 대조에서는 교육 방안 설계를 위한 대조 연구가 2편 있었고 한·중 청자 반응 유형을 대조하는 연구가 1편이 있었다. 그중 두 편은 실험을 진행하였고 한편은 설문 조사를 진행하였다. 담화 기타의 경우, 학위논문 3편과 학술지 논문 4편이 있었는데 이들 연구의 주제는 다양했고 대부분 단일 목적, 단일 연구 방법으로 단순 대조를 진행하였다.

한·중 담화 및 표현 연구의 전반적인 동향 분석을 통해 해당 영역의 연구가 점점 활발히 이루어지고 있음을 확인할 수 있었다. 한국어 음운, 어휘, 문법 등의 교육이 중요한 것만큼 의사소통 담화 기능과 표현을 익히는 것 또한 중요하다. 이를 위해서는 학습자들의 모국어와 목표어의 대조 연구가 이루어져야 할 필요가 있다. 따라서 향후에 한국어 학습자들을 위한 더 다양하고 풍부한 주제의 담화 및 표현의 대조 연구가 나타나기를 기대하면서 본고를 마무리하도록 한다.

참고문헌

강현화(2007), 「한국어 표현문형 담화기능과의 상관성 분석 연구: 지시적 화행을 중심으로」, 『이중언어학』 34, 이중언어학회, 1-26쪽.

민현식 외(2020), 『한국어 교사를 위한 한국어학 개론』, 사회평론아카데미.

백승주(2015), 「한국어교육에서 대화 분석 방법론의 수용 양상과 발전 가능성」, 『语文论集』 61, 중앙어문학회, 57-88쪽.

송인성(2015), 「국어 담화표지의 기능과 운율」, 고려대학교 박사학위논문.

안주호(2009), 「한국어교육에서의 담화표지 위계화 방안」, 『한국어교육』 20(3), 국제한국어교육학회, 135-159쪽.

전영옥(2002), 「한국어 담화표지의 특징 연구」, 『화법연구』 4, 한국화법학회, 113-145쪽.

조태린(2014), 「한국어교육의 발전에 따른 국어관의 변화와 국어 연구의 변화 가능성」, 『우리말 글』 60, 우리말글학회, 75-92쪽.

최호철(2009), 『학위 논문의 한국어교육 연구 경향』, 박문사.

Blum-Kulka, Shoshana House, Juliane, and Kasper, Gabriele(eds.) (1989), *Cross-cultural pragmatics: requests and apologies*, Norwood: Ablex.

Brown, P. & S. D. Levinson(1987), *Politeness: Some universals in language usage. Cambridge:* Cambridge University Press.

Goffman, E.(1967), *Interaction ritual: essays on face to face behavior,* New York:

Anchor Books.

Searle, J. R.(1975), A taxonomy of speech acts. In Gunderson, K.(ed.), *Minnesota studies in the philosophy of science 9: language, mind and knowledge*, 344-369.

Tsui, A. B. M.(1994), *English Conversation*, Oxford University Press.

Yan Huang(2009), 『화용론』, 이해윤 옮김, 한국외국어대학교 지식출판원.

Ⅱ. 한·중 화행 대조 연구의 실제 : 연구 방법 및 쟁점을 중심으로

무양(WU YANG)

1. 들어가는 말

화행 이론(Speech Act Theory)은 J. L. Austin과 John R. Searle을 비롯한 연구자들에 의해 지속적인 발전을 이루어 왔다. Huang(2009)에서는 화행 이론에 대해 문장의 발화는 사회 제도와 관습 틀 내에서 이루어지는 행위(의 일부)라 하였으며, 말하는 것은 행하는 것(의 일부)이거나, 말은 행위(의 일부)라고 표현하였다.

화용론에서 화행에 대한 연구는 많은 연구자들에게 관심을 받아 왔다. 앞 장에서 살펴본 연구 동향에서 알 수 있듯이 대조언어학 분야에서 한·중 화행에 대한 대조 연구는 2000년대 초반부터 끊임없이 진행되고 있었다. 특히 최근 몇 년간 더욱더 활발히 연구가 진행되고 있는 분야이기도 하다. 그리고 다양한 발화 행위 중에서도 Searle(1975)의 화행 분류에서 지시행위(directives)에 속한 요청 화행과 이에 대한 청자의 반응을 연구하는 거절 화행, 그리고 표현행위(expressives)의 칭찬 화행 대조 연구가 현재 많은 주목을 받고 있다고 할 수 있다.

한편, 지금까지 이루어진 화행 대조 연구 방법을 살펴보면 화행 수집 도구로 담화 완성형 테스트(Discourse Completion Test)[1]를 가장 많이 사용하고 있었다. 김인규(2021)에서는 현재까지 이루어진 대부분의 화행 연구는 학습자의 화행 실현형을 수집하고 이를 모국어 화자와 비교하는 데에 집중되어 왔고, 화행 수집 도구인 DCT에 대한 논의는 거의 없다고 해도 과언이 아니라고 밝혔다. 또한 양질의 DCT를 통해 학습자 또는 모국어 화자의 화행을 타당하고 효율적인 방법으로 수집할 수 있기 때문에 DCT에 대한 논의는 매우 중요하다고 하였다. 그러나 DCT뿐만 아니라 화행 대조 연구에 많이 활용되고 있는 준구어 말뭉치 드라마 분석에 대한 방법도 구체적으로 분석해 볼 필요가 있으므로 본고에서는 선행 연구를 토대로 한·중 화행 대조에 대해 방법론적으로 접근하여 어떤 연구 도구와 연구 자료를 사용하여 양국어의 화행을 대조하고 있는지 그 실제를 파악해 볼 필요성이 있다고 판단하였다.

구체적으로는 화행 대조 연구에 많이 활용되고 있는 DCT의 구성, 변인, 상황 등은 어떻게 제작되고 있는지, 준구어 말뭉치를 활용한 드라마 분석 방법은 구체적으로 어떠한 자료를 사용하여 연구를 진행하고 있는지 등에 대해 살펴본 후 방법론적인 쟁점을 논의해 보고자 한다. 더 나아가 화행 대조 연구에서 다양한 논의가 이루어지고 있는 요청 화행, 칭찬 화행을 중심으로 선행 연구에서 밝힌 연구 결과를 종합적으로 분석한 후, 몇 가지 쟁점에 대해 논의하고자 한다.

2. 한·중 화행 대조 연구 방법

화행을 연구하는 방법에는 주로 DCT, 준구어 말뭉치 분석, 역할극, 인터뷰 등 다양한 방법들이 있는데, 한·중 화행 대조에 가장 많이 사용되고 있는 연구 방법은 담화 완성형 테스트(Discourse Completion Test)이다. 유혜

1 담화 완성형 테스트(Discourse Completion Test). 이하 DCT라고 간략하게 칭하여 논의를 진행하겠다.

령(2009)에서도 밝혔듯이 화행 대조 연구는 담화 완성형 테스트를 통하여 한국어 모어 화자의 화행 실현 양상과 특정 모어를 사용하는 한국어 학습자의 화행 실현 양상을 비교하는 형식으로 이루어진다.

DCT는 Blum-Kulka(1982)에서 도입한 후에 화행 연구에서 연구자들에게 각광 받는 자료 수집 방법이라고 할 수 있다. 이는 연구자가 일련의 상황을 설정하고 응답자에게 해당 상황에서 어떻게 발화를 할 것인지 빈칸에 응답하게 함으로써 자료를 수집하는 방법으로 서면 DCT(Written Discourse Test)와 구두 DCT(Oral Discourse Test)로 나뉜다. DCT 제작 및 구성에 대해 살펴보기 앞서, 화행 수집 도구로 많이 사용되고 있는 DCT든지 드라마 분석을 사용하는 방법이든지 모두 각각의 장단점과 한계점이 존재함에 유의해야 한다.

선행 연구에서 밝힌 장단점을 귀납적으로 종합한 결과, DCT의 가장 큰 장점은 효율성이라고 할 수 있는데, 즉 짧은 시간에 많은 양의 연구 자료를 효율적으로 수집할 수 있다는 것이다. 뿐만 아니라 연구자가 연구에서 살펴보고자 하는 특정 상황이나 변인을 통제하여 설정할 수 있는 것도 하나의 장점이 된다. 반면에 이러한 상황이나 변인이 연구자가 인위적으로 설정한 것이므로 실제적인 언어 발화 양상이 제대로 반영되지 못할 수 있다는 우려와 문제점도 존재한다. 또한 때때로 실험 참여자가 자신의 체면을 생각하여 답변할 때 답변의 성실성 및 진실성이 결여되는 경우도 존재한다. 이에 대해 이해영 외(2016)의 연구에서는 DCT에서 실험 참여자가 자신의 체면이나 도덕적 이미지를 생각하여 자신의 언어문화의 일반적 인식과 이미지를 달리 설정하게 될 수 있음을 지적한 바 있다.

또한 서면 DCT와 구두 DCT도 각각의 장단점이 존재한다. 원미진 외(2017:139)에 의하면 서면 DCT의 장점은 위에서 기술한 바와 같이 연구자가 목적에 따라 변인을 통제할 수 있다는 점과 단시간에 방대한 양의 표본을 수집할 수 있다는 것이다. 그러나 구어 자연 발화를 유도하지 못한다는 한계가 있으며 대화 참여자 간의 상호 작용이나 의미 협상을 보지 못하고 억양, 강조 표현, 비언어적 표정 등을 알 수 없다는 점이 단점이 될 수 있다. 구두 DCT는 비록 응답자의 억양이나 어조에 대한 관찰이 가능하나 구두로 응답을 해야 하므로 응답자가 녹음에 대한 부담감으로 인해 응답 발화의 실제성이 결여되거나 부자연스러움을 유발할 수 있다. 지금까지의 한·중 화행 대조 연구에서 사용한 DCT 유형이 모두 서면 DCT였다는 점도 이러한 장단점을 고려하여 선택한 것으로 보인다. 이와 관련된 내용은 뒤에서 더 자세히 살펴볼 수 있다.

한편, 준구어 말뭉치를 활용한 드라마 분석 방법도 장단점이 존재한다. 선행 연구를 통해 살펴본 바에 의하면 드라마 분석의 장점은 실제 언어생활의 발화와 유사하다는 점이다. 또한 다양한 인물 관계로 인해 다양한 사회적 변인에 따른 발화 양상을 살펴볼 수 있는 것도 장점이 된다. 강현화(2012:203)에서는 준구어 말뭉치의 여러 가지 장점에 대해 언급하였는데, 준구어 자료를 통하여 대화의 전형적(typical) 특성을 파악할 수 있으며 대중을 대상으로 하는 대본의 특성상 일상생활에서의 각종 상황이나 장면이 반영되어 있어 대인적 상호작용에 나타나는 의사소통의 다양한 기능을 살피는 데에 적절하다고 하였다. 그러나 향신휘(2019)에서 지적한 바와 같이 드라마 말뭉치 분석의 단점은 실제 구어 자료에 비하면 실제성이 떨어지고, 작가 개인의 언어 습관이 나타난다는 문제점을 가지고 있다. 이처럼 비록 실제 대화 상황을 보여주는 구어 말뭉치를 분석 대상으로 삼는 것이 가장 이상적인 연구 방법이긴 하나 사회언어학적 인간관계를 반영한 충분한 양의 구어 말뭉치를 찾는 것에 한계가 있으므로 대안으로 준구어 말뭉치인 드라마 말뭉치를 활용하기도 한다(김영상·무양, 2021).

요컨대, 화행 대조 연구의 방법론적 한계를 보완하기 위해서는 DCT나 드라마 분석뿐만 아니라 실제 대화를 통해 대화 참여자의 상호작용이 실현될 수 있는 구어 인터뷰나 역할극, 자연 발화 채집 등의 자료 수집 방법과 결합시켜 연구의 신뢰도와 타당도를 높일 필요가 있다고 할 수 있다. 그렇다면 현재 이루어지고 있는 한·중 화행 대조 연구에서는 DCT를 어떻게 제작하고 있으며, 어떤 자료를 통해 드라마를 분석하는지 등에 대한 구체적인 내용을 아래에서 살펴보겠다.

1) 담화 완성형 테스트(DCT)

선행 연구를 토대로 화행 자료 수집 도구 DCT를 활용한 한·중 화행 대조 연구[2]들을 자세히 살펴본 결과, 주로 이하 몇 가지의 절차를 통해 DCT를 제작하고 있음을 확인하였다.

첫째, 조사 집단을 설정한다.

둘째, 화행 변인을 설정한다.

셋째, 화청자 인물을 설정한다.

넷째, 조사 상황을 설정한다.

다섯째, 실험을 진행한다.

(1) 조사 집단 설정

조사 집단을 설정한다는 것은 연구자가 DCT 설계 시, 실험에 참여하는 집단이 2집단인지 3집단 또는 그 이상의 집단으로 조사할 것인지에 대해 결정하는 것이다. 한·중 화행 대조 연구이므로 대조 분석을 진행하기 위해서는 조사 집단에 중국인 모어 화자나 중국인 한국어 학습자를 설정해야만 한국어와의 양상을 비교, 분석을 할 수 있다. 먼저, 선행 연구에서 설정한 조사 집단은 다음 〈표 1〉을 참고할 수 있다.

〈표 1〉 선행 연구의 DCT 조사 집단 설정

집단 수	조사 집단	선행 연구
2집단	1) 한국인 모어 화자 2) 중국인 모어 화자	이명희(2009, 2010), 金廷恩(2010), Wang Yiru(2020), 이연(2013), 양영(2016)

2 본고에서 고찰한 바에 의하면 DCT를 활용한 한·중 화행 대조 연구는 RISS에서 총 23편이 추출되었다. 정다운(2002), 박애양(2009), 이명희(2009), 원일정(2010), 진양(2010), 오진환(2013), 이연(2013), 양영(2016), Zhang, Yao(2016), 이금양(2017), 황란쥔(2017), 황정혜(2018), GAO JING(2018), ZHAO YU(2018), 사오난(2019), 송이연(2019), 류파(2020), 추상(2020), Nan Shanji(2020), Wang Yiru(2020), 손욱(2021), ZHU SHICHUN(2022)이 있었으며, 이 논문들을 연구 대상으로 삼았다.

	1) 한국인 모어 화자 2) 중국인 한국어 학습자	오진환(2013)
	1) 한국인 중국어학과 학생 2) 중국인 한국어학과 학생	박애양(2013)
	1) 한국 대학생 2) 중국 대학생	황란쥔(2017)
	1) 한국에 거주하는 유학생 2) 중국 대학 재학 중국인 한국어 학습자	류파(2020)[3]
3집단	1) 한국어 모어 화자 2) 중국어 모어 화자 3) 중국인 한국어 학습자	정다운(2002), 원일정(2010), 진양(2010), 이금양(2017), ZHAO YU(2018), GAO JING(2018), 송이연(2019), Zhang Yao(2019), 추상(2020), Nan Shanji(2020), 손욱(2021), ZHU SHICHUN(2022)
	1) 한국에 거주하는 한국어 모어 화자 2) 중국에 거주하는 중국어 모어 화자 3) 한국에서 유학 경험 있는 한국어 고급을 취득한 중국인 한국어 학습자	황정혜(2018)
4집단	1) 한국인 모어 화자 2) 한국에 있는 중국인 한국어 학습자 3) 중국에 있는 중국인 한국어 학습자 4) 중국인 모어 화자	사오난(2019)

위의 표에서 확인할 수 있듯이, 2집단은 주로 한국인 모어 화자(Korean native speaker; KNS)와 중국인 모어 화자(Chinese native speaker; CNS)로 설정하고 있었다. 그리고 이는 한국어와 중국어에 나타나는 언어적인 화행 대조가 중심이 되며, 이에 관한 연구로는 이명희(2009, 2010), 金廷恩(2010), 이연(2013), 양영(2016), Wang Yiru(2020) 등을 살펴볼 수 있다. 3집단을 설정하는 연구도 다수 있는데, 이는 한국어 모어 화자, 중국인 모어 화자

3 류파(2020)에서의 조사 집단은 모두 중국인 학습자 집단으로 구성되었는데, 이 연구에서는 중국인 학습자의 거절 화행에 나타난 화용적 실패를 분석하고자 하였다. 이를 위해 선행 연구를 기반으로 분석 기준을 추출한 LIU PAI·전은주(2019)에 따라 '화용언어적 문제'에 대한 분석 범주 4개와 '사회화용적 문제'에 대한 분석 범주 1개를 설정하여 학습자들의 화용적 실패를 분석하였다.

외에 학습자 집단을 추가하는 경우이며, 여기서는 중국인 한국어 학습자(Chinese Korean Learner; CKL)를 추가함으로써 학습자들이 화행을 습득했느냐에 초점을 맞춰 연구를 진행하는 경우가 많았다. 또 중간 언어 화용론의 관점에서 학습자의 중간 언어적 양상을 살펴본 연구도 있었다. 이에 관한 구체적인 연구는 이금양(2017), ZHAO YU(2018), GAO JING(2018), 송이연(2019), Zhang Yao(2019), 추상(2020), Nan Shanji(2020), 손욱(2021), ZHU SHICHUN(2022) 등을 살펴볼 수 있다. 마지막 4집단의 경우는 거주 지역에 따라 학습자 집단을 더 구분하는 경우가 있다. 예를 들면, 사오난(2019)에서는 거주 지역에 따라 한국에 거주하는 한국어 학습자와 중국에 거주하는 한국어 학습자로 나누어 각 집단의 특징을 살펴보았다.

(2) 화행 변인 설정

Brown & Levinson(1987:74)에서는 공손성, 체면 위협 행위에 대해 언급하면서 사회적 거리(social distance), 사회적 힘(relative power), 부담의 정도(absolute ranking)가 사회적 변인으로 영향을 줄 수 있다고 하였다. 따라서 연구자들은 주로 Brown & Levinson(1987:74)의 변인을 기준으로 DCT 변인을 설정하거나 연구에서 보고자 하는 변인을 따로 설정하기도 한다. 원미진 외(2017:42)에서도 언급했듯이, 한국어의 경우에 상대방이 나이가 많으냐 적으냐에 따라 달라지는 것은 말할 것도 없고, 상대방의 지위, 상대방과의 친소, 수행하는 과제의 특성에 따라 발화의 격식성에서부터 전략의 사용까지 다양한 변이가 존재한다. 그리고 김인규(2021)에서는 DCT에서 중요한 '사회적 변인' 구성에 따라 화행 수집 결과가 어떻게 다른지에 대한 연구도 매우 중요한 과제가 될 것이라고 하였다. 따라서 본고에서는 한·중 화행 대조 선행 연구에서 DCT의 변인 설정 현황을 먼저 살펴볼 필요가 있다고 보았으며, 이를 다음 〈표 2〉와 같이 정리하였다.

〈표 2〉 한·중 화행 대조 연구의 DCT 변인 설정

선행 연구	사회적 거리 (친밀도)	사회적 힘 (지위, 권력)	부담의 정도	성별	나이	공사 관계	기타 (상황, 주제, 성격 등)
정다운(2002)	○	○		○			
박애양(2009)	○	○		○	○		
이명희(2009)	○	○	○				
원일정(2010)	○	○					
이명희(2010)	○	○	○				
진양(2010)	○	○			○		
오진환(2013)	○	○				○	
이연(2013)		○			○		
양영(2016)	○	○					○
Zhang Yao(2016)	○	○			○		
이금양(2017)	○	○					
황란쥔(2017)	○			○			○
황정혜(2018)	○	○	○				○
GAO JING(2018)	○	○					
ZHAO YU(2018)	○	○					
사오난(2019)	○	○	○				
송이연(2019)			○	○			
류파(2020)	○	○			○		
추상(2020)	○	○					
Nan Shanji(2020)	○	○					
Wang Yiru(2020)	○	○					
손욱(2021)	○	○					
ZHU SHICHUN(2022)	○	○	○				

DCT를 활용한 선행 연구에서는 주로 사회적 거리(친밀도), 사회적 힘(지위, 권력), 부담의 정도를 DCT의 주요 변인으로 분석하고 있으며, 그 외에도 연구자에 따라 성별, 나이, 공사 관계(공적 관계/사적 관계) 등을 구체적으로 살펴보고 있다. 그러나 한국의 문화적 특성상, '나이' 변인은 발화 양상에 중요한 영향을 미칠 것으로 예측되나 실제 DCT 변인 설정에서 '나이'에 대한 한·중 대조 연구는 박애양(2009), 진양(2010), 이연(2013), Zhang

Yao(2016), 류파(2020)에서만 확인할 수 있었다. '나이' 변인과 같은 사회적 변인에 따른 연구 결과가 어떻게 다른지는 뒤에서 더 자세히 다루도록 하겠다.

한편, 하나의 변인일지라도 연구자에 따라 하위 구분을 달리 설정하기도 하는데, 예를 들어 '사회적 지위'라는 변인에 대해 어떤 연구자는 '상위/하위'로 두 가지로 나누어 분석하는 경우가 있는가 하면, '높음/동등/낮음'과 같이 세 가지로 더 나누어 분석하기도 한다. 이를 다음 〈표 3〉을 통해 화행 유형별로 선행 연구의 DCT 변인의 하위 설정에 대해 더 세부적으로 살펴보겠다.

〈표 3〉 한·중 화행 대조 연구의 DCT 변인 하위 구분

화행	선행 연구	사회적 변인 하위 구분			
		사회적 거리 (친밀도)	사회적 힘 (지위, 권력)	부담의 정도	기타
요청 화행	사오난 (2019)	+ −	S〉H S=H S〈H	+ −	
	이명희 (2010)	있음 없음	있음 없음	큼 적음	
	손욱 (2021)	친함+ 친하지 않음−	높음 같음 낮음		
	양영 (2016)	친밀 소원	화자〉청자 화자=청자 화자〈청자		요청의 성격[4] (권리/부탁)
칭찬 화행	정다운 (2002)	친함 안 친함	높음 같음 낮음		성별
	박애양 (2009)	+ −	화자〉청자 화자=청자 화자〈청자		나이(+/=/−) 성별 등

4 요청 화행에서 요청의 성격을 요구, 부탁, 제의로 나누어 살펴보는 연구자들이 있었다(문미경, 2014; 황정혜, 2018 등).

	황란쥔 (2017)	높음 낮음			상황 주제 성별
	추상 (2020)	+ −	+ = −		
거절 화행	이명희 (2009)	있음 없음	있음 없음	큼 적음	
	오진환 (2013)	친밀 소원	상위 하위		공사관계 (공적/사적) 등
	Zhang Yao (2016)	+ −	높음 동등 낮음		연령 (+/=/−)
	류파 (2020)	+ −	+ = −		나이 (+/=/−)
지시- 거절	황정혜 (2018)	친 불친	상위 동등 하위	크다 적다	성격
불평 화행	진양 (2010)	친 소	강함 약함		연령 (연상/연하)
	GAO JING (2018)	친밀 보통 소원	화자〉청자 화자=청자 화자〈청자		불평의 강도(강/약)
	송이연 (2019)				성별, 불쾌감 정도
	이금양 (2017)	친근 소원	손위 동료 손아래		
인사 화행	이연 (2013)		상위 하위		나이
	Wang Yiru (2020)	친밀함 생소함	높음 동등 낮음		
사과 화행	Nan Shanji (2020)	모르는 사이 아는 사이 친한 사이	높음 같음 낮음		
	ZHU SHICHUN (2022)	친밀 소원	상위 동등 하위	높음 낮음	

감사 화행	원일정 (2010)	높음 낮음	높음 동등 낮음		
질책 화행	ZHAO YU (2018)	상 하	+P =P -P		

〈표 3〉에서 보여주듯이 사회적 거리 또는 친밀도는 대체로 '친밀/소원, 높음/낮음, 상/하, +/-'와 같이 두 가지로 구분되나 '친밀/보통/소원'과 같이 '보통' 관계의 친밀도를 설정하는 연구 GAO JING(2018)도 있었다. 사회적 힘 또는 사회적 지위, 사회적 권력 변인은 대부분 '높음/동등/낮음, 상위/동등/하위, 화자>청자/화자=청자/화자<청자, +/=/-'와 같이 세 가지로 구분되나 '있음/없음, 상위/하위, 강함/약함'과 같이 둘로 구분하여 연구하기도 한다. 한편, 부담의 정도는 '크다/작다, 높음/낮음, +/-'와 같이 두 가지로 구분하여 대체로 비슷한 경향을 보이고 있다. 물론, 하위 구분을 더 세분화하면 사회적 변인에 따른 화행 양상을 더욱더 다양하게 파악할 수 있을 것이다.

(3) 화청자 인물 설정

화자와 청자의 신분이나 사회적 지위에 따른 발화 양상을 살펴보기 위해서는 화청자 인물 관계 설정이 DCT 구성에서 중요한 요소 중 하나가 될 수 있다. 김인규(2021)에서는 17편의 논문에서 나타난 총 187개 문항에서 나오는 등장인물을 가족·비가족군, 학교군, 직장군, 일상생활군, 대인관계군과 같이 총 5가지로 묶어서 설정하고 분류하였다. 본고에서는 한·중 화행 대조 논문 23편을 대상으로 각 논문의 DCT 문항에 등장하고 있는 인물을 자세히 살펴보기 위하여 구성원들을 대범주로 묶지 않고 다음 〈표 4〉와 같이 소범주로 가족, 친구, 교수/선생님, 선배, 후배, 상사, 동료/동기, 모르는 사람과 기타 특정 신분으로 각각 제시하여 분류해보고자 한다.

〈표 4〉 선행 연구 DCT 문항 인물 설정

화행	선행 연구	DCT 문항 인물 설정								
		가족	친구	교수님/ 선생님	선배	후배	상사	동료/ 동기	모르는 사람	기타 특정 신분
요청 화행	사오난 (2019)		○	○		○	○	○	○	항공사 직원, 종업원
	이명희 (2010)		○	○					○	학생, 룸메이트
	손욱 (2021)		○		○	○				학생
	양영 (2016)	○	○	○	○	○			○	룸메이트
칭찬 화행	정다운 (2002)		○	○	○	○	○			지인, 직원, 웨이터, 손님
	박애양 (2009)	○	○		○	○				어른
	황란쥔 (2017)		○	○	○	○				
	추상 (2020)		○		○	○				
거절 화행	이명희 (2009)		○	○			○	○	○	조교
	오진환 (2013)		○		○	○	○	○	○	지인, 직원
	Zhang Yao (2016)	○	○		○	○		○	○	부하 직원, 가게 직원, 고객
	류파 (2020)		○		○	○		○	○	손님
지시- 거절	황정혜 (2018)	○	○	○	○	○	○	○	○	신입 사원, 점원, 부하 직원, 소개팅 남자/여자, 손님, 이웃
불평 화행	진양 (2010)		○	○		○	○			지인, 룸메이트, 어르신, 판매원
	GAO JING (2018)		○	○	○	○			○	룸메이트
	송이연 (2019)									서비스업 직원

	이금양 (2017)	○	○	○		○	○	○		어르신, 아이
인사 화행	이연 (2013)			○			○	○	○	지인의 가족, 남자/여자 친구 부모님, 부하직원
	Wang Yiru (2020)	○	○	○	○	○				신입사원
사과 화행	Nan Shanji (2020)	○	○	○	○		○	○	○	직원, 이웃, 남자친구/여자친구, 어르신, 집주인, 학생, 회원, 신입사원, 고객
	ZHU SHICHUN (2022)	○	○		○	○		○		학생, 어린아이, 이웃, 동아리 회장, 손님
감사 화행	원일정 (2010)	○	○	○	○	○		○	○	
질책 화행	ZHAO YU (2018)			○	○	○		○		
합계	23	9	20	15	16	18	9	12	12	

위의 표에서 관찰할 수 있듯이, 선행 연구에서 사회적 변인을 고려하여 상하 관계가 명확하거나 사회적 지위 관계가 뚜렷한 교수/선생님, 선후배, 상사와 같은 인물을 많이 설정하는 경향이 있다. 또는 화청자를 동등한 지위로 보고 있는 친구나 동료, 동기와 같은 인물도 DCT 문항에 빈번히 출현하고 있음을 알 수 있다. 이 중에서도 특히 '친구'가 23편 논문 중에 20편으로 상당히 많이 설정되고 있고 그 다음은 후배, 선배, 교수/선생님 순으로 나타나고 있다. 사오난(2019), 황란쥔(2017), Nan Shanji(2020), Zhao Yu(2018) 4편의 연구에서 '선생님'을 설정하였고 나머지 연구들은 모두 '교수(님)'이 등장하고 있었다. 김인규(2021)에서 '교수님'의 호칭 사용에 대해 지적한 바에 의하면 연구자들이 DCT에 '교수님'으로 표기하고 있는데 대학 사회에서 교수가 갖는 '권력'과 상대적인 '우위'를 DCT에서 굳이 명시적으로 드러낼 필요가 없을 것이며 '교수', '강사'와 같이 중립적인 용

어로 제시하는 것이 좋다고 지적하였다. 이는 연구자들이 '교수'가 갖는 사회적 지위를 더 명확하게 표현하기 위해서이거나 습관적으로 '교수님'으로 부르는 연구자의 성향에 의해 설정된 것으로 추측된다. 한편, 기타에 포함된 특정 신분에도 다양한 인물이 나타났는데, 예를 들어 룸메이트, 신입 사원, 부하 직원과의 발화 양상을 살펴보기 위해 설정하는 연구도 다수 있었다. 구체적으로 살펴보면 '가족'에는 주로 엄마, 아들, 동생, 할아버지, 이모, 삼촌, 친척 등이 있었고 '상사'에는 사장, 과장, 실장, 대리, 처장과 같은 인물이 등장하였으며, 기타 특정 신분에는 항공사 직원, 종업원, 학생, 룸메이트, 웨이터, 손님, 부하 직원, 신입 사원, 소개팅 남자/여자, 손님, 이웃, 집주인, 동아리 회장 등과 같이 다양한 직업에 종사하거나 다양한 인물이 나타났다.

한편, 개별 화행이나 연구 주제 또는 연구자에 따라 설정한 인물 수도 조금 상이한데, 예를 들어 추상(2020)에서는 선배, 친구, 후배 세 가지 등장인물로 8개의 상황을 설정하였고 친밀도에 따라 친한 선배일 경우, 별로 친하지 않은 선배일 경우, 친한 친구의 경우, 별로 친하지 않은 친구일 경우, 친한 후배일 경우, 별로 친하지 않은 후배일 경우로 나누어 칭찬 상황을 고찰하였다. 이와 대조적으로 송이연(2019)에서는 소비 서비스 상황에서의 중국인 한국어 학습자의 불평 화행을 살펴보고 있으므로 다양한 직업군의 인물을 설정할 수밖에 없었을 것이다. 이 연구에서는 구체적으로 숙소 사장, 부동산 직원, 카페 직원, 배달원, 승무원, 택시 기사, 통신사 직원, 수리 직원, 콜센터 직원, 백화점 직원, 약사, 미용사, 세탁소 직원이 등장했음을 확인하였다. 따라서 화행 연구 주제나 연구자에 따라 인물 관계와 신분 설정이 다양하게 나타나고 있음을 알 수 있다.

(4) 조사 상황 설정

앞서 살펴본 바와 같이 연구자들이 조사 집단이 결정되고, 사회적 변인 및 사회적 지위에 따른 화청자 관계가 설정되면, 다음은 구체적인 상황을 설정하여 각 상황에 따라 어떻게 발화를 할 것인지 질문하는 DCT 문항을 설계하게 된다. 원미진 외(2017: 43)에 의하면 DCT는 보통 15개 내외의 상황으로 구성되어야 학습자 응답의 진정성을 기대할 수 있으므로 연구의 초점을 잘 생각해서 필요한 상황으로 문항을 구성하는 것이 중요하면서도 가장 어려운 점이라고 밝혔다. 여기서는 한·중 화행 대조 연구에서 비교적 많이 진행된 요청 화행과 칭찬 화행 연구에서 설정된 DCT 상황을 살펴보도록 하겠다.

〈표 5〉 한·중 요청 화행 대조 연구의 DCT 상황

선행 연구	상황 수	상황 설정
이명희 (2010)	8개	1. 교수님께 추천서 부탁하기 2. 친하지 않은 학생에게 노트 빌리기 3. 학생처 처장님께 취재 요청하기 4. 친한 친구에게 카메라 빌리기 5. 모르는 학생에게 펜 빌리기 6. 교수님께 저서 빌리기 7. 교수님께 엘리베이터 버튼 눌러달라고 부탁하기 8. 룸메이트에게 도서 반납 부탁하기
사오난 (2019)[5]	12개	1. 친한 친구에게 큰 돈 빌리기 2. 직장에서 친한 후배나 아랫사람에게 물건 빌리기 3. 친한 상사께 월급이나 아르바이트비를 올려달라고 하기 4. 친하지 않은 동료나 친구에게 대신 일해달라고 부탁하기 5. 호텔에 전화해서 환불 요청하기 6. 친하지 않은 사장님이나 선생님에게 약속 시간을 미뤄 달라고 부탁하기 7. 친한 친구나 동료에게 음료수를 사달라고 요청하기 8. 친한 후배나 아랫사람에게 소포를 가져와 달라고 요청하기 9. 친한 사장님이나 선생님을 모임에 초대하기 10. 모르는 사람에게 사진을 찍어 달라고 부탁하기 11. 종업원에게 물을 달라고 요청하기 12. 친하지 않은 사장님이나 선생님께 서류에 사인을 해 달라고 부탁하기
손욱 (2021)	6개	1. 친한 선배에게 선배가 힘들게 구한 자료를 달라고 부탁하기 2. 친구에게 창문을 열어 달라고 부탁하기 3. 친한 후배에게 과 사무실에 가서 자료를 받아 달라고 부탁하기 4. 친하지 않은 선배에게 토론 시간을 바꿔 달라고 부탁하기 5. 도서관에서 일하는 학생에게 책을 찾아 달라고 부탁하기 6. 친하지 않은 후배에게 펜을 빌려 달라고 부탁하기

양영 (2016)	12개	1. 동생에게 카메라를 돌려 달라고 하기 2. 룸메이트에게 방을 청소하라고 하기 3. 선배에게 회비 내 달라고 하기 4. 주문한 음식을 빨리 줄 것을 요청하기 5. 도서관에서 조용히 해 달라고 하기 6. 할아버지에게 담배를 끊게 하기 7. 동생에게 책을 대신 반납해 달라고 하기 8. 친구에게 농담을 그만하라고 하기 9. 선배에게 파티를 할 때 노래를 불러 달라고 요청하기 10. 잘 모르는 후배에게 핸드폰 빌려 달라고 하기 11. 옆 사무실 프린터를 쓰기 위해 요청하기 12. 교수님에게 보고서 제출 기한 연장해 달라고 하기

선행 연구에서 제시된 한·중 요청 화행 대조 연구의 DCT 상황을 보면, 설정된 상황 수가 6개에서 12개로 구성되고 있다. 강현화(2007)에서는 요청 화행을 먼저 요청과 지시로 나누고, 요청은 다시 부탁, 초대, 제공, 제의로, 지시는 명령과 권고(제안)으로 분류하였다. 〈표 5〉를 살펴보면 연구자에 따라 다양한 상황으로 구성하고 있는데, 대체로 강현화(2007)에서 제시한 요청, 부탁, 초대, 지시 등에 따라 요청하는 상황, 부탁하는 상황, 초대하는 상황 등을 중심으로 설정하고 있음을 확인할 수 있다. 다음은 한·중 칭찬 화행 대조 연구에 설정된 DCT 상황을 살펴보겠다.

〈표 6〉 한·중 칭찬 화행 대조 연구의 DCT 상황

선행 연구	상황 수	상황 설정
정다운 (2002)	12개	1. 오랜만에 친한 친구를 만났더니 전보다 많이 세련되고 날씬해졌다. 2. 친한 친구가 다리가 아픈 친구를 대신해 가방도 들어주고 그를 부축해 주는 모습을 보았다. 3. 동문회에 나가서 처음 만난 친구인데, 긴 생머리와 분홍색 립스틱이 아주 잘 어울렸다. 4. 수업 시간에 얼굴만 아는 같은 과 친구가 발표를 참 잘했다. 5. 잘 아는 교수님이 새 옷을 입고 머리 스타일도 바꾸고 오셨다. 6. 회사 사장님 집에 초대를 받아 갔다. 그 집이 매우 넓고 아름다웠다.

5 본고에서는 사오난(2019)에서 제시한 상황을 요약하여 제시했으므로 자세한 내용은 사오난(2019) 원문 참고 바람.

		7. 회사에 새로 온 과장이 중국 사람과 중국어로 자유롭게 대화하는 모습을 보았다. 8. 같은 과 교수님이 새 책을 내셨다. 그 교수님과 나는 잘 알지 못하지만 우연히 엘리베이터를 기다리다가 그 교수님을 만나게 되었다. 9. 친한 후배가 멋진 신발을 신고 있었다. 10. 동생이 시험에서 좋은 성적을 거두었다. 11. 새 직원을 고용했다. 그 직원은 하루 종일 밝고 환한 미소를 띠며, 모든 사람들을 친절하게 대했다. 12. 레스토랑에 갔더니 그곳 웨이터들이 너무 친절하고 매너있었다.
황란쥔 (2017)[6]	9개	1. 할머니의 짐을 들어 드려서 친구한테 칭찬 받음 2. 친한 선배를 위해 준비해준 음식이 맛있다고 칭찬 받음 3. 새로 바꾼 머리 스타일이 예쁘다고 친한 선생님한테서 칭찬 받음 4. 선물 받은 가방이 이쁘다고 친한 후배한테서 칭찬 받음 5. 친한 친구한테서 중국어 잘한다고 칭찬 받음 6. 처음 보는 같은 반 친구한테서 예쁘다/잘 생겼다고 칭찬 받음 7. 별로 친하지 않은 선생님한테서 사진을 잘 찍는다고 칭찬 받음 8. 별로 친하지 않은 친구한테서 부지런하다고 칭찬 받음 9. 별로 친하지 않은 후배한테서 새로 산 옷이 예쁘다고 칭찬 받음
추상 (2020)	8개	1. 친구의 생일 파티에서 예쁘다/멋있다는 칭찬을 받음 2. 얼굴이 더 좋아 보이고 더 젊어 보인다는 칭찬을 받음 3. 새롭게 산 노트북이 좋아 보인다는 칭찬을 받음 4. 새롭게 산 옷이 예쁘다는 칭찬을 받음 5. 영어 잘한다는 칭찬을 받음 6. 요리 솜씨가 좋다는 칭찬을 받음 7. 옷을 가난한 사람들에게 기부해서 마음이 착하다는 칭찬을 받음 8. 꼼꼼하고 착실하다는 칭찬을 받음

한·중 칭찬 화행 및 칭찬 응답 화행 대조 연구의 DCT 상황 수도 8개에서 12개 정도로 나타나 앞서 살펴본 요청 화행과 비슷한 분량으로 구성되고 있었다. 정다운(2002)에서는 칭찬을 해야 하는 상황이고, 황란쥔(2017)과 추상(2020)은 칭찬 응답을 살펴보는 연구이므로 칭찬을 받았을 때의 상황으로 구성하였다. 한편, 칭찬 대상을 보면 연구자에 따라 조금씩 다른 경향을 보인다. 예를 들어 황란쥔(2017), 추상(2020)에서는 주로 상대방의 성격, 능력, 외모, 소유물을 칭찬 대상으로 설정하였고 정다운(2002)에서는 외모,

6 황란쥔(2017)에서 제시한 칭찬 상황을 요약해서 제시했으므로 자세한 내용은 원문 참고 바람.

행동, 능력, 소유물로 구성하여 행동에 대한 칭찬도 칭찬 대상에 포함시켰다. 칭찬 대상은 연구자들마다 각자의 기준에 따라 달리 설정하고 있는 경향을 보이나 다음 〈표 7〉과 같이 주로 성격, 능력, 외모, 소유물로 살펴보고 있음을 확인할 수 있다.

〈표 7〉 한·중 칭찬 화행 대조 연구의 칭찬 대상

선행 연구	칭찬 대상
정다운(2002)	외모, 행동, 능력, 소유물
박애양(2009)	대상 자체, 능력, 소유물, 인격, 외모, 행동
황란쥔(2017)	성격, 능력, 외모, 소유물
추상(2020)	성격, 능력, 외모, 소유물
주설영(2021)	성격, 능력, 외모, 소유물, 재력
유진(2021)	성격, 능력, 외모, 소유물, 수행
김영상·무양(2021)	성격, 능력, 외모, 소유물, 수행

한편, 지시-거절 화행 대조 연구를 다룬 황정혜(2018)에서는 지시 상황은 총 28가지, 거절 상황은 총 56가지로 설정하였는데, 이와 같이 방대한 상황 수는 황정혜(2018)가 박사학위논문이라는 점과 관련이 될 것이다. 지금까지 살펴본 선행 연구의 상황 수는 적게는 6가지, 많이는 56가지가 있는데 DCT 응답 및 연구 결과의 진정성을 확보하기 위해서는 연구 초점에 맞게 적당하고 충분한 양의 상황 수를 설정하는 것이 중요하다고 할 수 있겠다. 또한 김인규(2021)는 DCT 상황에 시대상을 적절히 반영하지 않아 현실감을 떨어뜨리는 것이 DCT 구성 상황에서의 가장 큰 문제점이라고 지적하였다. 이와 동시에 개선할 점에 대하여 일상생활의 현실성을 고려해야 하고 DCT와 일상생활 간의 밀접성을 높여야 하며, 시대상, 사회상을 반영하는 상황을 고려해야 한다고 하였다.

(5) 실험 진행

DCT를 제작한 후에 설정한 조사 집단을 대상으로 본격적으로 실험을 진행하게 되는데 이 부분에서는 선행 연구의 실험 방식과 실험에 참여한 인원수 등의 세부 사항을 살펴보고자 한다. 일부 연구자는 제작된 DCT 상황과 문항들이 타당한지, 제작된 내용으로 연구에서 관찰하고 싶은 결과를 도출해 낼 수 있는지를 검증하기 위해 사전에 예비 실험을 진행하기도 한다. 예비 실험 결과를 통해 DCT의 보완점이나 수정 사항 등을 확인하고 본 조사에 반영한 후 본조사 실험을 한다. 이에 관한 세부 내용은 다음 〈표 8〉을 통해 자세히 살펴볼 수 있다.[7]

〈표 8〉 선행 연구 DCT 실험 관련 세부 사항

선행 연구	예비 실험[8]	본 실험	본 실험 DCT 문항 수
Wang Yiru (2020)	×	KNS 10명, CNS 10명 총: 20명	12
이금양 (2017)	×	KNS 30명, CNS 30명, CKL 30명 총: 90명	12
추상 (2020)	KNS 6명 CKL 7명 CNS 7명 총: 20명	KNS 40명, CNS 36명, CKL 38명 총: 114명	8
양영 (2016)	KNS 10명 CNS 10명 총: 20명	KNS 30명, CNS 30명 총: 60명	12
정다운 (2002)	×	KNS 94명, NNS 106명, CNS 94명 총: 294명	24[9]
원일정 (2010)	×	KNS 80명, CKL 80명, CNS 80명 총: 240명	15
황란쥔 (2017)	×	KNS 111명, CNS 123명 총: 234명	9
진양 (2010)	×	KNS 100명, CNS 100명, CKL 100명 총: 300명	10
GAO JING (2018)	KNS 11명 CKL 12명	KNS 30명, CNS 30명, CKL 30명 총: 90명	16[10]

7 본고에서는 선행 연구에서 기술한 한국인 모어 화자는 KNS, 중국인 모어 화자는 CNS, 중국인 한국어 학습자는 CKL로 일괄적으로 통일하여 정리했음을 밝힌다.

	CNS 12명 총: 35명		
박애양 (2009)	×	한국인 중국어학과 학생: 30명 중국인 한국어학과 학생: 30명 총: 60명	4[11]
Nan Shanji (2020)	KNS 2명 CNS 2명 CKL 3명 총: 7명	KNS 20명, CNS 20명, CKL 30명 총: 70명	27
류파 (2020)	×	초·중·고급 CKL 총: 166명	18
Zhao Yu (2018)	×	KNS 50명, CKL 50명, CNS 50명 총: 150명	6
황정혜 (2018)	KNS 6명 CNS 6명 CKL 6명 총: 18명	KNS 30명, CNS 30명, CKL 30명 총: 90명	84[12]
송이연 (2019)	CKL 총: 47명	KNS 30명, CKL 30명, CNS 30명 총: 90명	10
ZHU SHICHUN (2022)	KNS 1명 CNS 2명 CKL 3명 총: 6명	KNS 30명, CNS 30명, CKL 30명 총: 90명	12
Zhang Yao (2016)	○	KNS 30명, CNS 30명, CKL 30명 총: 90명	18
오진환 (2013)	×	KNS 30명, CKL 30명 총: 60명	32
사오난 (2013)	KNS 30명 CNS 30명 총: 60명	KNS 45명, CNS 58명, KFL 58명 KSL 49명 총: 210명	12
이연 (2013)	KNS 10명 CNS 10명 총: 20명	KNS 30명, CNS 30명 총: 60명	31
이명희 (2010)	한국인 대학생: 10명 중국인 대학생: 10명 총: 20명	KNS 92명, CNS 90명 총: 182명	8
이명희 (2009)	한국인 대학생: 10명 중국인 대학생: 10명 총: 20명	KNS 80명, CNS 80명 총: 160명	8
손욱 (2021)	×	KNS 15명, CKL 20명, CNS 15명 총: 50명	6

일반적으로 방대한 수의 응답 참여자를 대상으로 하는 본 조사에 비해 상대적으로 적은 수의 참여자를 대상으로 예비 실험을 하는 것을 알 수 있다. 위의 표에서 볼 수 있듯이 예비 실험을 실시한 연구는 23편 중에 11편으로 절반에 가깝다. 예비 실험에 참여한 대상자 수는 연구자의 역량과 판단에 따라 6명의 적은 인원을 대상으로 실시하는 연구도 있고, 사오난(2013)과 같이 예비 실험에 60명의 실험 대상자를 모집하여 실험을 실시한 사례도 있었다. 그러나 대부분의 연구자는 20명 내외의 인원으로 예비 실험을 진행하는 경우가 많았다. 반면 본 실험에서는 연구 결과의 신뢰도를 보장하기 위해 대량의 인원을 모집하여 실험에 참여하게 하는데, 〈표 8〉에서 확인할 수 있듯이 정다운(2002), 원일정(2010), 진양(2010), 사오난(2013), 황란쥔(2017)에서는 200명 이상의 참여자가 있었다. 이 중에서도 정다운(2002)과 진양(2010)은 300명 정도의 참여자를 대상으로 실험을 실시하였다. 한편, KNS, CNS, CKL 중 두 집단 또는 세 집단을 대상으로 실험을 할 때, 연구 결과의 타당도를 고려하여 참여자의 비중을 균일하게 설정하는 경향도 보였다. 예를 들어 Zhang Yao(2016), 이금양(2017), GAO JING(2018), 황정혜(2018), 송이연(2019), ZHU SHICHUN(2022)과 같이 KNS 30명, CNS 30명, CKL 30명씩 총 90명의 대상자를 모집하여 본 실험을 실시한 경우도 다수였다.

그밖에 본고에서 살펴본 연구들은 모두 서면 DCT를 활용하였는데, 그

8 예비 실험 여부에서 ×로 표시된 것은 실제 논문에서 예비 실험을 실시하지 않았거나 관련 내용을 언급하지 않았기에 확인할 수 없음을 의미한다. ○로만 표시된 Zhang Yao(2016)는 예비 실험을 진행하였으나 구체적인 인원 수를 제시하지 않은 것이다.

9 정다운(2002)에서는 칭찬 화행 DCT와 칭찬 응답 화행 DCT로 나누어 각각 12문항으로 총 24문항을 설정한 것이다.

10 GAO JING(2018)에서는 DCT 상황은 8개지만 각 상황마다 질문 A, B로 나누어 문항을 설정하였으므로 총 16문항에 해당하는 셈이다.

11 박애양(2009)에서 DCT 상황을 설정한 문항은 크게 4개 있으나 각 문항마다 화청자 관계를 설정한 하위 문항들이 10개씩 존재한다는 것이 확인되었다.

12 황정혜(2018)의 DCT는 지시 상황 28개와 거절 상황 56개로 총 84개의 문항으로 구성되었다.

이유는 앞서 언급한 구두 DCT의 단점 때문이기도 할 것이며, 본 실험에 참여한 인원 수가 50명에서 많게는 300명까지 상당히 많으므로 모든 응답자를 상대로 구두 실험을 진행하는 것은 많은 시간과 노력이 필요하므로 비효율적이기 때문이라 생각된다. 류파(2020)에 의하면 구두 DCT는 피험자들이 녹음 과정에서 부담스러울 수 있다는 점을 고려하여 서면 DCT로 진행하였다고 밝히기도 하였다. 그렇다면 서면 DCT를 진행하게 되었을 때, 많은 양의 실험지를 어떤 방식으로 배포하고 회수하는지에 대해 언급한 연구를 살펴보겠다. 황정혜(2018)에서의 자료 수집 방법은 KNS와 CKL는 설문지를 직접 배부하거나 이메일을 통하여 수집하였고, CNS는 이메일을 통해 작성하게 하였다. 그리고 GAO JING(2018)의 DCT 조사 방법은 한국어 고급 학습자는 설문조사지로 전달하고 회수하였으며, 중국인 모어 화자의 경우 전자 우편으로 전달하고 회수하였다고 언급하였다. 따라서 조건과 환경이 마련이 되면 설문지를 직접 배부할 수도 있으나 중국인 모어 화자를 대상으로 할 경우, 이메일을 사용할 수도 있다. 그러나 최근에는 다양한 인터넷 플랫폼에서 쉽게 설문지를 제작할 수 있을뿐더러 플랫폼에서 자동으로 설문지 링크가 생성되므로 실험 참여자들에게 링크를 보내주고 작성하게 하는 방식도 많은 연구자들이 선호하고 있는 효율적인 방법이라 할 수 있겠다.

지금까지 선행 연구를 토대로 DCT 자료 수집 도구의 세부적인 구성 요소와 방식을 고찰해 보았다. DCT의 제작 절차 및 내용 구성과 관련하여 조사 집단, 사회적 변인, 인물 관계, 조사 상황, 실험 방식에 대해 다양한 측면에서 살펴보았다. 다음은 준구어 말뭉치를 활용한 드라마 분석 방법에 대해 자세히 논의해 보고자 한다.

2) 준구어 말뭉치 드라마 분석

한·중 화행 대조 연구 방법에서 DCT 다음으로 드라마 대본이나 드라마 말뭉치를 활용한 드라마 분석 방법 또한 많은 연구자들이 선호하고 있음을 확인하였다.[13] 드라마 자료는 실제 자연 발화 상황을 보여주는 구어 말뭉치가 아니므로 준구어 말뭉치에 해당한다고 볼 수 있다. 이 절에서는 드라마 말뭉치를 활용한 한·중 화행 대조의 선행 연구들을 통해 드라마 분석 자료 선정 기준부터 수집 방법, 연구 자료 그리고 설정한 사회적 변인 등 여러 측면에서 살펴보고자 한다.

(1) 드라마 분석 자료 및 선정 기준

다양한 상황 배경에서 일어나는 등장인물 간의 관계와 스토리를 담고 있는 드라마 매체 자료 또한 화행을 연구하는 데 하나의 방법과 수단으로 작용하고 있다. 한·중 화행 대조 연구에서도 드라마 속에 나타난 언어 행위를 분석함으로써 양국어의 발화 양상의 공통점과 차이점을 관찰해낼 수 있을 것이다. 이를 위하여 일차적으로 분석 자료를 선정하는 작업이 중요하다고 할 수 있으며, 드라마를 선정하는 기준을 살펴보기 앞서 먼저 선행 연구에서 어떤 드라마 자료로 연구를 진행하고 있는지 살펴보고자 한다.[14]

〈표 9〉 선행 연구의 드라마 분석 자료

화행	선행 연구	배경/장르	한국 자료	중국 자료
칭찬 화행	박애양 (2009)	연예인 청소년 가족	〈온에어〉(2008) 〈슬픔이여 안녕〉(2007) 〈올드미스	〈梦里花开(상하이 러브스토리〉(2003) 〈白领公寓(아파트)〉(2002)

13 한·중 화행 대조 연구에서 드라마를 분석하는 연구는 RISS에서 다음과 같이 총 14편이 추출되었으며, 박애양(2009), 주설(2010), 주진(2010), 디팡(2012), 마후이(2013), 유암천(2014), 류티엔(2017), CAO DONGWEI(2017), 장우양(2018), Zhao Yu(2018), 향신휘(2019), Nan Shanji(2020), 김영상·무양(2021), 유진(2021)의 연구가 있었다.

14 일부 연구에서는 드라마 분석 외에도 DCT, 교재 분석 등의 방법을 결합시켰으나 여기서는 드라마를 활용한 자료만 정리했음을 밝힌다. 또 준구어 말뭉치 자료로 드라마 자료뿐만 아니라, 영화나 리얼리티 프로그램의 자료도 활용하였으나 여기에서는 드라마 자료만을 정리해보고자 한다. 선행 연구에서 언급하지 않은 부분은 빈칸으로 대체하였음을 밝히며, 중국 드라마 자료의 번역은 선행 연구에서 연구자가 사용한 이름 그대로 따랐음을 밝힌다. 마지막으로 선행 연구에서 드라마 연도를 적지 않은 부분은 필자가 네이버와 바이두(百度) 홈페이지에서 검색한 후에 연도를 추가했음을 밝힌다.

			다이어리〉(2004) 〈반올림〉(2006)	〈换换爱(환환애)〉(2007) 〈18岁的天空(18세의 하늘)〉(2003)
지시, 거절 화행	주설 (2010)[15]	-	시트콤: 〈거침없이 하이킥!〉(2006)	〈가유아녀(家有儿女) 시즌3〉(2006)
충고, 경고 화행	주진 (2010)[16]	-	〈신입사원〉(2005)	-
거절 화행	디팡 (2012)	가족 회사 호텔 방송국 백화점 신문사	〈신기생뎐〉(2011) 〈시크릿가든〉(2011) 〈미스리플리〉(2011) 〈최고의 사랑〉(2011)	〈이춘천의 봄〉(2011) 〈가정/가족의 N차원〉(2011) 〈행복이 문을 두드리다〉(2011)
동의 화행	마후이 (2013)	-	〈내 이름은 김삼순〉(2005) 〈시크릿 가든〉(2010)	-
설득 화행	유암천 (2014)	가족 회사 학교 백화점	〈아내의 유혹〉(2008) 〈꽃보다 남자〉(2009) 〈청담동 앨리스〉(2012) 〈에덴의 종쪽〉(2008)	리메이크: 〈回家的诱惑〉(2011) 〈流星花园〉(2001) 〈小爸爸〉(2013) 〈老大的幸福〉(2010)
감사 화행	류티엔 (2017)	학교 직장 가족	〈아름다운 그대에게〉(2012) 〈메디컬 탑팀〉(2013) 〈너는 내 운명〉(2005)	〈최고의 우리〉(2016) 〈환희의 송가〉(2016) 〈둘째 시대〉(2014)
요청 화행	장우양 (2018)	직장 학교 연애 의료	〈질투의 화신〉(2016) 〈치즈인더 트랩〉(2016) 〈나의 유감스러운 남자친구〉(2015) 〈응급남녀〉(2014)	〈浮沉〉(2012) 〈毕业时刻〉(2011) 〈飘洋过海来看你〉(2016) 〈外科风云〉(2017)
지시 화행	CAO DONGWEI (2017)	-	〈찬란한 유산〉(2009) 〈미남이시네요〉(2011) 〈백년의 유산〉(2014)	리메이크: 〈我的灿烂人生(나의 찬란한 인생)〉(2011) 〈原来是美男(미남이시네요)〉(2013) 〈因为爱情有奇迹(사랑에 기적이 있기 때문이다)〉(2014)
질책 화행	Zhao Yu(2018)[17]	-	〈태양의 후예〉(2016)	-
감사 화행	향신휘 (2019)	직장생활 (병원, 학교, 기업, 학원, 방송국)	〈미생〉(2014) 〈프로듀사〉(2015) 〈혼술남녀〉(2016)	〈心术(심술)〉(2012) 〈18岁的天空(18살의 하늘)〉(2004) 〈我的前半生(나의 전반생)〉(2017)

사과 화행	Nan Shanji (2020)	80-90년대 부산	〈응답하라1997〉(2012) 〈응답하라1994〉(2013) 〈응답하라1988〉(2015)	〈蜗居〉(2009) 〈新结婚时代〉(2006)
칭찬 화행	김영상·무양 (2021)	직장배경 (병원, 법원, 대기업, 회사, 백화점 등)	〈라이프〉(2018) 〈비밀의 숲〉(2017) 〈미생〉(2014)	〈三十而已(겨우서른)〉(2020) 리메이크: 〈平凡的荣耀(평범적 영요)〉(2020)
칭찬 화행	유진 (2021)	일상생활 연애 직장 등	〈으라차차 와이키키1〉(2018)	〈青春斗(청춘투)〉(2018)

위의 표에서 확인할 수 있듯이, 연구자에 따라 다양한 장르나 배경의 드라마 자료를 연구 대상으로 삼아 화행을 분석하거나 대조하고 있다. 특히 드라마 자료 선정 시 한국과 중국의 드라마 한 회당 방송 분량에는 차이가 있다는 점을 고려해야 할 뿐만 아니라 선정한 드라마의 시대성과 언어의 실시간성을 반영해야 하는 점을 염두에 두어야 할 것이다. 위의 정리한 표를 통하여 본고에서 고찰한 바에 의하면 대부분의 선행 연구자들이 한국어와 중국어 드라마 분석 자료를 선정하는 기준은 다음과 같은 몇 가지 특징이 있다.

첫째, 사회적 변인에 따른 화행 양상을 살펴보기 위하여 다양한 배경으로 구성된 드라마를 선택하는 특징이 있다. 예를 들어 유암천(2014)에서는 다양한 연령대 사람들의 친소관계 및 상하 관계를 반영하는 가족, 회사, 학교, 백화점 배경의 드라마를 선정하였고 김영상·무양(2021)에서는 인간관계 내 권력 거리에 따른 화행 양상을 살펴보기 위해 위계서열이 비교적 뚜렷한 병원, 법원, 대기업 등의 직장을 배경으로 한 드라마를 선정하였다. 그 외에도 디팡(2012)에서는 가족, 회사, 호텔, 방송국, 백화점, 신문사 등

15 주설(2010)에서는 시트콤을 연구 자료로 삼았는데, 시트콤은 드라마나 다큐멘터리보다 일반 사람들의 실제 생활과 가까워 연구 자료로서는 유용하다고 언급하였다.

16 주진(2010)에서는 충고 화행 연구를 위해 한국 자료는 위에 기술한 드라마를 중심으로 살펴보았는데 중국어 충고 부분의 예문은 주로 인터넷에서 찾아서 사용하였다고 밝혔다.

17 Zhao Yu(2018)에서는 한·중 대조를 위하여 드라마를 분석한 것이 아니라 드라마 속 질책 화행 장면을 추출하여 전략을 분석하기 위해 사용한 경우이다.

다양한 배경을 가진 드라마를 선정하였고 Nan Shanji(2020)에서는 80-90년대의 부산을 배경으로 한 드라마를 선정하였다.

둘째, 한·중 화행 대조 분석을 위하여 한국 드라마를 리메이크한 중국 드라마를 선정하는 특징이 있다. CAO DONGWEI(2017)에서는 대조의 가치를 높이기 위하여 모두 한국 드라마를 리메이크한 중국 드라마들을 선정했으며, 원작 드라마와 리메이크한 드라마를 한 쌍으로 구성하였다. 이러한 한 쌍의 드라마는 서로 비슷한 스토리를 공유하며 인물 관계나 인물 설정이 거의 유사하다고 밝혔다. 유암천(2014)에서도 주로 리메이크된 작품에서 용례를 추출하였다고 밝혔으며 김영상·무양(2021)에서도 두 나라의 화용적 특성을 비교하기 위한 목적으로 리메이크 드라마를 선정하였다.

셋째, 한국 드라마와 중국 드라마의 방영 시간을 고려하여 선정하는 특징이 있다. 한국의 드라마의 방영 시간은 대체로 한 시간 또는 그 이상의 분량으로 구성되고 있으나 중국 드라마의 한 회당 방영 시간은 평균적으로 45분으로 구성되어 있다. 따라서 연구에 분석될 한·중 드라마의 분량을 똑같이 맞추기 어려운 문제가 존재하므로 이를 고려하여 전체 방영 시간은 비슷하게 맞출 필요가 있을 것이다(박애양, 2009; 향신휘, 2019; 김영상·무양 2021). 표에는 제시하지 않았지만 예를 들어 박애양(2009)에서는 방영 시간을 고려하여 한국 자료와 중국 자료 전체 각각 3400분으로 맞추고 연구를 진행하였다.

넷째, 선정된 드라마는 인지도가 높거나 대표성을 띠거나 최근의 드라마로 실시간성을 반영하는 드라마를 선정하는 특징이 있다. 장우양(2018)에서는 인지도를 고려하여 시청률을 기준으로 시청자들에게 잘 받아들여지는 드라마를 선정하였고 향신휘(2019)에서는 드라마가 대표성을 가져야 한다는 기준을 제시하였다. 그리고 디팡(2012)에서는 선정된 한국어 자료와 중국어 자료 총 7편이 모두 같은 해 2011년에 방영된 드라마라는 점에서 대조를 위하여 방영 시기의 일관성을 고려하였다는 점이 특징이라고 할 수 있다. 그러나 유암천(2014)에서는 연구 시기에 비해 선정된 드라마 자료 중 〈流星花园〉(2001)과 같이 시대적으로 멀리 떨어져 있는 자료도 있는데,

언어의 역동성 및 실시간성을 고려했을 때 연구 시점과 너무 멀어져 있는 드라마는 가급적으로 선정하지 않는 것이 좋다고 생각된다.

이상의 특징 외에도 연구자에 따라 각자의 드라마 선정 기준을 명확히 제시하기도 하였다. 여기서는 장우양(2018)과 향신휘(2019)의 선정 기준을 구체적으로 살펴보겠다. 먼저 장우양(2018)에서는 다음과 같은 다섯 개의 기준을 제시하였다.

첫째, 나라의 문화와 일을 처리하는 습관을 반영할 수 있는지에 대해 변별하여 선정한다. 그리고 인물 관계가 많이 포함되는지를 기준으로 삼았다.

둘째, 드라마에서 나타나는 가치관은 긍정적인지 또 사람들이 쉽게 받아들일 수 있는지를 하나의 기준으로 삼았다.

셋째, 방언, 은어, 속어, 지금 현대 사회에서 사용하지 않는 말의 비율이 많이 차지하는 드라마는 제외한다.

넷째, 직장, 학교, 연애, 의료 등의 주제처럼 일상생활에 많이 나타날 수 있는 장면이 포함된 드라마를 선정한다.

다섯째, 관객의 공감을 불러일으킬 수 있는 드라마를 선정하기 위해 한국 드라마는 시청률을 기준으로 닐슨코리아와 TNMS의 시청률 순위를 참조하여 드라마를 선정한다. 중국 드라마를 선정할 때는 豆瓣排行榜과 百度排行榜 두 가지 드라마 평가 사이트를 참조하여 종합적으로 관중들한테 잘 받아들여지는 중국 드라마를 선정한다.

다음은 향신휘(2019)에서 제시한 기준을 살펴보겠다.

첫째, 다양한 직업군의 작품을 선정하였다.

둘째, 가능한 한 다양한 연령층, 다양한 인물 관계, 다양한 상황을 제시할 수 있는 드라마를 선택하였다.

셋째, 같은 작가의 작품은 한 편만 선정하였다. 드라마 말뭉치는 실제적인 구어 자료라기보다는 작가가 작성한 준구어이기 때문에 같은 작가의 작품이라면 불가피하게 개인의 언어 습관이 포함될 수밖에 없다.

넷째, 드라마 캐릭터들이 표준어를 사용해야 한다.

다섯째, 영화를 제외하였다.

여섯째, 선정한 드라마는 같은 장르의 드라마 중에서 높은 시청률과 화제성을 가지고 있다. 즉, 대표성을 지니고 있어야 한다.

한편, 장우양(2018)과 향신휘(2019)의 공통적인 선정 기준으로는 드라마에 사용되는 언어가 표준어여야 하고 방언은 제외한다는 것이었다. 또 향신휘(2019)에서는 같은 작가의 작품은 한 편만 선정해야 한다는 기준을 제시하였다. 그러나 이와 다른 입장을 보인 Nan Shanji(2020)에서는 위의 표에 나타난 것과 같이, 동일한 작가가 집필한 〈응답하라 시리즈〉를 선정했으며 부산을 배경으로 하는 방언의 사용이 많은 작품을 연구대상으로 선정하였다. 이에 대해 저자는 드라마가 동일한 작가가 집필한 것이며 출연진은 대부분은 부산을 배경으로 하여 일관성이 있다고 생각한다고 밝혔다. 물론, 이 세 작품은 80-90년대의 10-20대의 사과 전략을 많이 보여주어 현재의 사과 전략을 표현하는데 있어 부족한 점이 있다고 한계점을 밝혔다. 그러나 출연진이 부산 사투리를 많이 사용하지만 이는 중국인 한국어 학습자들에게 다양한 한국문화를 보여주는데 도움이 된다고 밝혔다.

요컨대 준구어 말뭉치인 드라마 자료 선정 시, 표준어가 아닌 방언을 많이 사용하는 드라마는 양국어의 방언 대조 연구가 아닌 경우 가급적이면 표준어를 사용한 작품을 선택하는 것이 이상적일 것이다. 또한 작가의 언어적 습관에 영향을 받지 않도록 동일한 작가보다는 다양한 작가의 작품을 선정하여 분석하는 것이 이상적일 것이라고 본다.

(2) 드라마 분석 자료 수집 방법

한·중 화행 대조 연구에서 분석하고자 하는 드라마를 선정한 후에는 드라마 자료를 수집하는 작업이 필요하다. 선행 연구에서는 주로 드라마 대본을 직접 다운로드를 받아 분석하는 경우가 많았는데, 이는 빠른 시간 내에 자료를 수집할 수 있는 방법이라고 할 수 있다. 드라마 대본을 활용한 한·중 화행 대조 연구들로는 박애양(2009), 디팡(2012), 마후이(2013), 류티엔(2017), CAO DONGWEI(2017), 향신휘(2019) 등이 있다.

박애양(2009)에서 선정한 드라마 자료의 출처를 보면 한국의 경우 방송국에서 제공하는 드라마 다시보기에서 제공된 대본을 사용했고 중국어의 경우 중화 TV의 드라마 대본 제공을 이용하였다고 밝혔다. CAO DONGWEI(2017)에서는 한국어 드라마 대본은 인터넷에서 직접 다운로드하여 받을 수 있다고 하며, 방송국의 공식 사이트에서 자막이 실려 있는 드라마를 내려받아서 대본을 수집하였다고 밝혔다. 그러나 실제 연구에 적용하기 위해 드라마 자료를 인터넷에서 검색해보면 대본이 없거나 대본을 구하기 힘든 경우도 적지 않게 있는데, 이때는 연구자 개인의 역량에 따라 드라마 자막을 직접 컴퓨터에 입력하여 한글 파일이나 Excel 파일에 태깅을 하는 방식으로 자료를 수집하기도 한다. 이에 대해 CAO DONGWEI(2017)에서는 중국어 드라마의 대본은 인터넷에서 찾을 수 없었으므로 방영한 드라마에 실려 있는 자막을 컴퓨터에 직접 입력하는 방식으로 중국 드라마 대본을 수집했다고 하였다. 그리고 Nan Shanji(2020)에서는 드라마 분석을 대본이 아닌 실제 드라마를 관찰하여 진행하였다고 언급하였다.

(3) 사회적 변인 설정

준구어 말뭉치를 사용하여 화행 양상을 대조하기 위해 어떤 사회적 변인을 설정하였는지 살펴보고 앞에서 고찰한 DCT 사회적 변인과 비교했을 때, 어떤 특징이 있는지 파악해보고자 한다. 사회적 변인은 〈표 10〉, 사회적 변인의 하위 설정은 〈표 11〉로 제시하고자 한다.

〈표 10〉 준구어 말뭉치로 살펴본 사회적 변인

선행 연구	사회적 거리 (친밀도)	사회적 힘 (지위)	성별	나이
박애양(2009)	○	○	○	○
디팡(2012)		○	○	○
주설영(2012)			○	○
마후이(2013)	○	○		
유암천(2014)		○	○	○
김영상·무양(2021)		○	○	
유진(2021)	○		○	○

DCT를 사용한 한·중 화행 대조 연구는 주로 사회적 거리(친밀도), 사회적 힘(사회적 지위), 부담의 정도로 설정하여 연구를 진행하였다면 준구어 말뭉치를 활용한 화행 연구에서의 사회적 변인 설정은 주로 성별, 나이, 사회적 지위(권력거리)가 주를 이루고 있었다. 특히 성별과 나이에 따라 화행 양상을 살펴보는 경우가 많은데, 이는 준구어 드라마 말뭉치의 특성상 다양한 드라마 배경에서 다양한 연령대와 인물 관계가 뚜렷하게 관찰될 수 있기 때문이라고 할 수 있다. 따라서 DCT에서 통제하기 힘든 성별이나 나이 변인에 따른 양상을 살펴보기 위해서는 보완적인 방법으로 준구어 말뭉치를 활용하는 복합적인 방법을 채택할 수도 있다.

〈표 11〉 준구어 말뭉치로 살펴본 사회적 변인 하위 설정

선행 연구	사회적 변인
박애양(2009)	성별, 사회적 지위(높음/같음/낮음), 친밀도(+/-), 나이
디팡(2012)	성별, 사회적 지위(높음/같음/낮음), 나이
주설영(2012)	성별, 나이
마후이(2013)	친소관계(친밀/소원), 상하 관계(높음/낮음)
유암천(2014)	성별, 사회적 지위, 나이
김영상·무양(2021)	성별, 권력거리(상/하/수평)
유진(2021)	성별, 나이, 친밀도(높음/낮음)

위의 표를 통하여 연구자들이 준구어 말뭉치로 화행을 살펴볼 때 설정한 사회적 변인의 구체적인 하위 변인들을 참고해 볼 수 있다.

이상으로 2장에서는 한·중 화행 대조 선행 연구의 연구 방법을 중심으로 DCT 제작 절차, 구성 요소와 드라마 분석 방법 및 자료 등에 대한 내용을 자세히 다루었다. 3장에서는 선행 연구의 연구 결과를 중심으로 지금까지 이루어지고 있는 한·중 화행 대조 연구의 쟁점이 무엇인지에 대해 논의해 보고자 한다.

3. 한·중 화행 대조 연구 쟁점

1) 화행 적정 조건 논의 여부

Huang(2009:130)에서 언급한 것처럼 임의의 문장이 참이 되기 위해서는 세계가 그 문장의 진리조건들을 충족시켜야 하듯이, 임의의 화행이 적정하다고 판단되기 위해서는 세계가 그 화행의 적정 조건들을 충족시켜야 한다. Austin은 수행문이 성공적이거나 '적정하기(felicitous)'위해서는 일련의 조건들을 만족시켜야 한다고 보았고 이러한 조건들을 적정 조건들(felicity conditions)이라고 명명하였다. Searle은 기존의 Austin의 적정 조건들을 네 가지의 범주로 새로 분류하였고 이를 명제 내용 조건, 준비 조건, 성실성 조건, 본질 조건으로 제시하였다. 이들의 정의 및 예시는 다음을 참고할 수 있다.[18]

명제 내용(propositional content) 조건은 그 화행의 대상과 본질적으로 관련되어 있다. 즉, 발화수반 행위 부분이 제거된 후 그 발화의 '핵심'으로(즉, Searle의 명제적 행위) 남게 되는 것의 내용에 대해 제약을 명시해주는 것과 관련된다.

준비 조건(preparatory conditions)은 관련 화행에 대한 실세계의 필요조건들을 기술한다.

성실성 조건(sincerity condition)은 관련 행위가 성실하게 수행되면 만족되어야 하는 조건이다.

본질 조건(essential conditions)은 수행될 행위를 다음과 같은 의미에서 규정짓는다. 즉, 화자는 자신의 발화가 식별 가능한 행위로 간주될 것이라는 의도를 가지며, 이러한 의도는 청자에 의해 인식된다.

예시로 요구하기에 대한 적정 조건을 살펴보겠다.

---

18 Yan Huang(2009), 『화용론』, 한국외국어대학교 지식출판원, 이해윤 옮김, 130-132쪽 참고함.

(i) 명제내용 조건: *H*의 미래 행위 *A*
(ii) 준비 조건: (a) *S*는 *H*가 A를 할 수 있다고 믿는다.
(b) *H*가 요구받지 않고서도 *A*를 할 것인지가 분명하지 않다.
(iii) 성실성 조건: *S*는 *H*가 *A*하기를 원한다.
(iv) 본질 조건: *e*를 발화하는 것은 *H*로 하여금 *A*를 하도록 하는 시도로 간주된다.

한·중 화행 대조 연구에서도 연구자가 화행의 범위를 설정해야 하므로 적정 조건을 논의하고 적정 조건에 따라 화행을 분석하는 것이 중요하다고 할 수 있는데, 선행 연구를 살펴보면 대부분의 석사학위논문에서는 연구하고자 하는 화행의 정의를 제시하는 데 그치는 경우가 많았다. 박사학위논문이나 학술지 논문에서는 적정 조건을 언급하거나 제시한 논의가 있었으며 구체적인 예를 살펴보겠다. 황정혜(2018)의 논문에서는 지시-거절 화행에 대해 다루었으며 Searle(1976)의 지시 화행의 적정 조건을 다음 〈표 12〉와 같이 제시하였다.

〈표 12〉 황정혜(2018)에서 제시한 Searle(1976)의 지시화행 적정 조건

적정 조건	지시 화행
예비 조건	청자는 행위 A를 수행할 수 있다.
성실성 조건	화자는 청자가 행위 A를 하기를 원한다.
명제 내용 조건	화자는 청자가 수행할 행위 A를 예측한다.
본질 조건	청자가 행위 A를 실행하도록 설득하기 위한 시도로 간주한다.

위의 적정 조건에 대해 황정혜(2018)에서는 지시화행은 청자가 특정한 행위를 하도록 하는 시도로서, 화자는 청자가 그 일을 할 수 있다는 것을 확신해야 하며, 그 행위가 이루어지기를 원하는 화자의 소망을 담고 있는 화행이라고 하였다. 그러나 청자가 자발적으로 A를 수행할 것인지에 대해 화자와 청자가 모두 불분명하며, 행위 A가 받아들여질 것인지 거절될 것인

지에 대한 결정은 청자에게 달려 있다고 밝혔다. 동시에 Searle의 분류에서 제시된 다섯 가지 유형 중에 금지나 경고와 같은 발화행위가 들어갈 부분이 명확히 제시되지 못하고 있으나, 이들은 청자로 하여금 어떤 일정 행위를 하지 않도록 한다는 면에서 지시 행위의 속성을 갖는다고 볼 수 있다고 논의하였다.

김영상·무양(2021)에서는 칭찬 화행에 대해 다루었으며, 이혜용(2010)을 참고하여 다음 〈표 13〉의 적정 조건을 제시하였다.

〈표 13〉 김영상·무양(2021)의 칭찬 화행 적정 조건

항목	평가적 칭찬 화행	감정적 칭찬 화행
명제 내용 조건	1) 칭찬의 대상은 청자의 자질(외모, 능력, 수행, 성격)이나 소유물 X와 관련된다. 2) 청자의 사태는 현재 또는 과거와 관련이 있다.	
예비 조건	1) 화자는 사태에 대하여 긍정적으로 인식한다. 2) 화자는 명제 내용이 사실임을 전제한다. 3) 화자는 사태에 대한 옳고 그름의 주관적 기준을 가지고 있다.	화자는 청자의 X를 긍정적으로 인식한다.
성실 조건	화자는 자신의 평가가 옳다고 믿는다.	화자는 청자의 X에 호감, 애착, 놀라움, 부러움 등의 복합적인 감정을 느낀다.
본질 조건	화자는 사태에 대한 자신의 감정과 옳고 그름에 대한 인식을 전달한다.	화자가 청자에게 관심과 호감을 표현하는 것이며, 청자와 공감대를 형성하려는 시도이다.

김영상·무양(2021)의 논문에서는 칭찬 화행을 평가를 목적으로 하는 칭찬을 평가적 칭찬, 유대감 형성을 목적으로 하는 칭찬을 감정적 칭찬으로 구분하여 이에 따른 적정 조건을 제시하였다. 명제 내용 조건에 대한 구분은 없으나 예비 조건, 성실 조건, 본질 조건에는 일정한 구분이 있는데, 예를 들어 성실 조건에서 평가적 칭찬 화행은 청자에 대한 긍정적 평가를 목적으로 하는 칭찬이므로 화자는 자신의 평가가 옳다고 믿는 것을 조건으로 해야 하지만 청자와의 유대감 형성을 목적으로 하는 감정적 칭찬은 청

자의 X에 대해 호감이나 애착, 놀라움, 부러움 등의 복합적인 감정을 느끼는 것이 조건이 된다.

요컨대 지금까지 이루어진 한·중 화행 대조 연구에서는 화행의 적정 조건을 논의하지 않고 선행 연구를 통하여 화행의 개념을 정의하는 데에 그치는 경우가 많았다. 그러나 분석하는 화행이 적정하다고 판단되기 위해서는 그 화행의 적정 조건들을 충족시켜야 하므로 적정 조건을 제시할 필요가 있으며 더 나아가서 설정한 조건에 부합하는지에 대해 예시를 통하여 그 적절성도 함께 논의하는 것도 중요하다고 할 수 있다.

2) 자료 수집 방법에 따른 연구 결과 쟁점

본고에서 고찰한 바에 의하면 하나의 연구에서 자료 수집 방법이 다름에 따라 연구 결과에 상당한 차이를 보인 연구가 있었다. 예를 들어 DCT를 활용한 방법과 준구어 말뭉치를 활용한 방법에서 도출해낸 결과가 상당한 차이를 보였다는 점이다.

양영(2016)에서는 DCT와 드라마 대본의 두 가지 연구 방법을 사용하여 한·중 요청 화행을 대조하였다. 이 연구에서 한국인 모어 화자와 중국인 모어 화자 2집단을 대상으로 DCT를 진행한 결과, 한국어는 간접 요청을 많이 사용하는 반면에 중국어는 직접 요청을 더 많이 사용한다고 하였다. 또한 화자와 청자가 친하거나 화자가 청자보다 사회적 지위가 높을 때 한국어에서 직접 요청을 자주 사용한다고 밝혔다. 그러나 드라마 대본 분석을 통해 한·중 모두 직접 요청이 많이 나타난 양상을 보였으며 이는 DCT를 이용한 설문조사의 결과와 큰 차이가 나타났다고 밝혔다. 이러한 결과의 차이가 나타난 원인에 대하여 연구자는 주로 요청 화행의 자료 수집 방법이 다르기 때문에 결과의 차이를 유발한 것이라고 해석하였다. 드라마에서는 변인을 설정할 수 없어 캐릭터가 제한적이라 모르는 사람에게 요청하는 기회가 많지 않지만, DCT 방법에서는 청자와 화자 사이의 친밀도가 조절 가능하며, 친밀도가 낮은 요청 상황이 설정될 수 있다는 점에 차이가 있다고 언급하였다. 동시에 DCT를 실시할 때는 부담도 변인에 따라 요청 비율을 통제할 수 있으나, 드라마 대본은 그렇게 조절하지 못한다는 점을 지적하였다. 따라서 쉬운 요청이 빈번히 나타난 드라마에서는 직접 요청의 빈도가 높을 수밖에 없다고 설명하였다.

한편, 장우양(2018)에서도 드라마 대본 분석 방법으로 요청 화행 책략에 대해 살펴보았는데, 이 연구는 중국어에서 직접적인 요청 책략을 선호하는 반면에 한국어에서 요청 화행을 실현할 때 상대방의 의사를 물어보거나 제안의 식으로 간접적인 책략을 더 선호한다고 밝혀 양영(2016)의 결과와는 다른 결론을 얻었다.

이와 같이 자료 수집 방법이 화행 대조 결과에 영향을 미치고 있음을 확인하였다. 따라서 동일한 연구 안에서 서로 다른 자료 수집 방법에 의해 나타난 결과의 불일치성, 그리고 서로 다른 연구에서 같은 자료 수집 방법으로 실시했을 때 나타난 연구 결과의 불일치성은 화행 대조 연구에서 하나의 방법론적 쟁점이 될 수 있을 것이다.

3) 연구 문항 변인 설정에 따른 연구 결과 쟁점

앞서 김인규(2021)에서는 DCT에서 중요한 '사회적 변인' 구성에 따라 화행 수집 결과가 어떻게 다른지에 대한 연구도 매우 중요한 과제가 될 것이라고 밝혔다. 같은 화행을 연구할지라도 연구자가 설정한 사회적 변인에 따라 화행 연구 결과에 영향을 미치기도 하는데, 그 원인을 연구자가 설정한 연구 문항의 변인에서 찾아볼 수 있겠다. 여기에서는 요청 화행을 예를 들어 살펴보고자 한다. 요청 화행 중에서도 요청, 부탁, 제안, 제의, 초대 등의 상황이 나타날 수 있는데 분석의 초점을 사회적 변인에 맞추기 위하여 요청 화행 문항 중에서 '부탁' 상황으로만 설정한 문항과 그에 따른 연구 결과를 살펴보겠다. 이를 〈표 14〉로 제시하면 다음과 같다.

〈표 14〉 요청의 성격 중 '부탁' 상황 문항

<table>
<tr><th>선행 연구</th><th>'부탁' 상황</th><th>사회적 변인</th><th>연구 결과</th></tr>
<tr><td rowspan="6">양영
(2016)[19]</td><td>상황 6: 동생에게 책을 대신 반납해 달라고 함</td><td>친밀도: 친
사회적 지위: 화자〉청자</td><td rowspan="6">한·중 모두 간접적 요청을 더 많이 사용한다. '부탁'인 경우는 청자에게 부담이 크고 요청하기 힘든 상황인데 중국인보다 한국인은 공손한 표현을 더 많이 사용하는 경향이 있다.</td></tr>
<tr><td>상황 7: 친구에게 농담을 그만하라고 함</td><td>친밀도: 친
사회적 지위: 화자=청자</td></tr>
<tr><td>상황 8: 선배에게 파티를 할 때 노래를 불러달라고 요청함</td><td>친밀도: 친
사회적 지위: 화자〈청자</td></tr>
<tr><td>상황 9: 잘 모르는 후배에게 핸드폰을 빌리려고 함</td><td>친밀도: 소
사회적 지위: 화자〉청자</td></tr>
<tr><td>상황 10: 옆 사무실 프린터를 쓰기 위해 요청함</td><td>친밀도: 소
사회적 지위: 화자=청자</td></tr>
<tr><td>상황 11: 교수님에게 보고서 제출 기한을 연장해 달라고 함</td><td>친밀도: 소
사회적 지위: 화자〈청자</td></tr>
<tr><td rowspan="6">손욱
(2021)</td><td>상황 1: 친한 선배에게 선배가 힘들게 구한 자료를 달라고 부탁하기</td><td>친밀도 +
사회적 지위 +</td><td rowspan="6">거의 모든 상황에서 간접 화행 전략을 선택하였는데, 특정한 상황에서, 예를 들어 친밀한 사람에게는 직접 화행 전략을 더 많이 쓰고 상대방의 지위가 자신의 지위와 같은 경우에 직접 화행 전략을 더 쉽게 쓴다.</td></tr>
<tr><td>상황 2: 친구에게 창문을 열어 달라고 부탁하기</td><td>친밀도 +
사회적 지위 =</td></tr>
<tr><td>상황 3: 친한 후배에게 과 사무실에 가서 자료를 받아 달라고 부탁하기</td><td>친밀도 +
사회적 지위 -</td></tr>
<tr><td>상황 4: 친하지 않은 선배에게 토론 시간을 바꿔 달라고 부탁하기</td><td>친밀도 -
사회적 지위 +</td></tr>
<tr><td>상황 5: 도서관에서 일하는 학생에게 책을 찾아 달라고 부탁하기</td><td>친밀도 -
사회적 지위 =</td></tr>
<tr><td>상황 6: 친하지 않은 후배에게 펜을 빌려 달라고 부탁하기</td><td>친밀도 -
사회적 지위 -</td></tr>
<tr><td rowspan="3">이명희
(2010)</td><td>상황 1: 교수님께 추천서 부탁하기</td><td>사회적 거리-없음
사회적 힘-있음
부담의 정도-큼</td><td rowspan="3">한국어는 주로 명시적 요청 표현을 사용한 반면에 중국어는 간접적으로 질문하는 의문법이나 가능성에 대한 질문 표현을 주로 사용하였다.</td></tr>
<tr><td>상황 7: 교수님께 엘리베이터 버튼 눌러달라고 부탁하기</td><td>사회적 거리-없음
사회적 힘-있음
부담의 정도-적음</td></tr>
<tr><td>상황 8: 룸메이트에게 도서 반납 부탁하기</td><td>사회적 거리-없음
사회적 힘-없음
부담의 정도-적음</td></tr>
</table>

위의 표를 통하여 알 수 있듯이, 이명희(2010)의 한국인 화자의 요청 화행 실현 결과와 양영(2016), 손욱(2021)의 결과와 서로 상이하다는 점을 발견할 수 있겠다. 이명희(2010)에서는 한국어는 주로 명시적 표현을 많이 사용한다고 밝힌 반면, 양영(2016)과 손욱(2021)은 한국어는 간접 화행을 더 많이 사용한다고 밝혔다. 이는 연구 문항 설정 시, 연구자가 설정한 사회적 변인에 따라 결과가 달리 나타난 것으로 추측되는데, 양영(2016)과 손욱(2021)에서는 부담의 정도를 변인으로 고찰하지 않았으나 이명희(2010)에서는 부담의 정도도 함께 고려하였다. 예를 들어 이명희(2010)의 상황 2, 3은 모두 부담의 정도를 '적음'으로 한정한 문항이기 때문에 한국에서 명시적 요청이 주로 이루어진 것이라고 판단된다. 양영(2016)의 연구 결과에서 언급했듯이 요청 상황의 성격이 '부탁'인 경우는 청자에게 어느 정도의 부담이 되고 당위성이 없는 상황이므로 한국인들이 공손적 표현을 더 많이 사용하는 경향이 있다고 밝혔다.

본고에서는 요청 화행의 '부탁'상황만 살펴보았으나 이처럼 DCT 연구 문항의 사회적 변인이 화행 연구 결과에 영향을 미칠 수 있다는 것을 확인할 수 있었다. 다음은 지금까지 상대적으로 많은 논의가 이루어진 한·중 요청 화행 연구와 한·중 칭찬 화행 연구에 나타난 연구 결과의 쟁점을 살펴보고자 한다.

4) 한·중 요청 화행 연구 결과 쟁점

(1) 한·중 요청 화행의 주화행 실현 양상

한·중 요청 화행에 관한 연구 결과를 통해 살펴본 두 가지의 쟁점, 즉 주화행 또는 핵심 화행과 보조 화행에 대한 쟁점에 대해 논의하고자 한다. 첫 번째, 요청 화행의 주화행 사용 양상에 대한 한국어와 중국어의 결과가

19 양영(2016)은 요청의 성격에 따라 '권리'와 '부탁'으로 나누었는데 표에 제시된 문항들은 모두 양영(2016)에서 '부탁'으로 설정된 문항들이다.

서로 다른 입장을 보인다. 일부 연구자는 한·중 요청 화행은 서로 다른 양상으로 실현되며, 한국어는 간접적인 요청이 많이 나타나는 반면에 중국어는 직접적인 요청이 많이 나타난다고 밝혔다. 또 다른 일부 연구자는 한·중 요청 화행은 유사성이 높으며 간접 화행을 더 선호한다고 보는 입장이며, 또 다른 일부는 한국어에서는 명시적 요청 표현을 중국어보다 더 많이 사용한다는 서로 상이한 결과를 밝혔다. 이에 대해 구체적으로 살펴보겠다.

먼저, 한국어는 간접적인 요청이 많고 중국어는 직접적인 요청이 많이 나타났음을 밝힌 연구는 양영(2016), 장우양(2018), 유가혜(2020)를 살펴볼 수 있다.

양영(2016)의 연구는 앞에서도 논의했지만 DCT 결과와 드라마 대본 분석 결과가 차이가 있었다. DCT를 통해 한국어는 간접 요청을 많이 사용하는 반면에 중국어는 직접 요청을 더 많이 사용한다는 것을 밝혔고, 화자와 청자가 친하거나 화자가 청자보다 사회적 지위가 높을 때 한국어에서 직접 요청을 자주 한다는 것을 밝혔다. 반면 드라마 말뭉치를 통해서는 한국어, 중국어 모두 직접 요청을 많이 수행한다고 밝혔다.

장우양(2018)은 드라마 대본을 분석하는 방법으로 요청 화행 책략에 대해 살펴본 결과, 중국어에서는 직접적인 요청 책략을 선호하는 반면에 한국어에서는 요청 화행을 실현할 때 상대방의 의사를 물어보거나 제안하는 식으로 간접적인 책략을 더 선호한다고 밝혔다.

유가혜(2020)에서는 문헌 대조의 방법을 사용하여 요청 화행을 수행할 때, 중국어가 한국어보다 더 직접적이라는 결론을 얻었다. 즉, 요청 발화를 할 때 중국어가 한국어보다 더 직접적이고 언어와 문화적 제한도 한국어보다 많이 적다고 밝혔다.

다음은 한·중 요청 화행 실현 양상이 유사하다는 입장에 대해 살펴보겠다. 사오난(2019)과 손욱(2021)을 살펴볼 수 있을 텐데, 이 두 연구는 모두 DCT를 활용한 연구이자 학습자 집단과 모어 집단을 대조하는 연구였으며 얻은 결과도 유사하였다.

사오난(2019)에서는 한·중 요청 화행은 유사성이 높고 직접 화행보다 간접 화행을 더 선호한다고 하였다. 이는 앞서 살펴본 중국어는 직접 화행을 선호한다는 결과와 완전히 다른 결과이다. 연구자는 한국인 모어 화자는 물론 중국인 모어 화자가 핵심적 요청 화행을 수행할 때 직접 화행에 비해 관례적 간접 화행을 더 선호한다고 밝혔다. 또한, 한·중 요청 화행 전략과 문법 표현의 유사성이 높기 때문에 직접 화행과 간접 화행에 대한 추세가 비슷했고 직접 화행, 관례적 간접 화행, 비관례적 간접 화행에 대한 추세도 비슷하게 나타났다고 밝혔다.

손욱(2021)에서도 DCT를 활용하여 한국어 모어 화자, 중국어 모어 화자, 중국인 한국어 학습자를 대상으로 실험을 진행하였으며 친밀도와 사회적 지위가 화행 전략의 사용에 영향을 미친다는 결론을 내렸다. 그리고 대부분 피험자는 거의 모든 상황에서 간접 화행 전략을 선택했다고 하였다. 다만 특정 상황에서, 예를 들어 친밀한 사람에게는 직접 화행 전략을 더 많이 쓰고 상대방의 지위가 자신의 지위와 같은 경우에도 직접 화행 전략을 더 많이 쓴다고 밝혔다.

마지막으로 한국어에서 명시적 요청 표현을 중국어보다 더 많이 사용한다고 밝힌 이명희(2010)에서는 DCT를 활용하여 각 상황별로 살펴본 결과, 한국어에서는 주로 명시적으로 표현하며 요청 표현의 형태는 주로 '-을 수 있을까요', '-아 주세요', '-아 줘/주라'를 선호하고 중국어에서는 '能…吗', '可以…吗'를 가장 선호한다고 밝혔다.

이처럼 연구자들마다 서로 상이한 연구 결과가 나타난다는 것은 3장의 3)에서 살펴본 문항 변인 설정에 따른 연구 결과의 쟁점과 관련이 있다고 추측할 수 있다. 다음은 본고에서 고찰한 두 번째 쟁점으로 보조 화행 전략 사용에 대해 살펴보겠다.

(2) 한·중 요청 화행의 보조 화행 전략 사용 양상

한·중 요청 대조 화행 연구에서 주화행뿐만 아니라 보조 화행 연구 결과에서도 쟁점이 될만한 점이 있다. 즉 한국어와 중국어의 보조 화행 사용 여부 및 사용 전략에 대한 쟁점이다. 특히 한·중 보조 화행 전략상의 차이점을 화행 전략에 초점을 두어 고찰하였는데, 예를 들어 양국에서 '사과하기'를 많이 사용하는지 '감사하기'를 많이 사용하는지, 또는 보조 화행을 사용하는지 사용하지 않는지와 같은 결론들을 밝혔다.

먼저, 보조 화행 사용 여부에 대한 쟁점이다. 양영(2016)에서는 중국어에서는 보조 화행이 짧거나 아예 사용하지 않는다고 밝힌 반면에, 사오난(2019)에서는 CNS 집단이 보조적 요청 화행을 가장 많이 사용하였다고 밝혔다. 특히 중국에서 인사형, 호칭형 보조 전략을 널리 사용하는 특징이 있어 학습자 집단도 모어 영향을 받아 이러한 사회적 사고방식을 피할 수 없기 때문에 언어 전이가 발생하여 한국인 모어 화자보다 높게 사용하였다고 언급하였다.

다음은 보조 화행 전략으로 '사과하기'를 많이 사용하는지 '감사하기'를 많이 사용하는지에 대해 양영(2016), 손욱(2021), 사오난(2019)을 통해 살펴보겠다.

양영(2016)에서는 한국어 보조 화행은 길고 '사과하기'를 많이 사용하는 반면에 중국어에서는 보조 화행이 짧고 아예 사용하지 않는다고 밝혔다. 이는 한국어에서 높임법 영향을 많이 받기 때문에 요청할 때 상대방의 부담을 덜기 위해 공손성을 매우 강조하며, 항상 사회적 지위와 상관없이 '사과하기'로 요청을 시작하여 특히 완곡 표현 '좀'을 선호한다고 하였다. 그러나 중국어에서 '사과하기'가 오히려 상대방에게 부담을 느끼게 해서 보조 화행에서 보통 '不好意思(실례합니다)'나 '谢谢(고맙습니다)'를 통해 주화행을 돕는 역할을 한다고 밝혔다.

손욱(2021)에서는 KNS 집단은 사과 표현을 많이 사용하고 CNS 집단은 감사 화행을 많이 사용하며 CKL 집단은 CNS와 KNS의 특징을 모두 가진다고 하였다. 보조 화행 전략에 있어 KNS는 감사 표현을 한 번도 쓰지 않고, 모든 상황에서 사과 표현을 많이 쓰는 반면 CNS는 모든 상황에서 감사 표현을 쓰고 특정한 상황에서만 사과 표현을 쓰는 것으로 관찰되었다. 이때 CKL은 CNS와 KNS의 특징을 모두 가진 중간 언어적 성격을 보이므로, 모국어 언어 전이 현상의 한 예라고 할 수 있다고 하였다.

사오난(2019)에서는 사과형은 KFL 집단이 가장 많이 사용하였고 '죄송하다, 미안하다, 실례하다'와 같은 표현들이 과잉 일반화되어 사용되는 모습을 보였다고 한다. 그러나 감사형은 중국에서 광범위하게 사용하여 문장을 종결시키려고 할 때나 불필요한 경우에도 주로 사용하며, 이러한 사고방식이 학습자에게 영향을 끼쳐 한국인 모어 화자보다 높게 사용하였다는 결론을 밝혔다.

이를 정리하면 보조 화행 사용에 있어 대부분 연구자는 한·중 모두 보조 화행을 많이 사용하며, 차이점은 한국어는 요청할 때 상대방의 부담을 덜기 위해 공손성을 고려하여 '죄송하기' 전략을 많이 사용하는 반면, 중국어에서는 '감사하기'를 더 선호한다는 차이를 밝혔다.

5) 한·중 칭찬 화행 연구 결과 쟁점

(1) 쟁점 : 한·중 칭찬 화행 실현 양상

직접 화행(direct speech acts)은 문장 유형과 발화수반력 간에 직접적인 대응이 존재하는 경우를 말하며 간접 화행(indirect speech acts)은 이러한 직접적인 관계가 없는 경우를 나타낸다(Huang, 2009). 한·중 칭찬 화행도 선행 연구에 따르면 대체로 명시적으로 칭찬 화행을 수행하는 직접 칭찬과 주변적 언급 등을 통해 간접적으로 수행하는 간접 칭찬이 있다. 간접 화행을 수행하는 이유는 공손성과 관련이 있는데, 직접 화행보다 간접 화행이 더 공손하고 체면 위협성이 덜하다고 할 수 있다.

본고에서 고찰한 쟁점은 한·중 칭찬 유형의 실현 양상에 따른 쟁점이다. 선행 연구 결과에 따르면 한국어가 대체로 간접 칭찬을 더 많이 수행한다고 밝혀졌는데 주설영(2021)은 나이 변인에 따라 조금 다른 결과를 얻었다. 또한 중국어가 대체로 직접 칭찬을 더 많이 수행하는 연구가 많은 반면에 유진(2021)에서는 반대의 결과가 있었다. 이에 관련하여 구체적으로 유진(2021), 김영상·무양(2021), 정다운(2002), 주설영(2021)의 결과를 살펴보겠다.

유진(2021)에서의 한국과 중국 칭찬 화행의 유형에 대한 분석 결과를 보면 직접적인 칭찬보다 모두 주변적 언급을 더 많이 사용할 뿐만 아니라 양국은 시간의 흐름에 따라 직접 칭찬 유형의 사용 빈도가 점점 줄어들고 있고 주변 언급 유형의 사용 빈도가 늘어나고 있다는 것을 밝히면서 중국어가 간접 칭찬을 많이 사용한다고 하였다. 그러나 그 외의 연구는 모두 다른 양상을 보였다.

먼저, 김영상·무양(2021)에 의하면 한국어에서는 평가적 칭찬에서 상대적으로 청자에 대한 체면 위협성이 덜한 간접적 칭찬이 수행되는 비중이 컸던 반면, 중국어에서는 체면 위협성이 상대적으로 큰 직접적 칭찬의 비중이 더 큰 것으로 나타났다고 밝혔다.

정다운(2002)에서는 NNS, KNS, CNS 세 집단을 분석하였으며, 세 집단 모두 직접적 칭찬이 간접적 칭찬보다 높은 비율을 보였다고 밝혔다. 구체적으로 NNS가 세 집단 중 직접적 칭찬을 가장 많이 하고 있었으며 KNS가 가장 낮은 비율을 보이고 있었다. NNS가 높은 비율로 직접적인 칭찬을 하는 원인은 교과서에서 배운 전형적인 칭찬을 하는 것으로 추측하였다. 한편, CNS가 KNS보다 직접적 칭찬을 더 많이 하는 것은 중국어의 언어적 특징으로 설명하였으며, 중국어의 어순 구조로 인해 중국어가 보다 직설적인 언어이기 때문이다. 그리고 KNS가 칭찬의 상황에서 간접적 칭찬을 특히 많이 하고 있는 사실은 매우 중요하다고 강조하였다.

주설영(2021)에서는 앞서 언급했듯이 나이 변인에 따라 다른 양상을 보이는데, 한국에서는 화자가 나이가 많을 때 직접적 칭찬을 수행하는 경우가 많이 나타났다. 반대로 화자가 나이가 적을 때에는 칭찬을 비교적 덜 표현하거나 주변 언급을 통해 칭찬하는 경향을 보였다. 중국은 나이가 많은 사람들이 후배에게 칭찬하는 경우는 한국과 비슷하게 상대방에게 좋은 점에 대하여 직접적으로 칭찬했지만, 젊은 사람들이 나이가 많은 사람을 칭찬하는 경우는 거의 없었다고 밝혔다.

칭찬 화행도 요청 화행과 마찬가지로 변인에 따라 다른 결과를 보이고 있다. 본고에서 살펴본 몇 편의 한·중 칭찬 화행 대조 연구에서 한국어는 간접 칭찬을 선호하는 반면, 중국어는 직접 칭찬을 더 선호한다는 결과를 얻은 경우가 다수였다. 물론 이와 반대인 결과를 보인 연구도 있으므로 한국어와 중국어의 칭찬 화행 실행 양상에 대해 더 논의할 필요가 있다고 생각한다.

(2) 쟁점 : 칭찬 응답/반응 전략 유형과 예시의 적절성

칭찬 화행 연구는 때때로 칭찬 응답 또는 칭찬 반응과 함께 다루기도 하는데, 특히 칭찬 응답/반응의 전략 유형에 대한 분류가 연구자마다 상이하므로 그에 따른 분류의 적절성 문제가 논쟁이 되기도 한다. 한·중 칭찬 화행의 응답 화행 대조에 관한 연구는 정다운(2002), 황란쥔(2017) 및 추상(2020)을 살펴볼 수 있다. 칭찬 반응의 전략 유형에 대하여 학자들마다 자신의 기준과 틀에 따라 다소 상이하게 제시되고 있으며 주로 Pomerantz(1978), Holmes(1988), Herbert(1990), Chen(1993)에서의 칭찬 반응 분류를 참고하여 설정하고 있음을 알 수 있었다. 다음 표는 정다운(2002), 황란쥔(2017), 추상(2020)에서 제시한 칭찬 응답 유형 분류이다.

〈표 15〉 선행 연구 칭찬 응답 전략 유형 분류

선행 연구	칭찬 응답 전략 유형 분류		
정다운 (2009)	1. 동의하기	1) 받아들이기	감사하기, 동의하기, 기쁨표시, 칭찬 강화와 농담, 보상요구, 계속 노력하겠다는 의지 표명
		2) 받아들이지 않기	설명하기, 다른 사람이나 다른 대상에게 칭찬 돌리기, 칭찬 되돌려주기, 보답 제안/제안, 비언어적 행위+
	2. 동의하지 않기	1) 인식하기	확인하기, 칭찬 낮추기, 동의하지 않기/거절하기, 수줍어하기, 당황해하기
		2) 인식하지 않기	주제 바꾸기, 비언어적 행위-
황란쥔 (2017)	1. 적극적 수용	-	감사, 수용, 칭찬 강화, 일치
	2. 소극적 수용	-	간략한 설명, 자찬 회피, 칭찬 되돌리기, 다짐/약속, 권유, 소망

	3. 동의하지 않음	–	사건 경시, 질문/놀라움, 부동의, 제한, 사양하기, 화제 전환, 무응답
추상(2020)	1. 수용하기	–	감사하기, 동의하기, 기쁨 표현하기
	2. 회답하기	–	되돌려 칭찬하기, 칭찬의 대상물을 제공하기
	3. 비껴가기	–	간단하게 설명하기, 농담하기, 칭찬 내용에 대한 재확인/반문/당혹감/의구심 표현하기, 주제 바꾸기
	4. 겸손하기	–	부정하기, 자찬 낮추기, 칭찬 저지하기
	5. 무응답	–	'수용하기'의 무응답, '비껴가기'의 무응답, '겸손하기'의 무응답

위 표와 같이 칭찬 응답 전략의 유형뿐만 아니라 전략의 용어도 연구자마다 달리 설정하고 있다. 예를 들어 상위 전략에서 정다운(2002)은 크게 두 가지로 동의하기, 동의하지 않기로 나눈 반면에 황란쥔(2017)에서는 수용하기에서 또 세부적으로 적극적 수용하기와 소극적 수용하기로 나누고 있었다. 추상(2020)은 수용하기, 회답하기, 비껴가기, 겸손하기, 무응답으로 5개를 설정하고 있음을 알 수 있다.

먼저, '무응답' 전략을 살펴보겠다. '무응답'은 Herbert(1990)에서 새로운 유형으로 'No Acknowledgment'를 제시하였는데, 이는 칭찬에 대하여 주제를 전환하거나 무응답을 보이는 유형이다. 그러나 쟁점은 '무응답'을 바라보는 연구자들의 시각이 조금씩 다른데, 구체적으로 다음 〈표 16〉을 참고할 수 있다.

〈표 16〉 선행 연구의 '무응답' 유형 분류 양상

선행 연구	'무응답' 유형 분류		
정다운(2002)	동의하기	비언어적 행위+	–
	동의하지 않기	비언어적 행위–	–
황란쥔(2017)	동의하지 않음	무응답	–
추상(2020)	–	무응답	1) '수용하기'의 무응답
			2) '비껴가기'의 무응답
			3) '겸손하기'의 무응답

황란쥔(2017)에서의 무응답은 칭찬을 동의하지 않음의 하위 유형으로 본 반면에 추상(2020)에서는 '무응답'을 '수용하기'의 무응답으로도 분류하였다는 점에서 서로 다른 입장을 보이고 있다. 또한 정다운(2002)에서는 무응답 대신에 '비언어적 행위'라는 용어로 사용하였으며, 앞서 두 연구자와는 달리 동의하기의 무응답은 '비언어적 행위+'로 제시하였고 동의하지 않음의 무응답은 '비언어적 행위-'로 제시하고 있으므로 '무응답'의 기준이 다르다. 그러나 여기에서 칭찬을 동의하지 않음의 하위 유형으로 본 황란쥔(2017)의 무응답 유형에 해당하는 예시를 보면, '고개를 끄덕인다./혹은 그냥 웃는다'로 제시하였는데, 과연 이 예시가 적절한지, 칭찬을 동의하지 않음의 무응답이 맞는지에 대해 본고는 의문이 들었다. 즉, 칭찬 응답 전략의 설정과 제시한 예시의 적절성에 대해 더 유의해야 할 것이다.

또한 연구자들은 칭찬 응답 전략을 제시한 후, 실제 연구 자료를 통해 화행 전략을 분류하고 통계하는데, 이때 분류된 화행이 각각의 전략에 적합한지 또한 의문이 제기된다. 예를 들어 추상(2020)의 '기쁨을 표현하기' 응답 전략은 '화자 칭찬 내용에 대해서 기뻐하는 마음을 표시하는 것'으로 설명이 되어 있으며 다음과 같은 예시 2개를 제시하였다.

(a) ㄱ. 너한테 들으니까 진짜처럼 들린다.
ㄴ. 티가 나서 다행이다.

그러나 앞뒤의 맥락과 문맥이 없는 위의 예시를 통하여 화자가 칭찬하는 내용에 대하여 기뻐하는 마음을 표현하는 발화로 보기에는 다소 무리가 있을 것으로 보인다.

그리고 일부 연구는 칭찬 응답 전략을 단수 전략, 즉 하나의 전략으로만 관찰하고 있으나 어떤 연구는 복수 전략, 즉 둘 또는 그 이상의 전략을 동시에 사용하는 경우도 함께 고려하여 연구하고 있었다. 추상(2020)에서는 복수 전략의 실현 양상도 함께 살펴보았고, 예를 들어 감사하기+되돌려 칭찬하기, 감사하기+설명하기, 동의하기+권유하기·제안하기, 부정하기+되돌려 칭찬하기 등 총 10가지의 다양한 복수 전략의 유형들도 연구에서 발견되었다. 이 연구에 의하면 '고마워, 선배도 잘 어울려!'와 같은 '감사하기'와 '되돌려 칭찬하기' 전략을 함께 사용하는 것이 약 34.8%를 차지하는 것으로 나타난다고 밝혔다. 이와 같이 실제 자료에서 다양한 전략을 결합하여 사용하는 양상도 나타날 가능성이 존재하므로 단수 전략뿐만 아니라 추상(2020)과 같이 복수 전략을 함께 고찰할 필요가 있을 것으로 보인다. 다만, 복수 전략 유형에도 분류의 적절성이 쟁점으로 제기될 수 있다. 다음은 추상(2020)에서 제시한 '되돌려 칭찬하기+농담하기'의 예시이다.

(b) 되돌려 칭찬하기+농담하기: 입맛에 맞다니 다행이야!
그럼 다 먹고 돈 내고 가.

위의 예시에서 '입맛에 맞다니 다행이야!'가 연구자가 논문에서 설정한 상대방을 칭찬하는 '되돌려 칭찬하기' 전략에 부합되지 않음을 알 수 있다. 따라서 칭찬 화행 응답/반응 전략을 설정하고 분류하는 과정에서 연구자의 주관적인 판단에 치우치지 않도록 관찰해야 할 뿐만 아니라 설정한 전략과 예시의 적절성도 함께 고려해야 할 것이라고 생각한다.

4. 나가는 말

지금까지 이루어진 한·중 화행 대조 연구를 연구 방법 및 쟁점을 중심으로 고찰해 보았다. 한국어의 음운 대조, 어휘 대조, 문법 대조를 넘어서 최근 몇 년간, 한국어와 중국어 화행 대조 연구가 많은 연구자들의 관심 대상이 되어 왔다. 따라서 다양한 연구 결과와 함께 화행 대조 연구에서 몇 가지 논의할만한 쟁점들도 나타났다. 또한, 개별 화행별로 선행 연구자들의 연구 결과가 유사한 부분이 있으면서도 상이한 결과도 보이고 있다.

따라서 본고에서는 화행 대조 연구에서 공통으로 나타난 몇 가지의 쟁점과 함께 개별 화행 대조 연구에서 더 논의할만한 점들을 기술해보았다.

한·중 언어 특성 및 문화적 차이로 인한 발화 양상, 화행 전략의 선택, 화용적 기능의 공통점과 차이점을 고찰하는 것은 의의가 있다. 한국어교육에서 학습자 집단의 화행 습득 양상을 살펴보고 한국어 학습자들이 의사소통에 나타난 화용적 실패를 최소화하기 위해서는 두 언어의 화행 대조 연구가 필요하다. 현재 활발히 이루어지고 있는 요청, 칭찬, 거절 화행 대조 외에도 다른 개별 화행 연구도 활발히 이루어질 필요가 있을 것이다.

한편, 화행 수집 도구인 DCT나 준구어 말뭉치 분석 방법은 그에 대한 비판과 한계점이 존재함에도 불구하고 한·중 화행 대조 연구에서 많이 활용되고 있다. 또한 자료 수집 방법이 연구 결과에 영향을 미칠 수 있으므로 무엇보다도 방법론적인 측면에서 DCT든, 준구어 말뭉치를 활용하는 방법이든 역할극이든, 자연 발화 말뭉치든 연구 자료의 제한성을 보완하고 다양한 연구 방법을 결합시켜 연구 결과의 타당성, 신뢰도를 높일 수 있도록 더 체계적인 연구 방법을 고민할 필요가 있겠다.

이상으로 본고에서는 한·중 화행 대조 연구를 하기 위한 다양한 연구 방법 중 DCT 제작 과정과 드라마 분석 방법 및 분석 자료를 정리하는 작업을 마쳤다. 이 작업은 한·중 화행 대조 연구의 방법론적 틀을 마련하는 기초 작업에 불과하며 그 외의 연구 방법을 함께 살펴보지 못한 점이 한계라고 할 수 있다. 그럼에도 불구하고 한·중 화행 대조 연구나 화행 대조 연구를 위한 연구자들에게 참고가 될만한 기초 자료가 될 수 있기를 기대해보면서 추후에 관련 논의를 더 보완하고자 한다.

참고문헌

강현화(2007), 「한국어 표현문형 담화기능과의 상관성 분석 연구-지시적 화행을 중심으로」, 『이중언어학』 34, 이중언어학회, 1-26쪽.

강현화(2012), 「한국어교육에서의 담화 기반 문법 연구-부정 표현의 맥락 문법을 활용하여」, 『Foreign Language Education』 19(3), 한국외국어교육학회, 395-414쪽.

김인규(2021), 「중간언어 화용론의 불평 화행 수집 도구 분석-DCT 상황 구성 요소를 중심으로」, 『새국어교육』 128, 한국국어교육학회, 7-33쪽.

원미진 외(2017), 『한국어 학습자 언어 자료 분석의 방법과 실제』, 한국문화사.

유혜령(2009), 「한국어교육에서 "화행"에 대한 비판적 검토」, 『한국어교육』 20(2), 국제한국어교육학회, 107-127쪽.

이해영 외(2016), 「비교문화적 화용론의 관점에서 본 태국인 한국어 학습자의 사과 화행 연구」, 『한국어교육』 27(3), 국제한국어교육학회, 233-260쪽.

Blum-Kulka, S.(1982), Learning How to Say What you Mean in a Second Language: A Study of the Speech Act Performance of Learners of Hebrew as a Second Language, *Applied Linguistics*, 3(1): 25-59.

Brown, P. & S. D. Levinson(1987), *Politeness: Some universals in language usage*, Cambridge: Cambridge University Press.

Chen, R.(1993), Responding to compliments : A contrastive study of politeness strategies between American English and Chinese Speakers, *Journal of Pragmatics*, 20(1): 49-75.

Herbert, R. K.(1990), Sex-based difference in compliment behavior, *Language in Society*, 19(2): 201-224.

Holmes, J.(1988), Compliments and compliment responses in NewZealand English, *Anthropological Linguistics*, 28: 485-508.

Pomerantz, A.(1978), Compliment responses : Note on cooperation of multiple constraints, In J. Shenkin(Ed.), *Studies in the organization of conversational interactions*, New York: Academic Press: 79-112.

Searle, John R.(1975), A taxonomy of speech acts, In Gunderson, K. (ed.) *Minnesota studies in the philosophy of science 9: language, mind and knowledge*: 344-369.

Yan Huang(2009), 『화용론』, 이해윤 옮김, 한국외국어대학교 지식출판원.

분석 대상 논문

김영상·무양(2021), 「한·중 칭찬 화행의 체면 위협성 대조 연구」, 『담화와 인지』 28(3), 담화·인지언어학회, 1-25쪽.

디팡(2012), 「중국인 학습자를 위한 한국어 거절 화행 정보 구축 및 활용」, 상명대학교 석사학위논문.

류티엔(2017), 「중국인 학습자를 위한 감사화행 연구 : 한·중 감사화행의 대조 분석을 중심으로」, 동국대학교 석사학위논문.

류파(2020), 「중국인 학습자를 위한 한국어 거절 화행 교수-학습 방안 연구」, 부산대학교 석사학위논문.

마후이(2013), 「한국어와 중국어의 동의 화행 대조 연구」, 호남대학교 석사학위논문.

모이(2015), 「한·중 남녀의 성별 발화에 대한 사회언어학적 대조 연구」, 한국외국어대학교 박사학위논문.

박성일(2007), 「한·중 지시화행 수행 형식에 대한 대조분석」, 『先淸语文』 35, 서울대학교, 161-183쪽.

박애양(2009), 「한·중 칭찬화행 대조 연구 - 칭찬어를 중심으로」, 경희대학교 석사학위논문.

사소협(2021), 「중국인 중급 학습자를 위한 한국어 거절 화행 교육 연구」, 배재대학교 석사학위논문.

사오난(2019), 「한·중 요청 화행에 관한 연구」, 건국대학교 박사학위논문.

손욱(2021), 「한·중 대조를 통해 본 중국인 한국어 학습자 요청 화행의 사용 양상에 대한 연구-학교생활에 쓰인 부탁 행위를 중심으로」, 『比较文化研究』 62, 경희대학교 비교문화연구소, 229-258쪽.

송이연(2019), 「소비 서비스 상황에서 중국인 한국어 학습자의 불평 화행 연구」, 한양대학교 석사학위논문.

양영(2016), 「한국어와 중국어의 요청화행 대조 연구」, 동국대학교 석사학위논문.

오진환(2013), 「한국인과 중국인의 거절 화행에 나타난 표현 대조 연구」, 경희대학교 석사학위논문.

원일정(2010), 「韩国语와 中国语 感谢 话行 对照 研究」, 중앙대학교 석사학위논문.

유가혜(2020), 「한중 요청 화행을 위한 전략과 표현 대조 연구 : 공손성 이론을 중심으로」, 숭실대학교 석사학위논문.

유암천(2014), 「중국인 한국어 고급 학습자를 위한 설득 화행 대조 연구」, 경희대학교 석사학위논문.

유진(2021), 「한·중 칭찬 화행 사용에 대한 비교 연구 : 드라마와 리얼리티 프로그램을 중심으로」, 단국대학교 석사학위논문.
이금양(2017), 「중국인 한국어 학습자의 불평 화행 실현 양상에 대한 연구 : 중국 내 20대 중급 학습자를 중심으로」, 연세대학교 석사학위논문.
이명희(2009), 「한·중 대학생의 거절 화행 대조 연구」, 『외국어로서의 한국어교육』 34, 연세대학교 언어연구교육원 한국어학당, 313-345쪽.
이명희(2010), 「한국어와 중국어의 요청 화행 대조 연구」, 『이중언어학』 42, 이중언어학회, 103-133쪽.
이연(2013), 「한국인과 중국인의 첫인사에 나타난 인사 화행 대조 연구」, 경희대학교 석사학위논문.
임나(2017), 「한중 요청 화행 유형의 대조 연구」, 『한남어문학』 40, 한남대학교 한남어문학회, 201-219쪽.
임나(2019), 「한국어와 중국어의 요청 화행 대조 연구」, 한남대학교 박사학위논문.
장멍멍(2021), 「한·중 칭찬 응답 화행 대조 연구」, 한양대학교 석사학위논문.
장우양(2018), 「한·중 요청화행의 단계별 대조 연구」, 건국대학교 석사학위논문.
정다운(2002), 「한국어와 중국어의 화행 대조 분석」, 고려대학교 석사학위논문.
주설(2010), 「한국어와 중국어의 지시 화행 응대에 대한 대조 연구」, 한양대학교 석사학위논문.
주설영(2021), 「한·중 칭찬 화행 대조연구」, 국민대학교 석사학위논문.
주진(2010), 「한중 「충고와 경고」 화행에 대한 대비 연구」, 충남대학교.
진양(2010), 「韩国语와 中国语의 不平 话行에 关한 对照 研究」, 중앙대학교 석사학위논문.
채춘옥(2015), 「한·중 언어에서 요청 화행과 거절 화행의 대조연구」, 『中语中文学』 62, 한국중어중문학회, 121-151쪽.
추상(2020), 「중국어권 한국어 학습자의 칭찬 응답 화행 대조 연구 : 중간언어적 특징을 중심으로」, 연세대학교 석사학위논문.
향신휘(2019), 「중국어와 한국어 감사 화행 대조 연구 : 중·한 직장생활 배경 드라마를 중심으로」, 연세대학교 석사학위논문.
황란쥔(2017), 「한국어 화자와 중국어 화자의 칭찬응답 화행에 대한 한·중 대조 연구 : 한·중 대학생들의 칭찬 응답 화행을 중심으로」, 호남대학교 석사학위논문.
황정혜(2018), 「중국인 학습자를 위한 지시-거절화행 대조 연구」, 연세대학교 박사학위논문.
CAO DONGWEI(2017), 「한국어와 중국어의 지시화행 대조 연구 : 드라마 대본을 중심으로」, 이화여자대학교 석사학위논문.
GAO JING(2018), 「불평에 대한 응답 화행의 실현 양상 대비 연구 : 한국어 모어 화자,

중국어 모어 화자, 중국인 한국어 학습자 세 집단을 대상으로」, 이화여자대학교 석사학위논문.

Nan Shanji(2020), 「한·중 사과 화행 대조 연구」, 연세대학교 석사학위논문.

Wang Jialei(2021), 「한·중 반어법 대조 분석 연구 : 화행을 중심으로」, 경희대학교 석사학위논문.

Wang Yiru(2020), 「초급 한국어 학습자를 위한 인사화행 교육 방안 연구: 중국인 학습자를 중심으로」, 경희대학교 석사학위논문.

Zhang Yao(2016), 「중국인 고급 학습자를 위한 한·중 거절 화행 대조 연구」, 연세대학교 석사학위논문.

ZHAO YU(2018), 「한·중 질책화행의 사용 전략에 대한 대조연구」, 세종대학교 석사학위논문.

ZHU SHICHUN(2022), 「중국인 한국어 학습자의 사과 화행 연구」, 연세대학교 석사학위논문.

Ⅲ.
한·중 담화표지 대조 연구 동향 및 쟁점
: 담화표지의 기능 대조를 중심으로

옥지령(YU ZHILING)

1. 들어가는 말

'담화표지[1]'라는 용어 자체에 대한 논쟁의 여지가 여전히 많음에도 불구하고 대조언어학의 관점에서 한·중 담화표지의 공통점과 차이점을 밝히는 연구는 계속되고 있다. 이는 담화표지가 언어 사용에서 골격을 이루는 필수적인 문장 성분이나 기본적인 언어 장치에 살을 덧붙이는 작용을 함으로써 전략적인 차원에서 매끄럽고 원활한 의사소통의 실현에 중요한 역할을 하고 있기 때문이다. 따라서 한·중 담화표지 대조 연구의 성과를 정리하는 것은 한국어교육 연구에 시사점을 제공하고 기여할 수 있다는 점에서 의미 있는 작업이라 할 수 있다. 특히 한국인 모어 화자들에게 있어서 담화표지의 적절한 사용이 의사의 전달과 상호소통의 이상적인 실현에 중요한 역할을 하고 있기에[2] 한국어를 제2언어로 배우는 학습자들에게 담화표지 교육

1 기존의 한·중 대조 연구에서는 대부분 '담화표지'라는 용어를 사용하고 있다. 본 연구는 담화표지 그 자체를 논의하기보다는 기존까지 이루어진 한·중 대조 연구에 대한 단계적 정리를 목적으로 하기에 28편의 선행 연구들을 여실히 반영하기 위하여 본고 역시 '담화표지'라는 용어를 사용하도록 한다.

2 임규홍(1996: 6)의 연구에서는 한국인의 담화표지 사용 실태에 대해 살폈는데 전체 구어

은 매우 중요하다고 할 수 있다. 하지만 한·중 담화표지의 형태와 기능 실현의 비대칭으로 인한 복잡성 때문에 한국어 학습자들은 언어 습득의 과정에서 어려움을 겪게 된다. 학습자들이 언어 습득 과정에서 부딪치는 이런저런 문제들을 해소하기 위하여 이루어진 연구 중 하나가 바로 학습자의 모어로부터 접근하여 양국어가 가지는 공통점과 차이점을 규명하는 대조언어학적인 연구라 할 수 있다.

본 연구에서는 2011년부터 지금까지 이루어진 28편[3]의 한·중 담화표지 대조 연구를 다루고자 한다. 이러한 연구들은 언어의 실현에서 실제적인 의미를 가지거나 통사적인 제약을 받는지 여부를 중히 여기는 전통 문법적 접근보다는 화용론적 관점 혹은 담화 분석적 측면으로부터 접근하고 있다. 구체적으로, 구어 담화 맥락에서 수행하고 있는 기능에 초점을 맞춰 담화표지를 실용적이고 기능적인 언어 요소로 취급하면서 한·중 양국어의 이동(异同)을 규명하는 것을 1차적 연구 목적으로 하고 있다. 그러나 동일한 담화표지를 다루고 있음에도 불구하고 담화표지의 기능 분류 그리고 이를 토대로 하는 중국어와의 대조 및 대응 관계의 제시에서는 연구자에 따라 상이한 결과로 나타나는 경우가 종종 발견되었다.

앞서 제기된 문제의식으로부터 출발하여 본고에서는 담화표지의 기능 분류를 중심으로 지금까지 이루어진 한·중 담화표지 대조 연구들에 대해 살펴보고자 한다. 더 나아가 향후 연구의 모색에서 유용한 디딤돌이 될 수 있도록 기존 연구들의 성과를 토대로 그 속에 존재하는 쟁점 및 문제점까지 함께 정리해보도록 한다.

담화에서 담화표지의 구성 비율이 14% 넘게 차지하는 결과로, 담화표지가 한국인의 언어 사용 특히 대화에서 적잖은 비중을 차지하고 있음을 보아낼 수 있다.

3 2022년 3월 기준으로, 학술연구정보서비스(RISS)에 '한·중(한·중) 대조'와 '한국어 중국어 대조'를 키워드로 입력하여 1차적 검색 결과, 총 3,940편 연구를 추출하였다. 1차적 검색 결과를 토대로, 2차적 추출은 '음운, 문법, 어휘, 담화 및 표현' 4가지 영역으로 범주화하여 재분류(삭제 포함)하는 작업을 진행하였는데 그중 담화 및 표현 영역에서 담화표지를 다룬 연구가 총 28편이다. 검색 결과에 대한 상세한 기술은 「한·중 담화 및 표현 대조 연구 동향 분석」에서 제시하였다.

2. 한·중 담화표지 대조 연구의 유형

본고에서 다루는 28편의 한·중 담화표지 대조 연구들은 연구 대상을 바라보는 시각 및 접근 방식에 따라 크게 전반적 대조와 개별적 대조 두 가지로 나눌 수 있다. 전반적 대조는 거시적 차원에서 담화표지를 통째로 연구의 대상으로 삼아 한·중 담화표지 전체를 아울러 대조하는 종합적 논의이고 개별적 대조는 특정 몇 개의 담화표지를 연구의 대상으로 정하여 중심적으로 다루는 미시적 연구라 할 수 있다. 본 장에서는 이러한 연구들이 어떻게 이루어지고 있는지에 대해 살펴보도록 한다.

〈표 1〉 접근 방식에 따른 연구 분류

유형	연구 수
전반적 대조	5
개별적 대조	23
합계	28

1) 전반적 대조 연구

담화표지 전반에 대한 종합적인 논의를 하는 연구들은 특정한 담화표지를 대조의 대상으로 삼는 것이 아니라 거시적 시각으로 담화표지 자체를 하나의 큰 연구 주제와 대상으로 간주하고 있었다. 그리고 주로 담화 및 화용론적 범주 내에서 대조하거나 말뭉치를 기반으로 대조하고 있었다. 유나(2016), 이윤경(2017), 한춘매(2018), 서아여(2020), 한춘매(2021)가 여기에 해당된다. 그중 이윤경(2017)은 중·한 대조이고 나머지는 한·중 대조 연구들이다. 전반적 대조 연구의 수가 많지 않고 연구의 주제도 다양하다는 점을 고려하여 아래는 각 연구의 연구 목적, 연구 방법 및 대조 결과를 한 편씩 상세하게 소개하도록 한다.

담화표지 전반을 거시적 차원에서 대조 논의한 5편의 연구 중에서도 중국인 한국어 학습자를 위한 담화표지 교육 방안의 설계를 주된 목적으로 하는 유나(2016)에 대해 보다 상세하게 살펴볼 필요가 있다. 유나(2016)는 담화표지와 관련된 기존 논의들을 체계적으로 고찰하여 담화표지의 개념 범주를 정립하고 한·중 담화표지의 특징에 대한 대조적인 논의를 이론적 토대로 하면서 교육 자료 분석과 설문 조사를 통해 교육용 목록을 추출하였다. 그리고 실제성 있는 교육 방안 마련을 위해 중국어 학습자와 한국어 모어 화자들이 직접 산출한 일상대화 자료들로 말뭉치를 구축하였으며 담화 분석, 한·중 대조, 모어 화자와의 대조, 학습자 간 대조, 심층 인터뷰 등 방법을 종합적으로 사용하여 담화표지의 구체적 사용 양상을 비교·분석하였다. 분석 결과에 따르면 모어 화자에 비해 한국어 학습자들의 담화표지 사용의 다양성이 부족하고 출현 빈도도 낮았다. 또한 담화표지의 사용(다양성, 빈도)은 한국 거주 경험과 일정한 상관관계를 맺고 있는 것으로 나타났다. 그리고 학습자들이 일부 담화표지를 혼동하여 범하는 오류를 모국어로부터의 인지적 전이로 분석하였고, 담화표지의 과잉 사용 현상을 학습자의 개인적 발화 습관에서 기인한 것으로 보았다. 이 연구는 한·중 양국의 언어·문화적 차이에 입각한 종합적인 대조 분석이라 할 수 있으며 한·중 담화표지 전반을 아울러 비교적 상세히 다루었다는 점에서 의의가 있다.

이윤경(2017)은 중국어 담화표지의 한 유형 혹은 한 형식이라 할 수 있는 광전식 담화표지어(框填式 话语标记语)[4]를 중심에 놓고 한국어에도 이와 대

4 이윤경(2017: 272)은 광전식 담화표지어(框填式 话语标记语)를 "어떤 하나의 구조 혹은 골격으로서 사용할 때 그 안에 비어 있는 공백 부분에 적합한 어휘를 채워 넣는 것"으로 정의하였다. 그리고 광전식 담화표지어가 "선행 발화와 후행 발화를 연결하는 데 큰 작용을 하므로 다른 일반적인 담화표지어와 마찬가지로 담화표지어 기능을 한다"고 보면서 한국어 담화표지와 대조하였다. 연구자에 의해 제시된 광전식 담화표지어의 형태는 아래와 같다.
광전식 담화표지어의 형태: X 就 X, X归X Y归Y, 什麼 X 不 X的, X著 X著, X 什麼 X
즉, 광전식 담화표지어는 변하지 않는 고정된 부분인 골격(框架)과 채워 넣어야 하는 변화하는 부분인 빈칸(空槽)의 두 부분으로 구성되어 있다.

응되는 표현들이 있는지 살펴보았다. 그 결과 담화표지 '말이야', '요'가 기능적, 형태적으로 광전식 담화표지에 해당된다고 보았다. 이 두 담화표지는 화자의 주관적 태도와 심리 상태를 더 강하게 나타내는 기능적 특성을 가지고 있으며 형식적으로는 구문의 형식을 갖춘 광전식 담화표지어보다 자유로우며 반복적인 문형에 더 가깝다고 하였다.

한춘매(2018)는 선행 연구 및 이론에 대한 고찰을 통해 한·중 담화표지의 개념 및 특징을 대조·분석한 연구이다. 해당 연구에 따르면 한·중 담화표지를 형태·통사적으로 보면 모두 어휘 및 구절 형태가 존재하고 통사적 독립성을 가지고 있다고 하였다. 그러나 한국어에는 형태 변이형 담화표지와 활용형 담화표지가 있는 반면, 중국어에는 문장 형태의 담화표지와 패턴식 담화표지 그리고 중첩형태의 담화표지가 있으며 문미 어기사(语气辞) 결합형 담화표지가 존재한다는 데서 차이점을 보인다고 하였다. 의미·기능적으로 보면 양국어의 담화표지는 모두 개념적 의미가 없고 담화의 응집성 및 전달력을 높이는 역할을 할 뿐 명제적 의미에 영향 주지 않으며 생략이 가능하다는 데서 유사성을 보이고 있다. 음운적 측면의 경우, 한·중 담화표지는 억양 및 휴지와 밀접한 관계를 보였으며 중국어에 비해 한국어 담화표지에서 음운의 축약 현상이 더욱 활발히 실현되는 것으로 밝혀졌다. 사용 환경을 볼 때 양국어 담화표지는 주로 구어에서 실현되는 공통적 특징을 보였다.

서아여(2020)는 구어 말뭉치 분석을 통해 중국어권 한국어 학습자의 담화표지 사용을 학습자 수준별, 담화표지 기능별로 살펴본 후 이를 모어 화자와 대조 분석하였다. 그리고 이를 교재 48권을 분석한 결과와 비교하면서 현행 담화표지 교육 방안에 대해 제언하였다. 학습자 집단과 모어 화자 집단의 담화표지 사용을 대조 분석한 결과, 모어 화자 집단보다 학습자 집단이 수준에 상관없이 담화표지를 많이 사용하는 양상을 보였다. 기능별로 살펴보았을 때 두 집단이 사용하는 담화표지 기능은 비슷했으나 구체적인 사용 빈도에서 차이가 있는 것으로 나타났다.

한춘매(2021)는 한·중 감탄사 유래 담화표지의 기능 및 운율적 특성을 발화 초, 발화 중, 발화 말로 나누어 대조 분석하였다. 발화 초의 경우, 양국어 담화표지는 모두 화제를 시작, 연결, 또는 전환하기 위한 텍스트 기능을 수행한다는 공통점을 가지지만 중국어에 비해 한국어는 화제 종결 기능도 수행한다는 데서 차이를 보였다. 발화 중의 경우, 한·중 담화표지는 모두 화제 연결과 화제 전환 기능을 수행하지만 태도 기능에서 한국어는 부정, 호응 및 수행 기능이 나타난 반면, 중국어는 부정과 긍정 태도를 표현하는 것으로 나타났다. 발화 말의 경우, 중국어보다 한국어에서 담화표지의 구체적 실현과 수행하는 기능 수가 더 많은 것으로 나타나 양국어의 차이를 뚜렷이 확인할 수 있었다. 이 연구는 화자의 표정, 몸짓 등 제스처까지 파악할 수 있는 영상 자료의 음성을 분석하여 한·중 감탄사 유래 담화표지 목록을 추출하고, 기능과 운율적 특징을 중심으로 대조 분석한 연구라는 점에서 의의를 가지며 다른 연구들과 구별된다.

2) 개별적 대조 연구

한·중 담화표지 대조 연구에서는 앞서 논의한 전반적 대조보다 특정 담화표지를 연구 대상으로 하는 개별적 대조가 주를 이루고 있다. 이처럼 특정 담화표지를 대상으로 한 연구는 총 23편으로, 전자(前者)에 비해 연구 수가 비교적 많은 편이다. 그리고 그중에서도 다수의 연구는 한국어 어휘 형태의 미시 담화표지(micro-marker)[5]를 중심으로 대조가 이루어졌다.

따라서 개별적 대조의 경우, 아래와 같은 두 가지 방식으로 접근하여 연구 경향을 파악해 볼 수 있다. 하나는 개별적 대조에서 한국어 담화표지 실현 형식의 품사에 따라 살펴볼 수 있고, 다른 하나는 중국어 표현과의 대응 방식으로부터 접근이 가능하다.

먼저 개별적 대조 연구에서 다룬 한국어 담화표지들을 실현 형식의 품사

5 Chaudron & Richards(1986)는 담화의 구조를 명시하는 표지어를 '거시 담화표지(macro-marker)'라고 불렀고 텍스트 안의 구조보다도 낮은 단계의 정보를 나타내는 표지어를 '미시 담화표지(micro-marker)'라고 불렀다(김성옥, 2010: 24 재인용).

에 따라 제시하면 아래 〈표 2〉와 같다.[6]

〈표 2〉 개별적 대조에서 다룬 한국어 담화표지들

구분		담화표지		연구	연구 수
감탄사		의문사	뭐	주요(2011), 송승남(2016), TANJINGXIN(2016), 양광(2018), 전모(2021), 하종의(2021)	6
			어디[7]	유나(2015), TAN JINGXIN(2016), 주홍만(2017), 왕온함(2021)	4
			왜[8]	양광(2018), 이시려(2019), 전모(2021)	3
		그래		선신휘(2012), OU LU(2018)	2
		글쎄		선신휘(2012), OU LU(2018)	2
		와		OU LU(2018)	1
		참[9]		고산(2015)	1
		정말[10]		마문화(2021)	1
부사/감탄사		아니		선신휘(2012), 원해운(2014), 주자미(2021)	3
		그러게[11]		종예(2018)	1
부사	접속 부사 (접속어)	그러니까		종예(2018)	1
		아무튼/어쨌든		JIA NANNAN(2022)	1
	기타	그냥		고산(2015), 류파(2017)	2
		막		고산(2015)	1
		좀		이영영(2020)	1
용언		'됐어'류		전학(2021)	1
		있잖아		주요(2011)	1
		좋다		민잉란·정둥메이(2016)	1

6 담화표지의 실현 형식에 따른 품사 분류는 주로 안주호(2009), 전영옥(2002), 송인성(2015), 심란희(2020)의 분류 방식과 담화표지 목록 그리고 〈국립국어원 표준국어대사전(https://stdict.korean.go.kr)〉을 함께 참조하였다. 실현 형식에 따라 안주호(2009)는 담화표지를 감탄사, 접속어, 부사어, 용언 4가지로 분류하였고 전영옥(2002) 및 송인성(2015)은 감탄사, 부사, 대명사, 용언, 관형사, 조사 6가지로, 심란희(2020)의 경우 감탄사, 접속 부사, 의문사(구), 지시어(구), 부사, 용언, 명사(구), 기타 구 8가지로 분류하였다.

7 안주호(2009)와 전영옥(2002) 및 송인성(2015), 심란희(2020)는 '어디'를 각각 부사어와 부사 그리고 의문사로 분류하였으나 〈표준국어대사전〉에 수록된 표제어 '어디'는 대명사/감탄사로 분류되어 있다. 해당 용례에 대해 살펴본 결과, 감탄사로 '남의 주의를 끌 때' 쓰이는 경우, 통사적 독립성을 지니고 있으며 어휘적 의미보다는 표현적 의미가 뚜렷하고

개별적 대조 연구에서 다뤄왔던 담화표지는 총 19개가 있다. 품사 종류에 따라 감탄사, 부사/감탄사, 접속 부사(접속어), 기타 부사, 용언 5가지로 나누어 살펴본 결과, 전반적으로 감탄사 및 부사와 밀접한 관계를 보였다. 구체적으로는 실현 형식에 따라 감탄사 담화표지 8개, 기타 부사 담화표지 3개, 접속 부사 담화표지 2개, 부사/감탄사 담화표지 2개로 나타났다. 그 중에서도 연구의 절반 이상이 '뭐', '어디', '왜' 등 몇 개의 감탄사 담화표지에 집중되어 있는 경향을 확인할 수 있었다. 이는 감탄사와 부사가 원래의 기본 어휘적 의미가 탈색되어 담화표지로 바뀌는 문법화 및 화용화 과정과 밀접한 관련이 있는 것으로 추측된다.[12] 특히 감탄사가 수행하는 기능과

담화에서 일정한 기능을 수행하므로 본 연구에서는 1차적으로 감탄사로 분류하였다. 또한 담화표지로 쓰일 때 의문사의 실현 형식도 지니고 있기에 심란희(2020)의 의문사로 분류하는 견해를 함께 받아들였다.

8 전영옥(2002) 및 송인성(2015)은 '왜'를 부사로 분류시켰고 심란희(2020)는 의문사로 분류하였다. 하지만 〈표준국어대사전〉에 수록된 표제어 '왜'는 부사/감탄사로 분류되어 있다. 용례를 살펴본 결과 감탄사의 경우 '사실에 대하여 확인을 요구할 때' 쓰이는 말로, 명제적 의미로 기능하기보다는 담화 기능을 수행하는 동시에 통사적 독립성을 지녔으므로 본 연구에서는 감탄사로 분류하였다. 또한 담화표지로서 '왜'가 의문사의 형식으로도 실현된다는 점을 고려하여 심란희(2020)의 의문사로 분류하는 견해를 따랐다.

9 담화표지 '참'의 실현 형식에 대해 안주호(2009)는 부사어로 보았고, 전영옥(2002) 및 송인성(2015), 심란희(2020)는 부사로 분류하였으나 〈표준국어대사전〉에 수록된 표제어 '참'은 명사/부사/감탄사로 분류되어 있다. 용례를 살펴본 결과, 감탄사로 쓰이는 경우 '잊고 있었거나 별생각 없이 지내던 것이 문득 생각날 때', '매우 딱하거나 어이가 없을 때', '감회가 새롭거나 조금 감탄스러울 때', '매우 귀찮을 때' 내는 소리로, 담화표지의 특성을 잘 구현하고 있기에 본 연구에서는 감탄사로 분류하였다.

10 심란희(2020)는 담화표지 '정말'의 실현 형식을 부사로 보고 있지만 〈표준국어대사전〉에 수록된 표제어 '정말'은 명사/부사/감탄사로 되어 있다. 그중 감탄사로 쓰일 경우, '어떤 일을 심각하게 여기거나 동의할 때 쓰는 말', '어떤 일에 대하여 다짐할 때 쓰는 말', '(사람이나 물건 따위를 나타내는 말 뒤에 쓰여) 어떤 사람이나 물건 따위에 대하여 화가 나거나 기가 막힘을 나타내는 말'로 담화표지로서의 기능을 수행하고 있기에 본 연구에서는 감탄사로 보았다.

11 심란희(2020)는 '그러게'를 지시어로 보고 있으나 〈표준국어대사전〉에 제시한 '그러게'의 용법을 보면 '자신의 말이 옳았음을 강조할 때'는 부사로 쓰이고 '상대편의 말에 찬성하는 뜻을 나타낼 때'는 감탄사로 쓰인다. 이 두 가지 용법의 경우, 모두 형태·통사적으로 고정성이 높고 표현적 의미가 뚜렷하면서 주로 담화 기능을 수행하기에 본 연구에서는 부사/감탄사로 분류하였다.

언어 사용 환경이 담화표지와 유사한 지점이 있기 때문에 둘은 비슷한 특성을 공유하고 있으며 다른 품사에 비해 담화표지로 더욱 쉽게 바뀌는 것으로 나타난다.

다음은 대조 대상과의 대응 방식에 따른 연구의 분류를 살펴보겠다. 개별적 대조 연구들은 한국어 담화표지의 대조 대상[13]이 되는 중국어 대응 표현의 제시 방식에 따라 다시 '일대일 대조'와 '일대다 대응'의 경우로 나누어 볼 수 있다. 한·중 개별 담화표지에 대한 23편의 대조 연구들을 이 두 가지 대응 방식에 따라 구분하고, 대응 표현을 함께 제시하면 아래 〈표 3〉과 같다.

〈표 3〉 개별적 대조의 한·중 대응 방식 및 표현

대응 방식	연구	담화표지	
		한국어	대응 표현[14]
일대일 대조	주요(2011)	뭐	什麼
		있잖아	对了
	원해운(2014)	아니	不是
	송승남(2016)	뭐	什麼
	TAN JINGXIN(2016)	뭐	什麼
		어디	哪里
	민잉란·정둥메이(2016)	좋다	好
	주홍만(2017)	어디	哪里
	양광(2018)	뭐	什麼

12 브린턴(Brinton, 1996)은 실제 언어 사용에서 담화표지의 의미가 다양하게 생성되는 현상을 일종의 문법화 과정으로 간주하면서 담화표지 대신 화용표지(pragmatic marker)라는 용어를 제안하였다.

13 대조언어학은 대조의 대상이 되는 언어에서 대응되는 부분을 찾아 공통점과 차이점을 분석하는 학문이다(허용·김선정, 2018: 17). 따라서 대조언어학적인 관점 및 방법론을 적용한 연구에는 연구의 대상이 2개 이상일 것이다. 하지만 연구의 대상은 다시 직접적인 연구 대상과 대조의 대상으로 구분할 수 있다. 즉 연구의 중심에 놓고 논의하는 주 언어는 직접적인 연구 대상이 되는 것이고 대응되는 부분을 찾아 분석하는 언어는 대조 대상이 되는 것이다. 본고에서 다루는 한·중 담화표지 대조 연구의 경우, 직접적인 연구 대상은 한국어이고 대조의 대상은 중국어이다.

		왜	怎麼
	이시려(2019)	왜	怎麼
	이영영(2020)	좀	有点(儿)
	마문화(2021)	정말	真的
	왕온함(2021)	어디	哪里/哪儿[15]
	전모(2021)	뭐	什麼
		왜	怎麼
	전학(2021)	'됐어'류	'好了'류
	주자미(2021)	아니	不是
	하종의(2021)	뭐	什麼
	JIA NANNAN(2022)	아무튼/어쨌든	反正
일대다 대응	선신휘(2012)	그래	嗯, 对, 是吗, 是啊, 到底, 不是, 真的吗
		글쎄	是呀, 是啊, 对呀, 对啊, 难说, 不知道, 不清楚
		아니	不是啊, 不是吧, 不, 没有, 不对, 哎呀, 对啊, 不对啊吧[16], 没有吧
	고산(2015)	그냥	就, 就那样, 就…, 没什麼…, 还行, 凑合, 一般, 竟然, 也就
		막	然後, 刚好, 就在这时
		참	对, 对了, 真是的
	유나(2015)[17]	어디	哪里, 哪(儿)
	류파(2017)	그냥	就那样, 总是, 照样, 仍然, 就, 白, 就随便, 一直
	종예(2018)	그러게	所以说, 所以, 就是(说)呀
		그러니까	所以说, 所以说啊, 就是啊
	OU LU(2018)	그래	对, 嗯, 好, 是的
		글쎄	是啊, 难说, 也许, 就是, 嗯
		와	欸, 啊, 呀, 呦, 嚯, 唉
	박은석·심지영(2021)[18]	담화표지 '又'	'또'

14 일대다 대응 표현의 경우 대부분 연구는 한국어 담화표지 기능에 대응되는 중국어 표현을 각각 제시하고 있었다. 〈표 3〉에서는 한·중 담화표지 연구에서 제시한 대응 표현에 어떠한 것들이 있는지 그 양상을 전반적으로 살펴보기 위하여 연구에서 기능별로 제시된 대응 표현들을 통합하여 제시하였다.

〈표 3〉을 통해 알 수 있듯이, '일대일 대조' 방식은 말 그대로 대조의 주 언어인 한국어 담화표지에 대응되는 가장 적합한 중국어 담화표지 한 개를 선택하여 두 담화표지를 대조하는 것이고 '일대다 대응' 방식은 한국어 담화표지를 중심으로 이에 대응되는 여러 중국어 표현, 특히 한국어 담화표지의 의미·기능별 중국어 대응 표현을 제시하는 것이다. 이 두 가지 방식은 모두 번역 기반의 대응 표현 제시라는 점에서 유사하지만 실제로 일대일 대조의 경우 대역(对译)에 더 가까운 것으로 둘 사이에는 미세한 차이가 있다. 대응 방식 및 대응 표현에 따른 개별적 대조의 연구 경향을 보면 일대일로 대조한 연구의 수가 16편으로 주를 이루었으며 일대다로 대응 표현을 제시한 연구는 7편이다. 이 중 일대일 대조의 경우 직접적인 연구 대상과 대조의 대상이 모두 담화표지인 반면, 일대다 대응 표현을 제시한 연구에서는 한국어 담화표지에 대응되는 중국어 표현들이 담화표지가 아닌 경우도 있다. 그리고 대조의 중심 언어인 한국어 담화표지는 단순한 단어 형태인 반면, 대조의 대상이 되는 중국어 대응 표현은 단어 외에 구(句)의 형태까지 망라하고 있다.

이 절에서는 개별적 대조 연구의 경향을 대조의 중심 언어인 한국어 담화표지의 품사와 대조의 대상인 중국어와의 대응 방식에 따라 살펴보았다. 다음으로는 '일대일' 혹은 '일대다' 대응 방식을 적용한 연구들이 각각 담화표지를 어떻게 다루고 있는지 그 구체적인 대조 내용을 알아보기 위하여 한·중 담화표지 대조 연구의 대조 내용 및 절차에 대해 논의하도록 한다.

---

15 왕온함(2021)은 '어디'에 대응되는 중국어 표현 '哪里/哪儿'을 하나로 묶어서 대조하였다.

16 '不对啊吧'는 표준 중국어 문법에 맞지 않는 표현이지만 해당 연구에서 제시한 결과 그대로 표에 옮긴 것이라는 점을 밝힌다.

17 유나(2015)는 '어디'의 중국어 대응 표현을 '哪里, 哪儿'에 대응되는 경우와 그렇지 않은 경우로 나누어 제시하였지만 전반적으로는 '哪里, 哪儿'을 중심으로 논의하였다.

18 박은석·심지영(2021)은 중국어 '又'의 품사에 따른 한국어 대응 양상을 제시하였는데 그중 본 연구의 주제에 맞춰 담화표지에 해당되는 경우의 대응 표현만 〈표 3〉에 반영하였다.

3. 한·중 담화표지 대조의 내용 및 절차

앞서 논의한 담화표지 대조 연구의 한·중 대응 방식 및 대응 표현의 제시 방식만으로는 연구 대상과 대조의 대상 사이에 서로 대응되는 요소가 무엇인지, 어떤 대응 관계를 이루고 있는지를 명확히 알아내기 어렵다. 따라서 본 장에서는 각 연구에서 한·중 담화표지를 어떤 식으로 대조하고 있는지, 다시 말해 한·중 양국어의 어떤 요소들과 내용들을 대조시키고 있는지에 대해 자세히 알아보도록 한다.

담화표지에 대한 한·중 대조의 내용은 그 범주에 따라 크게 의미론, 형태·통사론, 담화 및 화용론, 번역 기반 네 가지 범주로 나누어 볼 수 있다. 그중 각 범주 내에서 주로 다루는 하위 요소들에 대해 좀 더 자세히 살펴보자면, 의미론적으로는 주로 사전에 수록된 표제어의 품사, 뜻풀이와 같은 담화표지의 기본 어휘 정보에 대해 기술하며 특히 사전에 제시되는 의미 해석에서도 표현 의미 중심으로 대조를 진행한다. 형태·통사론 범주의 대조는 주로 담화표지의 선후행 결합 관계, 문장 내 위치 및 성분(독립성, 생략), 문체 분포 상황 등 요소에 대한 논의를 중심으로 하면서 양국어 담화표지의 형태적 고정성과 통사적 독립성 정도를 비교한다. 담화·화용론 범주의 경우, 담화 구조상이나 담화 진행상 나타나는 담화의미와 기능, 혹은 화자의 태도를 드러내는 담화표지의 화용의미와 기능을 중심에 놓고 대조하거나 기능의 출현(사용) 빈도까지 비교한다. 번역 기반의 경우, 중국어 번역문에서 한국어 담화표지의 기능에 해당되는 대응 표현의 출현 여부를 양국어의 대조 기준으로 삼으며 담화표지의 출현 빈도를 함께 다루기도 한다. 아래 〈표 4〉에서 볼 수 있듯이 지금까지 이루어진 한·중 담화표지 대조 연구는 대부분 언어의 형태, 내용, 사용에 따라 형태·통사론적 대조, 의미론적 대조, 혹은 담화 및 화용론적 대조를 주된 내용으로 삼았다. 한편, 한국어 담화표지의 의미와 기능이 포함된 예문의 중국어 번역문에서 대응 표현의 유무를 간단히 확인하고 더 나아가 출현 빈도를 통계하여 제시하는 경우도 있었다.

〈표 4〉 한·중 담화표지 대조의 범주 및 내용

연구	범주 및 내용			
	의미론	형태·통사론	담화·화용론	번역 기반
	표현적 의미	형태·통사적 특징	담화(화용) 기능	대응 표현
주요(2011)			○	
선신휘(2012)			○	
원해운(2014)	○	○	○	
고산(2015)				○
유나(2015)			○	
유나(2016)			○	
송승남(2016)			○	
TAN JINGXIN(2016)			○	
민잉란·정둥메이(2016)	○	○	○	
류파(2017)	○		○	
주홍만(2017)	○	○	○	
종예(2018)			○	
한춘매(2018)[19]		○	○	
양광(2018)			○	
OU LU(2018)				○
이시려(2019)	○	○	○	
서아여(2020)			○	
이영영(2020)	○		○	
마문화(2021)			○	
한춘매(2021)			○	
왕온함(2021)		○	○	
전모(2021)	○	○	○	
전학(2021)			○	
주자미(2021)	○	○	○	
하종의(2021)			○	
JIA NANNAN(2022)		○	○	
이윤경(2017)		○	○	
박은석·심지영(2021)				○
합계	8	10	25	3

19 이 연구는 한·중 담화표지의 의미·기능적 측면과 형태·통사적 측면 외에도 음운적 측면,

이들 연구에서 다루고 있는 세부 내용은 각기 다르지만 위에서 제시한 네 가지 범주 내에서 대조를 진행하고 있음은 분명하며 분석의 절차 역시 크게 다르지 않다. 구체적으로 연구에서 대조하는 내용의 범주에 따라 분석의 절차 및 방법[20]을 아래와 같이 귀납해 볼 수 있다.

첫째, 한·중 담화표지의 개념이나 정의, 특징, 형태와 범위 설정, 기능 및 분류 등 기본 이론에 대해 논의한다.

둘째, 의미론적 대조를 위해서는 한·중 담화표지의 기본 어휘 정보를 사전 중심으로 기술하고 특히 어휘의 뜻풀이나 의미 해석을 구체적으로 대조한다.

셋째, 담화 분석에서는 주로 말뭉치 분석이나 예문을 제시하는 방식으로 한·중 담화표지의 형태·통사적 혹은 담화 및 화용 기능상의 이동(异同)을 구명한다.

넷째, 주로 말뭉치 분석을 통하여 담화표지의 대응 형식 및 표현을 추출하고 출현 빈도(사용 양상)에 대한 계량적 통계 결과를 비교한다.

이상으로, 담화표지에 대한 한·중 대조 연구의 내용 및 절차에 대해 살펴보았다. 범주별 대조 내용에 대해 살펴본 결과 담화 및 화용 기능에 대한 대조가 가장 많이 이루어지고 있다는 것을 알 수 있었다. 이는 '담화표지'가 전통적인 문법 범주에서 거론되는 내용 구성상의 필수적인 요소라기보다는 발화를 연결하고 화자의 의도 및 태도를 표시하거나 담화 구성 요소들 간의 응집성 및 결속성을 높이는데 사용되는 전략으로서 언어의 기능적 측면을 강조하는 범주를 이루고 있기 때문이다. 그러므로 담화표지 대조

사용 환경적 측면에 대해 대조하였다.

20 대조 분석의 과정에 대해 Whitman(1970)은 기술(Description), 선택(Selection), 대조(Contrast), 예측(Prediction)이라는 네 단계의 절차로 진행된다고 논의한 바 있다.
첫째, 기술(Description): 대조하고자 하는 언어의 문법 체계에 대해 명확히 기술한다.
둘째, 선택(Selection): 모든 언어 항목을 대조하는 것은 비현실적이기에 연구의 목적에 따라 중심에 놓고 논의하고자 하는 특정 언어 항목을 정한다.
셋째, 대조(Contrast): 언어 간 등가를 이루는 대응 요소의 유사성과 상이성을 비교한다.
넷째, 대조의 결과를 토대로 오류 및 난이도를 예측하거나 측정한다.

연구에서 기능에 대한 논의는 매우 중요한 부분이라 할 수 있다.

이어서 다음 장에서는 한·중 담화표지를 대조한 연구 중에서도 담화표지의 기능을 대조·분석한 내용에 대해 좀 더 자세히 논의하도록 한다.

4. 한·중 담화표지 기능 대조

담화표지 연구는 담화에서 수행하는 기능에 대해 분석하는 데 초점을 두고 이루어졌다. 이것은 담화표지가 언어 사용(특히 담화)에서 화자의 언어 행위를 더욱 명확하고 효율적으로 실현하게끔 기능하기 때문이다(Schiffrin, 1987). 이 장에서는 한·중 대조 연구에서 담화표지의 기능을 어떻게 분류하고 있는지, 양국어의 담화표지 기능 분석 및 대조를 위하여 사용된 분석 자료는 어떤 것들이 있는지 살펴보고자 한다.

1) 담화표지의 기능 분류

기존 연구에서 한·중 담화표지의 기능 대조와 분석이 어떻게 진행되어 왔는지 알아보기 위해서는 담화표지의 기능 분석틀에 적용되는 각 연구의 담화표지 기능 분류 방법에 대해 살펴볼 필요가 있다.

우선 담화표지 기능 분석과 대조를 위해 기능 분석틀에 적용할 기능 분류의 방법에 대해 논의한 연구에는 이정애(1999), 전영옥(2002), 정선혜(2006), 김에스더(2008), 심란희(2011) 등이 있다. 한국어 중심의 대조 연구이기 때문에 대부분 연구에서는 한국 국내에서 이루어진 담화표지 연구들을 많이 참고하는 경향을 보였으며 국외 연구의 경우, Brinton(1996), 於国栋·吴亚欣(2003), 刘丽艳(2005), 唐灵芝(2007), 陈希(2009), 王素改(2016) 등의 분류 방법을 참고하였다. 이상 선행 연구들의 담화표지 분류 체계는 주로 이원체계나 삼원체계로 되어 있으며 한·중 담화표지 대조 연구에서는 대부분 담화 진행상 나타나는 텍스트적인 기능과 화자의 의도나 태도를 표시하는 표현적 기능으로 크게 나누는 이원체계의 분류 방식을 적용하였다.

다음으로 담화표지의 기능을 대조한 연구들에 적용한 분석틀 및 방법을 보면 크게 두 가지 경우로 나눌 수 있다. 첫 번째는 다수의 연구에서 적용한 방법으로, 담화표지를 텍스트적 기능(语篇功能)과 표현적 기능(人际功能)으로 구분하고 이것을 분석의 기본 틀로 삼아 추출된 담화표지의 기능을 상위 기능에 속하는 하위 기능으로 각각 분류시키는 방식이다. 두 번째는 발화에서 담화표지의 실현 방식 및 위치에 초점을 두어 독립 발화와 발화 안으로 구분하여 실제 발화에서 수행되는 담화표지의 기능을 분석하는 방식이다.

담화의 구조적 측면과 청·화자 관계에 입각한 담화표지 분류 체계를 토대로 하고 있는 텍스트적 및 표현적 기능 분석과 달리 두 번째 방식은 개별 담화표지가 지니고 있는 통사적 특징에 입각한 기능 분석이기에 이런 방식을 적용한 연구의 기능 분류 양상을 파악하는 데는 어려움이 있다. 따라서 아래에서는 한·중 담화표지 대조 연구의 텍스트적 및 표현적 기능 분류 양상에 대해 살펴보도록 한다.

통상적으로 텍스트적인 기능은 담화 진행상 나타나는 기능을 가리키고 표현적 기능은 화자의 의도나 태도를 표시하는 기능을 말한다. 다수 연구에서는 '텍스트적 기능' 혹은 '담화 진행상 나타나는 기능', '표현적 기능'이나 '화자의 태도 표시 기능'이라는 용어를 사용하였다. 일부 연구의 경우, 담화표지를 바라보는 시각의 차이에 따라 담화 진행상 나타나는 기능을 '담화 결속 기능'으로, 화자의 태도를 표시하는 기능을 '양태적 기능', '상호작용적 기능', '대인적 기능'으로 용어를 다양하게 사용하고 있다. 원해운(2014), 고산(2015), 종예(2018), 왕온함(2021), 전학(2021)의 경우가 그렇다.[21] 비록 용어 사용에서 차이가 있지만 담화표지의 기능을 대체로 담화 차원에서 담화의 구성 요소들을 결속시키는 기능과 화자의 의도나 태도를 표시하

21 원해운(2014)은 담화 결속 기능과 화자의 태도 표시 기능으로, 고산(2015)과 종예(2018)는 결속 기능 및 양태적 기능으로, 왕온함(2021)은 텍스트적 기능과 상호작용적 기능으로, 전학(2021)은 텍스트적 기능 및 대인적 기능으로 분류하였다.

는 기능으로 보고 있음을 알 수 있다. 본 연구에서는 이상 용어들을 동일한 범주의 기능을 지칭하는 것으로 간주하고 한·중 담화표지 대조 연구의 기능 분류 양상을 다음 〈표 5〉와 같이 제시한다.

〈표 5〉 한·중 담화표지 대조 연구의 기능 분류 양상

연구	텍스트적 기능 (담화 진행상)		표현적 기능 (화자 태도)	
원해운 (2014)	끼어들기(발언권 가져오기), 시간 벌기, 얼버무리기, 발화 수정, 보충 설명, 자기 방어, 주의 집중		강조, 거절, 놀라움, 당황, 망설임, 불만/분노/비판, 칭찬	
고산 (2015)	깨달음, 발화권 유지, 시간 벌기, 얼버무리기, 주의 집중, 화제 시작/연결/전이/전환/마무리		강조, 겸손, 부정, 비판	
류파 (2017)	발화 수정, 화제 연결/호응/마무리		강조, 겸손, 부정, 불평, 시간 벌기(망설임), 화제 회피(얼버무리며 넘어가기)	
종예 (2018)	보충 설명, 시간 벌기, 호응		강조, 초점기능(확인하기), 회피	
왕온함 (2021)	시간 벌기, 주의 집중, 화제 전환		겸손, 벼르기, 부인, 불만, 비난, 아쉬움, 요구	
전학 (2021)	화제 시작/전진/전환/마무리		거절, 부정, 인정, 반어, 주의 환기	
마문화 (2021)	도치, 초점화, 화제 도입/연결/마무리		강조, 깨달음, 놀라움, 불만, 생각 표현, 원망, 의심, 인정, 채움말 기능, 확인	
민잉란·정둥메이 (2016)	화제 결속/전환		적극	소극
			다행, 완료, 응대, 찬성, 확인, 결심/결의/결정, 동의/긍정/허락/수긍	반어, 비꼼, 양보, 권고/저지, 경고/벼름/무시, 불만/반항/분개
주요 (2011)	적극	소극	적극	소극
	열거, 화제 도입/시작/전환/회복	망설임	강조, 놀라움, 话轮 전환[22]	부정, 반박, 불만, 불쾌감
이시려 (2019)	–		유머, 의견 제기, 시간 벌기, 초점화, 화제 시작/전환, 확신, 확인, 환기	과시, 관심, 놀라움, 도발, 반박, 부정, 불쾌감
주홍만	–		적극	부정

(2017)		벼르기, 시간 벌기, 주의 집중, 추궁, 화제 전환, 확인	반어, 부정, 불만
양광[23] (2018)	–	중립	불쾌감
		강조, 놀라움, 막연함, 머뭇거림, 발화 약화, 불확실성, 의문, 부차적 기능, 초점화	불만, 불쾌감, 평가절하, 부정, 비판
전모 (2021)	–	긍정·중립	부정
		겸손, 강조, 관심, 놀라움, 농담, 시간 벌기, 발화 교정, 발화 약화, 열거, 자랑, 자신감, 화제 도입/시작/전환/회복	도발, 무관심, 반박, 부정, 불만, 불쾌감, 불확실, 실망, 이의

전반적으로 한·중 담화표지 기능 대조에서는 담화 구조를 결속하는 텍스트적인 기능보다 청·화자의 태도에 초점을 맞춰 하위 기능을 분석하고 분류하는 경향을 보였고 하위 기능 분류에서 엇갈리는 부분이 종종 발견되었다.

〈표 5〉를 통해 알 수 있듯이 동일한 기능의 분류에서 그 기능이 속하는 상위 기능을 다르게 분류시킨 경우를 찾아볼 수 있다. 표에 제시된 기능들 중에 '시간 벌기', '망설임', '얼버무리기', '화제 도입/시작/전환/회복', '주의 집중', '초점화', '깨달음', '열거' 등 기능의 분류가 바로 그렇다.[24]

'시간 벌기' 기능을 볼 때 원해운(2014), 고산(2015), 종예(2018), 왕온함(2021)은 텍스트적 기능으로 분류하고 있지만 류파(2017), 주홍만(2017), 이시려(2019), 전모(2021)는 화자의 태도 표시 기능으로 보았다. '시간 벌기'는

22 주요(2011: 44)에 따르면 话轮 전환 기능은 '화자와 청자의 역할을 교체하는 기능'을 말한다.

23 양광(2018)은 독립 발화 및 발화 안에서의 담화표지 기능과 담화 진행상 나타나는 기능, 화자의 태도를 표시하는 기능을 함께 분석하였다.

24 담화표지의 기능 분류에서 쟁점이 되는 기능들에 대한 논의는 여러 측면으로부터 이루어질 수 있고 이에 대한 분류 또한 접근하는 관점과 방식에 따라 다양하게 이루어질 수 있다. 본 연구는 담화표지 기능 분류 방법에 대한 논의를 주된 목적으로 하고 있지 않으며 단지 분석 대상 논문들의 기능 분류 양상을 살피는 목적으로 진행되는 보조 논의라 할 수 있다. 따라서 쟁점이 되는 기능에 대해서는 분석 대상 논의들이 적용한 분류 체계 안에서 간단히 분석하도록 한다.

담화 진행상 화자가 적합한 말이나 표현 혹은 생각이 바로 떠오르지 않을 때 사용하여 '발화의 공백을 메움으로써 후행 발화를 준비할 시간을 버는 기능(심란희, 2020: 216)'으로, 기능 그 자체의 초점은 발화를 이어가는 데 있으며 화자의 아무런 태도를 대변하고 있지 않기에 화자의 태도 표시 기능보다는 텍스트적 기능으로 보는 것이 더욱 적합할 것이다. '망설임' 표시 기능의 경우, 주요(2011)는 소극적인 텍스트적 기능으로 보았고 원해운(2014), 류파(2017)는 표현적 기능으로 분류하였다. 이 기능은 담화에서 화자가 담화표지 사용을 통해 주저하는 모습이나 태도를 보여줄 때 수행되는 기능이기에 표현적 기능으로 보는 것이 더 좋을 것이다. 여기서 류파(2017)는 '시간 벌기' 기능과 '망설임' 표시 기능을 하나로 취급하면서 '시간 벌기(망설임)' 기능을 표현적 기능으로 분류시켰다. 하지만 앞서 논의한 바와 같이 '시간 벌기' 기능 자체에는 화자의 태도가 들어있지 않은 것으로, 이 기능의 실현이 꼭 '망설임'을 통해서만 가능한 것은 아니다. 다시 말해 '시간 벌기' 기능은 '망설임' 표시 기능을 통해서 얻을 수 있는 효과로, 기능 그 자체가 화자의 망설이는 태도를 담고 있는 것은 아니다. 따라서 '시간 벌기' 기능과 '망설임' 표시 기능은 서로 다른 차원의 기능으로, 이 두 가지 기능을 하나로 묶어서 보기가 어렵다. '얼버무리기' 기능의 경우, 원해운(2014), 고산(2015)은 텍스트적 기능으로 보고 있는 반면, 류파(2017)는 표현적 기능으로 분류하였다. 이 기능에 대한 논의에서 류파(2017)는 '화제 회피(얼버무리며 넘어가기)' 식으로 두 기능으로 묶어서 발화 태도를 나타내는 기능으로 분류하였다. 사실 '얼버무리기' 역시 '시간 벌기'와 마찬가지로 화자가 담화를 이어가기 위하여 사용되는 기능이기에 표현적 기능으로 보기가 어렵다.

담화 구조에 관련된 일련의 기능 '화제 도입/시작/전환/회복'의 분류에서 주요(2011), 고산(2015), 류파(2017), 왕온함(2021), 전학(2021), 마문화(2021)는 텍스트적인 기능으로 보는 반면, 이시려(2019)는 화자의 적극적인 태도를 표시하는 것으로, 전모(2021)는 긍정·중립적 태도를 표시하는 기능으로 보았다. 주홍만(2017)의 경우 '화제 전환' 기능을 화자의 적극적 태도를 표시하는 기능으로 분류하여 같은 표현적 기능으로 분류한 전모(2021)와 기능의 세부 분류에서 차이를 보였다.

'주의 집중' 표시 기능의 경우, 원해운(2014), 고산(2015), 왕온함(2021)은 담화를 결속하는 텍스트적 기능으로 보고 있는 한편, 주홍만(2017)은 화자의 태도를 표시하는 표현적 기능으로 보았다. 이 기능은 담화에서 화자가 자신의 말을 들을 준비가 되어 있지 않은 청자의 주의를 끌거나 호기심을 유발하여 시선을 모아 발화를 시작하기 위한 기능이다. 즉 화제 시작을 위한 기능이다. 따라서 표현적 기능보다는 텍스트적 기능으로 분류하는 것이 비교적 적합하다.

'초점화' 기능에 대한 분류를 보면 마문화(2021)는 텍스트적인 기능, 종예(2018)는 표현적 기능, 양광(2018)은 화자의 중립적 태도를 나타내는 표현적 기능, 이시려(2019)는 화자의 적극적 태도를 표시하는 기능으로 분류하고 있다. '초점화' 기능은 담화 진행상 화자가 화제를 바꾸지 않고 발화의 주제를 더 잘 표현하기 위한 기능으로 결속성을 가지며 텍스트적인 기능이라 할 수 있다.

'깨달음' 표시 기능과 '환기' 기능에 대한 논의는 각각 2편으로 비교적 적은 편이지만 그래도 기능의 분류를 다르게 하고 있기에 간단히 언급하도록 한다. '깨달음' 표시 기능의 경우, 고산(2015)은 담화를 결속하는 텍스트적 기능으로 보았고 마문화(2021)는 표현적 기능으로 보았다. '깨달음' 기능은 어떤 것이 새롭게 떠올랐거나 알게 된 것을 표현하거나 상대방에게 알리는 기능으로 화자의 심리와 태도를 나타내는 표현적 기능이라 할 수 있다. '열거' 기능에 대해 주요(2011)는 담화 진행상 적극적인 기능으로 취급했고 전모(2021)는 화자의 긍정·중립적인 태도를 나타내는 기능으로 보았다. '열거' 기능은 담화 진행상 화제를 결속하는 기능 중의 하나로 화자의 태도를 표현하는 기능보다는 텍스트적 기능에 더 가깝다.

이상으로 지금까지 이루어진 담화표지 기능 대조 연구에서 담화표지의 분류 양상에 대해 살펴보았다. 보다시피 연구자마다 설정한 기능이 다양하고 기능에 대한 해석이 각각 다르기에 동일한 분류 체계를 적용했음에도 불구하고 기능의 분류에서 일관성 있는 기준이나 분류 양상을 관찰하기 어려웠다.

2) 분석 자료

이 장에서는 한·중 대조 연구에서 담화표지 기능의 분석 및 대조를 위하여 사용되는 자료에 어떤 것들이 있는지 알아보고자 한다. 자료의 유형은 크게 드라마(영화), 말뭉치, 교재, 기타 자료로 분류하였으며 각 연구에서 활용한 자료들은 다음 〈표 6〉[25]과 같이 정리하여 제시하였다.

〈표 6〉 담화표지 대조를 위한 분석 자료

연구	자료 유형	자료 언어	자료 명칭(출처)
주요(2011)	드라마(영화)	한국어	드라마: 〈내 이름은 김삼순〉(2005), 〈솔약국집 아들들〉(2009), 〈천만번 사랑해〉(2009)
			영화: 〈내 눈에 콩깍지〉(2009), 〈박쥐〉(2009), 〈아저씨〉(2010)
		중국어	드라마: 〈蜗居〉(2009), 〈婆婆来了〉(2011)
			영화: 〈疯狂的石头〉(2006), 〈耳朵大有福〉(2008), 〈新闻〉(2017)
선신휘(2012)	교재	한국어	『경희 한국어 초급 1, 2』, 『경희 한국어 중급 1, 2』, 『말이 트이는 한국어 1-3』, 『서강 한국어 1-4』
원해운(2014)	드라마	한국어	〈하이킥2: 지붕 뚫고 하이킥〉(2009), 〈개인의 취향〉(2010), 〈시크릿 가든〉(2010)
		중국어	〈我爱我家〉(1993), 〈乡村爱情〉(2006), 〈我的儿子是奇葩〉(2014)
	기타	한국어	예능: 대국민 토크쇼 〈안녕하세요〉(2014)
		중국어	문헌 자료(녹음 자료): 刘丽艳(2009), 殷树林(2011)
고산(2015)	말뭉치	한국어	〈21세기 세종계획 말뭉치〉
	교재	한국어	『연세 한국어 1-6』, 『이화 한국어 1-6』, 『재미있는 한국어 1-6』, 『한국어 1-6』[26]

25 각 연구에서 사용한 언어 자료가 번잡하고 출처를 밝히지 않은 경우도 적지 않다는 점을 고려하여 분석 대상으로서 연구 대상(혹은 방법)에 언어 자료의 출처를 명확히 밝힌 경우에만 취급하여 정리하였다.

유나(2016)	말뭉치	한국어	학습자와 모어 화자의 대화를 직접 수집 및 전사
송승남 (2016)	드라마	한국어	〈치즈인더트랩〉(2016)
		중국어	〈爱情公寓〉(2009)
	말뭉치	중국어	CCL现代汉语语料库(CCL현대중국어말뭉치)[27]
양광(2018)	드라마	한국어	〈태양의 후예〉(2016)
		중국어	중국어 번역본(대본): 〈태양의 후예〉(2016)
OU LU (2018)	말뭉치	한국어	〈21세기 세종계획 말뭉치〉
이시려 (2019)	드라마	한국어	〈풀하우스〉(2004), 〈미남이시네요〉(2009), 〈별에서 온 그대〉(2013) 한국어 번역본(대본): 〈我爱我家〉(1993), 〈致我们单纯的小美好〉(2017)
		중국어	〈我爱我家〉(1993), 〈致我们单纯的小美好〉(2017)
서아여 (2020)	말뭉치	한국어	〈국립국어원: 한국어 학습자 말뭉치 나눔터〉
	교재	한국어	『고려대 재미있는 한국어 1-6』, 『서울대 한국어 1-6』, 『알기 쉽고 재미있는 중앙 한국어 1-6』, 『연세 한국어 1-6』, 『외국인을 위한 한국어 1-6』(한국외국어대학교)
이영영 (2020)	드라마	한국어	〈도깨비〉(2016) 한국어 자막: 〈欢乐颂 第一季〉(2016)
		중국어	〈欢乐颂 第一季〉(2016) 중국어 자막: 〈도깨비〉(2016)
	말뭉치	한국어	〈21세기 세종계획 말뭉치〉
		중국어	CCL现代汉语语料库(CCL현대중국어말뭉치), BCC语料库(BCC말뭉치)[28]
마문화 (2021)	드라마	한국어	〈SKY 캐슬〉(2018)
		중국어	〈致我们单纯的小美好〉(2017)
	말뭉치	중국어	CCL现代汉语语料库(CCL현대중국어말뭉치)
한춘매 (2021)[29]	기타	한국어	예능(12개): 〈개그콘서트〉, 〈미운 우리 새끼〉 등.
		중국어	예능(6개): 〈吐槽大会 第三季〉, 〈快乐大本营〉 등.
			단막극(小品 19개): 〈占位置〉, 〈啼笑皆非〉 등.

26 원문에서 출판사 정보를 밝히지 않았음.

27 北京大学中国语言学研究中心现代汉语语料库(Center for Chinese Linguistics PKU).

28 北京语言大学语料库中心(BLCU Corpus Center).

왕온함 (2021)	말뭉치	한국어	〈국립국어원: 한국어 학습자 말뭉치 나눔터〉
		중국어	CCL现代汉语语料库(CCL현대중국어말뭉치)
전모 (2021)	드라마	한국어	〈풀하우스〉(2004), 〈상속자들〉(2013), 〈도깨비〉(2016)
		중국어	〈我爱我家〉(1993), 〈武林外传〉(2006), 〈五星级大酒店〉(2007)[30]
	말뭉치	한국어	〈21세기 세종계획 말뭉치〉
		중국어	CCL现代汉语语料库(CCL현대중국어말뭉치)
전학 (2021)	드라마	한국어	〈감자별 2013QR3〉(2013), 〈응답하라 1994〉(2013), 〈미생〉(2014)
		중국어	〈我爱我家〉(1993), 〈家有九凤〉(2005)
	말뭉치	한국어	〈21세기 세종계획 말뭉치〉
		중국어	CCL现代汉语语料库(CCL현대중국어말뭉치)
주자미 (2021)	드라마	한국어	〈하이킥2: 지붕 뚫고 하이킥〉(2009)
		중국어	〈家有儿女〉(2004)
	말뭉치	한국어	〈국립국어원: 언어 정보 나눔터〉
		중국어	BCC语料库(BCC말뭉치)
JIA NANNAN (2022)	말뭉치	한국어	〈국립국어원: 모두의 말뭉치〉
		중국어	BCC语料库(BCC말뭉치)

위의 표를 통해 확인할 수 있듯이 담화표지의 기능 분석 및 대조를 위하여 가장 많이 사용된 자료는 드라마와 구어 말뭉치 자료라 할 수 있다. 우선 드라마 자료들을 살펴보도록 한다. 각 연구에서 분석했던 드라마 자료의 주제와 장르를 볼 때, 한·중 언어 자료는 모두 가정과 사랑을 다루는 시트콤이나 로맨틱 코미디가 주를 이루었으며 멜로도 종종 있었다. 특히 시트콤의 경우, 일상생활을 자연스럽게 반영할 뿐 아니라 등장인물들 사이의 대화가 실제 대화에 가까우며 어색하지 않기에 담화표지 기능 분석에 비교적 적합한 자료로 많이 사용되고 있음을 추측이 가능하다. 드라마의 편성 시간을 보면, 한국 드라마의 경우, 〈풀하우스〉나 〈내 이름은 김삼순〉

29 상세한 자료 정보는 원문 36-37쪽 참고 바람.

30 해당 드라마의 정확한 명칭은 2007년에 편성된 '五星大饭店'이지만 원문에서 제시된 자료 명칭을 그대로 옮김.

처럼 오래된 것들도 있지만 2015년 이후에 방영된 〈태양의 후예〉, 〈도깨비〉, 〈SKY 캐슬〉 등 드라마들도 적지 않다. 반면, 중국 드라마의 경우, 분석 자료로 가장 많이 사용되는 시트콤 〈我爱我家(아애아가)〉는 1993년에 편성된 것으로, 시간상 현재와 상당히 멀리 떨어져 있으며 과거에 중국에서 높은 시청률을 찍은 작품이다. 작품의 다양성을 볼 때, 한국어 드라마 자료는 최근 몇 년 간 한국을 넘어 중국에서도 히트 친 여러 드라마들을 선정하여 분석했지만 중국어 드라마 자료의 경우 그렇지 못하였다. 전반적으로, 담화표지 기능 대조를 위한 분석 대상으로서 중국어 드라마 자료들은 한국어 드라마 자료들에 비해 편성 시간이 보다 오래된 작품들이고 수량과 다양성도 떨어지는 편이다. 다른 말로 바꾸어 말하자면, 분석의 대상이 되는 한·중 드라마 자료의 양과 질 그리고 표현 내용이나 시대성 등과 같은 요소가 대등을 이루지 못하였다.

사실 엄밀히 따지자면 연구 자료로서 드라마 속 대화는 실제 자연스러운 상황에서 이루어지는 발화가 아니기에 준구어 자료라 할 수 있다. 분석 자료로 활용하는 준구어 자료의 선택은 실제 구어 상황을 반영하는 다양한 드라마나 시트콤 혹은 영화 등을 선택하는 것이 이상적이다. 제2언어 교육을 궁극적 목표로 할 경우, 난해하고 생소한 언어 표현을 담고 있는 사극은 가급적으로 피하는 것이 좋다. 선택한 자료 속에 실생활과 밀접한 관련이 있는 여러 주제나 사람들의 관심사를 포함할 수 있도록 하는 것이 자료 내용을 풍부히 할 수 있다. 또한 작가와 감독의 개인적 특성이나 특정 성향으로 인한 영향을 최대한 줄이기 위해서는 어느 한 창작자의 작품에 한정하지 않고 가급적으로는 여러 작가나 감독의 작품으로 선정하는 것도 함께 고려해야 한다. 더 나아가 드라마 속 등장인물들의 연령대, 성별, 사회적 지위 및 신분의 다양성을 확보하기 위해서는 여러 가지 장르의 드라마와 영화를 선택해야 한다는 점을 염두에 두어야 한다.

담화표지 기능을 분석하고 대조하는 데 흔히 사용하는 자료는 드라마 외에도 말뭉치 자료가 있다. 2000년대 초반부터 구어의 전사가 가능함으로써 해당 영역에 대한 사람들의 관심이 높아졌으며 말뭉치의 전산적 처리 방법의 지속적인 발달과 더불어 실제 언어 사용의 문제를 다루는 담화표지 연구가 활발해졌다고 할 수 있다(조경순, 2016: 74; 전영옥, 2017: 148). 이는 한·중 담화표지 대조 연구에서 기능 분석을 위한 자료로 말뭉치를 활용하는 연구 수가 많은 데서 잘 드러난다. 한·중 대조에서 담화표지의 기능을 분석하기 위해 많이 사용되고 있는 한국어 말뭉치는 〈21세기 세종계획 말뭉치〉와·〈한국어 학습자 말뭉치 나눔터〉이고 중국어 말뭉치는 〈CCL现代汉语语料库(CCL현대중국어말뭉치)〉와 BCC语料库(BCC말뭉치)이다. 말뭉치 자료의 활용에서 보다 아쉬운 점을 밝히자면 다수의 연구에서는 담화표지의 기능을 추출하고 대조하기 위하여 말뭉치 자료를 활용하기 보다는 담화표지 및 그 기능의 출현(사용) 빈도를 통계하는 데 사용하였다. 그리고 한·중 담화표지 대조를 위해 병렬말뭉치 자료를 활용한 연구가 없었다. 더 나아가, 구어 자료를 직접 수집 및 전사하는 과정을 거쳐 자신의 연구 주제와 목적에 가장 알맞은 말뭉치를 구축하고 분석하는 연구도 많지 않았다. 지금까지 한·중 담화표지 대조 연구는 주로 구어의 전사 자료로 말뭉치를 활용하고 있지만 담화표지가 지니는 운율적인 특징까지 고려했을 때, 전사한 말뭉치 외에 음성 자료도 함께 구축이 되어 다루는 것이 더욱 이상적이라고 본다.

대조언어학적 관점을 적용한 연구는 흔히 외국어 교육이나 제2언어 교육을 궁극적 목표로 하고 있기에 교재에 대해 많은 관심을 보이고 있다. 담화표지의 대조 연구도 역시 마찬가지로, 여러 가지 한국어 교재에 나타난 담화표지와 그 예문들을 분석함으로써 교육에서 다루고 있는 담화표지와 기능들에 대해 살펴보고 모어 화자와 학습자의 실제 사용 양상과 비교·분석하였다. 담화표지 대조 연구에서 다루는 교재들을 보면 중국의 교재보다는 한국의 교육기관에서 편찬하고 출판한 교재들을 선호하는 것을 확인할 수 있었다. 각 연구에서 자주 활용하는 한국어 교재는 〈경희 한국어〉, 〈고려대 재미있는 한국어〉, 〈서강 한국어〉, 〈서울대 한국어〉, 〈연세 한국어〉, 〈이화 한국어〉 등 6가지로, 모두 한국 국내 대학교의 한국어교육센터에서 연구 개발한 교재였다. 향후 연구에서는 한·중 한국어 교재에서 각각 다루는 담화표지와 그 기능에 대해 비교해보거나 한국의 교재를 중국인 학습자의 담화표지 사용 양상과 중국의 교재를 한국어 모어 화자의 담화표지 사용 양상과 대조해보는 것도 흥미로운 연구가 될 수 있겠다.

담화표지 기능 대조를 위해 각 연구에서 분석하는 기타 자료 유형에는 예능 프로그램, 단막극(小品) 그리고 문헌 자료가 있었다. 예능 프로그램의 경우, 한·중 양국어 자료는 모두 상호작용이 쉽게 이루어지는 토크쇼나, 개그 프로그램 혹은 일상생활을 관찰하는 예능에서 발췌한 대화를 사용하였다. 단막극(小品)은 중국의 짧은 코미디 연극이라 할 수 있기에 앞서 언급한 개그 프로그램과 마찬가지로 무대 위의 인물들 사이의 상호작용을 통해 활발히 주고받는 대화를 연구에서는 분석 자료로 활용하였다. 문헌 자료의 경우, 주로 연구에서 논의하는 담화표지에 관련된 선행 연구의 예문이나 말뭉치 용례 그리고 기능 분류의 연구 결과를 원용하면서 담화표지의 기능을 대조·분석하였다.

이 장에서는 한·중 담화표지 대조 연구에서 기능 분석을 위하여 사용되는 언어 자료들에 대해 살펴보았는데 대체로, 풍부한 대화를 담고 있는 드라마와 구어 말뭉치 자료를 중심으로 활용하고 있는 경향을 보였다. 또한 한·중 언어 자료의 활용 양상을 비교해 볼 때, 중국 드라마에 비해 한국 드라마 자료의 내용과 수량이 더욱 풍부함을 보아낼 수 있었고 분석용 한국어 교재 역시 중국의 것보다는 한국 국내 언어교육기관에서 발행한 교재들을 더욱 많이 다루어왔음을 확인할 수 있었다.

5. 한·중 담화표지 대조 연구에 나타난 쟁점

담화표지의 가장 큰 특징 중의 하나는 형태 변화가 거의 없이 다양한 화용 의미와 기능을 실현할 수 있다는 데서 고도의 형태적 고정성을 가지고 있다는 것이다. 즉 담화표지는 표현 자체의 가장 기본적인 어휘 용법을 넘어서 일정한 담화 상황이나 대화 맥락에 알맞게 특수한 의미와 기능을 생성하여 다양한 용법으로 사용되면서도 거의 형태적 변화를 하지 않는다. 이는 하나의 기능이 하나의 담화표지가 아니라 여러 담화표지를 통해 실현이 가능하다는 것을 역으로 설명해주고 있다. 한·중 담화표지의 경우도 마찬가지로 언어 사용의 상황이나 맥락에 따라 일대일 대응이 아닌 일대다의 대응 관계를 이루는 경우가 대부분이다. 따라서 한국어 담화표지를 중심으로 이에 대응되는 여러 중국어 표현들을 제시하는 데는 큰 논쟁의 여지가 없을 것이다. 하지만 이로부터 첫 번째 쟁점을 끌어낼 수 있다. 바로 대조언어학적인 관점으로 볼 때 한국어 담화표지에 대한 중국어의 여러 대응(대역, 对译)표현을 대조의 대상으로 삼는 것의 타당성 문제이다. 앞장에서 언급한 바와 같이 한국어 담화표지는 단순한 단어 형태인 반면 중국어 대응 표현은 단어 외에 구(句)의 형태까지 망라하고 있다. 대조언어학적 분석을 위한 접근 방법에 대해 허용·김선정(2021)은 서로 대응되는 요소를 명확히 규명해야 한다는 점을 밝히고 있는데 대역을 기반으로 하는 한국어 담화표지의 중국어 일대다 대응 표현을 대조의 대상으로 삼을 경우 서로 대조되는 요소가 무엇인지가 불분명하다. 기존 연구들에서는 이와 관련된 설명이나 논의 내용이 결여되어 있었다.

더 나아가 만약 대역 기반의 일대다 대응 표현을 대조의 대상으로 삼는 것이 타당하다면 이들 연구는 아래와 같은 문제점을 수반하고 있다. 안주호(2009)는 교수 항목으로서 어떤 담화표지를 먼저 다루고 표준형으로 삼을 것인지를 정하기 힘든 까닭 중 하나는 담화표지가 여전히 체계적으로 위계화되어 있지 않았기 때문이라며 문제점을 제기한 바 있다. 이와 같은 문제점은 한·중 대조 연구에서도 마찬가지로, 특히 일대다 대응 표현의 제시에서 또 하나의 쟁점이 될 수 있다. 즉, 다수의 일대다 대응 표현 연구에서 한국어 담화표지에 대한 중국어 대응 표현의 제시가 체계적이지 못하고 혼잡한 상태를 보이고 있는 것이 두 번째 쟁점이다. 예를 들어 '그러니까'의 중국어 대응표현을 보면 '所以说, 所以说啊, 就是啊'로 제시하고 있는데 여기서 만약 '所以说, 所以说啊'가 대응 표현으로 선택되었다면 '就是啊'에 '说'를 결합시킨 '就是说啊'는 왜 배제하였는지에 대한 의문이 들기도 한다. 왜냐하면 '그러니까'의 대응 표현으로 '就是说啊'도 가능하며 통상적 상황에서 '就是啊'와 '就是说啊'는 상호대체 사용이 가능한 표현이기 때문이다. 그리고 이러한 쟁점은 동일한 한국어 담화표지에 대응되는 중국어 표현의 제시 결과가 연구에 따라 상이하다는 데서도 드러난다. 다음 〈표 7〉은 28편의 연구에서 동일한 한국어 담화표지를 다룬 연구에 나타난 중국어 대응 표현들을 통합하여 제시한 것이다.

〈표 7〉 한국어 개별 담화표지의 중국어 대응 표현 제시 양상

담화표지	대응 표현	연구
뭐	什么	주요(2011), 송승남(2016), TANJINGXIN(2016), 양광(2018), 전모(2021), 하종의(2021)
어디	哪里, 哪(儿)	유나(2015), 왕온함(2021)
	哪里	TAN JINGXIN(2016), 주홍만(2017)
아니	不是啊, 不是吧, 不, 没有, 不对, 哎呀, 对啊, 不对啊吧, 没有吧	선신휘(2012)
	不是	원해운(2014), 주자미(2021)
왜	怎麽	양광(2018), 이시려(2019), 전모(2021)
그래	嗯, 对, 是吗, 是啊, 到底, 不是, 真的吗	선신휘(2012)
	对, 嗯, 好, 是的	OU LU(2018)
글쎄	是呀, 是啊, 对呀, 对啊, 难说, 不知道, 不清楚	선신휘(2012)
	是啊, 难说, 也许, 就是, 嗯	OU LU(2018)
그냥	就, 就那样, 就…, 没什么…, 还行, 凑合, 一般, 竟然, 也就	고산(2015)
	就那样, 总是, 照样, 仍然, 就, 白, 就随便, 一直	류파(2017)

위에서 볼 수 있듯이 담화표지 '뭐'와 '왜'를 다룬 연구들에서는 같은 중국어 대응 표현을 사용하고 있는 반면, 담화표지 '어디', '아니', '그래', '글쎄', '그냥'을 다룬 연구들은 같은 담화표지임에도 불구하고 연구자마다 각자 다른 중국어 대응 표현을 제시하고 있다. 예를 들어 '어디'의 중국어

대응 표현을 보면 유나(2015), 왕온함(2021)은 '哪里, 哪(儿)' 두 가지를 제시했고 TAN JINGXIN(2016), 주홍만(2017)은 '哪里' 한 가지만 제시하였다. 그러나 큰 차이는 없다고 볼 수 있다. 하지만 '아니', '그래', '글쎄', '그냥'의 경우 연구자에 따라 제시되는 중국어 대응 표현이 크게 차이가 난다. 여기서 세 번째 쟁점을 제기할 수 있는데 바로 한국어 담화표지에 대응되는 중국어 표현을 선택하고 기능을 분석함에 있어 개입되는 연구자의 직관에 대한 문제이다. 한·중 담화표지의 실현 형태의 복잡성과 기능의 비대칭으로 인해 다수 연구에서는 대응 표현의 선택과 판단 그리고 더 나아가 기능 분석의 과정 및 대조 결과까지 연구자의 주관이 개입되는 경우가 많으며 연구의 객관성을 확보하기가 어려운 문제점이 존재한다. 대조언어학적인 관점으로 볼 때 담화표지는 세계의 모든 언어에 보편적으로 존재하는 범언어적인 현상이지만 기타 범언어적 요소와 달리 매우 강한 화용적 특징을 보이고 있으며 각각 언어에서의 실현 기제가 복잡하고 서로 다르기에 구체적 실현 양상도 각기 상이한 모습으로 나타난다. 특히 어족이 다른 한·중 양국 언어의 경우 더욱 그렇다. 따라서 양국의 담화표지가 일대일로만 대응되는 경우가 극히 드물며 대부분 연구에서 한국어 담화표지에 대응되는 중국어 표현을 찾을 때는 연구자의 언어 습관과 개인의 직관이 크게 개입되기 마련이다.

요컨대 일대다 대응 표현을 제시한 연구들은 어떠한 기준을 적용하여 추출된 내용인지가 불분명하고 이에 대해 거의 논의하고 있지 않기 때문에 제시하고 있는 대응 표현의 체계가 혼잡한 양상을 보이며 연구의 객관성 보장이 어렵다. 이것은 해당 연구들이 담화표지 이론과 대조 대상에 대한 면밀한 검토와 분석을 수행하지 못하고 있음을 의미하기도 한다.

앞서 일대다 대응 방식 및 표현의 쟁점에 대해 논의하였다면 일대일 대조의 쟁점은 바로 대조가 대등하게 이루어지고 있는가의 문제이다. 다시 말해 담화표지 대조 연구라 함은 한국어 담화표지와 중국어 담화표지를 비교·분석하는 것이 원칙적이다.[31] 하지만 다수의 연구를 볼 때 "한·중 담화표지 ○○와 ○○ 대조 연구"[32]와 같은 식으로 제목을 제시하고 있지만 기능의 대조에서 담화표지의 개념을 매우 포괄적으로 받아들여 다루는 양상을 보이고 있다. 구체적으로는 한국어 담화표지의 기능에 기원 품사의 기능까지 포괄시켜 함께 다루거나, 중국어 담화표지의 화용적 의미 외에도 사전적 뜻풀이를 기반으로 하는 기본 의미까지 화용적 기능에 포함시켜 함께 다루는 경우가 있다는 것이다.[33] 이처럼 담화표지의 기능 대조에서 논의하는 범위가 넓은 것을 하나의 문제로 볼 수 있으며, 이는 곧 대조의 등가 관계에도 문제를 일으킬 수 있기에 이에 유의해야 할 필요가 있을 것이다. 이러한 문제점은 이론적 기반으로 논의되는 담화표지의 개념과 기능 그리고 특성에 대한 해당 연구들의 이론적 고찰이 단순히 기술언어학적인 관점으로 나열하는 수준에 머물러 있으며 이론을 실제 연구에 적용하거나 연계시켜 담화표지를 일관성 있게 다루지 못하고 있음을 의미하기도 한다.

6. 나가는 말

본 연구에서는 그간 이루어진 한·중 담화표지에 대해 살펴본 결과 담화표지와 관련된 대부분의 연구는 담화표지 각각에 대해 기술언어학적으로 접근한 연구가 많았으며 담화표지 전반에 대한 체계적인 탐구는 상대적으로 미진하였다. 그리고 개별 담화표지를 대조한 미시적 연구의 절반 이상이 '뭐', '어디', '아니', '왜' 등 몇 개의 담화표지에 집중되어 있으며 한·중 양국어에 공존하는 특정 담화표지의 대조가 다수이기에 연구 대상이

31 허용·김선정(2021)은 대조언어학적 분석을 위한 접근 방법에 대해 논의하면서 대조되는 부분이 등가(equivalent)를 이루어야 한다는 점을 강조하였다.

32 "담화표지 ○○와 ○○의 대조 연구", "한국어와 중국어의 담화표지 대조 연구-○○와 ○○의 기능을 중심으로", "한국어 담화표지 ○○와 중국어 담화표지 ○○의 대조 연구" 등과 같은 제목도 이에 해당된다.

33 고산(2015), 송승남(2016) 등이 이런 경우에 해당된다.

한정적이라 할 수 있다. 담화표지의 기능 분석 및 대조를 위하여 가장 많이 사용하는 방법은 예문 분석과 말뭉치 분석이었다. 그리고 분석에 사용되는 자료는 드라마 자료가 가장 많았고 〈21세기 세종계획 말뭉치〉, 〈CCL现代汉语语料库(CCL현대중국어말뭉치)〉, 〈BCC语料库(BCC말뭉치)〉 등 말뭉치도 많이 사용되고 있었다. 담화표지의 기능 분석 및 대조를 보면 담화표지의 기능을 판단함에 있어서 주관적인 요소를 배제시키지 못하는 한계점을 안고 있는데 이러한 문제점은 모어 화자를 대상으로 한 담화 완성형 테스트(DCT)의 방법을 통해 보완할 수 있을 것으로 기대된다.

본고에서는 기존 연구에 존재하는 쟁점 및 문제점도 함께 제시하였다. 하지만 이런 쟁점들은 어느 한 연구의 문제라기보다는 한·중 담화표지 대조 연구 전반에 걸쳐 공통적으로 겪고 있는 어려움이라 할 수 있다. 아직 담화표지라는 개념 자체가 완전히 확정되지 않은 상태이고 체계적인 이론을 형성하지 못하였기에 각 언어에 적용시켜 대조함에 있어 여러 문제가 파생되는 것이다. 또한 서로 다른 언어들 사이에서 언제나 대응되는 표현을 찾을 수 있는 것은 아니다. 아예 대응 표현이 없는 경우도 있으며, 대응되는 표현일지라도 각각 의미·기능 범주의 외연이 다를 수 있다.[34] 따라서 대조 연구를 수행할 때 각 언어의 특성을 충분히 고려하여 주가 되는 언어와 대조 대상이 되는 언어를 일관된 시각으로 조망하면서(허용·김선정, 2021: 20), 상호 대응되는 부분과 그렇지 못한 부분을 함께 다룬다면 보다 객관적이고 엄밀한 대조 결과를 얻을 수 있을 것이다.

---

34 유나(2016)에서는 한국어를 기준으로 한·중 양국어의 담화표지 대응 양상을 보다 과학적이고 면밀하게 분석하기 위하여 아래와 같은 틀을 제시하였다.

한국어	중국어	번역 관계	예시
X	X'	X ≈ X'	아니 ≈ 不是 등
X	X'	X 〉 X'	뭐 〉 什么, 어디 〉 哪里, 哪儿 등
X	X'	X ≠ X'	저기 등
X	∅	–	저런, 글쎄 등
∅	X	–	回头, 完了, 这不, 别说 등

이상으로 한·중 담화표지 대조 연구를 연구의 대상과 대조의 대상 사이의 대응 관계, 연구의 방법 및 절차에 대해 살펴보았고 특히 대조의 중심 내용인 담화기능의 대조를 위한 기능 분류 양상 및 분석 자료도 함께 살펴보았다. 그리고 마지막에는 연구에 존재하는 문제점이나 쟁점에 대해 논의하였다. 하지만 각 연구의 기능 대조의 결과를 담화표지별로 정리하여 제시하지 못한 것이 아직 미완성된 작업으로 남아있으며 이를 후속 연구에서 보완하도록 한다.

참고문헌

강현화(2017), 「담화표지의 기능에 대한 고찰」, 『의사소통의 다면성과 복합지식』, 한국문화사, 133-155쪽.

고경재(2019), 「한국어 담화표지에 대한 고찰: 담화표지의 정체 및 형성의 문제와 관련하여」, 『한국어학』 83, 한국어학회, 97-128쪽.

구본관 외(2020), 『한국어학 개론』, 집문당.

김성옥(2010), 「발표 담화표지 학습이 학문적 구두 발표 능력에 미치는 영향」, 이화여자대학교, 석사학위논문.

송인성(2015), 「국어 담화표지의 기능과 운율」, 고려대학교 박사학위논문.

심란희(2018), 「한국어 담화표지의 기능 연구」, 연세대학교 박사학위논문.

심란희(2020), 「담화표지의 화제 결속 기능 연구: 화제 시작 기능을 중심으로」, 『언어와 문화』 16(1), 한국언어문화교육학회, 205-227쪽.

안주호(2009), 「한국어교육에서의 담화표지 위계화 방안」, 『한국어교육』 20(3), 국제한국어교육학회, 135-159쪽.

이지영(2019), 「한국어교육을 위한 담화 유형별 담화표지 연구의 과제」, 『인문사회』 21, 10(1), 인문사회 21, 587-602쪽.

임규홍(1996), 「국어 담화 표지 '인자'에 대한 연구」, 『담화와 인지』 2, 담화·인지언어학회, 1-20쪽.

전영옥(2002), 「한국어 담화표지의 특징 연구」, 『화법연구』 4, 한국화법학회, 113-145쪽.

전영옥(2017), 「한국어 담화표지 연구의 현황과 과제」, 『한말연구』 45, 한말연구학회, 127-160쪽.

허용·김선정(2018), 『대조언어학』(개정판), 소통.
Brinton, Laurel J.(1996), *Pragmatic Markers in English: Grammaticalization and Discourse Functions*, Berlin/New York: Mouton de Gruyter.
Schiffrin, D.(1987), *Discourse Markers*, Cambridge University Press.
Whitman, Randal L.(1970), Contrastive Analysis: Problems and Procedures, *Language learning*, 20(2): 191-197.

분석 대상 논문

고산(2015), 「한국어담화표지 '그냥, 막, 참' 교육방안 연구 : 중국어 표현과의 대조를 중심으로」, 인천대학교 석사학위논문.
류파(2017), 「중국인 학습자를 위한 한국어 담화표지 교육 방안 연구 : 담화표지 '그냥'을 중심으로」, 부산대학교 박사학위논문.
마문화(2021), 「부사 '정말'과 '真的'의 대조 연구 : 담화표지를 중심으로」, 서울시립대학교 석사학위논문.
민잉란·정둥메이(2016), 「담화표지 '好'에 대한 '좋다'의 대응 표현 연구」, 『아시아문화연구』 42, 가천대학교 아시아문화연구소, 209-234쪽.
박은석·심지영(2021), 「현대 중국어 '又'의 한국어 대응 양상 고찰 - 부사부터 담화표지까지」, 『비교문화연구』 64, 비교문화연구소, 27-58쪽.
서아여(2020), 「한국어 학습자의 학습 단계별 담화표지 사용 양상 연구 : 중국어권 학습자 구어 말뭉치 분석을 중심으로」, 중앙대학교 석사학위논문.
선신휘(2012), 「중국인 학습자를 위한 한국어 담화표지 교육 방안 연구 : '그래', '글쎄', '아니'의 중국어 대응을 중심으로」, 경희대학교 석사학위논문.
송승남(2016), 「담화표지 '뭐'와 '什么'의 대조 연구」, 서울시립대학교 석사학위논문.
양광(2018), 「한국어와 중국어의 담화표지 대조 연구 : '뭐', '왜'의 기능을 중심으로」, 강원대학교 석사학위논문.
왕온함(2021), 「중국인 한국어 학습자의 담화표지 사용 연구 : '어디'와 '哪里/哪儿'의 대조를 중심으로」, 국민대학교 석사학위논문.
원해운(2014), 「한국어 담화표지 '아니'와 중국어 '不是'의 대조연구」, 경희대학교 석사학위논문.
유나(2015), 「중국인 학습자를 위한 담화표지 '어디'에 대한 연구 - 한·중 화용 기능의 대조를 중심으로」, 『새국어교육』 103, 한국국어교육학회, 283-309쪽.
유나(2016), 「중국어권 학습자를 위한 한국어 구어 담화표지 교육 연구」, 서울대학교 박사학위논문.
이시려(2019), 「한·중 담화표지 '왜'와 '怎么'의 대조 연구」, 서울시립대학교 석사학위논문.
이영영(2020), 「한국어 담화표지 '좀'과 중국어 '有点(儿)'의 대조 연구」, 동국대학교 석사학위논문.
이윤경(2017), 「중국어 광전식 담화표지어 분석 및 중한 대조 연구」, 『한중인문학연구』 55, 한중인문학회, 267-291쪽.
전모(2021), 「한국어와 중국어 담화표지의 대조 연구 : '뭐'와 '什么', '왜'와 '怎么' 간 대조를 중심으로」, 성균관대학교 석사학위논문.
전학(2021), 「한·중 담화표지 '됐어'류와 '好了'류의 대조 연구」, 성균관대학교 석사학위논문.
종예(2018), 「중국어권 학습자를 위한 한국어 담화표지 '그러게, 그러니까'의 교육 방안 연구」, 인천대학교 석사학위논문.
주요(2011), 「한국어 담화표지에 관한 중국어 대응 표현 연구」, 한양대학교 석사학위논문.
주자미(2021), 「한중 담화표지 '아니'와 '不是'의 대조 연구」, 서울시립대학교 석사학위논문.
주홍만(2017), 「한·중 담화표지 '어디'와 '哪里'의 대조 연구」, 서울시립대학교 석사학위논문.
하종의(2021), 「한국어 담화표지 '뭐'와 중국어 담화표지 '什么'의 대조 연구」, 국민대학교 석사학위논문.
한춘매(2018), 「한중 담화표지 대조연구 - 개념과 특징을 중심으로」, 『언어학연구』 48, 한국중원언어학회, 255-276쪽.
한춘매(2021), 「한·중 감탄사 유래 담화표지 대조 연구 : 기능과 운율의 관련성을 중심으로」, 충북대학교 박사학위논문.
JIA NANNAN(2022), 「한국어 담화표지 '아무튼 / 어쨌든'과 중국어 담화표지 '反正' 대조 연구」, 경희대학교 석사학위논문.
OU LU(2018), 「한국어 감탄사 담화표지의 중국어 대응 표현 : '그래', '글세', '와'를 중심으로」, 경희대학교 석사학위논문.
TAN JINGXIN(2016), 「'뭐', '어디'를 중심으로 한 한국어 담화표지 교육에 대한 연구 : 중국대학교 한국어학과 학생을 대상으로」, 세종대학교 석사학위논문.

찾아보기

기타

저자소개

원미진 연세대학교 국어국문학과 교수
mwon@yonsei.ac.kr

정이한 연세대학교 한국학협동과정 박사수료
totozyh@yonsei.ac.kr

설산 연세대학교 한국학협동과정 박사수료
xueshan@yonsei.ac.kr

유인박 연세대학교 국어국문학과 박사과정
dabao19950115@gmail.com

지립군 연세대학교 국어국문학과 박사수료
chi_liqun@yonsei.ac.kr

남선희 연세대학교 국어국문학과 박사과정
shanjinan@naver.com

손붕위 연세대학교 국어국문학과 박사과정
fwsun@yonsei.ac.kr

유정영 연세대학교 한국학협동과정 박사수료
liujingying720@naver.com

이신희 연세대학교 국어국문학과 박사과정
lcx1116@yonsei.ac.kr

왕욱요 연세대학교 국어국문학과 박사과정
wyy1996417@gmail.com

이우천 연세대학교 한국학협동과정 박사수료
ucheon@yonsei.ac.kr

국흠 연세대학교 한국학협동과정 박사수료
juxin2012@naver.com

심묘 연세대학교 한국학협동과정 박사수료
shenm930130@126.com

여란결 연세대학교 국어국문학과 박사과정
llj10001@qq.com

서준동 연세대학교 국어국문학과 박사수료
xujuntong123@gmail.com

무양 연세대학교 국어국문학과 박사수료
muyang0628@gmail.com

옥지령 연세대학교 국어국문학과 박사과정
pixie_zl@naver.com

한국 언어·문학·문화 총서 11

한국어교육을 위한 대조 연구

-한국어와 중국어 대조

2022년 8월 25일 초판 1쇄 펴냄

저 자 원미진·정이한·설산·유인박·지립군·남선희·손붕위·유정영·
이신희·왕욱요·이우천·국흠·심묘·여란결·서준동·무양·옥지령

펴낸이 김흥국
펴낸곳 보고사

등록 1990년 12월 13일 제6-0429호
주소 경기도 파주시 회동길 337-15 보고사
전화 031-955-9797(대표)
02-922-5120~1(편집), 02-922-2246(영업)
팩스 02-922-6990
메일 kanapub3@naver.com / bogosabooks@naver.com
http://www.bogosabooks.co.kr

ISBN 979-11-6587-346-2 94710
979-11-5516-424-2 94080(세트)

정가 43,000원